LETTRES INÉDITES

DE

MADAME DE SÉVIGNÉ

A

MADAME DE GRIGNAN

SA FILLE

TOME II

PARIS. — TYPOGRAPHIE LAHURE
Rue de Fleurus, 9

LETTRES INÉDITES

DE

MADAME DE SÉVIGNÉ

A

MADAME DE GRIGNAN

SA FILLE

EXTRAITES D'UN ANCIEN MANUSCRIT

PUBLIÉES POUR LA PREMIÈRE FOIS, ANNOTÉES ET PRÉCÉDÉES

D'UNE INTRODUCTION

PAR

CHARLES CAPMAS

PROFESSEUR A LA FACULTÉ DE DROIT DE DIJON

TOME SECOND

PARIS

LIBRAIRIE HACHETTE ET Cie

BOULEVARD SAINT-GERMAIN

—

1876

Droits de propriété et de reproduction réservés

LETTRES INÉDITES

DE

MADAME DE SÉVIGNÉ

63. — DE MADAME DE SÉVIGNÉ A MADAME DE GRIGNAN ET AU COMTE DE GRIGNAN[1].

1677

A Paris, mercredi 16e juin.

Il faut, ma bonne, que vous vous résolviez à ne point

Lettre 63 (fragments inédits). — 1. Ces fragments font partie de la lettre 614 (V, 176); la lettre entière se trouve dans notre manuscrit, tome IV, pages 341 et suivantes; le Grosbois n'en contient aucun extrait. — Signalons en passant, dans la partie de la lettre qui figure dans la correspondance générale, une fort mauvaise leçon de Perrin à rectifier. Dans la dernière phrase du premier alinéa (V, 177), cet éditeur a substitué maladroitement à l'adjectif *meilleures*, qui se lit dans notre ancienne copie, et qui convenait parfaitement, l'adjectif *bien plus sûres*, qui donne un sens très-différent, et que Mme de Sévigné n'avait pas mis et n'aurait certainement pas voulu mettre. Il faut donc lire : « il y a d'autres manières de me tuer qui seroient bien meilleures (c'est-à-dire

retourner sur un passé qui est passé, ni voir un avenir qui ne sera point². Dites un mot à la Troche sur ce qu'elle vous écrivit dans ma lettre³. J'espère que vous aurez écrit un mot au Cardinal⁴, dont le soin et l'inquiétude n'est pas médiocre.

Monsieur de Grignan, je crois que vous m'aurez répondu⁵. Comment notre poitrine se porte-t-elle? le sang court-il toujours trop vite dans notre cœur? avons-nous de la chaleur? sommes-nous oppressée? le ton de notre voix est-il étouffé? dormons-nous? mangeons-nous? n'amaigrissons-nous point? Je vous assure qu'en vous disant tout ceci je vous ai parlé de mon unique affaire. J'en ai de petites misérables, qui m'arrêtent encore quelques jours ; après cela je baise la main à la Princesse⁶ et à la Marbeuf, je m'en vais à Livry : j'en meurs d'envie. J'étois un peu échauffée ; les fraises m'ont entièrement rafraîchie et purgée : si elles vous étoient aussi bonnes, il ne faudroit pas y balancer.

Vous êtes bien aise de voir les petits garçons⁷, et

---

bien moins douloureuses) », et non : « il y a d'autres manières de me tuer qui seroient bien plus sûres », paroles qui, à la place où elles sont, n'ont pas de sens et ne sont nullement amenées par ce qui précède.

2. Mme de Sévigné faisait ici allusion à sa propre santé et à la maladie qui l'avait si cruellement fait souffrir l'année précédente et dont sa fille craignait le retour ; voyez le premier alinéa de la lettre imprimée, et plus loin, dans ce recueil, la lettre 65, note 4.

3. Dans la lettre du 8 juin précédent se trouve en effet une apostille de Mme de la Troche à Mme de Grignan (lettre 610, V, 167 et 168).

4. Le cardinal de Retz.

5. A ce que Mme de Sévigné lui avait demandé, au sujet de sa fille, dans la lettre du 8 juin précédent (lettre 610, 1ᵉʳ alinéa, V, 166, et 167).

6. La princesse de Tarente.

7. Mme de Grignan était repartie pour la Provence avec son mari le 8 juin précédent, et devait être arrivée depuis peu à Grignan,

Pauline. Parlez-moi d'eux, et de la santé de Montgobert, qui m'est très-chère.

Croyez, ma bonne, que je suis très-parfaitement contente de votre tendresse ; demandez à d'Hacqueville ; nous en parlions hier : il trouva que j'étois persuadée *de ce que je dois l'être*⁸.

Le *bien Bon* vous salue.

Le Baron⁹ est toujours par voie et par chemin.

Suscription : Pour ma bonne et très-chère.

---

64. — DE MADAME DE SÉVIGNÉ ET DE JEAN-BAPTISTE DE GRIGNAN, COADJUTEUR D'ARLES, A MADAME DE GRIGNAN¹.

A Paris, ce 18ᵉ juin.

DE MADAME DE SÉVIGNÉ.

J'AI été à la poste, ma bonne, et je n'y ai point trouvé de vos lettres. J'ai pris des mesures pour les avoir plus tôt qu'à l'ordinaire. On ne veut pas que je sois en peine

---

à la réception de cette lettre. Elle avait alors deux fils ; le second, né à la suite d'un accouchement prématuré (voyez plus haut, dans ce recueil, tome I, page 399, la lettre 48, note 4), vivait encore ; il mourut fort peu de temps après ; voyez le commencement de la lettre du 3 juillet suivant (lettre 622, note 1, V, 198), et, dans ce recueil, la note 6 de la lettre 48, citée ci-dessus.

8. C'est-à-dire, persuadée de la tendresse de sa fille.

9. Charles de Sévigné.

LETTRE 64 (fragments inédits et apostille). — 1. Ces fragments et cette apostille font partie de la lettre 615 (V, 180) ; la lettre entière se trouve dans notre manuscrit, tome III, pages 22 et suide n'avoir pas reçu celle que vous m'avez écrite de Châlon. Dieu me donnera la paix du cœur quand il lui plaira, sur votre chapitre; je l'en conjure de toute mon âme : cette tranquillité ne me peut venir que par le meilleur état de votre santé.

Adieu, ma très-chère et très-aimable. Si je vous disois toutes les tendresses que j'ai pour vous, ma lettre seroit trop longue, et vous me gronderiez. Monsieur le Comte, dites-moi un mot, et souffrez que je vous embrasse.

DE MONSIEUR [JEAN-BAPTISTE DE GRIGNAN, COADJUTEUR D'ARLES?][2].

J'ARRIVE des plus grands emplois de la guerre[3]. Je

vantes; le Grosbois en contient un extrait. Dans notre manuscrit, comme dans le Grosbois, la lettre est datée, évidemment par erreur, du 18 novembre; conférez la fin de la note 1 de la lettre imprimée (V, 180).

2. Cette apostille est précédée simplement, dans le manuscrit, de l'inscription suivante : « de Monsieur de (le nom en blanc) », et les mots, assez singuliers, qui en forment le début, nous ont fait hésiter un moment sur le point de savoir qui en était l'auteur. Mais aucun doute ne peut cependant exister à cet égard. Mme de Sévigné, dans sa lettre, annonce elle-même cette apostille et fait connaitre par qui elle fut écrite; elle dit en effet, dans la partie imprimée de la lettre (avant-dernier alinéa, V, 182) : « Le Coadjuteur venoit de partir pour venir ici; j'ai recouru après lui, *et le voilà* : IL VOUS ÉCRIT. » Quant aux mots du début, qui nous avaient embarrassé, on verra qu'il est assez facile de les expliquer (voyez la note suivante). Nous avons inséré avec d'autant plus de plaisir ce billet dans notre recueil, que les lettres du coadjuteur d'Arles sont fort rares (la correspondance générale n'en contient que deux), et que cette apostille est tout ce qui s'est conservé de la correspondance de ce prélat avec sa belle-sœur.

3. Ces mots, dont on ne saisit pas tout d'abord bien le sens, et qui nous ont quelque temps arrêté, font très-certainement allusion

venois ici pour vous écrire amplement et vous demander de vos nouvelles. Mme de Sévigné me presse si fort qu'à peine ai-je le temps de vous dire que jamais personne n'y prendra tant d'intérêt que moi, et si, par bonheur, vous n'en étiez persuadée d'ailleurs, je serois inconsolable.

65. — DE MADAME DE SÉVIGNÉ
A MADAME DE GRIGNAN[1].

A Paris, ce 23º juin[2].

MA chère enfant, que vous m'êtes chère, et que mon cœur est vif et tendre pour vous! Je voudrois que vous

---

au compliment que le coadjuteur d'Arles, au nom du clergé, venait d'adresser au Roi, au sujet des dernières victoires (prise de Valenciennes, de Cambrai et de Saint-Omer, victoire de Cassel, etc.); c'était là ce que le prélat appelait, dans un langage d'accord avec la tournure de son esprit, revenir *des plus grands emplois de la guerre*. Il est question de ce compliment dans la lettre du 23 juin suivant (lettre 617, 3ᵉ alinéa, V, 185) : « Le Coadjuteur vous dira comme son compliment extraordinaire au Roi a bien réussi. »

LETTRE 65 (fragments inédits). — 1. Ces fragments font partie de la lettre 617 (V, 184); la lettre entière se trouve dans notre manuscrit, tome II, pages 307 et suivantes; le Grosbois n'en contient aucun extrait.

2. On lit dans notre manuscrit : « le 30ᵉ juin »; mais c'est une erreur du copiste, qui n'a sans doute pas fait attention au premier chiffre, et qui a pris l'*e* de 23ᵉ pour un zéro. La date de la lettre est parfaitement déterminée par son contenu.

vissiez comme on me crie en rentrant ici : « Il y a des lettres de Madame la Comtesse ! » Tous mes gens sont bien instruits de ce qui me tient au cœur; vous les nommez tous, vous faites fort bien; il n'y en a pas un qui ne soit plus à vous qu'à moi.

Mais enfin, ma bonne, parlons de votre santé. Vous me dites que vous vous portez mieux ; puis-je le croire sur votre parole, vous, ma bonne, qui ne pensez qu'à me dire tout ce qui me peut consoler ? Vous savez ce que m'est votre santé; puis-je m'imaginer que jamais vous me disiez autres choses que des merveilles ? M. de Grignan ne songe plus guère à moi; en s'éloignant il oublie mes douleurs et mes craintes; la pauvre *Mongo*[3] est malade; c'est donc vous qu'il faut que je croie; c'est à Dieu qu'il faut que je recommande cette santé qui m'est si intime et si chère !

Je voudrois, ma bonne, que vous écrivissiez moins, et que vous ôtassiez de votre esprit les soins[4] de ma santé : vous ne la sauriez souhaiter meilleure qu'elle est. Je ne trouve point mon écriture méchante; quand j'écris mal, c'est bien souvent la faute des plumes. Enfin, ma bonne, j'en reviens toujours là, plût à Dieu, eh ! plût à Dieu que vous vous portassiez aussi bien que moi !

J'embrasse la bonne Montgobert; je suis en peine d'elle; c'est une fille où j'ai mis mon amitié et ma confiance. Madelon[5] n'est-elle pas toujours la meilleure fille du monde[6] ?

---

3. Mlle Montgobert; voyez l'*Introduction*, page 202.

4. Mme de Sévigné employait souvent le mot *soin* dans le sens de *souci*; voyez le *Lexique*, v° Soin.

5. Autre fille au service de Mme de Grignan.

6. Madelon excitait la jalousie de Mlle Montgobert, qui voyait en elle une rivale auprès de sa maîtresse; conférez plus loin la lettre 117, notes 25, 26 et 27.

Mandez-moi quel régime vous garderez, et si l'eau de poulet ne vous est pas aussi bonne qu'à toutes celles qui s'en trouvent parfaitement bien.

Adieu, ma très-chère et très-bonne. Quelque soin que j'aie de gouverner mon imagination, elle me fait des peintures bien tristes ; mais il faut fortement détourner sa pensée, et songer que vous reviendrez avec plus de santé que vous n'en avez emporté; du moins je l'espère, et le souhaite plus que nulle autre chose du monde.

66. — DE MADAME DE SÉVIGNÉ
A MADAME DE GRIGNAN[1].

[Paris], dimanche au soir [27 juin][2].

J'arrive de Livry, ma très-chère bonne, avec le grand d'Hacqueville. Nous fûmes hier à Pompone[3]. Vous

---

Lettre 66 (lettre entièrement inédite). — 1. Cette lettre, qu'aucune impression n'avait encore fait connaître, et dont le Grosbois ne renferme aucun extrait, se trouve dans notre manuscrit, tome VI, pages 73 et suivantes.

2. Le manuscrit porte, pour toute inscription : « Dimanche au soir »; mais le contenu de la lettre donne le moyen d'en fixer la date avec certitude; voyez la note suivante.

3. Dans la lettre du 25 juin précédent, Mme de Sévigné avait dit (lettre 618, fin du premier alinéa, V, 190) : « Je m'en vais ce soir à Livry avec d'Hacqueville. Nous irons demain dîner à Pompone. » Ce passage, rapproché de ce qui se lit ici, prouve clairement que notre lettre a été écrite à la date que nous lui assignons, c'est-à-dire le lendemain du voyage à Pompone et le surlendemain de la lettre du 25.

êtes chèrement aimée dans cette maison, surtout de Mme de Vins : nos conversations furent infinies. Je suis revenue pour cette petite chienne d'affaire. Je meurs d'envie qu'elle soit finie, afin de retourner à Livry. Je trouve en descendant de carrosse un billet de M. des Essarts[4], qui me dit qu'il part demain matin; mais il se garde bien de me dire où il demeure : je l'envoie quêter dans Paris, afin de lui donner votre robe de chambre grise, que vous me demandez.

J'oubliai de vous dire vendredi que la disgrâce de M. de Marsillac[5] est aussi vraie que quand il alla à Verteuil[6] : il a voulu jouir un moment des beautés de Liancourt[7]; voilà qui est bien étrange !

4. C'est certainement la même personne dont le nom, par erreur vraisemblablement, est écrit *des Issards* dans la lettre du 16 juin précédent (lettre 614, note 1, V, 176), et qu'on retrouve encore,—cette fois, comme ici, sous le nom de *des Essarts,*— dans la lettre du 22 août suivant (lettre 641, fin du premier alinéa, V, 290). Dans notre manuscrit le nom est écrit partout *des Essarts*, dans les lettres du 16 juin et du 22 août, qui s'y trouvent rapportées, aussi bien que dans celle qui nous occupe, et il n'est pas douteux que partout c'est de la même personne qu'il s'agit. C'est d'après Perrin, qui était leur seule autorité en cet endroit, que les derniers éditeurs ont imprimé, dans la lettre du 16 juin, *des Issards*, et c'est d'après le Grosbois, qui était leur source unique pour la seconde ettre, qu'ils ont imprimé *des Essarts*, dans la lettre du 22 août. Resterait à savoir quelle est la véritable orthographe, et jusqu'à quel point est exacte la note assez vague de Perrin, qui accompagne le nom, vrai ou altéré, dans la lettre du 16 juin, et qui fait de M. des Issards *un homme de qualité d'Avignon;* conférez la note 1 de la lettre 614 (V, 176).

5. Le prince de Marsillac, fils aîné du duc de la Rochefoucauld, grand maître de la garde-robe et grand veneur de France.

6. Allusion à une prétendue disgrâce dont il avait été question au mois d'octobre de l'année précédente; voyez la lettre 585, 3º alinéa (V, 89 et 90). — Sur le château de Verteuil, voyez la note 10 de la même lettre (V, 90).

7. La terre de Liancourt, à quelques lieues de Chantilly.

Ma chère bonne, comment vous portez-vous à cette heure? Présentement je me porte dans la perfection. Mon Dieu, ne nous reverrons-nous jamais en nous faisant sentir toutes les douceurs de l'amitié que nous avons? N'ôterons-nous point les épines, et n'empêcherons-nous point qu'on ne nous dise tous les jours, avec une barbarie où je ne puis m'accoutumer : « Ah! que vous voilà bien, à cinq cents lieues l'une de l'autre; voyez comme Mme de Grignan se porte; elle seroit morte ici; vous vous tuez l'une l'autre! » Je ne sais pas comme vous vous trouvez de ces discours; pour moi, ils m'assomment, et si c'est comme cela qu'on me veut consoler, j'en suis fort satisfaite. Faisons donc mieux, ma bonne, une autre fois. N'apportez point ou ne faites point de dragons; aimez votre santé, et jouissez de la mienne; remettons-nous en bonne réputation; faisons voir que nous sommes assez raisonnables pour vivre ensemble, quand la Providence le veut bien. Je suis frappée outre mesure des blâmes qu'on me veut donner; je ne vois point où j'ai tort, moi qui en conviens si ingénument. Je vous vois [souffrante], ma bonne, et l'on ne veut pas que je sois fâchée! Je finis tout court : ma bonne, corrigeons-nous, revoyons-nous; ne donnons plus à notre tendresse la ressemblance de la haine et de la division. Songez à mes complaisances sur ma santé; ayez-en un peu de votre côté. Songez de quelle manière je vous aime; mettez-vous à ma place; faisons-nous honneur de nos sentiments, qui sont si beaux et si bons : pourquoi les défigurer? Ma bonne, je suis folle; voilà qui est fait; je n'en parlerai plus. C'est que le bon d'Hacqueville m'a sermonnée; ne lui en parlez point, car il vous aime : ne m'ôtez point l'espoir de vous revoir en santé avec moi!

1677

J'embrasse ma chère *Gobert*[8]. Bon soir, Monsieur le comte de *Grippeminaud*[9] !

Suscription : Pour ma très-chère.

67. — DE MADAME DE SÉVIGNÉ
A MADAME DE GRIGNAN[1].

A Livry, ce 6ᵉ août.

Vous passerez fort agréablement, ma bonne, le temps que vous serez à Grignan ; vous avez vos nouveaux venus[2] que j'embrasse, avec leur permission : je comprends la joie que vous aurez d'une si agréable compagnie. Vous devriez bien engraisser, avec tant de

---

8. Mlle Montgobert ; voyez l'*Introduction*, page 202.

9. Le comte de Grignan (*le gros Matou*), à qui Mme de Sévigné appliquait le nom donné par la Fontaine au vieux chat pris pour arbitre par la belette et le petit lapin, dans la jolie fable que tout le monde connaît (livre VII, fable XVI). Avant la Fontaine, Rabelais avait déjà donné le même nom au prince des chats fourrés (*Pantagruel*, livre V, chapitre XIV). Mme de Sévigné emploie ailleurs le même mot dans un tout autre sens ; voyez ci-dessous la lettre 69, note 9.

LETTRE 67 (fragments inédits). — 1. Ces fragments font partie de la lettre 634 (V, 258) ; la lettre entière se trouve dans notre manuscrit, tome II, pages 336 et suivantes, sauf le dernier alinéa de la lettre imprimée (« Mlle de Méri vous envoie, etc. »), qui n'y figure pas, et qui, vraisemblablement, a été tiré par Perrin d'une autre lettre : le Grosbois contient une partie notable de la lettre.

2. M. de la Garde et l'abbé de Grignan (le *bel Abbé*), arrivés récemment de Paris ; voyez le commencement du dernier alinéa de la lettre du 21 juillet précédent (lettre 627, V, 226).

repos, tant de liberté, et si peu de peine; car, hormis celle qui me fit prier si instamment le Doyen³ de me mettre sur l'herbe, je n'en connois point qui vous doive incommoder. Si l'amour maternel ne vous faisoit pas plus de mal qu'à moi, ce seroit encore une raison d'engraisser; mais je comprends que vous voulez me surpasser, puisqu'une de vos raisons pour ne pas vous attacher à Pauline, c'est la crainte d'être plus maigre que vous n'êtes : mon Dieu, que je hais cette maigreur dans un tempérament comme le vôtre !

Mandez-moi si vous avez vu Rippert, et comme il est avec vous. Je suis fort aise que la santé de Montgobert soit meilleure. Je la plains de faire des remèdes; l'expérience vous va rendre bien plus libertine⁴ que jamais⁵ : mais que ne raisonnez-vous sur les autres comme vous faites pour vous?

Adieu, adieu, injuste beauté; je vous embrasse de tout mon cœur, de tout mon véritable cœur. Le *bien Bon* et Corbinelli vous font leurs compliments.

Je crois que Mme de Vins résistera aussi bien que vous à l'absence; elle n'est point frivole. Jugez-en par sa retraite à Pompone, pendant le voyage à Fontaine-

---

3. M. Rippert, doyen de l'église collégiale de Grignan, oncle ou frère de la personne du même nom dont il est question quelques lignes plus loin.

4. Le mot *libertin, libertine*, est un de ceux qui ont le plus changé de sens depuis le dix-septième siècle; il signifiait alors simplement, — et c'est toujours dans ce sens que l'emploie Mme de Sévigné, — *qui est indépendant, qui ne veut pas s'assujettir aux lois, aux règles prescrites, qui repousse le joug, la contrainte*, etc. Voyez le *Dictionnaire de Furetière*, édition de 1690, vº LIBERTIN, et le *Lexique de la langue de Mme de Sévigné*, aux mots LIBERTIN, LIBERTINAGE.

5. C'est-à-dire, le peu de succès des remèdes que vous faites prendre à Montgobert sera cause que vous voudrez moins que jamais vous assujettir à ceux qu'on vous prescrira.

bleau⁶ : elle a préféré d'envoyer de l'argent à son mari⁷, à la dépense qu'elle eût été obligée de faire. Mme de Coulanges vous veut écrire une feuille ; elle trouve qu'un compliment en l'air n'est pas assez pour votre ancienne amitié.

68. — DE MADAME DE SÉVIGNÉ ET DE MADAME DE SANZEI A MADAME DE GRIGNAN¹.

A Autry², lundi 4ᵉ octobre.

DE MADAME DE SÉVIGNE.

La bonne Sanzeï vous dit mille amitiés ; j'en fais encore plus à M. de Grignan : comment suis-je avec lui ? N'amenez-vous pas toujours le petit marquis ? il nous semble que vous ferez fort bien. Nous partons demain matin, pour être, jeudi 7ᵉ, à Paris. Ah ! quel bon air nous aurons dans cette Carnavalette³, au prix de la

---

6. Le voyage de la Cour à Fontainebleau.

7. M. de Vins était alors à Charleroi, où il avait été récemment envoyé avec des troupes pour défendre la ville menacée par le prince d'Orange, qui en commença effectivement le siége le jour même où Mme de Sévigné écrivait sa lettre ; voyez le 1ᵉʳ alinéa et la note 2 de la lettre 635 (V, 261 et 262).

Lettre 68 (fragments inédits et apostille). — 1. Ces fragments et cette apostille font partie de la lettre 659 (V, 342) ; la lettre entière se trouve dans notre manuscrit, tome VI, pages 413 et suivantes ; le Grosbois en contient une grande partie.

2. La terre d'Autry, près de Gien (Loiret), propriété de la comtesse de Sanzei.

3. L'hôtel Carnavalet, que Mme de Sévigné venait de louer et devait bientôt habiter.

Courtande⁴ ! Il me semble que vous avez présentement la bonne *Bagne*⁵ ; je m'en vais lui faire réponse : mais je m'en vais à Lion⁶. Adieu, ma très-chère et très-bonne petite bonne. *Je suis très-humble servante de M. de la Garde ; votre voyage ne peut manquer d'être heureux avec lui*, et poussée par les raisons qui vous font venir : j'en profiterai, et vous embrasserai de tout mon cœur. Le *bien Bon* est tout à vous.

Trois choses : êtes-vous contente de vos jeunes chevaux ? de du Bois, pour vos dents ? avez-vous le précepteur de l'abbé de la Vergne⁷ ?

---

4. Le manuscrit porte : « Courtrainde » ; mais il y a tout lieu de croire que c'est une faute du copiste. Le même nom, que nous nous réservons d'expliquer plus loin, se retrouve en effet ailleurs, mis comme nous le donnons ici, et il est de toute vraisemblance que Mme de Sévigné l'avait écrit de la même manière dans les deux passages ; voyez plus loin la note 6 de la lettre 69 et la note 4 de la lettre 83.

5. C'est sans doute Mme de Bagnols, la sœur de Mme de Coulanges, que Mme de Sévigné a voulu désigner ici, et dont elle a simplement déformé le nom. Mme de Bagnols avait eu en effet, à cette époque, le projet d'aller à Grignan, projet qu'elle ne réalisa pas ; voyez la lettre du 15 octobre suivant (lettre 663, fin du 4ᵉ alinéa, V, 364).

6. C'est-à-dire, mais je ne puis le faire sur-le-champ, je pars pour Lion. Nous sommes porté à croire qu'il y a un mot omis et que Mme de Sévigné avait mis ou voulu mettre : « .... je m'en vais lui faire réponse ; mais *avant* je m'en vais à Lion. » — Lion-en-Sulias (Loiret), village à trois lieues de Gien et tout près d'Autry.

7. On peut voir, au commencement de la lettre du 27 octobre suivant (lettre 667, V, 377), la réponse fort brève que fit à chacune de ces questions Mme de Grignan, et les réflexions piquantes de Mme de Sévigné à ce sujet : « Ma fille, je ne vous ferai plus de questions : comment ? *En trois* mots, les chevaux sont *maigres, ma dent branle, le précepteur a des écrouelles*. Cela est épouvantable ; on feroit fort bien trois dragons de ces trois réponses, surtout de la seconde, etc. » Ce passage, que les retranchements des anciens éditeurs avaient rendu un peu obscur, se trouve ainsi complété et parfaitement éclairci par nos fragments. — Du Bois était sans

Ne faites point venir de la tapisserie, que je n'aie vu si nous ne pourrons point en emprunter ou en louer; peut-être aussi que vous trouverez un meuble : je vous manderai des nouvelles de tout.

Il fait un temps divin; il ne nous souvient point d'avoir vu de la pluie. J'embrasse Montgobert : on dit qu'elle est guérie ; est-il possible ? j'en aurois une véritable joie.

DE MADAME DE SANZEI [8].

JE vous dirai, Madame, que j'ai eu une extrême joie de voir Madame votre mère ; tout ce que j'aurois souhaité, c'est de l'avoir ici plus longtemps. Je vous demande un peu de part à votre souvenir, et de croire que j'aurai aussi beaucoup de joie de vous voir cet hiver.

doute un médecin de Paris, et vraisemblablement le même dont il est question dans plusieurs autres lettres de la correspondance; voyez plus loin la note 13 de la lettre 124. Sur l'abbé de la Vergne, qui avait été chargé de trouver un précepteur pour le jeune marquis de Grignan, voyez la note 8 de la lettre 477 (IV, 277).

8. Voyez plus haut, dans ce recueil, tome I, page 269, la note 13 de la lettre 11.

69. — DE MADAME DE SÉVIGNÉ
A MADAME DE GRIGNAN[1].

1677

A Paris, ce mardi 12e octobre.

* Nous déménageons*[2], ma mignonne, et *parce que mes gens feront mieux que moi, je les laisse tous ici, et me dérobe à cet embarras*, et au sabbat inhumain de Mme Bernard[3], qui m'éveille dès six heures avec ses menuisiers : ces adieux consolent de la séparation. La Gargan[4] est en Blesois, chez Fieubet[5], et la d'Escars à Vaux; de sorte que je suis transportée de quitter la Courtande[6] : j'y reviendrai quand tout en sera dehors.

LETTRE 69 (fragments inédits). — 1. Ces fragments font partie de la lettre 661 (V, 350); la lettre entière se trouve dans notre manuscrit, tome VI, pages 217 et suivantes; le Grosbois n'en contient aucun extrait. Ces fragments renferment des détails intéressants sur la distribution intérieure de l'hôtel Carnavalet, à l'époque où Mme de Sévigné vint l'occuper.

2. Mme de Sévigné se transportait de la rue Courteau-Vilain, qu'elle habitait alors, à l'hôtel Carnavalet, rue Culture-Sainte-Catherine; voyez la note 6 ci-dessous, et plus loin, la note 4 de la lettre 83.

3. Sans doute la propriétaire de la maison rue Courteau-Vilain que quittait Mme de Sévigné.

4. Il est déjà question ailleurs de cette dame, dans les lettres de cette époque; voyez les lettres des 14 et 15, du 23 et du 25 juin précédent (lettres 613, dernier alinéa, 617, 4e alinéa, et 618, 1er alinéa, V, 176, 186 et 189).

5. Voyez la note 3 de la lettre 403 (III, 462), et plus haut, dans ce recueil, tome I, page 337, la note 2 de la lettre 29. Le nom est écrit *Fioubet* dans le manuscrit.

6. La maison rue Courteau-Vilain que Mme de Sévigné habitait alors. Nous avons déjà rencontré le même nom dans la lettre

1677

Ma bonne, nous avons une contestation, d'Hacqueville et moi : il veut que vous soyez avec moi dans le bel appartement; moi je voulois que vous fussiez en bas, au-dessous de moi, où il y a toutes les mêmes pièces, afin d'être moins cousue et moins près de moi. Voici ses raisons contre les miennes. Il dit que le haut est bien plus clair et plus propre que le bas; il a raison. Il y a une grande salle commune, que je meublerai, puis un passage, puis une grande chambre, — c'est la vôtre; de cette chambre, on passe dans celle de Mme de Lillebonne[7], — c'est la mienne, — et de cette grande chambre[8], on va dans une petite, que vous ne connoissez pas, qui est votre panier, votre *grippeminaud*[9], que je vous meublerai, et où vous coucherez, si vous voulez. La grande sera meublée aussi de votre lit; j'aurai assez de tapisserie. Cette petite chambre est jolie. Il[10] dit [que] ceux qui nous voudront voir toutes deux ne vous feront pas grand mal de passer dans votre grande chambre. Celles que je voudrai vous ôter, pour écumer votre pot, viendront par un degré[11] dégagé assez raisonnable, tout droit dans ma petite chambre. Ce sera aussi le degré du matin, pour mes gens,

précédente, mais mal écrit, sans doute par la faute du copiste; voyez ci-dessus la note 4 de la lettre 68, et plus loin la note 4 de la lettre 83.

7. Anne de Lorraine, comtesse de Lillebonne, fille de Charles IV, duc de Lorraine. Elle venait de quitter l'hôtel Carnavalet; voyez ci-après les notes 12 et 17.

8. La grande chambre destinée à Mme de Grignan.

9. Comparez plus haut la lettre 66, note 9.

10. D'Hacqueville.

11. Au dix-septième siècle, *degré* se disait ordinairement de l'escalier tout entier, et s'employait plus rarement pour désigner les marches; voyez le *Dictionnaire de Furetière*, édition de 1690, v° Degré : la première acception a vieilli, et la seconde au contraire est devenue l'acception commune.

pour mes ouvriers, pour mes créanciers. Il y a près de
ce degré deux chambres pour mes filles; vous avez aussi
de quoi mettre les vôtres, et Montgobert en haut avec
Mlles de Grignan, où il y a présentement deux princesses [12] : cela s'appelle *la chambre des princesses*.
M. de Grignan sera au bout de la salle [13], mon fils en bas,
sans que la grande salle [14] soit meublée, le *bien Bon* sur
une petite aile très-jolie. Voilà comment le grand d'Hacqueville a tout rangé [15]. Si vous aimez mieux le bas,
vous n'avez qu'à le dire, ma bonne; on le fera ajuster
un peu de vitres plus grandes et plus nettes; on cherchera de quoi meubler la salle : enfin, votre décision
fera notre arrangement ; car cette maison est tellement
grande, que ce n'est pas une affaire de loger encore
mon fils. Il y a quatre remises de carrosse; on en peut
faire une cinquième ; l'écurie pour dix-huit chevaux. Je

12. Les deux filles de la comtesse de Lillebonne. La comtesse
de Lillebonne, Saint-Simon nous l'apprend (*Mémoires*, tome XVII,
page 349), se donnait le titre de princesse (elle était en effet par sa
naissance princesse de la maison de Lorraine), et ce passage
prouve qu'elle donnait le même titre à ses filles, non sans qu'on
s'en moquât un peu. La seconde de ces filles, Élisabeth, devint
du reste plus tard véritablement princesse ; elle épousa, le 8 octobre
1691, Louis de Melun, prince d'Épinoi; l'aînée, Béatrix-Hiéronyme, fut abbesse de Remiremont en 1711; voyez les notes 17 et
18 de la lettre 624 (V, 209 et 210).
13. Au bout de la grande salle d'en haut.
14. La grande salle d'en bas.
15. Cet arrangement fut adopté, mais avec quelques modifications, comme on le voit par la fin du premier alinéa de la lettre
du 27 octobre suivant, dont notre lettre fait parfaitement comprendre le sens et les termes (lettre 667, V, 377) : « Il n'y avoit
pas à balancer à prendre le haut pour nous deux; le bas pour
M. de Grignan et ses filles. » Dans l'arrangement primitif, Mlles de
Grignan étaient placées en haut avec Montgobert, dans la *chambre
des princesses*, et M. de Grignan au bout de la grande salle du premier étage.

1677

crois que nous serons fort bien. Adressez-y désormais vos lettres : *à l'hôtel de Carnavalet, rue des Filles-Bleues*[16], voilà l'affaire. Nous croyons que vous n'aurez pas besoin d'apporter de tapisseries, mais plutôt des serviettes, si vous ne voulez qu'on en achète ici. Le jardin est parfaitement beau et propre; je croyois que ce fût un manége, tant M. et Mme de Lillebonne[17] sont sales; mais j'ai été trompée : écrivez-moi sur tout cela.

A Livry, mardi au soir.

Je suis ici avec Marie et Louison, et je suis la compagnie de Mme de Coulanges, qui y est établie depuis cinq semaines. Vous me parliez l'autre jour de *gorge coupée* : elle ne l'a été qu'autant que vous l'avez voulu, et même je vous assure qu'il a été question depuis quelque temps de parler de vous. Elle[18] fit au delà de tout ce que l'on peut souhaiter de bon et d'à propos, et si naturellement, que nulle de vos amies ne pourroit pas mieux faire. Vous ferez cet hiver comme vous l'entendrez; mais je crois que la raison vous doit obliger de faire autrement que l'année passée, sur ce qui la regarde.

16. Le couvent des *Filles-Bleues*, — nom populaire sous lequel on désignait le couvent des Annonciades célestes, de l'ordre de Saint-Augustin, — était à côté de l'hôtel Carnavalet, rue Culture-Sainte-Catherine; notre passage nous apprend qu'on donnait aussi, par suite, à cette rue le nom de *rue des Filles-Bleues*, principalement sans doute dans la partie de son parcours où se trouvait le couvent.

17. Le comte de Lillebonne (François-Marie de Lorraine) habitait avec sa famille l'hôtel Carnavalet, avant qu'il fût loué par Mme de Sévigné; voyez plus haut les notes 7 et 12.

18. Mme de Coulanges, avec laquelle Mme de Grignan, pendant son dernier séjour à Paris, avait été un peu en froid.

J'attends une de vos lettres, mais je ne l'attendrai point pour fermer celle-ci : j'y ferai réponse vendredi.

Je fus hier chez M. de Pompone ; j'y trouvai toute la joie du mariage de sa fille avec le fils du marquis de Molac [19]. Il lui fait avoir sa survivance, et un brevet de retenue de deux cent mille livres, et les nourrira six ans, c'est-à-dire leurs personnes et trois ou quatre personnes pour les servir : voilà ce qu'il lui coûte pour marier sa fille. Vous arriverez assez tôt pour cette noce.

Je vis Monsieur de Marseille, qui me dit mille douceurs, et des protestations admirables pour sa conduite à votre égard. Je l'ai trouvé tout comme il étoit, avec cette chienne de toux traîtresse, qui me déplaisoit tant : je crois que le cœur est mieux [20]. Il reçut fort froidement le prévôt de Laurens [21], qui s'en venoit, la gueule enfarinée, croyant qu'il n'étoit occupé que de la Provence : Mme de Vins y étoit ; il lui [22] fit une très-froide mine.

J'embrasse le Comte, et M. de la Garde.

19. Ce mariage ne se réalisa pas ; trois jours plus tard, le 15 octobre, Mme de Sévigné écrivait en effet à sa fille (lettre 663, V, 363 et 364) : « On me dit hier en arrivant que le mariage de Mlle de Pompone, qui étoit fait, est entièrement rompu. M. de Molac est assez sot, et sa femme assez avare, pour avoir fait quelque ridicule difficulté ; » voyez aussi la lettre 666, note 5 (V, 375). Le fils du marquis de Molac épousa plus tard une sœur de la duchesse de Fontanges ; voyez la lettre du 5 juin 1680 (VI, 439).

20. Sur la fin des démêlés de M. de Grignan avec l'évêque de Marseille, Toussaint de Forbin Janson, voyez la lettre de Mme de Grignan à son mari, du 22 décembre 1677 (lettre 673, dernier alinéa, V, 397).

21. Voyez plus haut, dans ce recueil, tome I, pages 294 et 307, la note 5 de la lettre 19, et la lettre 22, note 7.

22. Au prévôt de Laurens, sans doute.

1678

70. — DE MADAME DE SÉVIGNÉ
A MADAME DE GRIGNAN[1].

A Paris, ce mercredi matin [fin mai
ou premiers jours de juin].

Mes lettres sont plus heureuses que *mes paroles*;

Lettre 70 (lettre inédite). — 1. Cette lettre, qui peut-être n'est qu'un fragment, se trouve réunie dans notre manuscrit, tome IV, pages 273 et suivantes, au commencement d'une autre lettre, ou plutôt d'un simple billet, dont l'original autographe, qui s'est conservé, appartenait naguère au regretté M. Rathery, conservateur à la Bibliothèque nationale, qui avait eu l'obligeance de nous en donner communication (voyez l'*Introduction*, page 85, notes 1 et 2). Le billet et la lettre sont d'ailleurs certainement étrangers l'un à l'autre, et leur réunion dans notre ancienne copie est assez difficile à expliquer. Peut-être cette réunion est-elle simplement le résultat d'une confusion de feuillets dans les transcriptions successives qui ont pu être faites des deux pièces; car la portion du billet transcrite dans notre manuscrit ne correspond pas exactement à l'un des feuillets de l'original, qui ne se compose, du reste, que de deux feuillets de très-petit format, qui n'ont jamais été séparés l'un de l'autre. Peut-être aussi, la lettre se trouvant sans inscription, et offrant de l'intérêt, a-t-on volontairement mis en tête, pour lui servir de début, le commencement du billet, *la paix, la douce paix*, dont il est parlé dans les deux pièces, ayant paru établir entre elles un lien suffisant. Quoi qu'il en soit, ce que notre manuscrit présente comme une seule pièce, — c'est-à-dire le commencement du billet et la lettre réunis, — porte dans notre ancienne copie l'inscription : « A Paris, ce mercredi matin ». Dans l'autographe, le billet porte simplement : « Mercredi matin », et il se termine par la suscription : « Pour Madame de Grignan », que notre manuscrit ne reproduit pas. Aucun signe ne sépare d'ailleurs, dans notre ancienne copie, la portion du billet en question de la lettre en tête de laquelle elle a été mise, et la transcription de celle-ci commence même au milieu d'une ligne et par un mot sans majuscule; rien, en un mot, ne fait soupçonner la réunion des deux pièces, que la publication

je m'explique mal de bouche, quand mon cœur est si
du billet, donné pour la première fois dans les suppléments de
l'édition des *Grands écrivains de la France* (tome XI, pages LXXV et
LXXVI), nous a seule permis de reconnaître. Notre lettre est donc
tout à fait sans indication de date ; car en admettant que l'original
portât l'inscription qui se trouve dans notre manuscrit, — inscription analogue, mais non de tout point semblable, à celle qui
se lit en tête du billet autographe, — on ne serait aucunement fixé
par cette inscription sur l'époque où la lettre a été écrite. Mais son
contenu fait connaître, d'une manière certaine, qu'elle a été écrite
dans les derniers jours de mai ou les premiers jours de juin 1678,
pendant un des séjours que Mme de Grignan fit à Paris après son
mariage. Cette dernière circonstance explique l'absence de date, et
la forme particulière de la lettre, que nous inclinons à croire complète, et qui même en réalité est plutôt une note, un discours,
qu'on a préféré écrire que de dire de vive voix, — on le déclare
formellement dès le début (« Mes lettres sont plus heureuses que mes
paroles, etc. »), — qu'une lettre proprement dite. Arrivée à Paris
dans les derniers jours de novembre 1677, Mme de Grignan n'en
repartit qu'au mois de septembre 1679 ; mais elle avait eu la pensée
et le désir, et avait manifesté avec vivacité la volonté, de retourner
en Provence au printemps de 1678, et le 20 mai de ladite année elle
avait même annoncé son départ, comme très-prochain, à son mari
(voyez la lettre 689, 1er alinéa, V, 438 et 439). L'état de sa santé
laissait cependant à cette époque beaucoup à désirer, et, le 27 mai,
sa mère, s'appuyant sur une consultation de Fagon, écrivait à
M. de Grignan pour le prier de joindre ses instances aux siennes,
afin de déterminer sa femme à différer un départ dont les suites
paraissaient à craindre. C'est vers ce temps, et très-peu de jours
sans doute après avoir écrit à son gendre, que Mme de Sévigné
écrivit à sa fille la lettre que notre ancienne copie nous a conservée, qui eut le résultat qu'elle en espérait. Une lettre adressée
au comte de Bussy le 27 juin 1678 (lettre 695, 2e alinéa, V, 456
et 457), prouve en effet qu'à cette époque Mme de Grignan était
déterminée à rester à Paris. C'est donc entre le 27 mai et le 27 juin,
et plus près sans doute de la première date que de la seconde,
que notre lettre a été écrite. Elle est précieuse, non pas seulement parce que les lettres de cette époque sont fort rares, mais
en elle-même. C'est en effet un véritable plaidoyer, inspiré par une
tendresse qui déborde, plaidoyer aussi habile que véhément, qu'on
ne peut lire sans être ému, et qui forme une belle page à ajouter
à toutes celles échappées de la plume de l'illustre mère.

1678

touché[2]. Je vous entends dire que vous vous en allez : je ne suis pas seule qui improuve ce dessein ; il me semble qu'il seroit plus raisonnable et plus naturel d'attendre ici la décision de la paix ou de la guerre[3] : si c'est la

2. Les mots *mes paroles*, qui se trouvent à la fin du premier membre de phrase, ne sont mis que par conjecture, et sont imprimés en italique uniquement pour cette raison. Il y a à leur place dans le manuscrit un blanc, d'une grandeur à peu près correspondante, et ces mots, que Mme de Sévigné n'avait peut-être pas écrits, paraissent au moins répondre assez exactement à sa pensée. Le manuscrit porte seulement : « Mes lettres sont plus heureuses que mo   je m'explique mal, etc. » Peut-être serait-il mieux de lire : « Mes lettres sont plus heureuses que mo[i-même], etc. ; » on conserverait ainsi tout ce qui se trouve dans l'ancienne copie. Mais un *e* a pu facilement être pris pour un *o*, dans un passage mal écrit, et la leçon admise dans le texte nous semble plus en rapport avec les termes du membre de phrase qui suit (« je m'explique mal de bouche, etc. ») que celle que nous indiquons ici : on peut cependant très-bien hésiter entre les deux. Il serait possible encore, — et cette leçon nous semblerait même préférable, — que Mme de Sévigné eût simplement mis : « Mes lettres sont plus heureuses que moi ; je m'explique mal, etc. » ; mais alors pourquoi le *blanc* si soigneusement réservé ? et comment se fait-il qu'on ait eu quelque difficulté à lire ce que Mme de Sévigné avait écrit ?

3. Dans le billet, dont le commencement a été réuni à notre lettre, il est aussi question de la paix, et nous avons dit (voyez la note 1 ci-dessus) que cette circonstance avait pu déterminer la réunion des deux pièces. Ajoutons maintenant, que ces mots qui se lisent dans le billet, et qui figurent dans la partie réunie à notre lettre : « Vous disiez l'autre jour que vous ne la souhaitiez pas (la paix) ; pour moi, je vous avoue, ma bonne, que j'en suis fort aise : *j'aime à reculer un temps que vous souhaitez souvent, et dont les moindres échantillons me font de la peine* », nous semblent se rapporter au désir manifesté par Mme de Grignan de rejoindre son mari, et aux craintes que ce désir inspirait à sa mère, et qu'on doit en conclure que le billet, dont on n'avait pu aucunement jusqu'à présent fixer la date, a été écrit vers la même époque que notre lettre : cette dernière circonstance, si elle était vraie, pourrait encore servir à expliquer la réunion d'une partie de la première pièce à l'autre ; si on a reconnu que les deux pièces, — le billet et la

paix, M. de Grignan vous viendroit quérir et vous emmèneroit ; si c'est la guerre, votre séjour sera assez long en Provence, pour ne vous point presser, et donner encore ici deux mois à votre santé. Quoi que vous puissiez dire, l'air de Grignan vous est mortel[4], et vous a mise en l'état où vous êtes. Vous éviterez d'y passer l'été, en partant au mois de septembre ; vous donneriez ce temps à du repos ou à des bains. Peut-être même que M. de Grignan sera peu à Grignan ; il ne pourra de loin[5] quitter la Méditerranée. Voilà ce que je demanderois de vous. Le bon sens, la raison, tous vos amis, votre santé, et vous-même, si vous étiez comme une autre personne, vous feroit[6] voir que cette conduite seroit raisonnable et naturelle. Il n'est pas aisé de comprendre ce qui vous oblige à vouloir faire une démarche qui sera blâmée de tout le monde, et peut-être même de M. de Grignan, qu'on accusera d'entrer dans cette conjuration contre vous-même, quoiqu'il en soit fort éloigné. Je sais tout ce que vous pouvez dire ; mais trois mois sont bientôt passés, et vous n'aurez besoin de rien, pourvu que vous puissiez vous donner à vous-même quelque tranquillité.

Voilà, ma bonne, ce que je pense sans cesse, et ce

lettre, — étaient de la même époque, on a dû se faire en effet bien moins de scrupule de les fondre ensemble et de compléter l'une par l'autre.

4. La même raison est alléguée dans la lettre adressée le 27 mai au comte de Grignan ; voyez la note 1 ci-dessus.

5. C'est-à-dire de longtemps. *De loin*, dans cette acception particulière, — qui a un peu vieilli, — ne se rencontre pas ailleurs, croyons-nous, dans les lettres de Mme de Sévigné, mais se trouve assez souvent dans les auteurs du dix-septième siècle ; voyez le *Dictionnaire de la langue française* de M. Littré, v° Loin, 3°.

6. Le manuscrit porte, comme nous l'imprimons, *feroit* au singulier ; la forme de la phrase est elliptique ; le mot *tout* est sous-entendu : « Tout vous feroit voir, etc. »

que je n'ose jamais vous dire : je crains vos éclats ; je ne les puis soutenir ; je suis muette et saisie. Si vous me croyez une sotte femme, vous avez raison ; je la suis toujours avec vous, parce que je suis toujours occupée de vous. Je vous conjure de ne me point faire réponse à tout ceci ; ne me dites rien, et donnez seulement quelques moments de réflexion à tout ce que je viens de vous dire, et si vous voulez me compter pour quelque chose, soyez persuadée qu'il n'y a rien que je souhaite tant que de vous voir résolue à passer l'été avec moi [7].

71. — DE MADAME DE SÉVIGNÉ

A MADAME DE GRIGNAN [1].

[Paris, de mai à septembre?]

Il faut renoncer, ma bonne, à toute sorte d'amitié, et

---

7. Mme de Grignan déféra au désir de sa mère, et ne retourna même en Provence qu'au mois de septembre de l'année suivante ; voyez la note 1 ci-dessus, et le second alinéa de la lettre écrite par Mme de Sévigné au comte de Bussy le 27 juin 1678 (lettre 695, V, 456 et 457).

Lettre 71 (billet inédit). — 1. Ce billet, transcrit, — sans aucune indication de date, — dans notre manuscrit, tome VI, pages 54 et 55, nous paraît avoir été écrit vers la même époque que celui dont il est parlé dans la note 1 de la lettre précédente : nous manquons toutefois de données bien précises à cet égard. Ce qui est certain, c'est qu'il a été écrit pendant l'un des séjours de Mme de Grignan à Paris, et selon toute vraisemblance pendant le séjour durant lequel ont été écrites la lettre qui précède et les deux

même d'honnêteté, pour songer à quitter la Troche² en l'état où elle est : il faut être amie ou ne l'être pas. En un mot, je demeure ici, et je vous demande, ma très-bonne et très-chère, de vous en aller à Livry. Le *bien Bon* meurt d'envie d'y aller; ne trompez point M. de Coulanges³, ni Mlles de Grignan⁴ ; suivez son cochon⁵ de cent francs, et votre hippogriffe, qui a pris son vol dès le matin. Allez, ma mignonne; laissez-moi ici en bonne santé; je vous demande cette complaisance et au *bien Bon :* c'est ce que je veux aujourd'hui de votre amitié.

lettres qui suivent : il y est en effet question (voyez la note 4 ci-dessous), comme dans ces deux dernières, de Mlles de Grignan, qui, en 1678, firent pendant la belle saison un long séjour à Livry.

2. Voyez la note 4 de la lettre 41 (I, 416), la note 2 du billet joint à la lettre précédente (XI, LXXVI), et, dans ce recueil, tome I, pages 292 et 293, et pages 341, la note 7 de la lettre 18 et la note 20 de la lettre 30.

3. Il s'agit sans doute ici du *bien Bon*, dont Mme de Sévigné venait de parler ; il pourrait aussi être question d'Emmanuel de Coulanges ; mais ce qui suit rend la première conjecture plus probable.

4. Louise-Catherine de Grignan et Françoise-Julie de Grignan, filles du comte de Grignan et de sa première femme, Angélique-Clarice d'Angennes.

5. Sans doute un assez médiocre cheval récemment acheté par le bon abbé, et que ses formes peu élégantes avaient fait comparer à l'animal dont on lui donnait le nom.

1678

72. — DE MADAME DE SÉVIGNÉ
A MADAME DE GRIGNAN[1].

A Livry, samedi au soir.

Notre petit ramoneux[2] est arrivé comme nous allions monter en carrosse pour aller voir de jolies maisons à Montfermeil[3]. J'ai pensé que c'étoit[4] un coup de tonnerre pour les petits plaisirs de Mlles de Grignan, que de leur ôter ce soir une agréable promenade et un reversi : cette seule pensée m'a arrêtée tout court, et m'a fait arrêter même notre courrier[5].

Nous voilà donc revenues d'une jolie maison, où nous avons bien vu des fontaines : c'est un miracle en ce pays. Nous revoici encore dans un beau jardin et un reversi : c'est pour m'acquitter de ce que je vous ai promis[6]. J'ai

---

Lettre 72 (billet inédit). — 1. Ce billet se trouve dans notre manuscrit, tome VI, pages 69 et 70. La présence de Mlles de Grignan et de Corbinelli à Livry indique qu'il a été écrit vers la même époque que la lettre qui suit, dont nous pourrons fixer d'une manière très-approximative la date ; voyez la note 1 de la lettre suivante.
2. Un commissionnaire que Mme de Sévigné et Mme de Grignan employaient pour porter leurs lettres.
3. Joli village près de Livry (Seine-et-Oise).
4. On voit, par ce qui est dit plus loin, que Mme de Grignan invitait sa mère à venir ce jour-là même à Paris (« J'ai pensé aussi que je dérangerois votre soirée ») ; c'est cette offre qu'elle crut devoir refuser dans l'intérêt des plaisirs de Mlles de Grignan.
5. C'est-à-dire, m'a fait retarder le départ du *petit ramoneux*. Ce commissionnaire en effet dut attendre, pour avoir la réponse de Mme de Sévigné, le retour de la promenade à Montfermeil.
6. Au sujet de Mlles de Grignan, que Mme de Sévigné avait sans doute promis à sa fille d'occuper et de distraire.

pensé aussi que je dérangerois votre soirée. Ainsi, ma chère bonne, je vous attends demain à la messe jusqu'à onze heures ; passé cela, *introibo ad altare Dei*. Nous dînerons ensemble, et puis j'irai faire mon petit tour, dont j'aurai impatience de revenir.

Toute la petite troupe vous embrasse. Corbinelli[7] ne se peut trop aimer : je voudrois que vous l'entendissiez.

73. — DE MADAME DE SÉVIGNÉ

A MADAME DE GRIGNAN[1].

[A Livry] ce dimanche au soir [septembre?].

JE ne sais, ma chère bonne, si c'est que j'ai envie de vous voir et de vous embrasser, mais Corbinelli me per-

---

7. Voyez la note 1 de la lettre suivante.

LETTRE 73 (lettre inédite). — 1. Cette lettre se trouve dans notre manuscrit, tome VI, pages 65 et 66. Elle a été écrite, comme les trois précédentes, pendant le séjour que Mme de Grignan fit à Paris, du mois de novembre 1677 au mois de septembre 1679, ce qui explique, comme pour celles-ci, le défaut complet de date, ou le peu de soin mis à l'indiquer. Le contenu de la lettre ne laisse du reste aucun doute sur l'époque où elle a été écrite. La duchesse de Lesdiguières, à qui Mme de Sévigné se proposait de faire visite, pour lui témoigner l'intérêt qu'elle prenait à ses couches, qu'on supposait devoir être prochaines, accoucha effectivement, du seul enfant auquel elle ait donné le jour, le 22 octobre 1678 (voyez la note suivante). C'est donc peu de temps avant cette dernière époque que notre lettre a été écrite ; et comme, d'autre part, il y est parlé, ainsi que dans le billet précédent, comme d'une personne présente à Livry, de Corbinelli, et qu'une lettre de Corbinelli lui-même,

suade aisément que je dois aller voir Mme de Lesdiguières[2]. Il m'a dit que notre cardinal me conseilloit, en bonne amitié, de donner cette petite marque de mon inquiétude, et qu'il ne sera plus temps quand elle sera accouchée, et que je serois honteuse et embarrassée d'avoir fait moins que toutes ses autres amies. Cela s'est donc fiché dans ma tête, et je m'en vais demain descendre à l'hôtel de Lesdiguières, pour faire voir que je ne vais uniquement que pour elle. Je vous y prie à dîner[3], ma bonne, et, si vous pouviez, nous reviendrions ensemble, sinon, je me contenterai de vous embrasser.

du 18 septembre 1678 (lettre 703, 2e alinéa, V, 481), adressée au comte de Bussy, nous apprend qu'il était, à cette dernière date, à Livry, et qu'il y était depuis peu, venant de faire un voyage en Languedoc, où il était allé conclure le mariage de M. de Rohan avec Mlle de Vardes, on doit en induire, sans grande difficulté, que notre lettre, selon toute vraisemblance, a été écrite pendant le mois de septembre 1678.

2. Paule-Françoise-Marguerite de Gondi, duchesse de Retz, d'abord appelée Mlle de Retz, et, après son mariage, comtesse, puis duchesse de Sault, puis duchesse de Lesdiguières, nièce du cardinal de Retz, née le 12 mars 1655, mariée le 12 mars 1675 à François-Emmanuel de Blanchefort, de Bonne, de Créquy, comte, puis duc de Sault, et plus tard duc de Lesdiguières, gouverneur et lieutenant général en Dauphiné. Elle devint veuve le 3 mai 1681, et ne mourut qu'en 1716, laissant des biens immenses. Sur ses dernières années, voyez Saint-Simon, *Mémoires*, tome XIII, pages 330 et suivantes. Elle accoucha le 22 octobre 1678 de Jean-François-Paul de Blanchefort, de Bonne, de Créquy, duc de Lesdiguières, qui mourut à Modène le 6 octobre 1703, âgé de vingt-cinq ans. Voyez l'*Histoire généalogique de la maison de Gondi*, par Corbinelli, Paris, 1705, 2 vol. in-4°, tome II, pages 57 à 60.

3. Le cardinal de Retz était sans doute alors à l'hôtel de Lesdiguières ; il y était, dans tous les cas, quelques mois auparavant ; quand il s'y trouvait, la maison de sa nièce devenait la sienne, et, comme le dit Mme de Sévigné, ce n'étaient plus les amis du duc et de la duchesse qui y dînaient, « c'étoit ceux du cardinal ; » voyez la lettre du 27 juin 1678, adressée au comte de Bussy (lettre 695, 7e alinéa, V, 458 et 459).

Il y a bien une autre affaire ; c'est que nos *Grignettes*[4] veulent voir un moment leur pauvre oncle[5]. Nous avons juré par le Styx, et Corbinelli aussi, de revenir coucher ici tous quatre, et pour cela nous ne menons aucune de nos femmes, et ne voulons pas entendre parler de toilette ni de bonnet de nuit. Voilà notre équipée toute résolue ; préparez-vous à l'approuver, et à nous embrasser d'aussi bon cœur que nous vous aimons, chacune au prorata de nos engagements.

Vous êtes trop jolie[6] de m'avoir envoyé Amonio[7] : je l'ai reçu comme le méritoit votre soin et l'aimable nouvelle qu'il m'apportoit.

De Paris, lundi au soir.

Adieu, ma bonne. Je me suis fait nommer à votre porte ; vous trouverez mon nom sur votre billet[8]. Je m'en vais passer à Sainte-Marie[9], rue Saint-Honoré ; si vous y pouvez venir, j'en serai bien aise : j'y attendrai de vos nouvelles.

4. Mlles de Grignan ; voyez plus haut la note 4 de la lettre 71.
5. Sans doute le chevalier de Grignan, qu'une lettre écrite quelque temps auparavant représente comme encore convalescent à Paris ; voyez la lettre du 20 mai 1678 (lettre 689, 6ᵉ alinéa, V, 442).
6. Sur la signification de ce mot, voyez, dans ce recueil, tome I, page 300, la note 11 de la lettre 20.
7. Le jeune médecin qui avait été pendant quelque temps le médecin de l'abbaye de Chelles ; voyez plus haut, tome I, page 433, la lettre 58, note 23. Il avait sans doute apporté à Livry de bonnes nouvelles de la santé de Mme de Grignan.
8. Un billet sans doute que Mme de Grignan avait laissé pour sa mère.
9. C'est-à-dire au couvent de la Visitation Sainte-Marie. L'ordre de la Visitation comptait à cette époque un grand nombre de couvents dans la capitale ; un de ces couvents se trouvait rue Saint-Honoré.

74. — DE MADAME DE SÉVIGNÉ
A MADAME DE GRIGNAN[1].

A Paris, ce mercredi 27° septembre.

Je suis venue ici un jour ou deux, avec le bon abbé, pour mille petites affaires, dont l'envie de dire adieu au pauvre Anfossi[2], qui vient de partir, a tenu sa place. C'est un honnête garçon, qui est à vous, qui va vous trouver, que vous aimez, qui est utile à vos affaires : croyez-vous que tout cela ne soit rien ? Je l'ai envoyé en carrosse, ma bonne, à cette maudite porte Saint-Bernard, qui a fait à moi[3], si elle ne se raccommode par un retour[4]. Il est donc entré dans cette arche de Noé, à ce que m'a dit mon laquais. *Ah ! mon Dieu, ma très-aimable, quel souvenir que le jour* que je vous y laissai[5] !

LETTRE 74 (fragments inédits et passages restitués). — 1. Ces fragments font partie de la lettre 736 (VI, 19); la lettre entière se trouve dans notre manuscrit, tome VI, pages 209 et suivantes; le Grosbois n'en contient qu'un très-court extrait.

2. Secrétaire du comte de Grignan; voyez la note 2 de la lettre 673 (V, 393), et voyez aussi plus loin, dans ce recueil, la lettre 136, note 17, et la lettre 147, notes 5 et 6.

3. C'est-à-dire, qui aura affaire à moi. Nous n'avons pas rencontré ailleurs, dans la correspondance, cette expression, qui est devenue populaire, et qui est originale, employée avec le présent.

4. Mme de Grignan était partie le 13 septembre précédent par le coche d'eau, ou bateau-poste, qui avait sa station à la porte Saint-Bernard, près le fort de la Tournelle, en face l'île Saint-Louis; voyez la lettre 729 *bis* (XI, pages IX et suivantes), écrite le jour même du départ, lettre que nous avons cru d'abord inédite, et qui a été publiée pour la première fois, d'après l'autographe, dans les suppléments de l'édition des *Grands écrivains de la France* (voyez l'*Introduction*, page 83).

5. Perrin avait réduit tout cet alinéa à ces quelques mots : « Je

DE MADAME DE SÉVIGNÉ. 31

Parlons, ma très-bonne et très-chère, *de toutes les fatigues infinies de votre voyage. Pourquoi prend-on la route de Bourgogne, puisqu'elle est si cruelle? C'est la diligence, je comprends bien cela*; mais en vérité, ma bonne, vous deviez bien au moins consoler vos fatigues par l'adoucissement que la Providence vous envoyoit de la litière de Guitaut. Je me serois bien moquée de cette dépense, qui vous auroit ôté de cruelles fatigues, à vous, ma bonne, et à votre pauvre petit garçon[6].

Mme d'Osnabruck[7] est venue voir Madame, qui l'a reçue avec une extrême amitié : elle est sa tante, elle a été élevée avec elle, et quoique cette éducation soit un peu, — de là, dit-on, — négligée, elle ne laisse pas d'en être fort reconnoissante[8].

suis venue ici un jour ou deux avec le bon abbé, pour mille petites affaires. Ah, mon Dieu! ma très-aimable, quel souvenir que le jour de votre départ! » On voit que les procédés d'abréviation de l'éditeur étaient fort simples.

6. Le jeune marquis de Grignan, qu'on avait dû amener à Paris à la fin de l'année 1678, ou dans le courant de l'année 1679. Il n'y était pas encore au 20 mai 1678; voyez la lettre écrite à cette dernière date par Mme de Grignan à son mari (lettre 689, 7ᵉ alinéa, V, 443) : « J'ai envie de la voir, la pauvre petite (Marie-Blanche), et Paulinotte, et *mon* fils, et tout notre petit ménage, à qui je pense toujours avec plaisir. »

7. Voyez la note 17 de la lettre imprimée (VI, 23 et 24).

8. Le Grosbois, qui a reproduit ce passage, n'en contient que la première partie, parce que la seconde avait été biffée dans notre manuscrit, où nous avons eu beaucoup de peine à la déchiffrer sous le barbouillage qui la couvre; voyez l'*Introduction*, pages 36 et suivantes. Perrin, par des scrupules faciles à comprendre, avait aussi retranché cette dernière partie.

1679

75. — DE MADAME DE SÉVIGNÉ
A MADAME DE GRIGNAN[1].

A Paris, ce mercredi 18e octobre.

Nous avons tous arrêté un cuisinier que nous croyons bon[2] : la Forêt[3] en répond. Il a demeuré dans des maisons réglées. Nous devons l'essayer à dîner ; nous vous

LETTRE 75 (fragments inédits). — 1. Ces fragments font partie de la lettre 743 (VI, 50) ; la lettre entière, qui n'occupe pas moins de quinze pages, et dont plus de la moitié était encore inédite, se trouve dans notre manuscrit, tome VI, pages 249 et suivantes ; le Grosbois n'en contient qu'un court extrait, dont une partie cependant ne se trouvait pas dans Perrin ; voyez la note 12 de la lettre imprimée (VI, 53). Cet éditeur, malgré tous les retranchements qu'il avait fait subir à la lettre, qui l'avaient réduite à des proportions très-ordinaires, n'en avait pas moins conservé cette phrase : « Je ne sais comme j'écris aujourd'hui ; je suis dans une prolixité qui m'ennuie moi-même », paroles qui paraissent très-naturelles, quand on lit la lettre entière, mais qui semblent étranges et quelque peu affectées dans le texte écourté de Perrin. Conférez la lettre imprimée, fin du 3e alinéa (VI, 53).

2. On verra, par la suite de la correspondance, qu'on n'eut pas lieu de se féliciter de ce choix ; voyez, dans la correspondance générale, la lettre du 29 décembre suivant (lettre 766, fin du 3e alinéa, VI, 166), et plus loin, dans ce recueil, la lettre 111, 2e alinéa, note 10.

3. Ce la Forêt, d'après la *Table alphabétique*, ne serait autre que l'ancien écuyer de Fouquet, dont il est parlé dans la lettre de Mme de Sévigné à M. de Pompone du 25 décembre 1664 (lettre 66, note 3, I, 480). Mais cela est difficile à concilier avec la note 6 de la lettre du 25 juin 1670 (lettre 109, II, 2), dans laquelle on lit, que l'écuyer de Fouquet, qui portait ce nom, fut pendu, vers 1670, pour avoir tenté, de concert avec un gentilhomme nommé Valcroissant, de délivrer son ancien maître, prisonnier à Pignerol. Le la Forêt dont il est ici question, qui répondait si témérairement d'un mauvais cuisinier, n'a donc rien de commun avec le dévoué ser-

en manderons des nouvelles; il est propre. Je vous conseillerois de faire écurer Sourdet[4]; on dit que c'est un monstre de saleté; quand il sera savonné, son goût est bon : cet homme-ci en feroit un cuisinier en forme. Il s'appelle Gobert. Il y a mille choses à dire sur ce nom : quand vous voudrez, vous l'appellerez *Mongobert*, sans offenser personne[5]. Enfin il part par ce diantre de coche d'eau[6]. On lui donnera vingt-cinq livres pour jusqu'à Lyon, et sa nourriture pendant le voyage : je vous dirai tantôt où cela ira. Ses gages sont de trente louis d'or, sans profit. Vous verrez comme vous vous en accommoderez : ce n'est point un mariage. Deville[7] trouve très à propos de vous l'envoyer, et m'a assuré que si le Roi tournoit ses pas de votre côté, il iroit vous secourir : cela est admirable. Il n'a plus du tout de fièvre aucunement; il ne pense plus qu'à vous aller trouver. Il est encore comme un mort; quand il aura des forces, il partira. Il n'a plus de garde; c'est tout ce qu'il a pu faire que de la laisser aller : il ne pense pas à son pays.

Votre encrier et votre poudrier sont admirables; les voilà ; Froment [a] fait l'écritoire : M. de la Garde vous portera tout. La le Moine a effacé les manchettes[8].

J'ai reçu votre lettre du 8e. Je m'en vais parler de votre appartement d'abord. Le *bien Bon* vous rend

---

iteur de l'ancien surintendant : on verra plus loin qu'il était cuisinier de M. de la Garde; voyez plus bas la lettre 111, note 10.

4. Autre cuisinier.

5. On comprend le jeu de mots auquel prêtaient les noms de Mlle Montgobert et du nouveau cuisinier (Montgobert, *mon Gobert*).

6. Le coche d'eau qui partait de la porte Saint-Bernard, et qui avait emmené Mme de Grignan; voyez la note 3 de la lettre précédente. Voyez aussi plus loin la lettre 106, note 3.

7. Ancien maître d'hôtel du comte de Grignan; voyez, dans ce recueil, tome I, page 268, la note 8 de la lettre 9.

8. Il s'agissait sans doute de manchettes indûment portées sur un mémoire de couturière. — Sur Mme le Moine, voyez plus haut,

grâces de votre réponse ; il parlera demain à M. Chapin, et réglera tout avec lui. Il trouve les huit livres pour les deux demoiselles[9] un peu fort ; ils accommoderont ensemble tous vos intérêts : M. Chapin est très-raisonnable.

Nous allons tâcher de louer votre appartement jusqu'à la Saint-Remi ; c'est autant de soulagement pour vous, et l'on trouve assez de monde à Paris qui cherchent des restes de bail : nous y ferons de notre mieux. J'avois cru que Mme de Coligny[10] y viendroit seule ; ce m'eût été une douceur ; mais son père vient avec elle, et ne veut pas qu'elle se sépare de lui : de sorte que voilà qui est fait.

J'ai parlé à Sansenay[11] ; il n'a aucuns gants à M. de Grignan ; il dit que si l'on a payé des paquets de gants d'été, il faut qu'ils soient demeurés chez le gantier ; il ira, et je vous en dirai la réponse. Car, ma bonne, je date cette lettre du jour qu'elle part, mais je la commence un jour, deux jours devant, pour ne point tant écrire à la fois. Si j'ai cette prévoyance pour ma santé, qui est

dans ce recueil, tome I, page 443, la note 2 de la lettre 62, et plus loin, la lettre 70, note 2, et la lettre 90, notes 6 et 7.

9. On appelait *demoiselles*, des ustensiles qu'on mettait dans le lit pour chauffer les pieds ; voyez le *Dictionnaire de Furetière*, édition de 1690, v° Demoiselle. C'est d'ustensiles de ce genre, qu'on désigne aujourd'hui par un nom beaucoup plus vulgaire, qu'il était sans doute question ici. — M. Chapin, dont le nom revient souvent, à cette époque, dans la correspondance, était, paraît-il, à la fois fournisseur et entrepreneur de travaux dans l'intérieur des maisons.

10. La fille préférée du comte de Bussy ; voyez la note 2 de la lettre 104 (I, 457), et la lettre du comte de Bussy à Mme de Sévigné, du 3 janvier 1676 (lettre 489, IV, 315 et 316). Mme de Coligny, devenue veuve après un très-court mariage, devait venir à Paris, pour soutenir un procès contre son beau-père ; voyez la lettre du 28 août précédent (lettre 728, dernier alinéa, V, 564). — Les mots : « de sorte que voilà qui est fait », qui terminent la phrase, signifient, de sorte qu'il n'y faut plus penser.

11. Voyez plus bas la note 25.

parfaite, vous devez bien, à plus forte raison, vous ménager, dans l'état où vous êtes. Ne me grondez point, ma très-chère, et laissez-moi dire deux mots de vos douleurs et des froideurs que vous avez aux jambes. Vous les avez bien plus souvent, et cette incommodité est grande, et n'est pas de petite conséquence. Voulez-vous, ma bonne, essayer les remèdes que je vais vous proposer? Ils sont sans crainte au moins de vous faire du mal. Je vous envoie, par ce cuisinier [12], une petite fiole de cette eau des capucins, que Mme de Pompone s'est ôtée pour vous la donner; elle s'en est trouvée à merveilles, dans une pareille douleur. Il faut d'abord frotter vos jambes avec des linges chauds; quand les pores sont bien ouverts, les frotter avec de cette eau, c'est-à-dire goutte à goutte dans le creux de la main, et puis remettre des linges chauds, et tâcher d'être au lit, afin qu'elles puissent suer. Vous ne ferez pas cette recette deux fois, qu'assurément vous serez soulagée, et peut-être guérie. Mais il faut mettre un bas de chamois sous votre bas de soie; car tout est inutile, si vous avez froid et que vous mettiez un petit bas tout simple. Vous pouvez aussi essayer de vous faire frotter doucement dans des lavages d'herbes fines, où il y ait du hièble [13], et puis les tenir chaudement, et toujours des bas de chamois. Voilà, ma bonne, de quoi Mme de Pompone et Mme Tambonneau [14]

12. Gobert; voyez le commencement de la lettre. — Mme de Sévigné rappelle l'envoi dont il est ici parlé dans la lettre du 22 novembre suivant; voyez la lettre 754, 2ᵉ avant-dernier alinéa, note 23, VI, 92.

13. *Hièble* ou *yèble* (il y a *lieble* dans le manuscrit), espèce de sureau à tige herbacée, qui porte des baies rouges; c'est l'*ebulum* des Latins (Virg., *Ecl.*, x, 27 : « Sanguineis ebuli baccis, minioque rubentem »). L'hièble était déjà considérée par les anciens comme une plante médicinale. (Pline, *Hist. nat.*, XXVI, 49.)

14. Mme de Sévigné entendait sans doute parler de la présidente

se sont parfaitement bien trouvées : ce sont des expériences, et voilà ce que vous ferez assurément, si vous avez envie de guérir. Le moyen de comprendre que vous ne le vouliez pas, et pour l'amour de vous, et pour l'amour de nous, qui vous aimons ? Eh ! ma bonne, est-il possible que nous ne puissions obtenir cette marque de votre amitié et de votre complaisance ? Monsieur de Grignan, puisque vous lisez mes lettres, lisez donc ceci, et obtenez qu'elle essaye de ces remèdes, qui ne sont point difficiles à faire. Je recommande cette fiole à Madelon : au moins ne la perdez pas[15]. Tout le monde va à votre prieur de Cabrières[16], et parce qu'il est votre voisin, vous n'y songez pas : c'est le proverbe. Mme d'Elbœuf[17], prête à mourir de son cancer, espère y trouver du soulagement, et M. de la Feuillade[18], pour un vieux mal, dont tout le monde sent l'incommodité ; ils s'en vont à ce prieur.

Ma pauvre bonne, voici une étrange tirade ; vous ne

Tambonneau, Marie Boyer, sœur de la duchesse de Noailles, femme du président à la chambre des Comptes, Jean Tambonneau ; voyez la note 3 de la lettre 257 (II, 536), et la correction faite à cette note, aux *Additions et corrections*, tome XII, Appendice, page 60 ; voyez aussi la note 7 de la lettre 542 (IV, 466).

15. Mme de Sévigné faisait allusion à tous les détails qui précèdent dans la lettre du 20 octobre suivant, écrite deux jours après celle-ci (lettre 644, 1er alinéa, VI, 55) : « Je vous ai mandé tout ce que je savois sur vos jambes. » Perrin avait oublié de supprimer cette phrase, qui par suite des retranchements qu'il avait fait subir à notre lettre, ne se rapportait plus à rien dans la correspondance et aurait dû disparaître.

16. Voyez la note 2 de la lettre 802 (VI, 361 et 362).

17. Élisabeth de la Tour, nièce de Turenne, seconde femme de Charles III de Lorraine, d'abord prince d'Harcourt et alors duc d'Elbeuf ; elle mourut au mois d'octobre de l'année suivante. Voyez la note 1 de la lettre 437 (IV, 96) et la note 3 de la lettre 26 (I, 383).

18. François d'Aubusson, duc de la Feuillade, maréchal de France.

direz plus tant de bien de mes lettres ; mais, mon Dieu ! le moyen ? apprenez-moi comme on se peut taire sur un sujet qui déchire le cœur ; car franchement, quand je pense à vos maux, et que c'est vous qui vous gouvernez, je tremble depuis la tête jusqu'aux pieds. Vous voulez que je croie ce que vous m'en dites : ma bonne, je le veux bien; j'y suis forcée par l'abandonnement des autres ; je vous croirai donc ; mais parlez-moi sincèrement, car je vous assure que je sens bien quand vous me trompez. Rafraîchissez-vous, croyez-moi ; ne négligez rien, et de tout ceci, et de tant de paroles : elles n'auront de force ni de crédit que ce qu'il plaira à Dieu ; je le prie donc, avec des larmes, de leur donner le prix que je desire pour votre guérison.

Je vis hier Mlle de Méri ; elle n'est pas si mal. Elle a du moins une femme de chambre qui lui plaît ; c'est un mérite. Elle[19] n'a pas trop de santé ; elle a craché du sang ; mais elle a une langueur, sans être lente, qui ne choque pas ; elle a de bons tons, de la douceur ; elle n'est pas de grande fatigue, mais elle paroît tendre, et capable de s'attacher à une maîtresse. Je prêchai fort sur la consolation que l'on trouvoit dans son domestique, quand on y étoit aimée ; il me parut que mes paroles faisoient là un grand effet : enfin, je suis persuadée qu'elle aime déjà cette fille, et c'est assez.

Nous avons dîné, le Chevalier, l'Abbé, Corbinelli et moi, et nous avons un peu essayé le cuisinier[20]. La fricassée étoit bonne, la tourte excellente ; nous avons donné quelque petit avis[21] sur la croûte ; la friture est blonde : vraiment je crois que cet homme est votre

19. La femme de chambre.
20. Gobert ; voyez le commencement de la lettre.
21. Il y a dans le manuscrit, *quelque petit avis*, au singulier, comme nous l'imprimons.

fait. Il est parti aujourd'hui. Nous avons donné vingt-cinq livres pour jusqu'à Lyon, par cette maudite voiture, et trente francs pour le nourrir, à vingt-cinq sols par jour, dont il vous rendra compte ; le surplus sera sur ses gages. La Forêt répond fort de lui ; vous en essayerez. Ensuite nous avons discouru, avec le Chevalier, de rajuster votre appartement bas[22] ; ce sera une chose aisée : le bon abbé y fera de son mieux.

Le bon abbé a causé aussi avec M. Chapin ; tout ira très-bien, et même vous ne devez pas tant que vous pensez : il vous démêlera tout cela fort nettement.

Je ne savois rien de Reauville[23], ni ce qui vous le faisoit souhaiter, ni le dégoût qu'on vous donne ; je garderai aisément le secret, et, en gros, je hais bien tout ce qui vous fâche, et j'aime bien tout ce qui vous est bon.

Rippert emmena votre cheval à l'instant que vous partîtes ; il s'en chargea, sans prétendre que vous en payassiez la nourriture. Il dit à mes gens qu'il s'en déferoit au marché, à quelque prix que ce fût : ainsi voilà une affaire vidée[24] ; n'y pensez plus. Sansenay[25] dit

22. A l'hôtel Carnavalet, dont on devait prochainement renouveler le bail ; voyez la lettre imprimée, 1er alinéa (VI, 50 et 51), et plus loin la lettre 77, notes 35 et 36.

23. Sans doute le président de Reauville, dont il est déjà fait mention dans une lettre antérieure de la correspondance ; voyez la lettre 23, 2e alinéa (II, 458). Avait-on désiré l'avoir pour premier président au parlement d'Aix, en remplacement de M. Marin (le *cheval marin*), dont on commençait déjà à n'être pas très-satisfait ? voyez la lettre du 19 juillet 1677 (lettre 626, note 10, V, 223) : « Je suis fort aise que le Parlement n'ait point été ingrat envers M. de Grignan ; je me souviens fort bien comme il fut reçu l'année que j'y étois. Pour le premier président (M. Marin), quand on en est content en fermant sa lettre, on change d'avis avant que la poste soit arrivée à Lyon. »

24. Voyez plus loin la lettre 78, notes 10 et 11, et la lettre 85, note 4.

25. Ce nom, qu'on a déjà vu plus haut (note 11), est écrit ici,

qu'il n'a point de gants, qu'il n'en a jamais vu acheter de provision. Il a été chez le gantier, qui dit n'en avoir donné que deux paires de chamois avec de l'or[26], quand vous partîtes. Le *bien Bon* vous enverra votre pendule; mais qu'elle ne sorte donc point de votre tête comme un serpent[27]!

Ma chère, parlez-moi de votre santé; je crois tout ce que vous m'en dites : parlez-moi de vous; tout le reste est loin de moi[28]!

Je me porte très-bien ; je me ferai saigner quand vous voudrez. Je serois pourtant bien aise d'avoir l'ombre de la peur d'une légère incommodité, ou bien [même quelque petit mal réel], pour mettre dans mes ballots[29] : le moyen d'attaquer une perfection? Eh! plût à Dieu vous en avoir donné la moitié! Je l'avois fait : Dieu n'a pas voulu que vous l'ayez conservée!

Je viens de ranger dans ma tête, que si M. d'Agaurry[30] veut bien qu'on renverse son vieux manteau de cheminée, il faudra commencer dès ce carême, afin que le *bien Bon* soit présent; il seroit impossible que nous fussions revenus de Bretagne assez tôt pour que

---

dans notre ancienne copie, *Sansené;* nous l'avons imprimé partout comme il s'est présenté d'abord.

26. C'est-à-dire, avec des broderies d'or.
27. Voyez plus loin la lettre 93, note 5, et la lettre 97, note 26.
28. Voyez l'emploi de la même expression dans d'autres passages rapportés dans le *Lexique*, v° LOIN.
29. C'est-à-dire, dans mes lettres. Le manuscrit porte, sans qu'il y ait aucun *laissé-en-blanc* : « Je serois pourtant bien aise d'avoir l'ombre de la peur d'une légère incommodité ou bien pour mettre dans mes ballots. » Il nous a paru qu'une ligne avait dû être sautée par le copiste, et nous avons cherché à la suppléer le moins mal possible; mais ce n'est qu'une conjecture, qui ne nous inspire à nous-même qu'une très-médiocre confiance.
30. Le propriétaire de l'hôtel Carnavalet, à cette époque; voyez la note 2 de la lettre imprimée (VI, 51).

1679 cela fût fait à votre retour. Ainsi nous ne louerons que l'appartement de Mlle de Grignan[31]. N'approuvez-vous pas ce que je dis ? et que j'embrasse M. de Grignan ?

76. — DE MADAME DE SÉVIGNÉ
A MADAME DE GRIGNAN[2].

A Paris, vendredi 20ᵉ octobre.

J'AI parlé à Mme le Moine[2] ; elle m'a juré Dieu et

---

31. Le manuscrit porte, comme nous l'imprimons, *Mlle de Grignan*, au singulier ; il est assez vraisemblable que Mme de Sévigné avait mis le pluriel ; conférez plus haut la lettre 69, note 12, et voyez aussi le 4ᵉ alinéa ci-dessus.

LETTRE 76 (fragments inédits). — 1. Ces fragments font partie de la lettre 744 (VI, 55) ; la lettre entière se trouve dans notre manuscrit, tome VI, pages 265 et suivantes ; le Grosbois n'en contient qu'un extrait. Quelques parties de cet extrait étaient inédites ; mais les derniers éditeurs, trompés par leur ancienne copie, ont inséré dans la lettre, comme inédit, outre ces parties, un alinéa, le cinquième de la lettre imprimée (« Je suis fort aise de vous voir disposée comme vous êtes pour Monsieur de Marseille, etc. »), que Perrin avait déjà fait connaître, et qui appartient en réalité à une lettre écrite deux années auparavant, à la lettre du 27 octobre 1677, où il forme le commencement du 3ᵉ alinéa (V, 378). Cette erreur que les éditeurs, du reste, ont eux-mêmes reconnue plus tard (voyez aux *Additions et corrections*, tome XII, Appendice, page 91, la note substituée à la note 15 de la page 59 du tome VI), est due à l'incurie du copiste du Grosbois, qui n'a pas pris soin de séparer les uns des autres les fragments qu'il transcrivait ; voyez l'*Introduction*, pages 11 et 12, et page 35.

2. Voyez la lettre précédente, note 8, et plus loin, la lettre 80, 3ᵉ alinéa.

le diable que c'est Mme Y[3] qui a fait vos chemises, et qu'elle y perd la dernière façon; elle dit que vos manches sont de la longueur de votre mesure; que pour la toile, vous l'avez choisie vous-même; qu'elle est au désespoir que vous soyez mal contente; que si vous voulez lui renvoyer vos manches, elle vous donnera de la toile plus fine, et les fera de la longueur dont vous les voulez présentement. Elle vous prie de ne point garder ce chagrin si longtemps contre elle. Elle a parlé pathétiquement, et prétend n'avoir point de tort; mais elle raccommodera tout ce qui vous déplaît : je vous conseille, ma bonne, de la prendre au mot. J'admire le malheur qu'il y a eu sur ces pauvres chemises; je comprends ce chagrin. Vous en avez de toutes les façons, ma bonne; rien n'y manque : votre malheur rend prisonniers[4] ceux qui vous aiment; la mort, l'antipathie empêchent qu'on ne profite[5] : enfin, Dieu le veut! Nous fûmes si heureux que de vous avoir fait partir un cuisinier, le jour que vous mandez que vous pouvez vous en passer : cela est comme tout le reste! Cependant c'eût été une dépense épargnée assez considérable; il n'y en a aucune à quoi vous ne

---

3. Nous retrouverons bientôt ce nom, qui n'est peut-être qu'une initiale ou qu'un *chiffre*, et qui a donné lieu à une bien singulière méprise; voyez plus loin la lettre 80, note 10.

4. N'est-ce pas une allusion à l'emprisonnement de Fouquet?

5. Il s'agit ici évidemment du cardinal de Retz, de qui Mme de Sévigné avait toujours espéré des bienfaits pour ses enfants, et particulièrement pour sa fille; voyez plus haut, dans ce recueil, tome I, page 336, la note 5 de la lettre 28. On peut voir l'expression des mêmes regrets dans la lettre 809, des 12 et 13 mai 1680, 1er alinéa de la seconde partie (VI, 394 et 395). Le cardinal était mort inopinément, le 24 août précédent, sans avoir fait les dispositions attendues; voyez la lettre 726, au comte de Guitaut, du 25 août 1679 (V, 558).

deviez penser, et petite et grande : au moins, ma bonne, qu'on n'oublie pas de renvoyer celui de Lyon. J'avois pensé à Hébert[6], aussi bien que vous ; il est d'un grand ordre et fort accoutumé au détail ; il écrit, il a de l'esprit et de la fidélité ; mais il a, ce me semble, la barbe un peu trop jeune pour commander un si gros domestique.

M. de Grignan est bien heureux d'aimer sa famille ; sans cela il auroit les pattes encore plus croisées, n'ayant point de chasse. Pour moi, je ne me puis accoutumer à n'avoir plus ma chère bonne, à ne la plus voir, à prendre mes heures et les siennes, à la rencontrer, à l'embrasser[7] ; cette occupation rendoit ma vie contente et heureuse ; je ne vis que pour retrouver un temps pareil.

6. Ancien domestique de Mme de Sévigné, qui avait été depuis au service de la maison de Condé ; voyez plus haut, tome I, page 255, la note 18 de la lettre 5, et voyez aussi la lettre 77 ci-après, note 34.

7. C'est-à-dire, à ne plus prendre mes heures et les siennes, à ne plus la rencontrer, ne plus l'embrasser. Dominée par l'idée qui remplit son esprit, Mme de Sévigné choisit, ou plutôt prend instinctivement pour l'exprimer, la forme la plus rapide, sans trop de souci de ce que pouvait avoir d'irrégulier la construction de la phrase, qui eût été plus lourde et aurait rendu d'une manière moins vivante les souvenirs qu'elle évoquait, si elle eût été plus régulière.

77. — DE MADAME DE SÉVIGNÉ A MADAME
ET A M. DE GRIGNAN[1].

A Livry, mercredi 25⁰ octobre.

A MADAME DE GRIGNAN.

Je suis ici, ma bonne, toute fine seule ; je n'ai point voulu me charger d'un autre ennui que le mien;

LETTRE 77 (lettre entière, presque entièrement inédite). — 1. Cette lettre se trouve dans notre manuscrit, tome VI, pages 273 et suivantes ; le Grosbois n'en contient aucun extrait ; Perrin seul en avait fait connaître une faible partie, qui fournit un exemple éclatant des procédés arbitraires qu'on a justement reprochés à cet éditeur. Perrin, en effet, s'est borné à donner le commencement de la lettre, le premier alinéa seulement, et il l'a donné même d'une manière fort peu fidèle, suivant son habitude, comme on le verra par les notes suivantes. Mais une aussi faible partie ne pouvant suffire à elle seule à constituer une lettre, Perrin s'en est simplement servi comme de début pour une autre lettre, dont l'arrangement tout au moins lui appartient, dans laquelle il a rassemblé divers passages, tirés vraisemblablement de différentes lettres que nous ne connaissons pas. A la lettre ainsi formée de pièces et de morceaux, Perrin, dans sa première édition (édition de 1734-1737, tome IV, page 310), avait donné pour date le 8 novembre 1679, date certainement fausse, au moins pour le commencement de la lettre, où Mme de Sévigné, qui était alors à Livry, disait qu'elle y resterait *jusques à la Toussaint*, langage qu'elle n'avait pu tenir évidemment le 8 novembre, alors que la Toussaint était déjà passée. Aussi Perrin avait-il eu soin de supprimer ces mots compromettants (voyez le texte de la lettre, note 2), qui auraient trop facilement laissé voir les façons d'agir peu scrupuleuses de l'éditeur. Mais Mme de Sévigné avait cependant réellement écrit à sa fille le 8 novembre 1679; notre ancienne copie contient et reproduit fidèlement la lettre véritablement écrite à cette date. Perrin ne la possédait pas sans doute à l'époque de la publication de sa première

j'y suis à ma fantaisie jusques après la Toussaint[2] :

édition ; mais l'ayant plus tard à sa disposition, il voulut l'insérer dans sa nouvelle édition. Il fallut pour cela reprendre à la lettre factice, arbitrairement datée du 8 novembre dans la première édition, la date mensongère qu'on lui avait donnée, et lui en chercher une autre. C'est effectivement ce que fit l'éditeur, et il ne trouva rien de mieux, pour résoudre la difficulté, que de donner à la lettre due à ses arrangements et datée d'abord du 8 novembre, la date de celle dont il avait pris le commencement pour former le début de la première. C'est ainsi que dans l'édition de 1754 la lettre datée du 8 novembre dans l'édition de 1734 reçut la date du 25 octobre 1679, c'est-à-dire la date de notre lettre, quoique la plus grande partie de son contenu fût étrangère à cette dernière aussi bien qu'à celle dont on lui avait primitivement fait prendre la place. En somme, la lettre qui figure dans la correspondance générale, à la date de la nôtre, sous le numéro 747 (VI, 64), qui est la lettre arrangée par Perrin, ne reproduit, — et bien peu fidèlement encore, — que quelques lignes de la lettre que nous publions ici, de la véritable lettre du 25 octobre 1679 ; le surplus, tiré de diverses lettres que nous ne connaissons pas, et composé de fragments sans rapport entre eux, dont le passage de l'un à l'autre n'est indiqué par aucune de ces transitions légères que trouvait si facilement Mme de Sévigné, est complétement étranger à la lettre sous la date de laquelle ces fragments se trouvent arbitrairement placés. — Dans notre manuscrit, l'inscription porte : « A Livry, mercredi 23ᵉ octobre », au lieu de : « 25ᵉ octobre », comme nous l'imprimons. C'est une erreur sur le quantième, et il est présumable qu'elle vient du copiste, qui a pu facilement prendre un 5 pour un 3. Le contenu de la lettre ne laisse en effet aucun doute sur l'année où elle a été écrite, et en 1679, où elle se place, le 25 octobre et non le 23 fut un mercredi : la date du 25 doit donc être admise sans difficulté. Si l'erreur que nous venons de signaler se trouvait sur l'original, cela pourrait jusqu'à un certain point expliquer, sans la justifier, la conduite de Perrin, qui aurait pu alors, dans le principe, avoir des doutes sur la vraie date, reconnue par lui-même plus tard, et se croire autorisé à disposer à sa guise d'une lettre dont l'inscription était évidemment fautive : mais cela est peu vraisemblable.

2. Ces mots : « j'y suis à ma fantaisie jusques après la Toussaint », avaient été retranchés par Perrin, dans ses deux éditions. Sur les motifs de cette suppression, voyez la note 1 ci-dessus. — Dans

nulle compagnie ne me tente de³ commencer sitôt mon hiver. Je suis affligée de le passer sans vous, ma bonne; je ne m'accoutume point à cette séparation⁴. *Si je voulois, je me donnerois d'un air de solitude; mais depuis que j'entendis l'autre jour la Bagnols⁵ dire qu'elle étoit livrée à ses réflexions, qu'elle étoit un peu trop avec elle-même, je me veux vanter⁶ d'être toute l'après-dînée⁷ dans cette prairie, causant avec nos vaches et nos moutons. J'ai de bons livres, et sur le tout les *petites lettres* et Montagne⁸ : que faut-il autre chose, quand on ne vous a point? J'y ai reçu⁹ votre dernière lettre : vous me croyez à Paris auprès du feu, et vous recevez auprès du vôtre le reste de mes

---

'édition de 1754, Perrin avait remplacé les mots : « ma bonne », qui se trouvent dans la première ligne de la lettre, par les mots : « ma fille »; dans l'édition de 1754, il les a purement et simplement retranchés.

3. L'édition de 1754 porte : « *pour* commencer »; l'édition de 1734, suivie par les derniers éditeurs, portait : « *à* commencer ». La leçon de notre manuscrit est la plus correcte, et sans doute aussi la plus fidèle.

4. Cette phrase, retranchée par Perrin dans ses deux éditions, ne se lit que dans notre manuscrit.

5. Mme du Gué-Bagnols, sœur cadette de Mme de Coulanges; voyez la note 3 de la lettre 114 (II, 12). Dans ses deux éditions, Perrin a remplacé le nom de Mme de Bagnols par celui de Mme de Brissac.

6. Perrin : « je veux me vanter ».

7. Dans sa première édition, suivie par les derniers éditeurs, Perrin avait mis : « toute l'après-*midi* »; il a rétabli le vrai texte dans sa seconde édition.

8. Perrin, dans ses deux éditions, a modifié et réduit ainsi ce membre de phrase : « J'ai de bons livres, et surtout Montagne. » Par les *petites lettres*, Mme de Sévigné entendait certainement parler des *Provinciales* de Pascal.

9. C'est aussi le texte de l'édition de 1734, adopté par les derniers éditeurs; dans sa seconde édition Perrin a mis : « J'ai reçu ici, etc. »

lamentations[10] sur les fatigues de votre voyage : l'horrible chose que d'être si loin! Mais on ne peut être plus étonnée que je la suis[11] de vous voir avec M. et Mme de Mesmes[12]. J'ai cru que vous vous trompiez, et que c'étoit à Livry que vous alliez les recevoir*. Auront-ils[13] trouvé votre château d'un assez grand air? du moins votre chapitre[14] n'a pas mauvaise mine. Vous m'étonnez de votre souper sans cuisinier, et de votre musique sans musiciens : Mlles de Grignan, *Piche*[15], auront au moins fait leur devoir, avec Monsieur leur père. *Vous me manderez s'ils auront été contents : j'aurai bien envie de voir des gens qui viennent de vous quitter*[16].

10. « Et vous recevrez auprès du vôtre mes lamentations. » (*Éditions de* 1734 *et de* 1754.)
11. « Que je l'ai été. » (*Ibidem.*)
12. Voyez, dans ce recueil, tome I, page 273, la note 7 de la lettre 12.
13. Cette phrase et la suivante avaient été supprimées par Perrin et ne se lisent que dans notre manuscrit.
14. Le chapitre de l'église collégiale de Grignan.
15. *Piche* pour *Pichonne*. Mme de Sévigné entendait sans aucun doute désigner Pauline, comme le prouvent suffisamment les mots qui suivent.
16. Cette phrase ne paraît pas avoir été comprise par Perrin, qui lui a substitué la phrase suivante : « Les voilà (M. et Mme de Mesmes) qui m'écrivent donc d'une manière qui me fait comprendre qu'ils sont parfaitement contents de la bonne réception que vous leur avez faite : ils ont beaucoup d'envie de me voir; c'est la meilleure raison que j'aie pour m'en retourner incessamment. » Il semblerait, d'après le langage, d'ailleurs assez obscur, que l'éditeur fait tenir à Mme de Sévigné, que M. et Mme de Mesmes étaient déjà arrivés à Paris, ou allaient incessamment y arriver, et que Mme de Sévigné allait se hâter de quitter Livry pour les voir; mais tout cela était de l'imagination de l'éditeur : Mme de Sévigné n'avait rien dit de semblable, et M. et Mme de Mesmes n'arrivèrent à Paris que plusieurs semaines plus tard, à la fin du mois de novembre; voyez la lettre 78 ci-après, 2ᵉ avant-dernier alinéa, et plus loin la lettre 80, du 29 novembre, note 2.

Ma[17] chère bonne, vous avez chaud à votre pauvre poitrine ; vos jambes sont moins malades ; il me semble que ce sont les eaux du Puy[18]. Je vous remercie du dessein que vous avez de vous rafraîchir ; si ce lait vous faisoit du bien, quel bonheur, et quelle consolation pour ceux qui ne souhaitent au monde que votre santé ! Parlez-moi toujours sincèrement là-dessus, ma très-chère, je vous en conjure. Si vous prenez soin de vous, nous ne vous importunerons plus ; vous pouvez éviter par là tous les tourments que nous vous donnons. Vous devez avoir, ou avoir eu, cette colique de Saulieu[19] ? Au nom de Dieu, ne me cachez rien de ce qui touche votre personne !

Je crois que vous êtes à Lambesc[20] présentement. Vous n'y aurez point M. de Vendôme[21]. Le moyen qu'il y pût courir ? Il perdit, il y a peu de jours, dix mille

---

17. Tout ce qui suit, à partir de ce second alinéa, était inédit et ne se trouve que dans notre manuscrit.

18. Sous-entendu : « qui ont produit cet effet » ; peut-être même ces mots, ou d'autres mots analogues, ont-ils été omis, soit par le copiste, soit par Mme de Sévigné elle-même.

19. On comprend de quel genre de colique Mme de Sévigné entendait parler ici (voyez dans les dictionnaires de médecine, v° COLIQUES CATAMÉNIALES), et par quel jeu de mots elle avait su adroitement éviter l'emploi du terme propre. Nous retrouverons plus loin encore la même expression ; voyez plus bas la lettre 78, note 9.

20. Où devait se réunir l'Assemblée des Communautés ; voyez la note suivante.

21. Louis-Joseph de Vendôme, gouverneur de Provence. Le 19 janvier précédent, M. de Vendôme avait prêté, entre les mains du Roi, le serment de fidélité pour le gouvernement de Provence (voyez la *Gazette* du 21 janvier 1679), et on avait craint que pour faire acte de prise de possession de son gouvernement, il n'allât, cette année même, présider l'Assemblée des Communautés ; voyez la lettre du 13 octobre précédent (lettre 742, note 7, VI, 48), dans laquelle Mme de Sévigné avait déjà pris soin de rassurer M. et Mme de Grignan à ce sujet.

écus au billard, contre ce bon prélat de Langres[22] (c'est encore une belle lumière de l'Église !) : cette perte ne facilitera pas le voyage de Provence.

Je cherche à vous envoyer un petit ballot, où vous trouverez une écritoire fort jolie : je suis assurée que vous en serez contente. Votre poudrier est raccommodé ; je voudrois bien que vous pussiez vous en servir bientôt.

Notre bon abbé vous a écrit tous ses derniers raisonnements sur les accommodements de votre chambre basse. Il me dit d'abord qu'ils ne vous coûteroient pas cent écus ; et puis il suppute, il y met un parquet, et il vous mande cinq cents francs ! Je n'aime point à paroître menteuse, ma bonne ; je suis au désespoir quand on ne suit point vos volontés. Quoique les raisons de l'Abbé épargnent votre bourse[23], je voudrois que votre maison fût moins incommode, et je n'aurois pas tant de prévoyance que lui.

22. Louis-Marie-Armand de Simiane de Gordes, évêque de Langres de 1674 à 1695. Saint-Simon raconte, sur ce prélat, l'anecdote suivante, qui confirme, développe et complète le récit plus succinct de Mme de Sévigné : « M. de Vendôme, M. le Grand (M. d'Armagnac, grand écuyer de France), et quelques autres de cette volée, lui (à l'évêque de Langres) attrapèrent gros deux ou trois fois au billard. Il ne dit mot, et s'en alla à Langres, où il se mit à étudier les adresses du billard, et s'enfermoit bien pour cela, de peur qu'on le sût. De retour à Paris, voilà ces Messieurs à le presser de jouer au billard, et lui à s'en défendre comme un homme déjà battu, et qui, depuis six mois de séjour à Langres, n'a vu que des chanoines et des curés. Quand il se fut bien fait importuner, il céda enfin. Il joua d'abord médiocrement, puis mieux, et fit grossir la partie ; enfin il les gagna tous de suite, puis se moqua d'eux, après avoir regagné beaucoup plus qu'il n'avoit perdu. » (*Mémoires*, tome I, pages 295 et 296.) Le fait auquel Mme de Sévigné faisait allusion se passa, on le voit, après le retour de Langres.

23. Ces raisons avaient sans doute fait renoncer à la réparation projetée comme trop coûteuse.

Je causois l'autre jour avec Deville : il n'est point impossible que vous puissiez ravoir ces bonnes personnes[24] comme autrefois, quand vous viendrez à Paris; vous seriez bien heureuse de les reprendre pour toujours. Je suis bien dégoûtée de votre Regnaut[25] : le pauvre homme est plein de bonne volonté; mais vous avez raison de dire, que vous aimeriez mieux *une infidélité pleine d'économie, qu'une sotte fidélité*. Si vous aviez Deville, vous auriez et la fidélité et l'économie. Il me dit qu'à votre premier voyage vos ballots ne coûtèrent que huit livres quinze sols le cent jusqu'à Lyon, et ensuite[26] dix francs; il en coûte quinze à M. et Mme de Verneuil jusqu'à Pézenas. Ainsi voyez, je vous prie, quelle augmentation de dépense, et combien il faut être mal habile pour ne pas consulter les autres, et Deville le premier. Faut-il souffrir cela? tout l'argent que vous perdez me fait une peine incroyable.

Je vis Mlle de Méri avant que de partir : je la trouvai un peu mieux, et toujours mal. Elle aime sa femme de chambre; et c'est une consolation grande que de ne point toujours changer. Avez-vous reçu une lettre que je vous écrivis il y a trois semaines pour elle dans sa chambre, où elle avoit écrit quatre lignes? J'étois ce jour-là son secrétaire; ce n'étoit point sans besoin.

Je ne vous mande us de nouvelles, ma bonne, le Chevalier en prend soin; on ne sait rien dans cette forêt; les chemins empêchent un peu le commerce[27]; ce n'est plus comme en été.

---

24. M. et Mme Deville.
25. Maître d'hôtel de M. de Grignan; voyez la lettre 756, fin du 3ᵉ avant-dernier alinéa (VI, 111). Le nom est écrit *Renault* dans le manuscrit.
26. C'est-à-dire aux voyages suivants.
27. Le commerce des lettres, le commerce des nouvelles.

1679

Mais parlons de Pauline : c'est Mlle de Mazargues[28] ; je ne rabattrai rien de l'idée que j'en ai ; qu'elle est jolie ; et que cela est plaisant de lui voir animer et jouer ces fables, et aider à son frère ! En quel pays est l'abbaye de sa tante ? C'est toujours un grand chagrin de s'ôter de tels amusements ; je vous remercie de l'y avoir jetée confusément[29]. Qu'elle a une bonne mémoire ! elle démêlera cette généalogie comme elle pourra. Je ne m'étonne pas qu'elle vous amuse tous ; je serois trop heureuse de l'avoir : il ne faut pas que je me mette cette fantaisie dans la tête. Je suis bien de votre avis, sur le besoin qu'on a, à tout moment, d'un peu de philosophie, de résignation, de regards vers la Providence, comme il vous plaira ; mais enfin il faut quelque chose qui adoucisse un peu les troubles du cœur et les contre-temps continuels de la vie : c'est de vous, ma bonne, qu'il faut prendre des leçons, et vous en avez besoin[30].

A M. DE GRIGNAN.

Monsieur le Comte, en vérité il me falloit ce que vous m'avez écrit. Vous moquez-vous d'être paresseux pour écrire ? Avez-vous oublié que c'est à vous que je m'en prendrai de tous les maux de la bise ; et que vous êtes chargé du soin de cette santé, qui nous est si extrêmement chère ? Ne seroit-il point naturel, sachant comme je suis sur cela, d'avoir envie de m'en dire toujours quelque

---

28. Mazargues était une terre appartenant à la maison de Grignan, et, suivant l'usage du temps, on se proposait d'en faire porter le titre par la seconde fille du dernier mariage du comte ; voyez la lettre 572, note 11 (V, 43), et la lettre 577, note 25 (V, 65).

29. C'est-à-dire, de n'avoir songé que confusément à l'y jeter.

30. C'est-à-dire, c'est de vous-même, ma bonne, que vous devez prendre ces leçons, et vous en avez besoin.

chose? Si vous saviez ce que c'est que d'être loin, et tous les chagrins, toutes les inquiétudes que l'on souffre, vous auriez quelque pitié de moi, et quelque envie d'être en commerce sur un mal qui nous est commun. Vous faites très-bien de demander, et encore mieux d'obtenir, les bouillons et le lait; cette poitrine échauffée en a grand besoin. C'est donc à vous que je la recommande, puisque c'est vous qui y prenez tant d'intérêt, et qui vous chargez de tous les événements.

Vous allez à votre assemblée; nous sommes tous persuadés que cette année est encore des vôtres[31].

Je crois devoir vous faire un compliment sur la musique enragée de votre chapitre; au moins dites-moi si vous êtes content de l'autre. Est-il vrai qu'il n'y a ni instruments ni musiciens?

A MADAME DE GRIGNAN.

MA bonne, vous avez Flachère[32]; sa mine vous rassure[33]; je vous conseille pourtant de lui donner toujours quelques petits avis, et qu'on prenne soin du linge de ce Comte. Mon Dieu, que d'argent dépensé par l'infidélité ou la négligence des valets! C'est un garçon admirable qu'Hébert, pour l'esprit, la règle et la fidélité; mais le moyen qu'il fût respecté du domestique[34]? Il faut espérer que vous aurez mieux pour la Carnavalette.

31. Voyez plus haut la note 21.
32. Domestique de M. de Grignan.
33. Flachère, quelques années auparavant, avait sauvé Mme de Grignan du feu, et Mme de Sévigné fait sans doute allusion ici à cet événement; voyez la lettre du 16 août 1671 (lettre 194, fin du dernier alinéa, II, 325).
34. Voyez la lettre précédente, note 6.

Voici ce que le bon abbé a pensé, que je trouve raisonnable : ce seroit de renouveler votre bail à la Saint-Remi[35] (il finit à ce terme[36]), à condition qu'en cas de vente, ou que par quelqu'autre raison ils voulussent vous déloger, ils vous rembourseroient la dépense que vous auriez faite, ou la plus grande partie : il y a bien de l'apparence qu'ils accepteroient cette proposition. Il n'y auroit donc plus qu'à examiner si, en ce cas, cette maison vous plaît. Pour moi, je crois que nous ne pourrions mieux faire que de nous y attacher, à cette condition. J'en ferai toujours la proposition en l'air, en attendant votre réponse.

Au reste, ma bonne, ne me venez point parler de dégâts et de dommages ; l'Abbé renonce[37] fort d'avoir parlé dans ce sens ; au contraire, disant que votre pension étoit très-forte. Je sais bien que deux ou trois fois je l'ai entendu parler de cette sorte à mon fils et à d'autres ; mais, pour en avoir le cœur content une bonne fois, je veux voir en détail la dépense que nous avons faite, et celle que je dois faire seule ; naturellement, j'y ajouterai[38] votre grosse pension, et je verrai la juste vérité, et je démêlerai la mauvaise humeur, que peuvent donner l'âge et les soins de l'avenir, des choses de fait, qui sont incontestables. De cette façon, ma bonne, nous serons fixées dans l'avenir ; nous verrons sincèrement ce qui vous est le meilleur, et à moi aussi ; vous ne croi-

---

35. C'est-à-dire le 1ᵉʳ octobre.
36. Il devait finir par conséquent au 1ᵉʳ octobre 1680 (on était au 25 octobre 1679), après une durée de trois ans : il avait commencé le 1ᵉʳ octobre 1677. Conférez plus loin la lettre 81, note 6.
37. C'est-à-dire, *désavoue*, refuse de reconnaître ; voyez le *Lexique*, vº Renoncer. La même expression se retrouve encore un peu plus loin, toujours dans le même sens (voyez plus bas, note 39) : cette acception a vieilli et n'est plus en usage.
38. A la somme que je dépenserais seule.

rez point me peser, quand c'est peut-être le contraire ; nous ne marcherons plus en aveugles, et on n'entendra plus de discours qui vous puissent donner du chagrin, et à moi aussi. On les renonce[39] fort ; mais enfin j'en ai été au désespoir, et je ne puis dire la furie où j'en ai été contre lui. Voilà ce que j'ai résolu de faire pour l'avenir ; je suis assurée que vous l'approuverez : c'est ce que vous avez toujours desiré ; le temps n'étoit pas venu de le faire plus tôt.

Je viens de me promener avec Louison : il fait un temps admirable ! Mais savez-vous bien ce qui m'est encore meilleur que mes livres ? ce sont vos lettres, ma très-chère et très-bonne. Quand je songe que vous me parlez, et que je n'ai qu'à prendre dans ma poche une de vos lettres pour entendre ce que vous me dites, je trouve une consolation à les lire qui n'est pas difficile à comprendre à ceux qui connoissent bien l'amitié. Il ne faut point s'embarrasser des contre-temps de nos réponses, et que vous receviez au coin du feu mes inquiétudes du bateau[40] ; c'est un chagrin qui est attaché à celui de l'éloignement ; il faut s'y soumettre ; car il n'est pas possible que nous portions notre esprit si juste au temps que vous recevrez ma lettre que je ne songe encore plus à celle que je viens de recevoir et à celui que j'écris. Pour votre dernière, je l'ai reçue au même endroit où j'avois vu passer l'aumônier de Monsieur de Senlis[41].

39. C'est-à-dire, on désavoue fort ces discours, mais, etc. Voyez la note 37 ci-dessus.
40. Les inquiétudes au sujet du bateau sur le Rhône, qui avait emmené Mme de Grignan de Lyon au port de Robinet.
41. Denis Sanguin, évêque de Senlis, oncle de Louis Sanguin, marquis de Livry. L'évêque était grand chasseur et chassait souvent dans la forêt de Livry. Pour l'intelligence de ce passage, il faut lire, dans la lettre du 6 octobre précédent, écrite également

1679

A propos, savez-vous que cette grande Mlle du Coudray[42], qui ressemble à une aiguille à tapisserie[43], est mariée à un M. Colus, parent de celui de Lyon, qui est vieux, riche, et marié quatre fois? Elle a été traitée comme la fille de M. de la Souche, *sans dot* : vous souvenez-vous de cette folie[44] ? Je la trouvai l'autre jour chez Gau-

de Livry, l'aventure à laquelle Mme de Sévigné fait allusion ici (lettre 739, 5ᵉ alinéa, VI, 39 et 40) : « Nous y étions hier (dans l'avenue de Livry), Saint-Aubin et moi : il lisoit, je l'écoutois, et je regardois le petit pays doux que vous connoissez ; je vous souhaitois l'air que je respirois. Nous avions entendu un cor dans le fond de cette forêt ; tout d'un coup nous avons entendu passer comme une personne au travers des arbres ; nous avons regardé, c'étoit un grand chien courant. « Qu'est-ce que cela ? » a dit Saint-Aubin. — « C'est un des aumôniers de Monsieur de Senlis, » lui ai-je dit. Là-dessus sa rate s'est épanouie d'un rire extravagant ; et voilà la plus grande aventure qui nous puisse arriver en ce pays. »

42. Il n'est pas question ailleurs, dans la correspondance, de Mlle du Coudray, pas plus que de M. Colus. Mais ce dernier nom était sans doute difficile à lire dans l'original, car le copiste avait mis *Folus*, remplacé par *Colus* par la personne qui a pris soin de la collation. Les quelques mots dont Mme de Sévigné accompagne le nom, pour compléter la désignation de la personne : « parent de celui de Lyon », nous font croire qu'elle avait peut-être écrit ou voulu écrire : « Solus », et qu'il s'agissait d'un parent du mari de cette dame Solus, dont il est parlé dans une lettre écrite de Lyon quelques années auparavant, et dont le nom se retrouve dans des chansons du temps, qui présentent le mari comme un homme de finance ; voyez la lettre 302, écrite de Lyon, le 1ᵉʳ août 1672, par Mme de Coulanges à Mme de Sévigné et à Mme de Grignan, note 3 (III, 160). Mlle du Coudray était peut-être une parente de Rouillé du Coudray, procureur général de la chambre des Comptes, dont nous donnons plus loin une apostille ; voyez plus loin la lettre 165.

43. Il y a dans le manuscrit, sans doute par la faute du copiste : « qui ressemble à une aiguille *en* tapisserie ».

44. C'est dans *l'Avare* de Molière (acte I, scène VII) que se trouve le fameux *sans dot*, auquel faisait allusion ici Mme de Sévigné, qui aurait dû dire la *fille d'Harpagon*, et non *la fille de M. de la Souche*.

tier⁴⁵, où j'allois encore pour la Marbeuf (car Mlles de Grignan crieroient encore sur ma dépense); je la trouvai donc là toute cousue d'or : j'en souhaite autant, à proportion, à l'une de vos *Grignettes*⁴⁶, comptant qu'elle prendra sa sœur avec elle, et que ma pauvre Pauline ne sera plus chassée *del patrio nido*⁴⁷.

Je reviens des Complies, ma bonne, qui sont devenues des Matines : il n'a pas tenu à l'obscurité que je n'aie été bien dévote. Que dites-vous des nouvelles que je vous mande? Vous ne pouvez pas les soupçonner d'être fausses. Cela est plaisant avec quelle naïveté je vous écris, sans songer que la disposition de ceux qui reçoivent des lettres n'est pas toujours comme de ceux qui les écrivent⁴⁸! A tout moment je vous viens dire un mot; cela me fait un amusement qui m'est toujours meilleur que toute autre chose.

Où votre Provence avoit-elle imaginé que vous étiez tous empoisonnés ? Quelle folie ! et sur quel fondement? Le Chevalier a fait aller Autrement⁴⁹ chez lui⁵⁰, sur celui⁵¹ qu'il s'ennuyoit avec nos bonnes femmes⁵² : je l'ai laissé faire. Il reprend ses forces, et ne songe qu'à

45. Célèbre marchand d'étoffes.
46. Mlles Louise-Catherine et Françoise-Julie de Grignan; voyez plus haut la lettre 71, note 4.
47. *Du nid paternel.* Mme de Sévigné dit ailleurs, dans le même sens : *paterno nido;* voyez la lettre 484, note 8 (IV, 305), et la lettre 516, note 7 (IV, 38).
48. C'est-à-dire, comme *celle* de ceux qui les écrivent. L'ellipse du pronom démonstratif se rencontre, on le sait, assez souvent dans les lettres de Mme de Sévigné (voyez le *Lexique*, Introduction, page 41); mais cet exemple est remarquable.
49. Voyez plus haut, dans ce recueil, tome I, page 406, la lettre 52, note 4.
50. Chez le Chevalier.
51. Sur le fondement.
52. Qui lui faisaient peur des revenants; voyez la lettre suivante, note 10.

rejoindre son petit maître[53]. Je l'aime et l'embrasse de tout mon cœur, ce petit maître ; il me semble que je l'entends prononcer ses fables, et Pauline lui vouloir donner une âme[54].

Adieu donc, ma très-chère. Il est temps que mon laquais parte ; il est mercredi assez tard. Il n'ira pourtant pas la nuit, comme ce pauvre homme[55] ; il est vrai qu'il ne gagnera pas neuf sols : il y a longtemps que cet homme-là m'a fait pitié. Je vous embrasse intimement, ma bonne, ma chère bonne. Il m'est impossible de retenir quelquefois mes larmes dans ces bois : elles sont amères, elles sont tendres, enfin elles viennent du cœur le plus touché et le plus à vous que vous puissiez vous représenter. Je vous demande pardon des sottes répétitions de cette lettre ; elle est d'une vraie bergère qui ne sait rien. Le bon abbé vous fait des compliments ; il vous rendra bon compte de M. Chapin.

53. Le jeune marquis de Grignan. Autrement avait été attaché à la personne du jeune marquis, pour faire acquérir plus rapidement à ce dernier la connaissance de la langue allemande.

54. Voyez plus haut le dernier alinéa de la première partie de la lettre.

55. Peut-être le pauvre *ramoneux?* Voyez plus haut la note 2 de la lettre 72.

78. — DE MADAME DE SÉVIGNÉ A MADAME DE GRIGNAN[1].

1679

A Paris, mercredi 8e novembre.

Dimanche je fus chez Mlle de Méri : je la trouve un peu mieux; elle parle ; elle n'est, dit-elle, que trop vive ; elle a le sang agité. Elle ne s'accommode point de cette fille, que je croyois qui lui fût agréable[2]; mais pour vous faire voir qu'elle n'est pas méprisable, c'est que M. de Tréville[3] et M. du Bois l'ont engagée chez Mme de la Roche-Guyon, pour être femme de chambre. Mlle de Méri le veut bien, et peut-être en trouvera-t-elle une plus propre à son petit ménage, qui va tout de travers, et dont elle est excessivement tourmentée. Je l'ai vue encore aujourd'hui, je tâcherai de lui trouver des filles ; car il en faut en haut et en bas.

Du Chesne[4] s'est mis à rire, en se ressouvenant de quelle manière je suis pour votre santé. Il n'a point de sous-médecins à ses Invalides[5]. Quand votre jeune homme[6] viendra, il lui fera tout le plaisir qu'il pourra

---

Lettre 78 (fragments inédits). — 1. Ces fragments font partie de la lettre 751 (VI, 77); la lettre entière se trouve dans notre manuscrit, tome VI, pages 309 et suivantes ; le Grosbois n'en contient aucun extrait.
  2. Voyez plus haut la lettre 75, 7e alinéa, et la lettre 77, 7e alinéa.
  3. Voyez la note 9 de la lettre 144 (II, 106).
  4. Voyez la note 13 de la lettre 488 (IV, 323).
  5. Mme de Sévigné fait allusion à ce passage dans la lettre du 24 novembre suivant (lettre 755, fin du 1er alinéa, VI, 94). Du Chesne, médecin des enfants de France, était en même temps médecin en chef de l'hôtel des Invalides, qui venait d'être terminé.
  6. Voyez la lettre 749, 4e alinéa (VI, 71).

lui faire : il lui donnera des pratiques ; il causera avec lui ; voilà tout : il lui fera voir ses malades.

Vous avez sans doute votre cuisinier[7]; vous nous en manderez votre avis. Le Chevalier dit qu'il ne vous plaint guère de l'excès de vos dépenses, causé par l'inhabileté de vos gens. Il vous offre Poirier[8], dont il n'a que faire présentement, et qui est le plus habile garçon de France, et le plus économe ; il vous offre encore une autre sorte d'homme : ces deux places sont bien importantes dans une maison. Deville ne vous manqueroit pas, si vous en aviez besoin, en cas que le Roi vous allât voir; mais on n'en parle point du tout.

Parlez-moi, je vous prie, de la manière dont s'est passée votre dernière colique. Croyez-vous que ce ne soit point une chose importante ? Du Chesne m'en a bien demandé des nouvelles; mais je n'ai pu répondre que de celle de Saulieu[9]. Il hait beaucoup les douleurs que vous avez en ces temps-là. Ma bonne, je vous demande pardon : si vous êtes aussi méchante de loin que de près sur ce chapitre, vous me haïrez cruellement.

Le bon abbé vous écrira sur l'accommodement de votre chambre; ne vous mettez point en peine, et fiez-vous en nous : vous trouverez tout comme vous le souhaitez. Nous trouvons toutes sortes de facilités avec le propriétaire, et laissez au Chevalier et à moi le soin de réveiller le bon abbé, quoiqu'il me paroisse qu'il n'en soit pas besoin. Il vous est venu une petite partie égarée : Rippert a vendu votre cheval seize louis[10]; il me les apporta hier. Je voulus lui parler de la nourriture, il se moqua de moi; je le pressai, il me dit qu'*il en*

---

7. Gobert; voyez plus haut la lettre 75, notes 2, 5, 12 et 20.
8. Voyez plus loin la lettre 155, note 31.
9. Voyez la note 19 de la lettre précédente.
10. Voyez plus haut la lettre 75, note 24, et plus loin la lettre 85,

compteroit quelque jour avec M. le marquis de Grignan[11] : jamais je n'ai vu une telle race! Ces louis sont dans mon cabinet ; vous les destinerez comme il vous plaira.

Mme de Mesmes n'est point encore arrivée, et partant point de chemises encore ; mais dès que je les aurai, vous verrez comme vous serez servie. Le petit garçon[12] a donc bien dit : « Non, non » : je l'embrasse et le baise, car je suis assurée qu'il le veut bien. J'ai repris Autrement, à cette heure qu'il ne craint plus les esprits dans cette maison[13]. Il reprend des forces tant qu'il peut, et brûle d'impatience de vous aller trouver ; il croit partir bientôt.

L'agitation de mon cœur pour votre santé ne détruit point l'adorable composition de ma machine : je l'emploierai pour votre service.

Je vous conjure, ma très-chère, de ne m'écrire point de si grosses lettres : un mot de votre santé, un autre de votre amitié, et que ma lettre vous a amusée, voilà tout. Ma très-chère, je suis toute entière à vous.

note 4. Dans cette dernière lettre le prix de vente n'est plus de seize louis, mais de seize pistoles.
11. Voyez la lettre suivante, note 9.
12. Le jeune marquis de Grignan.
13. Voyez la lettre précédente, notes 52 et 53.

1679

79. — DE MADAME DE SÉVIGNÉ
A MADAME DE GRIGNAN[1].

A Paris, mercredi 15⁰ novembre.

Vous pouvez penser, ma bonne, quelle nouvelle pour moi, que de vous savoir à Saint-Andiol[2], avec votre petit garçon malade[3] considérablement, une grave fièvre, tous les signes de la petite vérole ou de la rougeole. De l'humeur dont vous êtes, avec le cœur que vous avez, puis-je me représenter cet état sans une douleur sensible ? La circonstance de votre mauvaise santé est une chose étrange, et de vous savoir dans un air qui peut être si dangereux : enfin, il ne manque rien au sujet que j'ai de m'inquiéter, et comme je ne vous aurois pas demandé d'être tranquille le jour que vous m'avez écrit, je pense que vous ne me demanderez pas aussi de l'être, tant que je serai dans l'ignorance où je suis de la vie de votre fils, et de la vôtre. C'est une chose terrible

---

LETTRE 79 (lettre entière et presque entièrement inédite). —
1. Cette lettre, qu'aucun des anciens éditeurs n'avait fait connaître, se trouve dans notre manuscrit, tome VI, pages 57 et suivantes ; le Grosbois n'en a reproduit qu'un passage de quelques lignes, qui a été publié pour la première fois dans l'édition des *Grands écrivains de la France*, où il figure, sans date précise, sous le numéro 753 (VI, 86) : tout le reste de la lettre était complètement inédit ; voyez plus bas la note 10.

2. Village entre Château-Renard et Orgon, et près de Saint-Rémy (Bouches-du-Rhône).

3. Le jeune marquis de Grignan fut atteint de la rougeole ; dans plusieurs lettres de la correspondance, Mme de Sévigné parle des inquétudes que cette maladie lui avait données ; voyez les lettres du 24 et du 29 novembre suivant (lettre 755, dernier alinéa, VI,

que l'éloignement : j'étois encore à Livry, quand il est
tombé malade, et quand je reçois votre lettre, il y a
huit jours qu'elle est écrite; de sorte que tout est changé
de face; tout est bien ou mal : c'est comme le tonnerre,
quand nous entendons le bruit, le coup est donné. C'est
une chose cruelle que d'être si loin de ceux où l'on
prend un si sensible intérêt. Vous pouvez penser que
j'ai couru bien vite chez MM. de Grignan; où pouvois-
je aller, que dans un lieu où l'on pense et où l'on parle
comme moi? Nous avons trouvé que vous êtes au milieu de trois villes dont vous avez du secours; vous avez
Guisoni[4]; l'air est meilleur où vous êtes qu'à Grignan.
Nous espérons que vous aurez eu quelque pitié de vous,
au cas qu'il ait la petite vérole ou la rougeole, et que
M. de Grignan ne vous aura pas même abandonné entièrement le soin de votre personne, ni Monsieur le Coadjuteur. Enfin, on ne vous aura pas abandonnée; mais,
ma chère bonne, qui vous aura sauvée de vos inquiétudes? C'est où il n'y a point de remède, et c'est ce
que vous n'avez point la force de supporter. Ce pauvre
enfant! mon Dieu, que je le plains, et que je vous
plains! Hélas! j'attends aujourd'hui des lettres avec une
émotion que vous pouvez penser : si elles arrivent si
tard, il faudra que celle-ci parte; mais qu'importe? ce
n'est pas de ce que je vous mande dont il est question,
c'est de ce que vous me mandez. Quel bonheur si ce
commencement de maladie s'étoit rendu commun[5], et

100; lettre 756, avant-dernier alinéa, VI, 112), et la lettre au
comte de Guitaut du 6 décembre de la même année (lettre 759,
avant-dernier alinéa, VI, 129).

4. Médecin de Mme de Grignan; son nom revient souvent, à
cette époque, dans la correspondance.

5. C'est-à-dire, si la maladie, dont le début avait inspiré de si
vives craintes, n'était qu'une maladie ordinaire et sans gravité :

1679

qu'il n'y eût plus rien à craindre! Cela est dans la Providence, ma pauvre bonne, avec bien d'autres choses!

Mme d'Oppède, qui avoit retenu le carrosse de Lyon, et qui me reculoit le départ d'Autrement de beaucoup de jours, me fait le plaisir de l'emmener dans ce même carrosse, où elle met son train, et où il se trouve une place vide; ils[6] paroissent fort aises de vous rendre ce petit service. J'ai offert de louer un cheval pour un de ses gens, qui seroit en meilleure santé que ce pauvre garçon; ils n'ont rien voulu que de le mettre dans ce carrosse. Je lui donnerai de l'argent pour le nourrir, et comme je suis bien assurée qu'il n'en aura pas besoin, je vous manderai la somme, et vous la compterez sur ses gages. Ils partiront demain ou après; M. d'Oppède[7] ne s'en va que dans un mois. Cette petite femme[8] est

---

se rendre commun, pour *devenir ordinaire*, a vieilli et ne se dirait plus aujourd'hui.

6. M. et Mme d'Oppède. Régulièrement il faudrait : « elle paroissoit », puisqu'il n'a été parlé que de Mme d'Oppède; mais dans les lettres de Mme de Sévigné l'accord des idées l'emporte assez souvent, on le sait, sur l'accord des mots.

7. On avait laissé, ce nous semble, subsister quelque confusion au sujet des personnes portant le nom d'Oppède, qui figurent dans la correspondance. Il s'agit ici, croyons-nous, de Jean-Baptiste de Forbin Meynier, marquis d'Oppède, président au parlement d'Aix (voyez la note 22 de la lettre 1242, IX, 347), le même sans doute qui fut pendant quelque temps ambassadeur en Portugal (voyez la note 1 de la lettre 251, II, 511), et qui épousa en 1674 Marie-Charlotte Marin, sœur du premier président de même nom au parlement d'Aix. Le marquis d'Oppède était fils du baron d'Oppède, ancien premier président au parlement d'Aix, et neveu de Louis Forbin d'Oppède, l'ancien évêque de Toulon, qui avait fait avec l'évêque de Marseille une si vive opposition à M. de Grignan; voyez et conférez la note 10 de la lettre 345 (III, 274), et plus haut, dans ce recueil, la note 2 de la lettre 13, la note 3 de la lettre 4, la note 6 de la lettre 25 et la note 19 de la lettre 23, et voyez aussi la note suivante.

8. Mme la marquise d'Oppède; voyez la note précédente. C'est

jolie et honnête ; elle voudroit bien vous plaire : que pourriez-vous mieux faire à Aix que d'en faire votre société et votre compagnie ordinaire ? il me semble qu'elle mériteroit cette distinction.

A force de me tourmenter de l'honnêteté de Rippert, qui n'a rien voulu pour la nourriture du cheval, j'ai appris que votre régiment lui valoit quatre ou cinq mille francs par an : il a donc raison d'*en vouloir compter avec le petit marquis*[9]. Eh ! mon Dieu, le pauvre enfant ! puis-je parler d'autre chose, ne pensant jour et nuit qu'à lui et à vous ?

Je vais fort souvent chez le Chevalier : son rhumatisme va et vient par toute sa personne ; je trouve qu'il est mieux ; mais il est assommé, comme moi, de la maladie de ce pauvre petit garçon.

*J'ai [10] été assez heureuse pour calmer les chagrins de Mlle de Méri sur son domestique. Je lui ai donné une fille ; j'en ai ôté une autre ; je me suis rendue la maîtresse, et je crois qu'elle aura quelque repos. La manière dont elle étoit frappée de cette tribulation ne se peut exprimer, et marque bien sa maladie[11]. Elle s'en

---

certainement de la même personne qu'il est question dans la lettre du 8 décembre suivant (lettre 760, 2ᵉ alinéa, VI, 131), qu'on a cru à tort se rapporter à la baronne d'Oppède, femme de l'ancien premier président au parlement d'Aix, décédé depuis plusieurs années ; voyez la *Table alphabétique*, au nom OPPÈDE (la baronne d') ; et c'est encore, croyons-nous, de la même personne qu'il est question dans la lettre 457 (IV, 185, note 14), et aussi plus loin dans un passage intéressant de la lettre 84 (note 6) de ce recueil, et dans plusieurs autres passages de nos fragments inédits.

9. Voyez plus haut la lettre 75, note 24, et la lettre 78, note 11.
10. Ici commence le passage publié d'après le Grosbois (voyez la note 1 ci-dessus) ; il finit plus bas, au milieu d'une phrase, aux mots : « de peur de l'oublier ».
11. Voyez plus haut le 7ᵉ alinéa de la lettre 75, et le 1ᵉʳ alinéa de la lettre 78.

portera mieux. Je voudrois avoir autant de pouvoir sur sa santé.

Celle de M. de la Rochefoucauld doit être bien parfaite, si les grâces et les faveurs du Roi, jetées à pleines mains, y peuvent contribuer. Sa Majesté a donné, sans en [12] être priée, la survivance des deux charges au petit garçon, et le brevet de duc sur la terre de la Roche-Guyon, qui étoit éteint depuis la mort de M. de Liancourt[13]. Enfin les fées ne savent plus que leur souhaiter. M. de la Rochefoucauld me l'écrivit promptement de peur de l'oublier,* et me prioit de le mander à vous et à M. de Grignan. Ne gagnera-t-il pas à tout cela un pauvre tableau[14]? Je vous conseille de lui écrire.

Ma chère, j'espère que tout ira bien; le cœur me bat pourtant. C'est une maladie commune[15]; vous avez de bons médecins qui ne le quitteront point; votre air doit être doux. Mais vous, ma chère bonne, comment vous portez-vous de vos soins et de vos inquiétudes?

Ma chère bonne, je reçois présentement votre lettre du mercredi, 8ᵉ; je l'ai ouverte avec une émotion bien

12. Le Grosbois porte, comme notre manuscrit : « sans *en* être priée », et c'est sans doute par inadvertance que les éditeurs, qui n'avaient pas d'autre source que leur ancienne copie, ont imprimé : « sans *y* être priée ».

13. Voyez le passage de la *Gazette* du 18 novembre, rapporté dans la note 2 du fragment imprimé (VI, 86).

14. C'est-à-dire, ne gagnera-t-il pas à tout cela une lettre? — Mme de Sévigné disait souvent, et M. de la Rochefoucauld avait dit sans doute lui-même plus d'une fois, au sujet des lettres de Mme de Grignan, que c'étaient de *vrais tableaux*, qu'elles étaient dignes d'un cadre. On disait la même chose, bien entendu, et plus souvent encore, des lettres de Mme de Sévigné elle-même : c'est évidemment la même façon de parler qui se retrouve ici. Voyez notamment le 3ᵉ alinéa de la lettre 839 (VII, 12).

15. Voyez ci-dessus la note 5, et le *Lexique*, vº Commun.

extraordinaire, et quoique j'y aie trouvé tout ce que je pouvois souhaiter, je n'ai pu retenir mes larmes. Mon cœur s'est ouvert et dilaté de joie en voyant ce pauvre enfant sauvé, et vous, par conséquent, sauvée de la mort; car le moyen, ma pauvre bonne, que vous eussiez pu résister plus longtemps à l'extrême agitation où vous étiez? Je comprends bien ce tourbillon terrible[16]. Eh! bon Dieu, quel état! et quelle incertitude pour cette saignée! Je trouve le raisonnement de Guisoni bien droit, et l'événement l'a bien confirmé. Je l'estimois beaucoup, mais je l'estime encore davantage : c'est un trésor dans la Provence. Mais, ma bonne, il auroit beau dire, je craindrois de prendre un tel venin, et si vous n'aviez suivi la mode de France, vous auriez fort bien pris la rougeole de Provence, qui est le mal le plus dangereux pour vous, puisqu'il tombe entièrement sur la poitrine. Je vous remercie mille fois, ma bonne, comme du plus grand plaisir que vous me puissiez faire, du soin qu'il me semble que vous avez de vous rafraîchir. L'été, où vous avez été, vous a bien embrasée; il est impossible autrement; et si vous n'aviez le soin d'éteindre ce feu, et que la fièvre vous prît, hélas! ma bonne, où en serions-nous? Il n'arrive pas toujours des sueurs à point nommé, comme vous en avez eu ici[17]! Enfin, ma bonne, c'est un grand bonheur que vous vous soyez tirée de cette peine; je vous connois trop pour ignorer l'état où vous avez été. Vous êtes présentement en repos, et vous ne pensez peut-être plus à tout ce détail; mais il faut m'excuser, car j'en suis pleine : je ne puis parler d'autre chose. Je vous conjure, ma très-bonne, de vous conserver et

16. Le manuscrit porte, par la faute sans doute du copiste : « *le* tourbillon », au lieu de : « *ce* tourbillon », comme nous l'imprimons.

17. Voyez plus loin la lettre 83, note 2.

de vous rafraîchir et de vous reposer ; vous ne sauriez me témoigner votre amitié d'une manière plus obligeante ni dont je sois plus touchée. Couchez-vous de bonne heure ; n'écrivez point, n'écrivez point !

Montgobert m'a écrit des merveilles ; elle me conte si naïvement toute votre aventure, et je me fie si fort à la naïveté de son style, qu'encore que je ne doute point de ce que vous dites, cette confirmation m'a fait beaucoup de plaisir : je m'en vais l'en remercier et faire mon paquet, car il est tard. Le Chevalier me mande que vous lui mandez les mêmes choses ; vos lettres nous ont redonné la vie : étoit-ce vivre que d'être dans les transes où nous sommes depuis dimanche ?

Votre cuisinier est arrivé tout à propos : je lui ai donné, outre les cinquante francs de son voyage, dont vous compterez avec lui, dix écus sur ses gages, qu'il me pressa de lui donner, parce que sa femme étoit accouchée.

Faites-moi écrire par Gauthier ou Montgobert, et ne me parlez que de vous.

Il y a un sort sur votre assemblée !

J'embrasse mon cher petit marquis. Ce pauvre enfant ! il est guéri présentement : quel bonheur ! Je remercie bien Dieu de n'avoir voulu que nous donner la peur, et de nous avoir garanti du mal.

Le bon abbé est sensiblement aise de la guérison du petit ; il prend part à votre joie comme à votre peine. Il est accablé de rhume, de fluxions sur les yeux ; il ne sort pas du coin de son feu.

Mme de Lavardin et Mme de Mouci[18] m'ont priée de vous faire leurs compliments de réjouissance. Corbi-

---

18. Marie de Harlay, marquise de Mouci, sœur du premier président Achille de Harlay ; voyez la note 3 de la lettre 737 (VI, 25).

nelli vous en fait mille : il avoit bien de la peine à soutenir mon âme.

Adieu, ma très-chère, ma très-bonne; je ne puis vous quitter; je voudrois bien recevoir encore une autre lettre tout à l'heure, pour savoir comme vous vous portez, et si vous avez été aussi reposée et aussi rafraîchie que vous avez été agitée et échauffée. Eh! mon Dieu, cette pauvre poitrine ! Dieu sait quels brasiers étoient allumés, et de quelle rapidité votre sang passoit dans vos artères et dans vos veines ! Ma chère bonne, rapaisez, rapaisez tout cela ; calmez votre sang et votre esprit, puisque votre enfant est hors d'affaire.

Je m'en vais écrire à Mme de Vins, qui est encore à Pompone, à qui j'avois mandé la maladie; il faut lui apprendre la guérison.

1679

80. — DE MADAME DE SÉVIGNÉ
A MADAME DE GRIGNAN[1].

A Paris, mercredi 29e novembre.

*Mme de Mesmes est arrivée[2] ; j'y courus hier ; elle me dit des merveilles de vous, de votre époux et de vos enfants, de votre château, de votre bonne chère,

Lettre 80 (fragments en partie inédits, en partie restitués). — 1. Ces fragments font partie de la lettre 756 (VI, 101); la lettre entière se trouve dans notre manuscrit, tome VI, pages 333 et suivantes. Cette belle lettre est principalement relative à deux objets : la disgrâce de M. de Pompone, à laquelle Mme de Sévigné dut être et fut en effet si sensible, et le mariage de la fille aînée du marquis de Louvois avec le duc de la Roche-Guyon, petit-fils de la Rochefoucauld. La lettre entière est reproduite dans le Grosbois, sauf quelques passages, biffés avec soin dans notre manuscrit, que le copiste n'a pas pris soin de déchiffrer. Ce sont ces passages que nous donnons ici, avec quelques autres auxquels ils sont intimement liés, qu'il était impossible d'en séparer, et que la suppression dont il vient d'être parlé, sur laquelle nous avons donné dans l'*Introduction* (pages 36 et suivantes) de plus amples détails, avait d'ailleurs rendus inintelligibles, comme on le verra par les notes suivantes, et comme on pourra aisément s'en convaincre par la comparaison du texte imprimé avec celui que nous publions aujourd'hui. Dans la partie de la lettre que nous donnons, Mme de Sévigné entretenait sa fille d'objets de toilette, dont il avait été déjà plusieurs fois question entre ces dames. Ce sujet avait paru sans doute trop peu noble, à côté de ceux qui faisaient l'objet principal de la lettre, et, quoiqu'il ne fût pas traité avec moins d'esprit que tout le reste, on avait voulu, déjà dans le manuscrit, le soustraire aux regards du lecteur, et on n'avait pas reculé pour cela devant des mutilations, qui non-seulement tronquaient la lettre, mais qui devaient la défigurer, dans cette partie, de la manière la plus étrange.
2. Voyez plus haut la lettre 77, note 16.

de votre musique, de votre honnêteté, de votre bonté, de votre bon air, et quasi de votre santé ; mais c'étoit pour me plaire*. Je m'en vais m'appliquer aux chemises³. Je suis à vous, ma bonne ; *je vous aime de tout mon cœur ; cela est bien simple, mais il est bien vrai. Mille amitiés de Mme de la Fayette.

La petite femme⁴ est à l'hôtel de Liancourt ; je crois qu'ils sont bien étonnés d'être obligés de faire tant de façons ; toutes les Lucrèces de cette maison étoient un peu au grenier. Nous verrons comme ils s'accommoderont de ce changement de théâtre. Elle a toutes les petites manières douces de Monsieur de Reims *⁵.

Je viens d'avoir une conversation d'une heure avec

---

3. Cette phrase est biffée dans notre ancienne copie. Les mots : « Je suis à vous, ma bonne », qui commencent la phrase suivante, ne se trouvent pas dans le Grosbois, quoiqu'ils ne soient pas biffés dans notre manuscrit ; ils ont été retranchés par le copiste, comme l'ont été presque partout, suivant sans doute une instruction reçue, toutes les expressions analogues de tendresse ; voyez l'*Introduction*, page 167, note 2. Conférer sur le passage en lui-même le 2ᵉ avant-dernier alinéa de la lettre 78 ci-dessus.
4. La nouvelle mariée, la duchesse de la Roche-Guyon.
5. Charles-Maurice le Tellier, archevêque de Reims, oncle de la nouvelle mariée. — Dans le Grosbois, et dans le texte que les derniers éditeurs ont donné d'après ce manuscrit, à cette phrase sont joints des mots qui n'ont avec elle aucun rapport, mais qui venaient immédiatement après un passage intermédiaire biffé dans notre manuscrit. Cette réunion, conséquence forcée des mutilations commises, a produit l'étrange phrase suivante : « Elle a toutes les petites manières douces de Monsieur de Reims, *dans un accablement qui la rend incapable des petits détails.* » Dans la lettre de Mme de Sévigné, ces mots : « dans un accablement, etc. », concernaient Mme Blondel, la couturière, dont il est question un peu plus loin, et pour les appliquer à la mariée on a dû les altérer légèrement et mettre : « des petits détails », au lieu de : « ces petits détails », qui est le vrai texte de la lettre, et qui se lit dans le Grosbois aussi bien que dans notre manuscrit.

1679 Mme le Moine[6], que j'appellerai, si vous voulez, Mme Blondel[7]; mais elle est si touchée et si affligée des défauts de vos chemises, qu'il n'y a rien de si sûr que l'envie qu'elle a de les réparer[8]. Mme Blondel est[9] *dans un accablement qui la rend incapable de ces petits détails; c'est un tourbillon que sa chambre[10]; ainsi je me tiens à la bonne le Moine. Mme Y[11] étoit malade; c'est d'où vient tout le mal; elle se porte bien, et réparera tout. Nous avons lu et relu votre mémoire[12]; c'est une pièce achevée; il n'y falloit pas moins de paroles; le laconique seroit fort dangereux en pareille occasion*. Nous avons regardé toutes les chemises l'une après l'autre, et les défauts, et les erreurs, les dentelles dépareillées : il y a de la frénésie à faire si mal ! Il vous en coûtera des manches neuves; ce seroit un

6. Voyez plus haut la lettre 75, note 8, et la lettre 76, note 2.

7. Mme Blondel était sans doute la couturière en chef, et Mme le Moine son associée ou sa première ouvrière.

8. Conférer plus haut le commencement de la lettre 76.

9. Tout ce qui précède, depuis le commencement de l'alinéa, se trouve biffé dans notre manuscrit et n'a pas été reproduit dans le Grosbois. On voit qu'en biffant on ne s'était aucunement préoccupé du sens : on s'était arrêté au milieu d'une phrase.

10. Cette chambre, par suite des suppressions, est devenue, dans le texte imprimé, la chambre de la mariée.

11. Voyez plus haut la lettre 76, note 3. — C'est ici que les suppressions ont eu le résultat le plus bizarre. De ces mots : « Mme Y étoit malade, etc. », — qui ne présentent aucune obscurité, quand on les rapproche de la partie inédite de la lettre du 20 octobre précédent, qu'on a pu lire plus haut (lettre 76, 1er alinéa), mais qu'il était, il faut le dire, impossible de comprendre dans l'état dans lequel le Grosbois donnait la lettre, — on a fait : « Madame (la duchesse d'Orléans) y étoit malade, etc. », et la pauvre couturière, par une bien singulière aventure, est devenue ainsi une princesse, et son nom, un adverbe de lieu !

12. Le mémoire concernant les chemises. D'après le texte imprimé on devait croire qu'il s'agissait de quelque mémoire important, relatif aux affaires de Provence ou à un procès.

rapsodage que les allongements d'épaulettes; on taillera et on vous renverra les courtes, qui seront bonnes pour le jour. Vous faites bien de reparer les manchettes et les collets de plus belles dentelles [13]. *Votre mémoire est emporté et sera suivi [14] et vous sera renvoyé, et tout ira bien sur ma parole*.

81. — DE MADAME DE SÉVIGNÉ
A MADAME DE GRIGNAN [1].

A Paris, vendredi 5ᵉ janvier.

AH! ma très-chère bonne, vous avez bien mal à votre pauvre poitrine; l'air de Salon [2] vous a redonné cette douleur et cette pesanteur au côté gauche, qui nous donne tant d'inquiétude. Que je suis obligée à Mme du Janet [3]

---

13. Tout ce qui précède, depuis : « Nous avons regardé », est biffé dans notre manuscrit et ne se trouve pas par suite dans le Grosbois. — On remarquera l'expression *reparer*, qu'il ne faut pas confondre avec *réparer*.

14. Le copiste du Grosbois a sottement écrit « serré », au lieu de « sera », et par ce changement il a donné le tour le plus irrégulier à la phrase, qui se lit ainsi dans le texte imprimé : « Votre mémoire est emporté, et serré, suivi, et vous sera renvoyé, et tout ira bien sur ma parole. »

LETTRE 81 (fragments inédits). — 1. Ces fragments font partie de la lettre 768 (VI, 137); la lettre entière se trouve dans notre manuscrit, tome II, pages 22 et suivantes; le Grosbois en contient des extraits étendus.

2. Voyez plus haut, dans ce recueil, tome I, page 304, la note 10 de la lettre 21.

3. Femme de M. du Janet dont il est souvent question dans la

de vous avoir ôté la plume! Ma bonne, si vous m'aimez, ôtez-moi le déplaisir de voir plus d'une feuille de votre écriture, et moins même, si vous voulez. Ce m'est une consolation de voir que vous vous conservez un peu; et quand vous serez hors de cet accès de douleur où vous êtes, — car j'espère que le temps se radoucira, — je vous conjure encore de ne point écrire : c'est toujours à recommencer, si par l'air et par vos fatigues vous retombez à tout moment.

Vous parlez de votre mal comme un très-bon médecin ; votre capacité m'étonne, et l'intérêt que je prends à votre santé me fait comprendre tout ce que vous dites. Mais ces veines et ces artères sont gonflées; ne vous feront-elles point cracher le sang, comme vous avez déjà fait ? Cette crainte, ma bonne, est difficile à soutenir. Et ce poumon dont je me souviens toujours? Mon Dieu, ma bonne, qu'il est impossible d'être en repos, quand on vous aime comme je fais ! Mme du Janet me mande qu'elle va vous faire prendre du lait; ma chère enfant, laissez-vous conduire, et ne tardez pas davantage à essayer encore d'un remède si salutaire. Je vous conjure de me faire toujours mander avec sincérité l'état où vous êtes : ah ! Montgobert, vous ne me dites pas un mot ! Que j'ai d'envie, ma bonne, que cette bise et ce vent du midi vous laissent[4] en repos ! Mais quel malheur d'être blessée de deux vents qui sont si souvent dans le monde, et surtout en Provence ! En vérité, ma bonne, vous devez un peu m'excuser si je pense tristement à l'état où vous êtes : ceux qui sont tranquilles en vous voyant ainsi sont bien heureux !

correspondance. Voyez la lettre 362, note 1 (III, 127); la lettre 364, note 4 (III, 335); et plus haut, dans ce recueil, tome I, pages 306 et 310, la lettre 22, notes 4 et 18.

4. Il y a *vous laisse* dans le manuscrit.

Vous me parlez bien tendrement de Monsieur l'Archevêque[5]; il me semble qu'il mérite tous les respects et toute la reconnoissance que vous avez pour lui; il y a longtemps que j'ai ces sentiments pour lui; je ne trouve dans aucune autre famille un patriarche si digne de nos respectueux attachements.

On ne nous ôtera point notre palais[6], ma bonne, et nous ferons ajuster votre chambre selon vos desirs. Je vous avoue qu'il me seroit douloureux et impossible de ne pas loger avec vous; toute la maison, qui nous peut contenir, me paroît admirable.

Il est vrai que la pénitence que j'ai fait faire à l'Abbé[7] m'a un peu consolée; il a bien vu et connu que c'étoit me perdre, et m'arracher toute l'amitié que j'ai pour lui, que de vous faire sentir ses mauvaises humeurs[8]. Son retour naïf et sincère m'a contentée, et j'ai voulu lui faire sentir la honte et la confusion de vous avoir dit des faussetés, qu'il m'avoue, et qui vous doivent assurer pour toujours que jamais vous n'avez pesé un seul grain sur moi; au contraire, au contraire, dis-je ! Jugez de ma colère, puisqu'il vous faisoit croire ce qui n'étoit pas ; car je l'ai voulu examiner. Et quand cela auroit été? Hélas ! il n'y avoit qu'à vous parler et vous marquer la chose. Y a-t-il une personne dans tout le monde et si bonne, et si juste, et si honnête, et si généreuse, et si désintéressée, et si pleine de considération pour moi? Il a vu toute l'horreur et toute l'injustice de cette conduite. Je n'ai pu, je vous l'avoue, traiter ce chapitre sans beaucoup

---

5. L'archevêque d'Arles.
6. L'hôtel Carnavalet, dont on venait de renouveler le bail; conférez plus haut la lettre 77, notes 35 et 36.
7. L'abbé de Coulanges.
8. Conférez plus haut la lettre 77, notes 37 et suivantes. Le manuscrit porte : « *ces* mauvaises humeurs ».

de vivacité, et même beaucoup de larmes : elles ont attiré un repentir sincère, et plus grand que je ne puis vous le dire. J'ai fait voir que tout est pardonnable, hormis ce qui touche mon cœur en cet endroit. On l'a vu, on est persuadé, on m'a demandé pardon comme à vous ; et j'ai pardonné : je ne crains pas à l'avenir de pareilles injustices. Vous avez écrit des bontés infinies ; vous êtes trop aimable, et vous méritez trop d'être aimée et adorée : n'en parlons plus, tout est bien.

Adieu, ma très-chère et très-aimable ; je ne puis jamais rien aimer tant[9] que je vous aime, ni rien à l'égal ni rien après. N'ai-je pas vu une oraison qui ressemble à ce que je dis ? J'en demande pardon à Dieu ; mais il veut que ce soit une vérité, et j'ignore pourquoi.

Mille baisemains à tout ce qui est avec vous. Le Chevalier est toujours incommodé, et Mlle de Méri très-languissante. Il ne faut point mettre sur votre compte les soins que j'ai de l'un et de l'autre ; je le dois et n'y manquerai pas. Le bon abbé ne parle de vous qu'avec des larmes, et des sentiments d'estime et de respect que vous méritez : il a lu votre lettre avec d'étranges sentiments de tendresse.

J'attends mes étrennes[10] avec impatience ; vous vous serez bien moquée des miennes !

---

9. C'est-à-dire autant ; voyez d'autres exemples, dans le *Lexique*, v° TANT.
10. Voyez plus loin la lettre 84, note 14.

82. — DE MADAME DE SÉVIGNÉ
A MADAME DE GRIGNAN[1].

1680

A Paris, mercredi 10° janvier.

Je ne suis pas contente, ma bonne, quand je songe que la bise et le vent du midi vous font beaucoup de mal, et que vous avez toujours de la douleur à ce côté gauche, qui nous a toujours fait tant de frayeur. Quel repos puis-je avoir, ma bonne ? Est-ce le poumon, est-ce la poitrine, est-ce ce que vous me mandez de ces nerfs et de ces veines gonflées, est-ce votre sang qui fait tout ce désordre ? Eh! pensez-vous que je vive quand je vous saurai exposée à la bise de Grignan[2] ? Ma bonne, il faut un peu me pardonner, si tout ce qui peut éloigner votre retour me donne une vivacité extraordinaire.

Je ne sais si vous êtes fâchée contre moi, d'avoir écrit à Monsieur l'Archevêque[3]; votre lettre n'a point de ton. Je comprends que M. de Grignan est un peu en colère contre moi; le hasard fait de plaisantes choses! mais je

---

Lettre 82 (fragments inédits). — 1. Ces fragments font partie de la lettre 770 (VI, 181); la lettre entière se trouve dans notre manuscrit, tome IV, pages 1 et suivantes; le Grosbois n'en contient aucun extrait.

2. Mme de Grignan était alors à Aix, et ne devait retourner à Grignan qu'au printemps; voyez le commencement du 2ᵉ alinéa de la lettre 805 (VI, 377 et 378).

3. Mme de Sévigné avait écrit à l'archevêque d'Arles une lettre dans laquelle elle se lamentait sur les dépenses excessives qu'on faisait à Grignan, et cette lettre, par mésaventure, était tombée dans les mains du gendre : on verra comme la belle-mère fut habile à se raccommoder; voyez la lettre suivante, note 11, et la lettre 84, 1ᵉʳ alinéa.

1680 ne trouve pas qu'il y eût beaucoup de mal à parler confidemment à Monsieur l'Archevêque d'une peine qui nous est commune. M. de Grignan fait beaucoup souffrir ceux qui l'aiment et qui sont attachés à lui; sa sorte d'amitié n'a pas des vues fort étendues pour les rendre heureux. Il est vrai qu'il se traite avec la même cruauté; mais cela ne rend pas le mal moins sensible; au contraire, cela fait qu'on n'a pas même l'espérance qu'il puisse changer. Vous me justifiez son jeu : je n'ai rien à dire, sinon que j'ai même regret aux cinquante pistoles que vous voulez bien abandonner, et surtout les voyant perdre à un jeu qu'il avoue lui-même qu'il ne sait point du tout. Il y a des gens qui ne dédaigneront pas de profiter de son ignorance. Pour vous, ma bonne, je connois votre sagesse; mais voilà qui est fait, je n'en parlerai plus, et je vous prie même de raccommoder ce que j'ai gâté : je suis très-capable de faire les fautes qui viennent de l'excès de la part et de l'intérêt que je prends à ce qui vous touche. La bonne Montgobert me parle fort de vous et de votre santé, et j'aime fort les détails qu'elle me conte; je ne puis m'en passer.

Votre sot animal de cuisinier[4] est arrivé : je le trouvai si bête, que quand il ne seroit pas au-dessus du marmiton[5], nous aurions tort de l'avoir envoyé, persuadée[6]

4. Gobert, le cuisinier recommandé par la Forêt, et dont on avait si bien auguré; voyez plus haut la lettre 75, notes 2 et 5.

5. C'est-à-dire, qu'alors même qu'on ne l'aurait pris que pour marmiton, etc. Le copiste a écrit, comme nous l'imprimons : « au-dessus », et c'est aussi, selon toute vraisemblance, ce que Mme de Sévigné avait écrit; la personne qui a fait la collation ne s'est pas rendu compte du sens et a mis à tort *au-dessous* à la place de *au-dessus*.

6. C'est-à-dire, persuadée que je suis qu'il, etc. Le manuscrit porte *persuadée*, comme nous l'imprimons, et non pas *persuadés*, comme aurait pu porter à le mettre le membre de phrase qui précède.

qu'il est impossible de rien faire de bien, si l'on n'a du moins le sens commun ; il ne l'a pas : nous compterons avec lui. Nous recevrons bientôt votre argent ; nous ferons toutes vos affaires, et tâcherons même de parler des blés, si vous nous envoyez des mémoires, comme j'en ai demandé. L'Abbé attend ceux que vous lui promettez, pour compter avec M. Chapin et vous envoyer votre quittance.

L'on mettra, dit-on, auprès de la princesse de Conti[7] une dame de plus grande qualité que Mme de Vibraye[8] ; on parle de cette petite tortilleuse de Senneterre[9] : rien n'est encore réglé[10].

Mon unique satisfaction, ma bonne, seroit à vous savoir en meilleur état, et ma sensible douleur est de vous voir épuisée, malade, desséchée, et, ce qui est le fondement de tout, cette poitrine attaquée. J'espère que vous ouvrirez enfin les yeux à la nécessité de mettre votre santé au premier rang de toutes choses : c'est ce que je souhaite il y a longtemps, ma bonne et très-chère.

Mlle de Méri est toujours à l'ordinaire ; le Chevalier est bien mieux. Je suis toute à vous. Vous ferez mes compliments comme vous le trouverez à propos. Le bon abbé est tout à vous.

---

7. C'est-à-dire la future princesse de Conti : le mariage de Mademoiselle de Blois, fille de Louis XIV et de Mme de la Vallière, avec le prince de Conti était arrêté, et il devait être célébré prochainement, mais ne l'était pas encore ; la célébration n'eut lieu que le 16 janvier ; voyez la lettre 772, 3e alinéa (VI, 195).
8. Voyez la note 12 de la lettre 767 (VI, 171), et voyez aussi le second alinéa de la partie imprimée de notre lettre (VI, 182).
9. Anne de Longueval, marquise de Senneterre ; voyez, sur ses démarches pour être nommée dame d'honneur de la princesse de Conti, la lettre 772, du 17 janvier, 3e alinéa (VI, 196, note 17).
10. Ce fut Mme de Bury qui fut nommée ; voyez la note 13 de la lettre du 17 janvier citée dans la note précédente (VI, 195).

83. — DE MADAME DE SÉVIGNÉ A MADAME DE GRIGNAN[1].

A Paris, vendredi 19ᵉ janvier.

Vous avouez vous-même, ma bonne, que vous admirez de voir écrire quelqu'un, et que vous demandez à Montgobert, si elle n'a point une pesanteur et un point du côté gauche. Ma bonne, il y a longtemps que vous sentez ce mal; j'en suis très-effrayée, et je ne trouve pas que ce soit là un mal de poitrine comme les autres; je me souviens toujours de ce poumon dont me parla M. Fagon, et ce qu'il me dit. Comment avez-vous pu croire être guérie de ce mal, et chanter victoire sur cette poitrine? Je vous conjure de me répondre avec sincérité : ce mal est-il continuel? est-il comme la bouffée de Livry[2]? La Bagnole a quelquefois des douleurs à la poitrine; ce n'est ni une pesanteur ni un point. Vos artères

---

Lettre 83 (fragments inédits). — 1. Ces fragments font partie de la lettre 773 (VI, 202), dont fait également partie le fragment publié sous le n° 763 (VI, 149). La lettre entière se trouve dans notre manuscrit, tome IV, pages 21 et suivantes. Le Grosbois en contient deux extraits, dont l'un, presque complétement inédit, n'a pas été reconnu comme faisant partie de la lettre, et a été publié séparément, sans indication précise de date : c'est le fragment donné sous le n° 763. Ce fragment cependant n'était pas entièrement inédit; on en retrouve des parties qui auraient pu servir à le faire reconnaître dans le texte mutilé de Perrin; voyez notamment la phrase suivante : « Quand je vais chez M. de Pompone, etc. », puis encore le passage : « Mon fils ne m'écrit point, etc. », qui figurent à la fois dans la partie de la lettre imprimée sous le n° 773 (pages 204 et 205), et dans le fragment publié sous le n° 763 (pages 149 et 150, 1ᵉʳ et 3ᵉ alinéas du fragment).

2. Voyez plus haut la lettre 79, note 17.

que vous croyez dilatées et gonflées peuvent-elles[3] être cause de ce mal quasi continuel au côté gauche? Vous qui savez tout, parlez-moi là-dessus. Voilà bien des questions, et je n'oserois pas les faire à vous-même; mais vous n'oseriez gronder ma lettre, et parmi tant de chagrins et d'inquiétudes il faut du moins que je me soulage par des questions, sur quoi je vous conjure de me répondre par Montgobert. Que dit Guisoni? et votre petit médecin? Ne songez-vous plus à essayer le lait d'ânesse le matin, et tâcher de dormir dessus? Vous tenez-vous pour éconduite pour l'avoir pris dans cette vilaine rue Courteau-Vilain[4], à la veille d'un départ? Ma bonne,

---

3. Mme de Sévigné avait fait *artères* du masculin; le manuscrit porte : « peuvent-ils ».

4. Ce passage est intéressant; il donne l'explication de cette expression *la Courtande* (Mme de Sévigné avait peut-être écrit *la Courtaude*?) que nous avons rencontrée dans deux lettres précédentes (voyez plus haut la lettre 68, note 4, et la lettre 69, note 6), et qui sans cela serait restée fort obscure. Joint aux deux textes qu'il éclaircit, il prouve de la manière la plus indubitable, ce qu'on avait ignoré jusqu'à ce jour, que Mme de Sévigné demeurait rue Courteau-Vilain, et non, comme tous les biographes l'avaient cru, rue Sainte-Anastase, lorsqu'elle alla occuper, au mois d'octobre 1677, l'hôtel Carnavalet (voyez Walckenaer, *Mémoires*, tome IV, page 68 et page 334; Aubenas, suite desdits *Mémoires*, tome VI, page 288; la *Notice* de M. Mesnard, page 235; la note 11 de la lettre 173, II, 237; et la note 10 de la lettre 270, III, 45). Mais Mme de Sévigné a-t-elle jamais habité la rue Sainte-Anastase? Il est peut-être aujourd'hui permis d'en douter, d'après les nouvelles données, fournies par notre manuscrit. Il faut supposer en effet, pour cela, que de 1672 à 1677 Mme de Sévigné avait changé deux fois d'appartement, ce qui semble peu probable, la correspondance ne contenant absolument aucun indice de ce double changement. On sait d'une manière positive qu'au mois d'avril 1672, Mme de Sévigné habitait encore la rue de Thorigny. Le 7 mai 1672, elle coucha, pour la première fois, dans le nouvel appartement qu'elle avait loué, *près de la maison habitée par le comte et la comtesse de Guitaut*, dont elle avait été déjà auparavant la voisine dans la rue de Thorigny, et que sa destinée était, disait-elle, de

je ne vous dis rien de positif, par mille raisons j'en suis
incapable; mais je vous jette les pensées, et je prie Mont-

suivre partout; voyez la lettre 225, écrite des Rochers au comte et
à la comtesse de Guitaut, le 2 décembre 1671, 2ᵉ alinéa (II, 426) :
« Ma destinée est tellement d'être votre voisine, que je vais loger
à Pâques tout auprès de la maison que vous avez louée. » Mais,
qu'est-ce qui prouve que la maison que Mme de Sévigné allait
habiter en quittant la rue de Thorigny était située rue Sainte-
Anastase? Uniquement un acte, signé par l'abbé de Coulanges,
duquel il résulterait que ce dernier, au commencement du mois
d'avril 1672, le 7 avril, c'est-à-dire à une époque où Mme de Sévigné n'y habitait pas encore, demeurait rue Sainte-Anastase;
voyez Walckenaer, tome IV, page 334. Mais si on veut bien remarquer que la rue de Thorigny et la rue Sainte-Anastase étaient
à côté l'une de l'autre, que cette dernière débouchait dans la rue de
Thorigny, et que non-seulement les maisons des deux rues étaient
nécessairement très-voisines, mais que la maison située à l'angle des
deux rues pouvait fort bien avoir une entrée sur chacune de ces
dernières, — on en conclura qu'il peut se faire que l'abbé de Coulanges, en 1672, habitât très-près de sa nièce sans demeurer avec
elle; ou que, habitant la même maison, il eût une entrée particulière sur la rue Sainte-Anastase; ou bien encore, qu'à raison de la
grande proximité des deux rues, on ait, dans l'acte du 7 avril, indiqué
par erreur l'une au lieu de l'autre. Les termes de la lettre du 2 décembre 1671, citée plus haut, indiquent évidemment un déplace-
ment plus considérable que celui qui aurait consisté à aller de la
rue de Thorigny à la rue Sainte-Anastase. Si on pouvait savoir où
demeuraient en réalité, en 1672, M. et Mme de Guitaut, la question serait vidée. Nous n'avons pu encore nous éclairer complètement sur ce point. Toutefois nous croyons, d'après les recherches
que nous avons faites dans les archives du château d'Époisse,
qu'il y a de fortes raisons de croire que M. et Mme de Guitaut, en
quittant la rue de Thorigny, allèrent habiter la rue Sainte-Avoie,
très-voisine de la rue Courteau-Vilain. C'est du moins dans cette
rue que demeurait à cette époque leur intendant, qui selon toute
vraisemblance habitait avec ses maîtres. La rue Sainte-Avoie était
au contraire relativement assez éloignée de la rue Sainte-Anastase.
Quoi qu'il en soit, ce qui est bien certain aujourd'hui, c'est que
Mme de Sévigné, lorsqu'elle alla habiter l'hôtel Carnavalet, ne
quittait pas la rue Sainte-Anastase, mais la rue Courteau-Vilain,
soit qu'elle l'habitât depuis le mois de mai 1672, soit qu'elle n'y
eût fixé sa demeure que plus tard. Les passages inédits des let-

gobert de m'y répondre; car pour moi, je ne puis me représenter cette douleur et ce point toujours au même endroit sans beaucoup d'inquiétude, et surtout si la douceur de votre air est inutile pour votre soulagement. Ah! ma bonne, commencez à ne plus compter que sur ce qui est bon à votre santé. J'ai horreur de penser à vos départs d'ici; je me dévore et me fais mille reproches; et puis, quand je songe à vos tons, à vos manières, et à l'habileté que vous avez à vous tromper vous-même, ou la cruauté, pour mieux dire, de tromper les autres, je retourne tous mes reproches sur vous, et vous conjure, ma bonne, de changer de style, et de dire naïvement votre état, et de commencer à ne plus disposer de votre séjour ni de vos affaires que par rapport à votre santé, et après l'avoir consultée avec sincérité avec M. de Grignan, qui vous aime, et qui va comme il croit que vous pouvez aller; et vous le trompez, par une sorte de courage et d'orgueil qui vous coûte en vérité trop cher, et à nous aussi. Ma bonne, je suis bien importune; je recommence souvent; je n'y saurois que faire : si toutes ces répétitions peuvent faire quelque impression sur vous, je n'y aurai pas de regret, et je serai trop heureuse.

Pour cette négligence, et cette joie de voir passer les jours les uns après les autres, je la sens en moi, et j'y fais réflexion à toute heure. Quand vous êtes ici, il n'y en a pas un que je ne regrette; je trouve qu'ils m'échappent avec une vitesse qui m'attriste; une heure, un

---

tres du 4 et du 12 octobre 1677, publiés dans ce recueil, ne laissent aucune place au doute; il suffit de les avoir sous les yeux (lettre du 4 octobre 1676) : « Ah! quel bon air nous aurons dans cette Carnavalette, au prix de la Courtande! » (lettre du 12 octobre suivant) : « Je suis transportée de quitter la Courtande; j'y reviendrai quand tout en sera dehors (on faisait le déménagement). »

jour, une semaine, un mois, un an, tout cela court et s'enfuit avec une rapidité qui m'afflige toujours, je dis même au travers des peines et des inquiétudes que me donne toujours votre mal. Présentement, ma bonne, que je ne respire que de vous revoir, et vous pouvoir garder et conserver moi-même, je voudrois que tout cet intervalle fût passé ; je jette les jours à la tête de qui les veut, je les remercie d'être passés. Le printemps et l'été encore me paroissent des siècles ; il me semble que je n'en verrai jamais la fin. Je dors vite, et j'ai de l'impatience d'être toujours à demain, et puis de recevoir vos lettres, et puis d'en recevoir encore, et encore d'autres. Je me garde bien de faire ces confidences, on ne les comprendroit pas ; mais quelquefois, entre mille autres choses, il faut que je vous conte tout cela. Je n'abuse pas souvent de cette liberté que me donne l'absence ; n'abusez plus aussi de vos forces ; n'écrivez guère, ma bonne ; ne vous poignardez plus, comme vous avez fait ce 16e, que vous avouez vous-même ; ne rendez point cette jolie écritoire un poignard que je vous aie donné !

J'admire l'attention que vous avez à me faire voir de votre écriture le plus tôt que vous pouvez ; vous écrivez le dessus du paquet, par cette bonté que je remarque ; mais, ma bonne, c'est une peine, épargnez-la encore ; c'est tout ce que je desire présentement, et de vous observer d'une manière que vous ne fassiez point une gageure de passer à Grignan le temps que vous avez dit, si vous trouvez que la bise vous blesse autant qu'elle a fait jusqu'ici ; car, pour la centième fois, il faut que tout cède à votre conservation ! Je m'en vais laisser là ma lettre, pour laisser calmer mes pensées, qui sont fort agitées quand je parle de votre mauvaise santé.

Cette autre fille de Bretagne, dont vous ne vous souvenez plus, c'est une Mlle de Mauron, qui est *de communi martyrum*, dans le nombre des partis⁵. Je ne souhaite pour moi que celui que vous savez, à cause des doubles liaisons⁶ : je voudrois bien que la Providence l'eût ainsi réglé.

Mlle de Grignan⁷ doit écrire à Mme de Crussol⁸ ; elle⁹ a dit à M. Chapin qu'elle n'avoit pas entendu parler d'elles¹⁰.

Quand vous enverrez des mémoires, on vous enverra une quittance. J'ai donné à M. de la Garde ceux qu'Anfossi m'a donnés pour les blés : j'y ferai réponse. Je ne souhaiterois que de faire une affaire ; je sais bien pour qui ! Il n'y a pas un sou au Trésor royal : il faut espérer qu'il en viendra.

Ma bonne, je ne puis assez vous dire avec quelle tendresse je vous embrasse. Le *bien Bon* vous assure de

---

5. Il s'agissait de projets de mariage pour Charles de Sévigné. Mlle de Mauron, nommée ici, était sans doute Jeanne-Marguerite de Bréhan de Mauron, fille de Maurille de Bréhan, comte de Mauron, conseiller, plus tard président, au parlement de Bretagne. Le projet de mariage, très-vague encore, auquel Mme de Sévigné faisait allusion ici, et qu'elle ne paraissait que médiocrement goûter, se réalisa plus tard : Charles de Sévigné épousa Mlle de Mauron en 1683.

6. Serait-ce une allusion à un projet de mariage avec Mlle d'Alerac, seconde fille du premier lit du comte de Grignan ? Les mots : « à cause des doubles liaisons », peuvent le faire croire; mais nous n'avons trouvé ailleurs aucun indice d'un tel projet.

7. Louise-Catherine de Grignan.

8. Julie-Françoise de Sainte-Maure, comtesse de Crussol, plus tard (en 1680) duchesse d'Uzès, fille unique du duc de Montausier et de Julie d'Angennes, cousine germaine de Mlles Louise-Catherine et Françoise-Julie de Grignan.

9. Mme de Sévigné entendait sans doute parler de Mme de Crussol.

10. De Mlles de Grignan, sans doute : un accord d'idées l'a emporté ici encore sur l'accord des mots.

ses respects. Suis-je raccommodée avec M. de Grignan[11]?

84. — DE MADAME DE SÉVIGNÉ A MADAME ET A M. DE GRIGNAN[1].

A Paris, mercredi 24ᵉ janvier.

A MADAME DE GRIGNAN.

Je me souviens, ma bonne, de ce brasier sous le poumon dont vous parliez; je comprends bien aisément qu'avec un tel feu vous auriez besoin d'une chaleur qui vous rafraîchît mieux que mon *vautour* [2].

11. Voyez la lettre précédente, note 2, et la lettre suivante, note 3.
Lettre 84 (fragments inédits et passage restitué). — 1. Ces fragments font partie de la lettre 774 (VI, 205), qui se compose d'une partie principale, et d'une *suite*, ou *post-scriptum*, datée du même jour, *dix heures du soir*. Nos fragments appartiennent tous à la lettre principale, que notre manuscrit, tome II, pages 69 et suivantes, reproduit d'une manière bien complète. Quant à la *suite*, composée seulement de deux alinéas de peu d'étendue, elle n'accompagne pas, dans notre ancienne copie, la lettre principale, ce qui peut faire croire qu'elle est le résultat d'un *arrangement* de Perrin, d'autant plus que le second alinéa de cette *suite* se trouve dans notre manuscrit, tome II, pages 68 et 69, à la fin d'une autre lettre, datée du 14 janvier, composée elle-même, par suite de confusion de feuillets ou autrement, d'éléments appartenant visiblement à des lettres de diverses époques : nous aurons plus tard à revenir sur ce point; voyez plus loin la note 1 de la lettre 87. Le Grosbois renferme un extrait étendu de la lettre principale, et contient aussi, comme notre manuscrit, le second alinéa de la *suite*.
2. Le comte de Grignan, *le gendre*.

AU COMTE DE GRIGNAN.

1680

Mon Dieu, mon cher Comte, — car il faut se raccommoder[3], — n'êtes-vous point effrayé de cette douleur? Pour moi, je la[4] suis beaucoup, je vous l'avoue. Je comprends que vous conservez et que vous dorlotez très-bien votre chère femme; vous faites des merveilles de l'empêcher d'écrire; elle ne le pourroit pas, quand elle est mal, et quand elle est mieux, elle retomberoit bientôt, si vous la laissiez faire : ainsi rien n'est si bien et si raisonnable que de l'empêcher. Je ne pourrois pas souffrir présentement de voir plus d'une page de son écriture; je me recommande aux charitables personnes qui m'écrivent pour elle. Elle dit que je me repentirai de la permission que je lui donne. Hélas! ce n'est pas cette privation, quoique très-désagréable, qui me fait de la peine; on est assez appliqué au sujet qui cause ce changement pour n'être capable d'aucun autre chagrin. Je vous prie de n'en avoir plus contre moi, et de considérer ce qui fait le fond de mes gronderies, et d'examiner avec sincérité si elles sont tout à fait mal fondées. Pour n'y être pas sensible, il faudroit ne vous aimer point du tout, et c'est ce qu'il n'est pas possible de faire. Je me tairai seulement; voilà ce qui est en mon pouvoir. Je conseillerai la même chose à ma fille, dans l'excès de la jalousie dont je vois qu'elle est dévorée[5] :

3. Voyez plus haut la lettre 82, note 2.
4. C'est le texte du manuscrit; voyez sur cet accord du pronom, qui n'est plus admis, et qu'on trouve presque partout dans les lettres de Mme de Sévigné, les nombreux exemples que donne le *Lexique*, tome I, p. XVI et XVII. Comparez plus loin la lettre 86, note 6.
5. Ceci, et ce qui suit, est dit sur le ton de la plaisanterie, que

il est difficile de résister aux charmes et à la douceur de la personne aimée ; je me suis bien doutée en la voyant partir du désordre qu'elle apporteroit à votre ménage⁶. *Je vois que ce n'est plus le repos qui manque à ma fille ⁷; vous la ménagez fort bien ; les promenades sont placées par les plus beaux jours du monde. C'est donc sa poitrine, son sang, son poumon qui font tout le mal*; c'est plus qu'il n'en faut pour être en peine. Je suis persuadée que vous n'êtes pas en repos, non plus que moi; et cette pauvre Montgobert, dont la sincérité me charme, elle n'a point la cruauté de me dire qu'elle est contente. Dieu vous préserve de la fièvre, mon cher Comte; cette crainte me fait souvent trembler; voilà où l'éloignement pourroit causer d'étranges embarras; il n'y a pas moyen de soutenir longtemps cette pensée.

A MADAME DE GRIGNAN.

Mme de Ludres⁸ parut l'autre jour fort belle à nos

Mme de Sévigné fait succéder adroitement au ton très-sérieux des conseils qui précédaient. Voyez et comparez là lettre 781, 2ᵉ alinéa (VI, 258); la lettre 788, 4ᵉ avant-dernier alinéa (VI, 299 et 300), et la lettre 813, 2ᵉ avant-dernier alinéa (VI, 421); et plus loin, dans ce recueil, la lettre 88, note 9.

6. Il s'agit de Mme d'Oppède, dont le départ de Paris avait eu lieu le 16 ou le 17 novembre précédent; voyez plus haut la lettre 79, note 8.

7. Perrin, de tout l'alinéa, n'a reproduit que cette phrase, dont il a même retranché le dernier membre, et dont le commencement n'a plus, dans son texte, ni le ton, ni le sens, ni la forme, ni la place que lui avait donnés Mme de Sévigné; il suffit de comparer les textes pour s'en convaincre; voyez la fin du premier alinéa de la lettre imprimée (VI, 206).

8. Marie-Isabelle, comtesse de Ludres, chanoinesse de Poussay, célèbre par sa beauté et ses intrigues à la Cour, successivement fille d'honneur de Madame Henriette, de la Reine et de la seconde du-

sœurs de Sainte-Marie du faubourg Saint-Germain ; cette petite Lillebonne[9], que nous avons vue au faubourg Saint-Jacques, y fit profession : voilà qui est fait. J'en étois priée ; j'eus le bon esprit de n'y point aller ; la confusion y fut horrible : la Reine donna le voile noir.

Vous avez le petit Beaumont[10] ; il me semble qu'il vaut mieux que notre pauvre capitaine[11]. J'ai cherché M. de Gordes[12], et lui moi, mais ridiculement, car j'étois aux Bleues[13], et il ne voulut ni m'attendre, ni souffrir qu'on me vînt avertir, ni ne revint : c'est avoir voulu ne me point voir. Il m'a apporté les plus utiles, les plus aimables étrennes que l'on puisse recevoir[14]; cette toile est dix fois plus fine que la jupe que j'ai. Je crois, ma bonne, que vous vous moquez de tant louer ma pauvre petite bague ; pour m'en venger, je voudrois bien vous envoyer votre foire par la Garde. Il a cherché longtemps à Saint-Germain un M. Poujet[15], pour parler de vos blés ; il est à Paris, et je m'y en vais de ce pas avec Corbinelli, qui le connoît : j'en écrirai à Anfossi. Le petit Coulanges

---

chesse d'Orléans; voyez la note 5 de la lettre 150 (II, 135 et 136). Elle était alors retirée au couvent de la Visitation du faubourg Saint-Germain ; voyez la note 6 de la lettre 687 (V, 433).

9. Béatrix-Hiéronyme de Lillebonne, qui devint plus tard abbesse de Remiremont; voyez plus haut la note 12 de la lettre 69.

10. C'était le petit-fils du parrain de Mme de Sévigné ; voyez l'acte de baptême de Mme de Sévigné, rapporté à la suite de la *Notice biographique* (I, 317), et la lettre 795, 2ᵉ alinéa (VI, 335 et 336).

11. Mme de Sévigné entendait probablement parler du capitain des gardes du comte de Grignan.

12. Voyez la note 22 de la lettre 766 (VI, 164) et le commencement du 3ᵉ alinéa de la lettre 767 (VI, 169). Le marquis de Gordes, dont il est sans doute ici question, était cousin germain par alliance du comte de Grignan.

13. Au couvent des Filles-Bleues, qui était à côté de l'hôtel Carnavalet ; voyez plus haut la note 16 de la lettre 69.

14. Voyez plus haut le dernier alinéa de la lettre 81.

15. Voyez le 3ᵉ alinéa de la lettre 86 ci-après.

veut vous écrire dans ma lettre, mais je ne l'attendrai pas. Je vois souvent Mlle de Méri ; elle est toujours languissante, et par-dessus ses agitations ordinaires celle de chercher une maison : nous ne sommes plus dans la même peine [16]. J'ai vu Mme de Crussol chez elle ; elle m'a chargée de mille compliments pour vous tous.

Adieu, ma très-chère et très-aimable. Au nom de Dieu, parlez-moi de vos coliques ; je vous en ai priée dix fois ; et comment vont les douleurs de vos jambes ? Vous savez bien comprendre, ma bonne, ce que je souffre de l'état où vous êtes, et ce que l'absence donne d'inquiétude, joint à l'éloignement ; cela est aisé à concevoir. J'embrasse Mlles de Grignan, et votre secrétaire, Mlle de *Mongo* [17]. Le bon abbé est tout à vous. Nous recevrons votre argent à la fin, et on vous en rendra compte.

85. — DE MADAME DE SÉVIGNÉ
A MADAME DE GRIGNAN [1].

A Paris, vendredi 26° janvier.

Il me semble que *la Pythie* [2] vous fait bien de l'hon-

16. Le bail de l'hôtel Carnavalet avait été renouvelé ; voyez plus haut, la lettre 81, note 6.
17. Voyez l'*Introduction*, pages 200 et suivantes.
Lettre 85 (fragments inédits). — 1. Ces fragments font partie de la lettre 775 (VI, 214); la lettre entière se trouve dans notre manuscrit, tome VI, pages 13 et suivantes ; le Grosbois en contient des extraits étendus.
2. Voyez l'*Introduction*, pages 202 et suivantes.

neur en Provence; vous écrivez des choses qui font crever de tendresse le bon abbé; en vérité il est pénétré.

L'abbé de Grignan³ vient de m'apporter vingt-six écus blancs, qu'un carme lui a donnés, de la part d'une personne tout à fait dévote, qui a aidé à tromper M. de Grignan au jeu. Il l'a été de beaucoup davantage; mais elle a estimé sa part à cent dix livres; sur quoi le bon Père a pris vingt francs pour la bonne personne qui a restitué, parce qu'elle est pauvre; et douze francs que ce bel abbé a donnés au bon carme : c'est donc vingt-six écus de reste qu'il m'a donnés. Je les ai mis avec les seize pistoles de ce cheval vendu⁴, de Monsieur de Cahors⁵, et, si vous voulez, nous emploierons ces petites sommes à faire commencer, ce printemps, l'ajustement de votre chambre : vous n'avez qu'à ordonner; cela ne sortira point de mon cabinet. Je voudrois bien y joindre mille choses qui me passent par la tête; mais tout échappe aux malheureux!

Voilà un billet que vous ferez voir à Anfossi; il vient d'un homme à M. Poujet, lequel Poujet étoit le seul homme qui pouvoit faire notre affaire, en l'intéressant; il n'y avoit nulle autre voie⁶. Vous verrez comme il n'a

---

3. Le *bel Abbé*, le utur évêque de Carcassonne.
4. Voyez plus haut la lettre 75, note 24; la lettre 78, notes 10 et 11, et la lettre 79, note 9. Dans la lettre du 8 novembre (lettre 78), il est question de seize louis, et non de seize pistoles; il serait difficile de dire de quel côté est l'erreur et si elle est le résultat d'une faute du copiste ou de Mme de Sévigné elle-même.
5. L'évêque de Cahors était alors Louis-Antoine de Noailles, frère du duc de Noailles, capitaine des gardes. Il avait été nommé à l'évêché de Cahors au mois de février de l'année précédente, et devint plus tard archevêque de Paris et cardinal. C'est de lui sans doute qu'avait été acquis le cheval vendu par Rippert.
6. Conférez la lettre précédente, note 15.

pu y réussir pour lui-même : c'est lui qui a soin des vivres des vaisseaux et galères. Il faudroit tâcher d'avoir de meilleurs avis, car j'ai un fort bon chemin ; envoyez-en donc. Si le Chevalier vouloit aller droit, par M. de Seignelai[7] c'eût été une chose possible ; mais il faut qu'il ait eu ses raisons, pour n'avoir pas voulu s'en mêler.

On dit que Cessac[8] est en fuite : on en dit de toutes les façons ; mais je ne vous mande que ce qui est de fait.

86. — DE MADAME DE SÉVIGNÉ, DE CORBINELLI ET DU COMTE DE BUSSY A MADAME DE GRIGNAN, ET DE MADAME DE SÉVIGNÉ A MADEMOISELLE MONTGOBERT[1].

A Paris, 31ᵉ janvier.

DE MADAME DE SÉVIGNÉ A MADAME DE GRIGNAN.

CROYEZ-MOI, ma bonne, si vous vous opiniâtrez à vouloir essayer du séjour de Grignan, et que vous fassiez

---

7. Jean-Baptiste Colbert, marquis de Seignelai, fils aîné de Colbert, ministre de la marine.

8. Le marquis de Cessac, exilé de la Cour, en 1671, pour ses escroqueries au jeu, et maintenant compromis dans les affaires de *la Voisin;* voyez la lettre 146, note 4 (II, 113), et la note 7 de la lettre 777 (VI, 228 et 229).

LETTRE 86 (fragments inédits et passage restitué). — 1. Ces fragments font partie de la lettre 777 (VI, 227); la lettre entière se trouve dans notre manuscrit, tome II, pages 81 et suivantes; le Grosbois en contient un extrait étendu.

et sentiez augmenter votre mal, ce sera, en vérité, une chose bien cruelle, et bien peu convenable à l'amitié que M. de Grignan doit avoir pour vous. C'est à lui que je m'adresse, dans une chose si importante, et où le temps que l'on perd est irréparable : je le conjure de vous observer. Je sais bien, ma bonne, l'état de vos affaires; je ne crois pas qu'un hiver à Aix les raccommode; j'en sais la dépense; mais je sais aussi que rien n'est préférable à la vie; tout est au-dessous de cette raison. Je vous conjure tous deux de traiter ce chapitre sans vous tromper, ni sans vous flatter. M. de Gordes[2] m'étonna, en me disant à quel point cet air vous est contraire. Vous me parlez de ma santé; pouvez-vous y penser? elle est aussi peu digne de vos soins, en l'état où elle est, que la vôtre est digne d'être l'objet de tous les miens; et vous trouvez l'invention de m'écrire une grosse lettre sans m'en dire un mot : un tel silence en dit beaucoup plus que je ne voudrois, mais beaucoup moins que je n'en pense.

Je veux pourtant penser à ma pauvre petite Adhémar[3]; la pauvre enfant, que je la plains d'être jalouse! Hélas! ma bonne, *ayez-en pitié, j'en suis touchée*[4]. C'est cette friponne de Pauline qui fait tout ce désordre. Elle est donc déjà sous la papillote avec ses sœurs? et le petit garçon tout ému? Ma bonne, je vois tout cela,

2. Voyez plus haut la lettre 84, note 12.
3. Marie-Blanche de Grignan.
4. Cette phrase, que nous avons dû insérer parce qu'elle est absolument nécessaire pour l'intelligence de ce qui suit, termine la lettre dans l'édition de 1754, dans laquelle celle-ci a paru pour la première fois, et dans toutes les éditions postérieures. Perrin, selon son habitude, a remplacé les mots : « Hélas! ma bonne », par les simples mots : « ma fille », qu'il a placés après « ayez-en pitié », et ce simple changement a suffi pour donner à ce passage un ton sensiblement différent de celui qu'il avait.

et M. de Grignan qui bat la mesure : *la Pythie* doit faire un grand effet. M. d'Oppède vous abandonne entièrement sa chère femme⁵. Tout ce qui me fâche, ma bonne, c'est que je vous vois dans votre lit, pendant que vos enfants se réjouissent. J'ai vu que vous n'eussiez pas été fâchée de les voir danser un moment ; vous n'êtes plus en cet état, et l'on ne peut pas en être plus touchée que je le suis⁶. Je songeai l'autre jour que le lait vous avoit guérie ; en m'éveillant je trouvai que ce n'étoit qu'un songe : j'en eus le cœur affligé.

Ne m'écrivez qu'une demi-page, ma chère bonne ; laissez-moi vous conter tout ce qui me vient ; Montgobert m'en dira un mot ; voilà tout ce que je desire, et que vous vous portiez mieux que vous ne faites. J'écris à plusieurs reprises, je n'écris qu'à vous, je vous dis tout ce que j'apprends : je dois écrire des volumes, et vous trois mots.

Mon fils est encore à Nantes, quoique je lui aie mandé de laisser nos affaires.

DE CORBINELLI A MADAME DE GRIGNAN.

*Sentiments de Monsieur Descartes, touchant l'essence et les propriétés du corps, opposés à la doctrine de l'Église et conformes aux erreurs de Calvin sur le sujet de l'Eucharistie, à nos seigneurs les évêques*⁷ : voilà le titre d'un livre qui vient d'être imprimé. Le

---

5. Voyez plus haut la lettre 79, notes 7 et 8, et la lettre 84, note 6.
6. Nous suivons toujours fidèlement le texte du manuscrit, qui porte ici *je le suis*, et non *je la suis*, comme écrivait d'ordinaire Mme de Sévigné ; voyez plus haut, la lettre 84, note 4.
7. Il fut publié en effet à Paris, sous ce titre, en 1680, chez le libraire Michallet, en un volume in-12, un ouvrage de polémique religieuse, composé par le P. le Valois, jésuite, sous le pseudonyme de Louis de la Ville.

style en est fort bon, l'ordre parfait, et les raisonnements équivoques : la cabale est alerte! Je vous rendrai compte, ma belle Madame, du succès, ou du livre ou des réponses. En attendant je vous proteste que ma dialectique et moi sommes dévoués à vos opinions et à votre bon esprit [8].

DU COMTE DE BUSSY A MADAME DE GRIGNAN.

EH! quand reviendrez-vous donc, Madame? J'ai encore cinq mois à vous attendre ici [9]; je vous assure que je serois bien aise de vous revoir; mais si vous n'y revenez pas dans ce temps-là, vous voulez bien que je vous mande quelque événement prodigieux ; car nous n'écrivons plus cet hiver autre chose [10].

8. On sait que Corbinelli et Mme de Grignan étaient partisans déclarés de la philosophie de Descartes. Mme de Sévigné en écrivant à sa fille appelait toujours ce philosophe « votre *père* ». Corbinelli, dans une lettre au comte de Bussy, du 15 juillet 1673 (lettre 325, avant-dernier alinéa, III, 216), s'exprime ainsi : « Je me suis adonné à la philosophie de Descartes. Elle me paroît d'autant plus belle qu'elle est facile, et qu'elle n'admet dans le monde que des corps et du mouvement, ne pouvant souffrir tout ce dont on ne peut avoir une idée claire et nette. Sa métaphysique me plaît aussi. Que ne l'étudiez-vous? Elle vous divertiroit avec Mlle de Bussy. Mme de Grignan la sait à miracle, et en parle divinement. »

9. Mme de Grignan était repartie pour la Provence le 13 septembre 1679; elle ne revint à Paris qu'au mois de novembre 1680. Bussy, exilé en Bourgogne, avait obtenu du Roi, au mois de septembre 1679, la permission de venir à Paris pour ses affaires et celles de sa fille, la marquise de Coligny ; mais il ne put s'y rendre qu'au mois de décembre, et il y prolongea son séjour jusqu'au 10 juillet 1680. Bussy repartit donc avant le retour de Mme de Grignan, et après l'avoir *attendue*, comme il le dit ici, pendant cinq mois.

10. Allusion à l'affaire de *la Voisin*, dans laquelle plusieurs hauts personnages se trouvèrent compromis, et qui occupait alors tous les esprits.

Bonjour, Madame ; croyez bien, je vous supplie, que je vous honore extrêmement, et même que je vous aime. Mme de Coligny ne me désavouera pas assurément, quand je vous dirai qu'elle est votre très-humble servante.

DE MADAME DE SÉVIGNÉ A MADAME DE GRIGNAN.

Je vous dis encore adieu et vous embrasse de tout mon cœur, ma très-bonne et très-chère.

DE MADAME DE SÉVIGNÉ A MADEMOISELLE MONTGOBERT.

Ma chère Montgobert, je vous conjure de faire une légère réponse à tout ce volume ; et empêchez toujours bien ma fille de m'écrire. Son écriture me donne du chagrin ; mais la cause de ce chagrin n'est pas médiocre. Mandez-moi, ma chère, des nouvelles de sa santé, et si elle se conserve toujours, et si elle se nourrit comme je lui ai conseillé.

Je suis très-humble servante des papillotes de Mlles de Grignan.

87. — DE MADAME DE SÉVIGNÉ A MADAME
DE GRIGNAN ET A MADEMOISELLE MONTGOBERT[1].

1680

A Paris, mercredi 14ᵉ février[2].

À MADAME DE GRIGNAN.

Hélas! ma chère bonne petite, vous avez bien eu la colique, et c'étoit justement le jour que vous et Montgobert me mandiez des merveilles de votre santé. J'aime la naïveté que vous avez de ne me pas tromper, et de me dire la vérité de l'état où vous êtes; cela établit la confiance, et cela fait qu'on croit aussi ce qui est bon avec plus de certitude. Je suis persuadée que vous ne me trompez point; mais vous avez toujours une certaine envie de me ménager, et un certain mépris pour vous-même, qui fait que je crois encore un peu plus Montgobert que vous.

Vous avez donc un médecin admirable[3] : je vois que

Lettre 87 (fragments inédits). — 1. Ces fragments font partie de la lettre 781 (VI, 258). Par suite sans doute d'une confusion de feuillets, cette lettre, dans notre manuscrit (tome II, pages 56 et suivantes), se trouve réunie à la lettre, ou portion de lettre, qui figure, sous le n° 629 (V, 232), à la date du 26 juillet 1677, dans l'édition des *Grands écrivains de la France*, et au dernier alinéa de la seconde partie de la lettre du 24 janvier 1680, dont nous avons donné plus haut des extraits inédits; voyez plus haut la note 1 de la lettre 84. Le Grosbois contient une partie de la lettre.

2. Le manuscrit porte : « Paris, mercredi 14ᵉ *janvier* »; mais c'est une erreur du copiste, ou peut-être une faute d'inattention de Mme de Sévigné elle-même. Le 14 janvier, en 1680, n'était pas un mercredi, mais un dimanche, et le contenu de la lettre prouve d'ailleurs qu'elle a été écrite au mois de février.

3. Ce nouveau médecin était M. de la Rouvière, dont le nom, qui

tout se réduit à rejeter toute la faute de vos maux sur votre sang; c'est là qu'il faut s'attacher. Mais pourquoi avez-vous toujours mal au côté gauche, plutôt qu'ailleurs, s'il est vrai que votre poitrine ne soit point attaquée? Rendez-moi compte de cette demande que je fais à votre médecin. Il vous ordonne du café : s'il vous étoit bon, vous devriez être guérie, à la quantité que vous en avez pris[4]. Vous saurez fort bien, ma bonne, gouverner tout cela, quand vous le voudrez. Il me paroît que vous y avez quelque attention, et c'est tout ce que je demandois. Je suis fâchée que votre sang ait été en colère cette dernière fois; qu'avoit-il à s'échauffer? vous vous reposez si bien! Je vous prie de me parler beaucoup sur votre sujet, et quand cela vous ennuie, donnez-en le soin à Montgobert, que je prie de vouloir bien être *la charitable personne*[5].

A MADEMOISELLE MONTGOBERT.

Bonne Montgobert, tu m'as fait rire[6], et je te prie de me parler de ton chef, tout au beau milieu de ce que dit ma fille. Je vous suis bien obligée d'être le secrétaire, mais je suis en peine de ce que vous me dîtes, que vous allez retomber dans votre langueur. Il faut que ce mé-

---

se trouve un peu plus loin, revient fréquemment dans la correspondance, à cette époque.

4. Il y a : « que vous en avez *pris* », dans le manuscrit, comme nous l'imprimons.

5. Voyez plus haut la lettre 84, 2ᵉ alinéa : « Je me recommande aux charitables personnes qui m'écrivent pour elle. »

6. Ces quelques mots adressés à Mlle Montgobert viennent immédiatement, dans la lettre entière, après le second alinéa de la lettre imprimée (VI, 218) : « Montgobert m'a conté fort plaisamment, etc. », dont le contenu fait parfaitement comprendre le ton particulier de cette courte apostille.

decin, qui fait de si belles cures, nous en donne un peu des marques en ma fille et à vous, et me dites l'effet de ce lait. On m'a dit des merveilles de cette recette que j'ai envoyée ; mais il faut s'observer, et se conduire selon ce que l'on sent.

A MADAME DE GRIGNAN.

Ma chère bonne, je reviens à vous; Montgobert m'a détournée. Je crois que cet hiver vous coûte horriblement d'argent. Mon Dieu, ma bonne, que je suis fâchée, et que je regrette les excès! que tout ce qui vous est mauvais me fait grand mal! Vous avez toujours ce petit Beaumont[7]?

J'ai tâché de deviner une ligne que vous avez coupée au bas de la feuille que vous écrivez ; c'est ensuite d'une tisane que vous dites que vous aimez : je crois que vous disiez qu'elle apaisoit le feu que vous avez dans la poitrine ; et puis vous avez eu peur de m'effrayer, et vous avez coupé la ligne entière avec soin. Ma bonne, dites-moi si j'ai deviné, ou si c'étoit encore pis; car sincèrement c'étoit quelque chose que vous aviez écrit, et dont vous vous êtes repentie. Je lis, et je regarde, et je retourne, et je médite trop vos lettres, pour m'en faire passer la moindre chose. Je vous avoue, ma bonne, que je suis surprise de cette colique traîtreuse[8], qui

---

7. Voyez ci-dessus la note 10 de la lettre 84.
8. Il y a très-nettement « traîtreuse » dans le manuscrit : *traîtreux* se rencontre du reste dans Saint-Simon (voyez le *Dictionnaire* de M. Littré, v° Traîtreux), et *traîtreusement*, que Vaugelas désapprouvait, paraît-il (voyez *idem*, v° Traîtreusement), mais que l'usage a consacré, vient de cette forme peu usitée, qui ne se trouve pas ailleurs, croyons-nous, dans les lettres de Mme de Sévigné, où l'expression *traîtresse* se présente au contraire assez fréquemment, et où l'on trouve aussi d'ailleurs, en dépit de Vaugelas, *traîtreusement*.

vous a prise au milieu de votre repos; je vous recommande à vous-même et à M. de la Rouvière [9]; vous êtes aussi habile que lui : vous consulterez et vous ordonnerez ensemble.

Portez-vous bien; c'est tout pour moi, et la seule chose qui occupe mon âme. Je vois souvent Mlle de Méri; quoi qu'elle dise, elle n'est pas si mal. J'embrasse tous ces gens-là, et mon cher petit marquis, et Pauline, et vous toutes mes sœurs, et toi, Monsieur *Despinchaudières*[10]. En vérité, vous devez un peu m'aimer tous! Je mets dans votre troupe Mme du Janet et la secrétaire [11].

Mandez-moi des nouvelles de M. de Roquesante; vous n'en dites pas un mot.

9. Voyez la note 3 ci-dessus.
10. M. de Grignan. — Mais d'où vient ce nom de *Despinchaudières*, que nous donnons exactement tel qu'il est écrit dans notre ancienne copie? Est-ce le nom d'un personnage de comédie? nous l'ignorons. N'est-ce pas plutôt un nom tiré d'une forme méridionale du mot *dépensier* (*despensier*, *despençaudier*)? nous sommes porté à le croire.
11. Mlle Montgobert.

88. — DE MADAME DE SÉVIGNÉ A MADAME
ET A M. DE GRIGNAN[1].

1680

A Paris, vendredi 23ᵉ février.

A MADAME DE GRIGNAN.

Il a bien plu dans l'écuelle de vos cadets ; il faut

LETTRE 88 (fragments inédits). — 1. Ces fragments font partie de la lettre 784 (VI, 274). La lettre entière se trouve dans notre manuscrit, tome IV, pages 129 et suivantes, à l'exception de la fin de l'avant-dernier alinéa de la lettre imprimée, à partir des mots : « Un juge, à qui mon fils disoit l'autre jour, etc. », qui ne s'y trouve pas, et qui, selon toute vraisemblance, ne faisait pas partie de la lettre originale. En effet, ce qui manque dans notre manuscrit manque aussi, non-seulement dans les éditions de Rouen et de la Haye, mais même dans la première édition de Perrin, et on ne s'expliquerait pas pourquoi on l'aurait supprimé dans notre ancienne copie, qui contient, non-seulement tout le surplus de la lettre imprimée, mais de grandes parties inédites. Perrin, d'ailleurs, nous fournit lui-même la preuve que la partie dont il s'agit a été ajoutée. Car, par suite de cette addition, l'éditeur a été obligé de modifier la rédaction du commencement de l'alinéa suivant, — le dernier de la lettre imprimée, — qui n'est plus dans l'édition de 1754 ce qu'il était dans l'édition de 1737, dont le texte, conforme à notre manuscrit, reproduisait fidèlement, en cet endroit, il y a tout lieu de le croire, le texte primitif. Il est aisé de se convaincre que cette rédaction nouvelle du dernier alinéa de la lettre imprimée (qui n'est pas du reste le dernier alinéa de la lettre entière, mais simplement le dernier alinéa du texte de Perrin et de toutes les impressions postérieures, auxquelles ce texte a servi de modèle) n'a eu d'autre but que d'en mettre les termes en harmonie avec ce qui venait d'être ajouté à la lettre. Aussi les derniers éditeurs, qui ont conservé dans le texte les parties ajoutées en 1754, ont-ils, très-rationnellement, adopté, pour le dernier alinéa, la rédaction nouvelle qui lui a été donnée à la même époque,

espérer, ma bonne, qu'il pleuvra dans la vôtre². Je re[commence] à vous faire des compliments de tous ceu[x] que je vous ai nommés, qui m'en ont repriée.

C'est beaucoup que vous ne soyez pas amaigrie, m[a] bonne; mais ce qui fonde nos espérances, c'est que [le] lait ne vous incommode point, et que l'eau de mauve [le] fasse passer. C'est Dieu qui vous a envoyé M. de [la] Rouvière, et c'est à lui qu'on devra tout, s'il vous me[t] en état, par cette invention, de faire usage du lai[t.] Ma bonne, ayez de la suite dans votre conduite; ne vou[s] lassez point de ce lait; prenez-en du moins une fois [le] jour : ne croyez point être guérie pour être un mois san[s] douleur; ne vous fatiguez point de vous ménager; il n'[y] a que la persévérance qui puisse vous tirer d'affaire; c[e] n'est point par des soins de quinze jours que vous ser[ez] guérie. Si vous saviez quel extrême plaisir vous me ferie[z] de ne point changer d'avis, sur l'envie de vous conserver

quoique, en général, on le sait, ils accordent volontiers la préfé[-]rence plutôt à la première édition qu'à la seconde : ici le choi[x] était commandé par ce qui précédait. L'addition que nous venon[s] de constater, est-elle simplement le résultat de la transposition d[e] passages tirés d'autres lettres de Mme de Sévigné? Il est difficil[e] de se prononcer avec certitude sur ce point, qu'il serait trop lon[g] de discuter ici. Le Grosbois ne contient que la partie de la lettr[e] relative à *la Voisin*, que les anciens éditeurs avaient déjà fait con[-]naître, et on n'y trouve pas, bien entendu, les parties que Perrin [a] ajoutées.

2. L'abbé de Grignan, le *bel Abbé*, venait d'être nommé évêqu[e] d'Évreux, et le chevalier de Grignan, récemment nommé *ment* du Dauphin, venait d'être gratifié, coup sur coup, de deux pen[-]sions; voyez la note 1 de la lettre du 21 février (lettre 783, V[I,] 268) et le commencement de la partie imprimée de notre lettr[e] (VI, 274 et 275). — Furetière constate l'usage de la locution pro[-]verbiale que Mme de Sévigné emploie ici d'une manière si heureus[e] et si piquante; voyez le *Dictionnaire de Furetière*, édition de 1690[,] v° Pleuvoir : « Pleuvoir se dit proverbialement en ces phrases : [Il] a bien plu dans son écuelle, c'est-à-dire, il lui est venu quelqu[e] bonne succession, etc. »

et quelle sorte de tristesse me donnent votre langueur et vos douleurs, ma chère bonne, vous prendriez cette occasion de me marquer toute votre amitié, et ce seroit la plus sensible obligation que je puisse vous avoir : parlez-moi toujours sur ce sujet, qui m'est si sensible ; sans cela, rien n'est écouté.

Il faut encore revenir aux Grignans, car je suis assurée que vous ne trouvez pas que je vous en parle ; je vous entends me dire que je ne vous en dis rien du tout : je veux parler à leur aîné.

A M. DE GRIGNAN.

Monsieur le comte de Grignan, que dites-vous de vos cadets, mon ami? Ils eussent bien mal fait de jeter leurs parts aux chiens. Et ce Chevalier, qui faisoit son compte d'aller à l'hôpital, le voilà avec neuf mille bonnes livres de rente! Et que savons-nous ce que la Providence vous garde ? Je vous assure au moins que votre nom a été nommé bien des fois depuis huit jours. Ne remercierez-vous point le Roi? Je vous conseille d'écrire à M. de la Rochefoucauld, sur tous ces billets que je vous envoie[3], et sur toutes les marques d'amitié que vous a données M. de Marsillac[4], et en parlant de vous et de Messieurs vos frères, et de votre mérite à tous : ils[5] vous en rendront compte. Il me semble que vous devez cette lettre à son père[6] ; vous n'aurez pas besoin d'aller chez

---

3. Les billets de félicitation de M. de la Rochefoucauld, de Mme de la Fayette et de M. de Marsillac, remis à Mme de Sévigné et adressés par elle à sa fille ; M. de Grignan ne manqua pas d'y répondre ; voyez plus loin la lettre 94, note 10.
4. Voyez le premier alinéa de la lettre du 28 février (lettre 785, VI, 281 et 282).
5. Vos frères.
6. A M. de la Rochefoucauld, père de M. de Marsillac.

vos voisins pour savoir ce que vous aurez à lui dire. Je vous fais encore de nouveaux compliments : on ne fait autre chose.

Je vous prie de m'envoyer votre blanc-signé[7] pour recevoir votre pension ; il faut la tenir prête pour payer ce diantre de M. de Labaroir[8], à qui elle est destinée : c'est l'affaire de Monsieur d'Évreux, comme vous savez. Connoissez-vous ce Monsieur d'Évreux ? J'ai voulu voir, pour la première fois, comme nous nous accommoderons de ce nom : voilà celui de *bel Abbé* à vendre !

Au reste, Monsieur, songez un peu à ménager votre pauvre femme, et pendant que le lait et l'envie qu'il semble qu'elle ait de se guérir, nous donnent de l'espérance, n'allez point lui serrer le cœur par une jalousie qui gâteroit tout[9]. Je vous vois d'ici ; vous êtes fort coquet, et vous entrez fort souvent, la bouche enfarinée[10], dans les lieux où vous dévorez l'objet aimé[11] par des regards. Je vous lâcherai bientôt un mari[12], qui rompra un peu vos mesures. Il ne paroît occupé que de son procès[13] ; je ne sais si ce n'est point un *sapate*[14] qui

---

7. C'est ainsi que le mot est écrit dans le manuscrit, — ici et ailleurs, — et c'est ainsi qu'on l'écrivait du temps de Mme de Sévigné ; mais Furetière (*Dictionnaire*, édition de 1690, v° BLANC-SIGNÉ) constate que les provinciaux disaient déjà de son temps *blanc-seing*, au lieu de *blanc-signé*, et c'est l'usage des provinciaux qui l'a emporté.

8. Un procureur, qui avait été chargé de diriger divers procès pour M. de Grignan ; il est question dans un autre passage de *procédures* qu'il devait terminer ; voyez plus loin la lettre 106, note 5.

9. Voyez plus haut la lettre 84, notes 5 et suivantes.

10. Voyez la lettre 781, 2° alinéa (VI, 258).

11. Mme d'Oppède ; voyez plus haut la lettre 84, note 6.

12. M. d'Oppède ; voyez la lettre suivante, note 16.

13. Voyez la fin du 4° avant-dernier alinéa de la lettre 788, où il s'agit également de M. d'Oppède (VI, 300) : « Je vois quelquefois un homme qui n'en a point du tout (de jalousie), et je suis discrète. »

14. Sur le sens de ce mot, voyez la note 27 de la lettre 761

lâche l'intendance[15]. Quoi qu'il en soit, vous profitez des occasions, et prenez le bon temps quand il vient.

(VI, 144); voyez aussi le 3ᵉ couplet d'une chanson de Coulanges à sa belle-mère (*Chansons choisies*, édition de 1698, tome I, page 171) :

> Vos sapates font un grand bruit,
> Je les chante et je les publie,
> J'attends encor, de vos bontés,
> Mitaines et manteaux fourrés.

15. Cette phrase est obscure, et il y a sans doute quelques mots omis. Peut-être Mme de Sévigné avait-elle écrit : « Je ne sais si ce n'est point un *sapate* (un présent) qui *fait qu'on* lâche *l'Intendance* », voulant dire qu'elle soupçonnait M. de Grignan d'avoir eu recours aux *présents* pour prendre, auprès de Mme d'Oppède, avantage sur l'intendant, M. Rouillé ; mais ce n'est qu'une conjecture très-hasardée, et nous avons cru devoir rapporter le texte tel qu'il se lit dans le manuscrit, sans y rien changer ni ajouter. — Voici, du reste, une autre explication, qui nous paraît beaucoup plus vraisemblable, et que nous donnons la seconde, uniquement parce qu'elle ne s'est présentée que plus tard à notre esprit, et au cours même de l'impression. *Sapate* signifie (voyez la note précédente) une chose qu'on donne et qu'on cache sous une autre de moindre prix. Ce mot ne pouvait-il pas signifier aussi, d'une manière plus générale, — tout au moins dans la pensée de Mme de Sévigné, — une chose qui en cache une autre, un prétexte? Si on admet cette idée, qui paraît assez raisonnable, le texte peut s'expliquer assez aisément et très-convenablement, au moyen d'une très-légère modification qu'on n'aura pas de peine à approuver. Il résulte, en effet, d'un passage inédit de la lettre du 9 juin suivant qu'on trouvera dans ce recueil (voyez plus loin la lettre 102, note 16), que le marquis d'Oppède, dont il s'agit ici, faisait, à cette époque, des démarches pour être nommé intendant de Provence, à la place de M. Rouillé de Mélai, qui devait, disait-on, se retirer. Ces démarches, qu'on tenait sans doute cachées, n'eurent pas de succès; mais Mme de Sévigné en était instruite et y faisait, croyons-nous, allusion dans notre passage, que le copiste et la personne qui a fait la collation n'ont pas compris, et où il faut lire : « cache » au lieu de : « lâche », mis par méprise. La forme de l'écriture de Mme de Sévigné autorise parfaitement ce léger changement, car tous ceux qui ont vu de ses autographes savent que le *c*, au commencement des mots, ressemble de fort près, dans ses lettres, à un *l*, et peut être confondu avec ce dernier. Suivant cette nouvelle explication, le mot *inten-*

J'ai cent mille compliments à vous faire de tout le monde ; on m'a fait l'honneur de m'en faire beaucoup, et je les méritois par la joie que j'ai eue de tant de biens à la fois. Mais, mon cher Comte, je vous recommande le plus grand de tous, et sans lequel on ne peut sentir les autres : c'est la santé de votre chère épouse. Ménagez et son esprit et son corps ; prêchez-lui la persévérance dans le lait, s'il lui fait du bien, et croyez que c'est sa guérison : mais il ne faut pas se lasser.

A MADAME DE GRIGNAN.

Ma bonne, je reviens à vous, et vous embrasse de tout mon cœur et de toute mon âme. On chante partout le couplet :

Si j'avois . . . .
. . . .
D'Auguste la puissance ;
Vous quitteriez, belle Grignan,
Dès demain la Provence [16].

dance, n'étant plus pris, comme il le serait dans la première, pour l'*Intendant* (voyez plus haut la première partie de la note), doit être mis sans majuscule ; le passage devrait donc être imprimé ainsi : « Il ne paroît occupé que de son procès ; je ne sais si ce n'est point un *sapate* (un prétexte) qui cache l'intendance », c'est-à-dire, je ne sais si les soins qu'il paraît se donner pour son procès n'ont pas pour but de cacher les démarches qu'il fait pour obtenir l'intendance.

16. Couplet d'Emmanuel de Coulanges, qui fut fait sans doute à cette époque. Voici le couplet tout entier (*Chansons choisies*, édition de 1698, tome I, page 310) :

Si j'avois tout l'or de Crésus,
L'amour de Tiridate,
La gentillesse de Drusus,
La mine d'Orondate,
La valeur du grand Artaban,
D'Auguste la puissance ;
Vous quitteriez, belle Grignan,
Dès demain la Provence.

C'est une furie! comme

> Et rendez-la-nous [17].

Vous avez fort bien fait de trouver joli celui de *la Téron*[18]; il l'est tout à fait. Et que dites-vous de celui de *Joconde*[19]? Il est vrai qu'il y en a d'abominablement immodestes; mais j'ai ouï dire que, sans cela, ils seroient parfaitement plaisants, et justes en parodies.

Mlle de Méri a eu un de ces tourbillons de fièvre de vingt-quatre heures que vous connoissez; mais elle en est sortie aussi comme vous savez, c'est-à-dire, tout d'un coup. Elle est présentement comme à l'ordinaire, et fort aise de toutes les prospérités[20].

Adieu, ma chère et très-chère. Je vous remercie de

---

17. Vers tirés d'une autre chanson de Coulanges (*Chansons choisies*, édition de 1698, tome I, pages 175 et 176):

> Provinciaux, vous êtes heureux
> D'avoir ce chef-d'œuvre des cieux,
> Grignan que tout le monde admire,
> Et dont l'esprit rare et charmant
>   Fait qu'on soupire
> Ici de son éloignement.

> Provinciaux, voulez-vous nous plaire,
> Dépêchez, rendez-nous, rendez-nous,
>   Rendez cet objet si doux,
>   Nous en avons affaire,
> Gardez Monsieur son époux,
> *Et rendez-la-nous,*
>   Rendez cet objet si doux,
>   Nous en avons affaire,
> Gardez Monsieur son époux.

18. C'est le texte du manuscrit; peut-être faut-il lire *l'Achéron*, nous n'avons pu découvrir à quel couplet Mme de Sévigné faisait ici allusion.

19. Plusieurs couplets des chansons de Coulanges sont sur l'air de *Joconde*, et ici encore nous ignorons quel était celui que Mme de Sévigné avait particulièrement en vue.

20. De MM. de Grignan.

1680

tout ce que vous avez dit à mon fils; cela fera l'effet qu'il plaira à Dieu! J'embrasse les papillotes[21], et le petit comédien-baladin[22]. N'oubliez point Mme du Janet et le bon secrétaire[23]. Le bon abbé est tout à vous. Je veux faire un compliment sérieux à Mlles de Grignan sur leurs oncles; le cardinal d'Estrées m'en fit hier beaucoup pour vous.

89. — DE MADAME DE SÉVIGNÉ
A MADAME DE GRIGNAN[1].

A Paris, ce 28ᵉ février.

En ce qui est de rare[2], ma bonne, c'est que, s'il n'y a que moi à qui vous fassiez écrire d'une autre main que la vôtre, c'est moi aussi qui, de bonne foi et avec la dernière vérité, vous en suis mille fois plus obligée que si vous preniez cette peine aux dépens de votre chère santé. Eh! le moyen d'avoir un autre sentiment, quand

---

21. Pauline; voyez plus haut la lettre 86, 2ᵉ alinéa.
22. Le jeune marquis de Grignan.
23. Mlle Montgobert.

LETTRE 89 (fragments inédits). — 1. Ces fragments font partie de la lettre 785 (VI, 281); la lettre entière se trouve dans notre manuscrit, tome II, pages 102 et suivantes; le Grosbois en contient des extraits.

2. C'est-à-dire, et ce qu'il y a de rare. C'est de la même manière que Mme de Sévigné dit ailleurs (lettre 246, 2ᵉ alinéa, II, 490) : « la désolation qui *fut* dans sa chambre ne se peut représenter. »

on est aussi touchée que je le suis de votre délicatesse, puisque vous ne voulez plus que je parle de vos maux? Croyez donc, ma très-chère et très-bonne, que je ne souhaite au monde que votre santé et tout ce qui y peut contribuer, et, au contraire, tout ce qui vous peut nuire, me fait horreur. J'espère que M. de la Rouvière, dont vous me paroissez si contente, me parlera un peu, et me dira si ce n'est pas avec le lait qu'il prétend raccommoder ce sang, et si, au cas que vous ne puissiez en prendre assez longtemps, s'il a quelque autre remède ou quelque autre invention; car je ne crois plus que tant de parties dans ce sang si mal morigénées se puissent corriger toutes seules. Tout de bon, je serai bien aise de l'entendre parler là-dessus; et en attendant, il ne sauroit me faire un plus grand plaisir que de se moquer de moi. J'ai bien envie que votre rhume soit guéri; je hais tout ce qui peut tomber sur votre poitrine, et qui empêche de dormir.

Vous me demandez, ma bonne, comment je vous aime, et que ce seroit une étrange chose que, m'aimant comme vous faites, l'amitié que j'ai pour vous fût devenue de tout à rien. Ce seroit assurément un changement tout à fait surprenant. Je vous aime d'une telle manière, que mon cœur n'est plein que de vous; et toute ma vie se règle sur cette unique chose; et tout y a rapport; et rien ne se résout et ne se range que dans cette vue. J'en ai eu des démêlés; non pas avec l'Abbé, car il comprend cette liaison mieux que je ne pensois; mais enfin, sans m'expliquer plus clairement, je ne puis rien placer devant vous. Je ferai cet été tout le mieux que je pourrai pour rajuster mes affaires; mais je veux être dépendante toute ma vie de vos desseins et de vos arrangements: je vous mets devant toutes choses. Il y a de certaines bienséances et reconnoissances envers le bon abbé que vous ne voudriez pas vous-même qu'on oubliât; mais pour d'autres certains plans[3], je ne les prendrai jamais, tant que je trouverai des raisons de vous espérer ici.

Si on a bien parlé des Grignans à Aix et du petit marquis, croyez, ma bonne, qu'on en a encore plus parlé ici. J'en ai reçu des compliments avec une joie bien sensible; toutes les dames que vous me nommez m'ont priée de vous en faire mille, et à M. de Grignan. Seroit-il possible que son ancienne amie, Mme d'Effiat[4], ne lui en fît pas un? Vraiment cela seroit bien vilain, et je ne comprendrois pas une amitié à cette sauce.

Gauthier[5] m'a écrit les merveilles du petit garçon, et comme il étoit hardi et de bonne grâce, tenant sa *porte* fermée[6], et dansant comme Favier[7], regardant son pied, faisant les petits sauts, levant la tête, jetant le coin de sa perruque, enfin marchant sur les pas de

---

3. Sans doute des plans proposés par Charles de Sévigné, qui aurait voulu que sa mère se fixât avec lui en Bretagne. C'est à l'occasion de ces *plans* qu'avaient eu lieu vraisemblablement les *démêlés* dont parle quelques lignes plus haut Mme de Sévigné.

4. Marie-Anne Olivier de Leuville, épouse d'Antoine Coiffier Ruzé, marquis d'Effiat, neveu de Cinq-Mars; voyez la note 5 de la lettre 350 (III, 289) et la fin du 2ᵉ avant-dernier alinéa de la lettre 758, note 26 (VI, 124 et 125).

5. Valet de chambre et secrétaire de Mme de Grignan; voyez plus haut la lettre 79, 6ᵉ avant-dernier alinéa.

6. On avait sans doute reproché au jeune marquis de Grignan de tenir la bouche ouverte, d'où le compliment que lui adresse sa grand'mère pour le soin qu'il prenait en dansant de tenir *sa porte fermée*. Voyez ailleurs Mme de Sévigné expliquant elle-même un des deux mots par l'autre (lettre 794, 2ᵉ alinéa, VI, 330) : « Madame la Dauphine lui dit (*à Mme de la Ferté*) avec un air sérieux : « Madame, je ne suis pas curieuse », et elle ferme ainsi la *porte*, c'est-à-dire la *bouche*, aux médisances et aux railleries. »

7. Célèbre maître de danse et danseur à l'Opéra; voyez la note 13 de la lettre 1199 (IX, 133).

son maître. Pour moi, je n'aurois jamais manqué de pleurer de le voir si joli et si aimable. J'espère que mes déportements pervers ne lui feront point de tort, puisqu'ils n'ont porté aucun malheur à l'abbé de Grignan : c'étoit cela qui étoit à craindre[8] ! Dieu protége les siens. Je ne me soucie vraiment guère qui aura Marseille[9], présentement. Mais personne ne peut être plus content que le Coadjuteur; avec le petit amusement qu'il se donne[10], cela lui tiendra lieu de tout ce qu'il perd ici, et qu'il regrette sans cesse. Mon Dieu, que j'ai d'envie de savoir quelle joie et quelle surprise vous aurez eu de ces deux nouvelles, l'une sur l'autre[11] ! Ma pauvre bonne, c'est vous qui nous les avez fait sentir, par ce que vous nous disiez de votre meilleure santé; sans cela on ne peut avoir de véritable joie ; tout se trouva rangé d'une manière à n'être point troublée.

Je ne sais ce que votre plume a voulu dire, quand elle a voulu varier deux ou trois fois sur l'amitié que j'ai pour vous. Cette amitié remet en honneur l'inconstance des choses humaines, ma chère bonne, par la manière intrinsèque dont elle a pris possession de mon cœur.

8. Voyez le premier alinéa de la lettre 818 (VI, 449 et 450), la fin du premier alinéa de la lettre 819 (VI, 459 et 460), et la *Notice* de M. Mesnard, pages 176 et 177.

9. C'est-à-dire l'évêché de Marseille, qui était devenu vacant par la nomination de Toussaint de Forbin Janson à l'évêché de Beauvais, et auquel on avait songé un moment pour l'abbé de Grignan avant sa nomination à l'évêché d'Évreux.

10. Voyez plus loin la suite de la lettre, note 17.

11. La nomination de l'abbé de Grignan à l'évêché d'Évreux et la nomination du chevalier de Grignan comme *menin* du Dauphin. — Le manuscrit porte, comme nous l'imprimons : « *que j'ai d'envie de savoir quelle joie et quelle surprise vous aurez eu* (sans accord) »; et à la fin de l'alinéa : « *à n'être point troublée* (accord d'idée) », c'est-à-dire, à ce que je ne fusse point troublée.

Il a fallu se séparer de la bassette ; ce n'a pas été une médiocre douleur pour bien des gens : on dit qu'elle a été défendue très-sérieusement.

Vous n'avez pas été heureux dans votre loterie ; ce sont les cadets qui ont eu les bons lots : vous deviez m'en mettre ; si j'avois eu le gros lot, je ne l'aurois pas porté à Dijon[12].

Quelle tirade ! Vraiment, ma très-chère, vous seriez bien peu sage de vous amuser à répondre, de votre main, même en pleine santé, à tous les fagots que je vous conte. Pour moi, je n'écris qu'à vous. Mon fils est parti, mais je ne lui écrirai qu'en l'air. Sa vocation, dans le dessein que je vous ai dit, est inébranlable ; ce ne sont point de ces pensées passagères que nous avons vues. Il a de l'horreur pour les dépenses et pour la contrainte ; la raison de l'état brillant de cette cour est ce qui le confirme à prendre ce temps. Il regarde le peu de cas qu'on a fait des deux charges qui périssent entre les mains de la Fare[13] et du chevalier de Lauzun[14] ; il semble que la sienne[15] même ne soit pas enviée : il a confondu tous ses amis par son ton décidé. J'ai dit tout ce que la raison et l'amitié demandoient de moi ; il n'est plus question que de l'empêcher de la donner à

---

12. Mme de Sévigné, dans ce passage, faisait allusion sans doute à une loterie tirée à Aix, dont le gros lot avait été gagné par une personne de Dijon, peut-être par le président de Berbisey ; puis, à l'idée de cette loterie elle mêlait assez naturellement l'idée qui occupait en ce moment principalement son esprit, l'idée des faveurs inattendues obtenues par les frères de M. de Grignan.

13. Voyez la note 6 de la lettre 320 (III, 201 et 202), et la fin du 4ᵉ alinéa de la lettre 793 (VI, 327).

14. François, chevalier de Lauzun, frère du duc ; voyez la note 14 de la lettre 463 (IV, 208).

15. La charge de sous-lieutenant des gendarmes-Dauphin, que Charles de Sévigné avait achetée du marquis de la Fare, et qu'il voulait vendre maintenant.

vil prix : ce seroit cela qui feroit notre ruine ! Je prévois celle de M. d'Oppède[16], s'il ne va au secours de la place que le Coadjuteur[17] attaque si bien. Je le[18] vis l'autre jour ; il attend que Bagnols[19] rapporte son affaire.

Je pris une légère médecine avant-hier ; je prends de cette eau. Plût à Dieu que votre santé fût comme la mienne ! Je ne songe pas à mes mains. Je suis ravie de l'estime que vous avez pour votre médecin, et de celle qu'il a pour vos parties nobles. Vous m'expliquez très-bien cette transpiration qui se fait, quand vous croyez être le plus mal ; cela est heureux ; mais il le sera encore davantage, ma bonne, quand votre sang ne bouillonnera plus, et qu'il ne fera plus tant de désordres en vous ; je vous conseille de le souhaiter, et d'y travailler avec persévérance ; cela ne se rapaise pas tout seul. Quand votre lait vous fait mal au cœur, ne songez-vous point à ces yeux d'écrevisse, dont vous a parlé Fagon, et du café, en cas de besoin, puisque votre médecin l'aime tant ?

Mille amitiés à M. de Grignan, et à ses filles, grandes et petites.

Le Berbisey[20] me mande qu'il vous a payé sa rente

---

16. Voyez la lettre précédente, note 12.
17. Le coadjuteur d'Arles se donnait aussi, paraît-il, l'amusement de faire le galant auprès de la marquise d'Oppède ; voyez plus haut, note 10, et conférez la lettre précédente, notes 9 et suivantes.
18. M. d'Oppède, retenu à Paris par un procès ; voyez les notes 13 et 15 de la lettre précédente.
19. Dreux-Louis du Gué Bagnols, cousin et beau-frère de Mme de Coulanges ; il était maître des requêtes ; il devint plus tard intendant de Flandre ; voyez la note 3 de la lettre 114 (II, 12).
20. Jean de Berbisey, président à mortier au parlement de Bourgogne. Le manuscrit porte *Berbisy*, et c'est ainsi en effet que Mme de Sévigné écrivait ordinairement le nom, comme on le voit par l'autographe de la lettre du 22 décembre 1675 (lettre 481, IV, 294) conservé aux Archives de la Côte-d'Or.

de moyeux; payez-lui celle de vin de Saint-Laurent [21]. Serez-vous assez simple pour faire la dépense d'en envoyer toujours ici? ne manquerez-vous jamais d'en faire de toutes les façons? La Troche vous dit mille tendresses; répondez-y.

Ma bonne, je ne puis vous quitter, je suis importune, et je vous embrasse pour vous obliger à n'être point fâchée de tant de choses inutiles, dont je remplis cette lettre avec excès. Je n'oublierai point Mme du Janet et la bonne Montgobert. Le bon abbé est toujours à vous : j'en suis contente.

90. — DE MADAME DE SÉVIGNÉ
A MADAME DE GRIGNAN [1].

A Livry, mercredi des cendres [6 mars].

JE vous prie, ma chère mignonne, de ne point abuser de votre petite santé. Songez que vous n'êtes point guérie, et que vous ne la serez qu'au cas que vous vouliez suivre, avec fidélité et persévérance, les conseils de M. de la Rouvière, que vous estimez. Ne serez-vous point trop aise de vous retrouver en santé? est-il un plus solide bonheur? n'est-ce pas un plaisir de n'être

---

21. Voyez la lettre 477, note 13 (IV, 278), et le dernier alinéa de la lettre du 22 décembre 1675, citée dans la note précédente.

LETTRE 90 (fragments inédits). — 1. Ces fragments font partie de la lettre 788 (VI, 293); la lettre entière se trouve dans notre manuscrit, tome IV, pages 109 et suivantes; le Grosbois en contient des extraits.

plus une personne de papier mouillé? être fatigué de tout? être sujette au temps? Eh! mon Dieu, ma bonne, ménagez bien les espérances que vous devez avoir de votre guérison. N'envisagez-vous point avec une joie sensible la possibilité de vous retrouver comme vous étiez? Profitez de votre médecin; faites, faites ce qu'il vous dit!

J'avois impatience de savoir ce que chantoit cette ligne coupée² ; je me doutois bien que c'étoit sur votre santé. Pourquoi disiez-vous que le lait étoit un poison? Il est vrai que je voyois, en même temps, que vous veniez d'en avaler; mais pourquoi un poison, si votre médecin vous le conseille, avec cette bonne eau qui le fait si bien passer³? Enfin, tout le monde est persuadé, en général, qu'à un sang comme le vôtre, si vous vous accommodez de ce remède, vous êtes guérie. Je ne veux plus voir beaucoup de votre écriture; si vous abusiez des bons intervalles que vous avez, je serois trop effrayée, quand vous ne le feriez pas.

Je suis très-contente des soins et de la peine que prend Montgobert; je la prie de ne se point lasser et de se joindre à moi pour obtenir de vous la belle vertu de la persévérance à suivre les conseils de M. de la Rouvière. Elle prend quelquefois un si joli pouvoir sur vous; qu'elle s'en serve pour vous faire revoir⁴ votre santé. Vous voyez que j'appuie un peu là-dessus; c'est que je fortifie en vous l'endroit le plus foible : je vous connois; dès que vous êtes mieux, vous vous croyez guérie, et vous quittez tout là. Eh! mort de ma vie, il faut confirmer ce mieux, et dompter ce sang qui ne peut durer dans sa peau, et qui est cause de tous nos maux!

---

2. Voyez plus haut la lettre 87, 2ᵉ avant-dernier alinéa.
3. Voyez ci-dessus le commencement du 2ᵉ alinéa de la lettre 88.
4. Il y a *revoir* dans le manuscrit; peut-être Mme de Sévigné avait-elle écrit *ravoir*.

Paris, mercredi 7 heures du soir.

La belle maison de M. Jeannin[5], où demeure Mme de Castries[6], est brûlée quasi toute entière[7], par le voisinage obligeant de M. du Quesnoy, qui met le feu à sa cheminée et brûle le pavillon de son voisin[8] : cette perte est violente et défigure la place.

5. Nicolas Jeannin de Castille, petit-fils, par sa mère, du président Jeannin. Voyez la note 1 de la lettre 299 (III, 151) et la note 10 de la lettre 36 (I, 407); voyez aussi Walckenaer, *Mémoires*, tome IV, pages 192 et suivantes, et pages 350 et 351.

6. Élisabeth de Bonzi, marquise de Castries, sœur du cardinal de Bonzi; voyez la note 15 de la lettre 584 (V, 85). Le nom est écrit *de Castres* dans le manuscrit.

7. Le manuscrit porte *toute entière*, comme nous l'imprimons. — Jeannin de Castille était à Autun au moment de l'incendie; le 8 mars il écrivait à Bussy (*Correspondance de Roger de Rabutin, comte de Bussy*, édition Lalanne, tome V, page 83) : « On me vient de mander qu'une partie de ma maison de la Place Royale a été brûlée. Les malheureux sont tous les jours sujets à de nouveaux chagrins. » L'incendie avait eu lieu le lundi gras, 4 mars, l'avant-veille du jour où Mme de Sévigné écrivit sa lettre. C'est ce que nous apprend une chanson qu'Emmanuel de Coulanges fit à cette occasion, et qui a pour titre : *Sur l'embrasement de la charpente d'un gros pavillon de la Place-Royale, le lundi gras* (*Recueil de chansons choisies*, édition de 1698, tome II, page 70).

8. Ce détail est confirmé par les couplets de Coulanges, assez médiocres du reste :

> Le Quesnoy faisant fort grand cas
>   De la tonne propice
> Voulut enfin le lundi gras
>   Lui faire un sacrifice.
> Comme il n'est feu que de gros bois,
>   Son âme libérale
> Résolut de brûler les toits
>   De la Place-Royale.
>
> Aussitôt le feu s'alluma ;
>   Mais voyant ce désastre,
> La déesse se contenta

Adieu, ma chère bonne, jusqu'à vendredi[9] : je vous manderai des nouvelles. Je reçois des lettres de votre frère, toujours sur le même ton ; c'est un homme très-bien appelé : il vous fait mille amitiés.

Mon fils conjure M. de Grignan de lui envoyer, par le premier qui viendra à Paris, huit boules de mail, de cinq onces pesant : il m'en parle dans trois lettres de suite.

---

91. — DE MADAME DE SÉVIGNÉ A MADAME DE GRIGNAN[1].

A Paris, vendredi 8e mars.

ENFIN, Dieu merci, après dix-huit jours de silence,

> Du pavillon de Castre.
> C'est assez, mon cher enfant,
> Je reçois votre offrande ;
> Vos feux sont pour moi trop ardents,
> Je crains pour vous l'amende.

9. Mme de Sévigné annonçait donc pour le vendredi suivant une autre lettre; à cette époque elle écrivait du reste régulièrement à sa fille le mercredi et le vendredi. La lettre formellement promise pour le 8 mars ne figure cependant nulle part dans la correspondance imprimée ; les anciens éditeurs n'en ont rien fait connaître ; elle s'était sans doute égarée, car il serait difficile d'expliquer autrement l'oubli immérité dans lequel elle est si long-temps restée. Notre ancienne copie l'a heureusement conservée, et en donne, il y a tout lieu de le croire, la reproduction très-fidèle : c'est la lettre qui figure sous le numéro suivant.

LETTRE 91 (lettre complète et entièrement inédite). — 1. Cette lettre, annoncée dans un passage de la lettre précédente (voyez la note 9 de la lettre 90 ci-dessus), se trouve dans notre manuscrit,

je m'aperçois que vous savez la prospérité de vos beaux-frères! Nous sommes à une belle distance! Vous souvient-il de Charleroi[2]? Nous en étions dans les premières inquiétudes, qu'il y avoit huit jours qu'il étoit secouru. Si l'établissement de ces deux Grignans n'étoit solide et ferme, ils pourroient être devenus malheureux depuis le temps ; mais en vérité tout va bien pour eux, et pour vous réjouir huit ou dix jours plus tard, vous n'en êtes pas moins contente. Vous me le paroissez beaucoup dans votre lettre, et fort naturellement; vous verrez dans la suite des miennes toutes les réflexions que me fait faire cette joie.

Le Chevalier aura encore un billet noir[3] à la loterie que le Roi va faire : on a porté trente mille louis d'or, pour jeter en manière de largesse[4], sous le nom de loterie, à toute la cour. *On ne tirera pas de billet en vain :* ainsi le disoit hier, ici, Mme de Coulanges, qui reçoit tous les jours des lettres. J'aurois grand regret d'être obligée à vous retirer cette nouvelle, et à ces pauvres courtisans des louis d'or qui leur sont si bien dus! C'est aujourd'hui[5] ou demain le mariage. Le Roi

tome IV, pages 173 et suivantes; le Grosbois n'en a rien reproduit : elle contient des détails intéressants sur le mariage du Dauphin et sur divers faits contemporains.

2. Voyez la lettre du 26 décembre 1672, note 1 (lettre 309, III, 175). — Mme de Sévigné rappelle à sa fille le même souvenir dans la lettre du 8 septembre 1680 (lettre 851, 1ᵉʳ alinéa, VII, 60).

3. C'est-à-dire un bon billet, un billet gagnant.

4. Cette loterie, qui n'eut pas lieu (voyez la suite de la lettre), devait, d'après les bruits qui avaient couru, être offerte à l'occasion du mariage du Dauphin.

5. C'est effectivement le 8 mars 1680, le jour même où Mme de Sévigné écrivait sa lettre, que le mariage du Dauphin (Louis de Bourbon, fils aîné de Louis XIV), avec la princesse Christine-Victoire de Bavière, fut célébré à Châlons-sur-Marne, dans l'église cathédrale de cette ville.

a été *incognito*, avec Monsieur le Dauphin et Monsieur, voir Madame la Dauphine à Vitry, et puis est retourné à Châlons, pour aller au-devant d'elle avec la Reine. On ne savoit que cela hier ; je m'en vais un peu trotter pour en apprendre davantage, et je ne fermerai ma lettre que bien tard.

Vous me demandiez l'autre jour si Mme de la Fayette n'est pas bien fâchée des desseins de votre frère[6] ; oui assurément, et Mme de Lavardin aussi. C'est lui qui leur [en] a parlé le premier, et voyant de quelle manière il est là-dessus, elles ont trouvé à propos de ne point aller de droit fil contre cette Durance en furie, de peur qu'il ne fît un marché extravagant, qui seroit très-bon, quoique très-mauvais[7], à l'âge qu'il a. Nous avons sauvé du moins la folle précipitation qui le fit parler à Gourville[8], et nous espérons au bénéfice du temps, et à la fragilité des choses humaines. Il n'y a pas d'apparence jusqu'ici qu'il y ait aucun changement ; il m'a écrit trois lettres sur le même ton ; il appelle cela une vocation visible. Il est vrai qu'il paroît, quoi qu'il dise, fort bien appelé aux Rochers. Ce que vous me dites de Tonquedec[9] est la plus plaisante chose du monde. Vous vous souvenez comme il étoit l'objet de toutes nos moqueries les moins enveloppées : il avoit dîné *tout seul, tête à tête ;* il disoit, que s'il n'avoit point des lettres de *Divine*[10], au moins il avoit le plaisir *qu'elle ne pourroit pas montrer des siennes ;* et cent mille autres choses, toutes

---

6. Des desseins de Charles de Sévigné de vendre sa charge de sous-lieutenant des gendarmes-Dauphin, et de se retirer en Bretagne.
7. C'est-à-dire, très-valable, quoique très-désavantageux.
8. Jean-Hérault de Gourville, l'auteur des *Mémoires;* voyez la note 3 de la lettre 158 (II, 171).
9. René de Quengo, marquis de Tonquedec ; voyez la note 2 de la lettre 180 (II, 264).
10. Il s'agit sans doute de Mlle du Plessis d'Argentré, cette

célèbres! et à force de mourir, il est devenu, selon mon fils, une opinion probable. Mais, ma bonne, c'est quand la terre est bien disposée ; et je vous prie, n'en parlons plus : cela donne du chagrin, et je n'en veux plus.

S'il est vrai que votre santé continue, vous en avez eu besoin, dans ce commencement de joie; je comprends la furie des compliments et des écritures. Eh! mon Dieu, ma bonne, vous ne m'avez encore que trop écrit! Je ne veux plus de longues lettres de votre écriture ; épargnez sur moi, pour faire ce que vous croyez d'ailleurs [11] indispensable : je fais les honneurs de vous ; n'est-il pas juste? Enfin, c'est avec la dernière sincérité que je ne veux point avoir de part à ce qui vous tue.

J'ai reçu une lettre de votre médecin [12], la mieux écrite, la plus capable, qui marque le mieux son bon esprit et la connoissance qu'il a de votre mal, qu'il est possible d'imaginer. Je l'ai montrée à la Troche, en qualité de médecin ; elle en a été ravie, et de voir que votre poumon et votre poitrine n'ont point de part à vos maux, qu'autant que votre sang les fait souffrir. Mais il faut donc rectifier ce sang, qui, quoi que vous en disiez, ne se raccommodera point tout seul; il faut le rendre coulant et circulant, et qu'il ne s'arrête point

amie, cette voisine un peu ridicule, qui hantait si assidûment les Rochers, lorsque Mme de Sévigné s'y trouvait, et dont les sottises étaient l'objet de tant de railleries ; Mme de Sévigné dans plusieurs de ses lettres l'appelle *la Divine;* voyez la lettre 477, avant-dernier alinéa (IV, 283), et la lettre 485, note 11 (IV, 314). Dans la correspondance, le nom de *Divines* est aussi donné souvent à Mme de Frontenac et à Mlle d'Outrelaise (voyez plus loin la note 36 de la lettre 168) ; mais il ne paraît pas vraisemblable qu'il soit question ici de l'une ni de l'autre.

11. Il y a *d'ailleurs* dans notre manuscrit, comme nous l'imprimons ; peut-être Mme de Sévigné avait-elle mis simplement *ailleurs*, qui, à ce qu'il semble, conviendrait mieux.

12. M. de la Rouvière ; voyez la suite de la lettre.

avec ces parties grasses et pesantes, qui causent cette douleur et cette pesanteur, dont vous n'êtes soulagée que par les sueurs. Et il dit, que si vous négligiez les petits remèdes qu'il vous donne, et qui vous ont fait du bien jusqu'ici, il est certain que vous pourriez craindre quelque chose de pis que ce que vous avez déjà eu. Cela me confirme à vous conjurer, ma très-chère et très-bonne, de ne point négliger les remèdes qu'il vous donne, à ne point croire qu'une suspension de votre mal fût une véritable et solide guérison. Aspirez à ce bonheur qui fait celui de tant d'autres. M. de la Rouvière me prie de me fier en lui du soin de votre santé, et qu'il m'en rendra bon compte. J'accepte de tout mon cœur toutes les espérances qu'il me donne; il mérite bien qu'on ait cette confiance à son habileté et à son affection ; mais, ma bonne, il ne peut sans vous répondre de rien. C'est pourquoi je vous conjure encore, par toute la raison que vous avez, et toute l'amitié que vous avez pour moi, de suivre ses[13] bons et salutaires conseils. Dites-lui, je vous prie, que je suis contente de sa lettre au delà mille fois de ce que je lui dis.

Un M. du Rivaux de Beauveau, grande maison, jeune et joli, qui avoit donné dans la vue d'une fille de Mme de Montglas, qui est en religion, enfin, devant, après plusieurs embarras trop longs à vous dire, l'épouser jeudi gras, il eut la fièvre le mercredi ; il faut attendre que l'accès soit passé ; la petite vérole paroît ! Ah ! mon Dieu, cela est fâcheux ! Cette petite vérole fit si bien qu'il mourut hier ; et voilà cette fille dans des furies d'un désespoir amoureux et romanesque, dont je vous parlerois fort longtemps, si je voulois[14].

13. Il y a *ces* dans le manuscrit.
14. Voyez plus bas la suite de la lettre, note 19, et sur ces deux

1680

Une petite Mlle de Brienne[15], que nous avions voulu épouser, qui avoit épousé un M. de Poigny[16], — votre parent, Mesdemoiselles de Grignan, — à force de courir, de veiller, de masquer, de danser, de suer, de boire à la glace, est tombée violemment malade le mardi gras, et mourut hier. En vérité vous ne vous en souciez guère, ni moi non plus ; mais cela n'empêche pas que cela ne soit bien prompt !

J'attends vos ordres, un peu plus expliqués, pour faire ce meuble, qu'Anfossi me prie de faire couper de votre part ; vous n'oublierez pas de m'en parler vous-même par Montgobert, et me conter par quel miracle on vous fait un si joli présent[17] : il n'y a rien de plus sûr que

passages, qui servent à expliquer un passage obscur de la lettre du 26 mars suivant (lettre 793, note 5, IV, 326), voyez l'*Introduction*, pages 198 et suivantes. — Dans le numéro du mois de mars 1680, pages 312 et 313, le *Mercure* rapporte en ces termes la mort du marquis du Rivaux : « Voilà comme il n'y a rien d'assuré au monde. S'il vous en falloit un second exemple, vous le trouveriez en la personne de M. le marquis du Rivaux-Beauveau, guidon des gendarmes anglais. Il étoit prêt d'épouser Mlle de Chivergny. Les parents y consentoient après trois mois de traverses. Le dernier ban étoit publié, et il a été surpris depuis quelques jours de la petite vérole, dont il est mort. Jugez quel sujet d'affliction pour les personnes intéressées. »

15. Le *Mercure* (numéro de mars 1680, pages 87 et suivantes) rapporte aussi cette mort : « Les jeunes personnes n'ont pas plus de privilége contre la mort que ceux qui ont vécu de longues années. Mme la marquise de Pougny vient de l'éprouver. Elle n'avoit que vingt-trois ans, s'appeloit Marie de Loménie, et étoit fille de M. de Brienne, qui avoit épousé Mlle de Chavigny, et qui ayant été secrétaire d'État après la mort de M. de Brienne, son père, s'est fait ensuite de l'Église. »

16. Le marquis de Poigny, ou de Pouguy, comme l'imprime le *Mercure*, était premier guidon des gendarmes de la garde du Roi. Il était de la maison d'Angennes, et parent par conséquent, comme le dit Mme de Sévigné, de Mlles de Grignan.

17. Voyez plus loin la lettre 100, note 13, la lettre 104, note 6, et la lettre 108, note 3.

de me faire faire des commissions, car ce n'est point moi qui les fais.

N'allez pas trop croire cette loterie[18], ma bonne : il vient de sortir des hommes de bon esprit et du monde de cette chambre, qui n'en sont pas persuadés.

Me voilà chez Mme de la Fayette, où j'espérois apprendre quelques nouvelles ; mais je n'en ai pas trouvé : on n'en aura que demain. J'ai seulement appris que ce M. du Rivaux, que je croyois beau et joli, est un camard ; de sorte que je reprends son nez[19].

Mme de la Fayette vous embrasse tendrement ; elle vous prie de ne point oublier votre nouvelle et ancienne amitié. Elle est fort aise que vous ayez été bien aise[20]. Elle vous prie d'y ajouter celle[21] de vous bien porter, puisque c'est le principal. Voilà aussi la bonne Troche qui vous fait mille amitiés. J'ai dîné avec Monsieur d'Évreux et la Garde ; ils s'en vont à leur diocèse. M. de la Rochefoucauld a la goutte bien fort ; j'en suis en peine : je m'y en vais.

Ma bonne, je suis en vérité toute à vous. J'embrasse M. de Grignan et la jolie famille. Vous ne me parlez plus de Pauline ? Je vous conjure, ma très-chère, de m'aimer toujours et de me croire digne de votre tendresse par celle que j'ai pour vous.

18. Voyez ci-dessus le second alinéa de la lettre.
19. Voyez plus haut la note 14.
20. Des faveurs que venaient d'obtenir les frères de Mme de Grignan.
21. C'est-à-dire, d'y ajouter l'*aise*, le contentement, de vous bien porter ; il y a ici, comme dans beaucoup d'autres passages des lettres de Mme de Sévigné, un accord d'idées, non un accord de mots ; car le mot *aise* était adjectif et non substantif dans la phrase précédente.

1680

92. — DE MADAME DE SÉVIGNÉ
A MADAME DE GRIGNAN[1].

A Paris, mercredi 13ᵉ mars.

Ce que j'admire, ma bonne, c'est que pour empêcher que vous n'eussiez en votre pauvre vie un pauvre plaisir pur[2], on vous mande, bien cruellement et bien inutilement, une fièvre de vingt-quatre heures qu'a eue Mlle de Méri. Le courrier qui portoit cette lettre n'étoit pas à Fontainebleau, que ce tourbillon étoit passé. Ce sont de ces fièvres éphémères, à quoi elle est sujette, que vous avez pris[3] pour une maladie. Ma bonne, cela valoit-il

Lettre 92 (fragments inédits et passage restitué). — 1. Ces fragments font partie de la lettre 789 (VI, 301); la lettre entière se trouve dans notre manuscrit, tome IV, pages 197 et suivantes; le Grosbois en contient des extraits étendus. Dans notre manuscrit, par suite sans doute d'une confusion de feuillets, le copiste a transcrit, comme faisant suite à la lettre, une courte apostille du cardinal de Retz, mort plusieurs mois auparavant (le 24 août 1679), et la fin d'une lettre de date fort antérieure, dont le commencement est reproduit ailleurs dans le manuscrit, tome IV, pages 325 et suivantes. Cette dernière lettre, dans laquelle l'apostille du cardinal de Retz avait été selon toute apparence insérée, est en effet du 12 juin 1675 (c'est la lettre 406, III, 475), et dans notre manuscrit, où elle se trouve ainsi coupée en deux, elle offre des parties inédites importantes, qui figurent, à leur date, dans le présent recueil. Conférez plus haut, tome I, page 340, la note 1 de la lettre 30.

2. Le plaisir causé par la nouvelle des faveurs obtenues par les frères du comte de Grignan.

3. Il y a *pris*, comme nous l'imprimons, dans le manuscrit, et non pas *prises*, comme semblerait l'exiger la construction de la phrase; mais on peut croire qu'il y a dans celle-ci une ellipse, et que Mme de Sévigné a voulu dire : « et c'est là ce que vous avez pris pour une maladie. »

la peine de vous jeter cette amertume sur votre joie ?
Bon Dieu, cela se peut-il comprendre ? Sachez donc que
ce qu'elle a eu étoit infiniment moindre que quand
vous partîtes. Je ne vous dis pas qu'elle soit en santé ;
mais je vous assurerai qu'elle n'a que ses [4] incommodités
ordinaires. C'est bien assez, et trop ; mais enfin elle a
eu la force de venir trois ou quatre fois en ce quartier,
et d'y louer le plus joli appartement qu'il est possible.
C'est auprès des Capucins[5], chez une Mme de la Va-
nière[6], très-honnête femme, bien de l'esprit, amie de
Marianc[7], de Corbinelli, de Mlle de Scudéry, de Mme de
la Maigre[8], voisine de notre premier président de la
cour des Aides[9] : enfin cela est à souhait. Le bail est
signé à quarante louis d'or par an. Voilà son esprit en
repos, et comme ce n'est que pour la Saint-Jean ou la
Saint-Remi, elle viendra prendre[10] la place de Monsieur
de Rennes, qui s'en va à Pâques. Mais si vous consen-

---

4. Il y a *ces* dans le manuscrit.
5. Voyez la note 2 de la lettre 141 (II, 91).
6. Ce nom ne figure pas ailleurs dans la correspondance. Dans les chansons de Coulanges il est fait mention d'une dame *la Ver-nière* : « J'ai vu la grande la Vernière, etc. » (*Chansons choisies*, édition de 1698, tome I, page 269) ; c'est peut-être la même personne, dont le nom serait mal écrit dans notre manuscrit.
7. C'est ainsi que le nom est écrit dans le manuscrit ; nous croyons qu'il faut lire : « Marignanes », auquel cas il s'agirait sans doute de Joseph-Gaspard Couet, marquis de Marignanes ; voyez la note 1 de la lettre 279 (III, 83).
8. Encore un nom, sans doute mal écrit, qui ne figure pas ailleurs dans la correspondance, où on trouve toutefois Mme le Maigre (lettre 1214, note 14, IX, 200) ; mais est-ce le même nom et s'agit-il de la même personne ? Le voisinage du nom de Corbinelli, très-lié avec Mme le Maigre, autorise à le croire ; voyez la *Notice*, page 149.
9. Nicolas le Camus, premier président de la cour des Aides depuis 1672 ; voyez la note 16 de la lettre 150 (II, 139).
10. À l'hôtel Carnavalet.

tez à faire ajuster votre chambre, elle ira, pendant qu'on fera le bruit des cloisons, chez Mme de Lassay[11], qui lui offre sa jolie maison. Ainsi vous ne devez point déranger les ordres que vous avez à donner là-dessus ; elle seroit bien fâchée de retarder un accommodement[12] qui annonce votre retour.

Parlons un peu de votre santé, ma bonne. Vous me connoissez parfaitement, quand vous croyez qu'elle me tient au cœur ; oui, je vous assure, et rien au monde ne m'y tient de cette sorte. Vous dites que vous êtes dans un bon intervalle : mais ce n'est pas une guérison. Ne craignez-vous point cette douleur, cette chaleur, cette pesanteur intérieure ? Je vous assure que j'en suis bien malade, et j'admire qu'ayant votre M. de la Rouvière, que vous estimez et qui mérite votre approbation, vous ne preniez point ce temps pour vous guérir entièrement, et vous trouver comme une autre personne. Vous dites qu'il ne veut point vous faire de remèdes ; je le crois : *purgare* et *seignare* ne vous sont pas propres. Mais il me mande pourtant que si vous n'usiez pas des petits secours de la médecine qu'il vous ordonne, vous pourriez être en état de donner de véritables inquiétudes ; c'est donc signe qu'il vous ordonne quelque chose, soit

---

11. Le nom est écrit *de Lassé* dans le manuscrit ; mais il n'est pas douteux qu'il s'agit de la marquise de Lassay (Marie-Anne Pajot, seconde femme du marquis de Lassay), dont il est plusieurs fois question, à cette époque, dans la correspondance, précisément au sujet de Mlle de Méri, et dont le nom d'ailleurs est partout écrit dans notre ancienne copie comme nous le trouvons ici, notamment dans les lettres 794 et 817, citées ci-après, qui s'y trouvent reproduites en entier ; voyez et conférez la note 20 de la lettre 794 (VI, 333), la lettre 804, note 2 (VI, 374), et la lettre 817, note 35 (VI, 448).

12. L'expression *accommodement*, dans le sens de réparation, d'arrangement, se rencontre souvent dans les lettres de Mme de Sévigné ; voyez et conférez plus loin la lettre 150, note 18.

du lait ou d'une tisane; enfin c'est ce qu'il croit nécessaire à votre sang. Eh! faites-le donc, ma très-chère bonne. Et pourquoi voudriez-vous négliger un tel secours? auriez-vous peur de vous trop bien porter, et de nous donner trop de joie?

Je suis bien triste de n'aller point continuer mes études auprès de vous; mais, ma bonne, il faut aller en Bretagne, pour y avoir été[13]. Le bon abbé ne veut plus souffrir les reproches qu'on lui a faits[14], avec beaucoup de tendresse il est vrai, qu'il y a du désordre à nos terres; mais il vient de la misère du pays! Enfin, nous y ferons de notre mieux, afin de n'y plus penser. Cette augmentation d'éloignement me fait frémir, moi qui sens si fort celui-ci. Jugez ce que je deviendrai[15], quand je n'aurai plus de laquais à la poste, et que le soin de m'envoyer vos lettres dépendra d'un autre que de moi; et que je n'aurai que cela à penser, à compter, à supputer; et que je serai livrée, dans mes bois, à toute ma tendresse et à toutes mes inquiétudes, sans aucune distraction : vous voyez bien clairement ce que je souffrirai. Hélas! quand ce ne seroit que pour l'amour de moi, ma chère bonne, ayez soin de vous; et que ce soit une vérité que le changement heureux de votre santé; car je sens quand on dit vrai, ou quand on me flatte. Si vous pensez que je ne souffre pas beaucoup à ce

---

13. C'est-à-dire, pour qu'on ne puisse pas nous reprocher de n'y avoir pas été. Cette phrase, que nous avons dû reproduire pour l'intelligence de ce qui suit, se trouve dans le texte de Perrin, qui, au lieu de : « pour y avoir été », a mis : « afin d'y avoir été », ce qui n'est ni mieux, ni surtout plus clair; voyez la lettre imprimée, note 54 (VI, 308).

14. L'auteur de ces reproches, Mme de Sévigné le donne assez à entendre, était Charles de Sévigné.

15. Le manuscrit porte : « jugez ce que je *demanderai* »; mais c'est évidemment une faute du copiste, qui a sans doute mal lu.

voyage de Bretagne, et que je ne prévoie pas ce que j'y souffrirai, vous connoissez mal mon cœur, et vous ignorez mes sentiments.

93. — DE MADAME DE SÉVIGNÉ ET DE CHARLES DE SÉVIGNÉ A MADAME DE GRIGNAN[1].

A Paris, vendredi 29° mars.

DE MADAME DE SÉVIGNÉ.

Vous me parlez bien légèrement de votre santé, ma très-chère; vous m'expédiez en me disant qu'elle est bonne. Vous ne me dites rien de votre colique; je vous prie, que j'en sache toujours la vérité, et si elle est douloureuse. Je voudrois bien parler à M. de la Rouvière; vous n'avez point été fâchée du commerce que j'ai eu avec lui; au contraire, vous m'en parlez *très-aimablement*. Voilà un mot qui vient souvent au bout de ma plume; je voudrois bien le pouvoir mettre dans ce grand monde[2].

LETTRE 93 (fragments inédits). — 1. Ces fragments font partie de la lettre 794 (VI, 329); la lettre entière se trouve dans notre manuscrit, tome VI, pages 45 et suivantes; le Grosbois en contient des extraits étendus.

2. Le mot *aimablement*, qui venait tenter si souvent la plume de Mme de Sévigné, et que, par respect pour l'usage, elle employait cependant rarement, et toujours avec réserve (voyez la lettre 738, du 4 octobre précédent, 1er alinéa, VI, 32 : « Vous me répondez *trop aimablement* : il faut que *je fasse* ce mot exprès pour l'article de votre lettre, etc. »), n'était pas encore admis au dix-

Je ne sais où vous avez pris que j'ai payé le Chevalier sur ce petit argent. Je n'ai point ouï dire que vous lui dussiez rien; c'est M. de Coulanges qui lui a payé neuf louis. J'ai toujours dans mon tiroir seize pistoles d'or et vingt-six écus³; c'est près de deux cent cinquante livres; c'est pour mettre plus que la première pierre à votre appartement. On pourra faire le cabinet dans cette garde-robe, et la garde-robe dans l'antichambre, retranchée comme vous le desirez. C'est une affaire de quinze jours, qui n'attendra que vos ordres. N'oubliez pas d'envoyer votre blanc-signé⁴ à Monsieur d'Évreux, et vos mémoires pour compter avec M. Chapin au *bien Bon*. Mon Dieu, ma chère bonne, que je voudrois bien faire quelque affaire pour vous! Il y a des mijaurées de femmes qui en font avec une facilité qui me met en colère.

Monsieur le Chevalier fera voir à Fagon la lettre de la Rouvière: je crois qu'ils sont du même avis. Ma bonne, n'avez-vous que cette tisane à prendre? est-ce avec ce léger remède qu'il espère guérir votre sang? Quoi qu'il en soit, soyez occupée de l'envie et du soin de vous guérir; n'abusez point de votre poitrine, qui se trouve bien affligée du désordre que fait ce sang. Vous pouvez penser, ma bonne, que cette inquiétude est bien devenue la plus sensible et la plus grande que je

---

septième siècle, et ne se trouve pas dans le dictionnaire de Furetière. Il ne figure pas même encore aujourd'hui dans le dictionnaire de l'Académie; mais il est autorisé par de bons auteurs et par l'analogie, et on peut dire que le vœu de Mme de Sévigné est déjà à moitié rempli: M. Littré n'a pas fait difficulté de lui donner place dans son dictionnaire, où notre petit passage trouvera peut-être aussi un jour la sienne; voyez le *Dictionnaire de la langue française* de M. Littré, v° AIMABLEMENT.

3. Voyez plus haut le second alinéa de la lettre 85.

4. Voyez plus haut la note 7 de la lettre 88.

puisse jamais avoir; tout est loin en comparaison de cet intime sentiment. Vous ne sauriez vous imaginer, quelque bonne opinion que vous ayez de moi, jusqu'à quel point vous m'êtes chère. Conservez-moi donc cette personne que j'aime si parfaitement. J'ai des soins de moi, parce que vous le voulez; cette eau de cerise, cette eau de lin et de la limonade, m'ont entièrement chassé la néphrétique.

Adieu, ma mignonne; je vous conjure de m'écrire bien moins; vous vous oubliez ; vous allez rentrer dans vos excès et dans vos épuisements; et pour qui? j'en reviens toujours là, pour des gens qui donneroient leur vie pour la vôtre. Eh! bon Dieu, et c'est pour nous que vous vous mettez en état de nous donner des inquiétudes mortelles ! Je vous embrasse tendrement, ma bonne. Je suis servante de tous messieurs et dames de la Sainte-Baume. Le *bien Bon* est à vous. Nous vous enverrons votre pendule[5]. Nous avons de l'argent, nous vous en rendrons compte, sans préjudice de celui du tiroir. Voilà Monsieur le Coadjuteur[6].

DE CHARLES DE SÉVIGNÉ.

J'AI vu le temps que j'étois bien plus perdu; mais vous ne sauriez croire combien ce temps-là passe : j'y ai grand regret! Ma petite sœur, ma chère ennemie, je vous demande la continuation de votre indifférence.

5. Voyez la fin du 4ᵉ alinéa de la lettre 796 (VI, 341), et plus haut, la lettre 75, note 27.
6. Le Coadjuteur, ici, c'était bien entendu Charles de Sévigné, qui allait ajouter une courte apostille à la lettre de sa mère.

94. — DE MADAME DE SÉVIGNÉ A MADAME DE GRIGNAN[1].

1680

Paris, vendredi 5ᵉ avril.

Vous ne tenez aucune de vos paroles, ma bonne, quand il est question de vous ménager ; la Rouvière n'est pas content de vous, ni moi, par conséquent. Vous me direz que si vous vous trouviez mal vous n'écririez pas ; ah ! voilà, ma bonne, ce qui n'est pas tout à fait vrai ; vous vous trouvez mal et vous écrivez, et vous ne me dites pas un mot de votre santé. C'est que vous ne voulez pas me dire que vous êtes retombée dans vos incommodités. Je ne laisse pas, ma chère bonne, de le savoir, et d'en être extrêmement touchée. Votre médecin prétend que si vous n'aviez point négligé vos remèdes et votre régime, vous ne seriez pas retombée[2]. J'espère que vous aurez eu quelque pitié de vous et de nous. Je dis toujours la même chose ; c'est qu'il est toujours question aussi de la même chose. Si vous saviez ce que c'est qu'une lettre de vous où je ne vois pas un mot de votre état, pas un mot de Montgobert ! Ma bonne, c'est une ignorance insupportable, et je n'interprète jamais bien ce silence. Je prie M. de Grignan de considérer ce que vous fait l'air de Grignan,

---

LETTRE 94 (fragments inédits). — 1. Ces fragments font partie de la lettre 796 (VI, 339) ; la lettre entière se trouve dans notre manuscrit, tome III, pages 1 et suivantes ; le Grosbois en contient deux extraits.

2. Voyez le premier alinéa de la lettre écrite le même jour, avril 1680, au comte de Guitaut (lettre 797, VI, 343).

et de croire que vous n'êtes plus en état d'essayer de nous y accoutumer : cet essai vous coûteroit trop cher.

Vous me surprenez de la prophétie que vous faites de Mlle de Grignan; vous n'aviez point encore parlé avec tant de certitude; je vous sais si éclairée que je ne puis croire que vous vous trompiez[3].

Vous avez encore le plaisir d'avoir mieux jugé que personne de la terre d'Entrecasteaux[4]; vous étiez opposée à cette vente, et vous trouvez qu'il est bien mieux de la garder : vous devriez nous faire mander par Anfossi ce que vous avez fait pour augmenter votre revenu. Il est vrai qu'il faut remercier M. de Grignan d'avoir pris la peine de faire des pas utiles pour ses[5] affaires. Celles de cette maison de Mlle de Méri s'apaisent un peu; elle a cessé d'accuser l'Abbé[6], et je suis assurée qu'elle s'y trouvera aussi bien qu'elle croit s'y trouver mal : c'est ainsi que vont la plupart de ces sortes de choses. Plût à Dieu, ma bonne, que votre santé fût aussi parfaite que la mienne! Il me semble qu'en faisant ce souhait je sens bien vivement dans mon cœur que votre vie m'est bien plus chère que la mienne : je vois souvent des Grignans qui sont bien tendres aussi sur ce chapitre. Le Chevalier ne m'a jamais parlé de ce que vous lui mandez de Mlle de Gri-

---

3. Mme de Grignan avait fait part à sa mère de la résolution bien arrêtée qu'elle croyait apercevoir dans sa belle-fille, Louise-Catherine de Grignan, d'embrasser la vie religieuse; voyez, à ce sujet, l'*Introduction*, pages 151 et suivantes, et voyez la lettre 95 ci-après, note 6.

4. Entrecasteaux, village sur la Bresque, canton de Cotignac, arrondissement de Brignolles (Var).

5. Le manuscrit porte : « *ces* affaires ».

6. L'abbé de Coulanges; voyez la lettre 794, 5e alinéa (VI, 332 et 333); et voyez aussi plus haut le premier alinéa de la lettre 92.

gnan; quand on ne dit rien, je n'ose parler : pour à d'autres, je n'en suis pas tentée[7].

Je vous ai mandé comme le successeur de notre ami[8] ne fait pas une action qui ne le fasse regretter; jamais on n'a tant connu son mérite que depuis qu'il n'y est plus. Je ferai vos amitiés à Mme de Vins; vous pouvez par avance vous assurer qu'elles seront fort bien reçues. J'ai mille choses à vous dire de toutes les veuves[9], qui parlent fort souvent de vous. Nous avons reçu votre blanc-signé; nous le mettrons entre les mains de Monsieur d'Évreux. J'attends toujours vos lettres avec impatience; jugez de mon martyre, quand je serai encore plus loin. Il fait un si parfaitement beau temps, que je crois que les courriers arriveront beaucoup plus tôt. Il fait un chaud à se baigner dans la rivière; cela me fait craindre la rigueur d'un certain hiver du mois de mai, qui ne manque point tous les ans.

Je vous prie, que j'embrasse M. de Grignan, et que je le remercie du voyage d'Entrecasteaux; que je le prie aussi de m'écrire un mot de vous, et que je lui dise qu'il écrit divinement bien. La réponse des trois petites lettres[10] est admirable; elle arriva comme le pauvre

---

7. C'est-à-dire : quand le Chevalier se tait sur ce sujet, je n'ose ouvrir l'entretien, et quant à en parler à d'autres, je n'en suis pas tentée.

8. Le successeur de M. de Pompone. Ce successeur, *qui le faisait regretter*, selon Mme de Sévigné, était Charles Colbert, marquis de Croissy, frère du grand ministre et père du marquis de Torcy. Il avait succédé à M. de Pompone au mois de novembre de l'année précédente; voyez la note 13 de la lettre 754 (VI, 90) et la note 7 de la lettre 743 (VI, 52).

9. Voyez la lettre 765, note 25 (VI, 158), et la lettre 780, note 15 (VI, 257).

10. La réponse aux billets de félicitation adressés à M. de Grignan, au sujet des faveurs accordées à ses frères; voyez le second alinéa de la lettre 791 (VI, 313), et plus haut, dans ce recueil, la lettre 88, note 3.

M. de la Rochefoucauld expiroit[11]; je crois pourtant qu'elle sera lue avec le temps : j'ai tout donné à M. de la Garde. Je dis beaucoup de choses à Mlles de Grignan et à mon petit marquis, et à Pauline : Beaumont[12] en est charmé! Mon fils vous embrasse de tout son cœur et tout ce qu'il peut embrasser avec vous, et fait des compliments respectueux à Mlles de Grignan. Le bon abbé est tout à vous.

95. — DE MADAME DE SÉVIGNÉ A MADAME DE GRIGNAN[1].

A Paris, vendredi 12e avril[2].

Vous m'avez encore écrit d'Arles, ma bonne. Vous me paroissez bien contente du bon prélat[3]; j'aime à

---

11. Le duc de la Rochefoucauld était mort dans la nuit du 16 au 17 mars ; voyez la lettre 791, 1er alinéa (VI, 311 et 312).
12. Voyez plus haut la lettre 84, note 10. Il était alors à Paris, et revenait de Provence; voyez la lettre 795, 2e alinéa (VI, 335 et 336).

Lettre 95 (fragments inédits). — 1. Ces fragments font partie de la lettre 799 (VI, 350); la lettre entière se trouve dans notre manuscrit, tome II, pages 130 et suivantes; le Grosbois en contient des extraits étendus.

2. Dans notre manuscrit, par suite d'une erreur dont il est difficile de démêler la cause, la lettre est datée ainsi : « A Paris, ce 19e mars. » Cette date, aussi bien d'après le contenu de nos fragments que d'après les parties imprimées de la lettre, paraît fautive, et nous avons dû admettre la date donnée par Perrin, qui soulève cependant, de son côté, quelques difficultés, qu'il serait trop long d'examiner ici.

3. L'archevêque d'Arles, oncle de M. de Grignan. Mme de Gri-

vous voir ces sentiments. Vous y mêlez même la crainte qu'on a toujours avec les vieilles gens, c'est de croire qu'ils vous vont échapper : je crains cette perte pour le moins autant que vous. Il paroît que vous n'aviez que lui pour secrétaire; car vous avez fait toutes vos écritures vous-même. Et j'admire comme on change : autrefois j'étois charmée de voir des volumes de votre main; présentement, que j'ai le malheur de trembler toujours pour votre délicatesse, je suis au désespoir, quand je vois quatre ou cinq pages, et je sens le mal que cela vous a fait peut-être plus que vous-même. Mon Dieu! que c'est une peine cruelle que de craindre toujours pour quelqu'un que l'on aime chèrement! Vous voulez que je me fie à vous de votre santé; plût à Dieu que vous y fussiez uniquement appliquée! Je conjure M. de Grignan de continuer ses soins; vous m'assurez si fort qu'il ne manque à rien, que je me repens de l'avoir grondé. Et je me repentirois même, si je vous avois empêchée d'aller à Entrecasteaux, s'il est vrai que vous eussiez gagné deux cents pistoles à ce voyage; il ne vous auroit peut-être pas fait plus de mal que celui de Marseille, et vous auriez trouvé à placer cet argent fort agréablement. J'en ai pour commencer votre petit bâtiment. Le bon abbé est trop aimable de compter, de supputer et de mesurer comme il fait. Il vous envoie un petit plan, que je crois que vous approuverez; il est selon vos desirs, et nous donnerons tous nos ordres avant que de partir. On ne peut commencer trop tôt les cloisons où il y aura du plâtre. Nous aurons, je crois, votre approbation avant la Quasimodo; mais comme on ne sauroit mieux faire, nous ferons tous les marchés, et vous serez contente de nos soins.

gnan s'était arrêtée à Arles en revenant d'Aix; elle se rendait à Grignan.

Mlle de Méri ne viendra ici⁴ qu'après Pâques. Elle sera dans votre petite chambre, et bientôt elle sera maîtresse de toute la maison. Son chagrin continue de cet appartement qu'elle a loué. Il y auroit bien des choses à dire là-dessus ; quand on a des vapeurs on ne pense pas comme les autres : tout cela s'accommodera. Je laisse ici des gens qui ne penseront qu'à la servir.

Je comprends bien la différence que trouve Mlle de Grignan de la vie toute unie d'Arles et de Grignan aux plaisirs d'Aix, tous consacrés à Mlle d'Alerac. Mais n'étoit-ce point aussi cette différence qui vous faisoit penser que tout alloit éclore ? et cette vie étant changée, vos prophéties auront-elles toujours leur effet⁵ ? Je vous prie de me faire parler souvent sur cet article, où je prends beaucoup d'intérêt : je n'ai dit à personne ce que vous m'en avez mandé⁶.

* Vous êtes à Grignan, ma chère bonne ; vous êtes trop près de moi, il faut que je m'éloigne*⁷ : ne changez rien au dessus de vos lettres que je ne vous le dise. J'ai bien envie de savoir comme vous vous trouverez dans votre château ; il n'y a point de santé ni de bonheur que ma tendresse ne vous souhaite ; je n'en connois en

4. A l'hôtel Carnavalet. Voyez plus haut la lettre 92, note 10, et la lettre 94, note 6.
5. Pour l'intelligence de ce passage, voyez la lettre précédente, note 3.
6. Conférez la lettre précédente, note 7.
7. Mme de Sévigné était résolue à partir prochainement pour la Bretagne ; son départ n'eut lieu cependant que le 6 mai (voyez la note 2 de la lettre suivante). Perrin, dans ses deux éditions, termine brusquement la lettre par ce membre de phrase, que nous avons dû reproduire pour l'intelligence de ce qui suit, et dont on ne saisit pas nettement le sens dans le texte de l'ancien éditeur. Dans sa première édition, Perrin, selon son habitude, avait remplacé les mots : « ma chère bonne », par les mots : « ma fille » ; dans sa seconde édition, — ce qui est une rareté dans son texte, — les mots : « ma chère bonne », ont été rétablis.

ce monde que [par] votre amitié, que je vous conjure de me conserver.

Je surmonte mon incivilité naturelle : j'ai écrit à Monsieur l'Archevêque, et n'ai pas oublié de lui parler de vous. Dites un petit mot à l'Abbé sur votre bâtiment, où il se surpasse. J'embrasse M. de Grignan et lui demande pardon : l'amitié est quelquefois injuste. Mes compliments à tout ce qui est à Grignan.

96 — DE MADAME DE SÉVIGNÉ

A MADAME DE GRIGNAN[1].

A Saumur[2], samedi 11ᵉ mai.

J'ai pris la liberté de chanter tantôt votre joli couplet[3] :

LETTRE 96 (fragments inédits). — 1. Ces fragments font partie de la lettre 808 (VI, 390); la lettre entière se trouve dans notre manuscrit, tome V, pages 79 et suivantes; le Grosbois n'en contient aucun extrait.

2. La lettre dont ces fragments font partie fut écrite durant le cours du voyage que Mme de Sévigné fit, en 1680, pour se rendre en Bretagne. Partie de Paris le 6 mai, elle passa par Orléans, Blois, Saumur, Ingrande, et s'arrêta quelque temps à Nantes, avant d'aller aux Rochers. Nos fragments, malgré leur peu d'étendue, — la lettre à laquelle ils appartiennent est d'ailleurs elle-même assez courte, — offrent de l'intérêt, parce qu'ils servent à éclaircir d'autres passages : c'est pour ce dernier motif surtout que nous avons cru devoir les insérer dans ce recueil.

3. C'était un couplet fait par Mlle Montgobert (voyez plus loin le second alinéa de la lettre 100), relatif peut-être aux galanteries de Mme d'Oppède (voyez plus haut la lettre 84, note 6, la lettre 85, note 5, la lettre 88, note 9, et la lettre 89, notes 10 et 17). Ce couplet, dans tous les cas, devait être assez piquant, puisqu'on tenait si fort à en garder le secret.

je vous réponds de mes bateliers⁴. Je reçus votre lettre⁵ à Paris : le chevalier de Grignan étoit avec moi ; il aime fort à voir ce que vous m'écrivez, et quand il s'y trouve, je lui en fais part : il a donc vu ce joli ouvrage⁶ ; vous croyez bien qu'il n'en parlera pas : voilà tout.

Je suis présentement à cet endroit, sur le bord de cette rivière, près de l'église, où vous appliquâtes un certain sonnet, avec le comte des Chapelles⁷. Je me suis cassé la tête pour m'en souvenir ; il m'a été impossible. Je me souviens seulement que nous le trouvâmes plaisant, et qu'il nous divertit⁸. Je vous prie, ma petite, de vous en

---

4. C'est-à-dire, de la discrétion de mes bateliers, discrétion suffisamment garantie par leur ignorance.

5. La lettre dans laquelle le couplet se trouvait.

6. Le couplet.

7. De Rosmadec, comte des Chapelles, dont le père, François de Rosmadec, comte des Chapelles, fut condamné à mort et exécuté, avec le comte de Boutteville, de la maison de Montmorenci, en vertu d'un arrêt du 21 juin 1627, pour avoir contrevenu à l'édit du mois de mars 1626 contre le duel. Le comte des Chapelles s'était porté second du comte de Boutteville et avait tué le second de son adversaire (voyez Henri Martin, *Histoire de France*, 4ᵉ édition, tome XI, page 256). Le comte des Chapelles dont il est question ici était mort en 1673 ; voyez la note 3 de la lettre 809 (VI, 392).

8. Mme de Sévigné avait fait avec sa fille, en compagnie du comte des Chapelles, fort peu de temps avant le mariage de *la plus jolie fille de France*, un voyage en Bretagne, dont le souvenir, qu'elle se plaisait à rappeler, se retrouve en plusieurs endroits dans la correspondance (voyez, notamment, la lettre 446, du 17 septembre 1675, 1ᵉʳ alinéa, IV, 135 : « On s'ennuie sur l'eau quand on y est seule ; il faut un petit comte des Chapelles et Mlle de Sévigné, etc. » ; et puis aussi la fin du dernier alinéa de la lettre 1255, du 15 janvier 1690, IX, 417 et 418, dans laquelle Mme de Sévigné rappelle encore ce voyage fait vingt et un ans auparavant : « Ah ! oui, je m'en souviens, je n'oublierai jamais ce voyage ; hélas ! est-il possible qu'il y ait vingt et un ans ? »). C'est à un incident de ce voyage que se réfère notre passage, et c'est au même incident que se rapporte aussi un passage de la lettre du 14 septembre 1675 (lettre 445, avant-dernier alinéa, IV, 134), dont le texte, sur un

souvenir, et de me le mander. C'étoit une parodie où
nous parlions fort honnêtement de la Vierge : n'oubliez
point de me l'écrire.

point essentiel, présente, dans les différentes éditions qui l'ont
reproduit, une grande diversité. Voici ce passage :

« Je me ressouvins l'autre jour, à Blois, d'un endroit si beau où
nous nous promenions avec ce pauvre petit comte des Chapelles,
où il vouloit retourner ce sonnet :

> Je veux finir mes jours dans l'amour de.... »

L'amour de qui? L'édition de Rouen et la seconde édition de Perrin
portent : « l'amour de *Marie* »; l'édition de la Haye, à laquelle les
derniers éditeurs ont accordé la préférence, donne : « l'amour de
ma mie »; et, enfin, la première édition de Perrin offre une troisième leçon, elle porte : « l'amour d'*Uranie* ». De ces trois leçons
quelle est la bonne? Il n'est pas douteux, croyons-nous, d'après
le passage de notre lettre auquel se rapporte la présente note, que
Mme de Sévigné, dans la lettre du 14 septembre 1675, avait mis et
dû mettre : « dans l'amour d'Uranie », comme le portait la première
édition de Perrin, qui a très-maladroitement, dans sa seconde
édition, abandonné cette leçon, dont il n'a pas pris la peine de
se rendre parfaitement compte. Le vers rapporté par Mme de
Sévigné est en effet, on le sait, le premier vers du fameux sonnet de
Voiture, qui donna lieu, avec le sonnet de Benserade sur Job, à la
célèbre dispute des *Uranins* et des *Jobelins* (voyez, sur cette dispute,
Victor Cousin, *la Jeunesse de Mme de Longueville*, chapitre IV,
Paris, 1853, in-8°, pages 328 et suivantes). Mme de Sévigné a dû
vouloir donner ce vers exactement[*], puisqu'elle dit qu'il était
question de le *retourner*, c'est-à-dire d'en changer l'application et
le sens en y introduisant quelques mots nouveaux. En mettant dans
le vers *Marie* ou *ma mie*, à la place d'*Uranie*, on n'a plus, en effet,
le sonnet que le comte des Chapelles « vouloit retourner, » mais
un sonnet déjà *retourné*. C'est donc bien la leçon de la première
édition de Perrin qui est ici la bonne, et c'est à tort certainement
que les derniers éditeurs lui ont préféré la leçon de l'édition de la

[*] Ce qu'elle n'a pas fait cependant, et ce qu'on n'a d'ailleurs aucune peine
à s'expliquer, le vers étant cité de mémoire. Le vers de Voiture se lit ainsi
dans toutes les éditions de ce poëte :

> Il faut finir mes jours en l'amour d'Uranie.

Mais Mme de Sévigné en avait au moins conservé le sens et les termes essentiels.

97. — DE MADAME DE SÉVIGNÉ
A MADAME DE GRIGNAN[1].

A Nantes, ce 21e mai[2].

Quoi! ma très-chère, après vous être moquée de mes

Haye, qui est celle des trois qui s'écarte le plus de la vérité. Mais comment était conçu le sonnet retourné? Notre passage nous l'apprend encore. Dans le sonnet retourné *Marie* était substituée à *Uranie*, comme l'indique suffisamment Mme de Sévigné par ces mots : « C'est une parodie (le sonnet retourné), où nous parlions fort honnêtement de la Vierge. » N'était-ce pas, en effet, parler fort honnêtement de la Vierge que de dire :

Je veux finir mes jours dans l'amour de Marie?

On comprend, du reste, que le vers, ainsi retourné, pouvait, dans la circonstance, — Mme de Sévigné portant le prénom de Marie, — être interprété de diverses manières, et on s'explique même très-bien par là qu'il en fût resté à cette dernière un agréable souvenir. On verra, par un passage inédit d'une lettre ultérieure, que Mme de Grignan ne manqua pas de répondre à la demande de sa mère, et ce dernier passage qui confirmera ce qui vient d'être dit ici, nous fournira en même temps l'explication du changement maladroit introduit par Perrin dans sa seconde édition; voyez plus loin la lettre 101, note 6.

Lettre 97 (fragments inédits). — 1. Ces fragments font partie de la lettre 812 (VI, 409), à laquelle appartient aussi le fragment, tiré du Grosbois, publié, sans indication de date, sous le n° 2, parmi les *lettres et fragments de date incertaine* qui forment le complément de l'édition des *Grands écrivains de la France* (X, 543). La lettre entière se trouve dans notre manuscrit, tome III, pages 82 et suivantes; le Grosbois, indépendamment du fragment cité ci-dessus, reproduit, à très-peu de chose près, toutes les parties de la lettre que les anciens éditeurs avaient fait connaître : malgré ces publications diverses, la plus grande partie de la lettre, — et non pas la moins intéressante, — était encore inédite.

2. La lettre, dans les anciennes éditions, est datée fort diverse-

inquiétudes, vous donnez tout à travers de celles que la
poste vous présente ! Je vous croyois plus sage que moi :
je voulois, dans le temps de mes agitations sur le même

ment. Dans l'édition de Rouen (tome II, pages 112 et suivantes),
les courts fragments qui s'y trouvent reproduits, — auxquels l'éditeur a réuni fort arbitrairement un fragment d'une autre lettre,
écrite le 17 novembre 1675, — portent la date : « A Nantes, ce
26 septembre 1675. » Cette date est de pure fantaisie, et fort maladroitement choisie ; car, si au mois de septembre 1675, comme au
mois de mai 1680, époque où notre lettre a été écrite, Mme de
Sévigné, pour aller en Bretagne, se rendit d'abord à Orléans, et de
là, par la Loire, à Nantes, où elle séjourna sept jours (du 17 au
23), il est certain, d'un autre côté, que le 26 septembre elle avait
quitté cette dernière ville et qu'elle était déjà arrivée aux Rochers, après un court séjour fait au château de Silleraye, chez
M. d'Harouys (voyez la lettre 449, premier et dernier alinéas, IV,
145 et 148). L'éditeur de la Haye (tome II, pages 194 et 195),
sans rien donner de la lettre de plus que l'éditeur de Rouen,
l'a dégagée du fragment étranger que ce dernier y avait réuni,
et il a en outre restitué à la lettre la date qui se trouvait sans
doute sur l'original, car il donne exactement celle qui se lit
dans notre manuscrit : « A Nantes, ce 21ᵉ mai », sans aucune indication d'année et sans l'indication du jour de la semaine. Perrin,
dans ses deux éditions, qui ne renferment guère plus que ce que
contenaient déjà les premières impressions, a donné d'une manière
exacte l'indication de l'année, que le contenu de la lettre permettait d'établir ; mais, d'un autre côté, il a, on peut le croire, légèrement altéré l'énoncé de la date qui se trouvait sur l'original, en
substituant, pour le quantième, le 20 au 21, et en ajoutant le jour
de la semaine. Perrin a pu être déterminé à ce changement par
ces mots, qui se lisent en tête de la lettre imprimée : « Il y a huit
jours que je suis ici. » Mme de Sévigné étant arrivée à Nantes le
lundi 13 (voyez plus bas la note 15), Perrin en a conclu que c'était
le lundi 20 que Mme de Sévigné avait dû tenir ce langage. Mais
Mme de Sévigné avait pu aussi fort bien s'exprimer ainsi le mardi 21,
étant arrivée à Nantes le 13 au soir, et nous n'avons pas cru par
conséquent qu'une pareille énonciation fût une raison suffisante
pour modifier la date portée sur notre ancienne copie, qui, selon
toute vraisemblance, reproduit exactement l'original. Nous avons
donc conservé à la lettre la date du 21, qui a pour elle à la fois l'autorité de notre manuscrit et le témoignage de l'édition de la Haye.

sujet, que ce fût un fort mauvais signe de n'avoir aucune lettre de Provence, et on me fit voir, par de bonnes raisons, que c'étoit justement cela qui me devoit rassurer et qui faisoit connoître que c'étoit uniquement la faute de la poste, et que, s'il y avoit de méchantes nouvelles, quelqu'un écriroit, ou pour tromper, ou pour prendre des tours[3]. Je compris cela comme je pouvois, et cependant la poste revenoit, qui me tiroit de peine. Profitez, ma bonne, de tant d'inquiétudes perdues; vous êtes moins en état de les supporter que moi. Je suis assurée que vous en aurez eu deux paquets à la fois; mais je vous conjure, ma bonne, de vous ménager un peu sur les réponses : servez-vous de Montgobert. Vous écrivez trop, ma chère bonne; vous savez le mal que cela vous fait; ayez pitié de moi et ne rallumez point cette poitrine. Voici la saison des fièvres tierces; cette pensée me donne de méchantes heures, et le souvenir de celles de l'année passée, dont une sueur vous tira si à propos : on n'est pas toujours assuré d'un même secours.

Parlons, ma bonne, du voyage de M. de Grignan[4]; je souhaite qu'il soit heureux. A l'égard de M. de Louvois, il a le cœur tout attendri par les chemins[5]; vous le ver-

3. C'est à ce passage que Mme de Sévigné faisait sans doute allusion dans la lettre du 10 juillet suivant (lettre 830, 1er alinéa, VI, 518) : « Je tâche à me faire entendre *ce que je vous disois en pareille occasion;* je sais tout ce qui peut causer ce retardement, etc. »

4. M. de Grignan était allé rendre visite au marquis de Louvois, qui faisait, à cette époque, un voyage dans le midi de la France, et qui était alors en Languedoc; voyez la suite de la lettre, et le dernier alinéa de la lettre des 31 mai et 2 juin suivants (lettre 815, VI, 435) : « Je me réjouis de la visite que vous (Mme de Sévigné s'adressait à M. de Grignan) avez faite à M. de Louvois; il y a des choses que la dépense ne peut empêcher de faire, etc. »

5. Sur l'objet réel du voyage de Louvois, voyez les bruits recueillis par Bussy dans deux lettres au marquis de Trichateau des 25 mai et 2 juin 1680 (*Correspondance de Bussy*, édition Lalanne, tome V, page 118 et pages 137 et 138).

rez dans la lettre de Mme de Coulanges. Pauline me parle d'une autre visite qu'il va faire, — c'est M. de Grignan [que j'entends], — dont vous êtes jalouse⁶. Je me souviens toujours de ce que Montgobert me manda cet hiver, qu'il étoit amoureux, et vous jalouse, sans le savoir. Je plaindrois bien plus Mme de Vaudemont⁷; de la manière dont elle sait pousser la délicatesse de ses sentiments, ce seroit de l'essence de jalousie. Mais, comme vous dites, ma bonne, il arrive toujours quelque circonstance qui corrige ces excès, et qui les rend supportables : il n'y a pas moyen de soutenir longtemps un ton si élevé et si extraordinaire.

Celui de votre prieur de Cabrières⁸ n'est pas mauvais ; après avoir fait des *fagots*, il veut faire des prêtres⁹ ! Cette lettre de Mme de Coulanges m'a paru propre à vous divertir ; j'en ai aussi une de Mme de Vins, très-aima-

---

6. Une visite à la marquise d'Oppède, sans doute ; voyez plus haut la lettre 84, notes 5 et 6, et la lettre 88, note 9.
7. Anne-Élisabeth de Lorraine, princesse de Vaudemont ; voyez la note 7 de la lettre 157 (II, 166).
8. Voyez plus haut la lettre 75, note 16.
9. C'est-à-dire, après avoir fait le médecin, il voudrait faire des prêtres, il voudrait être nommé évêque. Le prieur de Cabrières, dont il est souvent question dans les lettres de Mme de Sévigné, avait eu pendant quelque temps, comme médecin, un grand succès à la Cour ; il avait guéri, disait-on, Mme de Fontanges, qui avait pu, grâce à lui, reparaître un moment dans les salons de Versailles (voyez la lettre 805, note 29, VI, 381) ; mais cette guérison n'eut qu'un effet de bien courte durée et ne sauva pas la favorite, qui mourut le 28 juillet de l'année suivante. Enhardi par ses récents succès, le prieur aspirait maintenant, paraît-il, à devenir prince de l'Église, et Mme de Sévigné, qui l'avait précédemment représenté comme une espèce de médecin *forcé*, de Sganarelle (voyez la lettre 809, du 12 mai précédent, dernier alinéa, note 20, VI, 398, et la lettre 813, note 44, VI, 419), parle naturellement de *ses fagots*, et part de là pour se moquer de l'ambition qu'il avait, ou qu'on lui attribuait, dont Mme de Coulanges l'avait sans doute entretenue dans sa lettre.

ble. Je crois qu'enfin M. de Lavardin se mariera à Mlle de Noailles[10]; voilà son vrai fait : une fille de qualité, bien élevée, bien sage, bien dévote; ils seront heureux[11]. Je crois que c'est cela qui a retenu Monsieur de Rennes[12]; mais quoi qui arrive, je m'en vais le prier de vouloir bien, s'il ne s'en va pas sitôt, passer dans l'autre chambre, comme il me l'a proposé : c'est l'homme le plus commode que j'aie jamais vu[13]. Ainsi notre *Carthage*[14] se bâtira dans le commencement du mois qui vient; j'espère être dans ce temps aux Rochers.

Je vous ai conté les charmes de mon voyage, et comme je vins en cinq jours d'Orléans ici[15]. Je pensois à

---

10. Louise-Anne de Noailles, sœur du duc de Noailles, qui devint plus tard maréchal de France.

11. Ce mariage se fit effectivement; il fut célébré le 12 juin suivant; voyez la lettre 816, note 20 (VI, 439). M. de Lavardin était veuf depuis plusieurs années de sa première femme, Françoise-Paule d'Albert. Mme de Sévigné ne parle plus aussi favorablement de cette union dans la suite de la correspondance; voyez la lettre 817, 8e alinéa (VI, 446 et 447), et la lettre 824, avant-dernier alinéa (VI, 490; et voyez aussi plus loin, dans ce recueil, la lettre 99, notes 11 et 12).

12. Jean-Baptiste de Beaumanoir de Lavardin, évêque de Rennes depuis 1678, cousin germain de Philibert-Emmanuel de Beaumanoir de Lavardin, mort évêque du Mans en 1671; voyez plus haut, tome I, page 246, la note 12 de la lettre 1. L'évêque de Rennes était oncle à la mode de Bretagne du marquis de Lavardin.

13. L'évêque de Rennes occupait alors à l'hôtel Carnavalet une partie de l'appartement de Mme de Grignan; voyez la lettre 775, notes 12 et suivantes (VI, 217), et plus haut la lettre 92, note 10.

14. Nom donné par Mme de Grignan et sa mère à une partie de l'hôtel Carnavalet, où devaient se faire des travaux restés en suspens; voyez la lettre 809, dernier alinéa, note 21 (VI, 398), et la note 7 de la lettre 810 (VI, 400); voyez aussi plus loin, dans ce recueil, pour l'explication de ce nom, la lettre 111, note 13.

15. Partie d'Orléans le 9 mai (voyez la lettre 806, 2e alinéa, VI, 383), Mme de Sévigné était en effet arrivée à Nantes le 13; voyez la fin de la note 2 ci-dessus, et la seconde partie de la lettre 809

vous, ma bonne, et combien j'étois peu digne de vos inquiétudes.

Mon fils s'en va faire sa cour à Fontainebleau, et quand le Roi s'en ira en Flandre, et qu'il aura vu en passant sa compagnie, il me mande qu'il viendra faire dormir sa noblesse aux Rochers, auprès de moi. Ainsi, ma bonne, je suis persuadée que vous ne l'aurez point cet été.

Mme de Coulanges s'en va à Lyon, à ce qu'elle dit. Elle ne se plaît pas à la Cour, quoiqu'elle y soit fort agréablement ; mais vous comprenez bien qu'à l'heure de la promenade, que toutes les dames prennent parti[16] dans les carrosses, où elle n'entre point, c'est un dégoût qui lui donne autant de chagrin que si elle étoit à portée d'y prétendre : ainsi elle quitte volontiers ce pays-là. Cette chambre de Mme de Maintenon, où elle avoit toujours une ressource si agréable[17], n'est pas ce qu'elle étoit. Vous voyez l'occupation de cette femme, la plus ordinaire[18] ; c'est une chose curieuse que de voir d'original le véritable degré de sa faveur : le Chevalier vous doit mander bien des choses. N'avez-vous point écrit pour le prier de recevoir votre pension[19]? J'ai écrit à

écrite à Nantes, le 13 mai, au moment de l'arrivée (VI, 394) : « Nous venons d'arriver en cette ville, etc. »

16. C'est-à-dire, entrent, prennent rang. L'expression *prendre parti*, dans ce sens, est originale, et ne se rencontre pas, croyons-nous, ailleurs dans les lettres de Mme de Sévigné. C'est à peu près dans la même acception qu'on disait et qu'on dit encore : « il a pris parti dans l'armée,... parmi les troupes, etc. » ; mais ce n'est pas pourtant tout à fait le même sens.

17. Conférez plus haut, tome I, page 264, la note 7 de la lettre 10.

18. C'est-à-dire, vous comprenez quelle est l'occupation la plus ordinaire de cette femme (Mme de Maintenon), tout absorbée dans les soins que lui impose la faveur dont elle jouit auprès du Roi.

19. Conférez plus haut, tome I, page 311, la note 20 de la lettre 22.

Monsieur d'Évreux. Du But me mande tous les jours des nouvelles de Mlle de Méri : elle n'est pas plus mal qu'à l'ordinaire.

Conservez-vous, ma bonne, et songez que le plus grand plaisir que vous me puissiez faire c'est de vous bien porter, et la plus solide marque de votre amitié que d'y contribuer par vos soins. Vous me parlez de voler un peu dans les airs, comme un oiseau : la jolie chose ! je suis persuadée que M. de Grignan voudroit vous permettre de venir passer quelques semaines aux Rochers. Je n'oserois vous présenter une pareille vision, de la taille dont je suis ; j'aime mieux vous assurer bien véritablement, ma bonne, que vous ne cesserez jamais de me plaire, ni d'avoir le plaisir d'être chèrement aimée de moi. Jamais la chanson de l'opéra[20] ne pourra vous convenir, et je serai toujours charmée de la fin d'une de vos lettres, où vous m'assuriez que j'étois parfaitement aimée, comme je méritois de l'être, *de la personne du monde que j'aimois le plus*. Ce ton, si peu commun, me fit un plaisir que je ne puis oublier ; il m'assuroit en même temps et de votre amitié et de la justice que vous faites à la mienne.

J'ai écrit à Guitaut sur la naissance de cette centième fille[21] ; je lui demande de quoi elle guérira ; et qu'au

20. Il s'agit, croyons-nous, de l'opéra de *Proserpine* (paroles de Quinault, musique de Lully), qui avait été joué pour la première fois, devant le Roi, le 3 février précédent. On trouve dans un couplet de cet opéra (acte IV, scène v) les vers suivants, auxquels Mme de Sévigné faisait sans doute allusion ici, et qu'elle avait cités dans une précédente lettre (voyez la lettre 786, du 1er mars précédent, note 3, VI, 289) :

    Pluton aime mieux que Cérès ;
      Une mère
    Vaut-elle un époux ?

21. L'original de la lettre, dont parle ici Mme de Sévigné, s'est conservé : c'est la lettre 118 (VI, 405) ; elle porte la date : « A Nan-

moins ce doit être de toutes les inquiétudes que l'on a quelquefois pour la vie et la santé de ces petites personnes.

Votre vision de la bassette est fort plaisante : enfin ils joueront tout leur bien sur cette même carte ; ils sont piqués ! Ne seroit-il pas plus agréable et plus sage de quitter tout à fait le jeu ? Vous employez bien mieux votre temps à cultiver l'esprit de votre petit garçon. Il n'y a rien de si bon que ce que vous faites pour lui donner l'envie d'écrire : vous lui faites penser l'un après l'autre, et le conduisez à faire une lettre, qui leur[22] est entièrement inutile, quand elle est faite d'une autre façon. Je trouve son écriture mauvaise[23]. Je ne lui ferai point réponse aujourd'hui, notre poste va partir, ni à Pauline : mon Dieu que c'est une jolie petite fille, et quel dommage de la tirer d'auprès de vous ! Je voudrois que vous l'amenassiez à Paris, si vous y venez : vous la mettriez plutôt à Sainte-Marie ; nous la verrions souvent ; vous la ramèneriez : enfin, elle ne seroit point abandonnée, ni perdue, ni gâtée. Sa fortune n'ira point toute seule, comme de celles qui doivent se marier régulièrement ; cela leur va tout droit ; mais à elle, tout tient à

---

tes, ce 18e mai. » Elle débute par ce passage dont notre lettre contient pour ainsi dire l'analyse : « Je me suis contentée de savoir que Madame votre femme étoit accouchée heureusement, et de m'en réjouir en moi-même ; car pour vous faire un compliment sur la naissance d'une centième fille, je pense que vous ne l'avez pas prétendu. De quoi guérira-t-elle, celle-ci ? car la septième a quelque vertu particulière, ce me semble : tout au moins elle doit guérir de toutes les craintes que l'on a pour quelque chose d'unique. »

22. *Leur*, c'est-à-dire aux enfants en général, quoique Mme de Sévigné n'eût parlé que du jeune marquis de Grignan : ici comme dans bien d'autres passages des lettres de Mme de Sévigné, l'accord est dans les idées, non dans les mots.

23. Voyez plus loin la lettre 102, note 9.

son mérite, à son esprit, à son amabilité. Enfin, ma bonne, c'est là mon avis, et jamais vous ne m'en ferez prendre un autre : songez-y ; je vous assure qu'il y a quelque chose d'extraordinaire à l'esprit de cette enfant. J'aurois été fort aise d'amener[24] la Mousse, pour ne laisser pas abattre le mien[25] ; mais il avoit d'autres engagements ; le bon abbé ne le souhaitoit pas, et quand les complaisances ne me coûtent que de l'ennui, je veux bien les avoir pour lui.

Adieu, ma très-chère et très-aimable bonne ; je suis entièrement à vous, et le *bien Bon* aussi ; il m'en assure tous les jours ; il a raison, rien n'est si bon pour lui. Il a cru faire des merveilles de faire ajuster votre pendule par Turet lui-même : qui ne s'y seroit attrapé[26] ? Il faut la faire raccommoder ; elle est admirable ! J'embrasse tout ce qui est autour de vous ; je crois que M. de Grignan est du nombre : a-t-il fait un heureux voyage ?

Anfossi me demandoit l'autre jour, si je sollicitois bien fortement contre Mme d'Ampus[27] ; hélas ! je ne sais ce que c'est que ce procès : je veux bien mourir, si je m'en soucie !

24. Aux Rochers.
25. Mon esprit.
26. Voyez plus haut la lettre 75, note 27.
27. Dans le manuscrit : « Dampus » ; ce nom ne figure pas ailleurs dans la correspondance, et nous ignorons quelle personne il désigne.

98. — DE MADAME DE SÉVIGNÉ
A MADAME DE GRIGNAN[1].

1680

A Nantes, samedi 25ᵉ mai.

Mon Dieu! ma bonne, par mille et mille raisons, je voudrois bien être avec vous; mais présentement il me semble que j'y serois bien nécessaire pour raccommoder Montgobert. J'ai déjà eu ce plaisir une fois en ma vie[2] : j'aime à contribuer à faire que l'on s'entende. C'est souvent faute de se parler et de s'expliquer que les choses s'aigrissent, les cœurs se resserrant[3] chacun de leur côté. Elle m'écrit comme une personne qui n'est plus aimée ni considérée de vous; elle m'en paroît outrée. Elle me conte quelques raisons, qui me paroissent assez légères, qui lui ont attiré ce malheur. Il faudroit vous entendre, ma bonne, et c'est ce que je voudrois bien. A tout hasard, je crois ne pouvoir manquer à vous dire que je lui ai toujours vu une grande amitié, si l'on peut dire ce mot, et un grand attachement pour vous. Je suis assurée que tout le mal vient de ce qu'elle croit n'être plus aimée de vous, et que quelqu'un lui nuit et vous prévient contre elle. Je parle sans savoir ce que je dis; le

---

Lettre 98 (fragment inédit). — 1. Ce fragment fait partie de la lettre 813 (VI, 411); la lettre entière se trouve dans notre manuscrit, tome V, pages 103 et suivantes; le Grosbois en contient des extraits étendus.

2. Cette première brouille, que Mme de Sévigné avait eu le plaisir de raccommoder, avait eu lieu sans doute pendant un séjour de Mme de Grignan à Paris; il n'en est pas question ailleurs dans la correspondance.

3. Le manuscrit porte : « les cœurs se resserrent ».

moyen de parler de si loin? Mais en gros, si je pu donner mon avis, il me sembleroit [4] fâcheux et désagréable que cette fille vous quittât. On ne sait point le fond ni le détail, et on voit qu'après dix ans [5] d'un assez grand attachement on sort d'une maison; cela me fait une peine incroyable, et je crois, ma bonne, qu'après y avoir fait quelque réflexion, cela vous en doit faire aussi. Vous êtes sage, vous pensez toujours tout ce qu'on peut penser de mieux; agissez selon vos plus sages réflexions, et n'écoutez point tout à fait la fierté de votre cœur. Soyez bonne, et songez que c'est l'excès de l'amitié qui fait ces bourrasques. Amollissez-vous; il y a des moments où tout se trouve disposé à la douceur : ah! je voudrois bien être un matin au chevet de votre lit! Elle ne me dit point de ne vous rien dire de ce qu'elle m'écrit; c'est pourquoi je crois ne rien gâter de vous l'écrire, d'autant plus que vous saurez user à propos de ce que je vous mande.

4. Le manuscrit porte : « il me semble ».
5. Ce passage indique bien clairement que c'est à Paris, et avant son premier départ pour la Provence, que Mme de Grignan avait pris Mlle Montgobert à son service; voyez l'*Introduction*, page 205, note 3.

99. — DE MADAME DE SÉVIGNÉ
À MADAME DE GRIGNAN[1].

A Nantes, lundi au soir 27º mai[2].

Ma[3] bonne, *je vous écris ce soir, parce que, Dieu merci, je m'en vais demain, dès le grand matin, et même je n'attendrai pas vos lettres pour y répondre : je laisse

LETTRE 99 (fragments inédits et passages restitués). — 1. Ces fragments font partie de la lettre 814 (VI, 422); la lettre entière se trouve dans notre manuscrit, tome V, pages 95 et suivantes; le Grosbois en contient un extrait étendu.

2. Notre manuscrit porte, en tête de la lettre : « Nantes, lundi au soir 28ᵉ mai », et plus loin, au commencement de la seconde partie : « Il est mardi 29 au matin, etc. »; mais Mme de Sévigné, — car la faute ici ne paraît pas pouvoir être attribuée au copiste, — s'est trompée, dans ces deux dates, sur le quantième. Les termes mêmes de la lettre font connaître que la première partie a été écrite le jour des Rogations (voyez la fin de la lettre imprimée, VI, 425), et cette fête, en 1680, qui est l'année où sans aucun doute possible se place la lettre, tombait le lundi 27 mai. C'est sans doute d'après ces données que Perrin avait déjà corrigé la faute ; ses deux éditions donnent en effet pour la première partie, la seule que l'ancien éditeur ait fait connaître, la bonne date, que nous n'avons eu qu'à conserver. Les fautes que nous constatons ici dans notre copie, où on en rencontre plusieurs du même genre, témoignent de son ancienneté, et prouvent bien, comme nous l'avons démontré ailleurs, qu'elle est antérieure aux impressions. Comparez plus haut la lettre 1, note 77, et plus loin la lettre 166, note 2, et la lettre 168, note 2, et voyez l'*Introduction*, pages 45 et suivantes.

3. Perrin n'avait conservé de tout ce commencement de la lettre que la première phrase du premier alinéa et une partie seulement d'une phrase qui se trouve à la fin du second (« j'écris aujourd'hui comme Arlequin, etc. »); comparez le texte du premier alinéa de la lettre imprimée avec celui des deux premiers alinéas de nos fragments.

un homme à cheval⁴ qui me les apportera à la dînée, et je laisse ici cette lettre, qui partira ce soir, afin qu'autant que je le puis, il n'y ait rien de déréglé dans notre commerce*. Hélas! ma chère bonne, il y a dans l'absence assez d'autres maux à souffrir! Par exemple, pensez-vous que votre santé, quoi que vous me puissiez mander, ne soit point un endroit sensible? Il l'est au dernier point : cette délicatesse, cette maigreur, cette chaleur de poitrine, ces douleurs de jambes, ces coliques, cette fièvre qui vint l'année passée, alors que nous y pensions le moins, tout cela me repasse et se représente à moi si tristement que par cette nouvelle raison vous devez comprendre que votre absence et notre extrême séparation m'est plus dure que jamais.

Je regarde avec peine l'état où Montgobert étoit lorsqu'elle m'a écrit⁵; j'espère, ma bonne, que, surtout dans le lieu où vous êtes⁶, vous aurez tout raccommodé.

4. Perrin, dans sa première édition, dont les derniers éditeurs ont suivi le texte, avait supprimé les mots : « à cheval », qu'il a rétablis dans sa seconde édition, et dans la ligne suivante, il avait mis : « le soir », au lieu de « ce soir », qui vaut mieux, et qu'il a aussi rétabli dans l'édition de 1754, où souvent des fautes commises dans la première édition ont été réparées. Mais Perrin, d'un autre côté, dans l'édition de 1754, a introduit dans le texte, sans aucune nécessité et sans avantage aucun, divers changements de rédaction; ainsi, au lieu de : « je n'attendrai pas vos lettres pour y répondre : je laisse un homme à cheval qui me les apportera à la dînée », il a mis : « je n'attendrai pas vos lettres pour y faire réponse; je laisse un homme à cheval pour me les apporter à la dînée ». En somme, on le voit, dans ce petit passage, — et c'est presque partout ainsi, — ni l'une ni l'autre édition n'est fidèle; mais on peut remarquer, d'une manière générale, que l'édition de 1754, plus exacte pour le fond, est moins sûre et plus libre, sous le rapport de la forme, que l'édition qui l'avait précédée.

5. Voyez la fin de la lettre précédente.

6. Mme de Grignan, qui avait passé l'hiver à Aix, était alors de retour à Grignan; voyez le dernier alinéa de la lettre 794 (VI, 334)

Comme on est fort sensible à la pensée d'être mal dans votre esprit, il ne faut aussi qu'une de vos paroles, qui fasse croire le contraire, pour tourner le cœur : j'en connois la puissance. Ainsi j'espère que ce n'est plus ce que c'étoit depuis trois semaines⁷. Je suis trop loin pour me mêler de parler ; disons des riens, ma bonne, et surtout aujourd'hui, que *j'écris comme Arlequin, qui répond devant⁸ que d'avoir reçu la lettre*. Je serois partie aujourd'hui, sans que j'ai voulu l'avoir le même jour⁹.

[Le 28 au matin.]

Il est mardi 28 au matin¹⁰ ; adieu, ma très-chère et très-aimable bonne ; voilà mon carrosse prêt ; il me

et le commencement du 3ᵉ alinéa de la lettre 795 (VI, 336), et voyez aussi plus haut la note 3 de la lettre 95.

7. La brouille continua encore assez longtemps (voyez la lettre 832, du 17 juillet suivant, 1ᵉʳ alinéa, notes 2 à 6, VI, 530), malgré un retour passager que semble indiquer la lettre suivante (voyez la lettre 100 ci-après, note 5); la paix finit cependant par se faire, mais seulement plusieurs mois plus tard; voyez plus loin la lettre 117, du 16 octobre, 2ᵉ alinéa, notes 18 et suivantes.

8. Perrin, qui n'a reproduit que la fin de cette phrase, qu'il a placée immédiatement après la première phrase de la lettre (voyez la note 3 ci-dessus), a mis, pour rajeunir le style de Mme de Sévigné, « avant », au lieu de « devant », qui se lit dans notre manuscrit et qui bien vraisemblablement se trouvait dans l'original.

9. C'est-à-dire, le jour même de son arrivée. Mme de Sévigné eut en effet la lettre comme elle l'avait espéré ; voyez le second alinéa de la lettre 815, du 31 mai suivant (VI, 427). — A la suite de ce passage, vient le surplus de la lettre imprimée (alinéas 2 et 3) : « Je fus hier au Buron, etc. », que les derniers éditeurs ont donné d'après le Grosbois. En réunissant cette partie à celles que nous donnons ici on a la lettre bien complète, telle qu'elle se trouve dans notre manuscrit. Les mots omis par le copiste du Grosbois, dans le passage auquel se rapporte la note 6 de la lettre imprimée, se trouvent parfaitement dans notre copie, qui contient d'ailleurs la faute relevée dans la note 21.

10. Le manuscrit porte : « 29 au matin »; voyez la note 2 ci-dessus.

1680

semble que tous mes voyages m'éloignent toujours. Le bon abbé vous mande qu'il pensera à la sûreté de la cheminée de la salle, dont vous êtes en peine. Il vous assure qu'il y a des remèdes pour l'appuyer, et qu'il donnera tous ses ordres des Rochers. J'ai mandé qu'on priât Monsieur de Rennes de passer dans l'autre chambre, comme il me l'a promis; il demeure peut-être pour ce mariage de Noailles[11] : *Noaillée, et toutes les guenilles qui sont en haut*[12]. Le *bien Bon* vous prie aussi de lui mander des nouvelles de votre pendule, et si on vous l'a bien rajustée; il est au désespoir que Turet lui ait imprimé un si grand respect, qu'il n'ait osé y toucher après lui.

Ma santé est très-bonne. J'ai fait ici, à la fin de cette lune, mon manége ordinaire : une pilule et l'eau de cerises. Je prie Dieu, ma très-chère, que la vôtre se con-

---

11. Le mariage de Mlle de Noailles avec le marquis de Lavardin, dont il a été déjà question dans les lettres précédentes; voyez plus haut la lettre 97, note 10 : ce mariage fut célébré le 12 juin suivant; voyez la note 20 de la lettre 816 (VI, 439).

12. C'est-à-dire, la future, Louise-Anne de Noailles, sa mère et sa grand'mère. Les Noailles avaient eu précédemment (dans les années 1677, 1678) un différend assez vif avec la maison de Bouillon, et dans cette querelle, où les idées religieuses et les prétentions nobiliaires étaient à la fois en jeu, et qui avait donné lieu à plus d'une plaisanterie, à plus d'une méchanceté même, et notamment à un mot piquant de la célèbre Mme Cornuel, Mme de Sévigné, admiratrice passionnée de Turenne, et très-attachée à la maison de Bouillon, avait pris parti pour cette dernière. C'est ce qui peut expliquer les mots singuliers, presque bizarres et peu convenables, qu'on trouve ici, qui ne faisaient sans doute que rappeler d'anciens propos, et que nous n'avons conservés que par respect pour la fidélité du texte, non sans quelque regret de les avoir rencontrés sur notre chemin. Voyez la lettre 673, de Mme de Grignan au comte de Grignan, du 22 décembre 1677, 2ᵉ alinéa, notes 5 et suivantes, et particulièrement, au sujet du bon mot de Mme Cornuel qui s'y trouve rapporté, la note 8 (V, 394 et 395). Mme de Sévigné écrivait : *Nouailles, Nouaillée*, comme on prononçait, et c'est l'orthographe du manuscrit.

firme, et qu'elle soit comme vous la représentez ; que tous vos maux ne soient plus ni *en acte* ni *en puissance* et que je puisse revoir ma chère enfant comme je la souhaite, belle, aimable, grasse, forte. Eh! mon Dieu, l'air de Grignan fera-t-il tous ces miracles? Mon cher Comte, qu'en croyez-vous? Je vous embrasse, et vous recommande toujours cette santé qui nous est si chère.

Je vous ferai réponse aux Rochers à ce que je recevrai tantôt. J'embrasse Mlles de Grignan et mes chères petites personnes.

---

100. — DE MADAME DE SÉVIGNÉ

A MADAME DE GRIGNAN[1].

Aux Rochers, dernier jour de mai.

* Nous avons trouvé les chemins fort raccommodés de Nantes à Rennes, par l'ordre de M. de Chaulnes; mais les pluies ont fait comme si deux hivers étoient venus l'un sur l'autre. Nous avons toujours été dans les bourbiers et dans les abîmes d'eau : nous n'avions osé traverser par Chateau-Briant, parce qu'on n'en sort point [2] *.

LETTRE 100 (fragments inédits et passages restitués). — 1. Ces fragments font partie de la lettre 815 (VI, 425); la lettre entière se trouve dans notre manuscrit, tome III, pages 93 et suivantes; le Grosbois en contient des extraits étendus.

2. Cette première phrase, que nous avons dû reproduire, parce qu'elle est indispensable pour l'intelligence de celle qui suit, qui nous a paru trop intéressante pour être laissée de côté, se trouve déjà dans le texte de Perrin, qui l'a donnée fidèlement, se bornant, pour tout changement, dans sa première édition, à une interver-

1680

Vous souvient-il que vous y avez une fois couché sur la paille, belle et jolie comme un ange, et que vous me fîtes pleurer tout le soir, en me parlant de votre testament : vous étiez méchante, dès ce temps-là !

Vous me parlez de ce couplet de Montgobert; en avez-vous beaucoup entendu parler? Vous vous moquez, de croire que je jette cela au monde : je ne l'ai jamais confié qu'à mes bateliers[3] !

Montgobert m'écrit sur un ton tout contraire[4] : je me sais bon gré d'avoir compris que vous lui feriez sentir la force inévitable de vos paroles, quand vous voulez vous en servir ; je vous loue d'avoir changé sa tristesse en joie, et d'avoir dissipé avec bonté et douceur tout le chagrin qu'elle avoit[5].

J'ai écrit à Monsieur d'Évreux sur votre pension[6] : il est paresseux, s'il n'a pensé à la recevoir. Monsieur de Rennes m'écrit qu'il a quitté votre chambre, et que les ouvriers y sont.

Ne craignez pas que je m'expose au serein, comme j'ai fait; je sais combien vous en seriez fâchée; et de plus, ma très-chère, en revoyant mon alcóve, où j'ai été malade, j'ai senti une petite douleur, qui ne servira pas peu à me gouverner, par la crainte d'une pareille

---

sion de mots sans importance, commise peut-être par inattention, et qu'il a eu soin de rectifier dans sa seconde édition, mais que les derniers éditeurs ont rétablie ; au lieu de : « Nous avons trouvé les chemins fort raccommodés de Nantes à Rennes », l'édition de 1737 et, d'après cette dernière, l'édition de MM. Monmerqué et Regnier portent : « Nous avons trouvé de Nantes à Rennes les chemins fort raccommodés ». — Sur Chateau-Briant, voyez la note 9 de la lettre imprimée (VI, 427).

3. Sur ce passage, voyez plus haut la lettre 96, notes 3 et 4.

4. C'est-à-dire, tout contraire à celui de ses précédentes lettres, dont le ton était chagrin.

5. Voyez plus haut la lettre 98 et le second alinéa de la lettre 99.

6. Voyez plus haut, tome I, page 311, la note 20 de la lettre 22.

maladie[7]. Je n'irai point seulette dans mes bois, je vous le promets; non, je ne sors jamais de ma cabane sans ma canne ni sans Louison.... Chantez!... Et, avec un tel secours, ne craignez plus les loups.

Je suis trop obligée à l'attention que vous avez eue à mon voyage; j'en remercie Mlles de Grignan; si elles conservent quelque amitié pour moi, je vous assure que j'en ai aussi beaucoup pour elles : j'espère bien leur en donner encore de ces légères petites marques, qu'elles font tant valoir. Je suis ravie que Monsieur l'Archevêque[8] m'honore toujours de la sienne. Vous serez trop heureuse de l'avoir. Je vous trouve bien tendre pour lui; c'est une marque de bon esprit : je lui écrirai bientôt. Le *bien Bon* le révère; il est comblé, comme moi, de ses bontés.

Vous vendrez Mazargues quand il plaira à Dieu, et pas un moment devant[9]. Il est vrai que l'on me doit beaucoup ici partout; je voudrois que vos fermiers vous fussent aussi redevables : vous ne seriez pas si sotte que de les laisser en repos.

J'espère que nous nous verrons, ma bonne; ne m'ôtez pas cette espérance, qui est nécessaire à ma vie! Je ne sais pas pourquoi vous recevez mes lettres de si vieille date : je reçois les vôtres le neuvième jour; cela devroit être égal.

Adieu, ma belle et bonne et très-chère fille! Oui,

---

7. Mme de Sévigné n'était pas revenue aux Rochers depuis quatre ans, et c'est pendant le dernier séjour qu'elle y avait fait (du mois de septembre 1675 au mois de mars 1676) qu'elle avait été atteinte de ces violentes douleurs rhumatismales dont elle se ressentit si longtemps. — Perrin n'avait conservé que les premiers mots de ce passage.

8. L'archevêque d'Arles.

9. Ici encore *devant* pour *avant;* voyez la note 8 de la lettre précédente.

assurément, vous êtes ma chère fille ! Vous me dites quelquefois : « Embrassez votre fille ; » je vous embrasse de toute la tendresse de mon cœur !

Ma bonne, je n'ai point entendu parler de cette apologie de Gourville pour M. de la Rochefoucauld[10]. Je vous remercie de tous vos souvenirs pour mes filles[11] et mon petit *moi*. Mon tourbillon est petit ; Pilois[12] y tient présentement une place considérable. Le *bien Bon* est charmé de vos bontés et de votre souvenir ; il est *dans la parfaite* : Dieu l'y maintienne ! Mandez-moi comme va votre meuble de damas[13].

Ma petite, je viens de mettre la jupe que vous m'avez donnée : elle est parfaitement jolie ; je veux vous en remercier encore. Le bon abbé demande toujours des nouvelles de la pendule, et vous mande que c'est Jabac[14] à qui l'on a payé ces quatre mille livres de Chapin : il avoit oublié ce nom.

10. La Rochefoucauld était mort le 17 mars précédent. Gourville, l'auteur de *Mémoires* intéressants bien connus, avait été son valet de chambre et plus tard son secrétaire, avant de s'attacher à la maison de Condé ; il avait témoigné une grande douleur à la mort du duc (voyez le dernier alinéa de la lettre 793, VI, 328). Nous ignorons si l'apologie dont il est parlé ici a jamais paru, autrement que dans ses *Mémoires;* il n'en est pas question ailleurs dans la correspondance de Mme de Sévigné. Saint-Simon fait un grand éloge de Gourville, et remarque à sa louange, « qu'il n'oublia en aucun temps qu'il devoit tout à M. de la Rochefoucauld ». (*Mémoires de Saint-Simon*, édition Chéruel, tome IV, pages 129 à 131.)

11. Louison et autres.

12. Jardinier des Rochers.

13. Voyez plus bas, sur ce meuble, la lettre 104, note 6, et la lettre 108, note 3 ; et plus haut, la lettre 91, note 17.

14. Voyez plus haut, tome I, page 398, la note 10 de la lettre 47.

101. — DE MADAME DE SÉVIGNÉ
A MADAME DE GRIGNAN[1].

1680

Aux Rochers, ce 5ᵉ juin.

Montgobert a des soins de moi[2] que je n'oublierai jamais : mais il est donc vrai, ma chère bonne, que votre poitrine est si longtemps sans vous tourmenter, sans vous brûler, sans vous peser? Est-ce une vérité? seroit-il possible que vous fussiez mieux? et si cela est, ma bonne, et que ce ne soit point pour me flatter et pour m'adoucir votre absence, que n'aspirez-vous au bonheur de vous revoir aimable et belle, et avec des forces qui pussent, sans incommodité, vous mener plus loin que Roccas et le Saint-Esprit[3]? Je souhaite votre santé avec toute la passion qui est inséparable de la tendresse que j'ai pour vous et de la tristesse que me donne l'idée de votre extrême délicatesse. Vous me parlez avec tant d'amitié et de raison sur tout le chagrin que je vous avois témoigné en expliquant mal une de vos lettres[4], qu'en vérité, ma très-chère bonne, je

Lettre 101 (fragments inédits). — 1. Ces fragments font partie de la lettre 816 (VI, 435); la lettre entière se trouve dans notre manuscrit, tome III, pages 107 et suivantes; le Grosbois en contient plusieurs extraits.

2. C'est-à-dire, des soins pour moi, des soins pour m'informer de ce qu'elle sait m'intéresser, des soins de mon esprit inquiet et tourmenté.

3. Roccas-Blanc, village près de Marseille; — Saint-Esprit, ou plutôt Pont-Saint-Esprit, petite ville du département du Gard, sur la rive droite du Rhône, importante par le port que le fleuve y forme et par son commerce.

4. Voyez la lettre 809, 5ᵉ et 7ᵉ alinéas (VI, 395 et 396); c'est à ces passages que Mme de Sévigné paraît faire allusion ici.

n'ai qu'à vous admirer et à vous aimer toujours avec la dernière tendresse.

Ma bonne, ce seroit une chose bien rude, si vos affaires vous empêchoient de revenir cet hiver; hélas! si elles étoient assez bien, je croirois toucher ce bienheureux temps du bout du doigt! Voilà neuf mois de passés, et une espérance sûre feroit passer ce qui reste avec une grande vitesse. On travaille toujours à la menuiserie de votre chambre, en attendant que Monsieur de Rennes parte. Il a prié qu'on attendît jusqu'à jeudi. Je ne comprends pas ce retardement; car il m'avoit mandé qu'il passoit dans l'autre chambre[5]. On me mande que Mlle de Méri se plaint que j'ai fait démeubler la mienne. Je me plaindrois qu'elle n'eût pas permis à cette pauvre tapisserie de l'Abbé de se reposer un peu, après quatre ans de service tout de suite. Pendant que vous me remerciez pour elle, vous voyez bien qu'elle n'est pas de cet avis; je ne suis point assez heureuse pour la contenter jamais : cela ne me dégoûtera pas de lui faire toujours de mon mieux.

Je veux finir mes jours dans l'amour de *Marie*,

au lieu d'*Uranie*[6] : vous m'avez bien soulagée; je me passerai de la suite.

*Il me semble que vous avez bien des commerces,

---

5. Voyez le 4ᵉ alinéa de la lettre précédente.
6. C'est la réponse à la demande que Mme de Sévigné avait adressée à sa fille dans la lettre du 11 mai précédent; voyez plus haut la lettre 96, note 8. Le passage où se trouvait cette demande, conservé par notre manuscrit, nous a servi à fixer, sur un point intéressant, le texte d'un autre passage que les anciens éditeurs avaient donné très-diversement, et que Perrin, qui l'avait donné très-exactement dans sa première édition, avait altéré dans la seconde. Ce qu'on lit ici peut très-bien servir à expliquer la faute de Perrin. Mme de Sévigné demandait à sa fille comment le comte des Chapelles et elle avaient retourné un vers qu'elle ne se rap-

quoi que vous disiez*; gardez-vous pour ceux à qui vous voulez toujours écrire de votre main. Je n'approuve guère cette sujétion où vous vous condamnez; je suis assurée que cela fâche Mme de Vins. Je juge par moi ce que cela doit être pour vous, avec un mal qui est visiblement augmenté par cette sorte de fatigue.

Ma bonne, je cause avec vous, et je veux vous apprendre encore que j'ai trouvé ici ce livre en françois, que Vardes vous apporta en italien, pour les échecs : *La pedina del Re quanto va*[7]! Si ce livre ne m'ap-

---

pelait pas. Ce vers était le premier vers du célèbre sonnet de Voiture :

> Il faut finir mes jours en l'amour d'Uranie.

Le comte des Chapelles et Mme de Grignan, — qui n'était encore alors que Françoise de Sévigné, — l'avaient retourné en substituant *Marie* à *Uranie* et en mettant comme porte notre passage :

> Je veux finir mes jours dans l'amour de Marie.

Perrin, qui ne paraît pas s'être donné la peine de se rendre compte du rapport des divers textes qui ont trait au petit point qui nous occupe, trouvant dans notre lettre un vers semblable à celui qui figurait déjà dans celle du 14 septembre 1675 (lettre 445, fin de l'avant-dernier alinéa, IV, 134), a pensé qu'il fallait rectifier cette dernière à l'aide de l'autre, et c'est ainsi que dans l'édition de 1754, par un changement maladroit, le vers se lit dans la lettre du 14 septembre comme il est écrit ici dans notre manuscrit. Conférez la note 8 de la lettre 96 précitée.

7. Ces mots italiens étaient évidemment destinés à rappeler le livre italien, le traité sur les échecs, dont venait de parler Mme de Sévigné. Mais quel était le sens et la portée de ces mots? quel rapport présentaient-ils avec le livre qui avait fourni l'occasion de les citer? n'avaient-ils pas en outre un sens particulier? avons-nous d'ailleurs bien exactement, en cet endroit, le texte original? Le manuscrit donne une leçon tout à fait inintelligible. Il porte, — mis à la ligne et écrits comme nous les imprimons ci-après, — les mots suivants :

> *Lapellina dol re quantova.*

Les trois derniers mots ne sont pas douteux (*dol* étant évidem-

1680 prend rien[8], je quitterai tout, avec bien de la honte.

ment une faute du copiste, pour *del*), et ils indiquent suffisamment que la citation se rapporte bien au jeu des échecs, comme d'ailleurs le fait supposer sa place. Mais le premier mot a évidemment été altéré. Si on observe que Mme de Sévigné, — dans l'intérieur des mots surtout, — faisait presque toujours le *d* (un *d* bouclé) semblable à deux *l*, un petit et un grand, on ne trouvera pas, croyons-nous, notre conjecture trop hasardée. Toute la différence entre *La pedina* et *Lapellina*, pour les lettres, consiste en effet uniquement dans la substitution des deux *ll* qui se trouvent dans ce dernier mot (qui tel qu'il est écrit n'a aucun sens) au *d* de *pedina*. La correction une fois admise, le passage se comprend fort bien et ne manque pas même d'intérêt. Tout le monde sait en effet l'importance du *pion du roi* dans le jeu des échecs. Les mots cités, qui se trouvaient sans doute dans le livre italien donné par le marquis de Vardes à Mme de Grignan, et qui formaient peut-être l'intitulé d'un chapitre, se rapportaient au rôle important de ce pion, car *pedina*, en italien, dans le jeu des échecs, signifie *pion*. Si Mme de Sévigné, comme nous le croyons, a bien écrit les mots tels que nous les avons imprimés dans le texte, on pourra trouver en outre, dans notre passage, une explication nouvelle, — et peut-être la plus vraie, — du célèbre chiffre *Quanto*, *Quantova* (voyez plus haut la note 22 de la lettre 35), dont Mme de Grignan et sa mère se servaient pour désigner la grande favorite du Roi, Mme de Montespan. *Pedina* en effet, en italien, ne signifie pas seulement *pion*, il a un autre sens ; il signifie aussi la *femme non légitime*, la *maîtresse*. Mme de Sévigné, qui était très au courant de la langue italienne, trouvant ces mots, a fort bien pu en faire l'application à la maîtresse du Roi, et en tirer le chiffre qu'on rencontre si souvent dans la correspondance, et dont on n'a donné jusqu'à présent que des explications très-vagues, qui ne s'appuient sur aucun fondement certain (voyez la note 7 de la lettre 344, III, 268). Si les mots rapportés dans notre lettre n'avaient eu trait qu'au jeu des échecs, on ne comprendrait pas très-bien que Mme de Sévigné les eût si bien fixés dans sa mémoire et les eût rappelés à sa fille. Si, au contraire, on admet notre conjecture, si le mot *pedina* était pris dans un double sens, tout s'explique, car les mots cités servaient à la fois à rappeler le livre dont on venait de parler, et à rappeler un jeu de mots, dont le souvenir n'avait pas dû s'effacer, grâce au chiffre qui en était sorti, dont on continuait à faire usage.

8. Ce livre était sans doute le traité des échecs de *Gioachino Greco*, dont il fut publié à cette époque une traduction, qui eut

Je suis entièrement à vous, ma très-bonne, et j'y pense à mon aise dans mes bois, avec Louison et ma canne. Mille amitiés à M. de Grignan et à ses enfants, grands et petits, mâle et femelles.

102. — DE MADAME DE SÉVIGNÉ

A MADAME DE GRIGNAN [1].

Aux Rochers, 9° juin, jour de la Pentecôte [2].

« Méchante bonne maman ! » C'est ce que vous

---

plusieurs éditions, et qui a pour titre : *Le jeu des eschets, traduit de l'italien de Gioachino Greco, Calabrois.* Nous n'avons pu nous procurer nulle part le livre italien.

Lettre 102 (fragments inédits et passage restitué). — 1. Ces fragments font partie de la lettre 817 (VI, 441); la lettre entière se trouve dans notre manuscrit, tome III, pages 251 et suivantes; le Grosbois en contient des extraits étendus.

2. Par une erreur, que nous avons beaucoup de peine à nous expliquer, et qui vient certainement du copiste, la lettre porte en tête, dans notre manuscrit, l'inscription suivante : « Aux Rochers, ce 29° mai. » Le contenu de la lettre, aussi bien pour les parties inédites, que nous publions ici, que pour les parties que Perrin avait déjà fait connaître, prouve qu'elle a été écrite en 1680, et, cette année, Mme de Sévigné n'était pas encore aux Rochers le 29 mai. Il résulte en effet des termes très-nets de la lettre du 31 mai (lettre 815, 2° alinéa, VI, 427 et 428), qui se trouve reproduite dans notre manuscrit, et dont il n'y a aucune raison de suspecter le texte, que le 29 mai, jour de l'Ascension, Mme de Sévigné était à Rennes, et qu'elle n'arriva aux Rochers que le surlendemain dans la nuit du 30 au 31, après minuit. La date inscrite dans notre ancienne copie est donc inexacte, et nous avons dû conserver celle donnée par Perrin, que nous ne tenons pas cependant pour authentique.

1680 — disoit Pauline, et c'est ce que vous me dites, ma très-chère. J'ai tort de vous faire des reproches, ma bonne, de si loin. C'est qu'effectivement vous ne me croyez pas assez discrète. Mais, en un mot, ma bonne, je suis fort éloignée de me plaindre de vous. Je vous avoue aussi que vous ne devez pas vous plaindre de moi, et que l'*amitié* ni l'*intérêt sensible* ne me font point confier à d'autres qu'à la famille ce qui doit être secret[3].

Je ne vois que des gens qui me doivent de l'argent, et qui n'ont point de pain, qui couchent sur la paille, et qui pleurent; que voulez-vous que je leur fasse[4]? La petite maîtresse de M. de Grignan[5] en pâtira : elle me doit, elle et sa mère, pour mille écus de lods et ventes[6], dont je ne ferai point de composition. M. d'Acigné[7] se sentira aussi du chagrin où je suis. J'attends encore tout l'argent qu'on m'a promis à Nantes; enfin, je suis comme Tantale. *Fiat*[8] *voluntas tua, sicut in cœlo et in terra* : devroit-on dire autre chose à Dieu, ma

3. Tout ce passage faisait allusion sans doute aux reproches d'indiscrétion, que Mme de Grignan avait adressés à sa mère, au sujet du couplet de Mlle Montgobert dont il est parlé dans les lettres des 11 et 31 mai précédent; voyez ci-dessus le 1er alinéa de la lettre 96 et le 2e alinéa de la lettre 100.

4. On voit, par la lettre du 15 juin suivant (lettre 819, 3e alinéa, VI, 461 et 462), que Mme de Sévigné fit abandon à ses métayers et fermiers d'une grande partie de ce qu'ils lui devaient.

5. Sans doute la personne dont il est parlé de nouveau dans une lettre écrite, également des Rochers, quelques années plus tard (lettre 953, du 14 février 1685, 2e alinéa, VII, 360) : « J'ai pourtant pris, pour voir une créature, cette petite jolie femme, dont M. de Grignan fut amoureux tout un soir. »

6. Voyez plus haut, sur le sens de ces expressions, tome I, pages 410 et 411, la note 7 de la lettre 52.

7. Voyez la note 5 de la lettre 848 (VII, 48 et 49).

8. Perrin n'a conservé que les premiers mots de cette phrase, et dans sa première édition, que les derniers éditeurs ont suivie, il avait même écourté la citation, qu'il a rétablie dans l'édition de

chère fille ? Ah! que j'embrasse de bon cœur cette chère
fille! Faites mes amitiés, mes compliments, mes caresses à tout ce qui vous environne. Le *bien Bon* est tout à vous.

1680

Quand je fais des reproches au Marquis[9], c'est pour avoir le plaisir de songer que je le fais[10] répondre brusquement ; je n'ai point d'idée que rien le touche davantage que cet endroit[11] ; il n'est que trop sage et trop posé ; il faut le secouer par des plaintes injustes. Il parloit fort vite sur cela ; et je continue, de mille lieues loin[12].

Si je ne vois point le *Mercure galant*, ce n'est pas par être au-dessus ; c'est que je ne m'en avise point.

1754, où elle se lit telle que nous la donnons ici et telle qu'elle se trouve dans notre manuscrit.

9. A son petit-fils, le jeune marquis de Grignan. Les reproches auxquels il est fait allusion ici sont sans doute ceux relatifs à la mauvaise écriture du marquis, qui se trouvent plus haut dans un passage inédit de la lettre du 21 mai précédent (voyez ci-dessus la lettre 97, note 23). Perrin, qui avait retranché ce passage, aurait dû aussi, pour être conséquent, laisser de côté celui qui se lit ici, que le premier éclaircit, et que les changements, au contraire, que Perrin lui a fait subir ont rendu obscur et peu correct. Voyez les notes suivantes.

10. Les derniers éditeurs, nous ne savons sur quelle autorité ou pour quelle raison, ont supprimé le pronom *le* (« je *le* fais ») qui se trouve dans les deux éditions de Perrin aussi bien que dans notre manuscrit, et mis : « c'est pour avoir le plaisir de songer que je fais répondre brusquement, etc. » La faute est sans doute le résultat d'une omission involontaire de copie restée inaperçue.

11. Perrin dans sa première édition avait mis, et les derniers éditeurs ont imprimé d'après lui : « je n'ai point l'idée que rien le touche plus joliment ». Dans sa seconde édition Perrin s'était rapproché un peu plus du texte ; il avait mis : « je n'ai point l'idée que rien le touche plus joliment que cet endroit ».

12. C'est-à-dire, il parlait fort vite sur mes reproches ; aussi je continue de lui en adresser (pour secouer sa lenteur) de mille lieues loin. — Perrin avait complétement retranché cette dernière phrase.

S'il est à Vitré, je le verrai assurément : je serois ravie de voir les qualités de l'âme de la bru de Louis[13]. J'aurois été charmée de cet endroit, et encore plus d'y trouver votre voyage de Marseille[14]. Il me semble que vous y êtes souvent; le petit marquis en revenoit-il, quand il tua l'oiseau à Aix? Je me serois intéressée à tout ce livre[15] en faveur de votre nom. Celui de M. d'Oppède n'a peut-être pas plu au ministre[16]; je le souhaite, et que vous ayez toujours votre vieille clef[17] qui tourne et qui brouille la serrure : quand on l'entend, on est frappé de cette vision[18]. Je suis ravie que vous vous portiez raisonnablement bien. Eh! comment, ma chère

13. La bru de Louis XIV, la Dauphine. Le mariage du Dauphin avait été célébré le 8 mars, et le numéro du *Mercure galant* du même mois, — qui n'était distribué au public que le mois suivant, et quelquefois plus tard, — contient en effet, pages 25 et suivantes, un récit détaillé des cérémonies et l'éloge de la princesse que venait d'épouser le fils de Louis XIV. Quant au voyage de Mme de Grignan à Marseille, dont parle ensuite Mme de Sévigné, c'est dans le numéro du mois d'avril, pages 254 et suivantes, qu'il en est question, au sujet d'une fête donnée, à cette occasion, par le duc de Vivonne; un passage de cette relation est rapporté dans la note 7 de la lettre 792 (VI, 320, et 321).

14. Voyez la lettre 822, 1er alinéa (VI, 472 et 473).

15. Le volume du *Mercure galant*, dont il a été question plus haut.

16. Ce passage prouve que le marquis d'Oppède avait sollicité, sans succès, l'intendance de Provence, que devait quitter prochainement M. Rouillé, et qui fut donnée quelque temps après à M. Morand (Thomas-Alexandre), qui en exerça les fonctions jusqu'en 1689 et fut remplacé lui-même par M. le Bret; voyez la note 27 de la lettre 1120 (VIII, 365), et voyez plus haut la lettre 88, note 15.

17. M. Rouillé de Mêlai, intendant de Provence, dont les discours étaient, paraît-il, un peu confus et embarrassés, et dont le nom (*Rouillé*) se prêtait d'ailleurs à l'espèce de plaisanterie qui se lit ici, qu'on trouve déjà dans la lettre du 18 mai précédent (lettre 811, 2e alinéa, VI, 407).

18. C'est-à-dire, quand on l'entend parler, on est frappé de la justesse de la comparaison (avec une vieille clef tournant dans une serrure rouillée).

bonne, n'aspirez-vous point à une santé parfaite ? C'est 1680
un étrange endroit pour moi que celui de votre conservation : je vous la recommande.

103. — DE MADAME DE SÉVIGNÉ
A MADAME DE GRIGNAN[1].

Aux Rochers, ce 12° juin.

Le *bien Bon* est fort aise que vous ayez trouvé un bon ouvrier ; il approuve cette cheminée ; et malgré sa sagesse, et ses lumières sur vos affaires[2], il est ravi de la terrasse[3] ; il croit que cela est fort beau. Les mains lui frétillent ici ; il voudroit bâtir, si je ne me moquois de lui. Je ne puis l'empêcher de faire au moins une muraille qui enferme la grande chapelle dans la cour ; nous sommes trop heureux d'en être quittes pour cela. Il va faire, d'ici, travailler les ouvriers de votre chambre.

Vous me parlez bien légèrement de votre santé. Je vois bien que Montgobert est agitée de quelque passion violente[4] ; car, au travers de ce que vous lui faites

LETTRE 103 (fragments inédits). — 1. Ces fragments font partie de la lettre 818 (VI, 449) ; la lettre entière se trouve dans notre manuscrit, tome III, pages 263 et suivantes ; le Grosbois en contient des extraits étendus.

2. C'est-à-dire, malgré sa prudence, et l'état de vos affaires qu'il connaît, etc.

3. De la terrasse du château de Grignan, qu'on faisait rétablir ; conférez la lettre 835, 1er alinéa, note 1.

4. Voyez la lettre 819, 4° alinéa (VI, 463 et 464), la lettre 832, fin du 1er alinéa (VI, 530), et principalement le 4° alinéa de la lettre 839 (VII, 13), où Mme de Sévigné explique si bien la na-

écrire, elle auroit pu me dire : « Oui, cela est vrai ; » mais il faut pardonner à une personne sacrifiée à une beauté qui me paroît à peu près comme la Dulcinée del Toboso.

Montgobert tient bien sa place dans ces jeux d'esprit que vous me représentez; c'est malice, si elle ne fait pas des vers, dans la vivacité où elle est[5]. Je n'oublie point ceux de Livry. Mesdemoiselles[6], je vous remercie ; on dit que vous ne les oubliez pas aussi : j'espère vous revoir dans cette jolie abbaye. La Providence vous a encore donné une autre maison charmante, auprès d'Évreux[7]. On n'y dépense rien; tout y est bon marché ; vous serez bien sensible à cette circonstance : mais je parle à ma fille. J'appris l'autre jour, d'un Normand, que c'est un pays admirable pour la vie.

ture de la passion, — la jalousie, — qui tourmentait Mlle Montgobert. Voyez aussi plus haut, dans ce recueil, la lettre 98.

5. On a vu qu'il est parlé plus haut d'un couplet piquant fait par Mlle Montgobert; voyez ci-dessus le second alinéa de la lettre 100.

6. Mlles Louise-Catherine et Françoise-Louise de Grignan, qui avaient fait, en 1678, un long séjour à Livry avec Mme de Sévigné; voyez plus haut les lettres 71, 72 et 73.

7. La maison de plaisance de l'évêché d'Évreux, que la nomination de l'abbé de Grignan à cet évêché mettait à la disposition de sa famille. Cette maison s'appelait Condé, et n'était située qu'à cinq lieues d'Évreux; voyez le dernier alinéa de la lettre du 11 février précédent (lettre 783, note 31, VI, 274).

104. — DE MADAME DE SÉVIGNÉ
A MADAME DE GRIGNAN[1].

1680

Mercredi, ce 3e juillet, aux Rochers[2].

Je veux vous dire un mot de votre santé : conservez-la, ma bonne ; ménagez-vous sur l'écriture, je vous en conjure. Ne croyez pas que parce que vous ne sentez plus de douleur en écrivant, ces longues lettres vous fassent moins de mal ; cela vous tue, ma bonne. Je vous demande, par grâce et par amitié pour ceux à qui vous écrivez, de leur ôter l'horreur d'être cause de vos maux. Commencez par moi ; retranchez encore sur mes lettres : ma tendresse est tournée du côté de faire [tout] céder à votre conservation. Si Montgobert ne peut écrire pour vous, servez-vous de M. Gauthier[3] ou de *la Pythie*[4].

* Je crois qu'il faudra songer à soutenir un peu plus solidement la cheminée de la salle ; cela est plaisant que Bruan n'y ait pas pensé, et que votre réflexion, de Provence, l'ait redressé*. Du But ira chez lui, pour lui

---

Lettre 104 (fragments inédits). — 1. Ces fragments font partie de la lettre 826 (VI, 501) ; la lettre entière se trouve dans notre manuscrit, tome V, pages 153 et suivantes ; le Grosbois n'en contient que le commencement.

2. Les mots *aux Rochers* ont été mis par la personne qui a fait la collation, et ne se trouvaient pas vraisemblablement sur l'original ; ils ne sont pas à leur place habituelle.

3. Voyez plus haut la note 5 de la lettre 89.

4. Ce passage prouve bien clairement que, contrairement à ce qu'on avait pensé, Mlle Montgobert et *la Pythie* étaient deux personnes parfaitement distinctes ; voyez l'*Introduction*, pages 202 et suivantes.

faire savoir l'effet de cette pesanteur qui n'a plus d'appui que sur le plancher : on donnera ordre à cet inconvénient.

Si vous ne m'aviez envoyé ce chapelet[5] que pour me souvenir de vous, je vous répondrois comme on fait : « Qu'il n'est pas besoin de cela ; » car je vous assure, ma bonne, que vous êtes le sujet de toutes mes pensées. Je vous prie de me faire comprendre quelle chambre neuve M. de Grignan visite tous les jours si généreusement, et si vous aurez votre meuble[6].

Adieu, ma très-chère et très-véritable bonne : je n'ose plus vous dire que je vous aime ; j'ai peur que vous n'en soyez ennuyée. Il est vrai que si je juge de vous par moi, on ne peut entendre trop souvent une si aimable vérité. Je souhaite que vous décidiez en faveur de mon opinion sur la destinée de la petite d'Aix[7] ; elle me fait pitié. Le *bien Bon* est à vous de tout son cœur. Nous avons tant importuné Jupiter[8], que nous mourons de chaud. Je vous prie, ma belle, que ce que je vous dis de votre frère ne retourne pas[9]. Je conte à Montgobert le mariage de diantre du pauvre Sainte-Marie[10].

5. Voyez la lettre du 12 juin précédent, note 25 (VI, 453 et 454), et le 5ᵉ alinéa de la partie imprimée de notre lettre (VI, 504).

6. Le meuble de damas dont il a été déjà question plus haut ; voyez ci-dessus la lettre 100, note 13. Ce meuble avait été offert à M. de Grignan par une des villes de son gouvernement, mais il fut refusé. Voyez la lettre 813, note 49 (VI, 420), et dans la lettre 832, 8ᵉ alinéa (VI, 537), et plus bas, dans ce recueil, dans la lettre 108, 3ᵉ alinéa, les regrets que ce refus inspirait à Mme de Sévigné.

7. Marie-Blanche. Mme de Sévigné voulait qu'on la retirât du couvent d'Aix, et qu'on la plaçât auprès de sa tante, religieuse au couvent d'Aubenas ; voyez la lettre 817, 3ᵉ alinéa (VI, 442 et 443), et la lettre 835, 4ᵉ alinéa (VI, 548 et 549).

8. Comparez le 1ᵉʳ alinéa de la lettre 815 (VI, 425 et 426).

9. Voyez le 3ᵉ alinéa de la lettre imprimée (VI, 502 et 503), auquel se rapportait cette recommandation.

10. S'agit-il de M. Sainte-Marie, plus tard lieutenant de Roi à

105. — DE MADAME DE SÉVIGNÉ
A MADAME DE GRIGNAN[1].

1680

Aux Rochers, dimanche 7ᵉ juillet.

Je suis bien fâchée, ma bonne, de cette main ennemie[2], qui vous oblige d'en prendre une autre. Est-il possible que la raison s'écarte ainsi des esprits qui paroissent quelquefois les plus raisonnables? Je n'en écrirai rien du tout; je répondrai sur ce qu'on me mandera, dans mon style ordinaire de conciliante. On ne m'a encore rien mandé; peut-être ne se vantera-t-on de rien.

Vous me faites un grand plaisir, ma très-chère, de vous reposer, et d'être bien à votre aise, couchée et appuyée sur de bons carreaux, pendant que vous me parlez. Cette posture me contente, parce qu'elle vous repose; et, au contraire, quand je me représente cette situation qui vous tire la poitrine et qui vous épuise, cela me fait un mal étrange. Ma bonne, vous me parlez bien en courant de votre santé; ce feu secret n'est-il point revenu? et vos inquiétudes aux jambes? et comment dormez-vous? et comment mangez-vous? Mon Dieu, que je suis peu instruite de la chose du monde dont je me soucie le plus!

Saint-Malo, que Mme de Sévigné appelait *son vieil ami*, et qu'elle se flattait d'avoir converti? Voyez l'avant-dernier alinéa de la lettre du 6 novembre 1689 (lettre 1232, notes 38 et suivantes, IX, 302).

Lettre 105 (fragments inédits et passages restitués). — 1. Ces fragments font partie de la lettre 828 (VI, 509); la lettre entière se trouve dans notre manuscrit, tome II, pages 380 et suivantes; le Grosbois en contient des extraits.

2. Mlle Montgobert, qui avait longtemps servi de secrétaire à Mme de Grignan, et dont la brouille continuait.

1680

Mlle de Méri me mande qu'elle est toujours mal; elle fait beaucoup de pitié. Elle ne se plaint point du bruit de votre bâtiment[3], qui est fait, ma bonne, et qui est fort bien.

Vous m'avez fait rire, ma bonne, de dire que vous êtes persécutée aussi dans votre province de la négligence des habits; je souhaite que vous ne la soyez de longtemps par des dames de grande conséquence, qui vous épuisent en paroles et en cérémonies. Il y en eut bien de dépensées quand cette princesse[4] arriva après votre dîner; on devoit bien vous avertir de cela : je suis persuadée que le *cérémonias*[5] qu'il faut observer en ces occasions vous fait un mal considérable. Reposez-vous bien, ma chère bonne, et vous mettez sur votre petit lit quand vous voulez m'écrire; je me fais une tendresse et une distinction de cette confiance : tout ce qui vous est bon m'est excellent, et ce qui vous incommode me fait beaucoup de mal.

Vous avez donc pitié, ma bonne, de tout le chemin que j'ai fait pour *donner*[6] tout ce que me doivent mes

---

3. Mlle de Méri occupait alors, à l'hôtel Carnavalet, une partie de l'appartement de Mme de Grignan; voyez, plus haut, la lettre 95, note 4, et la fin du 2ᵉ alinéa de la lettre 101.

4. La princesse dont il avait déjà été question au commencement de la lettre du 3 juillet précédent (lettre 826, VI, 501) : « Les hommes n'incommodent pas tant que la princesse que vous attendiez. » Nous ignorons quelle était cette princesse, que Mme de Sévigné n'a désignée ni dans l'une ni dans l'autre lettre.

5. Nous avons déjà rencontré cette expression, pour *cérémonial*, et ce passage prouve que ce qu'on a considéré comme une faute du copiste dans le Grosbois n'en était pas une; voyez plus haut dans ce recueil, tome I, page 382, la lettre 40, note 10.

6. Il semble qu'il faudrait : « pour *toucher* tout ce que me doivent, etc. »; mais Mme de Sévigné faisait sans doute allusion à une observation de sa fille, au sujet des libéralités dont il est parlé dans la lettre du 15 juin précédent (lettre 819, 3ᵉ alinéa, VI, 461 et 462), et alors l'expression *donner*, qui se trouve très-nettement dans notre

gueux de créanciers; mais il faut bien courir après son pain et ses provisions, quand ils ne donnent pas de quoi en acheter ailleurs. Je n'ai pas perdu mon temps à Nantes, quoique de nouvelles chicanes retardent mon paiement. N'avez-vous pas ouï dire : *ce qui est différé n'est pas perdu?* Et pour ôter le père Rahuel[7], il ne falloit pas moins que toute l'habileté du *bien Bon* : voilà avec quoi on se console, en attendant la Toussaint[8].

Il me semble que si je vous revoyois encore une fois dans ces belles allées, qu'il y eût quelqu'un pour lire, et pour amuser votre bel et bon esprit, je tiendrois assez bien ma place, avec ce secours, pour vous divertir : vous savez que je suis sujette aux châteaux en Espagne ; les miens roulent tous sur votre bonheur et sur celui de vous revoir.

Ma très-chère bonne, je suis persuadée, comme vous, que M. de la Trousse n'est point amoureux de ce vilain squelette[9] ; mais c'est qu'ils doivent se revoir chez le Pelletier, et cet intérêt l'attache au sien de le chasser :

---

manuscrit, mise par forme de plaisanterie, se comprend fort bien. Conférez, plus haut, la note 4 de la lettre 102.

7. Le père Rahuel avait été concierge de la tour Sévigné à Vitré (voyez la note 14 de la lettre 351, III, 294), et il était alors sans doute employé aux Rochers; voyez et comparez la lettre 456, note 27 (IV, 179), la lettre 488, note 20 (IV, 325), et la lettre 826, 2ᵉ alinéa (VI, 502).

8. Époque où Mme de Sévigné espérait revoir sa fille. Mme de Sévigné se trouva en effet à la Toussaint à Paris, mais sa fille, dont le voyage fut retardé, n'y arriva que dans les derniers jours de novembre.

9. S'agirait-il de Mme de Coulanges? il est difficile de ne pas le croire; l'expression est pourtant bien dure, et tout ce passage est du reste fort obscur : nous le rapportons exactement tel qu'il se trouve dans le manuscrit. Peut-être faut-il lire : « et cet intérêt l'attache *au lieu* de le chasser ».

voilà votre turlupinade retournée, et je crois plus véritablement; mais vous avez l'honneur de l'invention, et je vous l'envie; moins pourtant que le Coadjuteur et M. de Grignan, qui ne l'auroient jamais laissée sortir de chez eux, sous votre nom, s'ils en avoient eu quelque connoissance.

Adieu, mon aimable soliloque; adieu, cette âme de la Thébaïde! C'est cela qui me fait toujours dire [10] que vous seriez ermite ici, où j'ai fait deux cellules admirables dans ces bois. * Le bon abbé comprend bien le goût de M. de Grignan; il fait bâtir, sans oser élever son bâtiment, pour des raisons solides; mais enfin il a de toutes sortes d'ouvriers [11].

Mon fils a eu un accès de fièvre; il espère qu'elle finira comme l'année passée, qui fut dans la règle des vingt-quatre heures [12]. On me mande qu'il est incessamment avec la duchesse de Villeroi [13]. Vous savez comme

---

10. Le manuscrit porte : « qui me fait toujours *écrire* ». Peut-être Mme de Sévigné avait-elle mis : « qui me fait toujours m'écrier », ou simplement : « .... écrier ». — Le mot *ermite*, qui se trouve à la ligne suivante, est écrit *hermite*, par un *h*, dans le manuscrit; c'est ainsi qu'on l'écrivait le plus ordinairement au dix-septième siècle (voyez le *Dictionnaire de Furetière*, édition de 1690, v° Hermite), et c'est également ainsi bien vraisemblablement que Mme de Sévigné l'avait écrit (voyez, dans Perrin, la lettre du 14 juillet 1677, fin du 2° alinéa, édition de 1734, tome IV, page 111; édition de 1754, tome IV, page 444). L'orthographe sans *h* est plus juste et a prévalu (voyez le *Dictionnaire de la langue française* de M. Littré, v° Ermite, Hermite).

11. Perrin, qui a reproduit cette phrase, en avait retranché ce qui concerne M. de Grignan : il avait supprimé la phrase tout entière dans sa première édition. Conférez, plus haut, le premier alinéa de la lettre 103.

12. Perrin, *édition de* 1754 : « Il espère qu'elle sera, comme l'année passée, dans la règle des vingt-quatre heures. » Dans l'édition de 1737 toute la phrase avait été retranchée.

13. Voyez sur ce passage l'*Introduction*, pages 206 et suivantes. —

on aime cette conduite en ces pays-là [14], et combien elle est ridiculisée. Ce qui est de vrai, c'est qu'il ne l'aime point du tout, et que c'est pour rien qu'il prend un air si nuisible [15].

J'embrasse M. de Grignan et Mlles de Grignan, que j'aime et honore, et que je suis ravie qui me conservent dans leur souvenir. Je baise les petits marmots ; et pour vous, ma bonne, que vous dirai-je ? car voilà toutes les paroles employées ; c'est que les sentiments que j'ai pour vous sont beaucoup au-dessus : il me semble que vous le savez*[16] ; je ne vous dirai donc rien, sinon que je suis à vous en un mot comme en mille [17].

Perrin avait complétement supprimé le nom dans sa première édition et n'en a donné que l'initiale dans la seconde. — L'édition de 1754 porte : « toujours », au lieu de « incessamment » qui se trouve dans notre manuscrit et qui se trouvait déjà dans l'édition de 1737.

14. C'est la leçon du manuscrit et de l'édition de 1754; l'édition de 1737, suivie par les derniers éditeurs, porte : « en ce pays-là ».

15. *Édition de* 1737, suivie par les derniers éditeurs : « Ce qui est de vrai, c'est qu'il n'aime point du tout la duchesse, etc. » — *Édition de* 1754 : « Ce qui est de vrai, c'est que votre frère n'aime point du tout la duchesse, etc. »

16. *Édition de* 1737 : « J'embrasse M. de Grignan et Mlles de Grignan, que j'aime et honore ; je suis ravie de savoir qu'elles me conservent dans leur souvenir. Je baise les petits marmots, et pour vous, ma fille, etc. » — *Édition de* 1754 : « J'embrasse M. de Grignan et Mlles de Grignan, que j'aime et honore. Je baise les petits marmots, et pour vous, ma très-belle, etc. »

17. Ce dernier membre de phrase ne se trouve que dans notre manuscrit.

106. — DE MADAME DE SÉVIGNÉ
A MADAME DE GRIGNAN[1].

[Aux Rochers], dimanche 14ᵉ juillet.

Il y eut hier neuf mois[2] que je vous menai à ce corbillard[3] : il y a des pensées qui me font mal; celle-là est amère, et mes larmes l'étoient aussi. Je suis bien aise présentement de cette avance; elle m'approche un temps que je souhaite avec beaucoup de passion. Plût à Dieu que votre séjour eût été plus utile à vos affaires, ou que je pusse faire un meilleur personnage que celui de desirer simplement!

Lettre 106 (fragments inédits). — 1. Ces fragments font partie de la lettre 831 (VI, 519); la lettre entière se trouve dans notre manuscrit, tome V, pages 181 et suivantes; le Grosbois en contient des extraits étendus.

2. Mme de Sévigné, dans ce *bout de l'an*, ne s'était pas trompée sur le quantième, sa fille était partie effectivement de Paris le 13 septembre précédent, mais elle s'était trompée dans la computation du nombre des mois; il y avait dix mois, et non neuf, depuis le départ, et elle prit soin elle-même de se rectifier dans l'une des lettres suivantes; voyez plus loin la lettre 108, 2ᵉ alinéa.

3. Le bateau-poste, ou coche d'eau, qui partait de la porte Saint-Bernard; voyez plus haut la lettre 74, note 4. Mme de Sévigné, en employant le mot *corbillard*, pour désigner le bateau par lequel sa fille était partie, ne faisait que se servir d'une expression reçue. On appelait en effet *corbillard*, au temps où elle écrivait, le bateau qui allait de Paris à Corbeil, et on écrivait même souvent ce nom *corbeillard*, ce qui en marque l'origine; voyez le *Dictionnaire de Richelet*, vº Corbeillard. Le mot a bien changé depuis de signification. Il servait du reste aussi à désigner un genre de grands carrosses destinés aux gens de la suite des princes (voyez le *Lexique*, vº Corbillard), et c'est sans doute de cette seconde signification, plutôt que de la première, que vient sa signification actuelle.

Je ne vous conseille pas de toucher à l'argent de votre pension ; il est entre les mains de Rousseau. Si vous aviez mille francs à envoyer, j'aimerois mieux remplacer⁴ ceux que nous y avons pris, afin que les huit mille francs fussent complets, et que Rousseau les mît aux Gabelles, pour produire de l'intérêt, en attendant que ce vilain Labaroir⁵ ait achevé ses procédures. Mais ne vous pressez point d'en envoyer d'autres ; rien ne presse : donnez-vous quelque repos, puisqu'on vous en donne.

Votre petit bâtiment est fort bien. Bruan est venu voir cette cheminée, qui faisoit peur à du But ; il a dit qu'il n'y a rien à craindre. Nous faisons mettre la croisée et le parquet de la chambre, et tourner le cabinet comme il doit être, sans y faire encore autre chose : vous nous direz vos volontés. Ne pensez point à cette dépense ; elle est insensible, et ne passe point l'argent que j'ai à vous.

Je ne crois pas que Monsieur d'Apt⁶ puisse faire un

---

4. Le manuscrit porte : « réparer » ; conférez plus loin la lettre 109, note 4. — Sur Rousseau, voyez plus haut, tome I, page 394, la note 3 de la lettre 45.

5. Voyez plus haut la note 8 de la lettre 88.

6. Le manuscrit est doublement défectueux en cet endroit ; il porte : « Je ne crois pas que M. Dat », au lieu de « Monsieur d'Apt », qui se trouvait bien vraisemblablement dans l'original ; et, devant le mot « syndicat », l'article *au*, que nous avons dû suppléer, a été sauté par le copiste. — Le coadjuteur d'Arles ambitionnait, à cette époque, d'être nommé procureur-joint ou syndic pour le clergé, auprès de l'Assemblée des Communautés, à la place de l'ancien évêque de Marseille, Toussaint de Forbin Janson, nommé à l'évêché de Beauvais. Il réussit dans ses poursuites ; mais sa nomination n'eut lieu qu'au mois de décembre suivant, et nous pensons que le petit passage qui se lit ici, fort peu clair par lui-même, et que l'état dans lequel le donne le manuscrit rend plus obscur encore, fait allusion à des craintes qu'on avait, ou qu'on avait eues, au sujet de l'opposition que l'évêque d'Apt faisait sans doute à la nomination désirée. Observons, à cette occasion, que le coadjuteur d'Arles ne

—— changement [au] syndicat du Coadjuteur; il⁷ aura bientôt aplani toutes les difficultés.

Ne vous donnez point la liberté d'écrire autant que vous faisiez; c'est une mort, c'est une destruction visible de votre personne; et pour qui? pour les gens du monde qui souhaitent le plus votre conservation : cette pensée me revient toujours! Pour moi, je vous le dis, j'aime passionnément vos lettres; tout m'en plaît, tout m'en est agréable; votre style est parfait; mais ma tendresse me fait encore mieux aimer votre santé et votre repos : je crois que c'est un effet naturel, puisque je le sens. J'ai regret que Montgobert ne soit plus votre secrétaire; vous avez la peine de relire et de corriger

---

fut pas nommé président de l'Assemblée des Communautés, comme le prétend une note de Perrin, rapportée en tête de la note 10 de la lettre du 5 avril 1680 (lettre 796, VI, 341); mais qu'il fut simplement nommé syndic ou procureur pour le clergé, comme l'avait été avant lui l'évêque de Marseille, qu'il remplaçait. L'Assemblée des Communautés ne nommait pas son président. La présidence appartenait de droit à l'archevêque d'Aix, et, en son absence, au plus ancien prélat, membre de l'assemblée. Si le coadjuteur d'Arles exerça pendant plusieurs années les fonctions de président, ce fut à ce dernier titre; voyez plus haut, dans ce recueil, tome I, page 445, la note 4 de la lettre 61, et conférez la note 10 précitée de la lettre 796 (VI, 341), la note 14 de la lettre 758 (VI, 122), la fin du second alinéa de la lettre 800 (VI, 357), et le second alinéa et la note 9 de la lettre 1229 (IX, 275-277). — Nous soupçonnons Perrin d'avoir altéré ou mal reproduit le passage de la lettre du 17 avril 1680 (lettre 800), qui se rapporte au point qui nous occupe. Mme de Sévigné n'avait pas pu dire le 17 avril 1680 : « N'êtes-vous pas ravie de voir le Coadjuteur à la tête de votre assemblée »; elle aurait dû dire, tout au plus : « Ne serez-vous pas ravie, etc. », puisque la nomination du Coadjuteur, comme procureur ou syndic pour le clergé, n'eut lieu que le 7 décembre 1680; voyez la note 14 de la lettre 758, citée plus haut. Nous n'avons malheureusement, pour la lettre où se trouve le passage suspect, aucun moyen de contrôle; l'autographe s'en est perdu et elle n'est pas reproduite dans notre ancienne copie.

7. Le Coadjuteur.

les autres. Laissez-moi déchiffrer l'Allemand[8], à tout hasard : vous me renvoyez à un bon secours[9].

Le *bien Bon* dit, pour votre cheminée, qu'il lui semble qu'il ne faut qu'un chambranle autour de l'ouverture, avec une gorge au-dessus, couronnée d'une petite corniche, pour porter les porcelaines ; le tout ne montant qu'à six pieds, pour mettre au-dessus un tableau ; et que la cheminée n'avance que de six à huit pouces au plus, èt la profondeur de la cheminée prise en partie dans le mur. Vous avez plusieurs de ces dessins-là chez vous ; prenez garde que la cheminée n'ait pas plus de cinq pieds d'ouverture et trois pieds quatre pouces de hauteur. Il baise très-humblement vos mains. Nous ne mettons point *pierre sur pierre* à nos petits vernillons[10] ; c'est du bois, dont nous avons beaucoup. Je suis entièrement à vous, ma très-aimable et très-chère.

8. C'est-à-dire l'écriture de l'Allemand, l'écriture d'Autrement ; voyez plus haut la lettre 77, notes 49 et suivantes, et le 2ᵉ alinéa de la lettre 79.

9. A la prononciation de Mme de Ludres peut-être? voyez la lettre 144, note 10 (II, 106).

10. Voyez la lettre 822, du 21 juin précédent, note 2 (VI, 472). Le manuscrit porte : « vermillons ».

107. — DE MADAME DE SÉVIGNÉ
A MADAME DE GRIGNAN[1].

Aux Rochers, mercredi 17ᵉ juillet.

Je m'accommode aussi bien de l'écriture de *Pythie*, que vous vous accommodez bien de dicter : je vous vois sur le petit lit de mon cabinet; car je suppose qu'il fait chaud et que la bise vous a quittée; je vous vois bien à votre aise, et cela me fait un plaisir sensible. D'où vient que vous ne prenez pas la même liberté avec les autres? et quand vous n'avez plus qu'à causer sur ce que l'on vous mande, quel mal y auroit-il que cela ne tombât point sur le compte de votre poitrine? Ma bonne, je vous ai dit comme je suis là-dessus, et je ne crois pas que j'attende que nous ayons décidé cette affaire ensemble, pour croire que c'est de l'amitié, toute de la meilleure, qui me fait entièrement tourner mon goût sur ce qui vous est bon. Je vous recommande donc toute ma joie, et croyez, ma bonne, que si vous m'aimez, comme je le crois, votre conservation est la plus sensible marque que vous me puissiez donner de cette amitié. Voyez comme je prends des médecines, pour l'amour de vous; je n'en fais point de petites bergères, avec des bavolets et du vinaigre; je ne crois point les avoir prises; je ne les trouve point *plus noires que ja-*

LETTRE 107 (fragments inédits). — 1. Ces fragments font partie de la lettre 832 (VI, 529); la lettre entière se trouve dans notre manuscrit, tome V, pages 201 et suivantes; le Grosbois en contient une grande partie. Sur le commencement de la lettre imprimée voyez l'*Introduction*, pages 135 et suivantes.

mais; je les gobe à votre santé. Je n'en demande pas autant ; mais au moins que quand vous n'avez plus qu'à écrire à votre mère, vous vous couchiez hardiment sur votre petit lit, et fassiez appeler *la Pythie;* et ainsi des autres choses.

Aurez-vous M. d'Oppède² ? et que fera le Vendôme³ ? tout cela se débrouillera : les mains de ces gens-là ne seront jamais si propres que les vôtres. Je ne mande rien du tout à Montgobert de ce que nous écrivons d'elle.

Adieu, mon ange ; adieu, ma très-bonne et très-belle ; je vous aime, je vous embrasse, et je veux donner des bornes à mes discours infinis. Le *bien Bon* est tout à vous. Je baise le père et les enfants.

2. Comme intendant de la province ; voyez plus haut la lettre 102, note 16, et la lettre 88, note 15. Le marquis d'Oppède ne fut pas nommé ; c'est M. Morand qui succéda à M. Rouillé de Mêlai.

3. On croyait, à cette époque, — et Mme de Sévigné elle-même avait partagé cette croyance, — que le duc de Vendôme allait prendre possession de son gouvernement de Provence ; voyez la lettre 817, fin du 3ᵉ alinéa (VI, 443), la lettre 824, note 24 (VI, 489), la lettre 840, note 8 (VII, 16), et voyez plus haut, sur des craintes pareilles qu'on avait eues l'année précédente, la note 21 de la lettre 77.

108. — DE MADAME DE SÉVIGNÉ A MADAME DE GRIGNAN [1].

Aux Rochers, ce 21e juillet.

Ma bonne, soyez bien ce que vous appelez *paresseuse*, et croyez que j'aime bien mieux que vous me fassiez écrire, vous portant bien, que par nécessité. Riez-en, ma bonne ; j'en rirai aussi de tout mon cœur. Mais je ne vous trouve point encore assez contente, s'il est vrai que vous soyez en l'état que vous dites. Pour moi, ma bonne, qui mets la santé dans le premier de ce qui est desirable en ce monde, il me semble qu'en votre place j'aurois une joie bien sensible de me voir sortie de toutes les incommodités dont vous étiez accablée. Je n'ose quasi me persuader que ce bonheur soit effectif ;

Lettre 108 (fragments inédits). — 1. Ces fragments font partie de la lettre 834 (VI, 542); la lettre entière se trouve dans notre manuscrit, tome III, pages 156 et suivantes; le Grosbois n'en contient que deux extraits fort courts. L'un de ces extraits (« On dit que le Roi laissera les dames à Lille, etc. »), qui figurait cependant dans la partie de la lettre donnée par Perrin, a été transporté par erreur, par les derniers éditeurs, dans la lettre du 26 juillet suivant (lettre 836, 4e alinéa, VI, 553), dont il ne fait aucunement partie. L'erreur vient de ce que dans le manuscrit de Grosbois, par suite du peu de soin avec lequel cette ancienne copie a été faite, ce passage se trouve placé, sans séparation, à côté d'un passage de la lettre du 28 juillet, à laquelle on a supposé par suite qu'il appartenait, et d'où on a cru, et pu assez justement croire, qu'il avait été tiré par Perrin et transporté dans la lettre du 21. Il est arrivé ainsi, qu'en voulant rectifier une transposition supposée de Perrin, on en a commis une réelle. Voyez et conférez la note 14 de la lettre 834 (VI, 545) et la note 15 de la lettre 836 (VI, 553).

cependant, ma très-chère, cela me revient de tous les côtés, et augmente encore l'envie très-sensible et très-naturelle de vous revoir.

Ne me gronderez-vous pas, de n'avoir compté l'autre jour que neuf mois de votre absence, quand il y en a dix[2]? Seroit-ce que le temps me passe ici comme un éclair? ou que je ne vous aime point? Qu'en pensez-vous, ma bonne? Je pense, en vérité, que c'est que le plus juste s'abuse; car rien ne me manque de tout ce qui me peut faire trouver le temps bien long. Je vous prie donc, ma très-chère, de me pardonner cette erreur de calcul : voici tantôt le bout de cette année, que vous comptiez de terminer par un retour; je souhaite que tout y contribue.

En vérité j'admire votre étoile, et comme elle repousse tout ce qui vous est bon! Elle vous empêche de recevoir un présent[3], et vous embarrasse dans votre propre bien. C'étoit une petite consolation que le bon ordre que vous aviez donné à Entrecasteaux, et l'on vous y trouble! Mandez-moi si cela ne se rétablira point. C'est une chose étrange à penser, ma bonne, que celle de vos affaires; il faut autant de courage que vous en avez pour les soutenir : pour moi, je m'en accommode très-mal, et quand vous voulez m'épargner le chagrin d'en parler avec vous, vous ne m'ôtez pas, ma bonne, la douleur de les connoître.

La bonne princesse[4] honore fort ma fille, mais elle ne voit point ses lettres : il n'y a point de prétexte qui puisse servir de raison à cette confiance. Je suis per-

2. Voyez plus haut la lettre 106, note 2.
3. Le meuble de damas offert à M. de Grignan, et que ce dernier avait jugé convenable de refuser; voyez plus haut la lettre 100, note 12, et la lettre 104, note 4.
4. La princesse de Tarente.

suadée que nous n'aurons point de guerre, par vos mêmes raisons⁵.

Je vois, par ce que vous me mandez, que vous avez M. de la Garde; peut-être qu'après avoir parlé de la pluie vos conversations se réchaufferont.

Montgobert m'écrit toujours sur le même ton; il y a pourtant quelque chagrin répandu en l'air. Elle me témoigne, dans cette dernière, une grande envie que nous nous retrouvions tous ensemble : il n'y a rien d'extraordinaire à ce goût. Pauline m'a fait écrire dans sa lettre des folies à la manger de caresses : je crois que cette petite vous réjouit beaucoup.

Le bon abbé vous assure qu'il est tout à vous, et qu'il ne vous peut jamais manquer. Il entra hier dans la soixante et quatorzième année; je ne me mécompte point : cela fait peur! Il se porte fort bien; mais vous savez ce que dit le maréchal de Villeroi en pareil cas⁶!

Adieu, ma très-chère et très-bonne : dans votre oisiveté, demandez un peu si l'on ne dissipe rien; si l'on a soin de tout ce qui regarde votre personne. Si vous pouviez sur cela faire quelque petite provision pour Paris, vous vous en trouveriez fort bien; la nécessité et la précipitation coûtent bien cher : voilà de vraies réflexions d'une femme qui fait ses foins, et qui songe à son ménage!

Mme de Vins est abîmée dans ses procès. Il y a quelque temps que je n'ai reçu de ses lettres; je croyois qu'elle me manderoit comme son mari vous a

---

5. C'est-à-dire, par les raisons que vous donnez. Dans le manuscrit on voit qu'on a hésité entre « *les* mêmes raisons » et « *vos* mêmes raisons ». Conférez plus loin la lettre 115, note 7.

6. Nous ignorons à quel mot du maréchal de Villeroi faisait allusion Mme de Sévigné.

vue : j'attends toujours ses réponses, afin de ne point précipiter le commerce.

Je viens de faire réponse à Montgobert : je l'exhorte à la joie et à la tranquillité, et à soulager son cœur des chagrins que j'entrevois qu'elle peut avoir ; et qu'elle se serve de son esprit et de sa raison pour se donner la paix ; et que, en l'air, je lui donne ces conseils, sur le style triste de sa lettre ; et puis je parle de votre santé et de Pauline, et que je suis toute étonnée quand elle n'est point votre secrétaire : cela est naturel.

J'embrasse M. de Grignan et Mesdemoiselles ses filles, et mes chers petits-enfants.

109. — DE MADAME DE SÉVIGNÉ

A MADAME DE GRIGNAN[1].

Aux Rochers, ce 28e juillet.

Le bon abbé a déjà écrit à Caret[2], sur le chambranle de votre cheminée ; il est en dispute contre M. Bruan[3]. L'Abbé se va mêler dans cette guerre, et parlera encore de cette cheminée de la salle haute, que vous croyez qui

---

Lettre 109 (fragments inédits). — 1. Ces fragments font partie de la lettre 836 (VI, 550) ; la lettre entière se trouve dans notre manuscrit, tome III, pages 166 et suivantes ; le Grosbois n'en contient que des extraits peu étendus. Sur une transposition qui se trouve dans la lettre imprimée, voyez la note 1 de la lettre 108 ci-dessus.
2. Voyez la lettre 819, du 15 juin précédent, 5e alinéa (VI, 465).
3. Libéral Bruan, architecte.

tombera sur vous, pendant que vous rêverez au coin de votre feu. Bruan dit qu'elle est sûre ; mais le *bien Bon* auroit assez la disposition à ne le croire pas : il faut tâcher d'éviter cet accident. Nous vous avons mandé, ma bonne, que nous ne prendrons point d'argent chez Rousseau ; il faudra plutôt, quand vous en aurez, remplacer[4] les mille francs que nous prîmes à Paris pour payer vos petits créanciers. Donnez-vous quelque repos, ma bonne ; votre bâtiment va tout seul : répondez seulement sur la croisée de votre cabinet.

Je ne veux point vous pardonner de laisser baigner *la Pythie*, au lieu de vous en servir pour m'écrire. Si je revoyois Montgobert votre secrétaire, j'en aurois quelque joie. Est-il possible qu'on puisse bouder dans vos belles prairies, par un si beau temps, et conserver du noir dans l'humeur, sous un soleil si brillant ? Il me semble que tout d'un coup j'oublierois mon chagrin, et au lieu de me charger d'une haine et d'une colère, j'ouvrirois mon cœur à l'amitié et à la confiance ; mais chacun a ses manières, et les manières sont toutes différentes.

Adieu, ma chère bonne. Vous prenez plaisir à me louer : si je vous avois écrit une aussi bonne lettre que votre dernière, sans aller plus loin, vous me mettriez au-dessus des nues. J'embrasse M. de Grignan, et consens qu'il soit de nos secrets. Je suis très-acquise à Mesdemoiselles ses filles ; je baise les marmots. Ayez quelque pitié de la pauvre petite d'Aix[5] ; songez à elle, et ne craignez point de répandre[6] l'espérance de sa

---

4. Voyez plus haut la lettre 106, 2ᵉ alinéa, note 4.

5. Marie-Blanche, qui était placée au couvent de la Visitation à Aix.

6. C'est-à-dire, de renverser, de dissiper ; comparez la lettre 835, 4ᵉ alinéa, où se retrouvent les mêmes recommandations, les mêmes idées, et en partie les mêmes expressions.

vocation en la remuant : si elle est bien appelée, elle ne s'évaporera pas.

Ne m'écrivez plus tant de votre main, et si tout se baigne, écrivez une page de vous et de votre santé, et remettez la causerie à la première bise : c'est ainsi qu'il en faut user avec une personne qui ne demande que votre conservation.

110. — DE MADAME DE SÉVIGNÉ

A MADAME DE GRIGNAN[1].

A Rennes, ce 10° août.

PENSEZ-VOUS que je sois contente de votre santé ? Je suis assurée que vos coliques sont plus grandes que vous ne dites. Vos inquiétudes et vos douleurs de jambes ne sont point guéries ; votre sang n'est point gouverné au gré de M. de la Rouvière : vous négligez tous ses conseils. Eh ! comment voulez-vous, ma bonne, que votre santé se rétablisse solidement ? Je ne vois personne qui ait attention à vous : les conseils de Montgobert sur cela seroient très-bons ; je suis assurée qu'elle n'ose vous en donner. Je sais comme M. de Grignan vous met la bride sur le cou. Ainsi, ma belle, je vous vois sous votre propre conduite, et je crois que vous ne sauriez être plus mal. Vous avez beau me parler de cette

---

LETTRE 110 (fragments inédits et passage restitué). — 1. Ces fragments font partie de la lettre 840 (VII, 15) ; la lettre entière se trouve dans notre manuscrit, tome III, pages 174 et suivantes ; le Grosbois en contient des extraits, qui étaient en partie inédits, et que les derniers éditeurs ont les premiers mis à profit.

santé merveilleuse, de cette poitrine dont il n'est plus question ² ; je vous avoue que je ne suis point persuadée. Quoique Montgobert prenne assez votre style, je voudrois, ma bonne, que vous voulussiez joindre à tous ces discours que vous lui jetez en l'air, pour l'édification du public, la commodité de la faire écrire pour vous ; elle écrit bien plus vite que *la Pythie*, et tout ce qui vous fatigue me fait bien mal.

Vous allez vous baigner, ma bonne ; au moins que ce ne soit point dans de l'eau froide ; pour le demi-bain, je le crois fort mauvais. Eh! mon Dieu, que ne suivez-vous un peu les bons avis de la Rouvière ? qu'est-il arrivé qui vous les doive faire négliger ? Il y a ici une femme, malade comme vous l'étiez, qui m'a renouvelé toutes mes *craintes*. Elle a été mieux, elle est retombée ; elle se repent bien d'avoir discontinué son lait ; elle va rentrer dans l'obéissance. Ah ! ma chère enfant, que ces intervalles sont peu sûrs, et qu'il seroit bien plus sage de se conduire comme une personne qui veut guérir ! Je vous demande mille pardons, ma chère bonne, ceci vous ennuie ; mais je fais comme les gens qui prêchent, dans l'espérance qu'il y aura peut-être quelque grâce ou quelque force attachée à leurs paroles, qui produiront des réflexions salutaires : je le souhaite, ma bonne, plus tendrement que je ne puis vous le dire. Plût à Dieu aussi que Montgobert en pût faire qui redonnassent les sentiments que vous avez eus pour elle, et qui lui en fissent faire un autre usage, et vous fissent paroître, sous une autre figure que la jalousie, l'attachement et la tendresse que je suis persuadée qu'elle a encore pour vous ! C'est un trésor que d'être aimée de ceux qui sont auprès de nous. Elle tient bon à ne me rien dire de ce

---

2. Le manuscrit porte : « dont il n'est plus *de* question ».

qu'elle a sur le cœur; *elle me fait une fort jolie peinture de son souper; elle m'envoie les vers d'Apollon : je crois que cela étoit digne de Fresnes*³; je ne sais comme on peut imaginer toute cette fête, avec une pierre sur le cœur.

L'*inconstante*⁴ voit votre frère; il ne m'écrit point; je ne sais s'il pourra tirer Corbinelli de son procès⁵; il y a douze jours que je ne sais rien de ce côté-là.

Le bon abbé est ici mitonné de Monsieur de Rennes, comme je le suis de Mme de Marbeuf⁶. C'est une femme toute de cœur, qui vous fait mille très-humbles compliments. Recevez aussi ceux du bon abbé. Il ne manqua pas de se souvenir du bout de l'an de sa ma-

---

3. Voyez la note 2 de la lettre imprimée (VII, 15 et 16). Perrin avait reproduit une partie seulement de cette phrase, et n'en avait pas même conservé fidèlement la rédaction. Pour rendre les paroles de Mme de Sévigné plus claires, au lieu de « son souper », il avait mis : « le souper qu'elle avait ordonné »; voyez la lettre suivante, note 13. Ce petit passage est tout ce que l'ancien éditeur avait conservé de nos fragments.

4. Nous pensons que Mme de Sévigné entendait désigner ici Mme de Coulanges, qui devait se trouver, à cette époque, à Fontainebleau, où était alors la Cour, et où il semble qu'elle s'était arrêtée en allant à Lyon; voyez les lettres 835, dernier alinéa, et 836, 2ᵉ alinéa, des 24 et 28 juillet précédent (VI, 550, 551 et 552), et la lettre 848, du 1ᵉʳ septembre suivant, 3ᵉ alinéa (VII, 49). Charles de Sévigné était aussi, dans le même temps, à Fontainebleau (voyez, plus haut, la lettre 97, 5ᵉ alinéa), et Mme de Coulanges avait sans doute donné à Mme de Sévigné des nouvelles de ce dernier. Il ne nous semble pas qu'il puisse être question de la duchesse de Villeroi, que voyait cependant beaucoup alors Charles de Sévigné (voyez, plus haut, la lettre 105, note 12); mais Mme de Sévigné aurait dit plutôt, dans ce cas : « Votre frère voit toujours l'*inconstante*. » D'ailleurs l'épithète dont se sert Mme de Sévigné convient mieux, sous sa plume, à Mme de Coulanges qu'à toute autre. Conférez plus haut la lettre 105, note 9.

5. Voyez la lettre 843, 6ᵉ alinéa, note 9 (VII, 30).

6. Voyez la note 3 de la lettre 461 (IV, 197), et la *Notice*, page 196.

ladie[7] : Dieu conserve tous nos bons vieillards ! Le voyage qu'il fait ici, c'est-à-dire en ce pays[8], étoit encore bien nécessaire. Dieu nous fasse la grâce de nous revoir, ma très-chère et très-aimable bonne !

Mlle de Méri ne pense pas à chercher une maison ; à quoi pense-t-elle donc ? il me paroît que c'est une chose nécessaire : elle a chassé sa femme de chambre ; la revoilà avec ses laquais. Votre appartement sera achevé dès que vous le voudrez ; Bruan répond de la cheminée : il faut périr sur sa parole ! Je vous baise et vous embrasse, ma très-chère et très-aimable fille : vous êtes dans mon cœur bien souverainement.

Je ferai réponse, aux Rochers, au *petit cordonnier*[9] ; j'ai à lui parler d'un autre, qui est ici, qui danse naturellement comme Favier. Mille amitiés à M. et à Mlles de Grignan et à Pauline. Mon Dieu, que j'aime toute cette couvée de Grignans et de *Grignettes !*

[Dimanche 12 août.]

Il n'est rien arrivé depuis hier, sinon qu'il est dimanche, que j'ai dîné en festin, et que je souperai de même ; et que je vois ici Mlle Descartes, M. Descartes, l'abbé Descartes, et tout cela les neveux de votre *père* Descartes[10], et demain, s'il plaît à Dieu, je serai aux Rochers.

7. Voyez plus loin la lettre 113, note 4.
8. En Bretagne. Mme de Sévigné était alors depuis quelques jours à Rennes avec le *bien Bon*, et le mot *ici* aurait pu être équivoque.
9. Le jeune marquis de Grignan, à qui on avait fait jouer sans doute, dans une pièce ou un divertissement, un rôle qui explique ce titre.
10. Voyez la lettre 842, notes 19, 20 et 21 (VII, 23).

III. — DE MADAME DE SÉVIGNÉ
A MADAME DE GRIGNAN[1].

1680

Aux Rochers, mercredi 21ᵉ août.

Je[2] vois que vous ne songez dans vos lettres qu'à me divertir ; il faut suivre votre exemple : vous retourniez donc à votre vomissement[3], ma bonne[4], en finissant votre dernière : vraiment je n'ai jamais vu un si vilain chapitre traité si plaisamment. La vilaine bête! mais de

---

Lettre 111 (fragments inédits et passage restitué). — 1. Ces fragments font partie de la lettre 844 (VII, 32); la lettre entière se trouve dans notre manuscrit, tome VI, pages 113 et suivantes; le Grosbois en contient deux extraits de peu d'étendue.

2. Perrin, le seul des anciens éditeurs qui ait fait connaître cette lettre, qu'il n'a publiée que dans l'édition de 1754, avait conservé cet alinéa; mais il en avait supprimé une phrase essentielle qui en donne le vrai sens, et cette suppression avait rendu tout le passage si obscur, que les derniers éditeurs, pour l'expliquer, avaient été obligés de recourir à deux passages de la Bible auxquels il n'est guère probable que Mme de Sévigné ait songé; conférez la note 10 de la lettre imprimée (VII, 34) et les notes 3, 6 et 7 ci-dessous.

3. Les derniers éditeurs ont cru, et il était assez difficile qu'il en fût autrement, que Mme de Sévigné faisait allusion à un fait personnel à Mme de Grignan, à quelque chagrin, à quelque *dragon*, sur lequel elle était revenue plusieurs fois, et que sa mère lui reprochait avec esprit de conserver et d'entretenir trop longtemps, lui faisant entendre qu'elle faisait comme le chien, dont parle Salomon dans le livre des *Proverbes* (chapitre xxvi, verset 11), qui retourne à son vomissement. La suite du texte prouve qu'il s'agissait d'un fait très-réel, étranger à Mme de Grignan, fait qui s'était seulement passé devant elle, et qu'elle avait raconté à sa mère.

4. Les mots *ma bonne* avaient été, comme à l'ordinaire, retranchés par Perrin.

1680

quoi s'avise-t-elle de vous apporter son cœur sur ses lèvres, et de venir de quinze lieues loin[5], rendre tripes et boyaux en votre présence*[6]? Je[7] ne croyois point que la mère de la Fare[8] dût être d'une si mauvaise complexion ; on me l'avoit représentée d'un tempérament tout autre. *Vous avez bien le don cette année d'attirer des visites[9] ; on ne pouvoit pas se défier de celle-là : elle me fait un peu souvenir de ma Mme de la Hamelinière[10], dont je ne connoissois pas le visage*.

Vous pourrez faire des reproches au cuisinier de M. de la Garde du gargotier qu'il vous avoit envoyé ; nous avions tant de confiance en lui, que nous n'osions le blâmer[11]. Je m'en vais faire réponse à M. de la Garde ; vous pouvez causer avec lui des affaires de votre petit frère[12] : il a toujours la bonté d'y prendre part.

---

5. Voyez plus bas la fin de la note 8.

6. Toute cette phrase, véritable peinture à la Callot, que l'ancien éditeur avait conservée, pouvait faire soupçonner déjà qu'il s'agissait d'un fait bien réel, dont Mme de Grignan avait été simplement témoin.

7. Perrin, par des raisons faciles à comprendre, avait supprimé cette phrase, qui éclairait tout le reste ; il n'avait pas voulu complétement détruire le tableau, dont les vives couleurs l'avaient frappé, mais il en avait retiré la lumière.

8. La mère du marquis de la Fare, dont il est question plus bas dans le dernier alinéa de la lettre ; voyez plus bas la note 16. La marquise de la Fare habitait sans doute alors le château de Valgorge, propriété de famille, sise en Languedoc, sur la frontière de la Provence ; Valgorge était en effet à *quinze lieues* environ de Grignan. Le marquis y était né en 1644 ; il ne fut marié qu'en 1684.

9. Perrin : « les visites ».

10. Voyez la lettre 822, du 21 juin précédent, 9e et 10e alinéas (VI, 478-480), et la lettre 824, du 26 du même mois, 2e alinéa (VI, 486).

11. Il s'agit toujours de Gobert, le cuisinier recommandé par la Forêt ; voyez plus haut la lettre 75, notes 2 à 5.

12. Charles de Sévigné.

Je vous ai mandé l'état de votre Carthage : *pendon l'opere tutti*[13] ! Votre cabinet sera comme vous le voulez ; les vitres et les serrures seront mises en un moment. Vous ne comprenez point ces toiles que nous ferons mettre aux poutres de votre chambre, qui feront une manière de plafond à juste prix ? C'est Mme de Vins qui le veut ; cela se fera avec le reste ; c'est à colle : tout en est plein à Pompone.

Je supplie Mlles de Grignan de me mander de quelle manière elles auront imaginé et ordonné le souper que le sort leur donnera[14].

Adieu, ma chère bonne. Je vous remercie de la lettre de Guilleragues[15] ; je trouve qu'elle n'est point bonne pour le public ; il y faut un commentaire : il faut les garder pour soi et pour ses amis. Il y avoit un mois que la princesse de Tarente l'avoit ; elle n'y entendoit rien. Je le trouve bien humble, pour un Gascon, d'avouer l'oubli de tous ses amis. Il avoue qu'il n'est point vindicatif ; cela m'a paru naturel et plaisant ; aussi bien que son avarice, qui lui fait comprendre la bassette de la

---

13. Traduction italienne du *pendent opera interrupta* de Virgile (*Énéide*, livre IV, vers 88). Ce passage confirme, au sujet du nom de *Carthage* donné aux travaux qui se faisaient à l'hôtel Carnavalet, l'observation faite par les derniers éditeurs, dans la note 7 de la lettre 810 (VI, 400). Voyez plus haut la lettre 97, note 14.

14. On faisait souvent des fêtes de famille à Grignan, et il paraît que l'ordonnance de ces fêtes, surtout des soupers, était confiée tantôt à une personne tantôt à une autre. Il a été déjà question plus haut d'*un souper de Mlle Montgobert*, c'est-à-dire *ordonné* par elle, comme avait mis Perrin ; voyez la lettre précédente, note 2.

15. Voyez plus haut, dans ce recueil, tome I, page 270, la note 17 de la lettre 11. — Guilleragues écrivait assez souvent des articles pour les gazettes, et ces articles, suivant l'usage du temps, étaient le plus souvent sous forme de lettres : il s'agit sans doute ici d'une lettre de ce genre.

Fare¹⁶ : tout cela est bon pour soi. Je vous embrasse, ma très-chère et très-aimable ; je vous prie de m'embrasser aussi, et de vous conserver, si vous m'aimez : que ce soit pour l'amour de moi ! Le bon abbé est entièrement à vous : il est en colère, comme moi, contre vos gens d'Entrecasteaux ¹⁷.

112. — DE MADAME DE SÉVIGNÉ ET DE CHARLES
DE SÉVIGNÉ A MADAME DE GRIGNAN ¹.

Mercredi 28ᵉ août, aux Rochers ².

DE MADAME DE SÉVIGNÉ.

JE suis persuadée, ma très-chère bonne, que le

16. Charles-Auguste, marquis de la Fare, auteur de *Mémoires* intéressants et de quelques poésies légères. Tout le monde connaît sa rupture avec Mme de la Sablière causée par la bassette, à laquelle Mme de Sévigné fait allusion ici; voyez la note 6 de la lettre 320 (III, 201 et 202), et le 8ᵉ alinéa de la lettre 831, du 14 juillet précédent (VI, 527 et 528); voyez aussi la note 8 ci-dessus.

17. Voyez ci-dessus la lettre 108, 3ᵉ alinéa.

LETTRE 112 (fragments inédits et passages restitués). — 1. Ces fragments font partie de la lettre 846 (VII, 40); la lettre entière se trouve dans notre manuscrit, tome V, pages 261 et suivantes; le Grosbois en contient un extrait étendu.

2. Ici encore (voyez plus haut la note 2 de la lettre 104) les mots *aux Rochers* ont été mis par la personne qui a fait la collation, et ne se trouvent pas à leur place ordinaire. Le copiste a mis par erreur : « Mercredi 25ᵉ août », au lieu de : « Mercredi 28ᵉ août », qui est la vraie date. Sur des fautes analogues, conférez plus haut la note 2 de la lettre 99.

bain, comme vous le prenez, vous fera autant de bien que l'autre vous fit de mal; ce froid étoit une chose étrange à imaginer, encore plus à exécuter; un peu chaud fait transpirer doucement, et pourra consoler toutes ces pauvres subalternes[3], sans offenser cette personne si considérable[4] que nous mettons au premier rang[5]. Montgobert me mande que vous prenez ce remède fort sérieusement, et qu'il paroît que vous avez envie qu'il vous profite. Dieu le veuille, ma bonne, et que tant de douleurs et d'incommodités soient finies par un remède si doux et si gracieux! Vous pouvez juger de l'impatience que j'ai d'en apprendre la suite. Quand vous recevrez cette lettre, il sera fini; voilà le plaisir des grands éloignements; tout est changé quand on reçoit les lettres et les réponses. Par exemple, vous me conseillez de ne point quitter la compagnie du chevalier de Cissé[6] : je n'ai pas suivi votre conseil; j'ai préféré le plaisir de penser à vous tout à mon aise à celui d'en parler avec lui.

DE CHARLES DE SÉVIGNÉ.

La peinture que ma mère vous fait des femmes qu'il faudroit étouffer entre deux matelas est d'après nature;

---

3. Les jambes.
4. La poitrine.
5. Voilà un vrai langage de docteur, et l'auteur de la dissertation qui a pour titre : *Les consultations de Mme de Sévigné* (par le docteur P. Menière, Paris, Germer-Baillière, 1862, in-8º), n'aurait pas manqué sans doute de faire son profit de ce passage, s'il l'avait connu.
6. Voyez la lettre 839, du 6 août précédent, avant-dernier alinéa (VII, 14).

mais je vous supplie de garder ce secret[7], et de n'en parler ni à M. de la Garde ni à personne, et encore moins de nommer Monsieur d'Évreux. Vous devinerez aisément la raison[8] : *l'étoile de ce prélat l'a défait de son vieux prédécesseur ; celle du chevalier commence aussi à devenir[9] plus favorable. Je commencerois à trembler si l'un d'eux[10] vous avoit épousée ; mais celle de M. de Grignan me rassure, et j'espère y résister encore quelque temps[11]. L'on dit pourtant que le bien vient d'ordinaire avec la goutte ; il n'en est encore qu'à l'*arthritis*[12] ; cela me met l'esprit en repos. Je vous remercie mille fois[13] du sérieux intérêt que vous prenez à mes affaires ; elles sont dans une situation bien dangereuse*; il y a de tout à rien[14] ; *la providence en disposera*,

7. Il s'agissait des suites fâcheuses qu'avaient eues les relations galantes de Charles de Sévigné avec une grande dame de la Cour (voyez l'*Introduction*, pages 206 et suivantes). Nous avons rapporté ces passages, que Perrin avait supprimés, parce qu'ils complètent le tableau de cette triste aventure, sur laquelle nous avons dû nous arrêter ailleurs assez longuement, et dont on verra les derniers effets dans deux lettres intéressantes, que nous donnons un peu plus loin dans leur intégrité, et dont le texte mutilé de Perrin ne donnait qu'une idée très-imparfaite ; voyez ci-après les lettres 117 et 118.

8. Ce passage est bien obscur, et c'est certainement à dessein que Charles de Sévigné ne s'était pas expliqué plus clairement ; mais si on rapproche ce qui est dit ici de ce qui se lit dans la partie imprimée de la lettre de Mme de Sévigné : « nous y voyons (parmi ceux sur lesquels la grande dame avait exercé sa *tyrannie*) le clergé, la noblesse et le tiers », on comprendra tout ce langage à mots couverts, qui n'est pas aussi énigmatique qu'il paraît l'être.

9. Perrin : « devient de jour en jour ».

10. *Idem* : « si l'un des deux ».

11. *Idem* : « je crois pouvoir y résister quelque temps ».

12. *Idem* : « Et quoiqu'on dise que le bien arrive d'ordinaire avec la goutte, comme il ne s'agit encore que de l'*arthritis* ».

13. *Idem* : « Je vous remercie du sérieux, etc. »

14. Ce membre de phrase avait été supprimé par Perrin.

et si elles tournent mal, vous pourriez bien y perdre plus que moi[15].

Je continue mes révérences respectueuses à Mlles de Grignan. Si M. de la Garde est avec vous, je vous prie de lui dire bien des choses de ma part.

DE MADAME DE SÉVIGNÉ.

Adieu donc, ma très-chère et très-aimable; car il faut toujours revenir à ses moutons. *Vos lettres nous ont servi d'un grand amusement; nous remettons votre nom dans son air natal*[16]. Nous avons retrouvé l'été depuis deux jours; il faut remettre les habits d'été, sans éloigner les habits d'hiver : ainsi va la France. Vos cha-

---

15. C'est-à-dire, si le bruit de cette aventure, qui me ferait de puissants ennemis (les Villeroi), se répandait, etc. Perrin avait supprimé toute la dernière partie de cette phrase.

16. Perrin, qui a supprimé toute la seconde partie de la lettre de Mme de Sévigné que nous donnons ici, en a tiré cette phrase, qu'il a transportée à la fin de la première partie, en la complétant par une autre phrase, empruntée à un autre passage de la lettre, également supprimé. Ce passage est celui qui, dans l'édition des *Grands écrivains de la France*, forme le premier alinéa de la lettre imprimée, où il a été rétabli à l'aide du Grosbois. Il résulte de là que la phrase empruntée par Perrin à ce passage figure deux fois dans le texte actuel de la lettre, d'abord à la fin du premier alinéa, à sa vraie place et sous sa vraie forme (« Enfin partout où je suis, votre nom y est célébré; il vole, il vole, etc. »), puis à la fin de la lettre de Mme de Sévigné, avec les modifications que Perrin a jugé nécessaire de lui faire subir pour l'adapter à la place nouvelle qu'il lui avait assignée, et précédée de la phrase empruntée à notre fragment (« Vos lettres nous ont servi d'un grand amusement. Nous remettons votre nom dans son air natal; croyez, ma fille, qu'il est célébré partout où je suis : il vole, il vole, etc. ») : les derniers éditeurs ont du reste soupçonné la fraude de Perrin, sur laquelle notre ancienne copie jette une lumière complète; voyez et comparez la note 20 de la lettre imprimée (VII, 43).

1680 — leurs sont bien propres à vos bains; je finis, ma bonne, par où j'ai commencé, en souhaitant de tout mon cœur qu'ils vous soient salutaires. Le bon abbé vous dit mille *paternités* [17]. Je présente mes profonds respects à Monsieur l'Archevêque, et mes amitiés pleines d'estime à Mlles de Grignan; et je baise mes petits-enfants, et j'embrasse ma fille, ma très-chère aimée fille.

113. — DE L'ABBÉ DE COULANGES
A MADAME DE GRIGNAN [1].

Aux Rochers, mercredi 11e septembre.

Je ne puis m'empêcher, ma très-aimable comtesse, de vous témoigner ma surprise sur le miracle qu'il y a sujet de croire, avec toutes les apparences du monde, devoir éclater bientôt dans votre illustre maison [2]. Soyez-

---

17. Cette jolie expression, qui ne se rencontre pas, croyons-nous, ailleurs, dans le sens où elle est employée ici, aurait dû sauver ce passage, et empêcher à lui seul sa suppression.

Lettre 113 (lettre entièrement inédite). — 1. Cette lettre, — l'une des plus étendues qui se soient conservées de l'abbé de Coulanges, dont bien peu sont parvenues jusqu'à nous, — se trouve dans notre manuscrit, tome V, pages 296 et suivantes; le Grosbois n'en a rien reproduit. Elle fut écrite, ainsi que la lettre suivante de Mme de Sévigné, le même jour que la lettre 852 (VII, 66), et les trois lettres firent l'objet d'un même envoi.

2. Il s'agissait de la détermination prise par Louise-Catherine de Grignan d'embrasser la vie religieuse; voyez plus haut la lettre 94, note 3; voyez aussi l'*Introduction*, pages 151 et suivantes.

en bien reconnoissante envers celui qui gouverne toutes choses et pour le ciel et pour la terre. Je l'en remercierai de très-grand cœur, et le prierai que ce soit pour sa plus grande gloire et le salut des personnes à qui l'affaire touche.

J'apprends aussi avec une indicible joie, et très-sincère, que votre retour s'en ensuivra[3]; car au moins j'aurai la satisfaction de vous remercier, en pleine santé, comme j'espère, de toutes les peines et inquiétudes que vous causa l'état où j'étois, il y a un an, dont il me semble que je ne puis assez m'acquitter[4]. Et puisque c'est tout de bon, dites-moi, je vous prie, si vous ne m'avez pas mandé que vous apporteriez une tapisserie de Grignan pour votre chambre, que nous avons fait accommoder, et quelle hauteur elle a, afin de voir s'il y faudra un petit lambris tout autour, ou s'il suffira d'un simple ais et une peinture toute crue, d'un pied ou environ, au bas des cloisons et des murailles; si vous voulez aussi des plafonds de toile blanche pour couvrir les solives et blanchir la poutre, pour accompagner d'une même couleur tout votre petit appartement. Je compte aussi sur une petite tapisserie pour votre cabinet. Après tout, vous pouvez toujours faire un état certain de vos tapisseries du logis. Réponse sur tout ceci, ma belle comtesse. Il

---

3. Le manuscrit porte, comme nous l'imprimons : « s'en ensuivra ».

4. L'année précédente, pendant un séjour de Mme de Grignan à Paris, le *bien Bon* avait été en effet gravement malade; il avait été sauvé, disait-on, par le remède de l'*Anglais*, qui jouissait alors d'une grande vogue. Voyez la lettre 859, 1er alinéa (VII, 97), et plus haut la lettre 110, note 6. Un couplet de Coulanges célébra cette guérison (*Recueil de chansons choisies*, édition de 1698, tome I, page 282) :

   Que l'abbé se ressente
   De la liqueur charmante
  Qu'un médecin anglois répand sur son cerveau, etc.

n'y a plus guère de temps à perdre pour faire achever votre appartement, c'est-à-dire pendre et ferrer les portes, mettre les vitres, et barbouiller aux endroits qu'il faudra.

Mille profonds respects, je vous prie, à votre illustre et ancien, Monseigneur l'Archevêque, grand primat et patriarche de votre maison, et après lui, à votre seigneur époux et à toute son aimable famille. Si j'osois, je ferois savoir à cette céleste aînée la vénération que j'ai pour son mérite, qui l'élève au-dessus de tous les mérites des gens de la terre, qui sont vides le plus souvent des vrais biens : Dieu l'en remplisse de plus en plus !

Adieu, ma très-incomparable comtesse.

114. — DE MADAME DE SÉVIGNÉ
A MADAME DE GRIGNAN[1].

1680

Aux Rochers, mercredi 11° septembre.

Le cher *bien Bon* vous dit ses sentiments tout naturellement, et d'une manière convenable à son caractère, et aux grâces que Dieu lui fait de ne compter les biens que par rapport à la manière dont Dieu les voit. Il est donc charmé de la vertu de Mlle de Grignan, la regardant comme une prédestinée et une favorite, qui mérite tous ses respects; ensuite il jette les yeux sur les effets qui en retombent sur votre maison, et les voyant comme un enchaînement qui est dans l'ordre de cette même Providence, il en a une joie vraiment paternelle. Dites-lui, ma bonne, par un petit apostrophe, combien vous êtes contente de lui: quand je la suis, ma bonne, vous devez l'être aussi. Il n'est que trop naturel, et cette même chose, qui est quelquefois assez désagréable, donne aussi, par la même raison, des assurances certaines de la bonté de son cœur.

Lettre 114 (fragment inédit). — 1. La lettre dont ce fragment fait partie se trouve dans notre manuscrit à la suite de celle qui précède, tome V, pages 299 et suivantes, et l'une et l'autre accompagnaient la lettre 852 (VII, 66), écrite le même jour; voyez la note 1 de la lettre précédente. Perrin, qui a complétement supprimé la lettre qui précède, a transporté la fin de celle-ci à la suite de la lettre 852, où elle forme le dernier alinéa du texte imprimé : « Je vous conjure de dire à Monsieur l'Archevêque, etc. » (VII, 71).

115. — DE MADAME DE SÉVIGNÉ
A MADAME DE GRIGNAN[1].

Aux Rochers, dimanche 22ᵉ septembre.

Je vous assure qu'il est fort à plaindre ce pauvre petit frère[2]; il est accablé de maux et de remèdes; il en est fort chagrin, et je trouve qu'il a raison. On l'assure qu'il ne faut qu'un peu de patience; elle échappe dans une si incommode longueur.

Mon Dieu, que vous me faites aimer Monsieur l'Archevêque, en me disant ses bontés paternelles pour vous! Quel soin, quelle prévoyance dans l'avenir! Je vous remercie de me donner le soin de le remercier; vous n'avez pas besoin qu'on vous aide, mais j'aime fort à joindre ma reconnoissance à la vôtre.

Est-il possible que je vous aie parlé de nos affaires d'un ton qui mérite les reproches que vous me faites? Avez-vous compris que je voulusse dire qu'elles vous fussent indifférentes? Non, ma très-chère, je vous assure que ce n'a jamais été mon intention; je sais trop comme vous vous y intéressez, et que ce sont les vôtres; je ne puis douter de vos sentiments, et vous avez peut-être cru qu'en ne voulant pas m'étendre au delà des bornes, sur ces sortes de choses, j'avois voulu les passer comme

---

Lettre 115 (fragments inédits). — 1. Ces fragments font partie de la lettre 855 (VII, 82); la lettre entière se trouve dans notre manuscrit, tome V, pages 329 et suivantes; le Grosbois en contient des extraits de peu d'étendue.

2. Charles de Sévigné; voyez au sujet de sa maladie la *Notice*, pages 215 et suivantes, et l'*Introduction*, pages 206 et suivantes.

rien. Mais si cela ressemble à la pensée que vous avez eue, ma plume a eu tort ; car, pour moi, je suis entièrement persuadée de l'intime intérêt que vous prenez à ce qui nous touche.

Venons un peu aux conseils que vous me demandez. Je ne vous conseille point d'apporter de la vaisselle ; c'est un trop grand embarras, et vous pouvez vous en passer ; vous aurez la mienne, et moi celle du *bien Bon*. N'auriez-vous pas encore celle du Chevalier, si vous en aviez besoin ? en voilà de reste. Pour du linge, je vous prêterai du mien, pour commencer ; apportez-en un peu, et mandez encore au Chevalier, ou lui dites, que s'il a du commerce[3] en Flandre, il vous en fasse venir quinze ou vingt douzaines. Elles ne coûtent que neuf ou dix francs, et durent beaucoup : Mme de Pompone se trouve fort bien de ce ménage.

Je vous conseillerois quasi, ma bonne, de tenir votre ordinaire ; je suis persuadée que vous y épargneriez : vous avez beaucoup de domestiques ; votre maison est grosse ; en ajoutant peu de chose, vous trouverez que cette trop bonne pension, que vous me payiez si exactement, sera épargnée, et le surplus de votre dépense fort insensible : vous la ferez à votre fantaisie. Vous mangerez, si vous voulez ne point monter, dans votre antichambre, qui est grande et belle, avec des paravents. Nous ferons à part notre petit ordinaire ; le bon abbé aime à manger un peu plus réglément ; je suis payée pour lui tenir compagnie ; et le soir je porterai mon poulet chez vous, et nous ne nous en verrons pas moins. Vous amenez toujours un cuisinier, un maître d'hôtel ; quand vous ne voudriez point [amener] d'officier, je vous en donnerois un à juste prix, qui en sait

---

3. C'est-à-dire, des relations.

autant que Beaulieu : mais vous avez le vôtre. Pour des meubles, vous pouvez toujours compter sur mes vieilles tapisseries ; si vous ne les haïssez point, elles sont à vous. Je ne voudrois point en apporter que cette petite pour votre cabinet, dont vous aviez écrit au bon abbé, ni en louer non plus : si vous voulez vous passer[4] des miennes, cela est fait.

Voilà, ma bonne, mes premières pensées ; voyez si elles vous plaisent, et si vous ne les approuviez pas, vous n'auriez qu'à les déranger, à me dire les vôtres, et nous serions tout aussitôt d'accord ; car il arrive fort souvent que vous avez plus de raison que moi. Il ne faut point surtout du linge de Paris ; il ne vaut rien du tout. Si vous trouvez trop long de le faire venir de Flandre, on en trouve à Lyon de fort bon : vingt-cinq douzaines vous suffiront avec le mien. Je vous porte des serviettes pour votre commun, qui est un ménage admirable ; cela épargne les belles, et fait qu'elles ne sentent jamais la graisse : on les fait ici. Pour le reste du rétablissement de ce qu'on vous a volé à la cuisine, peu d'argent vous consolera de ce désordre : du But en achètera. Il faut mander à la petite Deville[5] de vous chercher une bonne servante. Et pour moi, ma bonne, je veux envoyer Hélène devant vous à Paris, pour démêler et ranger tous nos meubles, avec Lépine et du But ; nous serons fort aise de n'avoir point cet embarras ; ce n'est pas une affaire par le coche du Mans : laissez-moi faire.

Je ne pense pas, ma très-chère, que vous fassiez

---

4. C'est-à-dire, vous contenter.
5. Mme Deville avait donc de nouveau quitté le service de Mme de Grignan ; elle était maintenant à Paris ; voyez plus haut, tome I, pages 255, 262 et 400, la note 24 de la lettre 5, la note 8 de la lettre 9, et la note 8 de la lettre 48.

mettre un cadre à tout ceci; ce seroit un *Bassan*, qui peint toujours des choses *basses;* mais vous en serez quitte pour brûler la lettre entière⁶ : elle vous aidera pourtant à prendre vos mesures. Pour moi, je pense que cette manière vous sera meilleure que nulle autre : ne vous souvenez-vous point des raisons qui me font vous dire tout ceci ? Il n'y aura point de nuages, ni de chagrins dans votre esprit, par l'excès de votre amitié et de votre discrétion. Écrivez-moi, à votre tour, sur tout ceci, mais non pas, ma bonne, jusqu'à vous mettre hors d'haleine : vous m'offensez, quand vous vous faites tant de mal.

Je ne souhaiterois point ce que dit la gazette; s'il arrive quelque mouvement, ce doit être comme vous le dites⁷.

Il fait ici un temps divin, c'est une perfection. Il a fait des chaleurs extrêmes; mais j'ai fait tout comme vous; je suois beaucoup, mais je n'osois me plaindre, à cause du mois de septembre : c'étoit pourtant la vraie et la seule canicule de cette année. Vous allez avoir des muscats bien merveilleux : ah ! que j'en mangerois bien !

Adieu, ma très-bonne et très-parfaitement chère. Mon fils n'ose vous embrasser; il me fait une pitié incroyable; je ne sais ce qu'il feroit en tout autre lieu qu'ici, en liberté avec nous : il n'y a rien que nous ne fassions pour hâter sa guérison. Le *bien Bon* vous assure de son amitié et de l'intérêt qu'il prend à toutes vos affaires; il vous mande que vous pouvez compter sur sa tapisserie, et qu'il seroit plus juste que Mlles de Grignan en louassent une que de vous ôter celle-là. Mandez à du But si vous vous contenterez de faire barbouiller de blanc tout le plancher de votre chambre,

6. Perrin avait presque pris à la lettre les paroles de Mme de Sévigné; il avait supprimé complétement tout ce qui précède.
7. Voyez plus haut la lettre 108, note 5.

1680 au cas que ces toiles de Mme de Pompone fussent trop chères.

Faites bien tous mes devoirs à tous vos Grignans et *Grignettes*, et à M. de la Garde. Je lui écrivis, il y a quelque temps ; ma lettre étoit dans votre paquet ; j'espère qu'il me dira de ses nouvelles : je suis fort aise qu'il ait gagné son procès. Ma bonne, je suis toute à vous, et je suis trop heureuse d'espérer de vous le dire bientôt.

116. — DE MADAME DE SÉVIGNÉ
A MADAME DE GRIGNAN[1].

Aux Rochers, mercredi 25ᵉ septembre.

JE n'ai point reçu de vos lettres, ma chère bonne, et cependant je ne suis pas plus en peine de vous qu'à l'ordinaire ; car vous croyez bien que votre santé est un point sur quoi je ne puis être pleinement satisfaite. Voici donc pourquoi je suis tranquille sur ce paquet égaré : c'est que j'ai reçu par bonheur un billet de Montgobert, que mon commis de la poste a envoyé à du But pour me l'envoyer, parce qu'il avoit mis le vôtre tout droit à la poste de Bretagne. Cela m'a fait connoître que le billet de Montgobert étoit seul de sa bande, sans dessus, et que, pour ne point faire un second paquet, il l'avoit envoyé au logis : je l'attends donc vendredi avec un

LETTRE 116 (fragments inédits). — 1. Ces fragments font partie de la lettre 856 (VII, 87); la lettre entière se trouve dans notre manuscrit, tome V, pages 341 et suivantes; le Grosbois n'en contient aucun extrait.

autre. Si vous saviez le plaisir que m'a fait ce billet de Montgobert, et le besoin que j'en avois, vous seriez ravie du soin qu'elle prend de m'écrire, et je pense que vous la remercieriez.

Je crois, ma chère bonne, que les bains vous ont fait du bien à vos coliques et beaucoup de mal aux jambes.

Le mal désagréable et chagrinant de mon fils² nous attire ici, fort naturellement, un médecin du Pertre³, dont vous avez ouï parler en ce pays⁴. Il est fort habile et accourcit la lanternerie du petit-lait de M. Lasnier⁵, qui est une vraie ânerie⁶ et qui ne finiroit point, et lui donne des remèdes spécifiques qui, sans le séparer du monde, lui font un grand effet. Je cause donc avec cet homme⁷ : je lui ai parlé, non de vous, mais d'une personne qui auroit toutes vos incommodités. Il m'a paru aussi éclairé que Guisoni⁸, et m'a dit que les lassitudes et les langueurs lui faisoient croire qu'il y avoit quelque traînerie qui causoit tous ces abattements et toutes ces coliques, que le bain y étoit admirable, mais très-mauvais pour le froid et la douleur de ces jambes, qu'il faudroit, dit-il, secourir par des lavages d'herbes, ou d'es-

2. Voyez la lettre précédente, note 2.
3. Village à trois lieues et demie au sud-est de Vitré (Ille-et-Vilaine).
4. Sans doute le même médecin dont il est question dans la lettre 186, du 22 juillet 1671, dernier alinéa, qu'allait consulter la comtesse de Quintin (II, 290).
5. C'est évidemment le chirurgien de Paris dont il est parlé dans la lettre du 6 octobre suivant (lettre 859, 3ᵉ alinéa, VII, 99) : « Parlons de votre pauvre frère. Un coquin de chirurgien de Paris, après lui avoir fait bien des remèdes, l'assure qu'il est guéri, et ne lui ordonne que du petit-lait pour le rafraîchir. »
6. Mme de Sévigné joue ici sur le nom du chirurgien dont les remèdes avaient produit si peu d'effet.
7. Le médecin du Pertre.
8. Voyez plus haut la note 4 de la lettre 79.

prit-de-vin, ou d'eau-de-vie, pour rappeler les esprits éloignés, et que, sans cela, il seroit à craindre que ce ne fût enfin une paralysie. Ma bonne, ce sont des vérités, dont vous devriez profiter. Vous dites que votre poitrine se porte bien; est-ce à dire, ma chère bonne, que vous n'avez plus mal au dos? car cet endroit vous donnoit bien de l'inquiétude, à cause du poumon. Vous ne me parlez point de votre respiration; est-elle naturelle? Cet homme m'a dit encore, tout comme les autres, que la contention et la contrainte vous étoient fort contraires. Ainsi n'abusez point de ces intervalles, que vous appelez de la santé : tant que vous serez maigre et lasse et délicate, au point que vous l'êtes, vous devez vous conserver avec beaucoup d'attention.

Votre pauvre frère est tout chagrin; il a raison, en vérité; je n'ai jamais vu un garçon si malheureux. Mon bon abbé vous assure de sa bonne amitié; il donne tous les jours des ordres pour votre chambre. Il faut espérer que Mlle de Méri trouvera une maison; vous n'avez point de garde-robe, pour vos armoires et pour vos hardes, que la sienne, ni moi d'appartement : je crois que tout se rangera insensiblement.

J'ai fait faire vos compliments aux Sanguins[9], par l'abbé de Pontcarré : voilà un chemin admirable[10] !

9. Claude Sanguin, seigneur de Livry, premier maître d'hôtel du Roi, était mort le 1ᵉʳ septembre précédent (voyez, sur cette mort, la note 5 de la lettre 851, du 8 septembre, VII, 63); c'est sans doute au sujet de cette perte que Mme de Sévigné avait chargé l'abbé de Pontcarré, au nom de Mme de Grignan et au sien, de faire des compliments à la famille. Le frère de Claude Sanguin, Denis Sanguin, évêque de Senlis, succéda plus tard à l'abbé de Coulanges, comme abbé de Livry; voyez la lettre 1236, note 10 (IX, 318), et le commencement de la lettre 1237 (IX, 322).

10. Allusion au nom de l'abbé chargé de transmettre les compliments. — Sur l'abbé de Pontcarré, voyez la note 11 de la lettre 164 (II, 207).

117. — DE MADAME DE SÉVIGNÉ
A MADAME DE GRIGNAN¹.

1680

Aux Rochers, mercredi 16° octobre.

*Votre lettre me plaît beaucoup, ma bonne² ; elle est pourtant trop longue, elle vous a fatiguée ; mais à cela près, elle a bien tenu sa place dans mes tranquilles amusements³, et l'auroit bien tenue aussi dans le mi-

---

Lettre 117 (lettre entière, en majeure partie inédite, en partie restituée). — 1. Cette lettre se trouve dans notre manuscrit, tome VI, pages 237 et suivantes ; Perrin seul l'avait fait connaître en partie et seulement dans l'édition de 1754; le Grosbois n'en contient aucun extrait : les parties publiées par Perrin forment la lettre 862 (VII, 108). La lettre suivante (lettre 118), écrite quatre jours seulement après celle-ci et également inédite pour plus de moitié, et comme celle-ci donnée uniquement par Perrin, et seulement dans l'édition de 1754, ne figure non plus par aucun extrait dans le manuscrit de Grosbois. Les deux lettres, toutes deux fort intéressantes, sont principalement relatives à Charles de Sévigné et aux suites de sa fâcheuse aventure avec la duchesse de Villeroi. Nous nous sommes d'autant plus aisément déterminé à les publier dans leur intégrité, que bien qu'elles soient l'une et l'autre en majeure partie inédites, il eût été difficile de séparer les parties connues de celles qui ne le sont pas : les parties publiées par Perrin avaient d'ailleurs subi en plusieurs endroits de graves altérations. On remarquera que les deux lettres, qui se suivaient immédiatement dans la correspondance, et dont il était si facile de saisir les rapports, ne sont nullement placées à côté l'une de l'autre dans notre ancienne copie, et qu'elles se trouvent même dans des volumes différents, preuve bien évidente que notre manuscrit a été fait avant qu'aucun classement général eût été établi et avant que l'ordre chronologique eût été fixé ; voyez l'*Introduction*, page 28.

2. Ces mots, comme à l'ordinaire, avaient été supprimés par Perrin et n'avaient pas été remplacés, comme d'habitude, par les mots : « ma fille », ou autres semblables.

3. Perrin : « *nos* tranquilles amusements ».

1680 lieu de Versailles, si j'y étois. Il y a de certaines choses qui ne sont point sujettes à être effacées ni dérangées par les distractions et par les [autres] objets*⁴ ; elles savent tenir leur place, et se la font faire en tout temps et en tous lieux.

*Vous parlez encore de cette médecine ; il faut, ma bonne⁵, que vous ayez eu une extrême nécessité d'un rabat-joie, pour en avoir fait de ce mot⁶, que je n'avois mis que pour vous dire qu'un remède si doux et si sage ne valoit pas la peine de s'y mettre ; car j'aime l'émotion du polychreste⁷, et on l'avoit supprimé, à cause du chaud. Enfin, ma chère bonne⁸, je me porte dans la perfection⁹, et me trouve très-parfaitement bien de l'eau de lin¹⁰. Vous pouvez m'apprendre bien des choses,

---

4. Perrin, qui n'a donné que la première partie de cette phrase, que l'omission vraisemblable d'un mot rendait un peu obscure (l'omission du mot *autres*, que nous avons suppléé), l'avait modifiée ainsi : « Il y a de certaines choses que les objets ni les distractions ne peuvent jamais effacer ». Mais par ce changement l'éditeur avait altéré le texte sans le rendre plus clair. Le second membre de la phrase se lit ainsi dans le manuscrit : « elles savent tenir leur place, *ils* se la font faire, etc. » Il faudrait *elles*, si Mme de Sévigné avait répété le pronom ; mais il est probable que le copiste a mal lu, et que par inadvertance il a écrit *ils* au lieu de *et*, que nous avons rétabli.

5. Ces mots avaient été supprimés comme plus haut ; voyez la note 2 ci-dessus.

6. Perrin : « pour en avoir fait *un* de ce mot, etc. » L'ancien éditeur avait suppléé, on le voit, l'article indéfini, dont Mme de Sévigné avait fait l'ellipse, ou que peut-être elle avait simplement omis, mais qui, dans tous les cas, ne se trouve pas dans notre manuscrit, et que nous n'avons pas cru nécessaire d'insérer dans le texte.

7. Sel purgatif ; voyez sur ce mot la note 2 de la lettre imprimée (VII, 108).

8. Perrin : « ma belle ».

9. *Idem :* « je me porte à merveille ».

10. *Idem :* « et me trouve très-bien de mon eau de lin ».

ma bonne¹¹ ; mais pour la confiance et la sincérité dans le commerce de l'amitié, je ne recevrai des leçons ni de vous, ni de personne. Voyez-vous bien sur quel ton je le prends*¹² ? Je ne suis que trop sincère¹³, et *je serois incapable de vous cacher une incommodité, si je l'avois. Je n'aime point à vous tromper*, et malgré la crainte de vous donner quelque peine, je ne pourrois pas vous dissimuler mon état¹⁴. *Mais vous, en usez-vous de même¹⁵ ? me parlez-vous de toute la chaleur que vous avez dans la poitrine*? vous me diminuez tous vos maux¹⁶. *J'ai reçu de Montgobert des consolations extrêmes : elle m'a confirmé ce que vous me disiez, et m'a quelquefois redressée ; en sorte que j'ai pris une entière confiance à ce qu'elle en a dit¹⁷. Mais comment peut-elle faire présentement pour ne me pas dire la joie qu'elle doit avoir d'être remise sincèrement avec vous* ? J'en ai une joie sensible¹⁸. *J'étois fâchée de l'état où vous étiez pour elle, et elle pour vous*¹⁹ ; j'avois écrit

11. Ces mots avaient été supprimés comme plus haut, notes 2 et 5.

12. Perrin : « mais je ne recevrai, ni de vous, ni de personne, des leçons pour la confiance et la sincérité dans le commerce de l'amitié : vous voyez bien sur quel ton je le prends. »

13. Ce membre de phrase avait été supprimé par Perrin.

14. Perrin avait supprimé les deux derniers membres de cette phrase ; il n'a conservé que le premier, qu'il a relié à la phrase suivante ; voyez la note qui suit.

15. Perrin : « Je n'aime point à vous tromper ; et vous, ma fille, en usez-vous de même ? » Notre manuscrit porte, sans doute par suite d'une erreur du copiste : « en êtes-vous de même », au lieu de « en usez-vous de même ». Ce n'est pas sans hésitation cependant que nous avons admis la correction, malgré l'autorité toujours un peu suspecte de Perrin.

16. Ce dernier membre de phrase avait été supprimé par Perrin.

17. Perrin : « dans ce qu'elle m'a dit. »

18. Cette phrase avait été supprimée par Perrin.

19. Perrin : « J'étois fâchée de vos dispositions pour elle, et des siennes pour vous. »

de mon mieux, pour vous faire parler ensemble ; mais cela n'étoit pas prêt[20]. *Je vous répondois toujours de son cœur ; car j'en ai vu le fond, et je voyois fort clairement de quoi il étoit couvert et embarrassé[21] : je connois tant tous ces mélanges. Vous voyez, ma bonne, que je ne m'étois pas trompée. Que ces retours sont doux, et qu'on a de plaisir à pleurer ! On ne vous aime pas médiocrement, et vous le voyez[22]. Ma bonne[23], je crois que, de votre côté, vous êtes revenue de toutes vos opinions. Vraiment je suis en colère contre Montgobert, de n'avoir pas été la première personne à qui elle ait pensé et à qui elle ait écrit, dans le moment de cette joie*[24].

Monsieur l'Archevêque[25] a bien eu de la peine à faire embrasser Madelon[26], et, avec de telles dispositions[27], il falloit qu'il s'essuyât, comme ce médecin, à la comédie, qui avoit bien travaillé pour faire parler une fille qui n'étoit point muette[28]. Est-il possible que ce bon

---

20. Perrin avait supprimé les deux derniers membres de cette phrase, et avait rattaché le premier, dont il a d'ailleurs modifié la rédaction, à la phrase suivante : il avait déjà appliqué le même procédé plus haut ; voyez la note 14 ci-dessus et la note 21 ci-après.

21. Perrin : « .... et je vous répondois toujours de son cœur : j'en voyois clairement le fond, et de quoi, etc. »

22. Perrin : « Avouez donc que je ne m'étois pas trompée, et qu'il est impossible de vous aimer médiocrement ; mais que ces retours sont doux, et qu'on a quelquefois de plaisir à pleurer ! »

23. Ces mots, comme toujours, avaient été supprimés.

24. Perrin : « de n'avoir pas pensé à moi, dans ce premier moment, pour me faire part de sa joie. »

25. L'archevêque d'Arles. — Tout cet alinéa avait été supprimé par Perrin et ne se lit que dans notre manuscrit.

26. La rivale de Mlle Montgobert, avec qui la paix était faite.

27. Les dispositions des deux rivales à se concilier.

28. Voyez *le Médecin malgré lui*, acte III, scène IV, et conférez la lettre 574, note 1 (V, 50), et plus haut, dans ce recueil, tome I, page 419, la lettre 54, note 9.

prélat aime mes pauvres billets au point que vous le dites? Il me semble qu'ils ne sont plus bons contre le tonnerre, puisqu'ils ont perdu la prévention du bonhomme d'Andilly[29]. Ma bonne, conservez-moi l'amitié de ce patriarche, et l'assurez, sans en rien rabattre, de mon respect et de ma tendresse.

Vous m'en donnez beaucoup pour Mlle de Grignan[30] : *les larmes m'en sont venues aux yeux, en lisant l'impossibilité où vous êtes de pouvoir l'écouter encore sur ses grandes résolutions; je ne le pourrois pas non plus sans pleurer à chaudes larmes[31]. Qu'est-ce donc que cette émotion et ce mouvement du cœur, pour une chose qu'on loue, qu'on approuve, et dont on est bien aise? Son courage touche d'admiration et de tendresse pour elle; on l'admire, on la regarde comme une personne distinguée par des grâces particulières. Enfin, ma bonne, dites-moi ce que vous croyez là-dessus. Vous m'apprenez le plan de votre voyage et de ses desseins : cela me paroît fort bien disposé*[32]. Les voyages vous font moins de mal qu'à une autre; mais, mon Dieu! qu'aviez-vous donc à celui où vous fondiez de maigreur, depuis Lyon jusqu'à Paris? Quel effroyable dragon vous met-

29. Robert Arnauld d'Andilly, père de M. de Pompone, solitaire de Port-Royal, mort le 27 septembre 1674.

30. Louise-Catherine de Grignan; voyez plus haut la lettre 113, note 2.

31. Perrin : « Quand j'ai lu l'impossibilité où vous êtes de pouvoir écouter encore Mlle de Grignan sur ses grandes résolutions, les larmes m'en sont venues aux yeux. »

32. A la place de cette phrase et de la précédente, qu'il a réunies, Perrin a mis : « Dites-moi ce que vous croyez là-dessus, apprenez-moi le plan de votre voyage, *et soyez persuadée de toute la joie que j'aurai de vous recevoir* », et à l'aide de ces derniers mots, qu'il a ajoutés, il a rattaché ce passage à celui qui forme le commencement de l'alinéa suivant. Toute la fin de l'alinéa avait été supprimée et ne se lit que dans notre manuscrit.

toit dans un état si pitoyable? et à Paris encore? Et par quelle opiniâtreté vouliez-vous faire le carême ? Savez-vous bien, ma bonne, que cela n'est pas trop bien de ne vouloir jamais me croire? Enfin vous avez été frappée depuis ce temps; et le moyen de ne pas croire que ce fût le froid et la neige, plutôt que de se représenter des agitations dont on ne pouvoit deviner la cause? Oh! ma bonne, venez, venez plus tranquillement; conservez-vous, dorlotez-vous.

J'espère que je vous recevrai ; *mais quand j'ai bien [besoin] d'un rabat-joie, je ne vais pas fort loin : mon fils me donne une inquiétude trop bien fondée; son mal à la tête, au cou, aux épaules, lui donne une manière d'émotion, causée par les douleurs, qui empêche d'oser lui faire les grands remèdes[33]. Je lui ai bien proposé d'aller à Paris, comme à la source de tous les biens et de tous les maux; il ne l'a jamais voulu, croyant que ce n'étoit rien, et prenant une grande confiance à cet homme dont je vous ai parlé : je n'ai point de pouvoir sur mes enfants*. Présentement[34] il n'y a plus de moyen; il a trop mis au jeu par la quantité de remèdes qu'il a déjà pris; il perdroit toute cette avance, et de plus ses douleurs ne pourroient pas soutenir l'agitation du voyage. *Le médecin dit qu'il n'a jamais vu un mal comme celui-là : il est nouveau, mais la source où on l'a pris étoit bien vieille, et d'une malignité

---

33. Perrin : « mais quand j'ai envie de la tempérer (la joie que Mme de Sévigné devait avoir, d'après Perrin, de recevoir sa fille; voyez la note précédente), je ne vais pas chercher fort loin; l'inquiétude que me donne mon fils n'est que trop bien fondée; et parce que son mal à la tête et ses douleurs continuent malgré la quantité de remèdes qu'il a déjà pris, je lui ai proposé d'aller à Paris, etc. » Ici encore Perrin a relié ensemble des phrases qui dans le texte de Mme de Sévigné étaient distinctes.

34. Toute cette phrase avait été retranchée par Perrin.

extraordinaire*³⁵. Il est prudent cet homme; s'il ne l'étoit pas, il donneroit les remèdes ordinaires; mais quand il examine, il voit proprement qu'il est présentement trop malade pour être guéri. Il faut donc avoir de la patience, et conduire délicatement cette furie de venin. *Il se trouve heureux d'être en repos ici* ³⁶; il descend tous les matins de sa chambre, et se met au coin de ce feu, avec sa robe de chambre et un bonnet fourré, et la barbe d'un capucin, avec de grands yeux et des traits si réguliers, que son abattement, avec une petite senteur d'onguent, feroit souvenir de nos héros blessés, si nous ne savions le dessous des cartes. *Il s'est promené aujourd'hui; il joue quelquefois à l'hombre; nous lisons, nous causons; il me trouve bonne, et par mille raisons je me trouve heureuse de le pouvoir consoler*³⁷. Il a de la confiance à son médecin; il a raison; il n'y a rien de dangereux à son mal; il faut avoir de la patience. Voilà fort sincèrement l'état où nous sommes. Vous jugez bien, ma bonne, que pour peu qu'on fût avide de désespoir, et qu'on eût besoin d'un rabat-joie, il ne faudroit pas aller plus loin. *Il me prie de vous faire bien des amitiés; il veut toujours vous écrire, et toujours le mal et la douleur l'en empêchent;

---

35. Perrin : « Mais si le caractère de ce mal est tout nouveau, la source où il a été pris doit être bien ancienne. » Les deux phrases qui suivent avaient été supprimées par Perrin et ne se trouvent que dans notre manuscrit.

36. Perrin n'a conservé que ce membre de phrase qu'il a relié à ce qui vient plus loin : « Il s'est promené, etc. »

37. Perrin avait supprimé les mots : « par mille raisons », et il avait, fort maladroitement, remplacé les mots : « je suis heureuse de le consoler », par les mots : « je suis *ravie* de le consoler » : dans la circonstance, le *ravissement* ne pouvait être l'état de l'âme de Mme de Sévigné. Que Perrin était loin d'avoir le tact de l'auteur qu'il croyait *corriger!* Ce qui suit, jusqu'à : « Il me prie, etc. », avait été supprimé par l'ancien éditeur et ne se trouve que dans notre manuscrit.

dès qu'il a quelque relâche[38], il est gai et plein d'espérance : je vous manderai la suite de tout ceci, qui peut-être s'éclaircira tout d'un coup agréablement*; vous ne doutez pas, ma bonne, que je ne le souhaite[39].

Vous avez bien fait d'écrire à du But ce que vous voulez. Il a encore plus de temps qu'il n'en faut pour mettre des toiles à votre chambre; Mme de Vins les approuve : cela sera assurément beaucoup mieux. Vos portes seront comme vous le voulez; le bon abbé avoit dit autrement; il avoit ses raisons; mais celles de Bruan sont meilleures. J'envoie dimanche Hélène, qui nous préparera et nous démêlera toutes choses, d'une manière à n'avoir qu'à nous coucher. Elle est habile, elle sait tout ce tracas; elle vous cherchera une bonne servante, et fidèle; c'est un grand plaisir de se trouver d'abord toute rangée : elle aura l'épine du bal. Mes bonnes femmes[40], si cela vous plaît autant qu'à moi, vous louerez cette dépense, qui m'est venue à votre intention. Elle arrivera pour la Toussaint : vous n'avez qu'à faire écrire à elle et à du But toutes vos volontés; vous serez obéie.

* Vous avez toujours notre petit Coulanges. Vraiment, ma bonne, vous êtes trop jolie[41] sur votre sac de pommes, au pied d'un figuier, avec un bon panier de figues et de raisins devant vous; cela est admirable, pourvu que votre force réponde à votre courage, et qu'étant foible, vous ne vouliez point représenter, à vos périls et fortunes, une personne forte : vous seriez bien cruelle

---

38. Perrin : « dès qu'il a un moment de relâche ».

39. Ce dernier membre de phrase et tout l'alinéa suivant avaient été supprimés par Perrin.

40. Mme de Sévigné s'adressait ici à la fois à Mme de Grignan et à Mlles de Grignan, qui devaient accompagner à Paris leur belle-mère. Peut-être aussi, dans sa pensée, Mlle Montgobert, qui devait également venir à Paris, était-elle comprise dans les *bonnes femmes*.

41. Perrin : « Vous êtes vraiment trop jolie, etc. »

de prendre tant sur vous⁴². Il est vrai que M. de Coulanges m'a promis de vous épier, de vous observer, et de me dire tout; mais je trouve qu'il a déjà pris le train de me flatter dans sa première lettre*⁴³. M. de la Garde me devoit aussi parler sincèrement de vous; je hais son silence⁴⁴.

Mais que je hais, ma bonne, la mort de ce pauvre la Rouvière⁴⁵; mon Dieu, que cela me fait de mal! Hélas! cette pauvre femme⁴⁶ m'a écrit, pour me donner part de son malheur; j'y en prends bien plus qu'elle ne pense; c'est le soleil de Provence qui lui a fait bouillir la tête : vraiment, je n'eusse jamais cru être si fâchée de son affliction; je ne pensois point que ce pauvre homme dût mourir, lui qui guérissoit si bien les autres, et qui me paroissoit un si bon esprit dans ses lettres; je crois même qu'il n'étoit pas vieux.

Vous me représentez Mlle d'Alerac avec tous les sentiments d'une personne qui n'est point vieille : vous lui avez fait une réprimande maternelle⁴⁷.

* Mon fils pâmoit de rire l'autre jour, au travers de toutes ses misères, de ce que [disoit] Mlle du Plessis⁴⁸, qui est insupportable de vanité, depuis le mot de vous

---

42. Perrin avait retranché ce dernier membre de phrase et supprimé dans le précédent les mots : « à vos périls et fortunes ».

43. Perrin : « mais je trouve que dans sa première lettre il a déjà pris le train de me flatter. » — La dernière phrase de l'alinéa et les deux alinéas suivants ne se trouvent que dans notre manuscrit.

44. Il y avait, semble-t-il, à cette époque un peu de refroidissement ou de brouille entre Mme de Grignan et M. de la Garde; voyez et comparez plus haut la lettre 108, 5ᵉ alinéa.

45. Voyez plus haut la lettre 87, note 3.

46. Mme la Rouvière; son mari était mort d'un transport au cerveau.

47. Conférez le dernier alinéa de la lettre.

48. Perrin : « au sujet de Mlle du Plessis ».

que je lui ai attiré. Mlle du Plessis donc disoit une impertinence au-dessus de l'ordinaire; moi, je pris aussi un ton au-dessus de l'ordinaire, et je dis : « Mais que cela est sot! car je veux vous parler doucement. » Mon fils m'empêcha de continuer ce beau discours; et c'est dommage, car il promettoit beaucoup : je crois que cela ne vaut rien du tout à écrire; mais cela se présenta follement à la rate de votre pauvre frère[*].

Vous[49] me parlez de *cette Marie*[50] sans me surprendre; car j'ai fort entendu dire, chez une de mes amies, qu'elle avoit fait de grandes brouilleries chez Mme de Vibraye; mais la voyant si merveilleuse, je n'en voulus rien dire, croyant que ce pouvoit être une fausseté : vous en connoissez donc, ma bonne, quelque petite chose. Il me semble qu'il est d'une grande conséquence que cette fille soit toute disposée à tourner sa petite maîtresse du côté que vous desirez. Si elle vouloit la détourner, ce seroit une chose fâcheuse : on se laisse coiffer à l'étage d'une personne qui sait si bien coiffer. Je crois que vous savez ses sentiments[51], et que vous connoissez mieux que moi combien il est nécessaire qu'ils soient conformes aux vôtres. Mandez-moi si Montgobert n'est pas dans tout cela : mon Dieu! ma bonne, je ne m'en puis taire, je suis ravie que cette fille[52] se soit intimement rattachée à vous.

49. Tout ce dernier alinéa ne se lit que dans notre manuscrit.
50. Sans doute la femme de chambre de Mlle d'Alerac; voyez et comparez ce qui suit et le petit alinéa concernant Mlle d'Alerac qui se lit plus haut, note 47. Les mots *cette Marie* ne sont mis que par conjecture; par une faute singulière, commise sans doute par le copiste, le manuscrit porte : « ce Maire », mots qui n'ont pas de sens et qui ne peuvent s'accorder avec ce qui suit.
51. Les sentiments de la femme de chambre dont on craignait l'influence sur sa jeune maîtresse (Mlle d'Alerac).
52. Mlle Montgobert.

118. — DE MADAME DE SÉVIGNÉ ET DE CHARLES DE SÉVIGNÉ A MADAME DE GRIGNAN, ET DE MADAME DE SÉVIGNÉ A EMMANUEL DE COULANGES[1].

1680

Aux Rochers, dimanche 20e octobre.

DE MADAME DE SÉVIGNÉ A MADAME DE GRIGNAN.

Quand vous recevrez cette lettre, ma bonne[2], vous pourrez dire : « Ma mère est à Paris. » Je pars demain matin[3], et je mène mon fils, pour trouver un soulagement sûr dans cette grande ville ; tout le reste est ignorant[4], et l'on peut dire de Paris :

Et comme il fait les maux, il fait les médecines[5].

Lettre 118 (lettre entière, en majeure partie inédite, en partie restituée). — 1. Les parties publiées de cette lettre forment la lettre 863 (VII, 111) ; la lettre entière se trouve dans notre manuscrit, tome V, pages 369 et suivantes ; le Grosbois n'en contient aucun extrait. L'apostille de Charles de Sévigné à sa sœur et la petite lettre de Mme de Sévigné à Emmanuel de Coulanges, jointes à la lettre principale, sont entièrement inédites. Pour d'autres observations, voyez la note 1 de la lettre précédente.

2. Les mots *ma bonne* avaient été supprimés, comme d'habitude, par Perrin, et n'avaient pas été remplacés par d'autres.

3. Perrin : « Je pars demain, et je mène, etc. »

4. Dans le texte donné par Perrin, la construction se trouve changée, et ce membre de phrase, transporté après le vers cité par Mme de Sévigné, forme une phrase distincte. On cherche vainement la raison de ce changement, qui semble le résultat d'un pur caprice, et qui n'avait eu d'autre effet que d'enlever à ce passage quelque chose de son allure vive et animée.

5. Vers de Benserade, dont Mme de Sévigné a plusieurs fois fait l'*application*; voyez la lettre 110, note 5 (II, 5 et 6), et la lettre 675, note 5 (V, 402). Ce vers se lit dans le *Balet royal des Arts*,

1680

Notre bon et honnête et sincère médecin⁶ nous a déclaré que l'humidité du cerveau de ce pauvre enfant l'empêche si entièrement d'oser hasarder les remèdes nécessaires qu'il nous conjure⁷ d'aller chercher des gens plus habiles et plus hardis que lui. Il sait parfaitement bien traiter les maux ordinaires ; mais l'incident de cette fluxion sur le cou est pour lui un empêchement si extraordinaire⁸, qu'il nous chasse, et nous assure que le voyage ne nous fera aucun mal*, et que nous trouverons à Paris la guérison qu'il n'ose entreprendre de nous donner⁹. La première chose qu'on fera à mon fils, ce sera de le baigner, pour rafraîchir ses entrailles, qui envoient continuellement des humeurs à sa tête. *Enfin, ma très-chère, nous partons ; mon fils est tout disposé à cette fatigue, et envisage le bout de cette carrière comme le commencement de ses espérances* : on ne sait ce que c'est ici que de baigner les gens¹⁰. *Voilà de quoi il est question depuis deux jours ; nous faisons en un moment ce que nous eussions fait en un mois* ; tous

---

dansé par le Roi en 1663. Il se trouve dans le *Récit* d'Esculape (*OEuvres de Benserade*, Paris, 1697, page 294), à qui le poëte fait dire, s'adressant à la *Médecine* :

> Un cœur tout languissant et qui s'en va mourir,
> Mettroit-il son espoir en vos seules racines ?
> C'est à l'amour à le guérir ;
> Et comme il fait les maux, il fait les médecines.

6. Le médecin du Pertre ; voyez la lettre 116 ci-dessus, note 4.

7. Perrin : « étoit cause qu'il n'osoit hasarder les remèdes nécessaires ; il nous conjure, etc. »

8. *Idem :* « l'incident de cette fluxion sur le cou lui paroît si extraordinaire, etc. »

9. Ce dernier membre de phrase avait été supprimé par Perrin, ainsi que la phrase suivante.

10. Perrin avait supprimé cette seconde partie de la phrase, et il donne ainsi la première : « Nous partons enfin ; mon fils est tout disposé à cette fatigue, et envisage *son arrivée à Paris* comme, etc. »

nos ballots sont faits[11], *et la Providence ne veut pas que ce soit pour vous que je précipite mon retour. Je cours toujours au plus pressé, et je n'entrevois la joie de vous voir et de vous embrasser qu'au travers de l'application que j'ai à conduire à bon port notre pauvre malade*[12], qui n'entrera pas au logis[13]. Vous m'avouerez, ma bonne, que ce rabat-joie-ci n'est pas mauvais ; il m'assure du bonheur de votre voyage ; je le souhaite, ma très-chère et très-bonne. *J'arriverai devant la Toussaint[14], et j'aurai[15] tout le temps de ranger*, au lieu d'Hélène que j'envoyois demain[16], * votre appartement, et de vous recevoir* avec toute la tendresse que vous savez que j'ai pour vous[17].

Le[18] Chevalier m'a écrit bien sérieusement pour me faire un compliment sur ce qu'il va loger dans votre maison, en attendant qu'il en ait une autre. Je me mo-

---

11. Ce petit membre de phrase avait été supprimé par Perrin, qui dans le membre de phrase précédent a mis : « Nous faisons en un moment ce qu'à peine nous, etc. »

12. Perrin : « C'est au plus pressé que je cours, et ce n'est qu'à travers l'application que j'ai à conduire notre pauvre malade à bon port, que j'entrevois la joie de vous voir et de vous embrasser. »

13. Ce dernier membre de phrase, très-significatif, et la phrase suivante tout entière avaient été supprimés par Perrin. La nature de la maladie de Charles de Sévigné empêchait qu'il ne descendît à l'hôtel Carnavalet : les personnes atteintes de cette maladie étaient soignées chez les baigneurs.

14. Perrin : « avant la Toussaint ».

15. *Idem :* « en sorte que j'aurai ».

16. Voyez la lettre précédente, 6ᵉ alinéa. Ce membre de phrase avait été supprimé par Perrin, qui avait déjà retranché dans la lettre précédente le passage auquel Mme de Sévigné faisait ici allusion.

17. Perrin avait supprimé ces derniers mots et mis simplement : « j'aurai tout le temps de ranger votre appartement pour vous y recevoir. »

18. Tout cet alinéa avait été retranché par Perrin.

que de lui, et je l'assure que j'en serois encore beaucoup plus aise, si c'étoit chez moi. Il échauffera un peu votre chambre, et je ne crois pas que vous ayez beaucoup de peine à l'en chasser. Je ne comprends point pourquoi ils quittent leur jolie maison; je lui conseille d'en prendre une en notre quartier. Il est souvent à Versailles; et quand il est à Paris, c'est pour voir sa famille, qui sera à l'hôtel Carnavalet : ce seroit bien de la peine épargnée.

Vous dites que vous vous portez bien : je vous prie, ma mignonne, que cela soit ainsi; car je ne puis pas soutenir [19] de voir mes deux enfants malades. Vous étiez gaie, quand vous m'avez écrit. Il n'y a rien de plus joli que votre jalousie; vous en faites une application admirable, et qui m'a divertie. Si [20] vous aviez pu trouver [21] :

« Mirano in vari oggetti un solo oggetto [22], »

vous auriez représenté au naturel M. de Grignan tenant

---

19. Perrin : « Vous dites que vous vous portez bien; j'ai besoin que cela soit ainsi : je ne pourrois pas soutenir, etc. »

20. Tout ce qui suit jusqu'à la fin de l'alinéa et le petit alinéa qui vient après ne se trouve que dans notre manuscrit.

21. C'est-à-dire, si vous aviez pu vous rappeler, si vous aviez pu retrouver dans votre mémoire, etc.

22. *Dans divers objets ils ne contemplaient qu'un seul objet.* Ce vers et les deux vers rapportés quelques lignes plus loin (*Dal fianco dell' amante*, etc.), sont du Tasse; ils font partie de la stance xx du XVIe chant de la *Jérusalem délivrée*; voici la stance tout entière :

« Dal fianco dell' amante (estranio arnese!)
« Un cristallo pendea lucido e netto.
« Sorse, e quel fra le mani a lui sospese,
« Ai misteri d'Amor ministro eletto.
« Con luci ella ridenti, ei con accese,
« Mirano in vari oggetti un solo oggetto :
« Ella del vetro a se fà specchio; ed egli
« Gli occhi di lei sereni a se fà spegli. »

le miroir de Mme d'Oppède[23], et les Messinois[24] auroient eu pour réponse :

« Dal fianco dell' amante, estranio arnese !
« Un cristallo pendea lucido e netto[25]. »

Mais vous vous êtes attachée à la fureur de la séparation :

« . . . . O tu che porte, etc.[26] »

Il me semble que *la Pythie* devoit être bien aise d'écrire si naïvement l'histoire de votre jalousie et des infidélités de M. de Grignan.

*Adieu, adieu, ma très-chère. Je m'amuse ici à causer,

23. Voyez plus haut les notes 7 et 8 de la lettre 79, la lettre 84, notes 5 et 6, la lettre 88, note 9, et la lettre 97, note 6.

24. Par les *Messinois*, Mme de Sévigné entendait peut-être parler du duc de Vivonne et de sa suite. Le duc, comme général des galères, avait été chargé d'occuper Messine, et y avait fait un long séjour; il était sans doute alors en Provence. Voyez la lettre 792, du 22 mars précédent, 2ᵉ alinéa et note 7 (VI, 320 et 321).

25. *Au côté de l'amant (étrange armure!) pendait un miroir de cristal, brillant et sans tache;* voyez la note 20 ci-dessus. Dans le manuscrit, l'ordre des mots du second vers n'est pas suivi exactement ; le verbe est rejeté à la fin du vers : « Un cristallo lucido e netto pendea. » L'orthographe, d'ailleurs, par la faute du copiste, ou peut-être de Mme de Sévigné elle-même, est très-défectueuse.

26. *O toi qui emportes, etc.* C'est le début des plaintes d'Armide, abandonnée par Renaud (*Gerusalemme liberata*, canto XVI, ottava XL) :

« Forsennata gridava : o tu che porte
« Teco parte di me, parte ne lassi ;
« O prendi l'una, o rendi l'altra, o morte
« Dà insieme ad ambe : arresta, arresta i passi,
« Sol che ti sian le voci ultime porte :
« Non dico i baci ; altra più degna avrassi
« Questi da te. Che temi, empio, se resti ?
« Potrai negar, poichè fuggir potesti. »

Mme de Sévigné cite encore ailleurs, dans une autre de ses lettres, le même passage ; voyez la lettre 1288, note 6 (IX, 548).

j'ai mille affaires ; je m'en vais aider au bon abbé, et signer mille billets[27]. J'ai reçu les adieux de la très-bonne et très-obligeante princesse[28], et de tout le pays, qui me chasse il y a longtemps[29] ; mais les volontés n'étoient pas tournées : il y a un temps pour tout. J'ai retenu Mme de Marbeuf, qui étoit avec la princesse ; elle vous baise mille fois les mains[30] ; elle ne me quittera point qu'elle ne m'ait vue pendue[31]. Les chemins sont très-beaux ; Dieu nous conduira je l'espère*. Ma[32] bonne, je vous prie de n'être point en peine, si vous ne recevez point de mes lettres. Je serai mercredi à Malicorne ; il se pourra faire que la poste en soit[33] partie : ainsi, ma très-chère, n'allez point chercher d'autre raison, sinon que, quand on voyage, il est impossible d'écrire réglément.

27. Perrin : « quelques billets ». Il s'agissait sans doute des billets à écrire au sujet du départ précipité, nécessité par la maladie de Charles de Sévigné.

28. La princesse de Tarente.

29. C'est-à-dire, qui m'excite depuis longtemps à partir. Perrin a mis : « qui me chasse depuis longtemps ».

30. Perrin a substitué à ce membre de phrase les mots suivants, qu'il a tirés d'une autre partie de la lettre et transportés ici en leur faisant subir de légers changements : « elle nous est d'un très-grand secours » ; voyez plus bas la note 36.

31. C'est-à-dire, que je ne sois partie, que tout ne soit fini. Mme de Sévigné avait tiré cette expression, que nous retrouverons encore ailleurs (voyez plus loin la lettre 170, note 5), et qu'elle employait volontiers, car on la rencontre plusieurs fois dans sa correspondance, du passage qui termine la scène ix du IIIe acte du *Médecin malgré lui* de Molière :

SGANARELLE.
« Retire-toi de là, tu me fends le cœur. »
MARTINE.
« Non, je veux t'encourager à la mort ; je ne te quitterai pas que je ne t'aie vu pendu. »

32. Les deux phrases qui suivent et l'apostille de Charles de Sévigné qui vient après ne se lisent que dans notre manuscrit.

33. Le manuscrit porte : « en seroit partie ».

DE CHARLES DE SÉVIGNÉ A MADAME DE GRIGNAN.

1680

Je pars pour Paris, ma belle petite sœur, accablé de douleurs, et d'un mal si extraordinaire, qu'à peine a-t-il un nom. L'on m'en laisse espérer une bonne issue; je le souhaite, et je crois que vous le souhaitez, car vous m'avez toujours fort aimé, et il n'y auroit pas de générosité à cesser présentement.

DE MADAME DE SÉVIGNÉ A MADAME DE GRIGNAN.

Je suis fort assurée que vous serez aise de voir de son écriture[34]. *Nous prenons le bon parti, ma bonne, et nous ne doutons point que nous ne trouvions à Paris une guérison parfaite. On nous l'a refusée ici, à force de nous honorer. Comme nous n'avons pas le même malheur ailleurs[35], nous partons avec joie, et j'admire comme le hasard a rangé cette nécessité de partir avec l'envie que vous avez que je vous reçoive : je ne croyois pas que tout cela se dût tourner ainsi. Mme de Marbeuf, qui nous est d'un secours admirable*[36], vous fait mille

---

34. Cette phrase, concernant l'apostille de Charles de Sévigné, a été naturellement supprimée par Perrin, qui n'avait pas jugé à propos de reproduire cette apostille. Les mots « ma bonne », dans la phrase suivante, avaient été aussi supprimés, comme d'habitude.

35. Perrin : « On nous a refusé ici de l'entreprendre, à force de nous honorer; et comme ailleurs nous n'avons pas le même malheur, etc. »

36. Ce petit membre de phrase a été à la fois modifié par Perrin, qui a remplacé les termes de Mme de Sévigné par les suivants : « elle nous est d'un très-grand secours », et transporté dans une autre partie de la lettre; voyez plus haut la note 30. Tout ce qui

compliments. J'en fais beaucoup à Monsieur l'Archevêque et à la *céleste* Mlle de Grignan[37]; j'en fais aussi à la *terrestre*[38], et à cet *infidèle*[39], qui n'ose se présenter devant moi. Ma bonne, je suis toute à vous. Si vous ne recevez pas de mes lettres, ce ne sera pas faute de vous dire tous nos pas.

DE MADAME DE SÉVIGNÉ A EMMANUEL DE COULANGES.

Monsieur de Coulanges, bonjour. Vous me dites que vous avez mal à la poitrine? vous m'avez fait trembler; j'avois peur que vous ne fussiez le secrétaire de ma fille[40]. Eh! ne savez-vous pas bien qu'il ne faut jamais parler de corde dans la maison d'un pendu? Vous me dites que ma fille est belle; vous souvient-il comme vous me parliez autrefois de cette *belle beauté?* Je souhaite sa santé et la continuation de votre joie.

A MADAME DE GRIGNAN.

Ma bonne, vous devez éviter le mauvais temps : vous n'avez plus de prétexte[41], puisque me voilà à Paris.

---

suit, jusqu'à la fin de la lettre, avait été retranché par l'ancien éditeur.

37. Louise-Catherine de Grignan, qui allait embrasser la vie religieuse.

38. Mlle d'Alerac; comparez la lettre précédente, note 47 et notes 50 et 51.

39. M. de Grignan.

40. C'est-à-dire, j'avais peur que vous ne parliez au nom de ma fille.

41. C'est-à-dire, vous devez éviter de placer votre départ pour Paris dans la mauvaise saison; vous n'avez plus de prétexte pour le retarder, puisque, etc.

119. — DE MADAME DE SÉVIGNÉ
A MADAME DE GRIGNAN[1].

1688

Paris, mercredi 22e décembre.

Vous voilà donc, ma chère fille, dans un village à deux cents lieues de moi ! Vraiment, ma chère bonne, cette pensée m'a fait mal ; je ne suis point encore accoutumée à ne vous point voir parmi nous[2].

Le Chevalier est tellement occupé de vos affaires, de celles de votre fils, il en prend un tel soin, il l'instruit sur toutes choses si parfaitement bien, il a si envie de lui inspirer les qualités essentielles pour la conduite de sa vie, que ce seroit une ingratitude que de douter de son amitié ; si le Marquis n'en profite, il ne sera pas excusable. Il est à Versailles, ce marquis ; il ne vous écrira pas aujourd'hui ; il reviendra demain, et voilà ce voyage de Châlons qui le talonne ; mais il sera ravi de voir *votre* compagnie : car cela est vrai[3]. Pour M. de

LETTRE 119 (fragments inédits). — 1. Ces fragments font partie de la lettre 1110 (VIII, 348) ; la lettre entière se trouve dans notre manuscrit, tome VI, pages 369 et suivantes ; le Grosbois n'en contient aucun extrait.

2. Mme de Grignan, après un séjour de plusieurs années (du mois de novembre 1680 au mois d'octobre 1688) à Paris, était repartie le 3 octobre précédent pour la Provence ; voyez le commencement de la lettre du 2 octobre 1689 (lettre 1221, IX, 235) : « Il y aura demain un an que je ne vous ai vue, etc. », et la *Notice*, pages 255 et 275.

3. C'est-à-dire, car il est bien vrai que c'est votre compagnie. — Le jeune marquis de Grignan, âgé à peine de dix-sept ans, avait accompagné, comme volontaire, au mois d'octobre précédent, le Dauphin, au siége de Philisbourg. Il commandait comme

Grignan, j'espère, ma chère bonne, qu'il prendra un bon conseil, et qu'il ne viendra point; on ne le croira point malade; il fera comme vingt-cinq autres : on ne quitte point sa place présentement, ni à la guerre, ni où l'on commande⁴. Vous aurez vu le contre-temps de l'oubli du ministre⁵ ; mais vous verrez ensuite comme sa femme a tout raccommodé.

M. de Franville⁶ m'est venu voir ; il aura bientôt sa réponse; je la lui porterai⁷.

capitaine dans le régiment de Champagne, dont son père avait été colonel, une compagnie de chevau-légers, que sa mère avait pris soin elle-même de former et de choisir pour lui. Cette compagnie, revenue d'Allemagne, était alors en quartier d'hiver à Châlons (sur Marne), et le marquis devait sous peu aller la rejoindre. Mme de Sévigné, pour être agréable à sa fille, ne manquait aucune occasion de lui rappeler que c'était *elle* qui avait *fait* cette compagnie, dont la création avait entraîné de bien grandes dépenses, mais qui était aussi « la plus belle de l'armée. » Voyez la lettre 1085, 2ᵉ alinéa (VIII, 253 et 254), la lettre 1099, 1ᵉʳ et 2ᵉ alinéas (VIII, 304 et 305), et la lettre 1112, 2ᵉ alinéa (VIII, 356).

4. Le comte de Grignan avait été nommé, le 2 décembre précédent, avec plusieurs autres, chevalier de l'ordre du Saint-Esprit, et on avait craint qu'il ne fût obligé de venir à Paris pour recevoir le cordon, ce que Mme de Sévigné redoutait, à cause de l'état de santé de son gendre, qui donnait alors quelques inquiétudes, et aussi à cause des grandes dépenses que ce voyage aurait occasionnées. Il en fut dispensé. Voyez et conférez : la lettre 1098, commencement du 1ᵉʳ alinéa et fin du 2ᵉ (VIII, 295, et 299 et 300); la lettre 1099, 1ᵉʳ alinéa (VIII, 304); la lettre 1101, 1ᵉʳ alinéa (VIII, 311) ; la fin de la lettre 1108 (VIII, 344) et le 2ᵉ alinéa de la partie imprimée de notre lettre (VIII, 349).

5. Qui, en annonçant au comte de Grignan sa nomination, avait oublié de lui faire savoir qu'il était dispensé par le Roi de venir recevoir le cordon; voyez la note précédente.

6. Le nom est écrit *Franvil* ou *Frauvil* dans le manuscrit; mais voyez plus loin la lettre 131, note 26.

7. Le manuscrit porte : « il aura bientôt sa réponse, et je lui porterai. »

Vous dites, mon aimable bonne, que vous aimez votre cœur, de voir la façon dont il m'aime : vraiment, c'est bien de cela principalement que je l'aime aussi ; sans cela je l'estimerois à l'égard[8] des autres choses, et puis ce seroit tout. Mais d'aimer sa chère maman comme vous faites, d'être sensible et touchée de sa tendresse comme vous l'êtes, c'est cela qui ne se peut assez admirer, et que je ne puis jamais trop aimer : il n'y a rien qui puisse être mis en balance avec une telle qualité. Croyez aussi, ma chère bonne, que j'en sais le prix, et que vous êtes *dignement* aimée : c'est assez dire.

Voilà un petit billet de Boucard[9], tout transporté de l'envie de vous rendre service ; ordonnez sur ce que vous voulez de bouteilles[10] ce printemps, et m'écrivez une petite feuille que je lui puisse envoyer : cet homme doit être ménagé.

---

8. Le manuscrit porte très-nettement : « à l'égard », comme nous l'imprimons. On pourrait être tenté de croire que Mme de Sévigné avait mis ou voulu mettre : « à l'égal » ; mais la leçon du manuscrit est plus sûre, et, en somme, nous semble préférable et mieux en rapport avec ce qui suit : nous n'avons pas hésité à la maintenir.

9. Homme d'affaires de Mme de Sévigné, à Bourbilly ; il en est souvent question dans la correspondance de Mme de Sévigné avec le comte de Guitaut.

10. Il s'agissait vraisemblablement de bouteilles d'eau de Sainte-Reine ; voyez la lettre 904, 2ᵉ alinéa (VII, 207).

120. — DE MADAME DE SÉVIGNÉ
A MADAME DE GRIGNAN[1].

A Paris, lundi 27ᵉ décembre.

Vous êtes contente de ce que vous a porté Soleri[2]; vous le serez de nos commissions; Mlle de Méri les approuvera; je serai mercredi, dès le matin, en campagne avec la d'Escars : nous vous en rendrons compte.

Je vous conjure, ma chère bonne, de faire réponse à Mme de Coulanges : est-il possible que vous répondiez au *phébus* de M. l'Avocat[3] et de tout le monde, sans dire un mot à cette petite femme, qui est si bien pour vous et pour M. de Grignan ? ne l'oubliez plus. Je vous trouve tellement accablée de nos deux grandes lettres, et de cent autres encore avec, que je ne comprends pas que votre poitrine y puisse résister; il ne faudroit avec cela que travailler à votre tapisserie pour

---

LETTRE 120 (fragments inédits). — 1. Ces fragments font partie de la lettre 1112 (VIII, 356); la lettre entière se trouve dans notre manuscrit, tome VI, pages 377 et suivantes; le Grosbois en contient des extraits.

2. Capitaine des gardes de M. de Grignan.

3. Il y a dans le manuscrit, comme nous l'imprimons : «M. l'Avocat»; il est vraisemblable qu'il s'agissait de l'avocat qui avait plaidé pour M. de Grignan dans l'affaire d'Aiguebonne; voyez plus loin et conférez la lettre 131, note 23, et la lettre 151, note 3. Dans l'*État de la France* de 1692 (tome II, page 306), il est fait mention d'un Louis Lavocat, conseiller au Grand Conseil : ne serait-ce pas la personne dont il était question ici ? nous l'ignorons; mais s'il en était ainsi, le nom devrait être imprimé autrement que nous le donnons dans le texte, et que le donne le manuscrit.

vous achever : je prie M. de Roquesante de vous faire reposer.

Je vis hier Mme Ferdeau⁴ et son mari ; je fus une heure avec eux ; je fus fort bien reçue : ils vous font cent mille compliments. M. Ferdeau a été saigné : vingt-sept palettes de sang pour une fluxion sur les yeux ! Il ne peut s'en remettre ; je le crois vraiment bien ! Je suis ravie d'aller de votre part marquer de temps en temps votre reconnoissance.

Si Monsieur de Carcassonne ne répond rien à ma grande lettre⁵, je lui écrirai encore. Le Chevalier croit que rien ne presse, pour Pauline, que de l'ôter de la direction des Cordeliers ; et en effet, quel besoin de retourner dans ces montagnes⁶ ? Ou avec vous, ma chère bonne, ou avec sa sœur⁷, avec qui elle fera connoissance cet hiver : n'êtes-vous pas de cet avis ?

Adieu, aimable et chère bonne. Vous êtes bien cruelle de me parler du tablier ; je suis bien honteuse de ne

---

4. C'est ainsi que le nom est écrit dans le manuscrit. C'est peut-être *Feydeau* qu'il faut lire ; conférez la note 8 de la lettre 1417 (X, 283).

5. Mme de Sévigné avait écrit à l'évêque de Carcassonne pour stimuler sa générosité, un peu endormie, en faveur du jeune marquis de Grignan, son neveu ; voyez la lettre 1122, dernier alinéa (VIII, 408), la lettre 1127, 5ᵉ alinéa (VIII, 428 et 429), et plus loin, dans ce recueil, le 1ᵉʳ alinéa de la lettre 123.

6. Il s'agissait sans doute du couvent d'Aubenas, où une sœur du comte de Grignan était depuis plusieurs années religieuse, et où Pauline fut placée pendant quelque temps ; voyez la lettre 1183, note 14 (IX, 74), et la lettre 1196, fin du 3ᵉ alinéa (IX, 121). Ce couvent était au pied des Cévennes, et sous la direction, paraît-il, des Cordeliers.

7. C'est-à-dire, il faut la garder avec vous ou la mettre avec sa sœur (Marie-Blanche, qui était au couvent de la Visitation, à Aix).

1688 pas donner l'habit et la cornette ; mais je n'y pense pas, je me borne à ce beau tablier.

J'ai de l'impatience de revoir nos guerriers[8] : notre ménage est trop joli ; il ne nous faut de bornes que celle de notre appétit, qui quelquefois oblige le Marquis à me prier de tourner la tête ; je la tourne, tout sottement, et il me dérobe une côtelette, ou une pomme à la compote, comme si ce n'étoit rien : on ne sauroit faire un meilleur usage de l'union de nos économies. Je ne sais si c'est par gourmandise, mais nous regrettons souvent votre bonne et grande table, où vous me receviez si bonnement. Si je voulois je vous parlerois de cette année et plus, que j'ai été sur vos épaules, avec tant de plaisir de votre côté et du mien. Mais taisons-nous, ma chère bonne ; vous me fâchez de parler toujours d'une chose qui n'est rien.

1689

121. — DE MADAME DE SÉVIGNÉ
A MADAME DE GRIGNAN[1].

A Paris, ce 3e janvier.

Venons aux commissions, ma chère bonne : ne vous jouez plus à me prier de rien que vous ne vouliez qui

---

8. Le marquis et le chevalier de Grignan.
Lettre 121 (fragments inédits et passage restitué). — 1. Ces fragments font partie de la lettre 1116 (VIII, 372) ; c'est la lettre dite *des chevaliers*, une des lettres célèbres de la correspondance,

soit fait promptement; vous seriez toujours la dupe de vos incertitudes. Vous me priez de vous envoyer un habit et une cornette; je vous envoie un habit et une cornette. Vous me dites que, si je l'approuve, je ne saurois trop tôt l'envoyer; je vais les choisir le lendemain des fêtes au matin; je fais faire l'habit, la cornette; Mme de Bagnols, Mme de Coulanges choisissent et approuvent tout; Mme de Bagnols fait de ses propres mains la garniture; elle l'ajuste sur sa tête; cela s'appelle présentement un *chou;* c'est donc un chou rouge; quand c'est du ruban vert, c'est un chou vert; enfin c'est la mode; il n'y a pas un mot à répondre, et je donne cette mode à juste prix à Pauline pour ses étrennes, bien fâchée de ne pas donner toute la petite caisse, qui partira mercredi. Si vous voulez faire jouer la cornette, je vous manderai au juste ce qu'elle coûte : on sera fort aise de l'avoir à Aix. L'habit vous plaira, surtout au grand jour et aux flambeaux, joint aux couleurs que j'ai dites à Martillac; elles sont sur un fond blanc.

Je voulois vous demander des nouvelles de Mme d'Oppède[2], et justement vous m'en dites; il me paroît que c'est une bonne compagnie que vous avez de plus, et peut-être l'unique. Je ne vois pas que la jalousie vous doive empêcher d'en jouir; les heures de M. de Grignan sont réglées; il n'est point amoureux le matin,

---

comme la lettre *de la prairie* et celle *de l'incendie*, et quelques autres encore : elle n'a pas été pour cela à l'abri des altérations et des retranchements. La lettre entière se trouve dans notre manuscrit, tome III, pages 39 et suivantes; le Grosbois en contient des extraits étendus, qui correspondent en grande partie aux portions de la lettre que les anciens éditeurs avaient fait connaître.

2. Voyez plus haut les notes 7 et 8 de la lettre 79, et la lettre 84, note 6.

non plus que M. de Nemours[3]; il me semble que vous devez lui dire ce vers de Corneille :

Allez lui rendre hommage, et j'attendrai le sien[4].

Le Chevalier donne à son neveu des instructions qui sont inestimables[5]. Il compte, il calcule, il compte par les chemins, il rend compte; il n'est point vilain, il est économe : eh, mon Dieu ! que cette qualité sauve de millions[6] !

Je vous conjure d'embrasser la petite Adhémar[7] pour l'amour de moi ; je lui souhaite les bonnes fêtes, la bonne amitié, et surtout le don de la persévérance : empêchez qu'elle ne m'oublie. J'aime votre retraite et votre repos de Sainte-Marie : ces Noëls sont étonnants !

Adieu, ma chère et mon aimable bonne ; je suis plus à vous que je ne puis vous le dire.

Il gèle à pierre fendre ; comment êtes-vous dans votre pays ?

3. Héros du roman de *la Princesse de Clèves.*
4. *Pompée,* acte II, scène III. C'est Cléopatre, s'adressant à son frère Ptolomée, qui s'exprime ainsi, au sujet de César.
5. Voyez la *Notice,* page 277, et plus haut la lettre 119, 2ᵉ alinéa.
6. Conférez la lettre du 10 décembre précédent, 1ᵉʳ alinéa (lettre 1102, VIII, 316 et 317).
7. Marie-Blanche. Elle avait pris l'habit au couvent de la Visitation d'Aix deux années auparavant ; voyez la lettre, au président de Moulceau, du 6 janvier 1627 (lettre 1007, 1ᵉʳ alinéa, VIII, 3).

122. — DE MADAME DE SÉVIGNÉ A MADAME
DE GRIGNAN ET AU COMTE DE GRIGNAN[1].

1689

A Paris, ce 10ᵉ janvier[2].

A MADAME DE GRIGNAN.

Je ne vous gronde point d'avoir changé d'avis sur vos commissions, au contraire; Pauline en sera plus

LETTRE 122 (fragments inédits). — 1. Ces fragments font partie de la lettre 1121 (VIII, 396); la lettre entière se trouve dans notre manuscrit, tome III, pages 49 et suivantes.

2. Notre manuscrit porte : « Paris, ce 11ᵉ janvier 1688 », sans aucune indication du jour de la semaine. Cette date est certainement erronée, à l'égard de la mention de l'année, que le contenu de la lettre permet de fixer avec certitude, et que Mme de Sévigné, d'après son habitude, n'avait pas dû indiquer. Cette mention inexacte, portée sur notre ancienne copie, paraît du reste, quoique ancienne, avoir été mise après coup, par un autre que par le copiste. (Voyez plus loin, sur une faute du même genre, la fin de la note 1 de la lettre 125.) Quant au quantième, il est vraisemblable, au contraire, que l'erreur, si erreur il y a, a été commise par Mme de Sévigné elle-même. A cette époque Mme de Sévigné écrivait à sa fille trois fois par semaine, les lundi, mercredi et vendredi; et comme rien n'indique dans la lettre qu'elle eût, dans le cas particulier, dérogé à ses habitudes, Perrin en a conclu, avec beaucoup de vraisemblance, que la lettre avait été écrite, non le mardi 11, comme l'indiquait sans doute l'original, mais le lundi 10, et il n'a pas hésité à donner à la lettre cette dernière date, que nous lui avons conservée. Mais ce qui est remarquable, et ce qui doit faire croire que la date portée sur notre manuscrit, — sauf l'indication de l'année mise après coup et dont il n'y a pas lieu de tenir compte, — était écrite sur l'original, c'est que cette date, probablement fautive quant au quantième, est précisément celle que donnent les éditions de Rouen et de la Haye et toutes les impressions antérieures aux éditions de Perrin.

jolie : qui n'a qu'un habit n'en a point. Je crois que vous aimerez celui que vous recevrez, tout fade qu'il est. La cornette est fort jolie, et les choux rouges. Enfin cela fera que vous ne vous jouerez plus à me demander des hardes, sans y avoir pensé deux fois[3]. Hélas! ma pauvre cornette est trop heureuse d'être bonne à Pauline; ma bonne, c'étoit une misère dont j'étois honteuse moi-même : je suis ravie que Martillac l'ait dérobée.

Pauline m'écrit une lettre admirable, qui nous a tous réjouis : elle est naturelle, il semble l'entendre parler ; elle peint en perfection sa beauté, sa parure, et puis ce rabat-joie, d'une voix cruelle, qui la prend pour une femme de chambre. En attendant une réponse, ma bonne, embrassez-la pour moi ; cela vaudra mieux.

Je dirai comme vous êtes bien avec l'Archevêque[4], dans un lieu où l'on me le demande quelquefois. Ma chère bonne, dites à vos *rediseurs*, que vous les remerciez de leur zèle, et que vous les nommerez, puisqu'ils sont si assurés de ce qu'ils redisent : ah! que vous les feriez bien finir! et vous voyez par là que leur plaisir et leur divertissement est d'animer, de brouiller et de se rendre nécessaires. Ah, fi! quittez ce style de province et de Provence, et quand vous croirez avoir sujet de vous plaindre, parlez-en vous-même ; éclaircissez-vous avec les gens en présence, et ce sera bientôt fait[5].

3. Voyez le commencement de la lettre précédente.
4. L'archevêque d'Aix, Daniel de Cosnac, président de droit de l'Assemblée des Communautés; voyez la note 8 de la lettre 1081 (VIII, 240), la lettre 1088, note 9 (VIII, 262), et conférez plus haut, dans ce recueil, tome I, pages 445 et 446, la note 4 de la lettre 61.
5. Il semble que Perrin a transporté le passage qui précède, en lui faisant subir d'ailleurs d'assez violents changements, dans la lettre du 7 janvier précédent (lettre 1120, dernier alinéa, VIII, 395), écrite seulement quelques jours auparavant. Cette dernière

Il fait un froid terrible; je vous quitte, ma chère aimable bonne, et vous conjure de m'aimer toujours *comme une fille n'a jamais aimé sa mère;* car cela est vrai, et je suis étonnée d'avoir été destinée au plaisir et au bonheur de jouir de ce prodige.

AU COMTE DE GRIGNAN.

ADIEU, mon cher Comte; vous êtes donc fâché contre moi, et moi contre vous, de ne vouloir pas *piller*[6] ce beau cordon? Je vous condamne les premiers jours à le mettre dessus le justaucorps, comme ils ont fait ici[7]. Vous m'affligez de n'avoir pas goûté les lettres de mon voisin[8]. A propos, Mme de Vins reviendra demain; M. et Mme de Pompone sont revenus. Vous avez été bien aise de savoir des nouvelles du quinze octobre[9]. Le Chevalier est au désespoir d'avoir été trompé sur les mille écus des *chevaliers*[10]; hélas! vous ne saurez

lettre, par malheur, ne se trouve pas dans notre manuscrit, et nous manquons des moyens de contrôle nécessaires pour constater avec certitude la transposition. Conférez aussi avec notre passage le 2e alinéa de la lettre du 3 janvier (lettre 1116, VIII, 373 et 374).

6. Voyez la fin de la lettre du 27 décembre précédent (lettre 1112, VIII, 362).

7. Voyez la lettre 1116, note 27 (VIII, 377).

8. Le chevalier de Grignan, qui avait à l'hôtel Carnavalet un appartement voisin de celui de Mme de Sévigné, et qui, dans des lettres récentes, s'était sans doute permis de faire des observations à son frère sur les dépenses exagérées auxquelles se livrait le trop prodigue gouverneur de Provence. Conférez la lettre 1125, avant-dernier alinéa (VIII, 422).

9. Sans doute au sujet de quelque action du jeune marquis de Grignan, qui, à la date indiquée, était au siége de Philisbourg; voyez le dernier alinéa de la lettre 1116 (VIII, 380 et 381), et plus haut, dans ce recueil, la note 3 de la lettre 119.

10. Les chevaliers du Saint-Esprit nouvellement nommés (voyez

point encore de quelle couleur est cet argent : nous en sommes affligés.

A MADAME DE GRIGNAN.

Adieu encore, ma chère enfant. En vérité, je le crois, que vous vous mettriez

> En travers sur la porte,
> Pour empêcher le temps de courir comme il fait,
> Et d'emporter ce qu'il emporte,

si c'étoit un moyen de l'arrêter ; mais on ne le tient qu'avec des chaînes de papier, comme à la Trousse[11] !

plus haut la note 4 de la lettre 119), à qui le bruit avait couru qu'une gratification avait été accordée par le Roi.

11. Le marquis de la Trousse, dont la liaison avec Mme de Coulanges avait fini par se rompre. Il n'est pas invraisemblable que Mme de Sévigné entendît faire allusion ici à cette rupture, déjà ancienne cependant, mais qui avait dû donner lieu à des propos de ce genre.

123. — DE MADAME DE SÉVIGNÉ
A MADAME DE GRIGNAN[1].

1689

A Paris, vendredi 25° février.

Je viens d'écrire encore un chef-d'œuvre[2] à Monsieur de Carcassonne : Monsieur le Chevalier en est content. Je lui dis, qu'encore que je n'aie point eu de réponse à ma dernière lettre[3], je ne saurois croire que mon zèle, ma tendresse, mon attachement pour son neveu, pour son nom, pour sa maison, pour lui-même, lui ait déplu; que cela n'est pas possible; que dans cette confiance, et en votre absence, et voyant devant mes yeux les besoins pressants [de cet enfant], à qui les sommes considérables que vous avez envoyées ne

---

Lettre 123 (fragments inédits). — 1. Ces fragments font partie de la lettre 1141 (VIII, 484); la lettre entière se trouve dans notre manuscrit, tome IV, pages 141 et suivantes; le Grosbois n'en contient aucun extrait : plus de la moitié de la lettre était encore inédite.

2. Voyez plus haut la lettre 120, note 5, et conférez la lettre 1127, du 24 janvier précédent, 5° alinéa (VIII, 428 et 429), où Mme de Sévigné donne l'analyse d'une première lettre écrite par elle à Monsieur de Carcassonne, pour le même objet, lettre que le chevalier de Grignan, à qui elle avait été communiquée, avait qualifiée de *chef-d'œuvre*, ce qui donne le vrai sens des mots que nous trouvons ici. Notre lettre et d'autres fragments inédits qu'on trouvera dans ce recueil prouvent, du reste, que l'évêque de Carcassonne fut bien moins facile à se laisser attendrir que ne le ferait supposer la note 29 de la lettre 1127 précitée (VIII, 429); voyez plus loin, dans ce recueil, la lettre 142, note 7, et le 3° alinéa de la lettre 144.

3. La lettre écrite le 24 janvier précédent; voyez la note 2 ci-dessus.

peuvent suffire qu'à son équipage, j'ai recours à lui pour la subsistance de sa compagne ; non pas en lui demandant une augmentation, mais la continuation, et seulement l'avance de deux mois, de la grâce qu'il veut bien [lui] faire, la moitié étant échue, et l'autre échéant au mois de mai ; que cette bonté, placée si à propos, est un second bienfait, et précisément tout ce que nous lui demandons ; que nous [le] lui ferons tenir à sa garnison, où il n'emporte quasi rien, — sa mère étant si éloignée et si épuisée, — que la seule espérance de la continuation et de la ponctualité de sa libéralité. Je lui dis ensuite tous les biens qu'il y a à dire de ce petit capitaine ; quelle heureuse réputation, quelle approbation générale, quelle sagesse, avec de la douceur et de la gaieté, qui le fait aimer des jeunes gens et estimer des autres ; de l'heureuse étoile qui préside dans ce commencement de sa vie ; cet arrangement depuis un an, où tout est pressé et placé à souhait ; cette campagne, due à la profonde sagesse de Monsieur son père, et qui lui a fait ouvrir si agréablement sa carrière[4] ! Enfin, ma chère bonne, cette lettre est bonne, et meilleure que tous ces fagotages-ci[5] ; car on ne redit point bien. Pour moi, je répondrois, avec tout autre, que j'aurois dans quinze jours une lettre de change ; mais il y a des gens qui rompent toutes les mesures ; car s'il va s'armer contre moi, et croire que je suis son ennemie, et que je le veux attraper, il ne voudra pas être ma dupe, et tout sera perdu : car voilà comme il est ! Mais en vérité, ma chère bonne, comme il n'y a rien de nouveau à faire, je suis persuadée que nous aurons nos deux mille francs ; je ne veux pas croire que

4. Voyez plus haut la note 3 de la lettre 119.
5. Par une assez étrange méprise, le copiste a écrit : « et meilleure que tous *les fagotagely*. »

cela nous puisse manquer. Écrivez-en aussi; ayons toute honte bue : pour moi, j'ai un front d'airain. Voilà un chapitre un peu long; mais je ne vous en fais pas d'excuse; je suis même assurée qu'il ne vous ennuiera pas : nous qui connoissons l'amitié, nous savons ce que c'est que le plaisir d'entendre parler en détail de ce que l'on aime.

N'oubliez pas de bien recommander à votre Archevêque[6] l'affaire de M. Bertaut[7], et faites-lui un compliment pour moi : je ne veux pas qu'il m'oublie tout à fait.[8]

Monsieur le Chevalier vouloit que vous allassiez sans officiers[9] à Marseille, déclarant que vous êtes sur les coffres de Malte[10]; mais j'ai dit que puisque vous aviez donné un repas, il falloit que vous n'eussiez pu faire autrement : c'est ainsi que je juge d'une personne qui ne desire que de se retrancher et d'épargner. Nous serions d'avis que vous profitassiez, à Avignon[11], de la circonstance du Carême, et que vous ne tinssiez table que le vendredi et le samedi : le prétexte de M. de Grignan, qui mange gras, est tout naturel; il n'est

---

6. Daniel de Cosnac, archevêque d'Aix; voyez la note 4 de la lettre précédente.

7. La même recommandation se retrouve dans la lettre 1142, 7ᵉ alinéa (VIII, 495), et plus bas, lettre 125, note 2.

8. Daniel de Cosnac, étant évêque de Valence, avait autrefois fait très-bon accueil à Mme de Sévigné; voyez le 1ᵉʳ alinéa de la lettre 331, du 6 octobre 1673 (III, 233 et 234).

9. Sans officiers de bouche.

10. C'est-à-dire sur des coffres vides. On sait que les chevaliers de Malte faisaient vœu de pauvreté et que l'Ordre lui-même était peu riche.

11. Le comtat d'Avignon avait été saisi l'année précédente sur le pape Innocent XI, et le gouvernement en avait été réuni à celui de la Provence; voyez la note 18 de la lettre 1093 (VIII, 285), la Notice page 278, et l'Introduction, pages 142 et suivantes.

point raisonnable de donner à dîner sans lui, et on peut croire, ou que vous mangez gras, ou que vous ne voulez point ouvrir votre table quand il ne peut pas y être. Voyez, ma chère bonne, ce que vous pourrez faire de cette pensée, car je vous aime si fort, et tous vos intérêts me sont si chers, que je ne puis m'empêcher de me mêler de toutes vos affaires : cela est bien naturel, et une suite bien ordinaire de la grande amitié.

Comment vous portez-vous? ferez-vous le Carême? Pour moi, je suis si bien, qu'il ne m'est pas permis à le rompre; je le ferois pourtant, si j'avois la moindre incommodité; mais il faut l'attendre sans impatience : elle ne viendra pas.

Vous avez vu que votre cordelier m'a communiqué de sa santé. On ne peut être mieux, ni se mieux ménager que je fais, selon mon humeur et mon tempérament. Faites-en de même pour vous, ma chère bonne; car la santé, après le salut, est notre grande affaire.

Pauline est contente de son habit; je souhaite que vous la soyez autant. Avez-vous compris comme il faut mettre les rubans par étages sur la tête? Si vous n'avez lu et examiné les leçons de la *Bagnole*[12], vous ne ferez rien qui vaille : la cornette est jolie.

Vous dites des merveilles sur M. du Plessis[13]; il est aimable et bon, et honnête homme; mais vous en avez pris ce qui vous convenoit; ses qualités ne sont plus propres à votre fils : *Altri tempi, altre cura.* Fiez-vous à Monsieur le Chevalier; rien ne manquera à son ami-

---

12. Mme de Bagnols, sœur de Mme de Coulanges; voyez et conférez plus haut la lettre 77, note 5.

13. Gouverneur du jeune marquis de Grignan; voyez la note 8 de la lettre 940 (VII, 364). On considérait alors sa mission comme terminée, et il était question de le remercier, comme le fait assez voir la suite de la lettre; voyez en outre la lettre suivante, note 9.

tié, ni à sa prévoyance ; tout va bien, et comme vous dites, dix-huit cents francs[14]

Ce n'est rien pour Admète, et c'est beaucoup pour vous[15].

Si vous pouviez faire encore d'autres retranchements dans votre maison, oh! que ce seroit une bonne chose!

14. Le manuscrit porte : « et comme vous dites, des huit cents francs, etc. » Il nous paraît tout à fait vraisemblable que le copiste a mal lu et que Mme de Sévigné avait écrit, comme nous l'imprimons : « et comme vous dites, dix-huit cents francs etc. » La phrase, sans cette correction, serait peu régulière ; et ce qui est plus décisif, il y a dans le manuscrit une virgule après les mots : « comme vous dites », virgule qui serait inexplicable si Mme de Sévigné avait écrit ce qu'a mis le copiste. Mme de Sévigné, on le sait, ne prodiguait pas les signes de ponctuation ; ils ont d'autant plus de valeur quand on les rencontre dans ses lettres, et il est à présumer que celui dont il s'agit ici se trouvait sur l'original. La somme en question était sans doute le chiffre des appointements payés au gouverneur du jeune marquis, et cette circonstance contribue encore, croyons-nous, à rendre la rectification que nous avons admise dans le texte très-vraisemblable.

15. Vers de l'*Alceste* de Quinault (acte III, scène 1), dont Mme de Sévigné avait déjà fait l'application dans une lettre antérieure ; voyez la note 9 de la lettre 825 (VI, 492).

1689

124. — DE MADAME DE SÉVIGNÉ
A MADAME DE GRIGNAN[1].

A Paris, lundi 28ᵉ février.

Je menai hier le Marquis dire adieu à Mme de la Fayette[2], et à sa sœur de Grignan[3]. Elle [a] quitté les Feuillantines[4]; elle couche ce soir chez Mme de Saint-Aubin[5]. Je n'ai pas entretenu Monsieur le Chevalier sur cela; je sais, en gros, qu'il y a une saisie sur un

Lettre 124 (fragments inédits et passage restitué). — 1. Ces fragments font partie de la lettre 1142 (VIII, 487); la lettre entière se trouve dans notre manuscrit, tome IV, pages 149 et suivantes; le Grosbois en contient des extraits étendus.
2. De tout ce qui forme notre premier alinéa, Perrin n'avait conservé que ces premiers mots, qu'il avait reliés à l'alinéa suivant; voyez et conférez avec les deux premiers alinéas de nos fragments le commencement du 3ᵉ alinéa de la lettre imprimée (VIII, 490 et 491).
3. Louise-Catherine de Grignan, fille aînée du comte de Grignan et de sa première femme, Angélique-Clarice d'Angennes.
4. Le couvent des Feuillantines de la rue Saint-Jacques, qui se trouvait vis-à-vis du couvent des Carmélites; voyez la note 5 de la lettre 1001 (VII, 523). — Mlle de Grignan était entrée au couvent des grandes Carmélites de la rue Saint-Jacques au mois de janvier 1686, et y avait pris l'habit de novice le 3 mai suivant; mais la faiblesse de sa santé l'avait obligée d'en sortir et de rentrer dans le monde, où elle vivait d'ailleurs dans l'exercice d'une sévère piété. Elle n'était entrée au couvent des Feuillantines, qu'elle allait quitter, qu'à titre de simple pensionnaire; conférez la *Notice*, page 249, et le 3ᵉ alinéa de la lettre 1001 précitée (VII, 522-524).
5. Veuve de Charles de Coulanges, seigneur de Saint-Aubin, oncle de Mme de Sévigné et d'Emmanuel de Coulanges, décédé le 19 novembre précédent; voyez la lettre 1090, dudit jour 19 novembre 1688 (VIII, 270).

argent de M. de Montausier, qu'elle alloit toucher, qui lui fait de l'embarras. Si vous pouvez, ma chère bonne, avec les agréments de Pauline, emprunter de quoi dégager cette fille, quel coup de partie pour votre maison⁶ !

Je le menai, ce *minet*⁷, * souper chez Mme de Coulanges. Je le mène tantôt chez M. de Pompone, Mme de Vins, la marquise d'Uxelles ; demain chez Mme du Puy-du-Fou et Mme de Lavardin ; et puis il attendra son oncle, et partira sur la fin de la semaine, ou lundi. Mais, ma chère bonne, soutenez un peu votre cœur contre ce voyage, qui n'a point d'autre nom présentement*⁸.

Vous prenez le bon parti de vous consoler de M. du Plessis ; tout vous y convie : il sort honnêtement d'avec vous ; vous le comblez d'honnêtetés ; il mène votre enfant entre les mains de ceux qui doivent en prendre soin. Monsieur le Chevalier m'a conseillé de demander à Mme de Vins si elle le⁹ veut pour son fils, jusqu'à la guerre ; elle ne m'en a pas parlé depuis le jour que je vous le mandai : je lui en parlerai tantôt.

Monsieur le Chevalier approuve fort votre pensée

6. Il s'agissait sans aucun doute d'une saisie faite, par les créanciers du comte de Grignan, sur une somme déléguée à Mlle de Grignan, qui avait fait donation à son père d'une grande partie de sa fortune, et qui se trouvait maintenant gênée par l'effet de la malencontreuse saisie. Mme de Sévigné craignait que les embarras éprouvés par Mlle de Grignan ne missent en péril la donation qu'elle avait faite. Tout ce passage trahit bien vivement le désordre extrême des affaires du comte de Grignan, sujet de tant de soucis pour Mme de Sévigné.

7. Le jeune marquis de Grignan, voyez la lettre 1133 du 4 février précédent, 3ᵉ alinéa, notes 9 et 10 (VIII, 454 et 455).

8. C'est-à-dire, qui ne peut, quant à présent, être considéré encore comme une entrée en campagne.

9. M. du Plessis ; voyez plus bas le dernier alinéa de la lettre.

d'envoyer du Laurens[10] à votre enfant, pour être son écuyer et n'avoir d'attention qu'à sa personne et à son équipage : cette pensée est tendre, cette pensée est divine, et je crois qu'elle me seroit venue, si Monsieur le Chevalier m'avoit dit, comme il a fait depuis trois jours, que son lieutenant[11] étoit quelquefois commandé et quittoit le régiment pour quelques jours ; cela m'auroit fait souhaiter quelqu'un de plus attaché, comme vous savez que je voulus Valale[12] avec mon fils en Candie : voilà donc qui est admirable ! Je crois que Monsieur le Chevalier vous mandera, en vous approuvant, qu'il n'y a qu'à l'envoyer incessamment. Le Marquis, qui en est fort aise, dit que du Laurens ne demande pas mieux. Vous dites quelquefois, ma bonne, que vous êtes désapprouvée ; vraiment, ce n'est pas cette fois-ci.

Je suis ravie que l'habit et la coiffure de Pauline

---

10. Ce nom, à partir de cette époque, revient assez fréquemment dans les lettres de Mme de Sévigné. On ignorait jusqu'à présent la position et le véritable emploi de du Laurens auprès du jeune marquis de Grignan (voyez la fin de la note 18 de la lettre 1159, IX, 5) ; notre passage fournit sur ce point tous les renseignements désirés ; voyez en outre plus loin l'avant-dernier alinéa de la lettre 130, et la lettre 132, note 2.

11. Le lieutenant du marquis, qu'on avait supposé d'abord devoir remplir auprès de ce dernier les fonctions d'écuyer. Dans un fragment inédit de la lettre du 25 février précédent, qui n'a pu trouver place ailleurs dans ce recueil, Mme de Sévigné disait en effet à sa fille : « Son lieutenant (le lieutenant du marquis) sera son écuyer ; il aura soin de son équipage et de ses petites affaires. » (*Manuscrit*, tome IV, page 141.)

12. Le nom, qui se lit ici, de l'écuyer qui, en 1668, accompagna Charles de Sévigné à l'expédition de Candie, ne se rencontre pas ailleurs dans la correspondance. Sur la conduite de Charles de Sévigné dans cette première campagne, voyez le dernier alinéa de la lettre de Mme de Sévigné, au comte de Bussy, du 28 août 1668 (lettre 84, I, 525), et la *Notice*, pages 116 et 117.

aient bien réussi ; vous êtes cruelle de m'en remercier : hélas! mon enfant, j'ai le mérite d'avoir envoyé la boîte au messager et ramassé le goût de Mme de Bagnols, celui de la bonne d'Escars ne me suffisant pas.

Quelle folie de croire que je prenois médecine pour souper chez M. de Lamoignon ! Je ne le savois seulement pas, ma chère bonne. C'étoit pour n'avoir un jour maigre le lendemain. Enfin, je me porte en toute perfection : Dieu vous conserve aussi, mon enfant! Je dirai à M. du Bois[13] vos craintes pour la saignée et pour la pervenche ; il vous dira, pour cette herbe, d'y mettre plus d'eau qu'en ce pays-ci.

Mme de Vins vous écrit : elle voudra fort bien de M. du Plessis, mais pas sitôt ; elle voudroit bien que ce ne fût que dans six ou huit mois, et M. du Plessis voudroit bien joindre les deux bouts[14].

---

13. Médecin ; voyez la fin du 1er alinéa de la lettre 1105 (VIII, 331), la fin du 1er alinéa de la lettre 1226 (IX, 256), et le 3e alinéa de la lettre 1259 (IX, 435), et conférez plus haut la lettre 68, note 7.

14. C'est-à-dire, ne pas éprouver d'interruption dans ses engagements.

125. — DE MADAME DE SÉVIGNÉ A MADAME DE GRIGNAN[1].

A Paris, mercredi 2e mars.

N'oubliez point de parler à l'Archevêque de cette affaire de M. Bertaut[2], et me mettez, dans une petite feuille que je puisse montrer, ce qu'il doit espérer de cette négociation : mes petites *raies* font trouver les endroits où il faut que vous répondiez[3].

Lettre 125 (fragments inédits et passage restitué). — 1. Ces fragments font partie de la lettre 1143 (VIII, 497); la lettre entière se trouve dans notre manuscrit, tome IV, pages 161 et suivantes; le Grosbois en contient un extrait. — Par suite d'une méprise analogue à celle relevée plus haut, lettre 122, note 2, la lettre, dans notre manuscrit, est datée du « mercredi 2 mars 1690 ». Mais le contenu de la lettre ne laisse aucun doute sur la vraie date. L'indication de l'année a d'ailleurs visiblement été ajoutée après coup, vraisemblablement par la personne qui a pris soin de faire la collation, et par simple conjecture; elle est certainement inexacte et ne devait pas se trouver sur l'original.

2. Voyez plus haut la lettre 123, notes 6 et 7.

3. Voyez la lettre 1116, du 3 janvier précédent, 4e alinéa (VIII, 378) : « Il est vrai que j'aime mes petites raies : elles donnent de l'attention ; elles font faire des réflexions, des *réponses* ; ce sont quelquefois des épigrammes et des satires ; enfin on en fait ce qu'on veut. » Ces petites *raies* étaient simplement un trait, une virgule, plus ou moins fortement tracée suivant les cas, unique signe de ponctuation employé par Mme de Sévigné, qui en faisait d'ailleurs très-peu usage pour marquer la ponctuation ordinaire, qu'elle négligeait le plus souvent, mais qui, au contraire, s'en servait fréquemment pour indiquer ses intentions, et faire deviner ce qu'elle donnait à entendre sans le dire expressément, ou pour recommander certains endroits de ses lettres, ou bien encore pour fixer le sens du discours, dans les cas où il aurait pu sembler douteux. Le copiste qui a fait la transcription de notre manuscrit a eu soin

*Monsieur le Chevalier arriva hier au soir. Il se porte bien ; il servira ; il ne sait encore en quel pays : j'admire son courage**⁴. Il est fort occupé de son équipage. Il vouloit parler à M. de Lamoignon, et faisoit mettre des chevaux au carrosse ; M. de Lamoignon⁵ entra : il me dit : « Madame, je veux dire un mot à M. de Lamoignon. » Je sortis, et dis à M. de Lamoignon : « Monsieur, vous avez quelque chose à dire à Monsieur le Chevalier, je m'en vais. » Il me voulut arrêter ; je m'en allai. Rochon⁶ étoit chez Monsieur le Chevalier qui me donna la main pour monter ; Monsieur le Chevalier lui manda de redescendre vitement. Je compris donc qu'il étoit question d'une affaire qui vous regardoit. Je pensai

presque partout de reproduire ces *raies*, avec leur caractère plus ou moins accentué, et c'est encore assurément une preuve que ce manuscrit a été, au moins en partie, directement copié sur les originaux. Conférez la note 32 de la lettre 1116 précitée (VIII, 379), et voyez aussi plus loin la lettre 139, note 9.

4. Dans l'édition de 1737, Perrin avait transporté cette phrase à la fin de la lettre, et en avait supprimé les derniers mots : « j'admire son courage ». Dans l'édition de 1754, suivie par les derniers éditeurs, la phrase a été remise à sa vraie place et les mots supprimés ont été rétablis, mais l'éditeur, sans nécessité et sans avantage, a fait subir au texte un léger changement ; il a substitué aux mots : « il servira », les mots : « il sera employé », qui sont loin de valoir mieux (conférez la note 7 de la lettre imprimée, VIII, 498, 499). Perrin avait d'ailleurs supprimé tout le reste de l'alinéa, auquel cette phrase sert simplement de début et pour l'intelligence duquel nous avons dû la reproduire.

5. Chrétien-François de Lamoignon, avocat général, plus tard président à mortier, au parlement de Paris ; voyez la note 1 de la lettre 949 (VII, 342), et la note 1 de la lettre 1097 (VIII, 294).

6. Homme d'affaires fort instruit, spécialement attaché au service du duc de Chaulnes. Il s'occupa avec beaucoup de zèle et de succès des affaires du comte de Grignan dans les procès que ce dernier eut à soutenir contre le comte d'Aiguebonne, et dans les difficultés qu'il eut avec sa seconde fille, Mme de Vibraye ; voyez le 1ᵉʳ alinéa de la lettre suivante, et plus loin la lettre 156, note 37, et la lettre 158, note 17.

à une requête civile[7]; mais nous en parlons tous les jours, et pourquoi me la cacher? Je vous avoue, bonnement, que cela me fit un petit chagrin, persuadée que c'étoit quelque chose qui regardoit vos affaires, et songeant : « Hélas! mon Dieu, ne sont-ce pas les miennes? » Et quel tour peut-on donner à ces messieurs[8] qui puisse leur faire comprendre que je sois chassée d'une chambre où l'on s'assemble pour parler de vos intérêts? Je retournai faire collation ; je ne fis aucun semblant de rien. Je vous conte cela, ma chère bonne, parce que cela me soulage, et que ce petit serrement de cœur tient à toute l'amitié et à tout l'intérêt que je prends à tout ce qui vous touche. Peut-être que je vous dis ceci, comme vous vouliez, l'autre jour, m'apprendre des nouvelles de Monsieur le Chevalier, de Versailles, que je ne savois pas[9]. Peut-être aussi qu'il me dira ses raisons, pendant que cette lettre sera en chemin. Je vous le manderai, et vous conjure de n'être point fâchée de ce que je vous dis : il n'y a rien que de bien naturel à mes sentiments.

Adieu, chère bonne ; je vous aime et vous embrasse chèrement, et je crois que vous m'aimez.

Monsieur le Chevalier ne m'a pas dit un mot, ni ex-

---

7. Il s'agissait d'une requête civile par laquelle le comte d'Aiguebonne menaçait dès lors de se pourvoir contre un arrêt antérieurement rendu contre lui, menace qu'il réalisa d'ailleurs bientôt (voyez la lettre suivante, notes 2 et 7). C'est ici qu'il est fait mention pour la première fois dans la correspondance de cette requête, dont il sera souvent question dans les lettres suivantes. Sur le procès lui-même, voyez la *Notice*, pages 273 et suivantes, et plus loin, dans ce recueil, les notes 10 et 11 de la lettre 158.

8. MM. de Lamoignon et Rochon.

9. C'est-à-dire, comme si je ne les savois pas.

pliqué une conduite si désobligeante[10]; mais je n'en dirai rien du tout.

126. — DE MADAME DE SÉVIGNÉ
A MADAME DE GRIGNAN[1].

A Paris, vendredi 4° mars.

La chose est arrivée comme je l'avois pensé, ma chère bonne ; tous ces dehors et toutes ces apparences de Monsieur le Chevalier, qui m'avoient choquée avec raison, cachoient un fond aussi bon que le vôtre, et un dessein de me dire de quoi il étoit question. Il différa même jusqu'à hier matin, pour ne me pas empêcher de dormir, sachant bien l'émotion que peut donner une sottise aussi complète que celle de revenir à la charge,

10. Mais voyez la lettre suivante, 1ᵉʳ alinéa et note 11.
Lettre 126 (fragments inédits). — 1. Ces fragments font partie de la lettre 1145 (VIII, 506) ; la lettre entière se trouve dans notre manuscrit, tome III, pages 330 et suivantes, sauf le dernier alinéa de la lettre imprimée (: « Nous avons transi de l'horrible histoire de ce pendu, etc. »), qui n'y figure pas, et qui ne figure pas non plus dans l'édition de 1737. Ce passage, inséré pour la première fois dans l'édition de 1754, n'appartenait pas sans doute à notre lettre, à laquelle d'ailleurs rien ne le rattache ; il a été vraisemblablement tiré d'une autre lettre que nous ne connaissons pas ; car rien n'indique qu'il ait été puisé à une source étrangère, quoique le fait ne soit pas absolument impossible. Indépendamment de cette transposition ou addition, Perrin a fait subir à la lettre, dont il a donné à peine la moitié, les changements et les *arrangements* les plus arbitraires. Le Grosbois ne contient aucune partie de cette lettre.

après avoir été si bien battus dans le même tribunal². M. de Lavardin, Mme de la Fayette ne le croyoient point du tout ; mais je ne leur en parlerai point que cette belle requête ne soit signifiée³. Monsieur le Chevalier m'en a priée, et c'est la chose du monde la plus aisée à lui accorder. Pour moi, j'allois tout droit à des lettres d'État⁴, et à vous faire venir cet hiver avec M. de Grignan et sa *chevalerie*⁵, pour achever votre ouvrage, et avoir le plaisir de les voir battus encore dans le même tripot. Mais *votre voisin* ⁶, trop aimable et trop bon, soutenu de votre bien-aimé Rochon, ne veulent pas leur laisser mettre le pied à terre, et traitent cela du bel air. On⁷ veut vous dépayser et vous faire aller à la grand'chambre⁸, et comme il est sûr que vous serez renvoyés à la

2. Le comte d'Aiguebonne avait été débouté de sa demande au mois d'août de l'année précédente ; voyez la lettre de Mme de Sévigné, au comte de Bussy, du 13 août 1688 (lettre 1056, 3ᵉ alinéa, VIII, 164 et 165).

3. Voyez la note 7 de la lettre précédente.

4. « *Lettres d'Estat* se dit, quand on donne état en la cause pour la continuer et tenir en suspens jusques à un temps.... pour cause de l'absence nécessaire de l'une des parties pour le bien public. » (Eusèbe de Laurière, *Glossaire du droit français*, vº Lettres d'Estat.) Voyez en outre et conférez la note 9 de la lettre 1149 (VIII, 522).

5. M. de Grignan avait été nommé, au mois de décembre précédent, chevalier de l'ordre du Saint-Esprit (voyez plus haut la note 4 de la lettre 119), mais n'avait pas encore reçu le collier ; on supposait qu'il viendrait le prendre et prêter serment à la fin de l'année ; mais ce ne fut que deux ans plus tard que le fait eut lieu ; voyez la lettre 1340, au comte de Bussy, du 27 janvier 1692, 1ᵉʳ alinéa, et note 1 (X, 68 et 69).

6. Mme de Sévigné entendait sans aucun doute désigner M. de Lamoignon, dont l'hôtel, situé rue Pavée, au coin de la rue Sainte-Catherine, était *voisin* de l'hôtel Carnavalet.

7. M. d'Aiguebonne et ses hommes d'affaires.

8. Le comte d'Aiguebonne s'était pourvu contre l'arrêt qui l'avait débouté de sa demande par une double requête, une requête

quatrième, on⁹ veut commencer à faire ces premiers pas. Enfin vous en apprendrez à tout moment des nouvelles, et vous nous en direz vos avis. Et le bon M. Gaillard¹⁰, que je crois voir quand il apprendra cette nouvelle ! il n'y a point de physionomie qui me soit demeurée plus agréablement. Ne dites donc rien à Monsieur le Chevalier, ma chère bonne; je suis très-contente de lui¹¹. Quoi qu'ils¹² puissent faire, ils ne feront que vous préparer les voies pour cet hiver ; car il faut bien des choses, et juger le conflit de juridiction¹³. Ainsi je compte fort sur votre retour nécessaire ; cette espérance fait subsister et respirer. Si les affaires

en cassation partie devant le grand conseil, fondée sur une prétendue contrariété d'arrêts, et une requête civile portée devant la chambre du Parlement, — la quatrième, — qui avait rendu l'arrêt attaqué. Le but de la requête en cassation était, comme le dit ici Mme de Sévigné, de *dépayser* l'affaire, et de la faire porter à la grand'chambre. Mais le comte d'Aiguebonne ne réussit pas dans sa première prétention, et ne fut pas plus heureux plus tard dans la seconde. La requête en contrariété d'arrêts fut repoussée, dès le 16 mars, par un arrêt du grand conseil, rendu *tout d'une voix* (voyez la lettre 1150, 1ᵉʳ alinéa, VIII, 524-528) ; la requête civile donna lieu à de plus longs débats, et il en sera encore bien souvent question ; l'arrêt qui la rejeta ne fut rendu qu'au mois d'août de l'année suivante ; voyez plus loin la lettre 160, 1ᵉʳ et 2ᵉ alinéas.

9. MM. de Lamoignon et Rochon.

10. Avocat distingué au parlement d'Aix, le même peut-être qui en 1698 remplissait les fonctions d'assesseur à l'Assemblée des Communautés ; voyez l'*Abrégé des délibérations de l'assemblée générale des communautés de Provence, tenue à Lambesc au mois de décembre* 1698, Aix, veuve Ch. David, 1699, in-4°, et conférez la note 4 de la lettre 1113 (VIII, 363), la note 24 de la lettre 1150 (VIII, 529), et le 1ᵉʳ alinéa de la lettre 1158 (VIII, 560 et 561).

11. Voyez la lettre précédente, note 10.

12. MM. de Lamoignon et Rochon.

13. C'est-à-dire, statuer sur la requête en contrariété d'arrêts. On voit, par ce passage, que Mme de Sévigné ne s'attendait pas, sur ce point, à une aussi prompte victoire ; conférez la note 7 ci-dessus.

étoient un peu moins déplorées[14], on seroit heureux, et on mêleroit la vie agréablement[15].

Nous payâmes hier deux mille cinq cents livres pour ce louage de maison : ce fut une grande affaire ; il y avoit dix créanciers[16]. J'ai déclaré à M. de Beaulieu, cousin germain de Mme de Saint-Aubin[17], que je lui enverrai toujours mon argent pour le distribuer, ne pouvant prendre toute cette peine, et que je ne payerois plus que tous les six mois, comme les autres. Ainsi, ma chère bonne, vous voilà en repos sur ce chapitre jusqu'à la Saint-Jean, que vous songerez à me faire tenir quatre cent cinquante livres pour deux termes, Pâques et Saint-Jean.

*Votre cher enfant donne ordre encore aujourd'hui à

---

14. C'est-à-dire, dans un état si affligeant, si inquiétant. *Déploré* était fréquemment employé dans ce sens au dix-septième siècle, et on le rencontre plusieurs fois dans les lettres de Mme de Sévigné et ailleurs. Il semble, d'après Furetière, qu'on se servait particulièrement de cette expression au Palais, et c'est peut-être là que Mme de Sévigné, qui avait eu plus d'une fois l'occasion d'y aller, l'avait prise ; voyez le *Dictionnaire de Furetière*, v° Déploré : « On dit au Palais qu'une cause est déplorée, qu'une affaire est déplorée, pour dire qu'elle ne vaut rien, qu'elle est insoutenable. »

15. C'est-à-dire, et on mènerait ensemble la vie agréablement. L'expression *mêler la vie*, pour *mener ensemble la vie*, est originale, et nous avons cru quelque temps à une méprise du copiste, qui aurait lu et écrit *mêleroit*, au lieu de *mèneroit*, qui se trouvait peut-être dans l'original. Mais l'ensemble du passage nous a fait écarter cette idée, et doit, croyons-nous, faire maintenir le texte tel que le donne le manuscrit.

16. Il s'agissait de l'hôtel Carnavalet, qui était passé dans les mains d'un nouveau propriétaire, M. de Gilliers, dont les affaires embarrassées avaient donné lieu à des saisies de la part de ses créanciers ; voyez plus loin la lettre 130, note 6, et la lettre 140, notes 3 c 4.

17. Voyez plus haut la note 5 de la lettre 124. Le nom de M. de Beaulieu, cousin germain de Mme de Saint-Aubin, ne se rencontre pas ailleurs dans la correspondance.

toutes ses affaires*18. Il donne bien de l'argent, il lui en reste peu. Pour moi, je compte sur mille francs tout à l'heure, de Monsieur de Carcassonne, qui sont dus il y a cinq mois, s'il est assez vilain pour ne pas faire l'avance d'un moment, comme je l'en ai prié19. M. de la Garde a écrit aussi. Le Marquis20 lui en a dit, en bonne amitié, un petit mot, au prélat même. Si tout cela ne l'ébranle pas, je suis d'avis qu'on le noie!

Il est neuf heures du soir, ma chère bonne. Me voilà dans la chambre de Monsieur le Chevalier, avec votre cher enfant, qui vous écrit, et qui meurt de rire de ce qu'il va demain coucher à Guines la p.....21 : ce nom l'a tellement surpris qu'il en pâme.

Vous m'affligez avec toutes vos années mangées, dissipées, engagées22; quelle douleur! quels abîmes!

Je hais ces petites loteries ; on les fait toujours pour quelqu'un qu'on est au désespoir qui profite de nos

18. Ce petit membre de phrase, que nous avons dû reproduire pour l'intelligence de ce qui suit, est tout ce que Perrin avait conservé de ce passage ; l'ancien éditeur, suivant ses libres habitudes, l'avait rattaché à une autre partie de la lettre ; voyez et conférez le 5e alinéa de la lettre imprimée (VIII, 508).
19. Voyez plus haut le 1er alinéa de la lettre 123.
20. Le marquis de Grignan.
21. Le jeune marquis de Grignan partit en effet le samedi, 5 mars (voyez le commencement de la lettre 1146, VIII, 510) ; il allait rejoindre l'armée qui se réunissait sur les frontières d'Allemagne, sous les ordres de Boufflers, et il se distingua pendant la campagne, particulièrement à l'assaut de Kocheim : c'est à la suite de cette campagne qu'il obtint le régiment de son oncle ; voyez la *Notice*, page 291. La petite ville où il devait s'arrêter le premier jour, dont le surnom assez singulier, écrit en toutes lettres dans le manuscrit, se retrouve ailleurs (voyez *le Livre des proverbes*, par M. le Roux de Lincy, 2e édition, tome I, page 352), est à trois lieues au nord-est de Melun, sur la route de Paris à Provins.
22. Conférez la *Notice*, pages 289 et 290 ; voyez aussi plus haut la note 6 de la lettre 124, et plus loin la lettre 145, note 4.

peines. Je n'aurois pas porté assurément cette robe de Mme de Langlée[23]; ne vous tourmentez point, ma chère bonne, de m'en chercher une; je n'en ai nul besoin, ni nulle envie. Gardez votre argent, vous dis-je, et prenez garde à votre vaisselle. Celui qui a pris celle de votre Mme *** mourra de faim auprès; qu'en fera-t-il? il sera bientôt découvert et pendu.

Je vous plains d'avoir fâché le cher et divin Roquesante, et tant d'autres, bien heureux d'avoir sauvé *marquez*[24] : j'aurois battu M. de Grignan !

Adieu, chère; adieu, aimable bonne : il est vrai que jamais une fille n'a tant aimé sa maman ; j'en suis honteuse, et j'ai peur que vous ne la soyez ; mais, si j'osois le dire, je crois me distinguer aussi dans l'amour maternel. Ne me parlez plus de monnoie; plût à Dieu en avoir encore, ma chère enfant! je vous la donnerois de bon cœur : vos prélats sont vilains !

23. Mme de Langlée, mère du célèbre courtisan, ancienne femme de chambre de la Reine mère, était alors retirée en Provence (voyez la lettre 1125, note 3, VIII, 417). Il s'agissait sans doute d'une robe de chambre qu'elle avait donnée pour la loterie en question, et que Mme de Grignan regrettait que sa mère n'eût pas gagnée. Mme de Langlée était fort réputée pour le goût et le choix de ses habits; voyez la fin de l'avant-dernier alinéa de la lettre 1125 précitée (VIII, 422).

24. Il s'agissait, semble-t-il, d'une *fâcherie* au jeu. « Avoir sauvé *marquez* », c'était évidemment avoir eu la bonne chance de ne pas mettre au jeu, malgré l'invitation du banquier (*marquez !*), sur un coup où ce dernier avait eu l'avantage. Le banquier, dans la circonstance, était sans doute M. de Grignan, qui avait témoigné un peu vivement, — un peu aigrement peut-être, — sa contrariété de ce qu'on n'avait pas répondu à son appel, au moment où la fortune, qui lui était assez rarement favorable, se mettait de son côté. La fâcherie du reste n'eut pas de suite et la paix se fit bientôt; voyez plus loin le dernier alinéa de la lettre 131, note 85.

127. — DE MADAME DE SÉVIGNÉ
A MADAME DE GRIGNAN¹.

1689

A Paris, mercredi 9ᵉ mars.

Voilà la jolie Mme Ollier, qui sort d'ici, qui m'est venue dire que M. Ollier², son mari, me mandoit, par elle, que M. d'Aiguebonne avoit présenté une requête au conseil, en cassation d'arrêt contre vous, qui est entre les mains de M. d'Hauteville³, maître des requêtes,

---

LETTRE 127 (fragments inédits). — 1. Ces fragments font partie de la lettre 1147 (VIII, 512); la lettre entière se trouve dans notre manuscrit, tome III, pages 340 et suivantes; le Grosbois en contient des extraits étendus. — Dans le passage concernant la duchesse de Duras, auquel se rapporte la note 30 de la lettre imprimée (VIII, 517), les derniers éditeurs ont pensé que c'était par erreur que les mots : « son fils », au lieu de : « son mari », se trouvaient dans l'édition de la Haye et dans le Grosbois. Ces mots se trouvent aussi dans notre manuscrit, où le copiste du Grosbois les a pris. Mais nous ne pensons pas qu'ils soient le résultat d'une erreur, qu'il serait d'ailleurs fort difficile d'expliquer, notre manuscrit reproduisant en général très-fidèlement le texte original. C'est Perrin qui, pour rendre le passage plus clair, a substitué « son mari » aux mots : « son fils », que Mme de Sévigné, selon toute vraisemblance, avait mis, par forme de plaisanterie, et que l'éditeur aurait dû se borner à souligner. Pour s'en convaincre, il suffit de conférer ce passage avec le 2ᵉ alinéa de la lettre 1145 (VIII, 507), où Mme de Sévigné dit que Mlle de la Marck, qui allait devenir la nouvelle duchesse de Duras, pourrait être la *mère* de celui qu'elle allait épouser, et puis encore avec le 5ᵉ alinéa de la lettre 129 ci-après, où Mme de Sévigné, revenant sur la même plaisanterie, appelle la femme du jeune duc de Duras, *sa femme-mère*.

2. Voyez la note 2 de la lettre 1091 (VIII, 276), et la note 3 de la lettre 1118 (VIII, 383).

3. Ce nom ne figure point ailleurs dans la correspondance.

un Beaubourg. Vous voyez, ma chère bonne, que ce n'est jamais fait, quoiqu'on gagne un procès, contre un homme qui est conseillé par M. Guy[4], et qui n'a d'autre affaire en ce monde que de plaider, dans son auberge à vingt ou trente sols par jour. Il ne faut point espérer de trêve d'un misérable comme celui-là. Je m'en vais le mander à Rochon, qui ne s'attendoit pas à ce côté-là[5]. Monsieur le Chevalier vient demain de Versailles ; nous verrons ensemble ce que nous aurons à faire, et nous vous le dirons.

Nous fûmes hier matin chez Mme de Saint-Aubin, où loge Mlle de Grignan[6]. Elle est dans la première antichambre, le reste étant plein de meubles, et trop près de Mme de Saint-Aubin. Elle voudroit bien louer l'appartement bas ; mais il est rempli par des nièces de M. Dangeau[7], nouvelles converties. Si on peut les faire sortir, Mlle de Grignan sera fort aise, et donnera volontiers mille francs, pour son logement et sa nourriture et [celle] de sa femme de chambre. Présentement elle est si mal, qu'elle ne veut donner que huit cents francs ; mais la Saint-Aubin en veut davantage : il faut que je règle cette grande affaire ; cependant elle y passera quelques mois.

Je trouve bien plaisant que Mme du Janet ne veuille

---

4. Homme d'affaires de M. d'Aiguebonne.

5. On ne s'était attendu d'abord qu'à une requête civile ; mais on a vu plus haut (voyez la note 8 de la lettre précédente) que M. d'Aiguebonne avait formé une seconde requête, portée au grand conseil, fondée sur une prétendue contrariété d'arrêts. C'est cette requête que Mme de Sévigné appelle ici *requête en cassation ;* elle tendait en effet à faire casser le dernier arrêt rendu contre M. d'Aiguebonne, comme contraire à un arrêt antérieur ; voyez la note 3 de la lettre suivante.

6. Voyez plus haut la lettre 124, notes 3 et suivantes.

7. Voyez la note 5 de la lettre 59 (I, 456). Il n'est pas question ailleurs, dans la correspondance, de ces nièces de Dangeau.

point vous laisser seule avec Monsieur le Coadjuteur; je trouve qu'elle fait fort bien; je serois comme elle, si j'étois à sa place : il est impossible que vous parliez de ces bâtiments sans vous mettre en colère; je vous défie d'en parler de sang-froid l'un et l'autre. Quand vous joindrez la pensée de *l'Ouragan*[8], qui fait dans votre château les résolutions, avec celle du *Tourbillon*[9], qui a tant renversé et tant gâté de choses, et qu'en joignant ces deux furies vous en conclurez que votre maison n'est pas habitable, je vous défie de ne vous pas échauffer. Tenez-vous donc toujours entre les deux, ma chère Madame du Janet; je vous charge d'empêcher ce désordre par votre présence.

8 et 9. Par *l'Ouragan*, Mme de Sévigné désignait sans doute M. de Grignan, très-prompt dans ses résolutions, et par *le Tourbillon*, le Coadjuteur, dont elle déplore ailleurs la rage de bâtir et de débâtir, et dont elle compare précisément la fureur à celle du tourbillon qui régnait si souvent à Grignan; voyez et conférez l'avant-dernier alinéa de la lettre 1136 (VIII, 466 et 467). Dans une lettre de date fort antérieure on rencontre déjà le chiffre *le Tourbillon*, mais désignant évidemment une tout autre personne; voyez la lettre 368, note 21 (III, 359).

1689

128. — DE MADAME DE SÉVIGNÉ
A MADAME DE GRIGNAN[1].

A Paris, ce vendredi 11e mars[2].

Ma très-aimable bonne, je vous épargne de lire deux fois la même chose sur le sujet de vos affaires. Monsieur le Chevalier fait des merveilles ; tous vos amis font leur devoir ; votre maman se joint avec Monsieur le Chevalier : il est si naturel que nous soyons ensemble, pour vous défendre des furies de M. d'Aiguebonne, qu'assurément je ne le quitterai pas d'un moment. Vous devez être fort en repos de ce premier chamaillis[3] : nous vous garderons le plaisir de triompher cet hiver[4].

Lettre 128 (fragments inédits). — 1. Ces fragments font partie de la lettre 1148 (VIII, 518); la lettre entière se trouve dans notre manuscrit, tome IV, pages 189 et suivantes ; le Grosbois en contient un extrait étendu.

2. Notre manuscrit porte : « à Paris, ce 12e mars », sans indication de l'année ni du jour de la semaine ; c'est aussi l'inscription qui se trouve en tête de la lettre dans les éditions de Rouen et de la Haye et dans toutes celles qui ont précédé celles de Perrin. Ce dernier éditeur, se fondant sans doute sur ce que les jours de courrier de Mme de Sévigné, à cette époque, étaient les lundis, les mercredis et les vendredis, a pensé, avec assez de vraisemblance, qu'il y avait erreur sur le quantième, et d'après cela, corrigeant et complétant l'inscription ci-dessus, qui se trouvait sans doute sur l'original, il a donné à la lettre la date que nous reproduisons ici, qui est probablement exacte, et que, dans tous les cas, il n'y aurait eu aucun avantage à changer.

3. Le premier *chamaillis*, c'est-à-dire le procès sur la requête en cassation ; voyez la lettre précédente, note 5, et la lettre 126, note 8, et voyez plus loin la lettre 131, note 62.

4. Dans le procès sur a requête civile, qui devait terminer l'affaire.

Je ne veux point entrer plus avant sur ce chapitre; car insensiblement je vous dirois tout ce que j'ai résolu de vous épargner. Mme de Lavardin est toujours adorable sur votre sujet; elle vous prie de bien dormir en repos, et de croire que ce seront de nouveaux triomphes. Je laisse donc tous les détails à Monsieur le Chevalier.

Mme de Chaulnes s'en ira après Pâques; je ne vois que cela qui me retienne[5], et le moment de finir cette malheureuse affaire de dix-huit mille francs que je dois à M. d'Harouys[6]. Ma belle-fille a signé sans restriction, de fort bonne grâce, malgré sa famille[7]. Voilà donc de quoi il est question présentement. Ma chère bonne, je ne vais point seule

> Dans un petit bateau,
> Au courant de l'eau[8].

Si ma destinée se tournoit de ce côté-là, je ne serois pas si dénuée de secours; ne vous mettez point de ces sortes de chagrins dans l'esprit : dormez, mon enfant, ne vous inquiétez de rien.

Monsieur le Chevalier a reçu une lettre de M. de Montégut[9], qui lui mande qu'il est ravi que M. du Ples-

---

5. Mme de Sévigné devait aller en Bretagne avec Mme de Chaulnes; mais le voyage avait été retardé, et le départ n'eut lieu définitivement que le 14 avril suivant; voyez et conférez la lettre 1134, 6º alinéa (VIII, 460 et 461), la lettre 1137, dernier alinéa (VIII, 472), et le commencement de la lettre 1164 (IX, 15), et voyez aussi plus loin la lettre 129, note 12.
6. Conférez la note 13 de la lettre 1158 (VIII, 563).
7. Voyez plus loin la lettre 131, note 9.
8. Mme de Sévigné voulait dire qu'elle ne ferait point seule le voyage de Bretagne, et qu'elle n'irait point par Orléans et la Loire, comme elle l'avait fait dans d'autres temps; conférez le commencement de la lettre 446 (IV, 135), et le second alinéa de la lettre 1153 (VIII, 538).
9. M. de Montégut était capitaine de cavalerie dans le régiment

sis ne soit plus avec votre fils : vous en avez tiré tout ce qu'il y avoit de bon[10].

Je m'en vais chez Monsieur le Chevalier attendre vos lettres et achever celle-ci, qui a pensé être brûlée.

Nous n'avons point reçu vos lettres. Adieu, mon aimable bonne ; aimez toujours votre maman.

du chevalier de Grignan, dans lequel le jeune marquis de Grignan commandait lui-même une compagnie. Le nom est écrit *Montaigu* dans le manuscrit ; nous avons conservé l'orthographe de Perrin, suivie par les derniers éditeurs ; voyez la lettre 1085, note 5 (VIII, 253), la lettre 1191, 1er alinéa (IX, 100), et la lettre 1245, note 24 (IX, 368).

10. Voyez plus haut la lettre 123, notes 13 et 14, et la lettre 124, notes 9 et 14.

129. — DE MADAME DE SÉVIGNÉ
A MADAME DE GRIGNAN[1].

1689

A Paris, mercredi 23e mars.

Commençons, ma chère bonne, par l'abbé Charrier[2]. Je l'ai trouvé tout comme vous, c'est-à-dire ridiculement et orgueilleusement sensible à une chose, que, quand vous l'auriez dite[3], il n'y a rien au monde de si

LETTRE 129 (fragments inédits). — 1. Ces fragments font partie de la lettre 1154 (VIII, 541); la lettre entière se trouve dans notre manuscrit, tome IV, pages 209 et suivantes ; le Grosbois en contient trois extraits de diverse étendue. L'un de ces extraits, celui concernant la tragédie d'*Esther*, était déjà connu ; Perrin lui avait donné place dans l'édition de 1754. Les deux autres étaient inédits, et rien dans le manuscrit n'indiquait à quelle lettre ils appartenaient. Ils ont été réunis par les derniers éditeurs à un fragment d'une lettre postérieure (du 28 mars), transcrit immédiatement à leur suite, dont rien n'indiquait non plus la véritable place, et tous trois ont été donnés comme formant une lettre distincte, placée, par conjecture, en 1690, et insérée dans la correspondance générale, sans date précise, sous le numéro 1276 (IX, 506). Les trois premiers alinéas imprimés sous ledit numéro appartiennent à notre lettre, le surplus à la lettre 1157, du 28 mars. Voyez et conférez la note 1 desdits fragments réunis sous le numéro précité (IX, 506), et plus loin, dans ce recueil, la note 1 de la lettre 131.

2. Sur l'abbé Charrier et sur son père, dont il est parlé un peu plus bas, voyez la note 14 de la lettre 569 (V, 26), la note 4 de la lettre 846 (VII, 40), et le second alinéa de la lettre 848 ; voyez en outre la note 5 ci-dessous. — Le nom est défiguré dans le manuscrit, qui porte : « l'abbé Charger ». Il est vraisemblable que Mme de Sévigné écrivait « Charyer », et que le copiste a fait de l'*y* un *g*.

3. Nous reproduisons, selon notre habitude, très-fidèlement le texte de notre manuscrit. La phrase n'est pas seulement elliptique. Elle se fait remarquer par une construction et un emploi très-hardis du relatif, qu'on ne sera pas du reste trop surpris de trouver

1689

naturel. Ces doubles [rapports]⁴, ces conformités, ces surprises en entendant nommer ce qui vous tient le plus au cœur, et voir entrer un grand benêt, aussi sot que son père, une *Madame de Grignan*, sauvage à simple tonsure, je vous avoue que je trouverois tout cela insupportable, si j'étois à votre place⁵. Je le trouvois ainsi quand j'étois à Salon, et le ton de mon pauvre abbé est un peu d'une éducation de province. Cependant, ma chère bonne, à cause de son père et de moi, je vous exhorte à conserver votre modération, et à ravaler⁶ le plus que vous pourrez de ce que vous aurez

sous la plume de Mme de Sévigné, à qui les libertés de ce genre étaient, on le sait, si familières; voyez le *Lexique*, Introduction grammaticale, page xix.

4. Le mot *rapports* est mis ici par simple conjecture, et on pourrait aisément le remplacer par d'autres (par exemple, par le mot *ressemblances*, ou par le mot *traits*). Le mot a été laissé en blanc par le copiste, qui avait eu sans doute de la difficulté à le lire, ou qui peut-être a voulu constater ainsi une omission évidente commise dans les transcriptions antérieures. L'espace laissé en blanc s'accorde pour l'étendue avec le mot que nous avons choisi, que nous n'avons adopté cependant qu'avec hésitation et faute d'en trouver un plus satisfaisant.

5. L'abbé Charrier, paraît-il, s'était permis de comparer l'amitié qui était entre son père et lui avec celle qui existait entre Mme de Sévigné et Mme de Grignan, et celle-ci s'en était offensée. Le père de l'abbé Charrier était de Lyon et l'habitait; l'abbé avait une abbaye en basse Bretagne, à Quimperlé, et cette abbaye, qui lui avait fourni l'occasion de faire la connaissance de Mme de Sévigné, le tenait éloigné de ses parents, comme Mme de Grignan l'était de sa mère. On n'a donc pas de peine à imaginer les *conformités*, les *doubles rapports*, sur lesquels le bon abbé avait voulu fonder sa comparaison.

6. C'est-à-dire, à retenir. Nous n'avons pas rencontré ailleurs cette expression dans les lettres de Mme de Sévigné; mais Furetière en constate l'usage, au dix-septième siècle, dans le sens indiqué ici : « RAVALER se dit figurément en morale. Il m'est venu un bon mot sur les lèvres, mais comme il étoit trop piquant je l'ai ravalé. » (*Dictionnaire de Furetière*, édition de 1690, v° RAVALER.)

envie de dire en voyant *la fausse Madame de Grignan*. Je ne vous demande autre chose, quand je serai en Bretagne, où j'ai de si grands besoins de la capacité de cet abbé, que de me mander seulement que vous n'avez rien à ajouter à ce que j'ai dit pour vous : que sa nièce étoit fort contente de vous, que vous estimez et vivez fort bien avec sa famille, que vous aimiez fort le père de l'Abbé, que vous estimez l'Abbé, sachant l'amitié qu'il a pour moi, et que cela seul, quand vous n'auriez point d'autres raisons, vous empêcheroit de parler avec mépris de cette famille. Enfin, ma chère bonne, à peu près quelque chose comme cela, que je puisse lui montrer ; cela m'est nécessaire, et vous voudrez bien avoir cette complaisance [7].

Je m'en vais consulter Mme de Bagnols pour une grisette [8] : je crois que vous n'y voulez point d'argent ; y voulez-vous quelque chose en bas ? non. Vous deviez, ma bonne, vous expliquer un peu plus : nous tiendrons conseil. Nous attendons le corps de jupe ; votre *vraie croix* [9] est à Paris ; ainsi nous n'irons point chercher ailleurs [10].

C'est le vieux poignard de Mme de Duras qui continue ! Rien n'est égal à cette sorte de folie, on tremble de voir une tête capable de cette sorte de jalousie à la

---

7. Mme de Grignan déféra aux désirs de sa mère ; voyez plus loin la lettre 140, 2º alinéa ; voyez aussi, dans la correspondance générale, la lettre 1256, avant-dernier alinéa (IX, 422 et 423), et la lettre 1267, 1ᵉʳ alinéa (IX, 469).

8. « Les dames ont mis à la mode des habits de petite étoffe grise qu'elles appellent des *grisettes*. » (*Dictionnaire de Furetière*, édition de 1690, vº GRISETTES.)

9. C'est-à-dire, votre couturière. Sur cette expression, que nous retrouverons encore plus loin, voyez la note 5 de la lettre 131.

10. Le manuscrit porte : « Ainsi nous n'irons point chercher *des ailleurs*. » Peut-être Mme de Sévigné avait-elle écrit ainsi, ou comme avait d'abord mis le copiste : « *ces ailleurs* ».

tête de la plus belle armée qui ait jamais été en France. Il a envoyé cette galante et passionnée personne dans un triste château, auprès de Besançon[11].

Mme de Chaulnes vous veut écrire ; elle veut partir dans quinze jours : j'espère qu'elle ne tiendra pas son courage[12].

Si le petit Duras avoit eu autant de peine à quitter sa *femme-mère*[13], que vous en avez eu à me quitter, elle seroit bien aimée et bien heureuse ; mais ce sont des choses sans exemple que les sentiments que vous avez pour votre maman. Ne faites point la vieille ; je vous en prie, ma bonne, que ce ne soit point pour cette raison que vos robes soient fermées : cela me jette trop violemment dans le tombeau.

J'ai acheté une jolie robe de chambre pour [la] Bretagne, café et or. On l'estime douze francs ; elle en coûte neuf[14] : c'est cette duchesse[15] qui me jette dans ces dépenses !

Adieu, ma chère enfant ; aimez-moi toujours ; portez-vous bien. J'embrasse le Comte.

11. Voyez le dernier alinéa de la lettre 1147 (VIII, 517). Sur le maréchal de Duras et sa femme, voyez en outre la note 7 de la lettre 140 (II, 85), et la fin de la note 18 de la lettre 255 (II, 527).

12. C'est-à-dire, j'espère qu'elle ne persistera pas dans sa résolution de partir sitôt. Il s'agissait toujours du voyage en Bretagne, projeté depuis longtemps (voyez la note 5 de la lettre précédente). Mme de Sévigné, qui devait faire ce voyage avec la duchesse de Chaulnes, désirait qu'il ne se fît qu'après Pâques (voyez la lettre 1156, 2e alinéa, VIII, 549). Ses désirs furent accomplis ; le départ n'eut lieu que le 14 avril, et les voyageuses s'arrêtèrent même plusieurs ours à Chaulnes ; voyez la lettre 1164, du 13 avril (IX, 15).

13. Voyez plus haut la note 1 de la lettre 127.

14. Mme de Sévigné entendait sans doute parler du prix de l'étoffe, du prix de l'aune.

15. Mme de Chaulnes.

130. — DE MADAME DE SÉVIGNÉ

A MADAME DE GRIGNAN[1].

1689

A Paris, ce 25e mars.

J'ai été chez Mme de Vins : nous avons fort parlé de vous, de vos frères, de M. du Plessis. Elle voudroit bien qu'il s'engageât à elle, et lui jetteroit volontiers une demi-année pour l'attendre jusqu'au premier jour de l'an[2]. Il me paroît dévider un fil qui l'amuse, et qu'il croit qui le conduira à quelque principauté, qui fait l'objet de ses desirs[3]. Avec cette vision, il ne s'engagera point ; mais elle lui demande de ne se point engager à d'autres, et que si ce qu'il espère devenoit une certitude, il l'en avertît, afin qu'elle cherchât ailleurs. Il est trop heureux, il est souhaité partout ! Il est charmé et comblé de vos offres ; il les a vues ; il vouloit vous récrire encore sur-le-champ, quoiqu'il vous ait écrit : il est vrai qu'il n'y a rien de plus obligeant et qui marque tant l'estime que vous avez pour lui.

Monsieur le Chevalier vous fait avoir deux cents louis de ce courrier, qu'il sembloit que vous ne voulussiez pas, tant M. de Grignan protestoit qu'il n'étoit pas allé pour les quatre cent mille francs[4]. Le Chevalier a donné

LETTRE 130 (fragments inédits). — 1. Ces fragments font partie de la lettre 1156 (VIII, 549) ; la lettre entière se trouve dans notre manuscrit, tome II, pages 34 et suivantes ; le Grosbois en contient des extraits assez étendus, mais qui correspondent à des parties que les anciens éditeurs avoient déjà fait connoître.

2. Conférez plus haut la lettre 124, note 9.

3. C'est-à-dire, qui le conduira à être choisi pour gouverneur de quelque jeune prince, qui est ce qu'il désire.

4. En 1689 le don gratuit fut de huit cent mille francs, et non

un si bon tour à cette affaire, que vous en aurez de l'argent : il n'y a sorte d'obligations que vous n'ayez à ses soins. Je vous admire, ma chère bonne ; vous songez à tout ; vous avez déjà envoyé le quartier de Pâques⁵. Nous pressons pour réparer un endroit où il pleut, et réparer la cour : ces gens-là sont de vrais gueux⁶ !

J'ai de l'impatience que du Laurens⁷ soit avec mon marquis, mon cher petit *minet :* je serai ravie qu'il y ait deux yeux qui n'aient point d'autre affaire en ce monde qu'à le regarder continuellement.

Bonsoir, ma chère bonne ; je m'en vais chez Monsieur le Chevalier ; si nos lettres viennent, j'écrirai encore, sinon nous ferons nos paquets. Je m'en vais songer à votre grisette⁸. Je vous embrasse tendrement, et je veux emporter avec moi, s'il vous plaît, ma très-aimable bonne, l'espérance de vous voir cet hiver. Bonsoir, Comte ; bonsoir, ma chère Pauline. Et ma fille⁹ ? Je lui écrirai lundi.

de quatre cent mille (voyez, dans la *Correspondance administrative* publiée par Depping, tome I, page 321, le *Mémoire* de l'intendant Lebret). La somme indiquée ici n'était donc pas celle du don gratuit, comme on pourrait le croire, ou n'en était qu'une partie. Le chiffre de deux cents louis (4800 livres) pour le courrier a aussi de quoi surprendre. Dans les délibérations de l'Assemblée des Communautés la somme allouée pour cet objet est toujours de mille livres seulement, et les exemples de pareilles allocations sont fréquents. Du reste, il semble qu'il s'agit ici d'une somme donnée, non par la province, mais par le gouvernement. Voyez et conférez plus haut, tome I, page 317, la fin de la note 3 de la lettre 24.

5. Conférez plus haut la lettre 125, 2ᵉ alinéa.

6. Les nouveaux propriétaires de l'hôtel Carnavalet ; conférez plus haut la note 16 de la lettre 126, et plus loin la lettre 140, notes 3 et 4.

7. Voyez plus haut la note 10 de la lettre 124.

8. Voyez la note 8 de la lettre précédente.

9. Mme de Sévigné entendait sans doute parler ici de Marie-Blanche ; voyez et conférez plus loin la lettre 132, note 5.

131. — DE MADAME DE SÉVIGNÉ

A MADAME DE GRIGNAN[1].

1689

A Paris, lundi 28e mars.

Je reviens de mettre votre grisette en état de vous

Lettre 131 (lettre entière, en partie inédite, en partie restituée). —
1. Cette lettre, dont diverses parties ont été publiées à différentes époques, et qui paraît ici pour la première fois dans son intégrité, se trouve dans notre manuscrit, tome IV, pages 217 et suivantes. L'édition de Rouen (tome II, pages 314-316) et l'édition de la Haye (tome II, pages 232 et 233) en ont les premières fait connaître un fragment. Perrin, dans ses deux éditions (édition de 1734-1737, tome VI, pages 123 et suivantes; édition de 1754, tome VII, pages 384 et suivantes), en donna plus tard des parties plus étendues. Le Grosbois (pages 510-514) en contient lui-même deux extraits. Des parties notables de la lettre étaient cependant encore inédites. Le texte que nous donnons, à l'aide des notes qui l'accompagnent, permettra d'apprécier exactement la valeur des diverses sources qui nous ont servi à l'établir. Les parties de la lettre publiées jusqu'à ce jour ne sont pas toutes réunies sous le même numéro, dans l'édition des *Grands écrivains de la France*, la seule où on puisse toutes les trouver. Les fragments que les anciens éditeurs avaient fait connaître y figurent à leur vraie date, sous le n° 1157 (VIII, 553); mais un fragment fort intéressant, publié pour la première fois en 1827, d'après le Grosbois, par M. Monmerqué (*Lettres inédites de Mme de Sévigné*, Paris, Blaise, 1827, in-8°, pages 32 et suivantes), s'y trouve hors de sa place, et assez loin de sa vraie date, qui n'avait pu être exactement établie, et y forme, sous le n° 1276 (IX, 506), avec deux fragments de la lettre du 23 mars à la suite desquels il se trouvait transcrit (voyez plus haut la note 1 de la lettre 129), mais avec lesquels il n'a d'ailleurs aucun rapport, et qui se trouvent eux-mêmes hors de leur place, une lettre distincte, établie par simple conjecture et par simple conjecture aussi placée au mois de mai 1690. Il n'était pas sans intérêt de remettre cette partie de la lettre à sa vraie place. Ce

être envoyée à la fin de la semaine, ma chère bonne, par votre courrier[2]; car tout le monde se plaint si fort de la douane de Lyon[3], qu'on ne veut plus de cette voie. Mme de Bagnols en fait grand bruit, et le désordre pourra y apporter un ordre : en attendant vous aurez votre grisette[4]. Mme de Bagnols est venue avec moi; nous avons trouvé une jolie petite étoffe; elle est coupée; nous avons pris la doublure de taffetas noir. Nous avons porté la robe de chambre chez votre *vraie croix*[5]; nous avons dit comme il la faut faire. Nous avons donné la jupe à une couturière qui n'est point

fragment remarquable, relatif au coadjuteur d'Arles, qui venait de succéder à son oncle, décédé le 9 mars précédent, fut en effet visiblement écrit sous l'impression des sentiments que cette mort toute récente avait éveillés dans le cœur de Mme de Sévigné (voyez la lettre 1152, du 18 mars, 1er et 2e alinéas, VIII, 535 et 536), et cette circonstance explique la vivacité des termes, l'extrême véhémence de style qu'on y trouve, où on sent une émotion qui déborde et qui cherche à peine à se maîtriser : une année plus tard et au delà, au mois de mai 1690, Mme de Sévigné, moins émue et plus calme, aurait très-vraisemblablement tenu un langage plus modéré. — Dans l'édition de Rouen la lettre est datée : « A Paris, ce 30 mars 1689. » La date que nous donnons, qui est celle de notre manuscrit, se trouve également dans l'édition de la Haye et dans les deux éditions de Perrin. — Les deux premiers alinéas de la lettre ne se trouvent que dans notre manuscrit.

2. Sans doute le courrier dont il a été question plus haut dans le second alinéa de la lettre 130.

3. Voyez déjà, dans ce recueil, tome I, pages 417 et 418, au sujet de cette douane et des plaintes qu'elle soulevait, la lettre 54, 1er alinéa et note 4.

4. Voyez plus haut la note 8 de la lettre 129.

5. Cette *vraie croix*, dont il a été déjà question plus haut (voyez la lettre 129, note 9), était sans doute cette dame Reinié, — que Mme de Sévigné qualifie ailleurs de *Furie*, — qui, quelques mois plus tard, se risquait à faire le voyage de Provence, pour tâcher d'obtenir le payement d'un argent qu'on ne se pressait pas assez d'envoyer; voyez la lettre 1229, du 26 octobre suivant, 3e alinéa (IX, 277).

Mme Simon⁶. Il y aura un petit bordé d'argent au bas, deux boutons aux manches, un devant, le tout réglé par Mme Bagnols, et à juste prix, tout comme il faut pour le deuil⁷.

Quand je dis, si familièrement, ma chère bonne, qu'il faut que vous trouviez de l'argent pour payer ces grandes dettes⁸, c'est après les espérances que Monsieur le Chevalier m'en a données, sur ce que vous lui mandez; car, du reste, je ne trouve rien de plus miraculeux que de trouver de l'argent. J'ai des peines infinies de trouver dix-huit mille francs, avec la meilleure signature de Bretagne⁹; tout est en défiance et en crainte dans ce pays-là; et même pour l'avoir donnée trop tard, et m'avoir laissée languir, cet acte est passé d'une main amie, qui est le Sounet¹⁰, en une main ennemie, qui est un Coetlogon¹¹, syndic des États; et c'est un grand bonheur, si on ne me tient point rigueur sur les intérêts des intérêts : nous verrons, ma chère bonne; je me résous à tout, et ne serai point disciple inutilement de la Providence. M. le chevalier de Grignan pourra peut-être me tirer de cette affaire par Cavoie¹²; il n'y oubliera rien : il est à Versailles; il reviendra demain. Je ne sais pourquoi je vous dis tout ceci; je m'en repens.

---

6. Conférez plus haut la lettre 129, note 10.
7. Pour le deuil de l'archevêque d'Arles, décédé le 9 mars précédent; voyez la note 21 de la lettre 1150 (VIII, 528 et 529).
8. Voyez plus loin la lettre 135, note 40, et la lettre 136, note 8.
9. Conférez plus haut le 2ᵉ alinéa de la lettre 128, notes 6 et 7.
10. Ce nom ne se rencontre point ailleurs dans la correspondance.
11. Le comte de Coetlogon, procureur-syndic des états de Bretagne; voyez la *Table alphabétique*, page 98, note 2.
12. Louis Oger, marquis de Cavoie; voyez la note 2 de la lettre 422 (IV, 2).

Nous[13] ne partons qu'après Pâques[14]; j'en suis fort aise. Mme de Chaulnes a pris congé pourtant; le Roi lui a dit bien des honnêtetés pour M. de Chaulnes[15]; qu'il étoit content de lui au delà de ce qu'il pouvoit dire; qu'il lui donnoit aussi toutes les marques de sa confiance; qu'il n'avoit qu'à continuer de servir avec la même vigilance; qu'il étoit persuadé qu'il auroit toujours le même zèle. C'est demain qu'on juge l'affaire de Bretagne[16]; les créanciers en quantité se sont jetés aux pieds du Roi, fort criants et pleurants; le Roi en parut touché : Dieu sur tout !

*Nous[17] attendons vos lettres de demain avec une vraie impatience, ma chère bonne; nous avons envie de voir comme vous aurez reçu la nouvelle de notre petite victoire[18], que M. de Lamoignon veut qu'on appelle

13. Le commencement de cet alinéa ne se trouve que dans Perrin, qui, dans ses deux éditions, en a fait le début de la lettre; la fin ne se lit que dans notre manuscrit.

14. Dans l'édition de 1737, Perrin, pour mieux faire croire que cet alinéa, mis par lui en tête de la lettre, en formait réellement le début, avait intercalé ici les mots : « ma fille », qui ne se trouvent pas dans notre manuscrit, et qui n'avaient pas été maintenus dans l'édition de 1754, mais que les derniers éditeurs ont rétablis, sur la foi de l'édition plus ancienne.

15. « Le Roi lui a dit bien des choses agréables pour M. de Chaulnes. » (*Édition de* 1737.) — « Le Roi lui a dit mille choses agréables, etc. » (*Édition de* 1754.)

16. L'affaire d'Harouys. C'est en effet le 26 mars que le jugement fut rendu; voyez sur ce jugement la lettre 1158, du 30 mars, 2ᵉ alinéa et note 13 (VIII, 563).

17. Cet alinéa ne se trouve que dans les deux éditions de Perrin et dans notre manuscrit. Au lieu de : « Nous attendons.... nous avons envie », Perrin avait mis dans l'édition de 1737, suivie par les derniers éditeurs : « J'attends.... j'ai envie ». Il a rétabli le vrai texte dans l'édition de 1754; mais dans les deux impressions, les mots : « ma chère bonne », ont été retranchés.

18. La victoire sur la requête en cassation, dans l'affaire d'Aiguebonne.

grande. Il y a quinze jours que nous sommes sur le rivage, et que nous vous voyons agitée des mêmes pensées et des mêmes craintes que nous avons eues ; nous serons ravis de vous voir aborder comme nous, et tous également sauvés de l'orage. Vous avez bien raison de dire que je ne fus pas si aise de gagner mon procès de quarante-cinq mille écus[19] ; je ne le sentis pas, en comparaison de celui-ci ; j'étois jeune ; je ne sais ce que je pensois en ces temps-là[20] ; toutes mes affaires étoient loin de moi : vous m'êtes bien plus proche, et vos intérêts sans comparaison plus chers*[21].

Il[22] ne faut point rire, M. l'Avocat[23] vous a fort bien servis ; il se tourmentoit comme nous. Pour moi, je me charge de la reconnoissance, et je ne demande pas mieux que de le voir souvent ici : un petit mot de vous pourtant ne fera pas mal, et à Raille[24], et à Rochon. Mon Dieu, les bonnes gens ! et mon bon

---

19. L'édition de 1754 porte : « quarante mille écus ». Sur le procès dont il est ici parlé, voyez la lettre 1150, note 11 (VIII, 526 et 527), et le 1er alinéa de la lettre 1149 (VIII, 522).

20. « En ce temps-là. » (*Éditions de 1737 et de 1754.*)

21. « Et vos intérêts infiniment plus chers. » (*Ibidem.*)

22. Cet alinéa et le petit alinéa qui suit ne se trouvent que dans notre manuscrit.

23. Il s'agit certainement de la même personne dont il a été déjà question plus haut, lettre 120, note 3, et dont il sera encore parlé plus loin, lettre 151, note 3. Dans les trois lettres la désignation est la même ; le manuscrit porte partout : « M. l'Avocat », tantôt avec, tantôt sans *A* majuscule au commencement du mot. Il est bien vraisemblable que Mme de Sévigné entendait parler de l'avocat qui avait déjà antérieurement plaidé pour M. de Grignan dans l'affaire d'Aiguebonne et qui venait de s'employer de nouveau dans le procès sur la requête en cassation, et devait encore plus tard intervenir et donner ses soins dans le procès sur la requête civile.

24. C'est ainsi que le nom est très-nettement écrit dans le manuscrit ; mais il nous paraît certain que la personne que Mme de

Bailly[15], qui ne me saluoit pas en allant à sa place ! et tous nos bons amis ! En vérité, nous avons été bien récompensés de nos peines par le plaisir que nous avons eu. Eh le Chevalier ! il faisoit au delà de tout ce qu'on peut dire.

Je vous remercie de m'avoir donné de quoi répondre à M. de Frainville[26] : voilà ce que je voulois depuis longtemps.

*Pour[27] Monsieur le Coadjuteur, je vous avoue, ma bonne[28], que je suis impitoyable à ses longues et cruelles

Sévigné a voulu désigner est la même dont il est parlé dans deux autres lettres de la même époque, également à l'occasion du procès d'Aiguebonne, et mentionnée comme ici à côté de Rochon, sous le nom de *Vaille*; voyez et conférez la lettre 1150, du 16 mars précédent, 1ᵉʳ alinéa (VIII, 526), où on lit : « Je n'en ai pas fait de finesse (du gain du procès) à Monsieur le Chevalier, ni à *Vaille*, ni à Rochon, etc. », et la lettre 1264, du 12 février 1690 (IX, 455), où se trouvent ces mots : « M. d'Aiguebonne veut encore être battu.... Il faudroit, en ce cas, faire figurer le bon Rochon avec Vaille, etc. » Mais quelle est la personne dont il s'agit, et quelle est la véritable orthographe du nom ? c'est ce que nous ignorons. Notre manuscrit ne nous fournit à cet égard aucun moyen de contrôle, car les lettres 1150 et 1264 précitées ne s'y trouvent pas.

25. Guillaume Bailly, conseiller au grand conseil. C'est lui qui le premier avait appris à Mme de Sévigné le gain du procès sur la requête en cassation ; voyez la lettre 1150, note 8 (VIII, 526), et conférez la lettre 1089, note 26 (VIII, 270).

26. Ce nom ne figure point dans la correspondance imprimée ; il est probable que c'est la même personne dont il a été parlé dans une lettre précédente sous le nom, vraisemblablement mal écrit, de *de Franvil*, ou *de Frauvil*; voyez et conférez plus haut la lettre 119, note 6.

27. Cet alinéa ne se trouve dans aucune des anciennes éditions ; il a été publié pour la première fois par M. Monmerqué, en 1827, d'après le Grosbois, et se trouve imprimé à la fin de la lettre 1276 (IX, 507) ; voyez la note 1 ci-dessus, et plus haut la note 1 de la lettre 129.

28. Le copiste du Grosbois, selon son habitude, a supprimé partout les mots : « ma bonne » (plus loin : « ma chère bonne »), qui se trouvent répétés plusieurs fois dans le cours de cet alinéa.

froideurs, pour ne pas dire inhumanités. Je lui souhaite d'aussi longs remords, et[29] une compagnie de *dragons* longtemps logés[30] dans son cœur, soutenue des remords et des repentirs qu'il mérite. Quoi! il aura percé, vingt ans durant, le cœur de ce bon et illustre prélat[31]; il lui aura fait souffrir toutes les peines que l'ingratitude fait souffrir, au lieu d'être sa consolation et son coadjuteur, non-seulement dans les fonctions de sa dignité, mais encore dans les derniers temps de sa vie, pour lui aider à vivre et à mourir; il aura fui sa présence, il aura été partout, hormis auprès de lui; l'aversion et l'incompatibilité lui auront servi de prétexte pour ne point faire son devoir; et il ne seroit pas un peu battu des furies[32] présentement? Ma chère bonne, cela ne seroit pas juste, et je serois au désespoir qu'il ne sentît point cette peine : toute ma crainte, c'est qu'elle ne soit pas assez longue. Pour moi, j'aimois mon cher *bien Bon;* je n'avois nulle peine à lui rendre mes soins; mais si j'en avois eu, je crois que je les aurois sacrifiées à la crainte d'avoir des reproches à me faire : il n'y a pas moyen d'être si mal et si brouillé avec soi-même; il faut tâcher d'établir la peur dans son cœur et dans sa conscience. Ma bonne, il faut que cela

29. M. Monmerqué et les derniers éditeurs n'ont pas aperçu cette conjonction, qui dans le Grosbois se trouve un peu perdue dans les jambages de l'écriture, mais qui se lit très-nettement dans notre manuscrit; ils l'ont remplacée par une virgule, non sans quelque dommage pour l'élégance et même pour la clarté du texte.

30. M. Monmerqué et les derniers éditeurs ont mis *logée*, au lieu de *logés*, qui se trouve dans les deux manuscrits; ils ont changé ainsi sans nécessité l'accord, et sans avantage ce nous semble.

31. L'archevêque d'Arles, décédé le 9 mars précédent; voyez la note 1 ci-dessus.

32. La même expression se retrouve dans la lettre 1220, du 28 septembre suivant, 2e alinéa, note 4 (IX, 233).

passe[33] : je me souviens de ce que j'ai vu à Grignan ; cela prend sur la bonté du cœur. Heureux qui peut l'avoir aussi bon que vous, ma chère bonne, qui ne savez[34] point ignorer vos sentiments et votre amitié, qui la sentez, qui la trouvez toujours, qui en faites un bon usage pendant la vie de ceux que vous aimez! Et pour quand les veut-on garder? pour quand on est mort? Il est bien temps! On donneroit volontiers sa quittance en ce temps-là, et qu'on rendît la vie, et surtout la fin de la vie, pleine de douceur, de confiance et d'amitié : voilà sur quoi je compte pour la consolation de mes derniers jours. Voilà une plume qui a bien pris l'essor ; mais c'est que je suis en colère ; n'avois-je pas raison, ma chère bonne? vous le savez comme moi*.

*M. de Lamoignon[35] a été mêlé de tous les côtés dans l'affaire[36] de M. de Béthune-*Cassepot* et de cette Vaubrun, [étant][37] parent de cette dernière, et de

33. Ce membre de phrase a été sauté ou plutôt retranché par le copiste du Grosbois. Le copiste n'avait eu d'abord la pensée que de supprimer, suivant son habitude, les mots : « ma bonne », et il avait transcrit les mots qui suivent : « il faut que cela passe » ; mais il a ensuite barré ces derniers mots, qu'il n'a pas cru pouvoir conserver, ayant supprimé les premiers qui leur servaient de transition.

34. Notre manuscrit porte, comme le Grosbois, *savez*, que M. Monmerqué avait remplacé sans nécessité par *laissez*, et que les derniers éditeurs ont avec raison rétabli.

35. Cet alinéa se trouve dans les éditions de Rouen et de la Haye, et c'est tout ce que ces éditions contiennent de la lettre ; il se trouve aussi dans les deux éditions de Perrin et dans les deux manuscrits.

36. Sur cette affaire, voyez la lettre 1156, du 25 mars précédent, 3e alinéa, notes 9 et suivantes (VIII, 550-552) ; voyez aussi la note 26 de la lettre imprimée (VIII, 556 et 557).

37. Ce mot, ou quelque autre qui en tenait lieu, avait été sans doute omis par Mme de Sévigné, car la trace de cette omission se retrouve dans toutes les éditions, qui présentent, pour le commen-

M. de Gêvres[38], qui a donné du secours à cette horrible action. Il[39] courut à Versailles dire au Roi qu'étant ami de M. de Béthune, il n'avoit pu se dispenser de le servir. Le Roi le gronda, lui dit[40] qu'il ne lui avoit pas donné le gouvernement de Paris pour en faire un tel usage[41] : il demanda pardon[42]; le Roi s'est adouci[43]. Pour M. de Béthune, il peut s'en aller où il voudra ; mais si on le prenoit[44], et qu'on lui fît son procès, homme vivant ne le pourroit sauver : toute la famille des Béthunes tâchera de l'empêcher de [se] représenter[45]. M. de Lamoignon a remené[46] la fille chez sa mère, qui

cement de ce passage, une grande diversité de leçons. L'édition de Rouen 1726 porte : « Monsieur de Lamoignon a été mêlé de tous les côtés dans l'affaire de Monsieur de Béthune Cassepot, et de cette Vaubrun, il est parent de cette dernière, et de Mr de Gesvres, qui a donné du secours à cette horrible action ; il courut à Versailles dire au Roi, etc. »; l'édition de la Haye : « Monsieur de Lamoignon a été mêlé.... dans l'affaire de Monsieur de Béthune-Cassepot et de cette Vaubrun et de Mr de Gesvres qui a donné du secours à cette horrible action. Celui-ci courut à Versailles dire au Roi, etc. »; les deux éditions de Perrin : « M. de Lamoignon a été mêlé.... dans l'affaire de *Cassepot* et de cette V. Il est parent de cette dernière et de M. de Gêvres qui (*lequel*, dans l'édition de 1737) après avoir donné du secours à cette horrible action, courut à Versailles dire au Roi, qu'étant ami de M. B., etc. » Les derniers éditeurs ont reproduit la leçon du Grosbois, de tous points conforme à celle de notre manuscrit, sans chercher à réparer l'omission, assez sensible cependant, que présente le texte.

38. Sur cette parenté, voyez la fin de la note 6 de la lettre imprimée (VIII, 554).

39. M. de Gêvres.

40. Perrin : « et lui dit ».

41. *Idem* : « pour un tel usage ».

42. *Idem* : « M. de Gêvres demanda pardon ».

43. « Le Roi s'adoucit. » (*Édition de Rouen*, 1726.)

44. « Si on le tenoit. » (*Édition de la Haye*, 1726.)

45. « Toute la famille de Béthune l'empêchera de se présenter. » (*Édition de la Haye*, 1726.) Dans les deux manuscrits *se* a été omis.

46. « Ramené. » (*Édition de la Haye*, 1726.)

1689 pensa crever en la revoyant. Elle dit[47] qu'elle n'est point mariée; elle a pourtant passé deux nuits avec ce vilain *Cassepot*. On dit qu'elle est mariée il y a quatre mois, qu'elle l'a écrit au Roi[48]. Rien n'est si extravagant que toute cette affaire. Le duc d'Estrées est outré qu'un homme qu'il logeoit généreusement, ait ainsi blessé et outragé l'hospitalité. Ils se prirent de paroles, le duc de Charost[49] et lui; c'étoit le jour de Notre-Dame[50]. Le duc d'Estrées poussoit un peu loin les reproches et les menaces, et ne ménageoit point les termes[51]; le duc de Charost pétilloit, et lui dit : « Monsieur, si je n'avois point communié aujourd'hui, je vous dirois et cela, et cela, et cela encore; » et[52] finit : « Car enfin, sans la belle Gabrielle, notre ami, vous seriez assez obscurs[53]; vous avez eu sept tantes qu'on appeloit les sept péchés mortels[54]; ce sont vos plus[55] belles preuves. » Le duc

47. Perrin : « La fille dit, etc. »

48. « Qu'elle a écrit au Roi. » (*Édition de la Haye*, 1726.) — « On assure qu'elle est mariée.... et qu'elle l'a écrit au Roi. » (*Édition de* 1754.)

49. Le duc de Charost était proche parent du comte de Béthune, le héros de l'aventure.

50. Le jour de l'Annonciation, le 25 mars.

51. « Le duc d'Estrées poussoit un peu loin les reproches et les termes. » (*Édition de la Haye*, 1726.)

52. Toute la fin de la phrase à partir d'ici manque dans les deux éditions de Perrin.

53. Notre manuscrit porte très-nettement : « obscurs », au pluriel, leçon préférable à celle du texte imprimé, où l'adjectif est au singulier. Le duc de Charost, l'ensemble du passage porte à le croire, entendait parler en effet *des d'Estrées*, de la famille entière. Il est remarquable toutefois que les éditions de Rouen et de la Haye, qui seules ont reproduit ce membre de phrase, avaient déjà substitué le singulier au pluriel, comme l'a fait par méprise le copiste du Grosbois.

54. Voyez sur ce propos un passage de Tallemant des Réaux rapporté dans la note 21 de la lettre imprimée (VIII, 556).

55. Le mot *plus*, omis par le copiste du Grosbois, se trouve

d'Estrées montoit aux nues, et rien n'étoit si plaisant que de dire tout cela, croyant ne rien dire ; et nous disions hier au soir : « Songez que voilà son style le jour de communion : qu'auroit-il fait un autre jour ?* »

Nous [56] soupions hier chez l'abbé Pelletier [57], M. et Mme de Lamoignon, M. et Mme de Coulanges, M. Courtin [58], l'abbé Bigorre [59], Mlle Langlois [60] et votre maman. Personne n'avoit dîné, nous dévorions tous. C'étoit le plus beau repas de carême qu'il est possible de voir : les plus beaux poissons les mieux apprêtés, les meilleurs ragoûts, le meilleur cuisinier; jamais un souper n'a été si solidement bon. On vous y souhaita bien sincèrement; mais le vin de Saint-Laurent renouvela si extrêmement [61] votre souvenir, que ce fut un chamaillis de petits verres, qui faisoit bien voir [62] que cette liqueur venoit de chez vous. Vous n'avez point de bons poissons, ma chère bonne [63], dans votre mer; je m'en souviens, je ne connoissois pas les soles ni les vives; je ne sais comme [64] vous pouvez faire le carême; pour moi, je ne m'en sens pas. M. de Lamoignon, avec sa néphrétique, n'a pas pensé à manger gras.

parfaitement dans notre manuscrit, comme il se trouvait déjà dans les éditions de Rouen et de la Haye, et c'est avec raison que les derniers éditeurs l'ont maintenu.

56. Cet alinéa ne se trouve que dans la seconde édition de Perrin et dans notre manuscrit.
57. Voyez la note 27 de la lettre imprimée (VIII, 557).
58. Voyez plus haut, tome I, page 357, la note 8 de la lettre 34.
59. Voyez la note 4 de la lettre 957 (VII, 377) et la note 5 de la lettre 1069 (VIII, 198).
60. Voyez la note 29 de la lettre imprimée (VIII, 557).
61. Perrin : « renouvela si bien, etc. »
62. *Idem :* « qui faisoit assez voir ».
63. *Idem :* « ma chère enfant ».
64. *Idem :* « je ne reconnoissois pas les soles ni les vives; je ne sais comment, etc. »

1689   Je [65] suis ravie que Laurens [66] soit en marche; rien ne pouvoit être mieux pensé; M. du Plessis revenu, tout est bien : chacun a ses talents. Plût à Dieu que ces guerriers fussent vos voisins : la jolie chose de recevoir leurs visites!

*Ma [67] chère bonne, pour le temps, je n'y entends plus rien [68] : quand il me déplaît, comme présentement [69], et que j'en desire un autre meilleur [70], et que je l'espère, je le pousse à l'épaule, comme vous; et puis, quand je pense à ce que je pousse, et ce qui m'en coûte quand il passe [71], et sur quoi cela roule, et où cela me pousse, ma chère enfant, je n'en puis plus [72], et je n'ose plus rien pousser. En effet, laissons tout entre les mains de Dieu [73] : je ne trouve de soutien et d'appui, contre le triste avenir que je regarde, que la volonté de Dieu et sa providence : on seroit trop malheureux de n'avoir point cette consolation : *Si vous connoissiez le don de Dieu;* je me souviens de la beauté de ce sermon [74]. J'en entendis un beau ce jour-là du

65. Cet alinéa ne se trouve que dans notre manuscrit.

66. Du Laurens, l'écuyer du jeune marquis de Grignan ; voyez plus haut la lettre 124, note 10.

67. Cet alinéa ne se trouve que dans les deux éditions de Perrin et dans notre manuscrit.

68. « Voici un temps, ma chère enfant, où je n'entends plus rien. » (*Édition de* 1737.) — Les mots : « ma chère enfant », ont été retranchés dans l'édition de 1754.

69. « Comme à présent. » (*Éditions de* 1737 *et de* 1754.)

70. « Un meilleur. » (*Édition de* 1737.)

71. « Et à ce qu'il m'en coûte, etc. » (*Édition de* 1737.) — « Et puis quand je pense à ce qu'il m'en coûte lorsqu'il passe. » (*Édition de* 1754.)

72. « Et où cela me pousse moi-même, je n'en puis plus, etc. » (*Édition de* 1737.)

73. « Je n'en puis plus, et je laisse tout entre les mains de Dieu. » (*Édition de* 1754.)

74. Voyez la note 36 de la lettre imprimée (VIII, 558 et 559).

P. Soanen[75] : la Samaritaine ne fut point déshonorée; quelle douleur de la voir défigurée par des prédicateurs indignes! cela m'afflige. Tous ceux de cette année sont écoutés, quand le *grand Pan*[76] ne prêche pas : ce *grand Pan*, c'est le grand Bourdaloue, qui faisoit languir l'année passée le P. de la Tour, le P. de la Roche, même M. Anselme, qui brille à Saint-Paul. Le P. Gaillard fait des merveilles à Saint-Germain de l'Auxerrois *[77]; mais je n'y vais guère, il y a trop loin : une amitié à son frère[78].

J'ai[79] vu Mlle de Grignan[80]; elle est avec de Biez[81].

75. Voyez la note 16 de la lettre 1145 (VIII, 508 et 509).
76. Voyez la note 38 de la lettre imprimée (VIII, 559), et sur les prédicateurs nommés dans la suite du passage, voyez les notes 39 et suivantes, *ibidem*.
77. « A Saint-Germain l'Auxerrois. » (*Édition de* 1737.) « L'abbé Anselme qui brille à Saint-Paul, et le P. Gaillard qui fait des merveilles à Saint-Germain l'Auxerrois. » (*Édition de* 1754.) — On disait autrefois, comme le porte le manuscrit, Saint-Germain *de* l'Auxerrois. C'est au dix-huitième siècle seulement, comme on peut le voir par les anciens plans, que l'usage a prévalu de supprimer l'article.
78. M. Gaillard, avocat au parlement de Provence, frère du prédicateur; voyez plus haut la note 10 de la lettre 127.
79. Cet alinéa ne se trouve que dans notre manuscrit.
80. Louise-Catherine de Grignan.
81. S'agit-il de Mlle de Biais, qui fut quelque temps demoiselle de compagnie de Mme de Sévigné (voyez la note 2 de la lettre 25, I, 381, et la lettre 817, du 9 juin 1680, note 2, VI, 441), ou de cette dame de Biez dont il est parlé dans la lettre 164, du 6 mai 1671 (II, 205)? les deux personnes sont-elles d'ailleurs différentes? Nous inclinons à croire qu'il s'agit partout de la même personne. Le nom, dans notre manuscrit, est écrit de la même manière ici et dans la lettre du 6 mai, qui s'y trouve également reproduite. D'un autre côté, l'expression *petite femme*, que nous trouvons ici, s'accorde très-bien avec les termes de la lettre 817, où il ne paraît pas douteux que Mme de Sévigné entendait parler de son ancienne demoiselle de compagnie, qu'elle appelle *la petite de*

1689

Ma chère bonne, elle me paroît bien sur une branche, elle n'est pas à son dernier maître; elle se loue des soins de cette petite femme, qui ne fait pas trop mal. Pour Mlle d'Alerac, je ne la crois ni à son dernier ni à son premier maître : c'est une étoile bien brouillée!

Adieu [82], ma très-chère et très-aimable bonne. J'ai cent compliments à vous faire de tous ceux qui ne veulent point écrire. *Ne vous amusez point à répondre à toute cette causerie; songez toujours que je n'ai qu'une lettre à écrire; s'il en falloit écrire encore une, je m'enfuirois*. Bonsoir, mon cher Comte.

Je suis ravie que le chou de Pauline fasse la fortune des marchands : ils[83] sont encore augmentés. Je voulois écrire à *Martille*[84]; je ne saurois : je n'ai que le temps de vous embrasser très-chèrement. J'ai une vraie joie que l'amitié du brave et fier Roquesante vous soit revenue[85].

Suscription : Pour ma chère comtesse.

Biais. Il n'y aurait donc dans tout cela que des différences d'orthographe, faciles d'ailleurs à expliquer.

82. Cet alinéa, écourté par la suppression de la seconde phrase et de la dernière, se trouve dans les deux éditions de Perrin et y termine la lettre.

83. Les choux. Conférez plus haut le 1er alinéa de la lettre 121.

84. Mlle Martillac, demoiselle de compagnie de Mme de Grignan.

85. Voyez plus haut la lettre 126, note 24.

132. — DE MADAME DE SÉVIGNÉ
A MADAME DE GRIGNAN[1].

1689

A Paris, ce 30e mars.

Ma chère bonne, voilà du Laurens; je suis ravie de le voir, je l'embrasse; il est transporté d'aller à votre fils, et, comme vous dites, sa joie en donne : il y fera des merveilles. Voilà ces deux yeux qui ne feront plus que regarder notre enfant[2]! voilà, ma bonne, la meilleure pensée que vous puissiez avoir! Mais que ne me dit-il point de votre beauté, avec ce deuil[3]? Vous paroissez comme une reine!

Adieu, chère. Vous êtes trop aimable et trop parfaite; je le sens, je le vois bien : Dieu vous conserve! Portez-vous bien, si vous voulez que je vive contente, autant que je puis l'être sans vous; car c'est une grande consolation que de penser : « Elle se porte bien! » Je sais ce que j'ai souffert autrefois quand vous étiez malade : oh! ma chère bonne, quelle douleur! évitons cette peine.

Ma santé est parfaite. Bonsoir, le comte amoureux[4];

Lettre 132 (fragments inédits). — 1. Ces fragments font partie de la lettre 1158 (VIII, 560); la lettre entière se trouve dans notre manuscrit, tome II, pages 39 et suivantes; le Grosbois en contient des extraits.

2. Conférez plus haut la lettre 124, note 10, et l'avant-dernier alinéa de la lettre 130.

3. Voyez la note 7 de la lettre précédente.

4. Voyez la fin de la lettre 1160, du 6 avril suivant, note 14 (IX, 10), et voyez aussi plus haut la lettre 84, notes 5 et 6, la lettre 88, note 9, et la lettre 118, notes 20 et suivantes.

bonjour, Pauline. Eh! mon Dieu, je n'ai point écrit à ma fille [5] !

133. — DE MADAME DE SÉVIGNÉ
A MADAME DE GRIGNAN [1].

A Paris, ce 4e avril [2].

Je vous vois toute accablée; une fièvre de printemps, dans cette humeur, ne me plairoit pas. J'espère que

5. Marie-Blanche; voyez plus haut la lettre 130, note 9.
Lettre 133 (fragments inédits). — 1. Ces fragments font partie de la lettre 1159 (IX, 1); la lettre entière, sauf quelques lignes au commencement, qui ont peut-être été tirées d'une autre lettre et ajoutées à celle-ci par Perrin (voyez la note suivante), se trouve dans notre manuscrit, tome III, pages 60 et suivantes; le Grosbois en contient un extrait étendu.
2. La lettre, dans les deux éditions de Perrin, les seules où elle se trouve, est datée de Paris « vendredi 1er avril »; elle est datée également de Paris, mais du 4° avril, sans indication du jour de la semaine, dans notre manuscrit. Quelle est la vraie date? Il est difficile de se prononcer d'une manière bien positive à cet égard; mais il y a lieu de faire les observations suivantes. Le premier alinéa de la lettre, telle que l'a donnée Perrin, et la première ligne du second alinéa, ne se trouvent point dans notre manuscrit, qui contient très-complétement tout le surplus et en outre les parties inédites que nous donnons ici. N'est-il pas à croire d'après cela, que ce que Perrin a donné comme étant le commencement de la lettre appartenait à une lettre différente? D'autres raisons peuvent porter à le penser. A l'époque où la lettre se place, Mme de Sévigné écrivait trois fois la semaine à sa fille, et en général très-régulièrement, le lundi, le mercredi et le vendredi. Or, dans la série des lettres publiées par Perrin, il y a précisément en cet endroit une lacune. Notre lettre est donnée par Perrin comme

votre chirurgien vous aura attrapée le lendemain matin, et qu'il se sera vengé de ce que le soir vous le renvoyâtes sur un autre pied que le vôtre : cette turlupinade³ pourroit servir au Coadjuteur⁴. Il me semble que c'étoit sur son sujet que vous aviez quelque chose à me dire, que vous ne m'avez point dit.

Je suis assez contente que vous mangiez gras ; un bon potage, un bon poulet : *la pauvre femme*⁵ ! J'ai fort envie d'avoir de vos nouvelles. D'où vient que vous allez à Grignan devant⁶ M. de Grignan? Sainte-Marie⁷ et notre fille toute sainte ne vous auroient-elles pas été aussi bonnes que cette *tribune*⁸, qui vous fera tourner la tête?

écrite le vendredi 1ᵉʳ avril, et la lettre suivante est du mercredi 6ᵉ du même mois ; la lettre du 4 avril manque. Ne peut-on pas présumer que l'éditeur a fondu ensemble deux lettres, la lettre du 1ᵉʳ et la lettre du 4, en faisant subir à l'une et à l'autre, mais surtout à la première, d'amples retranchements, et qu'il a donné à la lettre ainsi établie, la date la plus ancienne, la date de la première lettre, quoique celle-ci eût fourni un bien moindre contingent? La diversité des dates données à la lettre se trouverait ainsi parfaitement expliquée. Quoi qu'il en soit, il nous a paru convenable, dans le doute, de conserver à nos fragments la date que notre ancienne copie leur assigne.

3. Pour comprendre le jeu de mots, il faut ne pas oublier qu'au dix-septième siècle, où les saignées étaient en si grande vogue, on saignait souvent au pied, les femmes surtout.

4. L'ancien coadjuteur d'Arles, qui à cette époque était déjà archevêque, mais que, par habitude, on continuait à appeler *le Coadjuteur*. Sur son goût pour les jeux de mots et les bons mots, conférez plus haut la lettre 64, note 3.

5. Allusion à la scène bien connue du *Tartuffe* (acte I, scène v).

6. Sur l'emploi, très-fréquent dans les lettres de Mme de Sévigné, de ce mot, pour *avant*, voyez le *Lexique*, vᵒ DEVANT.

7. Le couvent de la Visitation Sainte-Marie d'Aix, où Marie-Blanche, *notre fille toute sainte*, avait pris l'habit deux années auparavant.

8. La tribune de l'église collégiale de Grignan, à laquelle on arrivait par la terrasse du château.

1689

Mme de Coulanges est enfin allée aux Madelonnettes⁹, pour fuir le petit de Bagnols, qui a la petite vérole chez elle ; Mme de Bagnols s'est enfermée avec lui. Elle¹⁰ ira à Brevannes¹¹.

J'ai fait, ma chère bonne, tous vos compliments. M. de Lamoignon est à Bâville¹². Je vous écrirai encore plusieurs fois avant que je parte.

Adieu, ma chère bonne. Hélas ! conservez-vous, reposez-vous ; *faites écrire Pauline, pendant que vous vous reposerez dans votre cabinet*; évitez cette posture contraignante : j'entendrai votre style, et deux lignes de vous pour dire : « Me voilà ! » — et ma chère enfant ne sera point épuisée !

Je vous envoie des tabliers ; c'est la grande mode ; tout le monde en a à Versailles : c'est un joli air de propreté, qui empêche qu'en deux jours un habit ne soit engraissé¹³.

Je vous prie de faire mes compliments à Monsieur le Doyen¹⁴ sur la mort de Monsieur l'Archevêque¹⁵, et à M. Prat¹⁶ ; ne l'oubliez pas. J'embrasse Pauline.

9. Le couvent des Madelonnettes, situé rue des Fontaines, près de la nouvelle rue du Temple.
10. Mme de Coulanges.
11. Voyez la note 10 de la lettre 1085 (VIII, 254).
12. Voyez la note 2 de la lettre 561 (IV, 541).
13. « *Engraisser* signifie aussi salir avec de la graisse. Un cuisinier engraisse ses habits. Les cheveux engraissent, etc. » (*Dictionnaire de Furetière*, édition de 1690, v° ENGRAISSER.)
14. Le doyen de l'église collégiale de Grignan, M. Rippert ; voyez plus haut, tome I, page 333, la note 5 de la lettre 27.
15. L'archevêque d'Arles, décédé le 9 mars précédent.
16. L'abbé Prat, curé de Grignan ; voyez plus haut, tome I, page 338, la note 9 de la lettre 29.

134. — DE MADAME DE SÉVIGNÉ
A MADAME DE GRIGNAN[1].

1689

Au Ponteaudemer, lundi 2° mai.

Je couchai hier à Rouen, ma chère bonne[2], d'où je vous écrivis un mot[3], pour vous dire seulement que j'avois reçu deux de vos lettres avec bien de la tendresse[4]. Je n'écoute pas[5] tout ce qu'elle voudroit me faire sentir, je me dissipe; je serois trop souvent hors de combat, c'est-à-dire hors de la société; c'est assez que je la sente, je ne m'amuse point à l'examiner de si près. J'admire[6] la vôtre, ma chère bonne, qui vous aveugle et vous fait parler de moi avec des louanges que je ne mérite point;

Lettre 134 (lettre entière, en partie restituée, en majeure partie inédite). — 1. Cette lettre que Perrin seul avait fait connaître, mais qu'il avait singulièrement mutilée, se trouve dans notre manuscrit, tome V, pages 63 et suivantes; le Grosbois n'en contient aucun extrait. Les parties publiées, que les derniers éditeurs ont données en combinant les deux éditions de Perrin (édition de 1734-1737, tome VI, pages 159-161; édition de 1754, tome VII, pages 433-436), forment dans la correspondance générale la lettre 1172 (IX, 37). Ces parties sont si intimement liées aux parties inédites, que nous n'avons pas cru devoir les séparer les unes des autres, et que nous avons dû nous résoudre à reproduire la lettre entière.

2. Ces mots, retranchés dans l'édition de 1754, sont remplacés, dans l'édition de 1737, par les mots : « ma chère fille ».

3. Cette lettre, — qui n'était sans doute qu'un simple billet, — ne s'est pas conservée.

4. « Je couchai hier à Rouen, ma chère fille, où j'ai reçu deux de vos lettres avec bien de la tendresse. » (*Édition de 1737.*)

5. « Je n'écoute plus. » (*Ibidem.*)

6. Cette phrase, qui termine l'alinéa, ne se trouve que dans notre manuscrit.

1689 je n'ai point d'autre mérite que de savoir bien parfaitement vous aimer.

*Nous sommes venues coucher ici[7] : j'ai vu le plus beau pays du monde. Il y a onze lieues d'ici à Rouen : j'ai vu toutes les beautés et les tours de cette belle Seine et les plus belles prairies du monde. Ses bords, pendant quatre ou cinq lieues que *j'ai été auprès*[8], n'en doivent

---

7. Mme de Sévigné était partie de Paris avec la duchesse de Chaulnes le 14 avril (conférez plus haut la note 5 de la lettre 128); après s'être arrêtées plusieurs jours à Chaulnes, et quelques jours à Pequigny, ces dames poursuivaient leur voyage pour la Bretagne.

8. Le manuscrit porte : « *Ces* bords pendant quatre ou cinq lieues que j'étois sur le *bord*, etc. » Nous avons cru, à l'exemple de Perrin, — ce que nous n'avons fait cependant qu'avec hésitation, — devoir substituer le pronom possessif *ses*, que la construction de la phrase et sa liaison avec la phrase précédente semblent commander, ou rendent au moins plus régulier, au pronom démonstratif qui se lit dans notre ancienne copie, mais qui n'a été mis, il y a tout lieu de le croire, que par méprise du copiste ou par inattention de l'auteur. Nous nous sommes cru autorisé aussi, — par exception, — pour faire disparaître le défaut extrêmement choquant que produit le retour du mot *bord*, — défaut que la seule précipitation a évidemment empêché Mme de Sévigné d'apercevoir et d'effacer, — à introduire dans le texte une très-légère modification, qui n'en altère aucunement le sens ni même la forme. Perrin a fait subir à la lettre, dans tout le commencement de cet alinéa, quelques retranchements et des changements de détail nombreux, qui diffèrent assez sensiblement d'une édition à l'autre. Le texte de 1737 est plus fidèle dans la forme, mais plus écourté ; il porte : « Nous sommes venues coucher ici ; j'ai vu le plus beau pays du monde ; j'ai vu toutes les beautés et les tours de cette belle Seine, pendant quatre ou cinq lieues, et les plus agréables prairies du monde ; ses bords n'en doivent rien à ceux de la Loire, etc. » Le texte de 1754 est imprimé ainsi : « Il y a onze lieues de Rouen à Ponteau-de-Mer, nous y sommes venu (*sic*, sans accord) coucher. J'ai vu le plus beau pays du monde, les plus agréables prairies, et tous les tours qu'y fait cette belle Seine, dont les bords, pendant quatre ou cinq lieues, n'en doivent rien à ceux de la Loire, etc. » Les derniers éditeurs ont combiné les deux textes, sans réussir, on

rien à ceux de la Loire : ils sont gracieux ; ils sont ornés de maisons, d'arbres, de saules [9], de petits canaux qu'on fait sortir de cette grande rivière : en vérité, cela est beau. Je ne connoissois pas la Normandie, je l'avois vue trop jeune [10]; hélas! il n'y a peut-être plus personne de tous ceux que j'y voyois autrefois : cela est triste *[11]. Je [12] n'y ai pas même trouvé la crème de Sotteville [13] dans les mêmes petits plats de faïence, qui faisoient plaisir [14]; ils sont devenus des écuelles d'étain, je n'en veux plus.

* J'espère trouver à Caen, où nous serons mercredi, votre lettre du 21 [15] et celle de M. de Chaulnes*; je vous le manderai [16].

Ma bonne*, je n'avois point cessé de manger avec le Chevalier, avant que de partir; le carême ne nous séparoit

le comprend, à rétablir le texte vrai que notre ancienne copie reproduit selon toute vraisemblance très-exactement. Comparez le texte de la lettre imprimée (IX, 37 et 38).

9. « D'arbres, de petits saules, etc. » (*Édition de* 1737.) — « D'arbres, de jeunes saules, etc. » (*Édition de* 1754.)

10. « Je ne connoissois point la Normandie, j'étois trop jeune quand je la vis. » (*Édition de* 1754.) — Le texte de 1737 est conforme à notre manuscrit, sauf *point* mis au lieu de *pas*.

11. « Cette pensée est triste. » (*Édition de* 1754.)

12. Cette phrase ne se trouve que dans notre manuscrit ; quel motif a pu déterminer Perrin à la supprimer? Elle complète très-agréablement le tableau, et adoucit en l'égayant ce que la pensée qui précède avait de triste.

13. Sotteville-lès-Rouen (Seine-Inférieure), village important, à très-petite distance de Rouen.

14. Les faïences de Rouen, même ordinaires, étaient, on le voit, appréciées dès cette époque : *elles faisoient plaisir à voir*.

15. Pour ne rien omettre, constatons que le manuscrit porte : « le 21 », comme l'a imprimé Perrin dans ses deux éditions, et non : « le 21e », comme l'ont imprimé les derniers éditeurs, et comme avait fort bien pu mettre d'ailleurs Mme de Sévigné.

16. Ce dernier membre de phrase ne se trouve que dans notre manuscrit.

point du tout. J'étois ravie de causer avec lui de toutes vos affaires; je sens infiniment cette privation; il me semble que je suis dans un pays perdu, de ne plus traiter tous ces chapitres*. Et [17] celui de Mlle d'Alerac? bon Dieu, que ne dirions-nous point; que j'ai d'envie de savoir le parti que vous prendrez! M. de Montausier a pris le sien, et Mme d'Uzès. Mais elle [18] a vingt-cinq ans. Voilà une étrange manière de sortir d'avec sa belle-mère, son tuteur et sa cousine! Si vous aviez besoin d'être justifiée, vous la seriez complétement : Monsieur d'Arles [19] arrivera tout à propos. J'ai une grande curiosité pour la suite de cette affaire; elle figure bien tristement avec [20] celle de son amie, Mme d'Enrichemont [21] : qu'elle est humble Mlle d'Alerac [22] !

Je reviens à notre société [23] : *Corbinelli [24] ne vouloit

17. Ce qui suit jusqu'à la fin de l'alinéa ne se trouve que dans notre manuscrit.

18. Mlle d'Alerac. — Voyez, pour l'explication de ce passage, la *Notice*, pages 251 et suivantes, la note 2 de la lettre 1147 (VIII, 512) et la note 4 de la lettre 1040 (VIII, 108).

19. Voyez la note 4 de la lettre précédente.

20. *Avec* signifie ici *à côté*. L'amie de Mlle d'Alerac dont il est ici question, Madeleine-Armande de Coislin, avait épousé, le 10 avril précédent, le prince d'Enrichemont, et ce brillant mariage faisait contraste avec celui, beaucoup plus humble, que Mlle d'Alerac, contre le gré de toute sa famille, se proposait, dès cette époque, de contracter avec le marquis de Vibraye, et qu'elle contracta effectivement quelques mois plus tard.

21. Voyez la note précédente, et, pour plus de détails, la note 14 de la lettre 1113 (VIII, 365).

22. Voyez la note 20 ci-dessus, et conférez le commencement de la lettre 1147, du 9 mars précédent (VIII, 512 et 513); voyez aussi la lettre 135 ci-après, notes 26 et suivantes.

23. Ces premiers mots de l'alinéa ne se trouvent que dans notre manuscrit.

24. Corbinelli habitait à cette époque l'hôtel Carnavalet; voyez dans la lettre 1144, au président de Moulceau, du 2 mars précédent, l'apostille de Corbinelli (VIII, 505).

point de nous les soirs; sa philosophie s'alloit coucher;
je le voyois le matin, et souvent l'abbé Bigorre y
venir²⁵ conter des nouvelles*. C'est²⁶ le lieutenant
civil²⁷ et sa famille dont il²⁸ me paroît le plus fidèle
parasite; il est enragé contre Mlle d'Alerac : il est toujours un fort bon homme, et bien amusant. Monsieur
d'Arles trouvera ces bonnes gens faites tout exprès pour
ne le point incommoder. Cet abbé fait sabler et mettre
mille fleurs et mille petits arbres dans notre jardin, et
trente louis d'or²⁹ ! Me voilà en état de ne vous point
déranger : je garderai cette maison pour l'amour de
vous, et la quitterois pour l'amour de vous, sans que
cela nous fît une séparation. Enfin, je suivrai toutes vos
volontés : étant soulagée de quatre cents francs, vous
pouvez compter sur moi pour ne vous point faire d'embarras sur toutes vos dispositions. *Je vous observerai
de la même manière pour votre retour³⁰, qui réglera le
mien : je vis au jour la journée. Quand je partis, M. de
Lamoignon étoit à Bâville, et Coulanges³¹. Mme de
Coulanges sortit de ses Madelonnettes³² pour me venir
dire adieu, Mme du Lude de son couvent et Mme de

---

25. Perrin : « nous venoit ». — L'abbé Bigorre habitait aussi
l'hôtel Carnavalet, et on voit quelques lignes plus loin la somme
qu'il payait pour l'appartement qu'il y occupait.

26. Ce qui suit, jusqu'à : « Je vous observerai de la même manière, etc. », ne se trouve que dans notre manuscrit.

27. Jean le Camus, lieutenant civil; voyez la note 6 de la lettre
1028 (VIII, 74).

28. L'abbé Bigorre.

29. Voyez la note 25 ci-dessus.

30. Le retour de Mme de Grignan à Paris. Perrin a retranché
de la phrase les mots : « de la même manière », ce qu'il avait dû
faire ayant supprimé le passage qui précédait.

31. L'édition de 1754 porte : « avec Coulanges »; dans l'édition
de 1737 cette fin de la phrase avait été supprimée.

32. Voyez la lettre précédente, note 9.

Verneuil du sien [33] ; tout cela se trouva au logis [34] avec Mme de Vins, qui revient de Savigny [35], M. de Pompone [étant] à Pompone [36]. Mme de Lavardin vint aussi avec la marquise d'Uxelles, Mme de Mouci, M. de la Rochefoucauld [37] et M. du Bois : j'avois le cœur assez triste de tous ces adieux. J'avois embrassé la veille Mme de la Fayette, c'étoit le lendemain des fêtes, j'étois toute étonnée [38] de m'en aller; mais, ma chère bonne [39], j'ai été proprement voir venir le printemps dans tous les pays où j'ai passé [40] ; il est d'une beauté, et d'une jeunesse, et d'une douceur [41] que je vous souhaite à tous

33. « Mme du Lude, Mme de Verneuil et Mme de Coulanges sortirent de leurs couvents, pour venir me dire adieu. » (*Édition de* 1737.) — Dans l'édition de 1754 le texte est le même, sauf à la fin, où il porte : « pour me venir dire adieu ».

34. « Se trouve chez moi. » (*Éditions de* 1737 *et de* 1754.)

35. Voyez la note 5 de la lettre 1037 (VIII, 97).

36. Perrin avait substitué *revenoit* à *revient* et supprimé la fin de la phrase, que l'omission d'un mot (le mot *étant*, que nous avons suppléé, ou tout autre pouvant en tenir lieu), omission commise sans doute par Mme de Sévigné elle-même, rendait obscure.

37. L'édition de 1737 porte : « Mme de la Rochefoucauld » ; l'édition de 1754, suivie par les derniers éditeurs, porte : « Mlle de la Rochefoucauld ». Dans notre manuscrit, — ce qui peut expliquer ces différences, et ce qui indique que le mot était écrit dans l'original de façon à faire naître des doutes, — le copiste avait mis : « Mme de la Rochefoucauld », et c'est la personne qui a fait la collation qui a substitué *M.* à *Mme*.

38. Perrin, dans l'édition de 1737, avait conservé : « toute étonnée », qui se lit dans notre manuscrit, et qui était, le lecteur a pu le constater bien souvent, la manière habituelle d'écrire de Mme de Sévigné ; dans l'édition de 1754, que les derniers éditeurs ont suivie, il a corrigé et mis : « tout étonnée ».

39. Perrin : « ma chère enfant ».

40. Perrin : « c'est proprement le printemps que j'ai été (*que j'allois*, dans l'édition de 1754) voir venir dans tous les pays où j'ai passé ».

41. « Il est d'une beauté, ce printemps, et d'une jeunesse, etc. » (*Édition de* 1754.)

moments⁴², au lieu de vos cruels vents, qui vous renversent, et qui me font mourir quand j'y pense*⁴³. Cela vous tue, ma chère enfant : ah! que je crains cet air pour votre santé !

Vous⁴⁴ êtes contente du Coadjuteur⁴⁵; vous n'avez montré qu'une petite fois les griffes. Je le croyois abîmé [des dettes] de son oncle; je vois fort bien que cela n'est pas; mais il fera le gueux, comme vous dites, à cause des conséquences : qu'ils sont vilains ces prélats! Le voyant donc tiraillé entre la folie de bâtir et l'envie de payer ses dettes, je disois :

> Mansart que veux-tu de moi?
> Mon bien n'est pas fait pour toi (*bis*).
>
> Non, je veux acquérir une gloire immortelle,
> Faire voir, pour mon oncle, un véritable zèle,
> Faire justice à tous, et pour lui et pour moi.
> Mansart que veux-tu de moi?
> J'entends l'honneur qui m'appelle,
> Il faut renoncer à toi,
> Adieu donc, chère truelle.
>
> Mansart, etc.

Mais je vois bien que mon couplet ne vaudra rien, et qu'il entend Mansart qui l'appelle, et qu'il ne dira point adieu à sa chère truelle⁴⁶. Et Carcassonne, laissera-t-il la sienne en l'air?

42. Perrin : «à tout moment».
43. Perrin : «au lieu de cette cruelle bise qui vous renverse, et qui me fait mourir quand j'y pense.» La phrase suivante, qui termine ce passage, ne se lit que dans notre manuscrit.
44. Tout cet alinéa ne se trouve que dans notre manuscrit.
45. Mme de Sévigné, qui l'avait plus haut appelé *Monsieur d'Arles*, a cédé ici de nouveau à l'habitude; voyez plus haut, note 19, et conférez la note 4 de la lettre précédente.
46. Conférez plus loin la lettre 150, note 23.

Pour[47] Pauline, je regarde son rhume comme une gourme qu'elle jette ; je crois que nos gaillards messieurs, qui honorent si fort les opérations de la nature, se garderoient bien d'en arrêter le cours. C'est une chose étrange que cette moucherie ; mais, ma bonne, vous, qui êtes médecin, qu'en dites-vous ? Voudriez-vous la purger[48] ? Car pour la saigner, vous feriez rentrer cette bourbe dans son sang : mandez-moi si je dis bien ; je vous le demande, et *je l'embrasse, et la plains de n'aimer point à lire des histoires : c'est un grand amusement. Aime-t-elle au moins les *Essais de morale* et l'Abbadie comme sa chère maman*, que j'embrasse avec une tendresse hors de toute comparaison ?

Le[49] pauvre Chevalier a été tout écloppé, depuis peu encore. Que je m'ennuie de ne savoir point de nouvelles de mon marquis ! que j'y pense souvent ! *Mme de Chaulnes vous fait mille amitiés ; elle a des soins de moi, en vérité, trop grands : on ne peut voyager, ni dans un plus beau vert, ni plus agréablement, ni plus à la grande, ni plus librement.

Adieu, aimable bonne[50] : en voilà assez pour le Pontaudemer ; je vous écrirai de Caen*. Mille[51] amitiés au *saint* la Garde : que je serai aise de le voir quelque

47. Perrin de tout cet alinéa n'a conservé que la fin, dont il a fait la phrase suivante : « J'embrasse Pauline, et je la plains de n'aimer point à lire des histoires, c'est un grand amusement ; aime-t-elle au moins les *Essais de morale*, et l'*Abbadie*, comme sa chère maman ? »
48. Voyez plus loin la lettre 137, note 9.
49. Les deux premières phrases de cet alinéa ne se lisent que dans notre manuscrit.
50. Perrin : « ma très-chère belle ».
51. Cette phrase et la suivante ne se trouvent que dans notre manuscrit.

jour! J'aime et je remercie Martillac de ses soins ; je la prie de les continuer : j'aime ses billets.

---

135. — DE MADAME DE SÉVIGNÉ
A MADAME DE GRIGNAN[1].

A Rennes, mercredi 11ᵉ mai.

*Nous arrivâmes hier ici, ma chère bonne ; nous étions parties de Dol[2], d'où je vous écrivis[3] ; il y a dix lieues[4] : c'est justement cent bonnes lieues que nous

---

LETTRE 135 (lettre entière, en partie restituée, en majeure partie inédite). — 1. Perrin seul avait fait connaître cette lettre, dont il a publié des parties dans ses deux éditions (édition de 1734-1737, tome VI, pages 168-170 ; édition de 1754, tome VII, pages 443-446), avec des changements de l'une à l'autre. Ces parties forment la lettre 1175 de la correspondance imprimée (IX, 46). Plus des trois cinquièmes de la lettre étaient encore inédits ; la lettre entière se trouve dans notre manuscrit, tome V, pages 71 et suivantes ; le Grosbois n'en contient aucun extrait. Mme de Sévigné y fait le récit de la fin de son voyage avec la duchesse de Chaulnes et de leur arrivée à Rennes. Dans les parties inédites on trouve des détails piquants sur le mariage de Mlle d'Alerac avec le marquis de Vibraye.

2. Ancienne ville fortifiée, dans le département d'Ille-et-Vilaine, à cinq lieues et demie de Saint-Malo.

3. La lettre s'est conservée ; c'est la lettre 1174 de la correspondance générale. Perrin avait supprimé ce petit membre de phrase, et avait en outre fait subir au texte divers changements, qui varient d'une édition à l'autre ; voyez la note suivante.

4. « Nous arrivâmes enfin hier au soir, ma chère enfant, nous étions parties de Dol, il y a dix lieues ; c'est, etc. » (*Édition*

avons faites présentement [5] en huit jours et demi de marche. La poussière fait mal aux yeux, et les trente femmes qui vinrent au-devant de Mme de Chaulnes, qu'il fallut baiser [6] au milieu de la poussière et du soleil, et trente ou quarante messieurs, nous fatiguèrent [7] beaucoup plus que le voyage [8]. Mme de Kerman [9] en tomboit, car elle est délicate [10]; pour moi, je soutiens tout sans incommodité. M. de Chaulnes étoit venu à la dînée; il me fit bien de sincères amitiés * [11]. Il a reçu de vos lettres, qu'il souhaitoit; il but à votre santé, et vous êtes bien révérée de ce duc, et bien aimée et bien estimée de son épouse [12].

* Je démêlai mon fils dans le tourbillon; nous nous embrassâmes de bon cœur : sa petite femme [13] étoit ravie

de 1737.) — « Nous voici arrivées d'hier à Rennes, nous étions parties de Dol, il y a dix lieues; c'est, etc. » (*Édition de* 1754.)

5. Le mot *présentement* manque dans les deux éditions de Perrin.

6. « Mais trente femmes qui vinrent au-devant de Mme la duchesse de Chaulnes, et qu'il fallut baiser, etc. » (*Éditions de* 1737 *et de* 1754.)

7. « Me fatiguèrent. » (*Édition de* 1737.)

8. « Que le voyage n'avoit fait. » (*Éditions de* 1737 *et de* 1754.)

9. Marie-Anne du Pui de Murinais, épouse de Henri de Maillé, marquis de Kerman. Le nom dans le manuscrit, ici et quelques lignes plus loin, est écrit *Carman*, et il paraît en effet qu'il se prononçait ainsi (voyez la note 3 de la lettre 186, II, 288), et qu'on l'écrivait indifféremment *Kerman*, *Karman* ou *Carman*. La marquise de Kerman était parente de Mme de Chaulnes; Mme de Sévigné la désigne souvent dans ses lettres sous les noms de *la Murinette*, *la Murinette beauté*.

10. Conférez la lettre 1167, du 19 avril précédent, 1er alinéa (IX, 25); Mme de Kerman avait fait le voyage de Bretagne avec Mme de Chaulnes et Mme de Sévigné.

11. « Il me fit des amitiés bien sincères. » (*Édition de* 1737.) — « De bien sincères amitiés. » (*Édition de* 1754.)

12. Cette phrase ne se lit que dans notre manuscrit.

13. Jeanne-Marguerite de Brékan de Mauron, mariée, au mois de février 1684 (au mois de mars, suivant la *Généalogie* imprimée

de me voir. Je laissai ma place dans le carrosse de
Mme de Chaulnes à Monsieur de Rennes*, à M. de Pommereuil et à Revel[14], et * j'allai, avec M. de Chaulnes,
Mme de Kerman et ma belle-fille, à Rennes[15], dans le
carrosse de l'Évêque[16]; il n'y avoit qu'une lieue à faire.
Je vins chez mon fils changer de chemise et me rafraîchir, et de là souper à l'hôtel de Chaulnes, où le souper
étoit trop grand[17]. J'y trouvai la bonne marquise de
Marbeuf, où[18] je revins coucher, et où je fus logée
comme une vraie princesse de Tarente, dans une belle
chambre meublée d'un beau velours rouge cramoisi,
ornée comme à Paris, un bon lit où j'ai dormi admirablement, une bonne femme qui est ravie de m'avoir,
une bonne amie qui a des sentiments pour vous tous

à la suite de la *Notice* de M. Mesnard, page 340), à Charles de
Sévigné. Elle était fille d'un conseiller au parlement de Bretagne.
Voyez, sur ce mariage, la lettre 920, au comte de Bussy, du 4 décembre 1683 (VII, 246 et 247); et voyez aussi plus haut, dans ce
recueil, la lettre 83, note 5.

14. Perrin, dans ses deux éditions, avait supprimé les mots:
« à M. de Pommereuil et à Revel », et dans l'édition de 1737, *et*
devant *j'allai*. — M. de Pommereuil (Auguste-Robert de Pommereuil, ou, comme le porte le manuscrit, de Pomereu) avait été
nommé au mois de janvier précédent intendant de Bretagne; voyez
le 4ᵉ alinéa de la lettre 1122 (VIII, 407), et conférez la note 2 de
la lettre 474 (IV, 258 et 259). — M. de Revel (Charles-Amédée de
Broglie, comte de Revel) était lieutenant général de Roi en Bretagne, sous les ordres du duc de Chaulnes; voyez la note 10 de
la lettre 1133 (VIII, 538).

15. Les mots: « à Rennes », manquent dans les deux éditions
de Perrin.

16. Jean-Baptiste de Beaumanoir de Lavardin, évêque de
Rennes depuis 1676, parent du marquis de Lavardin; voyez plus
haut la lettre 97, note 12.

17. Ce dernier membre de phrase, maintenu dans l'édition de
1737, a été supprimé dans l'édition de 1754.

18. « Chez qui je revins coucher. » (*Éditions de 1737 et de 1754.*)
— Sur la marquise de Marbeuf, voyez la *Notice*, page 196, et la
note 5 de la lettre 461 (IV, 197).

dignes de vous [19]. Me voilà plantée pour quelques jours ; car ma belle-fille regarde les Rochers du coin de l'œil, comme moi [20], mourant d'envie d'aller s'y reposer ; elle ne peut soutenir longtemps l'agitation que donne l'arrivée de Mme de Chaulnes : nous prendrons notre temps. Je l'ai trouvée toujours fort vive, fort jolie, m'aimant beaucoup, fort contente [21] de vous et de M. de Grignan : elle a un goût pour lui qui nous fait rire. Mon fils est toujours aimable, et me paroît fort aise de me voir. Il est fort joli de sa personne [22], une santé parfaite, vif, et de l'esprit. Il m'a fort parlé de vous [23], et de votre enfant, qu'il aime ; il a trouvé des gens qui lui en ont dit des biens dont il est touché et surpris [24], car il a, comme nous, l'idée d'un petit marmot, et tout ce qu'on en dit est solide et sérieux*. Il [25] est bien étonné de sa pauvre princesse [26] ; car le cousi-

19. « Qui a des sentiments dont vous seriez contente. » (*Édition de 1737.*) — « Qui a des sentiments pour nous, dont vous seriez contente. » (*Édition de 1754.*)

20. « Ma belle-fille regarde, comme moi, les Rochers du coin de l'œil. » (*Édition de 1754.*)

21. « Fort charmée. » (*Édition de 1737.*) — « Charmée. » (*Édition de 1754.*)

22. « Il est joli de sa personne. » (*Édition de 1754.*)

23. « Il m'a beaucoup parlé de vous. » (*Ibidem.*)

24. « Dont il a été touché et surpris. » (*Édition de 1737.*) — « On lui en a dit des biens dont il est touché et surpris. » (*Édition de 1754.*)

25. Tout ce qui suit jusqu'à la fin de l'alinéa ne se lit que dans notre manuscrit.

26. Françoise-Julie de Grignan (Mlle d'Alerac), qui venait, contre le gré de sa famille, d'épouser le marquis de Vibraye. Le mariage avait été célébré le 7 mai ; voyez la note 7 de la lettre 1171 (IX, 35 et 36). Charles de Sévigné l'avait souvent appelée *sa princesse, sa divine princesse*; voyez la lettre 935, notes 6 et 11 (VII, 286), la lettre 938, note 27 (VII, 300), la lettre 951, note 28 (VII, 357), la lettre 968, note 11 (VII, 420), la lettre 976, note 12 (VII, 456), et la lettre 1069, note 17 (VIII, 201).

nage [27] ne l'empêche pas de voir que nulle chose ne devoit la tenter dans cet établissement ; et la conduite et la manière est abominable. Vous ne sauriez trop me parler sur ce sujet, pourvu que ce soit ma chère Pauline ; car je ne veux point que vous écriviez. J'avois fort envie de vous en entendre parler ; Mme de Lavardin en écrit à Monsieur de Rennes [28], tout comme vous m'en écrivez ; son bon esprit ne change point sur ce chapitre : vous savez ce qu'elle vous en a dit. Elle mande qu'elle fut mariée chez Mme de Guise [29], dans sa chapelle (je crois qu'elle se trompe et que ce fut à Saint-Jacques ; mon Dieu, que je suis étonnée de ce saint curé !), et qu'après elle s'embarqua dans quatre carrosses à six chevaux, pour aller faire la consommation à Morfontaine [30], chez Mme le Coigneux [31]. Il y a des auteurs qui disent

---

27. Ces mots semblent indiquer qu'il y avait entre Françoise-Julie de Grignan et le marquis de Vibraye des rapports de parenté ; mais ces rapports, s'ils existaient, devaient être éloignés, car ce passage est le seul, croyons-nous, où il en soit fait mention.

28. Voyez la note 15 ci-dessus.

29. Élisabeth d'Orléans, duchesse d'Alençon, duchesse de Guise, fille puînée de Gaston d'Orléans et de Marguerite de Lorraine. Voyez, dans la note 7 de la lettre 1171 (IX, 35 et 36), un passage du *Journal de Dangeau*, duquel il résulte que Mme de Vibraye devait demeurer au Luxembourg chez la duchesse de Guise ; voyez aussi, dans la même note, la lettre de la marquise d'Uxelles à M. de la Garde, sur le même sujet.

30. Village dans l'arrondissement de Briey, canton de Longwy (Meurthe-et-Moselle). Mme de Coigneux y avait une terre.

31. Mme le Coigneux (Judith-Thérèse-Suzanne de Montault) était tante par alliance du marquis de Vibraye qu'avait épousé Mlle d'Alerac. Son mari, Jacques le Coigneux, président au parlement de Paris, était frère de Mme de Vibraye (Polixène le Coigneux), mère du marquis. Voyez et conférez la note 6 de la lettre 981 (VII, 473) et la note 5 de la lettre 1103 (VIII, 320). — Le manuscrit porte : « Mme le Cogneux ».

qu'elle est mariée dès ce carême [32]; je n'en sais, en vérité, rien du tout : suffit que c'est un très-sot mariage. S'il y avoit de grands biens, comme autrefois, c'est une bonne raison ; s'il y avoit un mérite singulier, ou du côté de la guerre, ou une lueur de faveur ; mais de nul côté vous ne voyez rien que de fade et au-dessous du médiocre. Est-il possible qu'elle ait brûlé pour ce vilain garçon ? Mais voyez avec quelle adresse elle a voulu crocheter et escroquer le consentement de Monsieur son père ! Je parlerois un an sur tout cela, ma chère bonne ; vous êtes bien loin de m'ennuyer. Et que fera ce bon Monsieur d'Arles ? vous avez très-bien répondu, ce me semble ; pourvu, comme vous dites, qu'il n'entre point un peu trop dans les besoins de cette personne [33].

*Un [34] mot de votre santé, ma chère enfant ; la mienne est très-parfaite [35] : j'en suis surprise. Vous avez des étourdissements ; comment avez-vous résolu de les nommer, puisque vous ne voulez plus dire des *vapeurs?* Votre mal aux jambes me fait de la peine*; je [36] me souviens, ma très-chère, que vous en avez été dans le désespoir, et à tel point que vous ne saviez où vous mettre. M. de Vardes m'en parla un jour d'une manière à me faire transir. *Nous n'avons plus ici notre capucin ; il est retourné travailler avec ce cher camarade, dont les yeux vous donnent de si mauvaises pensées ; ainsi je ne puis rien consulter, ni pour vous, ni

---

32. Conférez plus loin la lettre 138, note 5.
33. Voyez plus loin la lettre 137, note 7.
34. Tout le commencement de cet alinéa manque dans l'édition de 1737, qui n'a reproduit de ce dernier que la dernière phrase.
35. « Toute parfaite. » (*Édition de 1754.*)
36. Ce qui suit jusqu'à la fin de la phrase suivante ne se lit que dans notre manuscrit.

pour Pauline*. Ma chère bonne, cette enfant ne songe qu'à vous plaire ; ménagez bien ce desir, vous en ferez une personne toute parfaite, et avec douceur elle vous adore : faut-il autre chose pour se corriger de ce qui vous déplaît ? * Je vous la recommande, et d'user de la facilité qu'elle a à vous servir de petit secrétaire [37], avec une main toute rompue, une orthographe correcte : aidez-vous de cette petite personne*.

Vous [38] demandez, ma bonne, si Mme de Chaulnes avoit deux carrosses? oui, elle avoit celui de M. de Chaulnes. Elle voulut [le] lui renvoyer cet hiver, pendant une gelée ; il ne le voulut pas, disant : « Vous amènerez Mme de Sévigné. » Depuis ce conseil, elle n'a pas cessé de me prier de lui faire ce plaisir, s'il étoit vrai que j'eusse des affaires en Bretagne ; et ce plaisir que je lui faisois m'en a été un plus grand que je ne vous le puis dire.

Je suis touchée des maux de ce pauvre Chevalier [39] ; voilà ce qui m'a fait regretter d'être partie : quelle patience ! quel courage ! je suis très-sensible à ses maux. Vous me faites un grand plaisir de me dire qu'il a quelque estime pour moi ; il n'y en a guère au monde qu'on souhaite autant. Monsieur d'Arles fait réponse à mon fils,

---

37. « Je vous recommande Pauline, et d'user, etc. » (*Édition de 1737.*) — « Je vous recommande aussi d'user de la facilité que vous trouvez en elle à vous servir, etc. » (*Édition de 1754.*) — Dans l'édition de 1737, Perrin a transporté avant le passage qui nous occupe deux membres de phrase qui se trouvaient plus loin dans la lettre et qui ont été supprimés dans l'édition de 1754 ; voyez plus bas la note 41.

38. Toute la fin de la lettre, à partir d'ici, ne se trouve que dans notre manuscrit, sauf les deux membres de phrase insérés dans l'édition de 1737, mais mis hors de leur place, dont il est question dans la note précédente.

39. Le chevalier de Grignan.

1689 très-plaisamment : il dit que je le fuis, que je le hais, que je suis une enragée mégère, une diablesse; et puis, que je suis sa bonne, sa bien bonne : et je ne ferois pas de cet homme-là tout ce que je voudrois? je vous réponds que si.

Je souhaite fort que vous trouviez à vous tirer de ce paiement abominable [40] : voilà comme on est doux en prêtant, et puis on montre les griffes; vraiment ce sont bien des griffes que celles-là!

Adieu, ma très-chère et très-aimable[41] bonne, je vous aime et suis à vous, Dieu le sait! La poste part à quatre heures; je suis accablée de visites, comme Mme de Chaulnes. Son mari dit que vous cherchiez un autre lieu que Cadix, à cause de la guerre d'Espagne[42]. Je vois bien que vous serez contraints de venir à Paris, pour être chevaliers. *Je vous écrirai plus exactement dimanche*. Épargnez une lettre par semaine, ma chère bonne, et n'écrivez point de votre main.

Mon fils vouloit vous écrire, ma chère bonne; mais il me prie de vous faire ses excuses; il est allé courir je ne sais où : M. de Revel ne le quitte pas. On court après cet étranger[43] dans cette ville : je n'ai jamais vu

---

40. Conférez plus haut le 2e alinéa de la lettre 131, et plus loin, la lettre 136, note 8.

41. Ces mots : « Adieu, ma très-chère et très-aimable », réunis à un membre de phrase qui se trouve plus loin : « Je vous écrirai plus exactement dimanche », ont été mis hors de leur place dans l'édition de 1737, la seule où ils se trouvent, et y forment l'avant-dernière phrase de toute la lettre ; conférez plus haut les notes 37 et 38.

42. Nous ignorons à quoi fait allusion ce passage. M. et Mme de Grignan avaient-ils annoncé, en plaisantant, l'intention d'aller s'établir à Cadix? Dans ce cas, Mme de Sévigné avait dû mettre, comme nous l'imprimons, *cherchiez*, au lieu de *cherchez*, qui se lit dans le manuscrit.

43. M. de Revel, nommé récemment lieutenant de Roi en Bretagne; voyez plus haut la fin de la note 14.

de si braves femmes⁴⁴ ! Adieu encore une fois, ma chère enfant. Hélas! nous sommes bien loin! c'est pourtant à peu près la même chose; c'est justement comme vous dites : « La voyez-vous, Madame? — Hélas! non; c'est ce qui me fait mourir. — Ni moi non plus! »

---

136. — DE MADAME DE SÉVIGNÉ ET DE CHARLES DE SÉVIGNÉ A MADAME DE GRIGNAN [1].

Aux Rochers, le jour de la Pentecôte [29 mai] [2].

DE MADAME DE SÉVIGNÉ.

MERCREDI j'arrivai donc ici, ma bonne, avec mon fils et ma belle-fille [3] : elle avoit un véritable besoin de re-

---

44. Conférez la lettre 1209 du 24 août suivant, 2ᵉ alinéa (IX, 172), et la lettre 1214, du 11 septembre, dernier alinéa (IX, 201).

LETTRE 136 (lettre inédite). — 1. Cette lettre, complétement inédite, se trouve dans notre manuscrit, tome III, pages 246 et suivantes ; le Grosbois n'en contient aucun extrait.

2 et 3. La lettre, dans le manuscrit, est ainsi datée: « Mercredi, aux Rochers, le jour de la Pentecôte. » Le dernier mot, le mot *Pentecôte*, que le copiste avait eu peut-être de la peine à lire, et que pour cette raison, ou pour toute autre, il avait laissé en blanc, est écrit de la main de la personne qui a fait la collation. Cette date, évidemment fautive (le jour de la Pentecôte, qui est toujours un dimanche, ne pouvant tomber un mercredi), est d'ailleurs séparée du corps de la lettre par l'intervalle ordinaire, de deux lignes environ, laissé partout, en pareil endroit, par le copiste. La lettre présente encore une autre singularité, qui prouve aussi qu'on avait eu de la peine à en déchiffrer les premières lignes. Elle débute par une phrase que le copiste avait transcrite ainsi:

poser sa petite poitrine, et moi ma santé. Nous en-

« Arrivée donc ici, ma bonne, avec mon fils et ma belle-fille, elle
avoit un véritable besoin de reposer sa petite poitrine et moi ma
santé. » Cette phrase mutilée, qui se lit d'abord telle que nous
venons de la rapporter, a été, de la part de la personne qui a
fait la collation, l'objet d'une correction qu'on n'aperçoit pas du
premier coup. La rectification consiste dans la suppression de l'*e*
final du mot *Arrivée*, qui a été barré, et dans l'addition d'un *j*,
tracé dans l'intérieur de l'*A* majuscule qui commence le même
mot. Cette correction, qu'on n'a sans doute si discrètement exé-
cutée que pour ne pas porter trop sensiblement atteinte à la propreté du manuscrit, a échappé assez longtemps à nos regards, et
elle est en effet très-peu visible, la petite lettre ajoutée se trouvant
comme perdue dans les jambages de la grande. La rectification
est cependant très-importante, et si elle ne résout pas toutes les
difficultés, elle met au moins sur la voie pour rétablir complètement le texte, doublement altéré. Au lieu de la phrase déformée
et presque inintelligible qu'on a lue plus haut, elle donne en effet
pour début à la lettre la phrase suivante, déjà relativement satisfaisante et qui n'a rien de trop irrégulier : « J'arrivai (Mme de
Sévigné écrivait habituellement : *J'arrivé*, comme le porte le
manuscrit corrigé) donc ici, ma bonne, avec mon fils et ma belle-
fille, etc. » Mais restait la date à éclaircir et à fixer ; car l'indication du jour de la Pentecôte, sans l'indication de l'année, ne
fournit qu'une donnée très-vague, qui d'ailleurs, dans le cas particulier, ne pouvait inspirer qu'une bien médiocre confiance, le
mot *Pentecôte* n'ayant été écrit qu'après coup et se trouvant en
contradiction avec le jour de la semaine mis en tête de l'inscription. Le contenu de la lettre nous a fourni heureusement le moyen
de résoudre la difficulté. Il fait d'abord connaître que la lettre a
été écrite en 1689, et un examen plus attentif montre bientôt
qu'elle a dû suivre de très-près la lettre écrite le mercredi 25 mai
de la même année. Dans cette dernière lettre en effet, qui est la
lettre 1180 de la correspondance générale (IX, 58), Mme de Sévigné, encore à Rennes, annonce son départ pour les Rochers,
comme devant avoir lieu le jour même où elle écrivait, et elle le
fait dans les termes suivants : « Je pars, ma chère enfant, avec
mon fils et sa femme, pour aller aux Rochers, etc. » Dans la lettre
suivante, qui est la nôtre, elle annonce l'arrivée : « J'arrivai donc
ici, ma bonne, avec mon fils et ma belle-fille, etc. » Notre lettre,
par conséquent, dut être écrite le dimanche 29 mai, puisque l'inscription porte qu'elle fut écrite le jour de la Pentecôte, c'est-à-

trâmes par cette porte que vous avez vu faire ; il étoit dire un dimanche. Et effectivement, — ce qui prouve l'exactitude de la conjecture, et l'exactitude aussi de l'inscription en ce qui concerne la mention de la fête qui s'y trouve portée, — la Pentecôte en 1689 tomba le 29 mai. Il ne peut donc exister aucun doute sur la date de la lettre, dont la place d'ailleurs était restée vide, et dont la correspondance imprimée trahissait l'absence, car dans les lettres publiées il n'est question nulle part de l'arrivée aux Rochers de Mme de Sévigné, qu'elle n'avait assurément pas manqué d'apprendre à sa fille, comme elle lui avait appris son départ de Rennes. Il n'y avait plus qu'à expliquer ce jour de *mercredi*, mis si étrangement en tête de l'inscription, et à trouver la place de ce mot, qui bien évidemment n'a pas été imaginé par le copiste et devait se trouver sur l'original. L'erreur que présente le manuscrit en ce point n'avait certainement pas été commise par Mme de Sévigné ; elle est trop grossière pour pouvoir lui être imputée, et l'inscription même prouve qu'elle ne vient pas d'elle. En effet, Mme de Sévigné, dans l'inscription de ses lettres, met toujours en tête l'indication du lieu, et seulement après, quand elle la donne, l'indication du jour de la semaine. Si par un défaut d'attention inadmissible elle avait commis la méprise dont il s'agit, elle aurait donc mis : « Aux Rochers, mercredi, le jour de la Pentecôte », et non, comme on lit dans le manuscrit : « Mercredi, aux Rochers, etc. » L'erreur vient donc indubitablement du copiste, et voici comment elle a dû se produire. Il est extrêmement vraisemblable que le mot *mercredi* se trouvait, non dans l'inscription, mais au commencement de la lettre, où nous n'avons pas hésité à le replacer, et où il figure très-convenablement. Partie le mercredi, 25 mai, de Rennes, Mme de Sévigné était arrivée le même jour aux Rochers, et quatre jours plus tard, le 29, en écrivant à sa fille, à qui elle avait précédemment fait connaître d'une manière précise le jour de son départ, il était tout naturel qu'elle lui annonçât son arrivée en ces termes : « Mercredi j'arrivai *donc* ici, etc. » Elle ne faisait en effet que confirmer ce que Mme de Grignan devait savoir déjà. Le copiste, par la transposition malencontreuse qu'il a commise, n'a pas seulement corrompu l'inscription, il a enlevé à la phrase d'où le mot transposé a été retiré, et où il était au moins utile, sinon nécessaire, une partie de sa précision et même quelque chose de sa régularité ; car le mot *donc*, parfaitement justifié par la corrélation de notre lettre avec celle qui l'avait précédée, ne s'explique plus aussi bien si on supprime le mot qui faisait ressortir cette corrélation. Mais comment comprendre une

1689 six heures : mon Dieu! quel repos, quel silence, quelle fraîcheur, quelle sainte horreur [4]! Car tous ces petits enfants que j'ai plantés, sont devenus si grands, que je ne comprends pas que nous puissions encore vivre ensemble. Cependant leur beauté n'empêche pas la mienne. Vous la connoissez ma beauté : tout le monde m'admire en ce pays; on m'assure que je ne suis point changée : je le crois tant que je le puis.

Nous fîmes donc, dès ce premier soir-là, notre promenade, au moins d'un côté. Ces allées sont plus tristes et plus sombres, comme vous pouvez penser, que du temps de cette petite jeunesse. Il y a du pour et du contre; car elles paroissent moins grandes, et cette infinité est devenue finie, par les empêchements qu'elle se

---

méprise aussi grossière? Il n'est pas inutile pour cela d'avoir eu sous les yeux les autographes de quelques lettres de Mme de Sévigné; cette vue sert parfaitement à se rendre compte de l'erreur. Mme de Sévigné, surtout quand elle écrivait à sa fille, commençait habituellement ses lettres tout au haut de la page, et elle ne mettait très-souvent la date, qu'elle inscrivait toujours en tête, que lorsque la lettre était terminée (voyez ce qu'elle dit elle-même plus haut dans la lettre 75 de ce recueil, 5ᵉ alinéa : « Je date cette lettre du jour qu'elle part, mais je la commence un jour, deux jours devant, pour ne point tant écrire à la fois »). C'est vraisemblablement ce qui était arrivé dans le cas particulier, et la date écrite précipitamment et très-près du corps de la lettre avait été mise de façon, — l'écriture à grands traits de l'auteur prêtait elle-même à cette méprise, — que le copiste avait pu croire, et avait cru en effet, paraît-il, que le premier mot de la lettre, — qui lui-même, étant un jour de la semaine, rendait l'erreur plus facile, — faisait partie de l'inscription et devait y être rattaché. Le lecteur ne pensera-t-il pas, comme nous, que les particularités que présente ici notre manuscrit, qui déjà pour cette raison méritaient, ce nous semble, d'être signalées, prouvent, ou du moins donnent grandement lieu de croire, que la lettre a été directement copiée sur l'original et qu'elles confirment ainsi un point important de notre Introduction; voyez l'*Introduction*, pages 78 et suivantes, et page 91.

4. Conférez la lettre 1191, du 29 juin suivant, note 15 (IX, 102).

fait à elle-même. Enfin, c'est une sorte de beauté plus sérieuse, dont les dames de Rennes, qui ont passé ici depuis deux jours, ont été si touchées, que m'étant mise à les conduire par certains endroits, comme à Livry, ma belle-fille a dit, fort joliment : « Ah! voilà la vraie mère [5] ! » Je suis donc la vraie mère!

Mais il y a une place qui est fort belle ; elle redresse le travers de l'entrée du parc : on entre par le parterre, qui est présentement un dessin de M. le Nôtre [6], tout planté, tout venu, tout sablé; on voit une porte de fer, et une allée, à travers les choux et les champs, d'une grande longueur; à droite une autre porte, qui entre dans la première allée du bois, et à gauche une autre, qui va dans les champs : cela est fort beau. Toute cette demi-lune est pleine de pots et d'orangers, dont plusieurs viennent de Provence : voilà ce que notre parterre de houx n'avoit jamais cru pouvoir devenir!

Vous connoissez nos voisins : Mlle du Plessis [7] est toujours, à ce qu'elle dit, ma première amie. Nous lisons fort, nous nous promenons séparément, on se retrouve, on mange bien et sainement, on est en paix, et la pauvre duchesse de Chaulnes voudroit bien être avec nous. Je lui enverrai votre lettre, ma chère bonne; les vôtres me viennent fort réglément; c'est une chose

---

5. Ces mots, dans la circonstance, pouvaient être pris dans un double sens, et on comprend combien ils durent être agréables à Mme de Sévigné: ils faisaient l'éloge de sa tendresse maternelle, et contenaient en même temps un compliment flatteur pour le succès de ses plantations.

6. André le Nôtre, contrôleur des bâtiments et dessinateur des jardins du Roi. Conférez la lettre 1225, 5e alinéa, note 28 (IX, 253).

7. Voyez plus haut la note 10 de la lettre 91 ; voyez aussi la *Notice*, pages 92 et 93; et Walckenaer, *Mémoires*, tome V, pages 337 et suivantes, et pages 460 et 461.

bien nécessaire à mon repos; je ne m'accommoderois pas de l'irrégularité de vos postes de Provence. Au moins, ma bonne, elles n'ont point empêché votre emprunt[8]? Parlez-m'en toujours; car il y a certains papillons que je crains toujours qui ne s'envolent. Telle est une affaire que je veux accommoder à Nantes, et qui me fait envoyer demain la Montagne[9], de peur que, en m'attendant, cette dame, que le Coadjuteur aimoit tant, chez Mme de Mansfelt[10], qui a épousé un de mes vassaux qui me doit un rachat, ne me glisse dans les mains : ainsi, ma chère bonne, il ne faut pas quelquefois perdre un moment.

Je suis fort aise que vous n'ayez point été à Avignon. Il me paroît que vous avez M. de Grignan; mais je dirai, n'ayant point le Marquis, comme Benserade[11] disoit du Roi, en lui écrivant, qu'il étoit dans une barque, sur le canal de Fontainebleau, avec la reine d'Angleterre et les deux reines de France :

Oh! que de Majestés, m'écriai-je tout haut!
Sans que nous en ayons autant qu'il nous en faut.

Oh! que de Grignans, sans que vous en ayez autant qu'il vous en faut! Voyez un peu, ma chère bonne, où s'en va ce petit garçon; en Allemagne! N'admirez-vous

---

8. Conférez plus haut la lettre 131, note 8, et la lettre 135, note 40.

9. Homme d'affaires de Charles de Sévigné; voyez la lettre 1029, de Mme de Sévigné à d'Herigoyen, du 30 juillet 1687 (VIII, 75 et 76).

10. C'est ainsi que le nom est nettement écrit dans le manuscrit; nous ignorons quelle personne il désigne; nous ignorons aussi quelle est *cette dame*, si appréciée par le Coadjuteur, qui avait épousé un des vassaux de Mme de Sévigné et dont le nom n'est pas donné.

11. Voyez la note 5 de la lettre 140 (II, 85).

point comme il fait bien et sérieusement tout ce qu'il doit faire? J'y pense mille fois le jour, et sa réputation naissante va partout. Un petit *Duqueslin*[12] (beau nom à médicamenter!) m'en dit, l'autre jour, mille biens à Rennes : il l'a vu dans les mousquetaires. Enfin, ma chère bonne, Dieu le conserve! c'est un aimable enfant. Conservez-vous aussi : point d'écriture, point d'écritoire, un mot de votre santé, un mot de vos affaires qui me tiennent au cœur, un petit secours de Pauline, s'il en est besoin, et conservez votre bonne tête, et croyez, ma très-chère, que vous ne sauriez me faire un plus sensible plaisir.

Voilà mon fils qui veut vous faire voir de son écriture, et vous dire s'il est aussi persuadé que vous et M. de la Garde de la bonté de ma société : vous prenez plaisir à me gâter, ma chère Comtesse. J'embrasse M. de Grignan : j'ai été toute aise[13] de le trouver planté, comme un tyran radouci, sur la porte de votre alcôve[14].

12. Le nom est fort mal écrit dans le manuscrit, et l'exclamation de Mme de Sévigné prouve assez qu'elle n'était pas sans inquiétude sur la manière dont elle l'avait écrit. Il semble que le copiste avait d'abord mis *Duquieslin*, et qu'il a corrigé ensuite, sans qu'on puisse bien démêler ce qu'en définitive il a voulu mettre. Le jeune homme dont Mme de Sévigné entendait parler est vraisemblablement le même que celui dont il est question dans la lettre 1185, du 12 juin suivant, note 7 (IX, 78), que Mme de Sévigné qualifie de nouveau de *le petit*, et dont le nom, qu'elle avait peut-être mieux écrit cette fois, ou que peut-être aussi l'éditeur a arbitrairement *médicamenté*, est *du Guesclin*. La lettre 1185 ne se trouvant pas malheureusement dans notre manuscrit, tout moyen de contrôle nous a manqué.

13. Le manuscrit porte : « toute aise », comme nous l'imprimons.

14. L'alcôve de la chambre de Mme de Grignan aux Rochers. On comprend qu'il s'agissait d'un portrait de M. de Grignan placé

DE CHARLES DE SÉVIGNÉ.

Il est vrai que M. de Grignan est radouci; mais il est toujours tyran. J'ai peur que ce ne soit de chagrin de n'être pas cordon bleu[15], et pour lui ôter tout sujet de plainte, j'attends incessamment un peintre, pour lui en mettre un, le plus large, le plus visible, le mieux conditionné qu'il y ait peut-être jamais eu.

DE MADAME DE SÉVIGNÉ.

J'embrasse le bon petit secrétaire[16], et le remercie de sa peine. J'ai dit la réponse qu'on m'a faite sur ces blés : vous l'avez fait voir à Anfossi[17]. Qu'il m'envoie d'autres moyens de vous servir; j'ai d'assez bons chemins.

A propos, M. de Lavardin a fait capitaine de vaisseau cet autre chevalier de Sévigné; les voilà tous les deux établis[18] : Dieu les bénisse!

---

sur la porte de ladite alcôve; voyez d'ailleurs l'apostille de Charles de Sévigné et la note suivante.

15. On a vu plus haut (lettre 119, note 4) que M. de Grignan avait été nommé au mois de décembre précédent chevalier de l'ordre du Saint-Esprit; mais le cordon bleu, insigne de l'Ordre, ne figurait pas sur le portrait qui était aux Rochers, peint à une époque antérieure à la nomination.

16. Pauline.

17. Secrétaire et chargé d'affaires de M. de Grignan; voyez plus haut le 1ᵉʳ alinéa de la lettre 74, et conférez plus loin la lettre 147, notes 5 et 6.

18. Il y avait, en effet, dans la marine royale deux officiers, — deux frères, paraît-il, — qui portaient tous deux le titre de *chevalier de Sévigné*, et dont l'un, dont il est plusieurs fois parlé dans la

137. — DE MADAME DE SÉVIGNÉ
A MADAME DE GRIGNAN[1].

1689

Aux Rochers, mercredi 15e juin.

Mme de Chaulnes aime fort à être maîtresse; mais elle me faisoit enrager aux églises, à Rennes, en faisant comme la femme qui ne pouvoit oublier qu'elle avoit été chatte[2]. Elle me prenoit sous le bras tout du long de l'église; je la grondois, et lui disois : « Madame, vous me ferez assassiner[3]. » Elle se mettoit sur son prie-Dieu et me jetoit son carreau; je la grondois, et effectivement cela n'étoit point bien : cela me faisoit éviter d'aller au Salut avec elle. Mais vous n'avez point à Avignon[4] d'amie de Paris qui vous doive porter à laisser ainsi les autres.

correspondance, était filleul de Mme de Sévigné. C'est de l'*autre*, comme l'indiquent les paroles de Mme de Sévigné, qu'il s'agit ici et c'est le seul endroit de la correspondance où il soit question de lui; il n'en est fait mention nulle part dans les lettres antérieurement publiées. Conférez la note 22 de la lettre 468 (IV, 241).

Lettre 137 (fragments inédits). — 1. Ces fragments font partie de la lettre 1186 (IX, 80); la lettre entière se trouve dans notre manuscrit, tome V, pages 125 et suivantes; le Grosbois en contient un extrait.

2. Mme de Sévigné a voulu dire que la duchesse de Chaulnes, bien qu'aimant fort à jouer en Bretagne le rôle de femme du gouverneur, oubliait volontiers ce rôle avec elle, et la traitait avec la même familiarité qu'à Paris, de façon à rendre jalouses les autres dames, moins favorisées qu'elle.

3. Voyez la note précédente.

4. Le comtat d'Avignon avait été saisi au mois d'octobre de l'année précédente sur le Pape, et le comte de Grignan en avait le gouvernement réuni à celui de la Provence; voyez l'*Introduction*,

1689

Mme de Vins m'a écrit une aimable lettre, toute pleine de vous, de la joie que vous ayez assuré votre donation de Mlle de Grignan[5]. Elle conte que Mlle d'Alerac voulut faire violence à Monsieur d'Arles sur le rempart ; qu'elle lui demanda de la raccommoder avec sa famille ; qu'il répondit fort bien qu'il n'étoit pas temps encore d'y penser, conservant l'honneur du diadème, et ne voulant pas se tirer[6] tout à fait du personnage de médiateur, qui sera peut-être nécessaire quelque jour[7].

Pauline est-elle revenue[8] ? Faites-la purger, si elle est enrhumée ; vous ne guérirez que par là cette gourme[9]. Je vous embrasse, ma très-chère et très-aimable ; mais je suis comme vous ; si vous échauffez votre sang avec votre soleil, qui est déjà trop chaud, et que vous vous fassiez malade, je ne vous aimerai plus : que cette menace vous fasse comme la vôtre me fait. Je prie Martillac de ne mettre plus *à Rennes ;* sa dernière y est encore allée ; c'est *Bretagne* en haut, et en bas, *à Vitré :* je l'embrasse pourtant.

Mandez-moi bien de vos nouvelles, et de la mine du Carcassonne, et de Monsieur le Chevalier, et de ces

---

page 142, et plus haut la note 11 de la lettre 123. Mme de Grignan venait de passer à Avignon quelques jours et y avait reçu de grands honneurs, comme femme du gouverneur ; voyez le commencement de la lettre imprimée (IX, 80), et conférez la lettre 1183, 2ᵉ alinéa (IX, 70 et 71), et la lettre 1185, 1ᵉʳ alinéa (IX, 78).

5. Voyez plus haut la note 6 de la lettre 124.

6. Le manuscrit porte : « le tirer ».

7. Conférez la lettre 135 ci-dessus, notes 26 et suivantes, et la lettre 138 ci-après.

8. Du couvent d'Aubenas, où elle avait été mise auprès de sa tante, pendant que sa mère était à Avignon ; voyez la lettre 1183, note 14 (IX, 74), le dernier alinéa de la lettre 1191 (IX, 104), et la fin de l'avant-dernier alinéa de la lettre 1196 (IX, 121).

9. Voyez plus haut la lettre 134, note 47.

bâtiments, et de M. de la Garde et de ses beaux desseins ; enfin tout de vous, et ne répondez point à mes riens : donnez-moi ce que j'aime ; c'est vous !

Cela n'est-il pas joli ? c'est de Mlle de Scudéry[10], sur M. le duc de Bourgogne faisant l'exercice de mousquetaire :

MADRIGAL[11].

> Quel est ce petit mousquetaire,
> Si savant en l'art militaire,
> Et plus encore en l'art de plaire ?
> L'énigme n'est pas malaisé :
> C'est l'Amour[12], sans autre mystère,
> Qui pour divertir Mars s'est ainsi déguisé.

Ma belle-fille vous fait mille compliments ; elle ne songe qu'à m'amuser : c'est une jolie femme. Le mauvais temps continue et nous avons souvent du feu, mais de belles soirées jusqu'à sept heures, que le froid vient.

10. Madeleine de Scudéry, l'auteur du *Grand Cyrus*, etc.
11. Ce madrigal, très-fidèlement rapporté par Mme de Sévigné, était composé depuis peu, et ne circulait peut-être encore que manuscrit. Nous ignorons dans quel recueil il a paru pour la première fois. Il a été inséré récemment dans le volume donné par MM. Rathery et Boutron sous le titre : *Mademoiselle de Scudéry, sa vie et sa correspondance, avec un choix de ses poésies*, Paris, Léon Techener, 1873, in-8°, page 522.
12. Le duc de Bourgogne, né le 6 août 1682, était alors dans sa septième année ; on verra un peu plus loin qu'il fut mécontent d'avoir été comparé à l'Amour, et que Mlle de Scudéry, pour le consoler, dut lui adresser de nouveaux vers ; voyez plus loin le dernier alinéa de la lettre 139.

138. — DE MADAME DE SÉVIGNÉ
A MADAME DE GRIGNAN¹.

Aux Rochers, dimanche 19ᵉ juin.

Mlle d'Alerac, — il faudra dire enfin Mme de Vibraye, — vint l'autre jour au logis² ; elle demandoit Monsieur d'Arles à cor et à cris³ : « Il n'y est pas ; » elle me demanda, et dit, en riant, qu'elle vouloit être refusée : on écrit sur mon mémoire. Elle étoit avec la marquise de Créquy⁴ ; elle n'a point d'autre équipage. Je voudrois bien vous demander, si elle a fait quelque démarche pour vous demander son bien, et si Mlle de Grignan étoit de la confidence du premier mariage clandestin⁵, et si elle est contente de la conduite de sa sœur ; car il y a quelquefois des sentiments extraordinaires parmi les dévotes : pardonnez-moi ces sottes curiosités.

*J'embrasse ce Comte*⁶, qui ressembloit si bien à un

Lettre 138 (fragments inédits et passage restitué). — 1. Ces fragments font partie de la lettre 1187 (IX, 84) ; la lettre entière se trouve dans notre manuscrit, tome III, pages 326 et suivantes ; le Grosbois n'en contient aucun extrait.
2. A l'hôtel Carnavalet.
3. Voyez et conférez le second alinéa de la lettre précédente.
4. Anne-Charlotte d'Aumont, marquise de Créquy ; voyez la note 4 de la lettre 906 (VII, 216).
5. Conférez plus haut la lettre 135, note 32.
6. Perrin, qui a transposé le texte en plusieurs endroits et l'a mutilé presque partout, avait réduit ce petit alinéa, qui termine la lettre, à ces quelques mots : « J'embrasse le Comte, et Pauline, et tous ceux qui veulent de mon souvenir. »

médecin, du côté que le Saint-Esprit ne paroissoit pas⁷, et Monsieur le Chevalier, s'il veut me le permettre : mon imagination va encore, par coutume, le chercher à l'hôtel de Carnavalet⁸; *et Pauline, et tous ceux qui veulent de mon souvenir*. Ma santé est parfaite.

---

139. — DE MADAME DE SÉVIGNÉ
A MADAME DE GRIGNAN¹.

Aux Rochers, mercredi 22ᵉ juin.

On me mande que Mme de Vibraye a quatre grands laquais, avec un cocher qui va comme la tempête, le Maire² au devant du carrosse : je me défierois que le carrosse ne fût à Mme de Guise³.

Mlle de Grignan a quitté Mme de Saint-Aubin⁴; elle est à Gif⁵ : est-ce pour toujours ?

---

7. C'est-à-dire, du côté que ne se voyait pas le cordon bleu, insigne de l'ordre des chevaliers du Saint-Esprit.
8. Voyez plus haut la lettre 134, 4ᵉ alinéa.
LETTRE 139 (fragments inédits). — 1. Ces fragments font partie de la lettre 1188 (IX, 86); la lettre entière se trouve dans notre manuscrit, tome III, pages 317 et suivantes; le Grosbois en contient un extrait.
2. Un laquais, qui vraisemblablement avait servi autrefois à Grignan. Dans une lettre écrite dix années auparavant on trouve son nom à côté de celui de Mlle Montgobert (lettre 737, du 29 septembre 1679, 3ᵉ alinéa, VI, 28) : « J'ai bien envie de savoir comment se portent Montgobert, le Maire, etc. »
3. Voyez plus haut la lettre 135, note 29.
4. Voyez plus haut la lettre 124, note 5.
5. Abbaye près d'Orsay, couvent de bénédictines, où Mlle de

Quoique je vous aie priée de ne point répondre à ce que je vous mande⁶, il y a des choses où je suis ravie que vous me répondiez ; par exemple sur cette belle pension de cent quatre-vingts livres. Vous pensez, sur cela, tout comme il faut penser : vous pouviez y ajouter encore, que M. de Chaulnes ayant dit à Coetlogon : « Monsieur, j'ai rayé la pension de votre fils, qui est mort ; si je me suis trompé, et que vous en ayez un autre, cela est aisé à réparer » (voilà de quoi M. de Coetlogon est d'accord), un homme qui répond ainsi ne sauroit avoir tort. Pour moi, je me souviens, comme d'aujourd'hui, qu'aux États, à Vitré, en 71, il⁷ donna cette petite pension au fils de Coetlogon qui est mort ; toute la province s'en souvient comme moi. En vérité il ne faut point précipiter ses jugements, c'est une loi divine et humaine⁸.

Grignan s'était déjà retirée une première fois ; voyez la lettre 937, du 1ᵉʳ octobre 1684, note 2 (VII, 292).

6. Allusion à ce passage de la lettre du 19 juin précédent (lettre 1187, 2ᵉ alinéa, IX, 85 et 86) : « Ne vous amusez point, ma bonne, à répondre à mes vieilles lettres, on ne s'en souvient plus, etc. » Voyez aussi ci-dessus le 4ᵉ alinéa de la lettre 137.

7. M. de Chaulnes.

8. Ce qui est dit ici sert à expliquer un passage assez obscur d'une lettre précédente, sur le sens duquel les derniers éditeurs s'étaient mépris, et dont cependant ils avaient très-exactement restitué le texte, corrompu par le copiste du Grosbois. Nous voulons parler du passage qui, dans la lettre 1183, du 8 juin précédent, écrite par Mme de Sévigné à Mme de Grignan et au chevalier de Grignan, forme le début de la partie de la lettre adressée à ce dernier, et auquel se rapportent les notes 5 et 6 du texte imprimé (IX, 71 et 72). Ce passage, que Perrin avait supprimé, et que les derniers éditeurs, après M. Monmerqué, ont donné d'après le Grosbois, se trouve avec toute la lettre dans notre manuscrit, qui confirme pleinement la restitution dont il est parlé dans la note 6 précitée. Mais le passage qu'on lit ici, dans lequel Mme de Sévigné revient sur la même affaire, prouve qu'il ne s'agissait pas, comme les derniers éditeurs le donnent à entendre dans la note susindi-

Répondez à mes petites raies[9].

Ma belle-fille vous fait mille amitiés, et à M. de Grignan, qu'elle aime. Elle dit des folies sur les qualités et sur la *qualité* de son mari, qu'elle ne donneroit pas, dit-elle, pour M. de Vibraye. Bonjour, ma petite Pauline et Martillac. Toute à vous, ma bonne ; vous n'en doutez pas. Je n'ose vous demander combien vous coûte votre voyage[10], et comme s'est passée la traîtresse bassette[11], quoique j'y prenne un grand intérêt.

Mlle de Scudéry mande que M. le duc de Bourgogne ne veut pas qu'on l'appelle *l'Amour*, et que, pour le consoler, elle lui a encore envoyé ces deux vers[12] :

Prince, consolez-vous d'être appelé l'Amour ;
Imitez bien Louis, vous serez Mars un jour.

quée, d'un différend entre M. de Coetlogon et le chevalier de Grignan, mais bien d'un différend entre le duc de Chaulnes et M. de Coetlogon, différend dans lequel le chevalier de Grignan, loin d'être l'adversaire de ce dernier, paraissait au contraire avoir pris son parti contre M. de Chaulnes, que Mme de Sévigné, dans les deux passages, prend soin de justifier et de défendre ; voyez en outre et conférez, sur la même affaire, la lettre 1218, 2ᵉ alinéa (IX, 227-224).

9. Voyez plus haut la lettre 125, note 3.

10. Le voyage d'Avignon ; voyez plus haut la note 4 de la lettre 137.

11. Conférez la fin du 1ᵉʳ alinéa de la lettre 1186 (IX, 82).

12. Voyez plus haut la lettre 137, notes 11 et 12. Les deux vers rapportés ici ne se trouvent pas dans le recueil de MM. Rathery et Boutron ; nous ignorons s'ils ont été imprimés ailleurs.

1689

140. — DE MADAME DE SÉVIGNÉ
A MADAME DE GRIGNAN¹.

Aux Rochers, ce 26ᵉ juin.

Ma chère bonne, revenons² à Grignan : je suis persuadée que vous n'aurez point été longtemps en peine de Monsieur le Chevalier ; j'attends votre lettre de demain avec impatience, car je prends un grand intérêt à sa santé. Je vous fais souvenir, l'un et l'autre, que la Saint-Jean est passée : M. de Gilliers³, qui est ruiné, ne touche plus rien des louages de cette maison ; ce sont, par sentence du Châtelet, des créanciers peu commodes⁴.

Je vous remercie mille fois, ma bonne, de ce que votre bon cœur vous oblige d'écrire à M. l'abbé Charrier, pour qu'il ait soin de mes affaires ; je vois en tous lieux votre cœur, qui est adorable ; je marque soigneu-

---

Lettre 140 (fragments inédits et passages restitués). — 1. Ces fragments font partie de la lettre 1189 (IX, 92) ; la lettre entière se trouve dans notre manuscrit, tome III, pages 125 et suivantes ; le Grosbois en contient des extraits.

2. Le manuscrit porte : « revenez » ; mais c'est sans doute une erreur du copiste : la comtesse de Grignan était déjà depuis quelques jours à Grignan, de retour de son voyage à Avignon, et sa mère le savait ; voyez la lettre 1188, du 22 juin précédent, 2ᵉ alinéa (IX, 89).

3. C'était le nouveau propriétaire de l'hôtel Carnavalet, qui avait succédé à M. d'Agaurry (voyez la lettre 743, note 2, VI, 51) ; son nom se rencontre déjà dans une lettre antérieure ; voyez la lettre 1183, note 7 (IX, 72).

4. Conférez plus haut la lettre 126, note 16, et la lettre 130, note 6.

sement les lettres où vous parlez de lui, et les lui montrerai quand je le verrai⁵.

J'entrevois, dans l'éloignement, que si j'ai le temps de rendre ce voyage⁶ utile, par les petits secours que j'envoie à Beaulieu⁷, il me semble, ma très-chère bonne, que, comme vous dites, je serai toute à vous, autant effectivement que j'y suis déjà par ma volonté et par ma tendresse; mais Dieu me garde de penser, autrement qu'avec timidité, dans cet avenir! Dieu est le maître; il me donne la grâce d'être, ou du moins de vouloir être, parfaitement soumise à ses volontés, en ce qui me regarde.

*Adieu, ma chère bonne, ma chère fille, la plus digne d'être aimée qui fut jamais! J'embrasse M. de Grignan, Monsieur le Chevalier, s'il veut bien me le permettre, et tous ceux qui s'en soucieront un peu, comme Pauline, par exemple*⁸.

---

5. Voyez plus haut la lettre 129, 1ᵉʳ alinéa et note 7.
6. Le voyage que Mme de Sévigné venait de faire en Bretagne.
7. Maître d'hôtel de Mme de Sévigné; voyez plus haut la note 12 de la lettre 39, et conférez plus loin la lettre 155, 4ᵉ alinéa.
8. Perrin avait réduit ainsi ce passage : « Adieu, ma chère fille, la plus digne d'être aimée qui fut jamais. J'embrasse M. de Grignan, Monsieur le Chevalier et Pauline. »

1689

141. — DE MADAME DE SÉVIGNÉ
A MADAME DE GRIGNAN[1].

A Auray[2], samedi 30° juillet.

Je ferai part à ma belle-fille des douceurs de M. de Grignan. Pour Monsieur de Carcassonne, il faut bien qu'il m'aime, puisqu'il n'est plus fâché contre Monsieur le [Chevalier[3]] : il me semble que je devois naturellement être comprise dans ce traité. Plût à Dieu que cet aimable prélat voulût prendre une partie des sentiments et de la bonne conduite de l'autre[4] ! Je voudrois qu'il[5] raccommodât toujours tout ce qui n'est pas droit, tout ce qui n'est pas juste, comme les pensées quelquefois de Monsieur de Carcassonne, celles du sage la Garde, celles d'Anfossi, qui a tant d'esprit ; enfin, je

---

Lettre 141 (fragments inédits). — 1. Ces fragments font partie de la lettre 1201 (IX, 139) ; la lettre entière se trouve dans notre manuscrit, tome VI, pages 385 et suivantes ; le Grosbois n'en contient aucun extrait.

2. Petite ville du Morbihan, au confluent des rivières d'Auray et de Vannes. Mme de Sévigné y écrivit la lettre dont font partie nos fragments, dans le cours d'un voyage fait avec le duc et la duchesse de Chaulnes, auquel il est fait allusion plus loin ; voyez la lettre 1200, du 25 juillet précédent (IX, 135), et la partie imprimée de notre lettre (IX, 139.)

3. Le mot *Chevalier* a été sauté par mégarde par le copiste ; mais la suite du texte permet sans difficulté de le rétablir. On voit d'ailleurs, par d'autres passages de la correspondance, qu'il y avait eu en effet, à cette époque, un peu de brouille entre les deux frères ; voyez notamment la lettre 1202, du 2 août suivant, 3° alinéa (IX, 145 et 146), et plus loin, dans ce recueil, le 3° alinéa de la lettre 144.

4 et 5. Le chevalier de Grignan.

voudrois le charger de tout, et tout iroit bien. Il s'en va aux eaux⁶, et M. de la Trousse à Vichy.

Hélas! vous craignez pour moi la solitude et le repos, ma chère bonne! Qui vous a dit que cette vie turbulente⁷ me soit meilleure? mais elle finira.

Que vous parlez bien sur cette justice que vous faites, et sur la joie que vous en avez! Je suis tout comme vous, et mon cœur vous répond tous vos mêmes discours. Dieu conserve le Pape⁸! voilà mon oraison. Pour moi, je mets à la place *de cette partie casuelle*⁹, la suspension de ma petite dépense. Mon malheur, c'est qu'on a peine à être payé en ce pays; sans cela, je ne serois pas si mal; mais si les fermiers ne paient plus, que faire? Dieu y pourvoira. Adieu, chère; adieu, mon aimable bonne.

Cette pension du maréchal de la Meilleraye n'étoit point une pension, mais une gratification, qui n'étoit sur aucun état¹⁰; mais je ne veux plus songer qu'à mes

---

6. Le chevalier de Grignan se rendit en effet aux eaux de Balaruc, où l'évêque de Carcassonne, avec lequel il venait de se réconcilier, voulut l'accompagner; voyez la lettre 1202, 3ᵉ alinéa (IX, 146), et la lettre 1221, 2ᵉ alinéa (IX, 236); voyez aussi plus loin la lettre 149, note 50, et la lettre 154, note 3.

7. La vie que lui faisaient mener, pendant le voyage qu'elle faisait avec eux, le duc et la duchesse de Chaulnes.

8. Innocent XI, sur lequel avait été saisi le comtat d'Avignon. Les vœux de Mme de Sévigné ne furent pas exaucés; Innocent XI (Benoît Odescalchi) mourut peu de temps après, le 12 août 1689.

9. La somme que le comte de Grignan recevait comme gouverneur du *Comtat*. Les mots imprimés en italique sont placés entre deux raies dans le manuscrit; conférez plus haut la note 3 de la lettre 125.

10. Conférez, sur ce passage, la lettre 1218, 2ᵉ alinéa, note 10 (IX, 223). Les deux passages sont obscurs, mais ils peuvent servir, jusqu'à un certain point, à s'éclaircir réciproquement. Le maréchal de la Meilleraye, mort en 1664, avait été chargé pendant plusieurs années, avant M. de Chaulnes, du gouvernement de la Bretagne,

intérêts d'intérêts[11]. On voit[12] à la Bastille le pauvre d'Harouys[13].

---

142. — DE MADAME DE SÉVIGNÉ
A MADAME DE GRIGNAN[1].

Aux Rochers, mercredi 24ᵉ août[2].

Je me doutois bien, ma chère bonne, que je les re-

qu'il n'avait exercé qu'en qualité de lieutenant général, le gouvernement en titre appartenant alors à la reine mère, Anne d'Autriche. C'est seulement après la mort de cette dernière que le duc de Chaulnes fut nommé gouverneur ; mais il était chargé du gouvernement en qualité de lieutenant général depuis 1669. Conférez la note 3 de la lettre 181 (II, 268).

11. Conférez plus haut la lettre 131, 2ᵉ alinéa.

12. C'est-à-dire, il est permis de voir ; conférez plus loin la lettre 149, notes 34 et suivantes.

13. Il était à la Bastille depuis 1687 ; voyez la note 13 de la lettre 1158 (VIII, 563).

Lettre 142 (fragments inédits). — 1. Ces fragments font partie de la lettre 1209 (IX, 171) ; la lettre entière se trouve dans notre manuscrit, tome V, pages 217 et suivantes ; le Grosbois n'en contient aucun extrait.

2. Le manuscrit porte : « Aux Rochers, mercredi 24ᵉ *juillet.* » L'inscription est inexacte quant à la désignation du mois, et l'erreur est sans doute le résultat d'une inadvertance du copiste. Quoi qu'il en soit, la date de la lettre est parfaitement fixée par son contenu. La lettre fut bien écrite le mercredi 24 août ; car Mme de Sévigné y parle au début (voyez le 1ᵉʳ alinéa de la lettre imprimée, IX, 171) de l'arrivée de M. de Chaulnes à Paris, comme d'un fait qui avait dû avoir lieu le dimanche précédent, et le *Journal de Dangeau* atteste que le duc arriva à Paris le dimanche 21 août. En 1689, le 24 juillet était d'ailleurs un dimanche et non un mercredi, et la preuve de l'erreur se trouve ainsi dans l'inscription elle-même. Perrin, du reste, a donné la bonne date dans ses deux éditions.

cevrois toutes deux à la fois³ ! nous voilà remises⁴ à notre ordinaire. Votre dernière lettre, où vous me parlez de l'état de M. de Grignan, me touche sensiblement : ce sont les chaleurs excessives qui ont fondu l'humeur qui lui donne cette espèce de dyssenterie ; elle n'est pas violente, Dieu merci ; mais de la façon dont je vous connois, ma chère bonne, en voilà plus qu'il n'en faut pour troubler votre repos et votre vie tranquille. Cependant, quand on se lève, qu'on n'a point de fièvre, et qu'il n'y a rien de violent dans ce mal, il y a grand sujet d'espérer que ce ne sera rien. Je le souhaite comme vous, ma chère bonne ; j'en suis en peine ; j'en attends des nouvelles avec impatience, et en détail ; car vous savez bien que c'est cela que l'on demande, quand les choses tiennent au cœur : vous ne doutez pas que la santé de M. de Grignan ne soit du nombre.

Ne me grondez point, ma bonne : *je ne disois rien à M. de Grignan des honneurs que lui fait le Parlement?* Au contraire, j'en disois trop ; au lieu de dire *en tourbe*, e disois *en corps*. Toutes les fois qu'il revenoit, je royois l'avoir vu ; mais je disois tout le reste avec tonnement des égalités et des mesures si bien gardées u cérémonial de M. de Lavardin⁵.

Je ne souhaite point à notre jeune marquis Mlle de ....⁶, puisqu'elle est de l'humeur de sa mère ; je la royois toute douce, toute Agnès. Pour Monsieur d'Arles,

---

3. Il s'agissait de lettres en retard.
4. Il y a *remis* dans le manuscrit.
5. Conférez, sur ce passage, le commencement du dernier alinéa e la lettre 1201 (IX, 143).
6. Le nom est simplement indiqué par une initiale dans le manuscrit, comme nous l'imprimons, sans qu'il y ait de laissé-enanc. Nous inclinons à penser que Mme de Sévigné avait voulu ésigner Mlle de Cauvisson ; voyez plus loin la lettre 156, note 19, la lettre 158, notes 19 et 20.

il est vrai, ma chère bonne, qu'il assemble des trésors de colère, pour former des reproches lorsqu'on y pense le moins, et qui servent à repousser une improbation en temps et lieu. Vous dites cela fort plaisamment, et mieux qu'une autre ; car vous avez souvent essuyé de ces injustes bourrasques : il n'y a guère de personne plus gourmandée par son humeur que ce jeune archevêque. Monsieur de Carcassonne pourra-t-il souffrir que son bâtiment déshonore le château de ses pères ? Son amour-propre a-t-il pu consentir que la corde de ses dépenses fût précisément rompue à cet endroit ? Un peu plus loin eût été meilleur, et finir par ce bâtiment, si nécessaire, inclusivement, au lieu d'exclusivement. Enfin, ma chère bonne, cela m'échauffe le sang, quand j'y pense ; et quand je tourne une affaire aussi[7] avec la sagesse même, et que je trouve un fou[8] des petites maisons : Dieu les bénisse !

Nous revîmes M. de Ganges[9] ; je le respectai bien plus que je n'avois fait à Rennes : mon Dieu ! comme vous en parlez plaisamment ! Il a épousé Mlle de G...[10] ;

7. C'est-à-dire, et également, quand je tourne, quand je combine une affaire avec la sagesse même, etc. Mme de Sévigné entendait sans doute faire allusion à la demande qu'elle avait adressée à l'évêque de Carcassonne pour le jeune marquis de Grignan ; voyez plus haut la lettre 123, 1er alinéa et note 2, et voyez aussi plus loin la lettre 144, 3e alinéa.

8. Le manuscrit porte : « un trou ».

9. N. de Latude, comte de Ganges, frère de Charles de Latude, marquis de Ganges, dont la femme, aux malheurs de laquelle Mme de Sévigné fait allusion quelques lignes plus loin, eut une fin si tragique ; voyez plus bas, notes 12, 13 et 14.

10. Ici encore le manuscrit ne donne que l'initiale du nom (conférez plus haut note 6) ; mais ce nom est connu. On sait que le comte de Ganges, dont parle Mme de Sévigné, épousa, à Montpellier, au mois de mars 1689, Mlle de Gevaudan, qui peut-être n'était autre que la jeune fille que Mme de Sévigné avait vue et remarquée dans cette ville, lors du voyage qu'elle y fit en 1672 ;

on lui a donné le régiment de Languedoc [11]; et puis, que n'aura-t-il point [12]? Il faut au moins qu'il ne soit pas de l'humeur de ses frères, qui ne vouloient que des Lucrèces dans leur maison; car il jure qu'ils n'étoient point amoureux de cette *misérable femme* [13], et que ce n'étoit que l'honneur de leur aîné qu'ils vengeoient [14].

voyez plus haut, dans ce recueil, tome I, page 300, la lettre 20, note 10.

11. Le comte de Ganges, à l'occasion de son mariage, avait été nommé, en effet, colonel des dragons du Languedoc.

12. Un passage des *Mémoires de Saint-Simon* peut servir de commentaire à ce que dit ici Mme de Sévigné au sujet de la comtesse de Ganges et de son mari. Le malicieux chroniqueur nous apprend que la comtesse de Ganges était très-avant dans les faveurs du cardinal de Bonzi, alors archevêque de Narbonne et tout-puissant dans le Languedoc, et que ces faveurs n'étaient pas inutiles au mari : « Le bon cardinal (le cardinal de Bonzi), — dit Saint-Simon, — quoique en âge où les passions sont ordinairement amorties, étoit éperdument amoureux d'une Mme de Ganges, belle-sœur de celle dont la vertu et l'horrible catastrophe a fait tant de bruit.... Cet amour étoit fort utile au mari; il ne voulut donc jamais rien voir, et profitoit grandement de ce que toute la province voyoit, et qu'il avoit bien résolu de ne voir jamais, quoique sous ses yeux. » (*Mémoires*, tome IV, page 136.)

13. La marquise de Ganges, Diane de Joannis, fille du marquis Joannis de Roumans, mariée en premières noces au marquis de Castellane et en secondes noces au marquis de Ganges, celle précisément « dont la vertu et l'horrible catastrophe avoit fait tant de bruit; » voyez le passage de Saint-Simon rapporté dans la note précédente. En se servant de l'expression *misérable femme*, Mme de Sévigné entendait sans doute reproduire les propos du comte de Ganges, et non rendre sa propre pensée; dans ce dernier cas, le mot *malheureuse* eût été certainement plus convenable, et Mme de Sévigné n'aurait pas manqué de le mettre.

14. Sur les malheurs et la fin tragique de la marquise de Ganges et sur le procès célèbre auquel sa mort donna lieu, voyez, entre autres, Champagnac, *Chronique du crime et de l'innocence*, Paris, Ménard, 1833, in-8°, tome II, pages 198 et suivantes. Le comte de Ganges, dont il est question dans notre lettre, devait être beaucoup plus jeune que le marquis, et plus jeune aussi sans

Ah! que je suis fâchée que vos fermiers commencent à ne pouvoir plus vendre vos grains : hélas! ma bonne, si votre cher pape[15] est mort, c'est bien dit, vous crierez comme nous famine sur un tas de blé. Mais ce conclave sera peut-être assez long pour avoir eu une année toute entière : que c'étoit une agréable chose, cinq ou six ans seulement! Il pouvoit aller aussi loin que Monsieur d'Arles[16]; mais Dieu est le maître!

Adieu, ma très-aimable bonne. Dieu guérisse et conserve M. de Grignan : je ne sais si ces grands lavages de potage sont bons à un homme qui est sujet au dévoiement ; il faut fortifier, au lieu de relâcher. Une Mme Malet, amie de ma tante de la Trousse, savoit un certain bouillon, avec du bœuf de cimier[17], par tranches, au bain-marie, cuit longtemps avec de certaines herbes ; c'étoit une chose admirable pour ces sortes de maux. Ce remède est commun. Nos capucins ont des remèdes aussi : M. de Chaulnes en mènera un à Rome. Mais vous avez des médecins, et vous-même, ma

doute que les deux autres frères de ce dernier, auteurs principaux du crime, dont le marquis ne fut regardé que comme complice, et auquel le comte était resté complétement étranger.

15. Innocent XI ; voyez plus haut la note 8 de la lettre 141. Il était mort le 12 août, mais la nouvelle n'en était arrivée à Paris que le 23, et il n'est pas étonnant que le 24 Mme de Sévigné n'en fût pas encore instruite aux Rochers ; voyez et conférez la lettre 1210, du 28 août, 3ᵉ alinéa et note 22 (IX, 179). Mme de Sévigné, dans cette dernière lettre, donne le 13 comme la date de la mort ; mais l'opinion commune est que le pape mourut le 12.

16. L'ancien archevêque d'Arles, oncle de M. de Grignan, décédé le 9 mars précédent, à l'âge de quatre-vingt-six ans ; voyez la note 21 de la lettre 1159 (VIII, 528 et 529).

17. « Le cimier de bœuf est une partie de la cuisse qui contient plusieurs tranches ; chaque tranche contient trois morceaux, dont le premier s'appelle la *pièce ronde*, le second la *semelle*, ainsi nommé à cause de sa figure, et le troisième le *tendre*. » (*Dictionnaire de Furetière*, édition de 1690, v° CIMIER.)

bonne, vous êtes habile. Gardez-vous bien de le saigner ; ce seul remède, dont ils abusent, est mauvais pour lui. Ma chère bonne, j'attends de vos nouvelles et des siennes avec beaucoup d'impatience ; je suis assurée qu'il n'en doute pas ; je l'embrasse, et Monsieur le Chevalier, puisqu'il le veut bien. A Monsieur de Carcassonne, ce que vous jugerez à propos, et à M. de la Garde, et toute à vous, ma très-chère bonne. Ma belle-fille vous fait mille compliments ; elle est pour M. de Grignan d'une manière qui me fait plaisir, et fort inquiète de son mal.

Hélas ! ma chère bonne, doutez-vous que je souhaite autre chose que d'être à vous et avec vous tout le reste de ma vie ? Nous n'aurons point de dispute, et M. de Chaulnes n'aura point sujet de croire, — ah ! quelle pensée ! — que vous m'aimez plus que je ne vous aime.

143. — DE MADAME DE SÉVIGNÉ

A MADAME DE GRIGNAN[1].

Aux Rochers, dimanche 28° août.

Mme de Vins m'écrit qu'elle vous loue et vous admire, et malgré le regret de votre absence, elle vous

---

Lettre 143 (fragments inédits). — 1. Ces fragments font partie de la lettre 1210 (IX, 176) ; la lettre entière se trouve dans notre manuscrit, tome V, pages 269 et suivantes ; le Grosbois en contient une grande partie.

approuve². Le président de la Garde lui a parlé de votre capacité dans vos affaires et de votre application, d'une manière à vous mettre au-dessus de toutes les femmes du monde : c'est le sentiment de tout ce qui vous connoît bien. Mais, mon Dieu ! je suis si loin, je ne sais plus rien de vos affaires ! Celles de cette pauvre de Vins sont pitoyables : quelle destinée de passer sa vie au grand conseil³ ! Je vous embrasse, mon enfant, avec une tendresse infinie. Bonjour, Pauline.

Il y a aujourd'hui deux ans que je perdis mon cher oncle, mon bienfaiteur, à qui je devois tout le repos de ma vie⁴. Je vois passer dans cette saison toutes nos

2. D'avoir quitté Avignon, où le séjour de Mme de Grignan entraînait de grandes dépenses, et de s'être confinée dans le château de Grignan.
3. Conférez la lettre 813, 6ᵉ alinéa (VI, 418). Mme de Vins était depuis plusieurs années engagée dans de grands procès ; elle gagna celui auquel Mme de Sévigné faisait allusion ici ; voyez la lettre 1215, du 14 septembre suivant, 6ᵉ alinéa (IX, 205).
4. Ce passage fixe d'une manière bien précise l'époque et le jour de la mort de l'abbé de Coulanges. Il y a tout lieu de penser que le souvenir de Mme de Sévigné, si attentive à ses *bouts de l'an* (voyez plus haut, tome I, pages 275 et 276, la note 12 de la lettre 19), était parfaitement exact ; les paroles attendries qui viennent si naturellement se placer sous sa plume en sont de sûrs garants. On a cru cependant, et on a dû croire, sur la foi d'une inscription mise sur son cercueil, retrouvé en 1834 dans les caveaux de la chapelle de la Visitation de la rue Saint-Antoine, où il avait été inhumé ainsi que plusieurs autres membres de la famille, que le bon abbé était mort le 29, et non, comme nous l'apprend Mme de Sévigné, le 28 août 1687 ; voyez la *Notice*, page 271, et la note 1 de la lettre 1035 (VIII, 88). Il est vraisemblable qu'il mourut dans la nuit du 28 au 29, selon toute probabilité dans les dernières heures du 28, — car nous aurions peine à admettre une erreur commise ici par Mme de Sévigné, — et on s'explique très-aisément la légère différence qu'il y a entre l'indication donnée par l'inscription et celle fournie par notre lettre.

fêtes de Livry⁵, Saint-Laurent, Saint-Roch, Saint-Augustin : tout cela me fait souvenir tendrement !

144. — DE MADAME DE SÉVIGNÉ A MADAME
DE GRIGNAN ET A PAULINE DE GRIGNAN¹.

Aux Rochers, dimanche 6ᵉ novembre.

A MADAME DE GRIGNAN.

Je les reçus toutes deux ensemble, ma chère bonne, vendredi à midi, 4ᵉ de ce mois. Celle du 25ᵉ, du mardi, avoit onze jours, et celle du jeudi, 27ᵉ, en avoit neuf, comme à l'ordinaire : prenez vos mesures là-dessus. Pour moi, je les reçois beaucoup plus réglément que devant que vous fussiez abîmés de pluie ; mais je vous avoue cependant que je suis effrayée de ce que vous me représentez, et je ne saurois avoir du repos que vous ne m'ayez ôté ce beau meuble de votre cabinet², du fond de la rivière, d'où vous me disiez, en

---

5. C'est-à-dire toutes les fêtes que nous célébrions autrefois à Livry.

LETTRE 144 (fragments inédits et passage restitué). — 1. Ces fragments font partie de la lettre 1232 (IX, 295); la lettre entière se trouve dans notre manuscrit, tome V, pages 385 et suivantes; le Grosbois en contient des extraits étendus.

2. Voyez la lettre 1231, du 2 novembre, 1ᵉʳ alinéa et note 2 (IX, 287). Ce meuble était depuis peu à Grignan; on lit, en effet, dans un passage inédit de la lettre du 14 septembre précédent, auquel nous n'avons pu donner place ailleurs : « Je reviens à votre meuble, c'est un vrai malheur que vous ne l'ayez que le mercredi

1689 général, qu'on avoit enlevé³ tous vos meubles : cette pensée fait mal.

Je sais ce que c'est que d'être noyée en allant faire des visites⁴ ; rien n'est si dangereux, et *je voudrois déjà savoir le retour de ce pauvre oiseau qui est allé rendre au Pape ce que le Roi lui avoit ôté. S'il ne se noie, c'est parce que en nul cas on ne veut être noyé; car s'il y a jamais eu un temps où cette fantaisie dût prendre à quelqu'un, ce seroit présentement à M. de Grignan et à vous; mais, ma bonne, gardez-vous-en bien ; il faut soutenir cette privation comme tant d'autres. M. de Chaulnes m'en écrit fort tendrement et fort plaisamment. Il me mande qu'il se pourroit vanter d'avoir fourni* une assez belle carrière, et de n'avoir point *bridé la potence, sans la douleur mortelle qu'il a d'avoir été contraint d'offrir au Pape ce charmant Comtat; qu'il le fit de si mauvaise grâce, qu'il crut qu'il le refuseroit; mais qu'il fut assez malheureux pour être trompé, et que Sa Sainteté le reçut, au contraire, avec un plaisir qui lui renouvela la bonne opinion qu'il avoit déjà de ce présent*⁵.

des Cendres, si matin que vous voudrez (c'est-à-dire après le passage de M. de Chaulnes à Grignan); c'est justement l'histoire de M. de Roquelaure; elle n'en est pas moins désagréable. Mandez-moi un peu où vous avez pris ces étoffes d'or; ne sont-ce pas de vos vieilles noblesses? Enfin ce cabinet sera beau et richement meublé, et il ne laisse pas d'être bien présentement. » (*Manuscrit*, tome V, page 397.)

3. Il y a *élevé* dans le manuscrit, sans aucun doute par la faute du copiste.

4. Souvenir de la chûte avec Coulanges; voyez, dans la lettre 971, du 1ᵉʳ août 1685, l'apostille de Coulanges (VII, 440 et 441), et voyez aussi le 3ᵉ alinéa de la lettre 1242, note 11 (IX, 345).

5. Sur tout ce passage, qui avait été gravement altéré, et que notre manuscrit nous a permis de restituer, voyez l'*Introduction*, pages 142 et suivantes.

Ma chère bonne, je suis plus en furie que jamais contre votre Carcassonne. Ah! mon Dieu! ce n'est pas un homme; c'est une belle et grande machine où il manque un ressort. S'il avoit eu une âme, il auroit été touché de l'état où l'on lui représentoit notre pauvre marquis. Ma chère enfant, comment peut-on répondre comme il a fait, c'est-à-dire ne rien répondre? Hélas! vous ne lui demandiez que ce qu'il a coutume de donner; c'est ce que je lui demandois dans mes lettres de Paris⁶, que je montrai à Monsieur le Chevalier, et sur quoi ses réponses me firent la moue comme à vous. En vérité, ma chère bonne, j'en pleurerois bien de colère, et je pardonnerois bien à Monsieur le Chevalier d'être en colère [aussi], si cette émotion ne lui faisoit point de mal. Eh! le moyen de soutenir cette insensibilité, cette immobilité? Cela s'appelle *disumanarsi*⁷. Car tout contribuoit, non-seulement à lui faire payer régulièrement ces deux mille francs, mais à prendre sur le fond de son revenu, si caché, si inconnu, si abîmé, de quoi secourir ce cher enfant. Et puis il vient l'appeler son fils! Ma chère bonne, que fîtes-vous donc? de quelle impossibilité fîtes-vous votre ressource en cette occasion⁸? je vous prie de me le dire. Du Laurens⁹ a-t-il bien fait son devoir? cette mortalité¹⁰ n'est-elle point venue par sa faute? Vraiment je ne m'étonne pas si vous

---

6. Voyez plus haut la lettre 123, 1ᵉʳ alinéa et note 2, et la lettre 142, note 7.

7. Devenir inhumain, se rendre inhumain, se *déshumaniser*. Le mot est écrit *dishumanarsi* dans le manuscrit.

8. Voyez la note 4 de la lettre suivante.

9. Écuyer du jeune marquis de Grignan; voyez plus haut la lettre 124, note 10.

10. Le jeune marquis de Grignan avait perdu une partie de ses chevaux; voyez la lettre 1253, du 8 janvier suivant, note 9 (IX, 404).

boudez souvent contre ce prélat ; mais je ne vois pas si bien pourquoi il boude contre vous, si ce n'est par l'ancienne raison, que

« Che offende, non perdona mai[11]. »

Par cet endroit, il a raison ; car assurément il vous offense beaucoup, et son nom, et sa maison, et lui-même ; mais son âme, — s'il en a, — est ladre. Je ne crois pas que je me tienne de [le] lui dire quelque jour, autrement que dans votre lettre. Ma chère bonne, que je vous plains, et que vous êtes accablée !

A PAULINE DE GRIGNAN.

Ma chère Paulinotte, qu'avez-vous donc fait de votre *Pastor fido?* Ils sont assez rares[12] ; vous deviez mieux le garder : je crains que Leger[13] ne l'ait pris pour ce qu'il est, plutôt que pour un livre de dévotion. Je vous embrasse, ma petite. Étudiez bien votre italien, et dansez en cadence ; où avez-vous pris de n'y aller pas, jolie comme vous êtes ?

A MADAME DE GRIGNAN.

Vous prenez toujours du café, ma bonne : je vis l'endroit[14] où vous le trouvâtes trop chaud ; il y avoit un

---

11. Qui offense, plus ne pardonne.
12. Les bergers fidèles ; on comprend, en effet, le jeu de mots, et ce n'est pas évidemment de la rareté du livre que Mme de Sévigné entendait parler.
13. Ce nom ne figure pas ailleurs dans la correspondance ; nous le donnons exactement comme il est écrit dans le manuscrit : c'était peut-être l'instituteur.
14. De votre lettre.

petit mot qui en fut mis tout de travers. J'en prends ici, quand j'en trouve l'occasion.

Adieu, ma très-chère et très-aimable. Je fais mille amitiés à vos Grignans, selon que vous jugez qu'ils le méritent ; j'y comprends M. de la Garde ; je crois que sa part sera bonne ; mais je ne veux point aller à tous à bride abattue : vous en jugerez. Parlez-moi beaucoup de vous, ma bonne, de vos dispositions, de votre assemblée, si vous n'irez point, enfin de tout ce qui vous touche directement ou indirectement : tout m'est cher.

145. — DE CHARLES DE SÉVIGNÉ ET DE MADAME DE SÉVIGNÉ A MADAME DE GRIGNAN[1].

Aux Rochers, dimanche 19° février.

DE CHARLES DE SÉVIGNÉ.

*CE seroit être ingrat envers Dieu, ma petite sœur, de ne pas profiter de la pleine et parfaite santé de ma mère pour la laisser faire carême, au moins jusqu'à ce qu'elle en ressente la plus légère incommodité. Dans ce temps, je ferai mon devoir, et j'userai de tout le pouvoir et de toute l'autorité que je me serai acquise par cette indulgence. En attendant, nous imprimons nos

LETTRE 145 (passage restitué et fragment inédit). — 1. Ces fragments font partie de la lettre 1266 (IX, 460); la lettre entière se trouve dans notre manuscrit, tome V, pages 5 et suivantes; le Grosbois en contient des extraits.

dents sur des beurrées. Quelles beurrées, ma petite sœur! minces* de pain, épaisses de beurre, elles seront bientôt semées *de violette et d'herbes fines, et nous ferons par là une heureuse alliance entre la Provence et la Bretagne*².

DE MADAME DE SÉVIGNÉ.

Voilà donc une attestation de mon médecin³. Adieu, ma très-chère et très-aimable bonne. Je plains Monsieur le Chevalier et ses allures; j'en pleurerois bien volontiers. J'ai dit à M. de Grignan ce que vous avez souhaité. Je révère et j'honore et aime M. de la Garde. J'embrasse Pauline : j'ai trouvé ici les plus jolis petits livres du monde, en italien; je les lui garde; et j'aime très-tendrement ma chère bonne; je l'estime, je l'admire, je la plains, et ne comprends point comment elle pourra faire⁴ : je la remets entre les mains de la Providence, avec un cœur sensible et serré de son état.

2. Sur la restitution de ce passage, voyez l'*Introduction*, pages 139 et suivantes.
3. Charles de Sévigné.
4. Dans le temps où Mme de Sévigné écrivait cette lettre, en 1690, *l'année des grandes infamies* (voyez plus loin la lettre 156, note 5, la lettre 158, note 34, et la lettre 161, note 10), le désordre des affaires du comte de Grignan et les embarras pécuniaires où il se trouvait étaient extrêmes, comme il n'avait pas craint d'en faire lui-même l'aveu dans une lettre écrite au ministre de Pontchartrain, le 14 janvier précédent (lettre 1254 *bis*, tome XI, pages XVIII et XIX) : « Il faut que mes affaires soient dans un extrême désordre pour oser vous en parler dans un temps où les besoins de l'État font avec justice votre unique attention.... Cependant, Monsieur, permettez-moi de vous dire une circonstance très-pressante : c'est la banqueroute du trésorier de Provence. Il m'avoit avancé jusques à trois années des revenus de ma charge, et continuoit à me prê-

146. — DE MADAME DE SÉVIGNÉ
A MADAME DE GRIGNAN[1].

[Aux Rochers, ce mercredi 15ᵉ mars[2].]

Vous ne m'en sauriez assez dire sur la pauvre Claire ;

ter ; ses créanciers se payeront par le courant de mes appointements, et je demeure sans aucune subsistance. » On ne s'explique que trop aisément, d'après cela, les justes inquiétudes de Mme de Sévigné.

LETTRE 146 (fragments inédits). — 1 et 2. La lettre dont ces fragments font partie se trouve dans notre manuscrit, tome V, pages 27 et suivantes. Les anciens éditeurs n'en avaient rien fait connaître. Le Grosbois en contient des fragments, que M. Monmerqué a le premier publiés, en 1827, dans son recueil de lettres inédites (*Lettres inédites*, partie du numéro 8, page 16, à partir des mots : « Tout ce que vous me mandez de Pauline, etc. », jusqu'à la fin de la page 20), mais qui, par suite de diverses méprises, se trouvent réunis, dans cette première publication, sous un même numéro, à d'autres fragments appartenant à trois autres lettres, de dates différentes, des 19 février, 19 avril et 23 avril 1690, auxquelles ils sont complétement étrangers. Les derniers éditeurs ont démêlé et rectifié en partie l'erreur. Ils ont séparé, et mis ou laissé à leur vraie place, les fragments des lettres du 19 février et du 23 avril, dont les dates étaient d'ailleurs parfaitement établies. Ils ont reconnu que les fragments qui font partie de notre lettre et ceux qui appartiennent à la lettre du 19 avril étaient étrangers aux deux premières ; mais n'ayant pu déterminer à quelles lettres ils appartenaient eux-mêmes, ni les distinguer les uns des autres, ils les ont donnés, sans leur assigner une date précise, sous le n° 1270 (IX, 479), comme faisant partie d'une seule lettre, placée hypothétiquement au mois de mars 1690. Nous avons donné, sous le numéro précédent, des fragments qui complètent la lettre du 19 février ; nous donnons plus loin, dans son intégrité (voyez plus bas la lettre 149), la lettre du 19 avril, qui était encore presque entièrement inédite ; la lettre du 23 avril est donnée dans la correspondance générale (lettre 1273, IX, 493) d'après l'autographe, qui s'est conservé et

j'ai de l'attention à sa douleur, et je la respecte. On ne trouve guère de cœurs qui sachent aimer à ce point de perfection ; on ne sait point regretter ceux qu'on a perdus. Si c'étoit par soumission aux ordres de Dieu, ce seroit une belle chose; mais c'est par la dissipation de l'esprit, et par la crainte de se détruire : c'est s'aimer beaucoup, et fort peu les autres.

qui en fixe d'une manière certaine le texte; nous donnons enfin ici toutes les parties inédites de la quatrième lettre, et quoique, par exception, cette lettre ne porte dans notre ancienne copie aucune inscription, nous avons pu, d'après une énonciation précise qui s'y trouve, établir sa date avec certitude, comme on le verra par les notes suivantes (voyez les notes 2 et 6 ci-après) : la confusion qui existait cessera donc complétement, et on saura désormais à quelle lettre appartient chacun des fragments qui avaient été réunis par erreur, et à quelle époque chaque lettre a été écrite. — Par une exception fort rare, dont nous avons cependant déjà trouvé quelques exemples (voyez plus haut les lettres 70 et 71), la lettre, dans notre manuscrit, comme dans le Grosbois, ne porte ni date ni inscription d'aucune sorte. Ce fait donne lieu de penser, et nous sommes en effet porté à croire, que la lettre, même dans notre ancienne copie, n'est pas complète, et que le commencement fait défaut. La partie que nous publions ici, quoique placée en tête dans le manuscrit, ne paraît pas être le début, et il est vraisemblable qu'un ou plusieurs feuillets, dont le contenu devait précéder, ont été supprimés ou égarés. Les passages reproduits par le Grosbois avaient déjà fait soupçonner aux derniers éditeurs la vraie date (voyez les notes 1 et 19 de la lettre 1270, IX, 479 et 483) ; un passage de nos fragments inédits nous a fourni le moyen de la déterminer avec certitude et nous a permis de l'inscrire en tête de nos fragments (voyez plus bas la note 6). Mais cette date, il ne faut pas l'oublier, ne s'étend pas à tous les fragments réunis par les derniers éditeurs sous le numéro 1270; elle n'est vraie que pour ceux de ces fragments qui appartiennent à notre lettre, qui forment le commencement dudit numéro et occupent les pages 479 à 484, jusqu'à la ligne qui termine cette dernière, où commencent, à partir des mots : « On me mande que Monsieur le premier président et M. de Lamoignon, etc. », les fragments qui appartiennent à la lettre du 19 avril (voyez plus loin la lettre 149, notes 1, 11 et 16).

Je trouve cette pauvre femme³ profondément blessée, et les observations que vous faites sur les effets et les degrés de sa douleur, font parfaitement connoître de quoi le cœur est capable, quand il est touché d'une véritable amitié : cet examen est digne de vous. Je trouve la destinée de ce pauvre la Chau⁴ bien marquée. Je crois, ma bonne, que je vous avois mandé quasi ce que vous me mandez, de ce rendez-vous si juste, marqué par la Providence, où il ne pouvoit pas manquer. Il partit ainsi⁵, contre vent et marée, pour trouver cette mort qui l'attendoit. Mais la fortune de celui que vous avez vu est assez bien marquée aussi. Il tombe dans le Rhône, comme l'autre, mais léger d'argent; il prend courage, et avec un morceau du bateau brisé il se sauve : c'est ainsi que nous avons vu autrefois aborder heureusement nos princes et nos princesses⁶.

3. Claire, femme de la Chau (voyez la note suivante). Son nom, ou plutôt son prénom, qui se trouve au commencement de la lettre et que nous retrouverons encore plus loin (voyez plus bas la lettre 148, note 16), ne figurait pas dans la correspondance imprimée ; mais il était déjà fait mention d'elle dans une des lettres publiées par Perrin ; voyez la lettre 1268, du 12 février précédent, 1ᵉʳ alinéa (IX, 471).

4. Le nom est écrit *la Chano* dans le manuscrit ; mais il s'agit bien certainement du même serviteur dont il est parlé au commencement de la lettre du 26 février, citée dans la note précédente. Nous avons cru devoir suivre l'orthographe donnée par Perrin, quoique fort douteuse elle-même (voyez la note 1 de la lettre 1268 précitée, IX, 471), comme plus régulière et plus vraisemblable, et pour éviter d'ailleurs d'introduire dans le texte des lettres des variantes inutiles.

5. Il y a *aussi* dans le manuscrit ; mais ce mot se retrouve à la fin de la phrase suivante, et il est très-vraisemblable que c'est par inadvertance du copiste qu'il a été mis ici, au lieu de *ainsi*, que nous avons cru devoir restituer.

6. Allusion à l'arrivée en France de la reine d'Angleterre, Henriette-Marie de France, fille de Henri IV, veuve de Charles Iᵉʳ, avec son fils, Charles II, et sa fille, Henriette-Anne d'Angle-

1690

La crainte de cette pauvre femme, que son mari ne se fût mis en colère et n'eût juré pour sa dernière parole, me paroît d'une vraie chrétienne. Toujours la suite, je vous prie, ma bonne, de cette tragique histoire.

Ma chère bonne, je vous embrasse tendrement. Faites mes compliments et mes amitiés comme vous le jugerez à propos. Je viens de répondre à la jolie lettre de Coulanges[7], indignement.

---

terre, mariée plus tard à Philippe, duc d'Orléans, frère de Louis XIV.

7. Cette réponse, écrite le même jour que notre lettre, et qui nous aurait fourni d'une manière sûre la date de cette dernière, ne s'est pas conservée. Mais une autre lettre, écrite trois jours plus tard par Mme de Sévigné à son cousin, a eu un meilleur sort. C'est la lettre 1271 (IX, 488), qui porte la date du samedi 18 mars, et au début de laquelle on lit ces mots : « Je fais courir cette feuille après trois autres que je vous écrivis il y a trois jours, etc. » Ces trois feuilles écrites trois jours auparavant, c'est-à-dire le mercredi 15 mars, n'étaient autres certainement que la réponse dont parle Mme de Sévigné dans notre lettre, réponse dont elle était si mécontente, et qu'elle se crut obligée peu de jours après de compléter. Nous avons donc, quoique d'une manière bien indirecte, la date de notre lettre, donnée par Mme de Sévigné elle-même. Et cette date ne doit, ce nous semble, soulever aucun doute, car elle est confirmée par les autres énonciations de la lettre, qui avaient déjà permis aux derniers éditeurs de l'indiquer comme très-vraisemblable ; voyez la note 2 ci-dessus, et conférez la note 19 de la lettre 1270 (IX, 485).

147. — DE MADAME DE SÉVIGNÉ
A MADAME DE GRIGNAN[1].

1690

A Rennes, dimanche 2° avril[2].

N'êtes-vous pas trop bonne, n'êtes-vous pas trop ai-

LETTRE 147 (lettre inédite). — 1 et 2. Cette lettre, entièrement inédite, se trouve dans notre manuscrit, tome V, pages 19 et suivantes. L'inscription, comme d'ordinaire, ne fait aucune mention de l'année; mais l'indication du lieu et les autres mentions qui s'y trouvent, jointes aux renseignements fournis soit par le contenu même de la lettre, soit par d'autres lettres de la même époque, ont rendu facile la détermination précise de la date. Notre lettre et la suivante ont été écrites pendant un séjour de courte durée, que Mme de Sévigné fit à Rennes, au printemps de 1690, séjour que l'ancienne correspondance imprimée, par suite des suppressions et des changements opérés par Perrin, ne laissait pas même soupçonner, mais que quelques fragments du Grobois indiquaient déjà vaguement (voyez la note 1 de la lettre suivante), et sur lequel les lettres de notre manuscrit ne laissent aucun doute. Ce séjour, qui ne devait être que de deux semaines (voyez, dans les fragments réunis sous le numéro 1270, le passage de la lettre du 15 mars, auquel se rapporte la note 19, IX, 483 : « Nous allons lundi à Rennes passer quinze jours, etc. », et conférez la note 1 de la lettre 146 ci-dessus), fut prolongé et en dura trois. Mme de Sévigné, qui avait dû se rendre à Rennes le lundi 20 mars, n'en repartit que le lundi 10 avril (voyez la fin du 1er alinéa de la lettre 148 ci-après, écrite le 5 avril). Notre lettre fut donc écrite dans la capitale de la Bretagne, le dimanche 2 avril, jour de Quasimodo, dans le courant de cette terrible année 1690, — l'année des grandes infamies! — qui fit voir dans toute leur triste réalité les embarras pécuniaires du comte de Grignan (voyez plus loin la note 5 de la lettre 156). Cette circonstance explique son absence dans la correspondance imprimée, où sa place était restée vide. Elle appartient à toute une série de lettres de la même époque, discrètement mises à l'écart, mais dont les lecteurs attentifs de Mme de Sévigné n'avaient pas manqué de remarquer et de signaler

mable de recevoir mes pauvres lettres avec tant de joie, tant d'amitié; de les appeler *vos bonnes, vos chères bonnes;* de les caresser, de les trouver nécessaires à votre repos! Ma chère Comtesse, elles sont trop heureuses; mais ne vous répondent-elles rien? demeurent-elles froides et immobiles à de si aimables douceurs? Je vous demande pardon pour elles, et vous remercie de tant de marques d'une si chère et précieuse amitié. Il n'y a que vous, ma bonne, et moi, si je l'ose dire, qui la mettions en premier rang, et qui en soyons plus touchées que de toutes les autres choses de ce monde. Ces sentiments sont rares; on voit tous les jours des arrangements bien contraires; mais jouissons du plaisir de n'être point comme les autres. Vous les surpassez aussi en régularité; vous êtes quatre heures à *Ténèbres.* Pourquoi ne sortez-vous pas après trois leçons en musique? Vous abusez de votre bonté. J'ai très-bonne opinion d'un maître de musique *qui a seulement été nommé pour la chapelle du Roi*[3]; il n'en faut pas davantage : *In corte viene*[4].

M. de Grignan doit être content; mais nous le sommes de lui, ce me semble, puisque, comme vous dites, il est entré, une fois en sa vie, dans ses propres intérêts. Enfin, il a compris que l'opiniâtreté d'Anfossi[5] n'est pas une chose supportable; il y a du mépris à ce

---

la suppression, dont la cause était d'ailleurs facile à deviner; voyez la *Notice,* pages 289 et suivantes. On saura gré à notre ancienne copie d'avoir conservé cette lettre; car non-seulement elle est intéressante par elle-même, mais elle sert, avec d'autres qui avaient eu le même sort qu'elle, et qui paraissent pour la première fois dans ce recueil, à expliquer plusieurs passages obscurs des lettres antérieurement publiées.

3. C'est-à-dire, rien que par cela seul qu'il a été désigné pour faire partie de la chapelle du Roi.

4. *Il vient à la cour.*

5. Secrétaire et chargé d'affaires de M. de Grignan, dont il a

pétoffe[15] que superficiellement ; car je dis, comme cet homme au sermon : « Je ne suis pas de la paroisse. » Mais c'est cela même qui fait leur tort, car j'étois sans conséquence. Les autres dames disent : « Si nous allons voir les premières Madame la Lieutenante de Roi, que ferons-nous à Mme de Chaulnes, et à Mme de Lavardin ? » MM. de Coetlogon[16] et de la Coste[17] viennent de recevoir un grand dégoût ; c'est qu'il est venu un arrêt du conseil qui fait passer tous les ordres à l'intendant, en l'absence du gouverneur et du lieutenant général, au préjudice des lieutenants de Roi ; de sorte qu'en nul cas ils ne peuvent jamais commander. C'est un coup de massue qui rabaisse leurs charges de vingt mille écus ; car, après M. de Pommereuil[18], nous aurons en Bretagne un autre intendant : ainsi voilà qui est *in secula seculorum*, et sur le pied des autres provinces, au grand mépris du contrat et des prérogatives de la duchesse Anne[19]. Voilà nos nouvelles ; vous savez celles de la Cour.

la lettre 1273, note 5 (IX, 495), et la lettre 1227, 1ᵉʳ alinéa (IX, 264 et 265), et voyez aussi plus bas, dans ce recueil, le dernier alinéa de la lettre 148 ci-après.

15. Sur le sens de cette expression, voyez plus haut, tome I, page 304, la note 9 de la lettre 21.

16. René-Hyacinthe, marquis de Coetlogon, lieutenant de Roi en haute Bretagne et gouverneur de la ville de Rennes ; voyez la note 14 ci-dessus.

17. Sans doute le père de cette demoiselle de la Coste, à qui Charles de Sévigné avait fait autrefois la cour, et dont il avait failli compromettre le mariage ; voyez la *Notice*, page 212, et la lettre 1089, notes 19 et 20 (VIII, 268). Par méprise du copiste, le nom est écrit *de la Cotte* dans le manuscrit.

18. Voyez plus haut la note 14 de la lettre 135. M. de Pommereuil fut remplacé en effet en 1691 par le marquis de Nointel, dans la charge d'intendant de Bretagne ; voyez la fin de la note 11 de la lettre 1430 (X, 317).

19. D'après lesquels la Bretagne devait conserver le droit de s'administrer elle-même et ne devait pas recevoir d'intendant.

J'achève ici l'affaire de mes lods et ventes[20] : il me falloit encore une quittance, je l'aurai.

L'abbé Charrier est arrivé de basse Bretagne, où il a pensé périr par les chemins, pour le service de son cousin de Bagnols, dont il vient de voir les terres au fond de la basse Bretagne. Il m'a paru encore transporté de votre lettre[21], et se croit obligé, *en conscience et en honneur*, de me remettre entre vos mains, au pied de la lettre, parce que vous le lui commandez. Je continue toujours à vous demander vos fixes et fermes résolutions entre ci et le mois de septembre[22].

Comment vous portez-vous de la bonne viande[23], ma chère bonne? Et vous, ma chère Pauline? Pour moi, je me conduis, je me gouverne, entre le veau, l'agneau et les petits poulets, et je m'en porte si parfaitement bien, que je ne vous en souhaite pas davantage. Je soupe ce soir chez Madame la Présidente, qui tient la place de la Première[24]. Le Parlement me console parfaitement de l'absence du Lieutenant de Roi[25]; mais je gouverne M. de Mejusseaume[26], sa femme, un de ses frères, une sœur religieuse[27], une nièce[28]. Enfin, tout va bien,

20. Voyez plus haut la lettre 136, fin du 4ᵉ alinéa.
21. Conférez plus haut la lettre 140, note 5.
22. Voyez et conférez plus loin la lettre 149, note 23.
23. C'est-à-dire, comment vous trouvez-vous de la cessation du carême ; Pâques, en 1690, était tombé le 26 mars.
24. La *Première*, c'est-à-dire la première présidente. C'était à cette époque Mme de la Faluère, femme du premier président du parlement de Bretagne. M. et Mme de la Faluère étaient alors à Paris; voyez plus loin la lettre 149, note 7.
25. Le marquis de Coetlogon.
26. Gui de Coetlogon, vicomte de Mejusseaume, doyen des conseillers du parlement de Bretagne, oncle du marquis de Coetlogon.
27. Voyez la lettre 1227, note 22 (IX, 264).
28. C'est-à-dire, les politesses qu'on me fait dans le Parlement

hormis le Gouverneur et la Gouvernante[29], qui faisoient autrefois ma consolation : ainsi va le monde !

Je suis fort contente des gens de connoissance que vous donnez au Marquis. Je l'ai grondé de n'avoir pas eu le courage d'aller dîner chez Mme de Coulanges.

Les appointements de Flame[30] étoient d'une grande violence, surpassant les maîtres d'hôtel de M. de Chaulnes et de l'archevêque de Reims.

Je suis affligée que Pauline ait la voix discordante, comme son oncle : le moyen qu'ils puissent jamais s'accorder ensemble? Pour son langage, je suis assurée que je l'aime. Je ne comprends pas *les dents mangées de la lune;* qu'est-ce que cela veut dire, ma bonne? pour moi, je ne vois que de petites dents de chien. J'aime qu'elle soit fille de raison, faisant carême-prenant avec une allégresse aussi pleine et sincère qu'elle entendra dévotement les lamentations de Jérémie ; et en tout temps de profondes racines de religion.

Mon Dieu ! que vous étiez plaisante l'autre jour en me parlant du bâtiment de l'Archevêque, et de ce vieux mur qui dit : « Ma compagne fidèle tombe, tombons aussi ! » J'ai cru que votre muraille en diroit autant de cette tour abattue[31]. Et tout ce que vous dites de l'in-

me consolent de ne point recevoir la visite du marquis de Coetlogon ; mais du reste je suis dans les meilleurs rapports avec ses parents, M. de Mejusseaume, etc. Conférez la note 26 ci-dessus.

29. Le duc et la duchesse de Chaulnes, dont Mme de Sévigné regrettait l'absence. Le duc de Chaulnes n'était pas encore de retour de son ambassade de Rome ; voyez plus loin la lettre 151, note 37, et la lettre 155, 8e alinéa.

30. Maître d'hôtel du comte de Grignan ; voyez la lettre 1211, note 1 (IX, 181), la lettre 1216, 1er alinéa (IX, 207 et 208), et la lettre 1268, note 6 (IX, 475) ; Flame venait sans doute tout récemment d'être congédié.

31. La tour que le Coadjuteur, maintenant archevêque d'Arles, avait fait abattre ; voyez la lettre 1181, note 11 (IX, 65).

trépidité de l'Archevêque, qui trouve de nouvelles forces dans les impossibilités et dans les injustices! tout cet endroit est digne de l'impression; mais on n'a pas le loisir ici de vous le dire.

Adieu, ma très-chère et très-aimable bonne. Ne soyez point en peine de ma santé, elle est très-parfaite; songez à la vôtre : n'ayez point froid, dormez, conservez-vous dans de certains temps, et m'embrassez, ma chère bonne, et que je vous aime toujours bras dessus bras dessous. Je fais mille amitiés à tous vos chers Grignans.

148. — DE MADAME DE SÉVIGNÉ
A MADAME DE GRIGNAN[1].

A Rennes, mercredi 5ᵉ avril.

Vous étiez encore bien avant dans vos dévotions, ma

LETTRE 148 (fragments inédits). — 1. La lettre à laquelle appartiennent ces fragments se trouve dans notre manuscrit, tome III, pages 377 et suivantes. Les anciens éditeurs n'en avaient rien fait connaître. Le Grosbois en contient un extrait, publié, en 1827, par M. Monmerqué (*Lettres inédites*, pages 53 et suivantes), et inséré par les derniers éditeurs dans la correspondance générale, sans indication précise de date, mais cependant à sa vraie place, sous le numéro 1272 (IX, 490). Cette lettre, comme la précédente, fut écrite pendant le court séjour que Mme de Sévigné fit à Rennes au printemps de 1690 (voyez les notes 1 et 2 de la lettre 147 ci-dessus). M. Monmerqué avait présenté les fragments fournis par le Grosbois, — qui dans ce dernier manuscrit ne portent aucune indication de date ni de lieu, — comme faisant partie d'une lettre écrite des Rochers au mois d'octobre 1690 (voyez dans le recueil de 1827, page 53, l'inscription mise en tête desdits frag-

chère bonne, quand vous m'avez écrit, et votre lettre
m'a trouvée dans le *Rabillare*² par-dessus la tête.
C'est une mode de me traiter : un grand souper, di-

ments). Il y avait en cela double erreur, erreur sur le lieu et erreur sur la date. Les derniers éditeurs ont reconnu et rectifié autant qu'elle pouvait l'être l'erreur concernant la date. Le contenu
des fragments leur avait fait connaître que la lettre dont ils faisaient partie avait été écrite, non au mois d'octobre, mais au mois
d'avril 1690, et c'est sous cette date, qui n'était encore qu'approximative, mais vraie, qu'ils les ont donnés. Mais l'erreur sur
le lieu n'avait pas été redressée, et la lettre a continué à être portée comme écrite des Rochers (voyez l'inscription de la lettre 1272
précitée, IX, 490). Quelques énonciations contenues dans les fragments nouveaux fournis par le Grosbois pouvaient cependant faire
déjà soupçonner la vérité. C'est d'abord le passage de la lettre du
15 mars, où Mme de Sévigné annonçait d'une manière précise
son prochain départ pour Rennes (voyez la lettre 1270, note 19,
et les notes 1 et 2 de la lettre 147 ci-dessus). C'est ensuite le passage de notre lettre, reproduit par le Grosbois, dans lequel Mme
de Sévigné révèle sa présence dans la capitale de la Bretagne, en
parlant des Ténèbres chantées à l'église de Saint-Pierre, cathédrale
de Rennes, auxquelles elle avait assisté (voyez la fin du 1er alinéa
de la partie imprimée de la lettre, note 3, IX, 490). Mais ces
données insuffisantes et vagues ne pouvaient servir tout au plus
qu'à fonder des conjectures. Notre ancienne copie aura donc ici
le mérite, non-seulement de compléter la lettre, mais de bien pré-
ciser sa date, et de fixer le lieu d'où elle a été écrite.

2. Ce mot, qui se présente deux fois dans la lettre (voyez plus
loin, note 15), et qu'on ne rencontre pas ailleurs, est écrit dans
le manuscrit, dans l'un des passages où il se trouve, avec deux *l*,
comme nous le donnons ici, dans l'autre avec un seul. C'est la
seule différence qu'il présente, et le mot est d'ailleurs très-nettement écrit dans les deux endroits. Cette expression, dont notre
manuscrit ne donne peut-être pas l'orthographe exacte, et dont
nous ignorons l'origine (on pourrait être tenté de faire venir le
mot du verbe italien *rabbellire*, embellir de nouveau, le *Rabillare* se
trouvant toujours au printemps, ou du verbe provençal *rabilhar*,
rabilhar se, rhabiller, se rhabiller, reprendre les vêtements que l'on
avait quittés, reprendre les vêtements de fête), est employée ici,
dans tous les cas, pour désigner le temps de fêtes qui succède au
carême, en un mot la semaine de Pâques, qu'on célébrait autrefois,

1690 manche³, chez une présidente, vraiment fort honnête, fort aimable et d'un bon air; hier, un dîner chez M. et Mme du Cludon. « Que tu connoîtriez Mademoiselle du Cludon? » vous souvient-il de cette sottise? Ils sont dans la plus belle maison de Rennes; je n'ai point vu une meilleure chère, ni plus polie, ni plus magnifique, ni plus propre, ni de meilleurs officiers. Demain, un souper chez la Sénéchale; dimanche, un dîner chez un autre président; et lundi, aux Rochers; et malgré tant de festins⁴, j'avoue que je serai ravie de retourner dans ma solitude.

J'ai ici l'abbé Charrier : si vous saviez ce que nous disons, vous nous aimeriez; mais il n'est pas temps d'en parler.

M. de Pommereuil⁵ me traitera aussi, mais en basse note⁶. Je cause fort avec lui; il a bien de l'esprit, un esprit décisif qui fait plaisir, quand on ne le sent point. Cette province seroit ruinée sans ce caractère, qui fait obéir les troupes à sa justice, et rendre, jusqu'à un sou, tout ce qui ne leur est pas dû : sans cette exactitude la pauvre Bretagne seroit perdue.

Le maréchal d'Estrées⁷ revient par Nantes : je l'au-

et qu'on célèbre encore aujourd'hui dans beaucoup de pays, par de nombreux festins. On comprend aisément, d'après cela, les locutions *être dans le Rabillare, raconter le Rabillare*, et autres semblables.

3. Ce dimanche était le dimanche de Quasimodo, qui tombait, en 1690, le 2 avril.

4. C'est là évidemment ce qui constituait principalement le *Rabillare*, et ce dont Mme de Sévigné avait voulu dire plus haut qu'elle avait *par-dessus la tête*; voyez plus haut, note 2.

5. Intendant à Rennes; voyez plus haut la note 14 de la lettre 135.

6. Sans bruit, en petit comité. Cette expression se trouve dans d'autres lettres de Mme de Sévigné; voyez la lettre 1201, 2ᵉ alinéa, note 10 (IX, 142), et voyez aussi la lettre 994, 2ᵉ alinéa (VII, 507).

7. Le maréchal d'Estrées (Jean, comte et second maréchal

rois attendu ici, pour le voir un moment ; mais il prend les hauteurs de Vannes et d'Auray, et moi je m'enfuis.

J'ai dans la tête de faire que mon fils glisse cette année sans être à la tête de cet abominable arrière-ban[8]. Cela me choque et me blesse : j'ai pardonné la retraite, je ne puis souffrir de remonter à cheval par ce côté-là. Je m'entends avec M. de Pommereuil pour escamoter le bel emploi : avec un tel confident je ne crains rien. S'il faut changer d'avis l'année qui vient, ce sera à bonnes enseignes, et dans la vue prochaine de la députation[9] : enfin nous verrons. Tout cela est passé de ma tête dans celle de mon fils : cela valoit bien un voyage à Rennes. J'ai fini aussi une petite affaire de ces lods et ventes ; enfin voilà qui est quasi fini.

Pauline m'a fort joliment écrit ; elle n'est point du tout sotte : c'est vous qui avez tort.

J'aime tout ce que vous me dites de Dieu, de votre âme, de saint Augustin ; je relirai ce livre[10] à mon retour : je l'ai vu en courant.

Rochon m'écrit une grande lettre de votre requête

---

d'Estrées, deuxième fils de François-Annibal, premier maréchal d'Estrées) était chargé du gouvernement de la Bretagne, en l'absence du duc de Chaulnes.

8. Charles de Sévigné avait été désigné l'année précédente pour commander l'arrière-ban de la noblesse de Bretagne, et cet honneur l'avait entraîné dans de grandes dépenses ; voyez le 3e alinéa de la lettre 1165 (IX, 17) et le dernier alinéa de la lettre 1181 (IX, 65 et 66).

9. Voyez la *Notice*, page 282. Il s'agissait de ce qu'on appelait la *grande députation*, qui consistait à être désigné pour porter au Roi, au nom de la noblesse des États de Bretagne, le don gratuit de la province.

10. Il s'agissait sans doute de l'ouvrage dont il est parlé de nouveau dans la lettre du 26 avril suivant ; voyez plus bas la lettre 50, notes 27 et 28.

civile : M. de Lamoignon, M. Croiset[11] veulent qu'on la juge; on n'ose répondre à de telles gens : Dieu veuille que *votre lieutenant général*[12] soit aussi heureux à la quatrième que d'autres l'ont été au grand conseil ! Rochon est toujours tout transporté de zèle pour vous. Je vous conseille de prier M. de Chaulnes de lui permettre de couronner l'œuvre de toute cette chicane, où il a fait un si bon et si utile personnage. Pour moi, j'avoue que j'eusse souhaité que c'eût été vous-même en personne, mais je cède : je vois clairement que le bon Rochon l'eût voulu comme moi.

Votre compagnie est vendue, vous le savez; votre enfant quasi toujours à Versailles : le triste spectacle [que celui] de la pauvre Dauphine[13] ! tous les voyages[14] reculés, et peut-être rompus!

Enfin, ma bonne, je suis toujours toute entière à vous, et j'aime et j'estime et j'honore tout ce qui vous entoure, c'est-à-dire environne, car *entoure* est trop vieux. J'embrasse Pauline et son esprit. Son oncle est charmé de sa lettre, et attend le *Rabillare*[15] avec impatience : cette lettre est trop jolie. Je vous souhaite

---

11. Louis-Alexandre Croiset, président de la quatrième chambre du parlement de Paris, devant laquelle devait se plaider le procès sur la requête civile formée par M. d'Aiguebonne; conférez plus loin la lettre 151, note 38, la lettre 152, note 28, et la lettre 160, notes 4 et 5.

12. Par ces mots Mme de Sévigné entendait sans doute désigner l'évêque de Carcassonne, qui fut spécialement chargé de s'occuper de l'affaire, et dont on attendait l'arrivée à Paris pour commencer le procès; voyez la lettre 1280, note 2 (IX, 517), et voyez ci-après la lettre 149, note 18, et plus loin la lettre 158, note 6, et la lettre 160, note 12.

13. Voyez la lettre 149 ci-après, notes 2 et suivantes.

14. Les voyages de la Cour.

15. C'est-à-dire, le récit des fêtes du *Rabillare* à Grignan; voyez la note 2 ci-dessus.

autant de santé qu'à moi. Comment se porte l'âme de Claire[16]? et le corps de Martillac?

M. de Coetlogon a continué ses rigueurs; il a tenu bon, il ne m'est point venu voir : cela fait rire. J'eusse été voir sa femme, s'il avoit fait son devoir ; car je ne suis pas de l'avis des *révoltées*[17], on lui doit cette visite; mais son mari m'a décidé. Mme de Marbeuf vous adore.

---

149. — DE MADAME DE SÉVIGNÉ A MADAME DE GRIGNAN ET AU CHEVALIER DE GRIGNAN, ET DE CHARLES DE SÉVIGNÉ AU CHEVALIER DE GRIGNAN [1].

Aux Rochers, mercredi 19ᵉ avril.

DE MADAME DE SÉVIGNÉ A MADAME DE GRIGNAN.

« UN procès à juger, et une grande affaire à accom-

16. Voyez plus haut la lettre 146, note 3.
17. Voyez la lettre précédente, notes 14 et 15.
LETTRE 149 (lettre entière, en partie restituée, en majeure partie inédite). — 1. Cette belle lettre, une des plus remarquables certainement que Mme de Sévigné ait écrites, se trouve dans notre manuscrit, tome V, pages 35 et suivantes. Les anciens éditeurs n'en avaient rien fait connaître. Le Grosbois en contient deux fragments, que M. Monmerqué a publiés le premier, en 1827, dans son recueil de lettres inédites (*Lettres inédites*, partie du numéro 8, pages 21 à 24). Nous avons dit ailleurs (voyez plus haut la note 1 de la lettre 146) comment, par méprise, ces fragments, dans cette première publication, avaient été réunis à des fragments de diverses autres lettres, et donnés tous ensemble comme faisant

moder²; que dites-vous de cela, ma bonne³? et le tout en notre absence! » Voilà ce que vous me dites, et je vous réponds, ma chère bonne, que j'en tremble, et que Rochon, qui me vient d'écrire une grande lettre, me paroît aussi tout étonné, que M. de Lamoignon ait voulu, que, pour cinq ou six mois, que les lettres d'État vous eussent facilement donnés⁴, vous et M. de Grignan ne soyez point présents à cette affaire, qui est la vôtre, quoi que vous disiez; surtout M. de Grignan étant obligé d'aller après la Saint-Martin prendre son collier : tout cela eût été facile à ajuster. M. Talon⁵ aime de passion Mme de Bury⁶, [qui est à Paris]; M. et Mme de

partie de la lettre du 19 février 1690, à laquelle la plupart étaient étrangers. Nous avons expliqué aussi comment, par une suite et un reste de la même erreur, les deux fragments de notre lettre publiés d'après le Grosbois se trouvaient réunis, dans l'édition des *Grands écrivains de la France*, à des fragments de la lettre du 18 mars, extraits du même manuscrit, avec lesquels ils figurent sous le numéro 1270 (IX, 479), comme appartenant à une même lettre, datée, par conjecture, du mois de mars 1690; voyez plus haut, pour plus de détails, la note 1 précitée de la lettre 146.

2. Le procès à juger, c'est-à-dire à faire juger, c'était le procès avec M. d'Aiguebonne; la grande affaire à accommoder, était l'affaire avec Mme de Vibraye, dont il sera souvent question dans les lettres suivantes, mais dont Mme de Sévigné n'était pas encore instruite; voyez plus bas la fin du 4ᵉ alinéa, note 20, et voyez plus loin la lettre 152, notes 13 et 14, et la lettre 155, note 25.

3. Ces mots offrent ici, ce nous semble, un intérêt particulier; ils sont donnés, en effet, comme se trouvant dans la lettre de Mme de Grignan, à laquelle Mme de Sévigné répondait; ces termes de tendresse familière étaient donc à l'usage de la fille écrivant à sa mère, aussi bien qu'à l'usage de la mère écrivant à sa fille : ce détail ne paraîtra peut-être pas indifférent; conférez plus loin la lettre 160, note 24.

4. Voyez plus haut la lettre 126, note 4.

5. Denis Talon, avocat général au parlement de Paris.

6. Anne-Marie d'Eurre d'Aiguebonne, comtesse de Bury, dame d'honneur de la princesse de Conti, sœur de M. d'Aiguebonne et belle-sœur de Mme de Lavardin; voyez la note 13 de la lettre 772

la Faluère[7], dont je ne me défie point après ce qu'ils m'ont dit, y sont aussi : voilà ce que je dis ; mais, ma bonne, c'en est fait ; il est inutile de raisonner sur une chose faite.

Monsieur de Carcassonne arrive le 11ᵉ de mai ; Rochon reviendra le 15 de Picardie : je vous conseille de le demander en grâce à Mme de Chaulnes[8], car c'est en lui que je mets ma plus grande confiance. Je lui écrirai aussi, et en très-peu de temps vous saurez ce qui en sera. Il faut remettre vos vieilles troupes sur pied, votre *amie magique*[9], votre bon M. Piques[10], vos magistrats,... et recommander à Dieu l'événement !

*On[11] me mande que Monsieur le Premier Prési-

(VI, 195). Elle avait pris très-vivement parti pour son frère, dans le procès de ce dernier contre M. de Grignan ; voyez notamment, à ce sujet, la lettre 1158, 1ᵉʳ alinéa (VIII, 561 et 562).

7. M. de la Faluère était premier président du parlement de Bretagne ; Mme de la Faluère était une grande amie de Mme de Bury ; voyez la lettre 1189, notes 24 et 25 (IX, 96), et voyez aussi plus haut la note 24 de la lettre 147.

8. Rochon était homme d'affaires de M. de Chaulnes ; voyez plus haut la note 6 de la lettre 125, et conférez la lettre 148 ci-dessus, 3ᵉ avant-dernier alinéa.

9. Nous ignorons quelle personne Mme de Sévigné entendait désigner par ces mots ; peut-être avait-elle écrit : « votre ami magique, votre bon M. Piques », auquel cas il se pourrait qu'il ne fût question que d'une seule personne ; voyez la note suivante.

10. Le même nom, un peu différemment écrit (*Pignes*, dont on a fait *Pignet*), mais désignant certainement la même personne, se retrouve dans la lettre du 27 août suivant, que nous donnons plus loin intégralement, à sa date, dans ce recueil ; voyez et conférez plus loin la lettre 160, note 11. Dans cette dernière lettre, Mme de Sévigné vante de nouveau les services de M. Piques, et toujours au sujet du procès d'Aiguebonne : « M. Piques, mon Dieu, le bon homme ! »

11. Ici commence le premier fragment de la lettre publié d'après le Grosbois ; il s'arrête au milieu de la dernière phrase de l'alinéa, que le copiste n'a pas pris la peine de transcrire jusqu'au bout ; voyez plus haut la note 1, et ci-après la note 16.

dent[12] et M. de Lamoignon ne sont pas dans une parfaite union, quoique beaux-frères. Ce sont des caractères si différents, qu'il n'y a que la justice qui les unisse : encore y a-t-il différentes manières de la prendre. Cet arrêt, où les conclusions de M. de Lamoignon furent suivies, avec tant de gloire pour lui, pour la maison de Lorraine, n'a été tiré du greffe et délivré que depuis trois jours. On a grondé cet avocat général, d'avoir élevé si haut les louanges de cette maison, et on a nommé commissaire M. Daurat[13], pour informer contre M. de Commercy[14]; de sorte que Mme de Lillebonne dit : « Mes filles, qu'on ne peut empêcher de toucher leurs cent mille écus chacune, peuvent aller remercier Monsieur le Premier Président ; mais je n'irai point voir un homme qui ôte à mon fils la duché de Joyeuse, et qui lui fait faire son procès[15]. » Voilà comme s'est tournée cette grande*[16] victoire ; vous en entendrez parler cependant.

12. Le premier président Achille de Harlay, marié à Anne-Madeleine de Lamoignon, sœur de l'avocat général Chrétien-François de Lamoignon, dont il est question dans le même passage.

13. C'est ainsi que le nom est écrit, fort nettement, dans notre manuscrit ; le copiste du Grosbois a omis une lettre et écrit *Durat*, dont M. Monmerqué et les derniers éditeurs ont fait *Dorat*. On doit croire, d'après notre ancienne copie, qu'il s'agissait d'Étienne Daurat, conseiller de grand'chambre au parlement de Paris, et non, comme on l'avait supposé, de Joseph Dorat, également conseiller de grand'chambre au même parlement ; conférez la note 25 de la lettre 1270 (IX, 485).

14. Charles-François de Lorraine, prince de Commercy, fils de Mme de Lillebonne.

15. Voyez la note 26 de la lettre 1270 (IX, 485), relative à ce passage, et la note 8 de la lettre 1151 (VIII, 532).

16. Le texte du passage transcrit dans le Grosbois s'arrête ici, au mot *grande*, qui non-seulement ne terminait pas la phrase, mais qui n'avait pas de sens sans le substantif qui l'accompagnait, que le copiste n'a pas pris la peine d'écrire. M. Monmerqué avait ré-

Rochon m'écrit comme persuadé qu'Anfossi[17] n'est venu que pour votre affaire, et il en est fort aise. Il l'a mené chez M. de Lamoignon, qui les assembla tous pour décider qu'il falloit tout à l'heure faire juger cette requête civile, c'est-à-dire dès que Monsieur de Carcassonne seroit arrivé[18]. Anfossi est chez vous[19], comme à l'ordinaire, et je trouve qu'il entendoit si bien cette affaire, que je suis ravie qu'il suive Monsieur de Carcassonne dans ses sollicitations. Mandez-moi quelle est cette grande affaire, que vous allez accommoder pendant le jugement de cette requête civile[20].

Vous dormez cependant, c'est-à-dire vous laissez dormir votre dépense, n'ayant autre chose à faire qu'à laisser passer et couler le temps, qui, en nous emmenant, paie au moins nos dettes. Vous saurez, ma chère bonne, que je suis dans le même cas : il s'est joint au paiement de mes petites dettes de Paris le paiement de ces lods et ventes, dont je vous ai parlé[21], qui fait un tel empêchement au revenu de ces mêmes terres, qui sont présentement à moi, que je ne les puis compter que dans un an et plus ; et encore l'affaire est si bonne, que j'ai bien remercié l'abbé Charrier de m'avoir ainsi coupé la bourse. J'étois perdue, si j'avois attendu au bout des neuf ans ; mais comme le temps m'est plus cher qu'à

---

paré avec assez de bonheur la faute du copiste en ajoutant, par conjecture, le mot *affaire*, qui rend cependant moins bien la pensée de Mme de Sévigné que le mot *victoire*, qui se lit dans notre manuscrit, et qui se trouvait sans aucun doute dans l'original.

17. Voyez plus haut la lettre 147, notes 5 et 6.
18. Voyez la note 12 de la lettre précédente.
19. Dans l'appartement de M. et Mme de Grignan à l'hôtel Carnavalet.
20. Voyez le commencement de la lettre, note 2.
21. Voyez la lettre précédente, note 10, et la lettre 147, note 20.

vous, ma bonne, pour les raisons que vous savez, je sacrifie beaucoup plus que vous au desir[22] de finir ma vie avec honneur et sans que personne se plaigne de moi. Je suis donc résolue de ne point aller à Paris cet hiver prochain, puisque vous n'y allez pas ; car si vous y eussiez été, ou que vous changeassiez d'avis, j'irois assurément. Et si nous en étions là, je vous ferois voir que vous pourriez m'y faire paroître d'une manière, — en me permettant seulement de nourrir deux de vos chevaux, dont vous vous serviriez plus que moi, — que personne ne s'apercevroit que je n'en eusse pas ; mais sans vous je ne puis rien représenter que de mauvais. Ainsi je n'irai point, et je médite de loin (et j'en ai parlé à l'abbé Charrier, qui sera [alors] à Lyon) de m'en aller, dans la fin de septembre, en litière, faire le trajet de Vitré à Grignan[23], y passer l'hiver avec vous, ma chère bonne, et, sur la fin de l'été, m'en retourner avec vous à Paris[24], ou peut-être devant vous, pour me redonner comme une femme qui n'est ni fugitive ni poursuivie, mais qui a donné ordre à ses affaires, pendant que sa chère fille donnoit ordre aux siennes aussi. Voilà mon projet, qui contente également ma tendresse et l'ordre que j'ai dans la tête. Je vous conjure instamment et saintement de n'en rien dire à Paris, c'est-à-dire que nulle de mes amies n'en sache rien. J'en suis aimée, cela leur donneroit un chagrin

22. Le manuscrit porte, sans doute par suite d'une méprise du copiste : « je sacrifie beaucoup plus que vous à l'*honneur* de finir ma vie avec *honneur* ».

23. Mme de Sévigné réalisa ce projet au mois d'octobre suivant ; voyez plus loin les lettres 161 et suivantes.

24. Mme de Sévigné, après un séjour de plus d'une année à Grignan, revint en effet à Paris au mois de décembre 1691 avec sa fille et son gendre ; voyez le commencement de la lettre 1340, à Bussy, du 27 janvier 1692 (X, 68).

qui m'en donneroit, et qui seroit répandu dans toutes nos lettres, au lieu du divertissement que j'en reçois. Ainsi, ma chère bonne, taisons-nous, je vous le demande, et songeons premièrement que ces projets sont soumis, comme toute autre chose, à la volonté de Dieu, qui souvent les renverse ; qu'il faut que ma santé continue [à être] aussi parfaite qu'elle est, et aussi, d'un autre côté, que si la Providence compte comme moi, — c'est-à-dire si je compte comme elle, — nous passerons l'hiver ensemble, soit à Paris soit à Grignan ; car, comme je vous ai dit, vous me rendrez Paris possible, si vous changez d'avis. Voilà, ma chère bonne, tout ce que je puis dire ; vous ne vous plaindrez pas que je ne fais point de projets ; en voilà, Dieu merci, jusqu'à la témérité, et je suis si peu en humeur, comme vous voyez, de vous renvoyer aux *calendes grecques de la Providence*, que j'en suis moi-même effrayée, et je lui en demande pardon dans ces bois.

Ce qui fait que je ne compte point de passer l'hiver ici, c'est qu'encore que je m'y plaise fort, que mon fils et ma belle-fille soient très-aises de m'avoir, je ne veux point peser davantage sur leur amitié et sur leur complaisance. Ils ont une maison à Rennes, ils y ont leur famille, ils y trouvent leurs plaisirs ; je les en ai tirés cet hiver passé, c'est assez ; et pour moi, il ne me convient pas d'être à Rennes plus de quinze jours [25]. Voilà comme j'ai raisonné, sans avoir peur de la longueur du voyage des Rochers à Grignan : *dixi*.

Vous me demandez mes commerces ? C'est premièrement celui de ma fille ; celui-là emporte tout. Mme de Lavardin fidèlement m'écrit de bonnes et jolies nou-

---

25. Déjà cette année même, on l'a vu plus haut, Mme de Sévigné n'avait fait à Rennes qu'un très-court séjour ; voyez ci-dessus les notes 1 et 2 de la lettre 147.

velles toutes les semaines, et une amitié en bas de sa propre main. Mme de Mouci et les autres me sont rapprochées par Mme de Lavardin, qui est à la tête des veuves[26]. Cette *sainte* Mouci[27] est plus souvent aux Incurables et avec Mme de la Sablière[28], dans les actions de piété, qu'ailleurs; elle n'est venue loger au Palais avec son frère[29] que depuis quinze jours ; elle étoit demeurée dans cette vieille maison, pendant qu'on accommodoit l'appartement où elle vient d'entrer, qui est fort beau. Je viens d'écrire à la marquise d'Uxelles sur la mort de sa sainte mère[30]. Mme de la Troche m'écrit de certaines nouvelles en détail, depuis qu'elle est à Paris, qui sont fort divertissantes, et qu'on est ravie[31] de savoir. Vous connoissez les *petits Bigorres*[32].

26. Voyez la lettre 818, fin du 2ᵉ alinéa (VI, 451), et conférez la lettre 765, note 25 (VI, 158), et la lettre 780, note 15 (VI, 257).

27. La marquise de Mouci, sœur d'Achille de Harlay ; voyez la note 3 de la lettre 737 (VI, 25 et 26), et voyez aussi Saint-Simon, *Mémoires*, tome III, pages 408 et 409.

28. Mme de la Sablière était déjà depuis longtemps retirée aux *Incurables*. Sur cette retraite et la cause qui l'avait amenée, voyez, notamment, la lettre 822, du 21 juin 1680, note 19 (VI, 475 et 476), et la lettre 831, du 14 juillet de la même année, 8ᵉ alinéa (VI, 527 et 528).

29. Achille de Harlay ; voyez la note 27 ci-dessus. Achille de Harlay, auparavant procureur général, avait été nommé premier président au parlement de Paris au mois de septembre de l'année précédente ; voyez la lettre 1218, note 28 (IX, 226). Il avait, comme premier président, un appartement au Palais.

30. Mme de Bailleul. Il n'est pas question d'elle ailleurs dans la correspondance.

31. Voyez le commencement de la lettre suivante, note 4. — Le manuscrit porte *ravie*, comme nous l'imprimons.

32. L'abbé Bigorre ne se bornait pas à écrire dans les gazettes ; il adressait des nouvelles à la main à un assez grand nombre de personnes : c'est ce que Mme de Sévigné appelait les *petits Bigorres*, les *billets de l'abbé* Bigorre ; voyez et conférez la note 5 de la lettre 1069 (VIII, 198), la note 18 de la lettre 1103 (VIII, 323),

Mme de Lafayette, quand elle se porte bien, mais peu de son écriture, une ligne seulement, pour dire : « Me voilà! » en deux mois une fois; Mme de Vins, Mme de Coulanges, et tout cela ne me coûte que des billets. Ainsi ces commerces sont bons et très-agréables, et ne m'accablent point. Mme de Chaulnes est bien loin aussi de m'oublier : n'oublions pas de lui demander M. Rochon. Voilà, ma chère bonne, toutes mes écritures, et laisser passer le temps, et ma vie avec lui, toute mon occupation.

Écrivez à M. de Pontchartrain[33] : je vous ai mandé que c'est sa sœur bien-aimée qui est morte.

Je comprends que le désordre de M. d'Harouys peut avoir fait prendre la résolution de ne plus permettre aux provinces de payer les pots cassés, et vous vous en sentez[34]. Ce pauvre homme est toujours tristement à la Bastille. Il voit son fils, à qui j'écris de temps en temps;

---

la note 15 de la lettre 1238 (IX, 329), la fin du 2ᵉ alinéa de la lettre 1247 (IX, 375) et la note 14 de la lettre 1286 (IX, 539), et plus loin, dans ce recueil, la lettre 156, note 24.

33. Louis Phélypeaux, comte de Pontchartrain, anciennement président au parlement de Bretagne, nommé contrôleur général au mois de septembre précédent ; voyez la lettre 1218, 4ᵉ alinéa et note 28 (IX, 226 et 227), et la note 2 de la lettre 1305 *bis* (XI, XXII).

34. Le trésorier des États de Provence, Blanc, avait fait banqueroute, comme M. d'Harouys en Bretagne, et le comte de Grignan avait demandé, au mois de mars précédent, à être déchargé du montant des avances *que le sieur Blanc lui avait faites*, avances s'élevant à la somme de quatre-vingt mille livres. C'est sans doute à cette demande et au refus dont il paraît qu'elle fut suivie, que Mme de Sévigné faisait allusion ici; voyez la note 6 de la lettre 1254 *bis* (XI, XIX). Il se peut aussi que Mme de Sévigné ait eu en vue, dans ce passage, l'insuccès d'une autre demande, formée quelque temps auparavant, et dont il sera question dans une des lettres suivantes ; voyez plus bas la lettre 151, note 32, et conférez plus haut la note 4 de la lettre 145.

il demande toujours qu'on permette à son père d'aller mourir à la Flèche, aux Jésuites, et de sortir de prison : il n'y a point encore eu de réponse. Les créanciers des billets, — qui ont tout perdu, — sont furieux, et menaçants contre sa personne. Un nommé Braguelonne, qui perd son pain, vouloit recommencer un procès criminel ; M. de Ponchartrain l'a empêché : ce reste de murmures sert peut-être à le tenir plus longtemps dans cette vilaine Bastille[35]. La Silleraye[36] et sa femme sont toujours comme vous les avez laissés : elle n'a point d'enfants ; ils ont quitté leur maison et Mme de Nogent[37], à leur grand regret, pour aller tout au près de M. et Mme de Richebourg[38], où ils vont manger.

Pour la chanson philosophique, je ne me lasse point de l'admirer :

> Vous vous trompez vous-même,
> Par votre humilité,
> La grâce du baptême
> Ne vous a point quitté

Et comme ce pénitent reprend cet endroit ! et toute la chanson ! enfin, nous en sommes fous. Mais n'êtes-vous pas vous-même un tison *d'où vous savez*, de vouloir faire tomber le mystique prétendu, *de qui vous savez*, dans un aveu qui l'assure d'être brûlé dès ce monde ? L'enfer, puisqu'il faut tout nommer par son

---

35. Voyez et conférez plus haut la lettre 141, notes 12 et 13.
36. Le fils de d'Harouys ; il était seigneur de la Silleraye et avait épousé, au mois d'avril 1687, Mlle de Richebourg, dont il n'eut jamais d'enfants ; voyez la note 28 de la lettre 765 (VI, 158) et le passage de Saint-Simon qui s'y trouve rapporté.
37. Voyez la note 2 de la lettre 287 (III, 113) ; nous ignorons si c'est de la même personne qu'il s'agit ici.
38. Beau-père et belle-mère du fils de d'Harouys ; voyez la note 36 ci-dessus et la lettre 1019, 3e avant-dernier alinéa et note 6 (VIII, 44).

nom, en sait-il davantage, que de faire tomber ainsi les pauvres gens dans le panneau, sous prétexte d'entrer dans leurs sentiments et de causer doucement avec eux. Je laisse ce paquet sur votre conscience, et je pâme de rire de la hardiesse de Pauline. Mais, ma bonne, vous vous moquez de moi ; il n'y a point d'imagination, pour vive, pour téméraire qu'elle puisse être, qui puisse envisager d'écrire à Mme d'Épernon aux Carmélites, toute sainte et toute grave, pour lui demander ce que Dieu veut faire d'elle. Vraiment, ma chère bonne, si c'étoit là un petit colonel, il auroit déjà battu bien du pays ! Mon fils est charmé de cette fantaisie, et voudroit bien lui répondre sur sa destinée ; mais elle pourroit lui répondre : « Est-ce que je parle à toi ? » Ainsi nous attendrons la réponse de Mme d'Épernon ; mais plutôt, nous attendrons celle de Dieu, qui la saura bien conduire selon ses volontés[39] !

DE MADAME DE SÉVIGNÉ AU CHEVALIER DE GRIGNAN.

*Je[40] viens à vous, Monsieur, et je réponds à votre réponse, et je vous vais gronder, moi qui vous honore, moi qui vous estime, moi qui fais de vos jugements toutes mes décisions[41]; je vous gronde pourtant. Eh !

39. Conférez, sur tout ce passage, la lettre 1273, du 23 avril suivant; note 18 ; et sur Mme d'Épernon, voyez la note 5 de la lettre 768 (VI, 175).
40. Ici commence le second fragment de la lettre déjà publié d'après le Grosbois (voyez la note 1 ci-dessus).
41. Par un bien léger changement le copiste du Grosbois avait corrompu ce passage ; il avait mis : « moi qui fais *à* vos jugements toutes mes décisions ». M. Monmerqué avait cru que la faute pouvait être réparée en ajoutant le mot *soumettre*, et il avait imprimé : « moi qui fais *soumettre* à vos jugements mes décisions ». Mais les derniers éditeurs avaient considéré avec raison la correction comme

1690 d'où vient que vous laissez tailler en plein drap M. de Pracontal[42] sur l'équipage de votre neveu? Pourquoi, [non pas] M. de Grignan, mais vous, comme sortant de place, ne décidez-vous pas sur ce qui est nécessaire[43]? Ne voyez-vous pas bien qu'un homme[44] qui est gâté par les vastes idées des grands Adhémars, doit tout jeter par les fenêtres, et ne doit rien trouver de trop grand? Mais vous, la sagesse même, que n'avez-vous dit de ce petit colonel, comme Andromaque :

    Il est du sang d'Hector, mais il en est le reste[45]?

Et sur cela, que n'avez-vous fait un équipage proportionné à celui des autres, à la misère du temps, au retranchement que l'on ordonne, et dont le Roi donne l'exemple? Pourquoi n'avez-vous pas défendu le superflu, comme le Roi défend la vaisselle d'argent? Pourquoi les quatre mille francs destinés à cette vaisselle ont-ils été engloutis encore dans cet équipage? Que n'ont-ils tenu lieu[46] dans l'argent comptant qu'il

peu vraisemblable et s'étaient résignés à reproduire sans y rien changer le texte de leur manuscrit, quoiqu'il leur fût justement suspect; conférez la note 27 des fragments imprimés (IX, 486).

42. Colonel du régiment de Piémont; voyez la note 28 du fragment imprimé (lettre 1270, IX, 486). Le nom est écrit *de Precontat* dans notre manuscrit, et c'est également ainsi qu'il est écrit dans le Grosbois.

43. Ce passage peut inspirer des doutes; voyez la note 29 des derniers éditeurs (IX, 486), dont nous avons admis la correction en la modifiant légèrement : *non pas*, formant plus fortement opposition, nous a paru, dans le cas particulier, préférable à la négation simple *non*.

44. M. de Grignan.

45. *Andromaque*, acte IV, scène 1.

46. Notre manuscrit porte, comme nous l'imprimons : « que n'ont-ils tenu lieu », et non pas, comme l'avait imprimé M. Monmerqué : « que n'ont-ils tenu *leur* lieu », correction peu vraisem-

faut qu'il emporte? Enfin, pourquoi souffrez-vous que quand cet équipage est déjà trop grand, cette pauvre Mme de Grignan donne encore ses deux mulets, et démonte sa litière, dont il me semble qu'on a toujours à faire⁴⁷, et qui est si nécessaire en Provence? Enfin pourquoi songez-vous aux Adhémars, quand vous savez le fond de leur sac? Mais je me laisse emporter au plaisir de grêler sur vous de deux cents lieues loin : c'est un plaisir qu'on ne prend guère en présence ; j'ai profité de l'occasion une bonne fois, et je continue.

Pourquoi souffrez-vous que Pauline donne échec et mat à sa mère⁴⁸, et qu'elle lui échauffe le sang, et qu'elle la fasse malade? Que ne donnez-vous le fouet à Pauline? Vous voyez bien que vous avez tort. Mais comment donner le fouet aussi à une personne qui écrit de son chef à Mme d'Épernon? Cette action me ferme la bouche, et je finis le ton des reproches pour vous dire que j'ai pensé la première que ce n'étoit pas une chose soutenable pour vous que de voir partir Monsieur le Dauphin et tout le monde pour la guerre, pendant que vous seriez habitant du Carnavalet⁴⁹ ; je

---

blable, quoique donnant un sens plus clair. Nous inclinons à croire qu'une ligne entière a été omise, et non pas simplement un mot, et que Mme de Sévigné avait mis : « Que n'ont-ils tenu lieu *de la somme promise par Monsieur de Carcassonne*, dans l'argent comptant qu'il faut qu'il emporte? », ou quelque chose d'à peu près analogue. Conférez plus haut le premier alinéa de la lettre 123.

47. M. Monmerqué et les derniers éditeurs ont mis : « dont il me semble qu'on a toujours *affaire* ». Il y a dans les deux manuscrits, comme nous l'imprimons, *à faire*, en deux mots, et non *affaire*. Les deux mots, dans notre ancienne copie, sont parfaitement séparés ; ils le sont moins bien dans le Grosbois. Conférez d'ailleurs plus haut, sur ce passage, la lettre 147, note 13.

48. Voyez la lettre 1273, fin du 3ᵉ alinéa (IX, 494).

49. Le copiste du Grosbois a coupé le mot *Carnavalet* en deux,

1690 comprends vos sentiments sur cette sorte de peine. J'approuve la répétition de Balaruc [50], et suis ravie [51] de la joie que vous donnerez à votre famille par la continuation d'u[n] séjour [52] qui doit leur être fort cher et fort utile.

Je vous souhaite une bonne santé : hélas [53]! quel plaisir de vous revoir comme autrefois ! je le souhaite passionnément, et vous demande, Monsieur, la continuation d'une amitié qui fait l'éloge de ceux à qui vous l'accordez*.

et faisant de la syllabe finale une conjonction, il a écrit, et M. Monmerqué avait imprimé d'après lui : « .... pendant que vous seriez habitant du *carnaval; et* je comprends, etc. » Les derniers éditeurs ont parfaitement compris qu'il fallait lire : habitant du Carnavalet », et c'est ainsi que le texte est en effet écrit dans notre manuscrit ; mais ils ont laissé subsister la conjonction inutile, qui n'était qu'un démembrement du mot restitué, et qui ne figure aucunement dans notre ancienne copie. — Ici, comme plus bas (lettre 150, note 6), les deux manuscrits portent simplement *Monsieur* le Dauphin, et non pas *Monseigneur*, comme l'ont imprimé les derniers éditeurs, qui ont suivi eux-mêmes dans le passage précité la leçon donnée par leur ancienne copie; conférez la lettre 1274, note 4 (IX, 501).

50. Le chevalier de Grignan devait retourner aux eaux de Balaruc, où il s'était déjà rendu l'année précédente; voyez plus haut la note 6 de la lettre 141.

51. Tel est le texte des deux manuscrits; M. Monmerqué et les derniers éditeurs ont imprimé, vraisemblablement par mégarde et sans avoir la pensée d'introduire une correction : « et *je* suis ravie ».

52. M. Monmerqué et les derniers éditeurs ont imprimé : « par la continuation *de* séjour qui doit leur être fort *chère* et fort utile », et c'est en effet le texte du Grosbois ; mais notre manuscrit porte : « *du* séjour », leçon qui n'est pas plus satisfaisante, et qui est due sans doute à ce que le copiste a mal lu. Notre manuscrit porte d'ailleurs : « qui doit leur être fort *cher* », et non pas : « qui doit leur être fort *chère* », et cette leçon justifie notre restitution et doit faire repousser celle qui avait été adoptée.

53. Dans le Grosbois, le mot *hélas!* est répété deux fois; la répétition ne se trouve pas dans notre manuscrit, et les derniers éditeurs l'avaient déjà considérée avec raison comme suspecte; voyez la note 36 des fragments imprimés (IX, 488).

DE CHARLES DE SÉVIGNÉ AU CHEVALIER DE GRIGNAN.

1690

J'ai bien peur, Monsieur, par cette raison, que vous ne fassiez ma satire, et point du tout mon éloge. Cependant, comme on aime à se flatter, je veux croire que vous reconnoissez, par quelque sorte d'amitié, tous les sentiments que j'ai pour vous, et, sur cela, je prends les douceurs que vous me dites pour beaucoup plus que vous ne les avez vous-même données. Il est vrai que l'équipage du marquis de Grignan m'a un peu surpris : je le trouve fort au-dessous des Adhémars, mais bien grand pour un jeune colonel; je n'en ai point vu, ce me semble, de cette force, et je me souviens d'avoir vu jadis un Adhémar[54], très-honorable, très-habile, cadet à la vérité, mais aussi brigadier, dont cet aîné auroit pu suivre l'exemple, sans crainte qu'on lui eût disputé son nom, principalement depuis que M. d'Aiguebonne a perdu son procès.

Adieu, Monsieur : personne ne vous honore assurément plus que moi ; Madame ma femme en dit autant, et se plaint de votre retenue.

DE MADAME DE SÉVIGNÉ A MADAME DE GRIGNAN.

Je reviens encore à vous, ma bonne, pour vous dire que si vous avez envie de savoir, en détail, ce que c'est qu'un printemps, il faut venir à moi. Je n'en connoissois

---

54. Le chevalier de Grignan, qui avait d'abord porté le nom d'*Adhémar* ; voyez plus haut, dans ce recueil, tome I, page 247, la note 4 de la lettre 2.

moi-même que la superficie ; j'en examine cette année jusqu'aux premiers petits commencements. Que pensez-vous donc que ce soit que la couleur des arbres depuis huit jours ? répondez. Vous allez dire : « Du vert. » Point du tout, c'est du rouge. Ce sont de petits boutons, tout prêts à partir, qui font un vrai rouge ; et puis ils poussent tous une petite feuille, et comme c'est inégalement, cela fait un mélange trop joli de vert et de rouge. Nous couvons tout cela des yeux ; nous parions de grosses sommes, — mais c'est à ne jamais payer, — que ce bout d'allée sera tout vert dans deux heures ; on dit que non : on parie. Les charmes ont leur manière, les hêtres une autre. Enfin, je sais sur cela tout ce que l'on peut savoir. Mais quelle folie ! songeons, ma chère bonne, à notre requête civile, et à mon pauvre Beaulieu[55], qui est aux prises avec une pleurésie ; il a été saigné dix fois : cela me fait un désordre étrange.

Adieu, ma chère aimable bonne : ne nous faisons point de *dragons* ; tout ira bien, s'il plaît à Dieu. J'embrasse M. de Grignan de tout mon cœur, et suis toute acquise au *sage* la Garde.

55. Voyez le dernier alinéa de la lettre suivante.

150. — DE MADAME DE SÉVIGNÉ
A MADAME DE GRIGNAN[1].

1690

Aux Rochers, ce 26e avril.

*Enfin, voilà cette pauvre Dauphine morte[2], bien tristement, bien salement[3]. La Troche m'en mande

LETTRE 150 (lettre entière, presque entièrement inédite). —
1. Cette lettre se trouve dans notre manuscrit, tome III, pages 74 et suivantes. On n'en connaissait qu'un court fragment, qui en est simplement le début, et qui forme à peine la sixième partie de la lettre. Ce fragment, publié, dès 1726, dans les éditions de Rouen (tome II, pages 319-321) et de la Haye (tome II, pages 192 et 193), qui l'ont même reproduit l'une et l'autre très-fidèlement presque partout, se trouve aussi dans le Grosbois, qui ne contient lui-même que cette partie de la lettre. Perrin, dans ses deux éditions, a laissé celle-ci totalement de côté, et n'a pas même reproduit ce que ses devanciers en avaient donné, et les éditeurs postérieurs, à son exemple, ont, pendant près d'un siècle, négligé le fragment publié dans les impressions de 1726, qui n'a été rétabli dans la correspondance générale qu'en 1818, par M. Monmerqué. Ce fragment forme dans l'édition des *Grands écrivains de la France* le numéro 1274 (IX, 501); nous n'avons pas hésité à le joindre aux parties inédites, aux premières lignes desquelles il se relie d'ailleurs intimement. La lettre n'avait sans doute été mise à l'écart que par les mêmes considérations qui en ont fait supprimer tant d'autres de la même époque (voyez plus haut les notes 1 et 2 de la lettre 147); elle est en réalité fort belle et méritait de ne pas périr.
2. Elle était morte le 20 avril; voyez la note 1 du fragment imprimé (IX, 501).
3. C'est le texte des deux manuscrits, et c'est aussi le texte des deux impressions de 1726. Dans quelques éditions modernes (voyez, notamment, l'édition Dalibon, Paris, 1823, tome X, page 287), et déjà même dans la réimpression faite en 1820 de l'édition de 1818, qui avait reproduit fidèlement la leçon des anciens éditeurs, on a remplacé, sans avertir du changement, le mot *salement* par le mot *saintement*, que Mme de Sévigné aurait en effet fort bien pu mettre, mais que selon toute vraisemblance elle

mille détails qu'on aime à savoir⁴; comme elle veut répondre à votre lettre, peut-être vous en dira-t-elle quelques-uns⁵. Le Roi et Monsieur la virent mourir; elle demanda mille pardons au Roi de son peu de complaisance; elle voulut baiser sa main, il l'embrassa: les sanglots l'avoient empêchée de parler à Monsieur le Dauphin⁶, qui ne fut pas longtemps dans sa chambre. En bénissant encore ses enfants, elle dit : « Et vous aussi, mon petit Berry, quoique vous soyez cause de ma mort⁷; » et il se trouve que cela n'est pas, et qu'elle n'avoit aucun mal dans tous ces lieux-là : je voudrois qu'on pût lui dire combien elle s'est trompée. Le Roi et toute la⁸ Cour est à Marly pour quinze jours. Elle a donné quarante mille francs à Bessola⁹, et l'a fort recom-

n'avait pas mis. La malheureuse Dauphine était morte d'ulcères au poumon et au bas-ventre, et c'est là ce que Mme de Sévigné avait voulu exprimer, et ce qu'elle avait réussi à peindre d'un seul mot, qui doit beaucoup moins surprendre dans une lettre écrite librement, et qui n'était nullement destinée à la publicité, qu'il ne ferait dans tout autre écrit. Conférez la note 2 du fragment imprimé.

4. Conférez la lettre précédente, note 31.

5. Les éditions de Rouen et de la Haye portent: « peut-être vous en dira-t-elle quelque chose. »

6. Voyez la note 4 du fragment imprimé (IX, 501 et 502).

7. La Dauphine croyait mourir des suites de sa dernière couche, déjà ancienne cependant; le duc de Berry, son dernier enfant, était né le 31 août 1686 ; voyez la note 5 du fragment imprimé (IX, 502).

8. Notre manuscrit porte, comme les impressions de 1726: « *la cour* », et non : « *sa cour* », qui se lit dans le Grosbois, et que, sur la foi de ce dernier, les continuateurs de M. Monmerqué ont introduit dans le texte, mais qui certainement est une faute du copiste. Mme de Sévigné, quand elle parle de la Cour dans ses lettres, ce qui lui arrive fréquemment, en parle toujours d'une manière générale, *la Cour*, et il n'y avait aucune raison, dans le cas particulier, qui dût lui faire changer sa manière habituelle de s'exprimer.

9. Femme de chambre allemande de la Dauphine ; voyez la note 7 du fragment imprimé (IX, 502).

mandée au Roi ; un diamant à Madame ; une bague de cinquante louis à la maréchale de Rochefort[10]. On ne porte le deuil que six mois. Je suis folle, ma pauvre bonne, de vous dire toutes ces choses, qu'on vous mande comme à moi. J'ai été accablée de lettres sur cette mort ; il sembloit[11] que tous mes amis et amies eussent peur que je l'ignorasse : c'étoit comme une conspiration. Je ne sais qui se sera chargé[12] de son oraison funèbre[13] ; pour moi, je n'y trouve que trois points : M. le duc de Bourgogne, M. le duc d'Anjou, M. le duc de Berry, et c'est un assez grand panégyrique pour une dauphine*[14]. Ne faut-il pas en faire mes compliments à Monsieur le Chevalier[15] ? je le fais bien sérieusement. Ma bonne, je vous en fais aussi sur ce que vous êtes guérie de votre rhume : je les crains ces rhumes, parce qu'ils sont souvent accompagnés de votre mal de gorge, où je n'entends point de raillerie ; mais, Dieu merci, mon enfant, vous en êtes quitte.

Vous avez été priée de la fête de Mlle de Grignan[16] ;

10. Elle était première dame d'atour de la Dauphine.
11. L'édition de la Haye porte : « il me sembloit ».
12. Les éditions de Rouen et de la Haye portent : « qui sera chargé ».
13. L'oraison funèbre fut faite par Fléchier ; elle fut prononcée à Notre-Dame le 15 juin suivant : une grande partie de la Cour y assistait.
14. Le texte des impressions de 1726 et du Grosbois s'arrête ici ; tout le reste de la lettre ne se lit que dans notre manuscrit.
15. Des compliments de condoléance au sujet de la mort de la Dauphine ; on sait que le chevalier de Grignan était menin du Dauphin et qu'il jouissait à ce titre d'une pension ; voyez plus haut la note 2 de la lettre 88.
16. Il s'agit, selon toute vraisemblance, de la fille aînée du comte de Grignan, Louise-Catherine, qui avait voulu embrasser la vie religieuse, mais que sa faible santé avait contrainte de renoncer à ce projet et de rentrer dans le monde (voyez plus haut la note 4 de la lettre 124). Nous ignorons de quelle fête il était question.

vous y avez été : pour moi, à qui elle n'en a pas dit un mot, je suis trop glorieuse pour y avoir voulu aller; si elle eût eu l'honnêteté de m'en parler, peut-être m'y serois-je trouvée; j'aurois vu au moins sa bonne volonté.

Il me semble, ma bonne, que vous faites une jolie vie à Grignan, malgré tant d'orages et tant de naufrages; je n'y vois que de l'abondance et de la magnificence : il est agréable de ne laisser pas de raccommoder ainsi ses affaires, et de laisser couler le temps; mais qui paie les cruels mécomptes de vos avances sur votre trésorier[17]?

Monsieur le Chevalier veut donc aussi faire des accommodements[18] : ah! que j'approuve celui de Rochecourbières[19]! Ce lieu rustique sera charmant; ce sera la grotte d'Angélique[20], *la Roche pauvre;* mais non, car on n'y mangeoit point, et celle-ci sera destinée aux bons et extraordinaires repas : je les connois, ce sont assurément les meilleurs. Mais j'approuve encore davantage cette noble précipitation, qui fait qu'il voudroit que tout fût fait en un moment; c'est ce qui me plairoit fort, aussi bien qu'à lui : « Que Rochecourbières soit faite! — Elle l'est; » et ainsi de la terrasse : cela seroit divin! Les autres manières d'ajuster et de bâtir

---

17. Voyez ci-dessus la note 34 de la lettre précédente, et la note 4 de la lettre 145.

18. C'est-à-dire, des arrangements, des réparations, des embellissements; conférez plus haut la note 12 de la lettre 92.

19. Grotte près du château de Grignan; voyez la note 7 de la lettre 537 (IV, 448).

20. Héroïne de l'Arioste, dans le *Roland furieux*. Mme de Sévigné faisait peut-être allusion aux vers de la stance xxxv du XIXe chant de ce poëme, qui parlent de la grotte où se retiraient Angélique et Médor, pendant qu'ils habitaient chez de pauvres paysans :

« Nel mezzo giorno un antro li copriva,
« Forse non men di quel comodo e grato
« Ch' ebber, fuggendo l'acque, Enea e Dido
« De lor secreti testimonio fido. »

sont languissantes, et, pour moi, qui aime passionnément la toute-puissance de Dieu et les coups de maître, c'est ce moment de sa volonté qui fait et veut de toute éternité, que je n'ai point de peine à comprendre, et ce sont les huit jours qu'on lui donne pour faire le monde, que je ne comprends point. Ainsi, vous voyez, ma chère bonne, que vous me faites le même plaisir qu'à Monsieur le Chevalier, quand vous me rassurez par cette explication.

Pourquoi l'Archevêque[21] se trouvera-t-il à Grignan? Y a-t-il quelque Mansart à consulter[22]? N'admirez-vous point, ma bonne, comme cette sotte chanson[23] est devenue véritable? Mais si nous lui voyons jamais, comme il est possible, une pierre dans l'uretère[24], et que tous ses créanciers se présentent à lui comme des fantômes, et qu'il n'ait de raison à leur opposer que cette folle et injuste truelle, ce sera alors que la crainte, le repentir, la foi même, dont on n'a que trop dans ces temps-là, lui feront une cruelle guerre, et c'est ce qu'il devroit prévoir et envisager présentement : mais n'admirez-vous point comme ces vérités sont anéanties, devant les passions dont nous sommes gourmandés?

On va juger votre requête civile ; c'est M. de Lamoignon qui le veut : cinq ou six mois[25] n'eussent pas beaucoup effacé les idées ; mais enfin il le veut : vous écrirez à vos amis.

Corbinelli, à qui j'écris très-peu, — parce que, étant

---

21. L'archevêque d'Arles, l'ancien coadjuteur.
22. Conférez plus haut le dernier alinéa de la lettre 127 et la lettre 134, notes 45 et 46.
23. La chanson qui se trouve plus haut, page 291, dans la lettre 134, du 2 mai précédent.
24. Conférez la lettre 1181, 3ᵉ alinéa (IX, 64).
25. Qu'on aurait pu obtenir au moyen de lettres d'Etat ; voyez plus haut la lettre 126, note 4.

chez vous, et sachant qu'on se porte bien[26], je ne me charge point d'une causerie inutile, — m'écrit cependant, et me dit mille biens de votre enfant. C'est ainsi qu'il voudroit son fils, s'il en avoit un ; il aime son air négligé et noble ; il loue tous ses sentiments, et ne le blâme que d'engraisser : mais la guerre nous l'amaigrira assez. Je le crois parti, ce pauvre marquis, avec tous les autres ; je crois que son équipage est allé droit à la garnison : Dieu conduise ce jeune et joli colonel !

Corbinelli me mande encore, que la plus belle chose qu'il ait jamais vue, c'est la lettre que vous avez écrite à M. du Bois sur son livre[27], qu'il a lue chez Mme de Coulanges, où Corbinelli avoit dîné ; que Mme de Coulanges en fut charmée et l'admira avec sincérité ; que c'est le sujet de la curiosité de tous ceux qui sont à portée de la pouvoir demander à M. du Bois[28]. Enfin, ma chère bonne, vous faites de la prose bien mieux que vous ne pensez ; je vous assure que c'est une fort jolie chose que d'avoir plus d'esprit que les autres : c'est un plaisir que Dieu vous a donné.

Il n'est plus question d'aller à Bourbon[29] ; peut-être

---

26. Corbinelli, on l'a vu plus haut, demeurait alors à l'hôtel Carnavalet (voyez ci-dessus la note 24 de la lettre 134), et Mme de Sévigné avait par suite fréquemment de ses nouvelles.

27. Mme de Sévigné entendait sans doute parler de l'ouvrage que M. du Bois venait de publier, sous le titre : *Les deux Livres de saint Augustin, de la Véritable religion et des Mœurs de l'Église catholique*, Paris, 1690, in-8°. Sur ce livre et sur l'auteur, voyez la note 5 de la lettre 1259 (IX, 434).

28. On verra plus loin que Mme de Grignan adressa des reproches à M. du Bois sur sa trop grande complaisance à montrer la lettre qu'elle lui avait écrite ; voyez plus bas la lettre 152, du 24 mai suivant, note 34.

29. Mme de Sévigné était allée à Bourbon en 1687 (voyez la lettre 1037, 1er alinéa (VIII, 97), et elle avait eu un moment, en 1689, la pensée d'y retourner avec son fils et sa belle-fille ; mais ce projet avait été abandonné (voyez le dernier alinéa de la lettre 1217,

ma belle-fille ira dans l'autre saison, avec sa mère et sa tante, *sans dot*, c'est-à-dire sans qu'il lui en coûte un sou : cela rend les eaux meilleures. Pour moi, je demeure paisiblement ici, me nourrissant du dessein que je vous ai dit[30], et le laissant mûrir, comme une opinion probable. Il n'y a rien de plus facile, et je vous en demande le secret pour Paris ; car M. du Bois, avec sa glace, paroît le plus échauffé pour mon retour[31]. Je sais ce que c'est que ces empressements, et comme on se passe des gens ; cependant il y a de la vérité dans l'amitié de mes amies, et tout au moins, comme je vous ai dit, cela rendroit nos commerces désagréables[32].

Mon fils demeurera ici, glissant doucement sur l'arrière-ban, d'incommodité en incommodité, d'excuses en excuses, se portant à merveille : mais tout est meilleur que cet arrière-ban[33].

Il fait un temps tout merveilleux, Dieu merci. J'ai si bien fait, que le printemps est achevé : tout est vert[34]. Je n'ai pas eu de peine à faire pousser tous ces boutons, à faire changer le rouge en vert. Quand j'ai eu fini tous ces charmes, il a fallu aller aux hêtres, puis aux chênes ; c'est ce qui m'a donné le plus de peine, et j'ai besoin encore de huit jours pour n'avoir plus rien à me reprocher. Je commence à jouir de toutes mes fatigues,

---

IX, 220, et la lettre 1242, note 42, IX, 350). Pareil projet avait été formé de nouveau pour 1690, mais on venait d'y renoncer.

30. D'aller en automne en Provence ; voyez la lettre précédente, notes 23 et 24. — Dans le membre de phrase qui suit, *mûrir* est écrit *meurir* dans le manuscrit, comme on l'écrivait au dix-septième siècle ; voyez le *Dictionnaire de la langue française* de M. Littré, v° Mûrir.

31. A Paris. — 32. Conférez la lettre précédente, 5e alinéa.

33. Voyez plus haut la lettre 148, note 8. — Dans le membre de phrase qui précède, le manuscrit porte, comme nous l'imprimons : « à merveille », au singulier ; conférez plus haut, tome I, page 255, la note 23 de la lettre 5.

34. Voyez l'avant-dernier alinéa de la lettre précédente.

et je crois, tout de bon, que non-seulement je n'ai pas nui à toutes ces beautés, mais qu'en cas de besoin je saurois fort bien faire un printemps, tant je me suis appliquée à regarder, à observer, à épiloguer celui-ci, ce que je n'avois jamais fait avec tant d'exactitude. Je dois cette capacité à mon grand loisir, et, en vérité, ma chère bonne, c'est la plus jolie occupation du monde. C'est dommage, qu'en me mettant si fort dans cette belle jeunesse, il ne m'en soit demeuré quelque chose ;

> Mais, hélas! quand l'âge nous glace,
> Nos beaux jours ne reviennent jamais[35] !

Cela est triste ; mais j'aime à me donner quelquefois de ces coups de patte, pour mortifier mon imagination, qui est encore toute pleine de bagatelles et des agréments où il faudroit renoncer, quoiqu'on les appelle innocents. J'en prends à témoin M. de la Garde, qui renoncera à Pauline même, au premier jour. Je suis bien loin de cette perfection, et je vous aime encore trop, ma chère bonne, pour oser me vanter de plaire à saint Augustin.

Je vous embrasse, et je vous envoie des chansons de Coulanges, que je trouve les plus jolies du monde : je les recommande à Pauline ; mandez-m'en votre avis. Vous les avez peut-être, et aussi le bref du Pape à *la noble dame*[36] ; mais qu'importe ? Je fais mille amitiés à

---

35. Nous ignorons d'où sont tirés ces deux vers, et s'ils sont bien exactement rapportés. Ils sont mis à la ligne et détachés du corps de la lettre dans le manuscrit. Il est vraisemblable que dans le second vers il faut lire *plus*, au lieu de *jamais*. — A la fin de l'alinéa, par suite sans doute d'une inadvertance du copiste, le manuscrit porte : « et je vous aime *encore* trop, ma chère bonne, pour oser me vanter de plaire *encore* à saint Augustin.

36. La *noble dame*, c'était Mme de Maintenon, à qui le nouveau pape, Alexandre VIII, venait en effet d'adresser un bref ; voyez la lettre 1273, 6e alinéa et note 8 (IX, 496).

vos Grignans. On vous en fait ici, et je suis [toute] à ma chère fille.

Beaulieu[37] est revenu de la mort ; on l'a saigné neuf fois, — c'est au pied de la lettre ! — pour savoir si son mal étoit une pleurésie ; Hélène[38], toute désespérée, alla querir M. Denis[39], qui trouva qu'il n'avoit qu'un mouvement de bile : on tâche à présent de le guérir des saignées[40] !

151. — DE MADAME DE SÉVIGNÉ
A MADAME DE GRIGNAN[1].

Aux Rochers, ce 21e mai.

Il est vrai, ma chère bonne, que je ne suis pas assez

37. Voyez la fin de l'avant-dernier alinéa de la lettre précédente.
38. Hélène Delan, femme de Beaulieu ; voyez plus loin la note 32 de la lettre 155.
39. Médecin, dont le nom ne figure pas dans la correspondance imprimée ; voyez plus loin la lettre 153, note 18.
40. Beaulieu mourut le 3 juillet suivant ; voyez plus loin la lettre 155, notes 26 et suivantes.
LETTRE 151 (lettre entière, presque entièrement inédite). —
1. Cette lettre se trouve dans notre manuscrit, tome III, pages 224 et suivantes. Les anciens éditeurs n'en avaient rien fait connaître. M. Monmerqué en a le premier, en 1827, publié un fragment, d'après le Grosbois, dans son recueil de lettres inédites (*Lettres inédites*, pages 27 à 29). Ce fragment, pris dans le milieu de la lettre, ne porte, dans le manuscrit d'où il a été tiré, aucune inscription ; mais son contenu avait fait reconnaître que la lettre à laquelle il appartient avait été écrite des Rochers au mois de mai 1690, et c'est sous cette date, simplement approximative, mais exacte, donnée par le premier éditeur, que le fragment a été inséré dans la correspondance générale, où il figure sous le numéro 1275 (IX, 503). Nous donnons ici la lettre dans son intégrité. Le fragment

heureuse pour avoir des jours où je n'espère point du tout de vos nouvelles; je ne connois point cette joie, cette tranquillité que vous avez, et que vous m'avez si bien représentée; votre poste est d'une manière, qu'il faut nécessairement qu'elle m'en apporte, sous peine de me donner du chagrin. Ainsi, ou votre lettre, ou le dépit de ne l'avoir pas, jette toujours une certaine obscurité sur les autres[2], qui diminue de leur prix. En voilà pourtant une, de M. l'Avocat[3], qui ne peut rien perdre du sien. Vous y verrez son zèle et sa bonne volonté pour votre service, qui mérite bien un petit billet de vous, et qui vous dira, mieux que je n'ai jamais fait, la dépense excessive de cœurs que je fais pour vous. Ce n'est pas s'expliquer *en interligne*[4], comme Mme de Vins, c'est parler, c'est persuader. Enfin, Monsieur le Chevalier en dira et en pensera ce que sa méchanceté voudra, mais on trouve des amis au besoin.

Je ne sais où vous prenez, ma chère bonne, que Mme de Lavardin ne réponde point pour son fils[5]; je

déjà publié, qui forme à peine le quart de la lettre entière, se lie intimement aux parties inédites, qui eussent perdu à en être séparées; ce fragment d'ailleurs contient plusieurs leçons défectueuses que notre manuscrit nous a permis de rectifier (voyez ci-dessous les notes 10, 13, 14, 16, 17, 19 et 20). Le contenu de la lettre fait assez deviner les raisons pour lesquelles elle avait été laissée à l'écart, et nous n'aurions qu'à répéter, à cet égard, ce que nous avons dit au sujet des lettres précédentes.

2. C'est-à-dire, sur celles qui viennent d'autres personnes.

3. Voyez plus haut la lettre 120, note 3, et la lettre 131, note 23.

4. Conférez plus haut, tome I, page 341, la lettre 30, note 4.

5. Il n'est parlé nulle part, ni dans la correspondance ni ailleurs, du mauvais état des affaires du marquis de Lavardin, ce n'est donc pas de cela qu'il pouvait être question; il s'agissait sans doute de ses bonnes dispositions, soit pour Charles de Sévigné, au sujet de la grande députation (voyez plus haut la lettre 148, note 9), soit pour M. de Grignan, au sujet de l'affaire d'Aiguebonne. Cette dernière hypothèse est de beaucoup la plus vraisem-

vous ai envoyé sa lettre, où cela est positif, et en voilà encore une ratification, à moins que vous ne vouliez pas que M. de Lavardin soit de sa famille.

Mme de la Fayette me mande qu'elle a vu et entretenu Monsieur de Carcassonne : elle est toute vive sur cette affaire[6]. Rochon est à Chaulnes, mais il reviendra à point nommé. Apparemment M. Talon ne plaidera point votre affaire ; n'est-ce pas un bonheur[7] ? Et s'il ne faut qu'attendre jusqu'à la Saint-Jean pour avoir M. Coignet[8], n'en sera-ce pas un grand d'avoir un si bon juge, et si bien instruit ? *Je[9] suis persuadée que la Providence vous récompensera de la confiance que vous avez en elle. Il y a longtemps, ma bonne, que je vous

blable. La comtesse de Bury, sœur de M. d'Aiguebonne, qui avait pris si vivement parti pour ce dernier, était belle-sœur de Mme de Lavardin (voyez la note 13 de la lettre 772, VI, 195), et on comprend, d'après cela, que Mme de Grignan eût écrit à sa mère, que Mme de Lavardin, qui dans cette affaire, malgré les rapports d'alliance, s'était déclarée pour M. de Grignan (voyez plus haut la lettre 128, 1er alinéa), ne répondait pas de son fils : c'est sur ces craintes que Mme de Sévigné cherchait sans doute à rassurer sa fille. La suite de la lettre semble pleinement confirmer cette conjecture, car Mme de Sévigné parle immédiatement après de cette affaire.

6. L'affaire d'Aiguebonne.

7. Denis Talon était intimement lié avec la comtesse de Bury, et on redoutait l'influence que pouvait exercer sur lui cette dernière ; mais cependant, contrairement à ce que croyait Mme de Sévigné, ce fut lui qui porta la parole dans l'affaire d'Aiguebonne et ses conclusions furent favorables à M. de Grignan ; voyez plus loin la note 22 de la lettre suivante.

8. Sans doute un conseiller au Parlement, comme l'indique la fin de la phrase. Le nom est écrit *Cognet* dans le manuscrit. Il est vraisemblable qu'il s'agit de la même personne dont il est parlé dans la lettre 1112, du 27 décembre 1688, note 22 (VIII, 360), et cela nous porte à croire que la conjecture indiquée dans cette dernière note n'est pas fondée.

9. Ici commence le fragment publié d'après le Grosbois ; voyez la note 1 ci-dessus.

observe, et que je vous admire; je vous vois la femme forte, toute sacrifiée à tous vos devoirs, et faisant[10] un usage admirable de la bonté et de l'étendue de votre esprit. Si Rome pouvoit être sauvée, vous la sauveriez ; c'est un mot d'un ancien[11] ; vous en faites aisément l'application, et vous y prenez d'une manière à ne devoir désespérer de rien. Que ne faites-vous point, [qu'il s'agisse][12] d'emprunter pour payer des choses importantes, *d'apaiser même vos petites dettes importunes*[13] ? Enfin, depuis le sceptre jusqu'à la houlette, vous suffisez à tout. Vous avez une capacité sur les affaires qui me surprend; on peut avoir beaucoup d'esprit, sans en avoir de cette sorte ; je l'admire d'autant plus, qu'il est cent piques au-dessus de ma tête : vous savez ceux dont je me servois[14] ; enfin vous en avez de

10. Les deux manuscrits et le texte imprimé donné par les derniers éditeurs portent : « *en* faisant »; mais nous croyons que le texte original a été, par mégarde, altéré par les copistes, et nous avons admis la correction fort naturelle que M. Monmerqué avait introduite en 1827, et que la clarté de la phrase semble exiger. Mais nous avons repoussé une autre correction du premier éditeur, qui pour faire disparaître une répétition, qui n'a rien de choquant, avait supprimé *toute*, devant *sacrifiée*.

11. *Énéide*, livre II, vers 291 et 292 :

Si Pergama dextra
Defendi possent, etiam hac defensa fuissent.

12. Les mots : « qu'il s'agisse », ne sont mis que par conjecture ; il nous a semblé qu'ils pouvaient assez heureusement, — pour le sens, — remplir la lacune laissée dans le texte par quelques mots évidemment sautés par le copiste de notre manuscrit, et qui manquent aussi naturellement dans le Grosbois, dont le copiste a en outre, un peu plus loin, omis une ligne entière; conférez la note 2 du fragment imprimé (IX, 503), et voyez la note suivante.

13. Ce dernier membre de phrase, qui forme une ligne entière dans notre manuscrit, a été sauté par le copiste du Grosbois et manque par suite dans le texte imprimé.

14. Le copiste du Grosbois, par inattention, a ajouté *qui* devant *dont*, et mis : « ceux *qui* dont je me servois ». Cette sotte addition

toutes les façons. Remerciez-en Dieu, car assurément ce n'est pas de vous que viennent tous ces dons. Quand une belle et aimable femme les a reçus du Ciel, comme vous, c'est une merveille. J'en conviens, on leur permettroit[15] quelquefois de n'être point habiles ; d'autres, plus indulgents, leur pardonnent les dépenses excessives et déréglées, en faveur de leur beauté et[16] du bruit de leur jeunesse et du grand monde. Mais de voir une laide bête, à qui on laisse tout le loisir possible de travailler aux affaires de sa maison et de se rendre considérable par cet endroit, négliger cette occasion d'être bonne à quelque chose et de se faire pardonner tous ses désagréments, qui n'y pense seulement pas, qui s'amuse à discourir de toutes choses, hormis de ce qui la devroit uniquement occuper, et qui se trouve toute ruinée, toute abîmée, toute accablée, au milieu des plus grands revenus qu'on puisse avoir, ma chère bonne[17], je vous avoue que cela me met en furie,

a fait croire aux derniers éditeurs qu'il pouvait y avoir dans le texte une omission ou une altération plus profonde (voyez la note 3 du fragment imprimé, IX, 504) ; notre manuscrit dissipe tous les doutes à cet égard et confirme le texte imprimé. Ce passage est d'ailleurs suffisamment clair par lui-même ; Mme de Sévigné entendait évidemment faire allusion aux secours qu'elle avait trouvés, pour ses affaires, dans le zèle et les *capacités* de son oncle, le bon abbé de Coulanges.

15. Notre manuscrit, comme le Grosbois, porte : «permettoit»; mais nous n'avons pas hésité à admettre la correction introduite par les derniers éditeurs : dans l'édition de 1827, M. Monmerqué avait imprimé : « permet ».

16. La conjonction *et*, qui se lit ici, et que donne très-nettement notre manuscrit, se trouve aussi dans le Grosbois, mais si négligemment écrite qu'elle a échappé aux regards de M. Monmerqué et des derniers éditeurs, et qu'elle manque dans le texte imprimé, non sans quelque dommage pour l'élégance et même pour la clarté.

17. Ces mots ici et plus loin encore manquent dans le Grosbois et dans le texte imprimé.

et que je voudrois qu'il y eût une punition pour celles qui font un si mauvais usage de leur esprit, et de leur laideur, qui seroit bonne au moins à quelque chose, si elle rétablissoit une maison. Vous devinez à qui je pense; ma bonne, il est aisé de le deviner[18] : c'est à cette femme que tout le monde plaint, et que je ne veux pas plaindre, parce que je suis en colère.

On me mande que le pauvre M. de Montausier est encore à l'extrémité, poussant son bon esprit au delà de l'agonie. Le Roi lui envoya faire une amitié, et qu'il étoit très-fâché[19] de l'état où il étoit. Il répondit, avec un ton et un courage de philosophe, qu'il remercioit Sa Majesté, qu'il mouroit[20] son serviteur, et que s'il ne l'avoit pas servi utilement, il avoit au moins servi longuement et fidèlement. C'est une perte pourtant qu'un tel mérite[21] : quand on a les qualités principales, il faut passer les gens pour bons, dans la difficulté de trouver des hommes parfaits ; et puis, ma bonne, il faut mourir : c'est la fin des plus belles vies du monde. Celle

18. Les derniers éditeurs, malgré ce que dit ici Mme de Sévigné, n'indiquent pas de quelle personne elle entendait parler, et M. Monmerqué, dans une note qui accompagne le texte de 1827 (*Lettres inédites*, page 28, note 1), déclare que toutes les recherches qu'il avait pu faire dans les mémoires du temps ne lui avaient pas fait découvrir de quelle dame il s'agissait. On verra par la suite de notre lettre, et plus clairement encore par divers passages des lettres suivantes, que Mme de Sévigné entendait parler de la duchesse d'Uzès, fille unique du duc de Montausier; voyez ci-après, note 39, et voyez aussi plus loin la lettre 152, notes 14 et 15.

19. Le texte imprimé porte simplement : « fâché » ; le Grosbois cependant, aussi bien que notre manuscrit, donne la leçon que nous imprimons ici, dont on ne s'est écarté évidemment que par mégarde : l'omission de *très* se trouve déjà dans le texte de 1827.

20. Le Grosbois et le texte imprimé portent : « mourroit » ; la leçon de notre manuscrit, qui est sans aucun doute la vraie, est certainement préférable.

21. Le duc de Montausier était mort le 17 mai.

de M. de Lorraine étoit du nombre[22]. Je demande en grâce à l'étoile du Roi de nous ôter encore le prince d'Orange, et puis nous la[23] laisserons en paix ; mais celle-là nous est nécessaire. J'eusse bien voulu qu'elle n'eût pas pensé à notre défunt pape ; hélas ! que ce Comtat nous eût été bon ! vous en faisiez un si saint usage*[24] ! Je crois qu'après six ou sept ans vous eussiez enfin parlé aussi naïvement que la bonne maréchale de Cossé : ce conte est bon[25] ; je le savois ; il doit plaire à Monsieur le Chevalier. Voudroit-il recevoir un discours qu'un assez joli Breton[26] fit l'autre jour à table, en parlant d'un autre ? « C'est, — dit-il, — un homme qui ne se lève jamais que pour boire, et qui ne se couche jamais que pour avoir bu. » Cette définition, toute vraie, toute naturelle, et en peu de mots, me parut plaisante ; mais, Monsieur, je tremble en vous la proposant, après les malheurs qui me sont arrivés[27].

22. Voyez plus loin la note 31 de la lettre 156, et voyez d'ailleurs la note 8 du fragment imprimé (IX, 505).

23. Notre manuscrit porte *la*, comme nous l'imprimons, et justifie la correction faite à la leçon du Grosbois (qui porte *le*) par les derniers éditeurs ; conférez la note 9 des fragments imprimés.

24. Ici finit le fragment publié d'après le Grosbois ; tout le reste de la lettre ne se lit que dans notre manuscrit.

25. Nous ignorons à quelle aventure, ou plutôt à quel propos de la maréchale de Cossé faisait allusion ici Mme de Sévigné.

26. Mme de Sévigné par ces mots : « un assez joli Breton », entendait sans doute désigner son fils, Charles de Sévigné ; voyez la lettre 1175, note 11 (IX, 47), et conférez plus loin la lettre 153, note 6.

27. Ce passage est obscur : Mme de Sévigné ne faisait-elle pas allusion à des *malheurs* qui lui étaient arrivés pendant le *Rabillare* dont il a été parlé plus haut (lettre 148, notes 2 et 4), ou dans des circonstances analogues ? L'ensemble du passage semble autoriser cette conjecture ; voyez et comparez, pour l'intelligence de ce passage, la lettre de Mme de Sévigné et du comte de Guitaut à Mme de Grignan, du 29 août 1677, où on lit (lettre 644, V, 303) : « *Du comte de Guitaut :* .... Je finis par là, en vous assurant pourtant

Vous avez donc été fâchée de cette pauvre d'Escars[28] : vraiment oui, ma bonne, elle étoit venue avec moi à Vichy[29], et [il y a] bien d'autres choses qui font ou qui doivent faire trembler ceux qui voient le feu dans la maison de leur voisin : ne parlons point de cela. J'ai ri de votre tristesse en recevant ma lettre : « Ah! mon Dieu! — Qu'avez-vous donc? comment se porte Mme de Sévigné? — Elle se porte parfaitement bien, mais elle est *mortelle*. » Car votre soupir ne disoit-il pas cela? Vraiment oui, ma bonne, je la suis; il ne faut point vous flatter. Je serois bien fâchée de me flatter moi-même ; et cette santé si parfaite, je la regarde comme un miracle et comme une chose qui peut et qui doit changer; mais laissons cet avenir entre les mains de Dieu!

J'y laisse aussi les desseins de mon voyage de Provence. Vous ne me tentez point d'aller à Paris cet hiver[30]; je n'en veux point sans vous; nulle autre raison ne m'y peut obliger. Ma résolution est prise;

Je ne chante que pour Sylvie[31],

qu'à l'heure qu'il est, votre bonne maman est entre deux vins. Adieu l'eau de Vichy ; je ne crois pas, si elle continue, qu'elle y doive aller; ce seroit de l'argent perdu. — *De Mme de Sévigné* : C'est lui qui en a trop pris : pour moi j'en ai pris aussi. Ils sont si longtemps à table que par contenance on boit, et puis on boit encore, et on se trouve avec une gaieté extraordinaire : voilà donc l'affaire. »

28. C'est-à-dire, fâchée d'apprendre la mort, etc. Mme d'Escars, une des plus constantes amies de Mme de Sévigné, était morte peu de temps auparavant. Nous ne connaissons pas la date précise de son décès. C'est ici le dernier passage de la correspondance où il soit fait mention de cette dame ; il pourra servir peut-être à dissiper en partie les incertitudes qui existaient sur l'époque de sa mort; voyez et conférez la note 6 de la lettre 139 (II, 81).

29. Mme d'Escars était allée à Vichy avec Mme de Sévigné en 1676.

30. C'est-à-dire, ce que vous me dites ne me donne point la tentation d'aller à Paris cet hiver ; conférez plus bas la lettre 167, note 3; voyez aussi le *Lexique*, v° Tenter.

31. Saint-Amant, on le sait, a souvent chanté Sylvie ; mais nous

et je meurs d'envie d'entendre, dans un an, vos charmants rossignols. Il y a deux printemps que vous les entendez, que vous les observez ; il y en a deux aussi que j'entends ceux de notre petite métairie, que vous connoissez. La petite rivière qui est dans cet endroit en attire deux ou trois, mais fort inférieurs aux vôtres; ils n'ont ni tant d'amour ni tant de science ; à peine disent-ils les couplets les plus communs : ils n'ont point un maître de musique comme M. de Grignan. Mandez-moi toujours fidèlement vos desseins ; je ne vous en demande pas davantage.

Enfin nous nous entendons, après avoir longtemps parlé comme des sourds : je ne sais pourquoi j'ai dit *partager votre charge ;* car je ne vous ai jamais crus assez traîtres à vous-mêmes pour vouloir cette égalité. J'entendois une lieutenance de Roi au-dessous de votre générale, et c'eût été une grâce, si on vous l'eût accordée[32]. Mais celle de Nantes, dont je vous parlois,

---

ignorons si le vers cité par Mme de Sévigné est de ce poëte ou d'un autre; nous n'avons pas su le trouver.

32. Pour l'intelligence de ce passage, voyez, dans la correspondance générale, la lettre 1254 *bis* (XI, xviii), écrite, le 14 janvier précédent, au comte de Pontchartrain par M. de Grignan. Il résulte de cette lettre que le comte de Grignan avait fait demander au Roi, qu'il plût à Sa Majesté « créer en Provence une charge de lieutenant de Roi au-dessous de celle de lieutenant général qu'il avait, et de vouloir bien l'en gratifier, » c'est-à-dire de vouloir bien lui faire don du prix que le titulaire aurait à payer pour être investi de ladite charge. Dans plusieurs provinces il y avait, en effet, à la fois, un gouverneur, au-dessous de ce dernier un ou plusieurs lieutenants généraux du Roi, et au-dessous de ceux-ci un ou plusieurs simples lieutenants de Roi. Il en était ainsi notamment en Bretagne et en Normandie. M. de Grignan avait espéré que la faveur qu'il sollicitait, nécessaire au rétablissement de ses affaires, lui serait d'autant plus facilement accordée qu'il n'y avait en Provence qu'un gouverneur et un lieutenant général, et pas de lieutenants de Roi. Mais c'était en définitive une charge nouvelle qu'il

eût été en mauvaise part[33]; et je vis, dans l'esprit de celui qui m'en parla, une grande indifférence pour l'absence, pour la sottise, pour la paresse de M. de Molac[34], si on eût pu mettre au-dessous de ce galant homme un joli lieutenant de Roi : peut-être que le fils[35] tiendra mieux cette place. Aussi ce fut un discours en l'air, que je venois d'entendre de l'homme que vous savez; et je vous l'écrivis, sans faire une plus grande réflexion que de voir où l'on se porte, quand le Roi n'est pas servi avec toute la perfection où il est accoutumé.

Le cardinal de Forbin[36] part aujourd'hui de Paris;

s'agissait d'imposer à la province, car c'est elle qui aurait eu à payer les appointements du nouveau lieutenant, et le tout, pour *réparer les pots cassés*, suivant l'expression même de Mme de Sévigné, que nous avons rencontrée dans une lettre précédente, où elle faisait peut-être déjà allusion à l'insuccès de la demande dont il est question ici, insuccès suivi quelque temps après d'une autre semblable; voyez plus haut la lettre 149, note 34.

33. C'est-à-dire qu'elle aurait été créée à cause de l'insuffisance du lieutenant général (M. de Molac), et non par faveur pour celui qui l'aurait obtenue ou qui aurait profité du prix. Voyez la lettre 1273, du 23 avril précédent, fin du 5ᵉ alinéa et note 6 (IX, 496). C'est sans doute à cette dernière lettre que Mme de Sévigné entendait se référer, et l'on voit, en se reportant au passage qu'elle prenait soin de rappeler, que la personne désignée par ces mots : « je vis dans l'esprit de *celui qui m'en parla* », était M. de Pommereuil, intendant de Bretagne.

34. De Rosmadec, marquis de Molac, second lieutenant général au gouvernement de Bretagne et gouverneur de Nantes.

35. Sébastien de Rosmadec, fils du précédent, qui succéda au titre et aux charges de son père. Il avait dû épouser une fille de M. de Pompone (voyez plus haut la lettre 69, note 19); mais ce mariage avait été rompu, et il avait été marié plus tard (en 1680) à Mlle de Roussille, sœur de Mlle de Fontanges (voyez la lettre 816, note 22, VI, 439) : Mme de Sévigné l'appelait, à cette époque, le *petit Molac*.

36. Toussaint de Forbin Janson, l'ancien évêque de Marseille, *dom Courrier* (voyez plus haut, tome I, page 284, la note 8 de la lettre 15). Il avait été fait cardinal le 13 février précédent

je ne sais si *dom Courrier* pourra s'arrêter un moment : n'est-il pas vrai que j'avois bien raccommodé la chanson de Coulanges ? Notre bon gouverneur ne reviendra point dans les galères qui porteront cette Éminence ; la bonne duchesse m'en écrit en soupirant[37] : elle ira chez votre président[38]. Enfin, ma bonne, comme nous disoit un jour Mme de Mirepoix sur un autre sujet, vous aurez tout ce qu'il y a de meilleur de ce qui ne vaut rien ; car je ne crois rien de bon en comparaison de vous. Quelle grâce ! quelle belle et aimable femme ! quelle force vous auriez donnée à la bonté de votre cause ! combien tous ces juges vous auroient reçue avec joie, venant finir cette dernière et infâme chicane, après avoir triomphé dans cette chambre comme vous avez fait, après avoir instruit et nourri cette affaire avec autant de capacité ! Mais Dieu ne [le] veut pas, ma chère bonne ; il faut donc être à Grignan, faisant d'autres merveilles et d'un plus grand prix, payant les dettes de la dernière conséquence, vous assurant par là la donation de Mlle de Grignan, lui donnant très-généreusement et très-héroïquement douze cents francs, par pure reconnoissance, pendant que Mme d'Uzès lui refuse son bien[39]. Vous vous sacrifiez dans votre jeunesse

(voyez la note 2 de la lettre 1268, IX, 472 et 473). Il était envoyé à Rome, à la demande du duc de Chaulnes, pour remplacer le cardinal d'Estrées, que le nouveau pape, Alexandre VIII, n'aimait pas et voyait avec défiance, et qu'on avait dû, pour cette raison, rappeler ; voyez la lettre 1272, dernier alinéa et note 7 (IX, 491 et 492), et voyez aussi plus bas la lettre 152, note 39.

37. Mme de Chaulnes était restée à Paris.

38. Le président de la quatrième chambre du parlement de Paris, devant laquelle devait se plaider l'affaire d'Aiguebonne ; ce président était M. Croiset ; voyez la note 28 de la lettre suivante, et conférez plus haut la note 11 de la lettre 148.

39. C'est ce refus et les suites fâcheuses qu'il avait eues pour M. et Mme de Grignan, qui s'étaient vus obligés de payer *héroï-*

à l'austérité de ces devoirs; vous quittez le monde et la Cour ; vous quittez même une place unique, qui contente l'orgueil, où vous êtes adorée, — j'aime cette circonstance, — et vous êtes à Grignan, occupée de ce qui peut être bon à votre maison et à votre fils. Je fais souvent de cet état le sujet de mon admiration ; mais je blâme toujours un peu la bride abattue de l'équipage[40]. Vous êtes dans votre château, où vous dites que vous ne dépensez pas trois sols ; c'est ce que je ne crois pas ; vous y vivez trop honorablement. Mais vous dites, ma chère bonne, que *malgré l'apostille*[41] vous croyez que vous êtes au milieu de mon cœur, et c'est une grande vérité : que je vous remercie de la justice que vous me faites ! ceci n'est point une apostille.

quement une pension à Louise-Catherine de Grignan, au moment où ils étaient eux-mêmes dans la plus grande gêne, qui avaient si fort indigné Mme de Sévigné, et lui avaient fait tenir sur la duchesse d'Uzès le langage sévère qu'on a lu plus haut (voyez ci-dessus le 3e alinéa de la lettre, note 18).

40. L'équipage du jeune marquis de Grignan ; voyez plus haut la lettre 149, notes 42 et suivantes.

41. Il s'agissait sans doute d'une observation mise par Mme de Sévigné à la fin de la lettre à laquelle Mme de Grignan venait de répondre. Le mot *apostille*, dont on se sert pour désigner une courte lettre insérée dans le corps ou à la suite d'une autre par un tiers, et que nous avons souvent employé dans ce sens dans les notes de ce recueil, signifie, dans son acception générale, note, observation, recommandation, etc. Il pouvait par suite servir aussi à désigner ce que nous appelons aujourd'hui *post-scriptum* : c'est à peu près dans ce sens que le mot paraît pris ici.

152. — DE MADAME DE SÉVIGNÉ ET DE CHARLES DE SÉVIGNÉ A MADAME DE GRIGNAN[1].

1690

Aux Rochers, ce 24e mai[2].

DE MADAME DE SÉVIGNÉ.

*Je voudrois bien, ma chère bonne, que M. Gaillard[3] eût vu cette lettre du 13 : quelle facilité! quelle éloquence! avec quel respect tous les mots viennent s'offrir à vous, et l'arrangement que vous en faites[4]!

Lettre 152 (lettre entière, presque entièrement inédite). — 1. Cette lettre se trouve dans notre manuscrit, tome III, pages 235 et suivantes. Les anciens éditeurs n'en avaient rien fait connaître, et le Grosbois n'en contient qu'un fragment de très-peu d'étendue. Ce fragment, publié pour la première fois, en 1827, par M. Monmerqué, dans son recueil de lettres inédites (*Lettres inédites*, pages 34 et 35), figure dans la correspondance générale sous le numéro 1277 (IX, 509). Nous le donnons ici, rétabli sur quelques points à l'aide de notre manuscrit. Nous n'avons pas dû le séparer du surplus de la lettre à laquelle il sert de début et dont il ne forme qu'une faible partie. Il finit aux mots : « on me jetteroit des pierres ».

2. Dans notre manuscrit, comme dans le Grosbois, l'inscription ne contient ni l'indication du jour de la semaine, que Mme de Sévigné mettait assez ordinairement, ni l'indication de l'année, qu'elle ne mettait presque jamais. Mais le contenu de la lettre permet de fixer avec précision la date, sur laquelle M. Monmerqué avait cependant élevé quelques doutes que les derniers éditeurs ont dissipés; voyez et conférez la note 1 de la page 34 du recueil de 1827, la note 1 du fragment imprimé (IX, 509), et voyez aussi la note 5 ci-après.

3. Voyez plus haut la note 10 de la lettre 126.

4. Le copiste du Grosbois, par la simple addition de la préposition *à*, mise par inadvertance, avait corrompu assez gravement cette phrase, qui, d'après lui, se lit ainsi dans le texte imprimé : « avec quel respect les mots viennent s'offrir à vous et à l'arran-

Vous êtes ingrate et insensible à ce que vous avez reçu de Dieu ; car l'épître de dimanche vous assure que vous n'avez rien de vous-même[5] ; ainsi on peut examiner ses bienfaits, pour en avoir de la reconnoissance. Si on s'entendoit bien, la vanité seroit bannie du commerce des honnêtes gens ; on laisseroit ce sot vice aux ignorants, qui se font honneur de ce qui ne leur appartient pas. Pour moi, ma bonne[6], j'ai une fantaisie que je n'ose dire qu'à vous : c'est que, si j'étois dévote, — comme, par exemple M. de la Garde, — je crois, contre l'ordinaire, que je conviendrois avec mes amis des grâces singulières et précieuses que je recevrois de Dieu, des changements de mon cœur, qu'il auroit tourné avec cette douce et miraculeuse puissance qui fait que nous ne nous reconnoissons pas nous-mêmes ; et dans le transport de cette charmante métamorphose, touchée, comme je le suis naturellement, de la reconnoissance,

gement que vous en faites ! » Voyez, sur ce passage, l'*Introduction*, page 159.

5. Ce passage de la lettre, comme l'ont observé les derniers éditeurs, suffit pour dissiper toute espèce de doutes sur sa date ; il confirme les énonciations que contient l'inscription et sert à les compléter. L'épître à laquelle Mme de Sévigné faisait allusion est l'épître du dimanche de la Trinité, fête qui, en 1690, tomba le 21 mai ; la lettre fut écrite le mercredi suivant, 24, jour de courrier de Mme de Sévigné. Dans l'épître qu'elle cite se trouvent en effet ces mots : « car tout est de lui (de Dieu), et par lui, et en lui. »

6. Ces mots, ici et déjà plus haut et de nouveau encore un peu plus bas, avaient été supprimés, comme d'habitude, par le copiste du Grosbois, et manquent par suite dans le texte donné par les premiers éditeurs. — Dans la même phrase, quelques lignes plus loin, les deux manuscrits portent, comme nous l'imprimons : « des changements de mon cœur », et non, comme l'ont imprimé M. Monmerqué et les derniers éditeurs : « du changement, etc. » Le pluriel est préférable et doit être conservé ; il est en parfaite harmonie avec le membre de phrase qui précède : « je conviendrois.... *des grâces*, etc. »

au lieu de dire mille maux de moi, comme font les dévots, de me charger d'injures, de m'appeler un *vaisseau d'iniquité*⁷, je ferois honneur à la grâce de Jésus-Christ, et j'oublierois mes misères pour célébrer ses louanges et ses miséricordes. Voilà, ma chère bonne, une folie que je vous confie, car elle est si peu en usage, qu'on me jetteroit des pierres*. Revenons donc aux dons naturels que vous avez reçus de Dieu, en attendant les autres⁸, qui sont les plus souhaitables.

Vous nous faites une peinture de Pauline qui nous la fait voir clairement : elle est fort jolie, fort aimable, fort noble, fort gracieuse, d'un bon cœur ; je la vois, la voilà ! c'est elle-même : Mme d'Hamilton⁹ plaisoit à tout le monde. Un petit trait du comte des Chapelles¹⁰ m'y fait trouver quelque chose de ma jeunesse. Voilà le très-digne objet des vœux de Monsieur votre frère ; mais d'aimer le beurre achève tout, et lui fait courir les champs. Il persévère dans ses blasphèmes¹¹ contre

---

7. *Tartuffe*, acte III, scène VI :

> Oui, mon frère, je suis un méchant, un coupable,
> Un malheureux pécheur tout plein d'iniquité.

Sur l'expression *vaisseau d'iniquité*, pour vase d'iniquité (*vas iniquitatis*), voyez la note 4 du texte imprimé (IX, 510).

8. Les dons de la grâce.

9. Le nom avait dû être assez mal écrit par Mme de Sévigné, car le copiste, qui avait eu sans doute de la peine à le déchiffrer, avait mis : « Mme d'Angeston », orthographe qui a paru si suspecte à la personne qui a fait la collation qu'elle a effacé le nom, — c'est-à-dire l'a couvert d'un barbouillage sous lequel on peut néanmoins le lire, — et l'a simplement remplacé, n'ayant pu s'en rendre compte, par des points mis au-dessus. On verra plus loin comment et d'après quelles données nous avons cru pouvoir le rétablir ; voyez la note 40 ci-dessous.

10. Voyez plus haut la note 7 de la lettre 96.

11. On devine assez aisément par la suite du passage, que ces *blasphèmes* consistaient dans des comparaisons entre la beauté de

vous, quand vous l'appelez *sa divine laideron*[12] ; mais, ma bonne, j'en suis bien plus offensée que vous, car jamais rien n'a paru à mon goût et à mes yeux comme Mlle de Sévigné. Le monde me fit sa cour en vous élevant à la dignité où je vous avois mise[13]. Mme de Grignan représente fort bien cette personne, en y ajoutant, qu'elle a toutes les qualités solides qui font le parfait contraste de Mme d'Uzès. La voilà bien accablée, cette laide laideron par éminence[14] : elle demande la protection du Roi ; son mari fait le démon ; tout est saisi, tout est abîmé. Il y a sept ou huit années d'arrérages à chacun de ses créanciers, et tout cela vient uniquement du désordre, et de sa mauvaise tête[15]. Qu'on ne me parle point de richesses, si on n'a le bon esprit de les gouverner ; mille exemples nous font voir que c'est sur cela seul que l'on doit compter.

Pauline et celle de sa mère, qui n'étaient pas à l'avantage de cette dernière.

12. Voyez et comparez la fin du 3ᵉ fragment, publié à la suite de la correspondance générale (X, 545). Notre passage peut servir à déterminer, au moins d'une manière très-approximative, la date de ce fragment, que l'ensemble de son contenu indique du reste avoir été écrit vers la même époque que notre lettre.

13. Mme de Sévigné faisait ici allusion au nom donné par Bussy, — et après lui par bien d'autres sans doute, — à Françoise de Sévigné : « je ne la nommois plus, quand j'en parlois, que *la plus jolie fille de France*, croyant qu'à cela tout le monde la devoit reconnoitre. » (*Histoire généalogique de la maison de Rabutin*, par Bussy, fragment imprimé à la suite de la *Notice*, page 324.)

14. La duchesse d'Uzès, même dans sa jeunesse, n'était pas belle en effet. On connaît sur elle le bon mot de son mari, alors qu'elle n'était encore que la comtesse de Crussol. Un jour, en 1674, à Saint-Germain, dans un bal de la Cour, la comtesse, qui venait de danser avec le Roi, étant *plus rouge que les rubis dont elle étoit parée*, le comte, la regardant, se permit de dire, devant les courtisans : « Messieurs, elle n'est pas belle, mais elle a bon visage. » Voyez la lettre 376, fin du 3ᵉ alinéa (III, 396.)

15. Voyez plus haut la lettre précédente, notes 18 et 39.

Il y a un petit éloge pour ce pauvre homme[16], dans la *Gazette*, qui m'a touchée[17] : c'est une quantité de grandes qualités que j'honore depuis que je suis née. Il a vécu toute sa vie ; il n'a point senti la décadence de son esprit : c'est un bonheur. Je suis assurée que Monsieur le Chevalier, qui lui a des obligations, sentira sa mort. Je voudrois savoir s'il a vu Mme de Vibraye[18] : il la haïssoit[19] un peu trop, pour mourir[20]. Je ne me prends point à lui de toute la confusion de ses affaires ; c'est à sa fille, qui étoit maîtresse de tout : je ne saurois lui pardonner ; vous savez mes raisons[21].

Monsieur de Carcassonne est à Bâville. M. Talon ne plaidera point[22], ce sera M. de la Briffe[23], procureur général ; c'est un bonheur pour vous, il est ami

16. Le duc de Montausier, mort quelques jours auparavant ; voyez la note suivante.

17. Mme de Sévigné faisait sans doute allusion à ce passage de la *Gazette*, daté du 20 mai 1690 : « Messire Charles de Sainte-Maure, duc de Montausier.... mourut.... le 17 de ce mois, après une longue maladie, dans laquelle il a fait paroître, jusqu'à l'extrémité, la grandeur d'âme et toutes les vertus chrétiennes qui lui avoient attiré l'estime et la vénération du public. »

18. Mme de Vibraye s'était mariée contre le gré de M. et Mme de Montausier, ses oncle et tante, chez qui elle s'était d'abord retirée en quittant la maison paternelle, et qu'elle avait quittés à leur tour pour contracter l'union qu'ils désapprouvaient ; voyez plus haut la note 26 de la lettre 135.

19. Le manuscrit porte : « il l'haïssoit », et c'est assez vraisemblablement ainsi qu'avait écrit Mme de Sévigné.

20. C'est-à-dire, pour un homme qui est au moment de mourir, et qui veut mourir chrétiennement.

21. Voyez la lettre précédente, note 39.

22. Voyez la note 7 de la lettre précédente. Mme de Sévigné, nous l'avons dit, était mal renseignée ; M. Talon porta la parole dans l'affaire d'Aiguebonne, et ses conclusions furent favorables à M. de Grignan ; voyez plus loin le 1er alinéa de la lettre 160.

23. Arnaud de la Briffe, procureur général au parlement de Paris ; voyez la note 21 de la lettre 1051 (VIII, 152).

de Mme de la Fayette : écrivez-lui. Vous aurez raison, tout ira bien, s'il plaît à Dieu ; mais vous ne me ferez pas croire que vous ne retrouvassiez pas aisément toute votre capacité, si vous en aviez besoin. Vous dites du mal de vous, en parlant de l'impossibilité de votre persévérance ; cela feroit trembler vos amis ! Vous avez été emportée par la cadence de la période ; vos goûts sont plus durables, et je vous réponds, moi, que vous ferez toujours tout ce qu'il faudra faire : j'en ai répondu ; vous ne le justifiez que trop par l'oubli de vous-même, comme nous disions l'autre jour.

Il y a trop à dire sur l'éducation de votre fils et de votre petit-fils ; il y a tant d'exemples pour et contre qu'il est difficile de décider : vous avez du temps pour celui qui n'est pas né !

Parlons du canapé [24] : ah ! qu'il est beau ! qu'il est riche ! qu'il seroit digne d'être admiré des Chaulnes, des Moreuil [25], et de tout ce qui est le plus délicat ! Je crois qu'il a bien compris que le parquet n'étoit pas un honneur qu'on lui pût faire en Provence ; mais j'ai peur qu'il ne demande du marbre ou des carreaux de porcelaine. Voilà un meuble digne de Versailles ! Quoi ! je serois assez heureuse pour le voir ! cela n'est pas possible ! Je ne crois pas que j'osasse m'asseoir dessus, bien loin d'y manger des épinards et d'y mettre mes jarretières ! Ah ! ah ! ma petite mignonne, vous vous moquez donc de moi ? j'en suis vraiment bien aise. Mais je crains, tout de bon, d'avoir fâché Monsieur le Chevalier, par cette comparaison des prélats ; mais il y auroit trahison, ayant si souvent parlé sur ces chapitres à cœur ouvert. Le moyen de ne pas blâmer ce qui est blâmable ? Vous en dites plus en deux mots que moi en cent : *Coadjuteur à*

24. Voyez plus bas l'avant-dernier alinéa de la lettre, note 44.
25. Voyez la note 6 de la lettre 968 (VII, 418 et 419).

20 *ans*, maçon à 5o. Voilà ce qui s'appelle un coup de patte ! voilà tout ramassé en cinq mots et deux chiffres[26] !

Voici un grand malheur, ma bonne, voilà mon grand papier fini ! Je veux encore vous dire que j'ai écrit à M. de la Silleraye[27], pour le prier, et Madame sa femme, de nous être toujours favorables auprès de M. le président Croiset[28] : elle est cousine germaine de la présidente. Je lui demande aussi la sollicitation de M. Rossignol[29]. Voyez si vous ne voudriez point écrire un billet à ce pauvre la Silleraye : il ne faut pas laisser croire aux gens malheureux qu'on méprise leurs bons offices.

Ma chère bonne, faites mille amitiés à M. de Grignan : n'ose-t-il me dire s'il ne connoît point M. de Bruys de Montpellier[30] ?

26. Le mot *chiffre* est pris ici dans le sens de *nombre*. Pour mieux se faire entendre, Mme de Sévigné avait sans doute écrit les nombres 20 et 5o en chiffres, comme nous les imprimons ici ; c'est du moins ainsi qu'ils sont écrits dans le manuscrit, qui vraisemblablement reproduit fidèlement l'original.

27. Le fils de M. d'Harouys, que son père, l'ancien trésorier des états de Bretagne, avait entraîné dans sa ruine ; sa femme, on l'a vu plus haut (voyez ci-dessus la lettre 149, notes 36 et 38), était une demoiselle de Richebourg.

28. Président de la quatrième chambre du parlement de Paris, devant laquelle devait se plaider l'affaire d'Aiguebonne ; voyez plus haut la lettre 148, note 11, et la lettre 151, note 38.

29. Charles-Bonaventure Rossignol, président à la chambre des Comptes ; la présidente Croiset était sa sœur (voyez la lettre 1095, note 10, VIII, 291), et il était cousin germain de Mme de la Silleraye, dont on voulait avoir auprès de lui *la sollicitation*. On remarquera certainement la belle pensée, si simplement exprimée et si naturellement amenée, qui termine l'alinéa.

30. David-Auguste de Bruys, auteur de quelques pièces de théâtre faites en collaboration avec Palaprat. Il était né à Aix en 1640, mais il habitait sans doute alors Montpellier, où il mourut en 1723. Mme de Sévigné avait déjà fait demander à M. de Grignan s'il connaissait M. de Bruys ; voyez la lettre 1273, du 23 avril précédent, note 15 (IX, 498).

1690

Voiture nous divertit aussi quelquefois, aussi bien que vous ; pour moi, je ne m'accoutume point à l'agrément de son style [31] : vous me faites rire, quand vous croyez que quelqu'un puisse écrire comme lui [32]. Je demande encore à ce Comte, — lui qui doit savoir les vieilles traditions de l'hôtel Rambouillet, — par quelle aventure le pauvre Voiture étoit en Afrique : étoit-il exilé ? pourquoi l'étoit-il [33] ? Vous ne sauriez croire comme nous

31. C'est-à-dire, je suis toujours touchée de l'agrément de son style.

32. Mme de Grignan avait comparé le style des lettres de sa mère à celui des lettres de Voiture, et c'est à cette comparaison, qu'elle avait déjà repoussée avec modestie dans une lettre précédente, que Mme de Sévigné faisait vraisemblablement de nouveau allusion ici ; voyez et conférez la lettre 1265, du 15 février précédent, fin du 3e alinéa (IX, 458).

33. Attaché de bonne heure à Gaston d'Orléans, qui l'avait fait contrôleur général de sa maison, et nommé plus tard introducteur des ambassadeurs auprès de Son Altesse, Voiture avait été entraîné, par ses fonctions même, à suivre la fortune de ce prince, dans la révolte de ce dernier contre le Roi, c'est-à-dire contre Richelieu. A la suite de diverses aventures, Gaston, battu et obligé de fuir, envoya un fondé de pouvoirs en Espagne, pour solliciter l'appui de la cour de Madrid, gouvernée alors par le comte Olivarès. Voiture, qui avait déjà fait, à une époque antérieure, un voyage en Espagne et qui connaissait parfaitement la langue espagnole, fut adjoint au fondé de pouvoirs, qu'il suivit à Madrid, et bientôt il fut même chargé seul de poursuivre les négociations, ce qu'il fit, paraît-il, avec habileté. Après un assez long séjour à la cour d'Espagne, il quitta (en 1633) Madrid pour aller retrouver Gaston à Bruxelles. Mais ne pouvant traverser la France, sans courir la chance périlleuse d'être arrêté, et résolu par suite à opérer son retour par mer, peu pressé d'ailleurs sans doute, il profita de l'occasion pour faire, sous les auspices du ministre Olivarès, dont il avait complétement conquis la faveur, un voyage dans le midi de l'Espagne, et jusque sur les côtes d'Afrique, d'où il écrivit des lettres intéressantes, qu'il signait *Voiture l'Africain*. A la suite de cette excursion, qui ne fut que de très-courte durée, il se rendit enfin à Lisbonne, et de là à Londres, puis à Bruxelles, où il rejoignit son maître, et rentra plus tard en France avec ce dernier,

sommes fâchés de notre ignorance : nous prions M. de Grignan de nous instruire.

Mille souvenirs, mille compliments à Monsieur le Chevalier, M. de la Garde, et M. Gaillard. Que vous êtes heureuse de l'avoir ! Un mot du vrai sujet de son voyage : il me semble que j'aurois bien des choses à lui dire et à lui conter.

Adieu, très-chère bonne. Si vous m'aimez *comme je me porte*, qui est votre promesse ordinaire, votre amitié est parfaite. Je vous recommande la vôtre ; je crois celle du Marquis comme nous la pouvons souhaiter : je ne comprends pas pourquoi il vouloit se faire purger.

Je vous envoie la lettre que m'écrit M. du Bois : vous prenez un peu trop sérieusement la faute prétendue d'avoir montré votre lettre ; qui est-ce qui n'en auroit pas fait autant ? Vous verrez, — comme il dit, — cette *chaîne*[34], dont M. de Harlay est le premier *chaînon* : le moyen de faire un si grand secret d'une jolie lettre ? Vous voyez que le pauvre homme en est tout mortifié, et qu'il n'a pas une assez bonne santé pour soutenir la douleur de vous avoir offensée : en vérité, ma bonne, ne perdez point un si bon et si honnête ami.

Je laisse la plume à mon fils. Vraiment il a bien des choses à dire de *sa divinité*[35] : ne pourrions-nous point obtenir qu'elle eût les yeux bleus et les paupières

---

lorsque Gaston eut fait son accommodement avec Richelieu. Voiture n'avait donc jamais été exilé en Afrique, où il avait fait un simple voyage de curiosité ; mais à une certaine époque il avait pu être considéré comme exilé de France, et, par les détails qui précèdent, on comprend fort bien que le bruit avait pu courir qu'il avait été pendant quelque temps exilé en Afrique.

34. C'est-à-dire la suite des personnes à qui la lettre avait été montrée. Conférez plus haut la lettre 150, notes 27 et 28.

35. De Pauline.

noires? de certains yeux qui tirent à couvert? après cela nous ne vous demanderions plus rien.

Il y aura demain un an que j'arrivai ici. J'avois commencé le printemps à Chaulnes[36], dont les rossignols sont dignes d'être comparés aux vôtres. Ah! que vous m'en dites des merveilles! Il est vrai qu'il faut dire :

Le désert est-il fait pour des talents si beaux?

Mais vous savez les raisons de la pauvre Philomèle[37]. Hélas! il y a aussi un an que vous étiez dans votre triomphe d'Avignon, dont toutes les relations nous charmoient[38]! Vous revîntes pour recevoir Monsieur le Chevalier. Bon Dieu, comme le temps va, et nous enlève, et nous emporte! Il enlève aussi le cardinal de Forbin à Toulon, où il sera le 26, c'est-à-dire après-demain[39].

36. Voyez plus haut la note 12 de la lettre 129 et la note 7 de la lettre 134. Le manuscrit porte, par suite sans doute d'une faute du copiste : « Il y aura demain un an que j'arrivai ici ; *j'y* avois commencé le printemps à Chaulnes, etc. »

37. La Fontaine, *Fables*, livre III, fable xv, *Philomèle et Progné* :

. . . .
Le désert est-il fait pour des talents si beaux?
Venez faire aux cités éclater leurs merveilles :
    Aussi bien, en voyant les bois,
Sans cesse il vous souvient que Térée autrefois,
    Parmi des demeures pareilles,
Exerça sa fureur sur vos divins appas.

Et c'est le souvenir d'un si cruel outrage,
Qui fait, reprit sa sœur, que je ne vous suis pas :
    En voyant les hommes, hélas!
    Il m'en souvient bien davantage.

38. Voyez le commencement de la lettre 1189, du 26 juin précédent (IX, 92 et 93).

39. Voyez la note 36 de la lettre précédente. Mme de Sévigné donne ici à Toussaint de Forbin Janson le nom de cardinal de Forbin ; elle ignorait encore que l'ancien évêque de Marseille avait

DE CHARLES DE SÉVIGNÉ.

L'IDÉE que vous nous donnez de Mme d'Hamilton[40] ne fait qu'augmenter l'horreur que j'avois pour les blasphèmes que vous vomissez toujours contre *ma divinité*. Je craignois que vous ne nous allassiez donner

pris, comme cardinal, le nom de Janson ; voyez la lettre suivante, notes 7 et 8, et la lettre 154, notes 45 et 46.

40. Le nom est écrit dans le manuscrit : « Damilton ». Tout porte à croire que Charles de Sévigné entendait désigner la dame dont sa mère avait parlé au commencement de la lettre, — déjà à propos de Pauline, — et dont le nom (*d'Angeston*), étrangement défiguré par le copiste, a été biffé et indiqué simplement par des points par la personne qui a fait la collation (voyez ci-dessus le commencement du 2ᵉ alinéa et la note 9). D'un autre côté, dans la lettre du 1ᵉʳ avril 1689, dont notre manuscrit contient la reproduction, le même nom se rencontre, écrit exactement dans notre ancienne copie comme nous le trouvons ici (*Damilton*), et cette fois on ne peut avoir aucun doute sur la personne qu'il désigne, car la lettre elle-même (lettre 1159, dernier alinéa, IX, 6) fait connaître qu'il s'agissait de la femme de Richard Talbot, vice-roi d'Irlande, qu'on continuait à appeler, du nom de son premier mari, Mme d'Hamilton, et dont la beauté était restée célèbre. Nous n'avons pas hésité, d'après ces données, à rétablir le vrai nom dans les deux passages de nos lettres. Mme d'Hamilton (Françoise Jennings, fille de Richard Jennings, de Sunbridge, dans le comté de Hertford), — avec qui sans doute Mme de Grignan avait dit que Pauline avait quelques traits de ressemblance, — et dont Mme de Sévigné fait ce bel éloge, *qu'elle plaisoit à tout le monde*, était la belle-sœur d'Antoine Hamilton, l'auteur des *Mémoires du chevalier de Grammont*, qui l'a célébrée dans ces mêmes mémoires, où *la belle Jennings* joue, on le sait, un si grand rôle. Veuve de bonne heure de George Hamilton, frère aîné d'Antoine, Françoise Jennings avait épousé en secondes noces Richard Talbot, comte et plus tard duc de Tyrconnel, nommé vice-roi d'Irlande en 1689, et qui mourut en 1691. La belle Jennings ne mourut elle-même que longtemps après, en 1731, dans un âge fort avancé. Voyez et conférez la note 27 de la lettre 1159 précitée (IX, 6).

quelque ressemblance à Mme du Menil[41], jadis Mme de Meugron, et, en ce cas-là, j'avoue que je n'aurois pas eu la force de répliquer; mais vous vous êtes confondue vous-même[42]. Trouveriez-vous mauvais que je joignisse, à la douceur de Mme d'Hamilton, quelque chose de la finesse de feu Mme de Seignelai[43]? répondez-moi juste, et je ne désespère pas que je ne connoisse après cela aussi parfaitement la charmante Pauline que je connois Grignan et qu'elle connoît elle-même Versailles et toute la Cour. Adieu, ma belle petite sœur; j'embrasse, salue et révère tout ce qui compose celle des Adhémars, dans leur admirable château.

DE MADAME DE SÉVIGNÉ.

Je dis, sur votre meuble[44], ce que Progné disoit à Philomèle :

Le désert est-il fait pour des meubles si beaux[45] ?

Et à Paris vous n'avez que des misères! J'en excepte

41. C'est ainsi que le nom est écrit dans le manuscrit. Il n'est pas question ailleurs de cette dame, autrefois Mme de Meugron; mais il est parlé dans deux lettres de l'année précédente (lettre 1229, du 26 octobre 1689, 5ᵉ alinéa, IX, 278, et lettre 1232, du 6 novembre suivant, 2ᵉ alinéa, IX, 300), à l'occasion de l'opéra d'*Atys*, d'un M. du Mesnil : n'était-ce pas le second mari de Mme de Meugron ?

42. En reconnaissant que Pauline avait des traits de ressemblance avec Mme d'Hamilton; voyez ci-dessus, note 40.

43. Marie-Marguerite d'Alègre, marquise de Seignelai, première femme de Jean-Baptiste Colbert, marquis de Seignelai, fils aîné de Colbert, morte le 16 mars 1678. Voyez, sur sa mort, la lettre 685, de Mme de Sévigné au comte de Bussy, du 18 mars 1678, 4ᵉ alinéa (V, 424). — Dans le manuscrit il y a : « feue Mme de Seignelai ».

44. Voyez plus haut le 6ᵉ alinéa de la lettre.

45. Voyez ci-dessus, note 37.

pourtant la belle tapisserie, et le joli meuble : mais le canapé de Grignan y auroit été admiré !

Adieu, ma très-chère et très-aimable bonne ; vous ne vous tromperez point quand vous me croirez toute à vous, toute pleine de tendresse et d'amitié pour ma très-chère Comtesse !

153. — DE MADAME DE SÉVIGNÉ

A MADAME DE GRIGNAN[1].

Aux Rochers, ce 11e juin 1690[2].

EN voici bien d'une autre, ma bonne, comme vous dites, et puis d'une autre, et puis encore d'une autre, et vous verrez comme cela ira ! Je ne m'accoutume point à cette rapidité, et j'en suis encore plus étonnée pour moi que pour vous ; car assurément vous avez un assez grand tourbillon, et nous sommes fort souvent ici

LETTRE 153 (lettre inédite). — 1. Cette lettre, complétement inédite, se trouve dans notre manuscrit, tome III, pages 117 et suivantes. Elle contient des détails intéressants et de fort belles pensées, et on ne s'explique qu'elle ait été mise à l'écart que par sa date, que par la fatalité de cette terrible année 1690, qui semblait devoir être aussi funeste aux lettres de Mme de Sévigné qu'elle avait été difficile et rigoureuse pour la maison de Grignan ; voyez plus loin la note 5 de la lettre 156.

2. L'indication de l'année, contre l'ordinaire, se trouve ici dans le manuscrit ; mais cette indication, d'ailleurs très-exacte, n'a pas été mise par le copiste, et ne se trouvait pas vraisemblablement sur l'original ; elle est de la main de la personne qui a fait la collation, et elle a été donnée sans doute d'après le contenu de la lettre, qui permet aisément en effet de reconnaître l'époque où celle-ci a été écrite.

dans une véritable tranquillité. Je ne sais, ma chère bonne, si c'est cette vie, réglée comme une pendule[3],

> 3. Ces paroles fournissent l'explication toute naturelle d'un passage de la lettre des 22 et 25 juin suivant, que l'absence de notre lettre rendait fort obscur, et qu'on avait fort diversement interprété, sans réussir à en pénétrer le véritable sens. Dans la lettre précitée, dont le texte ne peut être soupçonné d'altération, car c'est d'après l'autographe qu'il a été donné, Mme de Sévigné s'exprime ainsi (lettre 1283, 1er alinéa, IX, 525) : « Ces pensées, cette pendule, n'ont point changé mon humeur ; mais la solitude contribue à les entretenir, etc. » Que pouvaient signifier ces mots : « cette pendule », employés évidemment dans un sens figuré, mais dont rien dans la lettre ne révélait la signification, et qui cependant se rapportaient certainement, comme l'indique le pronom démonstratif qui s'y trouve, à quelque chose qui avait été dit antérieurement? On a pensé que Mme de Sévigné, par ces mots, avait pu vouloir faire allusion à son âge, et que pour en avoir le sens il fallait les développer ainsi : « cette pendule où je lis une heure avancée, l'heure du soir de la vie, du déclin, etc. » Mais cette interprétation fort ingénieuse, la meilleure peut-être qu'il fût possible de donner en l'absence de notre lettre, était cependant, il faut le reconnaître, un peu forcée; car pour arriver à lire sur une pendule le déclin de la vie il faut une suite de raisonnements que la pendule elle-même ne fournit pas. Et puis pourquoi le pronom démonstratif devant le mot principal? Il se trouve aussi devant le mot *pensées;* mais il est là parfaitement justifié par ce qui précède, qui explique de quelles pensées Mme de Sévigné entendait parler. D'autres sont allés chercher bien plus loin l'explication, et se sont aussi bien plus écartés de la vérité. On a pensé que par *pendule* Mme de Sévigné entendait parler du jubilé, accordé par une bulle récente du pape, et cela par allusion à une anecdote racontée par Mme de Sévigné elle-même dans une lettre écrite quinze années auparavant, et depuis longtemps sans doute sortie de son souvenir (voyez et conférez les notes 2 et 16 de la lettre 1283 précitée, IX, 525, 526 et 530). Mme de Sévigné n'avait songé à rien de tout cela. En rapprochant la lettre des 22 et 25 juin de la nôtre, on voit clairement que dans la première Mme de Sévigné se référait à ce qu'elle avait dit précédemment dans celle-ci, et que par ces mots, *cette pendule,* — par eux-mêmes et pris isolément très-énigmatiques, — elle avait voulu simplement faire allusion à la vie tranquille, solitaire, et peut-être un peu monotone, qu'elle menait aux Rochers, à cette vie *réglée comme une pendule,* suffisam-

et un exercice doux et sain, qui causent la perfection de
ma santé, mais il est certain que jamais je ne me suis
si bien portée. J'en suis quelquefois surprise[4], et je me
demande à moi-même que sont devenues ces ridicules
petites incommodités, que vous nommiez si plaisamment. Je n'en ai pas une, et n'ayant pas ouï dire qu'en
avançant pays on trouvât la parfaite santé, je suis contrainte, pour me mettre dans le rang des mortelles, de
craindre une trahison, sans savoir de quel côté elle viendroit. J'ai eu un rhume en arrivant à Rennes, qui ne produisoit qu'un couvent de bons religieux, que je mis sur
la cendre. Point de vapeurs, point d'attaque de néphrétique : j'ai quelquefois un peu étouffé, mais cela passe.
Cependant, pour contrefaire mon fils et sa femme, je
pris jeudi une limonade de nos capucins, qui me fit tous
les biens du monde. C'est la médecine des Rochers, on
n'en connoît point d'autre ; c'est la vraie médecine de
la santé, car elle ne va point chercher midi à quatorze
heures, et emporte le superflu. Je vous l'aurois mandé,
et je trouve plaisant que vous vous soyez avisée aussi
de me conter vos raisons pour fonder votre saignée et
votre purgation. J'avoue, ma chère bonne, que j'aurois
regret d'éventer la veine pour quatre gouttes de sang ;
je serois fâchée de l'user pour si peu de chose. Vous
n'êtes point aisée à saigner ; vous n'avez qu'un bras ;
il falloit, ce semble, pendant qu'elle étoit ouverte, en
tirer trois palettes raisonnables. Vous êtes jeune, vous

---

ment désignée par les mots *cette pendule*, après ce qu'elle en avait
dit peu de temps auparavant. — A la ligne suivante, il y a : « qui
cause », au singulier, dans le manuscrit.

4. Mme de Sévigné faisait évidemment allusion à ce passage de
notre lettre, en écrivant à sa fille, dans celle des 22 et 25 juin,
dont il a été question dans la note précédente : « je jouis d'une
santé si parfaite, que *je vous ai mandé que j'en suis étonnée.* » (*Lettre*
1283, 1er alinéa, IX, 525.)

êtes grasse ; on n'y revient pas tous les jours. Enfin, vous aviez raison de vouloir faire un petit supplément : dites-moi encore, bien sincèrement, si vous vous en portez bien. Pour moi, si j'avois besoin d'une saignée, j'enverrois mon bras à Paris : c'est une de mes raisons pour être attentive à ma santé. C'est cet état de perfection qui m'auroit quasi fait croire que je pourrois bien être immortelle, si par malheur je ne lisois des histoires, où je vois mourir une si grande quantité de monde, à tous âges et en tous temps, que quand je quitte le livre je vous avoue que je me doute de quelque chose : rien au monde ne fait tant cet effet que le fleuve rapide qui roule depuis tant de siècles. Ce fut sans doute au sortir de cette lecture, que je vous allai dire, étourdiment, sans réflexion et crûment, que je pourrois bien être mortelle; mais, ma bonne, je vous ménagerai désormais, et je prendrai mon temps pour vous écrire[5].

Je suis dans une véritable peine de la santé de Monsieur le Chevalier ; je connois ces traîtres rhumes, et cette traîtresse goutte, qui se glisse à la faveur de cette première incommodité ; je vois ces respirations précipitées, qui m'ont effrayée, comme vous. Dieu sait à quel point je suis touchée de cet état, et combien je souhaite de bon cœur qu'il change, et qu'un pied ou un genou, qui le fasse crier, nous rende à nous-même la respiration plus libre : j'espère que vous me direz avec soin la suite de cette attaque. Il n'y a point de fièvre, Dieu merci, et vous me ravissez de me dire qu'au milieu de ses maux, il pâme de ce gentilhomme qui a décidé du nom qu'il prendroit, s'il étoit cardinal. Les deux noms font le plus bel endroit du conte ; j'avoue qu'il est fort

---

5. C'est-à-dire, un temps convenable, un temps où je n'aurai pas l'esprit occupé d'idées qui puissent vous attrister.

plaisant ; nous avons ri aussi bien naturellement. J'espère que cette approbation empêcheroit Monsieur le Chevalier d'improuver le mien, quand même il en auroit la force : je ne veux point devoir à son rhume l'aveu que ma définition est fort plaisante[6], étant prise sur le vrai. Mais, pour décider sur le sujet qui fit choisir le nom de cardinal de Badessot à votre gentilhomme, je n'ai jamais compris la folie de M. de Janson[7]. A qui en a-t-il, d'aimer mieux une terre[8], que le nom propre de sa maison, qui sera éternellement à ses descendants[9] ? Cela me paroît si louche, et si provincial, et si fort d'un homme transporté, qui ne sait comment soutenir cet honneur, et qui voudroit le mettre encore, s'il se pouvoit, sur son nom de baptême, que j'en suis en colère, et je ne veux plus en parler.

Parlons de nos affaires, ma bonne : Mme Talon[10] est tout à fait obligeante ; vous voyez ce que vous mande

6. Mme de Sévigné paraît faire allusion ici au passage de la lettre du 21 mai précédent (lettre 151 ci-dessus, note 26), où se trouve cette définition d'un Breton : « C'est un homme qui ne se lève jamais que pour boire, et qui ne se couche jamais que pour avoir bu. » Il est vrai que Mme de Sévigné semble donner ici la définition comme sienne ; tandis que dans la lettre du 21 mai elle paraît l'attribuer à son fils ; mais se référant à une lettre précédente, elle pouvait fort bien appeler sienne une définition qu'elle avait simplement rapportée.

7. Toussaint de Forbin Janson avait pris, comme cardinal, le nom de Janson, de préférence à celui de Forbin, qui était le nom patronymique de sa famille, et c'est ce que blâmait Mme de Sévigné. Conférez plus haut la note 39 de la lettre 152.

8. C'est-à-dire, le nom d'une terre, le nom de la seigneurie de Janson, qui pouvait avec cette seigneurie passer à un étranger.

9. Aux descendants de la maison de Forbin.

10. Élisabeth-Angélique Favier du Boulay, femme de l'avocat général Talon ; voyez la note 8 de la lettre 666 (V, 376). On avait craint que son amitié pour Mme de Bury ne la rendît défavorable au comte de Grignan dans l'affaire d'Aiguebonne ; voyez la lettre 1194, note 2 (IX, 111), et conférez plus haut la lettre 149, note 6.

Monsieur de Carcassonne. Pour moi, je crois que vous ne pourrez pas vous dispenser d'aller à Paris avec M. de Grignan, qui ne sauroit s'en dispenser. Vous déciderez ce voyage avec votre famille; il y a de très-bonnes têtes par-ci par-là [11], et tout ce que je vous demande de me dire, c'est votre résolution, quand elle sera bien fixée, afin que je la suive, en quelque lieu que vous passiez l'hiver [12] : *quòcumque voles !* c'est le mot d'une devise où l'aiguille parle à la pierre d'aimant.

J'aime ce gros Belesbat [13] de se jeter au travers de vos intérêts, pour faire un accommodement : cela est honnête [14]. Je ne crois point que M. de Lamoignon puisse vous refuser à tous quelque heure de son temps, quand, à nos yeux, il en a donné sans compte et sans nombre à la belle duchesse du Lude. Cet arbitre me paroît bien propre à tenir la balance juste entre les deux parties; cette paix, dans une famille comme la vôtre, est bien digne de ses soins : ces grands arbitrages font un honneur éternel à ceux qui s'en mêlent.

11. Dans votre famille, c'est-à-dire dans la famille de M. de Grignan.

12. Voyez plus haut la lettre 149, notes 23 et 24.

13. Charles-Paul Hurault de l'Hôpital, comte de Beu, seigneur de Belesbat; voyez la note 11 de la lettre 976 (VII, 456). Le nom est écrit *Bellébat* dans le manuscrit, et c'est sans doute ainsi que l'écrivait Mme de Sévigné et qu'il se prononçait.

14. Il s'agissait d'un accommodement avec Mme de Vibraye (voyez la lettre suivante, note 25), et l'intervention de M. de Belesbat devait paraître d'autant plus *honnête* et louable, que quelques années auparavant il avait demandé la main de Mlle d'Alerac, et qu'après d'assez longues hésitations elle lui avait été refusée; voyez la lettre 976, du 15 août 1685, notes 11 et suivantes (VII, 456 et 457). M. de Belesbat était du reste parent des de Vibraye, ce qui explique également son intervention; voyez la note 12 de la lettre 767 (VI, 171), et voyez aussi plus loin la lettre 155, notes 24 et 25. — Dans la phrase suivante le manuscrit porte : « quelque heure », au singulier, comme nous l'imprimons.

Il ne faut plus raisonner, ma bonne, sur toutes les nouvelles publiques : on nous reprend toute l'affaire de Savoie ; ce n'est plus cela ; ce petit duc [15] est comme un démon ; il veut se défendre, il veut faire venir les Suisses, les Milanais : enfin, tout est brouillé de ce côté-là, et c'est le vôtre !

Notre marquis est donc dans la belle et grande et brillante armée [16] ; et vous dites une grande vérité : il est assurément à la garde de Dieu. Vous me demandez, si ma résignation à la Providence va jusqu'à me donner de la tranquillité, dans ces occasions. Ah ! mon Dieu, ma bonne, non, en vérité, je n'en suis pas là, il s'en faut bien ! Je ne sens que trop souvent que cette sainte doctrine n'est que dans mes discours ; ce que j'ai seulement, c'est d'être persuadée qu'il n'y auroit que cette soumission qui pût donner la paix à notre cœur, et que nous devons la souhaiter, comme la chose du monde la plus chrétienne, et la plus convenable à la créature, à l'égard de son créateur et du maître de toutes choses. Je n'en suis que là, ma chère bonne, principalement pour de certains endroits de mon cœur, où s'en va la plus grande dépense.

Je suis affligée de mon pauvre petit Beaulieu [17] ; je ne

15. Victor-Amédée, duc de Savoie, qui venait de se déclarer contre la France. Mme de Sévigné avait sans doute, dans une lettre précédente, transmis à sa fille les nouvelles que lui avait mandées Bussy, qui, le 31 mai précédent, lui avait écrit (lettre 1278, 6ᵉ alinéa, IX, 514) : « On croit que l'accommodement de Monsieur de Savoie se fera. » Mais ces nouvelles avaient été démenties depuis ; l'accommodement n'avait pas eu lieu ; la rupture avait éclaté le 4 juin, et une longue guerre s'ensuivit ; voyez la note 15 de la lettre 1278 précitée (IX, 514) et la note 2 de la lettre 1288 (IX, 547).

16. L'armée commandée par Catinat, destinée à combattre le duc de Savoie ; voyez le dernier alinéa de la lettre 1296 (IX, 564).

17. Voyez plus haut la lettre 149, note 54, et le dernier alinéa

crois point qu'il puisse relever de la rechute où il est tombé. Monsieur de Carcassonne, l'abbé Bigorre, Corbinelli sont tous occupés charitablement à conseiller ce pauvre garçon. Son médecin, qui est M. Denis [18], ne veut point de quinquina ; tous les autres le veulent. Dans cette trop longue incertitude, la fièvre, qui continue avec des redoublements, décidera, et vous ne sauriez croire, ma bonne, à quel point j'en serai fâchée et embarrassée. Vous devez l'être aussi du rhume de Pauline ; je dis encore que c'est une gourme qu'elle jette [19], qui la sauve de la petite vérole. Cependant il est fâcheux que cette fluxion lui tombe sur son visage ; mon fils dit qu'il ne consentira jamais que *sa divinité* ait le nez trop gros. Je crois qu'Aliot [20] aura peine à détourner le cours. Il est même assez dangereux, quand elle tombe, de détourner la fluxion ; mais il faudroit qu'elle fût bien cruelle pour gâter un si joli visage. Adieu, ma très-chère enfant.

de la lettre 150, et voyez plus loin la lettre 155, note 28. — A la ligne suivante, le manuscrit porte, comme nous l'imprimons : « qu'il puisse relever, etc. » ; peut-être Mme de Sévigné avait-elle écrit : « qu'il puisse *se* relever, etc. »

18. Voyez ci-dessus la note 39 de la lettre 150.

19. Voyez plus haut la lettre 134, deuxième avant-dernier alinéa, et la lettre 137, note 9.

20. Pierre Aliot (c'est ainsi que le nom est écrit dans le manuscrit ; il est écrit ailleurs *Alliot*), médecin du Roi ; Mme de Grignan l'avait consulté ; voyez la lettre 1249, notes 51 et 52 (IX, 390 et 391).

154. — DE MADAME DE SÉVIGNÉ
A MADAME DE GRIGNAN¹.

[Aux Rochers], dimanche 25ᵉ juin².

Je ne sais que répondre sur Balaruc, où Monsieur le Chevalier ne veut plus aller. Si ces eaux lui avoient fait du bien, il seroit bien naturel d'y retourner encore³. Je lui souhaite une bonne santé, et je hais bien ces rhumes. Les Rochers vous font de sincères amitiés.

Mlle de Grignan a bien pris son temps pour aller à Reims⁴ ; elle n'en sait pas tant que saint Augustin sur l'amitié : c'étoit un cœur bien aimable !

LETTRE 154 (fragment inédit). — 1. Ce fragment, que nous publions, malgré son peu d'étendue, à raison de l'intérêt particulier qu'il présente, forme la fin de la lettre 1283 (IX, 524). Cette lettre, qu'aucun des anciens éditeurs n'avait fait connaître, a été publiée pour la première fois, en 1814, dans le recueil de Klostermann (*Lettres inédites*, etc., Paris, Klostermann, 1814, in-8º, pages 225 et suivantes), d'après l'autographe, conservé à la Bibliothèque nationale. La perte du dernier feuillet de l'original laissait la lettre incomplète ; notre manuscrit nous permet aujourd'hui de réparer cette perte : la lettre entière s'y trouve très-fidèlement reproduite, tome V, pages 137 et suivantes. Voyez, au surplus, l'*Introduction*, pages 83 et 84 (note 2).

2. La lettre entière est des 22 et 25 juin.

3. Le chevalier de Grignan était allé une première fois à Balaruc l'année précédente ; voyez plus haut la lettre 141, note 6, et la lettre 149, note 50.

4. Nous ignorons pour quelle raison Mme de Sévigné faisait un grief à Mlle de Grignan d'être allée à Reims ; était-ce une simple question de dépense ? n'était-ce pas plutôt parce que son absence pouvait apporter du retard à l'arrangement avec Mme de Vibraye, dans lequel on désirait sans doute la faire intervenir ? Voyez la lettre précédente, note 14, et la lettre suivante, note 25.

1690

155. — DE MADAME DE SÉVIGNÉ ET DE CHARLES
DE SÉVIGNÉ A MADAME DE GRIGNAN[1].

Aux Rochers, ce [dimanche] 2e juillet[2].

DE MADAME DE SÉVIGNÉ.

J'AI donc aussi[3], ma chère bonne, une provision

LETTRE 155 (lettre entière, en partie restituée, en partie inédite).
— 1. Cette lettre se trouve dans notre manuscrit, tome III, pages 143 et suivantes. Les anciens éditeurs n'en avaient rien fait connaître. Le Grosbois en contient plusieurs extraits, que M. Monmerqué a publiés le premier, en 1827, sous des dates diverses, et comme appartenant à différentes lettres (*Lettres inédites*, partie du numéro 5, pages 9 à 11, numéro 12, pages 35 à 37, et numéro 16, pages 45 et 46). Le manuscrit d'où ces extraits ont été tirés n'indiquait pas en effet leur date, ces fragments ayant été pris dans le milieu de la lettre (voyez l'*Introduction*, pages 11 et suivantes) ; et d'un autre côté le simple voisinage n'a pas suffi pour faire reconnaître leur parenté, ni pour permettre de les séparer exactement de ceux à la suite desquels ils sont transcrits. En définitive, tous ces extraits, qui ne forment pas à eux tous la moitié de la lettre, sont disséminés dans la correspondance générale, par parties plus ou moins étendues, à des dates diverses, toutes incertaines, sous trois numéros différents, le numéro 867 (VII, 121), dont le second alinéa appartient seul à notre lettre, le numéro 1284 (IX, 531) et le numéro 1292 (IX, 556). Nous indiquerons avec précision, dans les notes suivantes, la place de chacun de ces fragments, au fur et à mesure que nous les rencontrerons ; voyez ci-dessous les notes 5, 19, 28, 41, 44 et 58.

2. Ici encore l'inscription ne fait connaître ni l'année, ni le jour de la semaine ; mais les indications qu'elle donne suffisent, avec le contenu de la lettre, pour fixer avec certitude et précision la date de cette dernière ; conférez la note 5 ci-dessous.

3. Ces premiers mots peuvent porter à croire qu'il avait été dit quelque chose auparavant, et que nous n'avons pas ici le début de la lettre. Mais Mme de Sévigné se référait peut-être à ce qu'avait dit sa fille, ou à ce qu'elle avait dit elle-même dans sa précédente

jusqu'au premier ordinaire ; notre poste est réglée d'une façon qu'elle m'en apporte toujours ; je n'ai point comme vous de ces jours heureux, où, Dieu merci, je n'en attends point⁴ ; je n'ai point de ces diligences extraordinaires, comme vous en avez eu ; car il y a du miracle, qu'une lettre qui part de Vitré le dimanche à dix heures du soir, le 4ᵉ juin, arrive à Grignan en six jours, le samedi 10ᵉ⁵, à deux heures après midi. Ce fut, ma bonne, comme je vous ai dit, par le beau temps, le beau chemin, le clair de la lune. Elle arriva le mardi de si bonne heure, qu'elle fut jetée dans le paquet de Lyon ou de Provence. Enfin, ma chère bonne, vous voyez que vous ne manquez point de lettres. Le dimanche [et] le mercredi je vous écris toujours, et,

lettre, dans la lettre du mercredi 28 juin, qui manque dans la correspondance imprimée, qui manque aussi dans notre manuscrit, et qui cependant avait certainement été écrite, car quelques lignes plus loin, Mme de Sévigné dit à sa fille : « le dimanche et le mercredi je vous écris toujours, » ce que, bien vraisemblablement, elle n'aurait pas dit, si précisément le mercredi précédent elle avait négligé d'écrire. Quoi qu'il en soit, ce commencement de la lettre est peu clair, et nous ne sommes pas sûr, malgré tous nos efforts, d'avoir réussi à en pénétrer bien complétement le sens ; conférez la note suivante.

4. Sous une forme très-elliptique, Mme de Sévigné avait voulu dire sans doute, qu'elle n'avait pas, comme sa fille, de ces jours heureux, où, par suite d'une promptitude exceptionnelle de la poste, on reçoit quelquefois des lettres avant le temps ordinaire ; mais qu'elle n'en attendait pas non plus, et que, par suite, elle n'était pas exposée, *Dieu merci*, aux inquiétudes que de telles espérances feraient nécessairement naître dans son esprit, quand elles manqueraient de se réaliser ; voyez le premier alinéa de la lettre suivante.

5. En 1690, le 4 juin était en effet un dimanche, et le 10 un samedi. Les énonciations précises que contient ici la lettre confirment donc et complètent celles qui se trouvent dans l'inscription et ne peuvent laisser aucun doute sur la date. Deux lignes plus bas, le manuscrit porte, comme nous l'imprimons : « le clair de *la* lune ».

1690 pour ma santé, elle est si parfaite, que je n'ai qu'à remercier Dieu. Tout de bon, je ne mérite pas un si grand bien. Je ne laisse pas de me purger, et je le ferai toujours de temps en temps, parce que j'y suis accoutumée, et que mon fils se purge aussi assez souvent, et ma belle-fille par compagnie; et ils me pressent toujours de faire comme eux. C'est une débauche; nous n'avons que cela à faire; et notre médecine est une limonade si peu dégoûtante, que je ne prends que de la coriandre [6] après mes deux verres, et cela fait fort bien. Je crus que devant les chaleurs ce seroit une chose prudente; j'en ferai encore autant au mois de septembre; la partie en est faite : et voilà, sincèrement, le détail de cette purgation.

*Ne[7] voulez-vous pas bien me permettre présente-

---

6. Le manuscrit porte : « coriande' », et c'est ainsi, en effet, qu'on écrivait assez généralement ce mot au dix-septième siècle; les savants avaient cependant déjà adopté l'orthographe qui a prévalu; voyez le *Dictionnaire de Richelet*, v° CORIANDRE, et conférez le *Dictionnaire de Furetière*, édition de 1690, *eod. verb.*

7. Cet alinéa forme le premier extrait de la lettre transcrit dans le Grosbois. Il s'y trouve reproduit à la suite d'un fragment, concernant le duc de Vendôme, qui fait partie de la lettre du 30 juin 1680 (lettre 825, VI, 491), et cette circonstance avait fait croire qu'il appartenait à la même lettre que ce dernier, qui étant lui-même inédit et ne portant dans le manuscrit aucune indication de date n'avait pu en recevoir une que d'une manière approximative et par conjecture. M. Monmerqué avait donné les deux fragments comme faisant partie d'une lettre écrite de Paris au mois de novembre 1680 (*Lettres inédites*, page 9), ce qui n'était vrai ni pour l'un ni pour l'autre. Les derniers éditeurs ont laissé les deux fragments à la place que leur avait assignée M. Monmerqué, et ont maintenu l'inscription qu'il leur avait donnée, non toutefois sans soupçonner l'erreur à l'égard du premier fragment. Les deux fragments se trouvent ainsi réunis dans la correspondance générale sous le numéro 867 (VII, 121), dont le second alinéa appartient seul à notre lettre. Conférez la note 1 ci-dessus et la note 1 des derniers éditeurs (*dic. loc.*).

ment, ma chère bonne, de passer derrière le rideau⁸, et de vous faire venir sur le théâtre? Votre rôle est héroïque, et d'un cothurne⁹ qui passe toutes mes forces; il me semble que vous avez le monde à soutenir, et si vous n'aviez cette maxime de l'Évangile, qu'à chaque jour *et à chaque heure* suffit son mal¹⁰ (c'est ce que vous y avez ajouté), vous ne soutiendriez pas tout ensemble les peines et les soins, les prévoyances, les ordres à donner, mais surtout les impossibilités dont vous me paroissez surchargée et accablée. Ma bonne¹¹, quelle force Dieu vous a donnée! Vous me faites souvenir d'Horace, qui sépara ses ennemis, pour les combattre séparément¹² : ils étoient trop forts ensemble. Cette pensée lui réussit, et à vous celle de la patience chrétienne, qui vous fait combattre et souffrir, jour à jour, heure à heure, ce que la Providence a commis à vos soins et à vos ordres. Cet état est tellement au-dessus de ma portée, que je joins l'admiration à la part que mon cœur m'y fait prendre, que vous ne doutez pas qui ne soit grande et sincère¹³. Vous admirez que nous répon-

8. C'est-à-dire de m'effacer, de cesser de vous parler de moi.
9. L'emploi de ce mot, dans le sens figuré qu'il a ici, est original, et ne se rencontre point ailleurs; voyez et conférez la note 2 des derniers éditeurs (VII, 122).
10. *Saint Matthieu*, chapitre VI, verset 34 : « C'est pourquoi ne vous mettez point en peine pour le lendemain ; car le lendemain se mettra en peine pour lui-même : à chaque jour suffit son mal. » Conférez la lettre suivante, note 12.
11. Ces mots, ici et plus loin encore, avaient été supprimés, comme d'habitude, par le copiste du Grosbois, et ne figurent pas par suite dans le texte imprimé.
12. Dans l'édition de 1827, pour faire disparaître la répétition que présentent les mots *sépara*, *séparément*, M. Monmerqué avait remplacé *séparément* par *l'un après l'autre* (*Lettres inédites*, page 10). Les derniers éditeurs se sont montrés plus scrupuleux, et nous avons suivi leur exemple.
13. M. Monmerqué avait cru devoir corriger ainsi le texte : « je

dions à toutes les fantaisies que vous nous présentez ; hélas ! nous sommes trop heureux que vous nous attaquiez ; nous n'avons que cela à faire. Mais que vous, ma bonne [14], avec vos deux Grignans à soutenir, accablée de toutes sortes d'affaires de tous côtés, et quelles affaires ! votre esprit soit assez étendu et assez universel pour passer de ces tristes pensées à Rochecourbières, à des bouts-rimés, à des conversations plaisantes, qui feroient croire que vous êtes toute libre et toute désoccupée, voilà, ma chère bonne [15], ce qui est très-miraculeux, très-admirable, très-estimable [16], et c'est aussi ce que j'admire et que je loue sans cesse [17], et ce que je ne comprendrois pas, si on me le contoit d'une autre, et que je ne le visse pas en vous*.

*Je [18] vous ai dit comme nous avons fait le jubi-

joins l'admiration à la part que mon cœur m'y fait prendre ; vous ne doutez pas qu'elle ne soit grande et sincère » (*Lettres inédites*, page 10). Les derniers éditeurs n'ont pas maintenu la correction et ont rétabli la leçon fournie par leur ancienne copie, qui est confirmée par notre manuscrit.

14 et 15. Voyez la note 11 ci-dessus.

16. Le copiste du Grosbois a mis ici un peu du sien ; sa copie porte : « Voilà qui est très-miraculeux, très-aimable, très-admirable et c'est, etc. » Il est aisé de voir qu'ayant écrit, par mégarde, *très-aimable*, qui ne se trouvait pas dans le texte, et s'en étant aperçu, le copiste a pensé que cet adjectif pouvait fort bien tenir lieu de l'un de ceux qui se trouvaient dans la lettre, et que pour tout mettre à point il suffisait de supprimer l'un de ces derniers : c'est ainsi que chacune des deux copies a un adjectif que l'autre n'a pas.

17. M. Monmerqué avait ici encore légèrement modifié le texte, que les derniers éditeurs ont rétabli ; il avait mis : « et c'est aussi ce que j'admire, ce que je loue sans cesse, et ce que, etc. » (*Lettres inédites*, page 11.)

18. Cet alinéa, moins la dernière phrase, forme le second extrait de la lettre publié d'après le Grosbois. M. Monmerqué l'a donné, en 1827, avec cette inscription incomplète, mise d'ailleurs par simple conjecture : « Aux Rochers,... juillet 1690. » (*Lettres inédites*,

lé[19]; mais nous n'avons fait que jeûner trois jours, et une station, comme il est dit dans la bulle. Le bon exemple, que vous voulez donner, vous jettera dans de plus grandes fatigues. Pour moi, je reçois avec respect ces grâces du trésor de l'Église ; mais c'est dans cette occasion où je pourrois dire avec vérité : « Jamais l'intérêt ne m'a gouvernée. » Je me jette aux pieds de Jésus-Christ, et m'abandonne à lui et pour les coulpes[20] et pour les peines, me trouvant très-digne de toutes les peines qu'il voudra me faire souffrir, trop heureuse mille fois s'il ne me rejette point du nombre de ses enfants. Pour la communion qu'il faut faire, c'est la grande affaire. Nous lisons ici des livres qui font trembler, ce que je dis bien sincèrement : *Domine, non sum dignus*, et dans cette vérité, où je suis abîmée, je fais comme les autres. Vous souvient-il, ma bonne[21], quand vous me dites, en cet endroit de la messe, d'un certain prêtre : « Ah ! qu'il dit vrai ! » Jamais rien ne sera si plaisant, et je ne l'oublierai jamais*. Pour[22] M. de la Garde, comme vous le dites, ma bonne, il le gagnera, parce qu'il n'en a que faire : il n'y a que ceux qui n'en ont pas besoin qui gagnent cette grande indulgence[23].

Mais parlons un peu de Paris. Rochon fait un utile

pages 45 et 46.) Le fragment figure dans la correspondance générale, avec la même inscription, sous le numéro 1292 (IX, 556).

19. Le jubilé accordé par le nouveau pape, Alexandre VIII ; Mme de Sévigné en avait déjà parlé à sa fille dans la lettre des 22 et 25 juin précédent ; voyez la lettre 1283, avant-dernier alinéa, note 16 (IX, 530).

20. Le copiste du Grosbois, par inadvertance, a écrit *coupes*, au lieu de *coulpes*, qui se lit dans notre manuscrit, et que les derniers éditeurs n'avaient pas du reste hésité à restituer.

21. Voyez la note 11 ci-dessus.

22. Cette phrase et tout l'alinéa qui suit ne se trouvent que dans notre manuscrit.

23. Conférez plus loin la lettre 158, note 36.

personnage, et Monsieur de Carcassonne le surpasse en soins et en application. Je sais que l'on plaidera; mais vous m'apprenez que M. Talon ignoroit notre bon arrêt du grand conseil[24], qui coupe la moitié du corps à la requête civile : nous verrons, ma bonne, si la justice sera juste! L'affaire de Mme de Vibraye est bien importante; on me mande qu'elle souhaite très-passionnément de s'accommoder : j'aime ce gros Belesbat d'avoir fait le premier cette proposition[25].

*Il[26] se passe à votre[27] hôtel de Carnavalet une scène bien pitoyable et bien triste pour moi : c'est mon pauvre Beaulieu; je le crois mort présentement[28]; mais samedi, 24 juin, il souffrit encore tout ce qu'on peut souffrir. Il avoit le côté ouvert; il[29] en étoit sorti un

24. L'arrêt sur la requête en cassation; voyez plus haut la lettre 126, note 8, et la lettre 127, note 5.
25. Voyez ci-dessus la lettre 153, notes 13 et 14.
26. Cet alinéa forme le dernier extrait de la lettre contenu dans le Grosbois. Il a été publié par M. Monmerqué, qui l'avait cru antérieur au précédent (voyez plus haut la note 18), sous la date suivante, qui, sans s'écarter beaucoup de la vérité, n'était pas cependant parfaitement exacte, et que le manuscrit d'ailleurs ne fournissait pas : « Aux Rochers, vendredi 30 juin 1690. » (*Lettres inédites*, page 35.) Les derniers éditeurs l'ont inséré dans la correspondance générale, sous le numéro 1284 (IX, 531), sans lui assigner de date précise.
27. M. Monmerqué et les derniers éditeurs ont mis : « notre hôtel »; notre manuscrit et le Grosbois portent tous deux, comme nous l'imprimons : « votre hôtel ».
28. Beaulieu mourut le 3 juillet, à trois heures du matin, le lendemain du jour où Mme de Sévigné avait fait part à sa fille de ses tristes pressentiments; conférez la note 2 du fragment imprimé (IX, 531), et voyez aussi le second alinéa de la lettre 156 ci-après. — A la ligne suivante, notre manuscrit porte, comme le Grosbois, par suite d'une méprise du copiste : « Samedi, 28 juin. » Les derniers éditeurs avaient déjà pris soin de rectifier la faute; voyez la note 3 du fragment imprimé (IX, 532).
29. Le copiste du Grosbois a mal lu ici le manuscrit qu'il co-

abcès, et une partie de son foie, qui est gâté. Ce pauvre garçon est résigné, et prie Dieu, et lui demande miséricorde; et puis il parle de sa chère maîtresse, qu'il eût bien voulu revoir encore une fois, et lui rendre encore ses services. Il me recommande sa femme et son fils; il me demande pardon; des grosses larmes lui tombent des yeux, et à moi aussi : je ne suis pas propre à soutenir cette pensée, et cet état d'un garçon si digne de mon affection, si fidèle, si digne de ma confiance, si attaché à moi. Enfin, ma bonne[30], il étoit aimable, vous le savez, et se faisoit aimer de tout le monde. Il me sembloit que pourvu qu'il se mêlât de mes petites affaires, je n'avois rien à craindre, et qu'elles iroient toujours bien. En effet, comme elles ne passoient point sa portée, il les conduisoit avec une honnêteté, une adresse et une exactitude admirables. Je ne pouvois faire une plus incommode perte dans mon petit domestique; il faut se soumettre. Monsieur de Carcassone, Mlle de Méri, l'abbé Bigorre, Corbinelli, ont eu des bontés et des charités pour lui au delà de ce que vous pouvez vous imaginer; mais ce qui passe tout, c'est la bonne Mme Poirier[31], qui ne quitte point ce pauvre

1690

piait et a mis *et* à la place de *il;* le mot n'est cependant pas douteux dans notre ancienne copie, mais il est assez mal écrit, et a pu tromper des regards peu attentifs. M. Monmerqué et les derniers éditeurs, pour rendre la phrase régulière, ont dû rétablir le pronom, ce qu'ils ont fait; mais ils ont en même temps maintenu la conjonction substituée à ce dernier, et c'est ainsi que le texte imprimé, qui a d'ailleurs peu souffert de cette addition, porte : « il avoit le côté ouvert, *et il* en étoit sorti, etc. »

30. Le copiste du Grosbois a supprimé les mots : « Enfin, ma bonne », et en cet endroit la suppression était regrettable.

31. C'était la femme du valet de chambre du chevalier de Grignan; on a vu plus haut qu'il avait été un moment question de faire entrer son mari au service du comte de Grignan; voyez plus haut la lettre 78, note 8.

1690 petit ménage affligé, qui prend soin d'Hélène[32] qui est morte de douleur : elle la soutient ; elle m'écrit pour elle ; elle prend soin de mes affaires[33] ; elle s'acquitte de tous les devoirs de l'amitié, de la charité, et avec tant de capacité[34], que mon esprit est en repos depuis que je sais qu'elle s'en mêle. Je lui écris pour la remercier et la prier de continuer ; mais, ma bonne[35], je vous conjure bien tendrement[36] de lui écrire un mot, pour lui dire que vous l'en remerciez, et qu'en me faisant tant de plaisir, elle vous en fait aussi. Parlez-en à Poirier, et à Monsieur le Chevalier, pour lui faire voir le bien que je reçois par lui[37]. Enfin, ma bonne[38], qu'elle sache que sa charité n'est point perdue, même en ce monde-ci*.

Pour Urdelle[39], ma chère bonne, ce seroit, comme

32. Hélène Delan, femme de Beaulieu, qui ne survécut que quelques mois à son mari ; elle mourut le 11 mars de l'année suivante ; voyez, dans le recueil de lettres inédites de M. Monmerqué, note 1 de la page 35 et note 1 de la page 37, les actes mortuaires du mari et de la femme.
33. M. Monmerqué, dans l'édition de 1827, avait légèrement modifié la coupe et la rédaction de ce passage ; son texte porte : « mais ce qui passe tout, c'est la bonne Mme Poirier, qui ne quitte point ce pauvre petit ménage affligé. Elle prend soin d'Hélène, qui est morte de douleur ; elle la soutient ; elle m'écrit pour elle ; elle soigne mes affaires ; etc. »
34. M. Monmerqué et les derniers éditeurs ont imprimé : « elle s'acquitte de tous les devoirs de l'amitié et de la charité, avec tant de capacité, que, etc. » Le texte, dans les deux manuscrits, est tel que nous l'imprimons ; le changement du reste se borne à une simple transposition de la conjonction *et*, que nous avons cru devoir laisser à la place où Mme de Sévigné l'avait mise.
35. Voyez la note 11 ci-dessus.
36. « Très-tendrement. » (*Édition de* 1827.)
37. On a vu plus haut (note 31) que Poirier était valet de chambre du chevalier de Grignan.
38. Voyez la note 11 ci-dessus.
39. Ce nom ne se trouve pas ailleurs dans la correspondance,

vous dites, une trouvaille pour moi, si je voulois remplir présentement cette place : je sais toutes les qualités de ce garçon ; mais je ne veux personne présentement. Dites-moi, je vous prie, d'où vient qu'il n'est plus votre officier ? et pourquoi n'est-il point avec votre fils ? et où est-il présentement ? répondez-moi.

Notre ami le lieutenant civil [40] a fait, à mon gré, la meilleure affaire du monde, et la plus honnête. Cette petite personne est chez son mari, accablée de magnifiques présents de toute sa grande et noble famille [41]. Mme de Maisons vouloit gronder, et la vouloit pour son fils [42]; M. de Fieubet [43] l'a grondée elle-même : ils ont fait tous deux de grands présents. Elle est mieux là que sur un tabouret à la Cour, où la petite Bois-Franc fera des merveilles [44].

et il est peut-être mal écrit ; le copiste avait mis *Urdelis* ; c'est la personne qui a pris soin de la collation, qui a fait la correction, et qui a donné le nom comme nous l'imprimons ici. Urdelle, d'après ce qui suit, était peu de temps auparavant au service de la maison de Grignan.

40. Jean le Camus, lieutenant civil, frère du cardinal le Camus et de Nicolas le Camus, premier président de la cour des Aides.

41. Mme de Sévigné faisait allusion ici au mariage récent de Marie-Catherine le Camus, fille unique du lieutenant civil, avec Jean-Aymar de Nicolaï, premier président à la chambre des Comptes ; voyez la note 20 de la lettre 1209 (IX, 175) et la note 4 de la lettre 1285 (IX, 534).

42. Il avait été en effet question, l'année précédente, de marier Mlle le Camus avec le fils du président de Maisons ; voyez la lettre 1209, note 20 (IX, 175).

43. Gaspard de Fieubet ; voyez plus haut, tome I, page 337, la note 2 de la lettre 29. La présidente de Maisons (Louise de Fieubet) était sa sœur. Le nom, ici comme déjà plus haut (voyez la note 5 de la lettre 69), est écrit *Fioubet* dans le manuscrit, et c'est sans doute ainsi qu'il se prononçait.

44. Ce passage fait allusion à un autre mariage qui venait de se faire peu de temps auparavant, le mariage du marquis de Gêvres, fils aîné du duc de Gêvres, gouverneur de Paris (voyez plus haut la lettre 131, notes 38 et suivantes), avec Mlle de Bois-

M. de Janson[45] pousse les siennes à l'excès : comment ! c'est tout de bon qu'il n'a pas voulu voir son frère[46] ? cela est des petites-maisons, en plus d'une manière. Sa femme[47], qui est si sage, et son fils[48], si honnête garçon, n'ont-ils pu empêcher cette extravagance ? je ne crois pas qu'elle ait sa pareille.

Mme de Chaulnes est à Chaulnes, ayant renvoyé Rochon, et mangeant[49] son chagrin de la lenteur du cheval qui porte les bulles. Toute cette Italie mérite bien notre attention ; je hais bien la guerre de Savoie ; elle trouble fort notre Provence et notre Dauphiné. Et ce pauvre Comte ? Le petit relâche qu'il trouve, en passant quelques moments avec *sa divinité*[50], ne l'empêchera pas de

---

Franc. Il avait été célébré le 15 juin précédent, et Mme de Sévigné en parle ici à l'occasion du mariage de Mlle le Camus, parce qu'on avait espéré pendant quelque temps marier cette dernière au marquis de Gêvres ; mais Mlle de Bois-Franc, beaucoup plus riche, avait été préférée, et comme future duchesse elle avait l'espoir d'un tabouret à la Cour. Conférez plus loin la lettre 157, note 21.

45. Laurent de Forbin, marquis de Janson, frère aîné du cardinal de Janson.

46. Le cardinal de Janson. La brouille venait sans doute du nom que Toussaint de Forbin Janson avait pris comme cardinal ; voyez plus haut la lettre 153, notes 7 et 8.

47. Geneviève de Briançon, marquise de Janson ; voyez, dans la correspondance générale, la note 17 de la lettre 136 (II, 72), et la lettre 146, note 7 (II, 114), dans laquelle Mme de Sévigné, longtemps auparavant, faisait déjà l'éloge de l'amabilité de cette dame et de sa haute raison.

48. Joseph de Forbin Janson, plus tard marquis de Janson et baron de Villelaure ; voyez la note 9 de la lettre 1439 (X, 340).

49. C'est ainsi que le copiste avait écrit, et il avait vraisemblablement suivi exactement l'original ; la personne qui a pris soin de faire la collation a substitué *mange* à *mangeant* : « et mange son chagrin, etc. » La leçon du copiste, — la leçon primitive, — nous a paru ici plus sûre et plus vraie, et nous lui avons accordé la préférence. — Sur la guerre de Savoie, dont il est parlé dans la suite du passage, voyez plus haut la lettre 153, note 15.

50. Toujours sans doute Mme d'Oppède ; voyez plus haut la

sentir les fatigues de ce voyage : je vous en demande bien des nouvelles, ma chère Comtesse. Je comprends les soupirs de Monsieur le Chevalier, quand il entend parler de tous ces lieux, où il ne peut être, et où il a fait et feroit encore une si grande figure, si Dieu le vouloit ; mais sa volonté est trop marquée, il n'y a qu'à s'y soumettre, et ce n'est pas une chose aisée.

Si Pauline se trouve bien de la pervenche, cette herbe est faite pour votre famille : n'en prenez-vous pas quelquefois, ma bonne, par reconnoissance ? Ce que dit Pauline, *que le cœur de mon fils n'est pas pour son nez, s'il est trop gros*, est assez de Mme de Coulanges ; mais, à tout hasard, qu'elle conserve celui que Dieu lui a donné, sans y ajouter[51]. Je l'abandonne, puisqu'elle achève *Pharamond*[52] : mon approbation n'est pas pour son nez, jusqu'à ce qu'elle ait fini.

Vous me louez trop sur ma pensée de Roland, et je ne vous trouve pas juste sur le bout-rimé de mon fils, où il souhaite un si bon parti à Pauline, dans une caverne comme celle où Énée épousa Didon ; cette application étoit jolie, et cette alliance auroit fait honneur à toute la famille[53] : le voilà qui veut se plaindre lui-même à *sa divinité*.

---

lettre 84, note 6, la lettre 88, notes 9 et suivantes, la lettre 97, note 6, et la lettre 118, notes 20 et suivantes.

51. Voyez plus haut le dernier alinéa de la lettre 153 et plus loin la lettre 163, note 10.

52. Roman de la Calprenède. Mme de Sévigné, dans ses lettres, s'est prononcée plusieurs fois contre le *Pharamond*, qu'elle appelle ailleurs un *sot livre*, et que l'auteur du reste avait laissé inachevé ; elle était moins sévère pour la *Cléopâtre*, où, à défaut de style, elle trouvait au moins, disait-elle, de beaux sentiments ; voyez et conférez la lettre 480, note 2 (IV, 290), la lettre 181, 3ᵉ alinéa (II, 267), la lettre 183, 4ᵉ alinéa (II, 277), la lettre 184, 4ᵉ alinéa (II, 280), et la lettre 1235, note 25 (IX, 315).

53. Il ne s'agissait, en effet, dans ce bout-rimé, de rien moins

DE CHARLES DE SÉVIGNÉ.

Assurément l'alliance que je proposois ne pouvoit faire honte aux Adhémars, et il est cruel que l'amour m'ayant fait si bien réussir, on n'en ait pas fait la moindre mention à Grignan. J'ai été le premier à baisser le pavillon[54], et à rendre hommage à la cave de Roland; mais vous m'avouerez aussi que la caverne d'Énée n'étoit pas digne d'un si profond oubli, et que je réparois assez bien la foiblesse de mes desirs, en mariant si avantageusement la charmante Pauline. Adieu, je suis en colère : vous ne faites point assez de cas de mes ouvrages; je ne réponds point à vos douceurs.

DE MADAME DE SÉVIGNÉ.

Vous voyez qu'il est fâché, et même contre sa chère Pauline. Je tâche de lui persuader, pour sa consolation, qu'elle est jalouse, et offensée qu'il ait consenti de la donner à un autre : cette pensée n'est pas mal romanesque.

Adieu, bonne; adieu, chère : je pense à vous mille fois le jour; je vous vois, je vous suis, je vous admire, je vous plains, et je me sens soutenue, dans l'état où vous êtes, par vos deux chers commensaux[55], où vous trouvez toutes sortes de consolations, et de bons et solides conseils. Je vous embrasse tendrement.

que de marier Pauline avec le Dauphin; voyez plus loin la lettre 157, note 18, et la lettre 158, note 21.

54. Le manuscrit porte, comme nous l'imprimons : « à baisser *le* pavillon »; c'était du reste la manière ordinaire de s'exprimer au dix-septième siècle; voyez le *Dictionnaire de Furetière*, édition de 1690, v° Pavillon : l'usage a prévalu de supprimer l'article.

55. Le chevalier de Grignan et M. de la Garde, qui étaient alors l'un et l'autre à Grignan; voyez la lettre suivante, notes 11 et 38.

L'été nous avoit quittés; il est revenu : le parterre est d'un agrément extrême. Vous retournerez encore quelquefois à votre belle roche[56]. Votre château est grand et vaste, et richement meublé. Comment va l'appartement de Carcassonne? Aurez-vous l'Archevêque[57]?

Notre flotte est partie de Brest[58] : le Seigneur la conduise!

156. — DE MADAME DE SÉVIGNÉ
A MADAME DE GRIGNAN[1].

Aux Rochers, dimanche 9° juillet.

JE vous ai expliqué ce miracle, ma bonne, qui est un

---

56. La grotte de Rochecourbières.
57. L'archevêque d'Arles, l'ancien coadjuteur.
58. C'était la flotte commandée par Tourville, qui battit le 10 juillet, dans la Manche, les flottes combinées de la Hollande et de l'Angleterre.

LETTRE 156 (lettre entière, en partie restituée, en majeure partie inédite). — 1. Cette lettre se trouve dans notre manuscrit, tome V, pages 169 et suivantes. Les anciens éditeurs n'en avaient rien fait connaître. Le Grosbois en contient un extrait étendu, tiré du milieu de la lettre et ne portant aucune indication de date ni de lieu. M. Monmerqué l'a publié, en 1827, dans son recueil (*Lettres inédites*, numéro 13, pages 37 et suivantes), où ce fragment est présenté comme une lettre écrite des Rochers, le 14 juillet 1690. Mais cette date n'était fondée que sur de simples conjectures, et n'était pas parfaitement exacte. Les derniers éditeurs en ont eu le soupçon, car en insérant le fragment dans la correspondance générale, où il figure sous le numéro 1288 (IX, 547), ils se sont bornés, d'après son contenu, à l'indiquer comme faisant partie d'une lettre écrite des Rochers au mois de juillet 1690, sans plus de précision.

miracle d'été, fondé sur le beau temps et le beau chemin². Pour le trouver encore plus grand, je vous dirai, que si je voulois n'écrire qu'à neuf heures du soir, ma lettre partiroit encore ; car la poste ne repasse à Vitré qu'à dix ou onze heures du soir ; et à Paris, ce qu'on m'écrit à cette heure-là, le samedi au soir par exemple, je le reçois ici à neuf heures du matin, le lundi : peut-on souhaiter un plus joli Pacolet³ ? Et le courrier arrivant le matin du mardi trouve encore le moyen de faire mettre vos lettres à la poste de Provence. Mais quand cette diligence n'arrivera pas, il ne faudra point s'en étonner ; il est plus surprenant qu'elle arrive, et elle dépend absolument du temps et des longs jours, qui sont déjà passés.

Ceux du pauvre Beaulieu le sont aussi⁴ : je sens cette perte comme elle le mérite, et je m'apercevrai souvent que je n'ai plus ce fidèle et aimable garçon. Mlle de Méri a eu bien des bontés pour lui ; j'ai pris ce prétexte pour lui écrire, et, — avec une honte que l'absence m'a fait soutenir, — je la fais souvenir de vos intentions, quand vous lui donnâtes votre logement, et que votre amitié, qui vous avoit fait entrer dans mes affaires, vous avoit inspiré cette

2. Voyez le commencement de la lettre précédente.
3. C'est-à-dire, un plus gracieux et plus rapide messager. Pacolet, personnage des anciennes féeries, y jouait habituellement le rôle de messager. On trouve déjà ce nom dans un autre passage de la correspondance, où Mme de Sévigné entendait certainement parler du personnage en question, et non, comme on paraît l'avoir pensé, d'un individu déterminé : « Je viens de regarder mes dates : il est certain que je vous ai écrit le vendredi 16ᵉ : je vous avois écrit le mercredi 14 et le lundi 12. Il faut que Pacolet ou la bénédiction de Montélimar ait porté très-diaboliquement cette lettre; examinez ce prodige. » (*Lettre* 437, du 28 août 1675, 7ᵉ alinéa, IV, 102.) Conférez la *Table alphabétique*, vᵒ PACOLET (XII, 441), et le *Dictionnaire de la langue française* de M. Littré, *eod.* ; et voyez aussi *le Livre des Proverbes* de M. le Roux de Lincy, seconde édition, Paris, 1859, tome II, page 58.
4. Voyez la lettre précédente, note 28.

pensée; que sur cela, elle m'avoit dit, à Paris, qu'elle me donneroit sa quittance à la fin de l'année 89; que si elle est toujours dans la même disposition, elle n'a qu'à me l'envoyer ici : voilà ce qu'on fait, en rougissant, l'année des grandes infamies[5] ! Et puis je songe : « Eh! pourquoi garder tant de mesures ? pour qui ? » .... vous savez la suite. Voilà donc qui est fait : il faudra que j'aie tiré bien juste, et d'un grand bonheur, si je ne trouve point de contradiction; mais voilà qui est fait, n'en parlons plus[6].

Parlons de vous, * ma[7] chère bonne, parlons de vos accablements extrêmes, surprenants, imprévus; car la

5. Nous retrouverons encore plus loin cette expression, qui, dans la pensée de Mme de Sévigné, résumait tant de choses; voyez plus bas la lettre 158, note 34, et la lettre 161, note 10. Les grandes infamies de la terrible année 1690, de cette année que Mme de Sévigné appelait une véritable année du siècle de fer, c'était principalement et tout à la fois, l'acharnement de M. d'Aiguebonne à continuer un procès qu'on croyait terminé, le désordre des affaires de Mme d'Uzès et ses suites, le mariage de Mlle d'Alerac avec le marquis de Vibraye et les embarras qu'il avait créés; et puis, en première ligne peut-être dans l'esprit de Mme de Sévigné, la banqueroute du trésorier des États de Provence et la cruelle nécessité où elle avait mis M. de Grignan d'adresser au Roi des demandes suivies d'affligeants refus; et puis encore sans doute la gêne où se trouvait Mme de Sévigné elle-même, obligée de se tenir loin de Paris et d'en éviter le séjour trop dispendieux, et le reste. Conférez plus haut les notes 1 et 2 de la lettre 147, la note 32 de la lettre 161 et la note 1 de la lettre 153.

6. Les mots : « qu'elle me donneroit sa quittance », qui se trouvent un peu plus haut dans ce passage, indiquent qu'il s'agissait de se libérer, — par une sorte de compensation convenue d'avance, — d'une petite somme due à Mlle de Méri, et qui figurait sans doute dans ce que Mme de Sévigné appelait, précisément à cette époque, *ses petites dettes de Paris*; voyez plus haut la lettre 149, 5ᵉ alinéa, note 21.

7. Ici commence l'extrait publié d'après le Grosbois; on verra qu'il se termine plus loin au milieu d'un mot; voyez plus bas la note 25. Le copiste, contre son habitude, a maintenu ici les mots : « ma chère bonne », dont il a fait le début du passage.

frénésie de Monsieur de Savoie⁸, contre tous ses intérêts, ne peut avoir d'autre fondement que votre malheur et l'étoile de l'année 90. Ma bonne, je vous plains au delà de toute expression : ne croyez pas que je songe à me plaindre quand je jette les yeux sur vous. Hélas! je me trouve riche, je ne suis obligée à rien ; mais vous, mon enfant, comme je vous disois une fois, toutes vos dépenses sont nécessaires, pressantes, étranglantes, et toujours sur peine de la vie ou de l'honneur. On ne sauroit imaginer un si terrible état, encore moins le soutenir ; et quand vous me dites que votre santé est parfaite et que vous dormez, je n'en crois rien ; ce n'est pas une chose possible : vous êtes trop l'âme et l'esprit de ce grand tourbillon pour avoir un moment de repos, et je ne crois pas que toute éloignée et toute inutile⁹ que je suis, je pusse¹⁰ en avoir beaucoup, si je ne faisois ma consolation de ce qui fait la vôtre, et que je ne visse Monsieur le Chevalier et M. de la Garde partager vos peines, et vous aider à les soutenir¹¹. C'est une douceur que la Providence vous donne pour diminuer l'excès des amertumes de votre vie ; car quoique la maxime soit admirable, et prise même du Seigneur, de dire qu'à chaque jour suffit son mal¹², quand ce mal est au-dessus de nos forces, et qu'il est si fréquent, nous

---

8. Voyez plus haut la note 15 de la lettre 153.

9. Les deux manuscrits portent : « toute éloignée, toute inutile », comme nous l'imprimons.

10. Dans notre manuscrit, comme dans le Grosbois, dont le copiste n'a pas manqué de reproduire toutes les fautes, même les plus grossières, qui se trouvaient dans l'ancienne copie qui lui servait de modèle (voyez l'*Introduction*, pages 33 et suivantes), on lit *je pense*, au lieu de *je pusse*, que le sens de la phrase commande et que Mme de Sévigné avait certainement mis.

11. Voyez la lettre précédente, note 55, et ci-après, note 38.

12. Voyez la lettre précédente, note 10.

y succomberions sans doute, si lui-même ne nous soutenoit, et c'est à lui que je m'adresse pour le soulagement des peines qu'il vous envoie. Mille francs par mois à votre fils, la Provence à nourrir *à M. de Grignan*[13], et tous les engagements que vous avez cette année : ma bonne, *ne parlons point de cela ;* c'est quasi pis que ce qui vous faisoit dire cette parole ; mais pour en sentir pourtant la différence, songez, ma bonne, à cette grande bataille gagnée par M. de Luxembourg[14], où Dieu a conservé votre enfant[15]. Il n'y étoit pas encore ; mais enfin vous êtes assurée qu'il se porte bien : voyez les noms de tous ceux qui ont péri; songez à Mme de Cauvisson[16] : ce fils, ce cher fils, dont les moindres intérêts la faisoient monter aux nues, marié contre son gré[17]; une stérilité dont elle étoit inconsolable : le voilà mort ; que deviendra-t-elle ? On pourra bien dire d'elle : *forsennata gridava*[18]; l'air sera rempli

13. Dans les deux manuscrits, et il en était de même bien vraisemblablement dans l'original, les mots : « à M. de Grignan », sont placés entre deux virgules, entre deux *raies*, mises visiblement avec intention, comme pour souligner ces mots et faire bien ressortir ce que coûtaient les nombreuses visites qu'attiraient au château de Grignan les goûts hospitaliers du maître. Conférez plus haut la note 3 de la lettre 125 et la lettre 157 ci-après, note 15.

14. La bataille de Fleurus, gagnée le 1er juillet 1690 par le maréchal de Luxembourg.

15. Le jeune marquis de Grignan servait alors dans l'armée de Catinat; il n'avait pu, à son grand regret, assister à la bataille de Fleurus ; conférez plus loin la lettre 159, note 3.

16. Le nom est écrit *Couisson* dans notre manuscrit, et c'est également ainsi qu'il est écrit dans les lettres autographes de Mme de Sévigné, partout où on le rencontre; voyez la note 10 de la lettre 1286 (IX, 538).

17. Voyez la note 5 des fragments imprimés (IX, 548).

18. Voyez plus haut la note 26 de la lettre 118, où se trouve rapporté le passage de *la Jérusalem délivrée* d'où sont tirés ces mots, et conférez au surplus la note 6 des fragments imprimés (IX, 548).

de ses clameurs. Ma bonne, elle me fait pitié, et à vous aussi, j'en suis assurée. Voilà sa jolie fille[19], un grand parti; donnons-la au Marquis. Et ce pauvre Villarceaux[20]! Et Jussac! ce philosophe! cet homme retiré! la Cour le tente; il suit son pupille[21]; le jeune prince tombe, parce qu'il a eu deux chevaux tués sous lui; ce bon gouverneur veut le relever; on le tue : voilà qui est fait. M. de la Roche-Guyon[22] a tellement bien fait à la tête de son régiment, que le Roi en a fait compliment à M. de la Rochefoucauld[23], dont vous pouvez imaginer la joie, ayant appris sa sensibilité pour ses enfants. Voilà, ma bonne, de quoi remercier Dieu, et pour l'État et pour vous; car cette bataille est une chose de grande conséquence et d'une grande réputation : elle fera son effet par toute l'Europe, et peut-être en Savoie. Je vous envoie le *petit Bigorre*[24], parce que le voilà. Mme de Lavardin m'envoie une bonne relation plus exacte et prise en bon lieu : vous en aurez toutes des meilleures : c'est aussi pour causer sur un grand événement, comme on fait toujours, que je vous conte ceci.

Vos bouts*[25]-rimés sont demeurés sur votre ta-

19. Voyez la note 7 du fragment imprimé (IX, 549), et la note 10 de la lettre 1286 (IX, 538), et conférez plus haut la lettre 142, note 6.

20. Charles de Mornay, marquis de Villarceaux; voyez la note 5 de la lettre 635 (V, 262); sur sa mort, voyez la lettre 1290, de Bussy à Mme de Sévigné, du 16 juillet suivant, note 2 (IX, 553).

21. Le duc du Maine, dont de Jussac était premier gentilhomme et dont il avait été auparavant gouverneur; voyez la lettre 1287, 1er alinéa et note 3 (IX, 544).

22. François, duc de la Roche-Guyon, plus tard duc de la Rochefoucauld, petit-fils de l'auteur des *Maximes*.

23. François, prince de Marsillac, et depuis la mort de son père duc de la Rochefoucauld, fils de l'auteur des *Maximes* et père du duc de la Roche-Guyon.

24. Voyez plus haut la note 32 de la lettre 149.

25. C'est ici que finit l'extrait publié d'après le Grosbois. Le

ble[26], aussi bien que le nom de celui qui a la goutte dans ce joli appartement du bout de la galerie, est demeuré au bout de votre plume ; mais je n'ai compris que trop aisément que c'est M. de la Garde. Comme vous êtes heureuse de l'avoir! Je crois [aussi] qu'il se trouve heureux d'être avec vous ; c'est une grande consolation, dans l'état où il est. Je lui rends mille grâces de son souvenir, et à Monsieur le Chevalier. Je vois qu'il est la grande santé[27]. Ah! le joli projet! s'en aller avec lui[28], et moi, partir de mon côté ; nous trouver à Orléans : quelle justesse! la jolie chose! « La voyez-vous, Madame? — Non vraiment! — Ni moi non plus : » c'est fort bien dit. L'autre projet[29] sera vraisemblable, si Monsieur de Carcassonne, qui fait des prodiges pour vos affaires, emporte la requête à l'audience. Voilà, ma chère bonne, ce que le temps nous décidera. Si vous dites : « A Paris, » je réponds, comme un écho : « Paris! » si vous dites : « Grignan, » — « Grignan! » et même, ma bonne, « Lambesc, » je répondrai : « Lambesc! » Je ne vais point pour vous déranger, ni vous incommoder ; je vais pour vous voir,

copiste, suivant une habitude que nous avons signalée, au lieu de s'arrêter exactement à la fin du fragment qu'il devait copier, a poussé sa transcription jusqu'à la fin de la ligne au milieu de laquelle finissait ce fragment dans le manuscrit qui lui servait de modèle. Ce manuscrit, on le sait, est le nôtre, et la ligne en question s'y termine par la première partie du mot *bouts-rimés*. Le copiste avait donc mis, pour derniers mots : « vos bouts », et comme ces mots, à cette place, n'avaient aucun sens, les derniers éditeurs ont lu et imprimé : « vos bontés. » Voyez l'*Introduction*, pages 12 et 13 et page 35, et conférez le fragment imprimé, note 12 (IX, 549).

26. Mme de Grignan avait oublié de joindre à sa lettre les bouts-rimés dont elle avait annoncé l'envoi à sa mère.

27. C'est-à-dire, je vois que c'est lui (le Chevalier) qui est le plus valide.

28. C'est-à-dire, vous en aller avec lui, et moi, etc.

29. Le projet d'aller en Provence ; voyez plus haut la lettre 149, note 23.

pour vous aimer, pour tout au moins ne vous point donner de chagrin : vous auriez raison d'en avoir d'être séparée de M. de Grignan. Ainsi, ma bonne, comptez que si Dieu me conserve la santé, je suivrai vos pas et répondrai sur vos tons. Je vous demande seulement une grâce, c'est de n'en point écrire à Paris. Mes amies commencent déjà à me questionner[30] ; cette zizanie jetée dans nos commerces les rendroit insupportables. Voilà, ma bonne, tout ce que je vous puis dire. Mon fils et sa femme font des merveilles, de leur côté, pour vouloir me retenir et raccourcir mes voyages ; mais je reçois avec amitié ces marques de celle qu'ils ont pour moi, sans vouloir en abuser : mes résolutions sont prises.

N'avez-vous pas trouvé ce fragment de lettre de M. de Lorraine beau et touchant[31] ?

Je connois le mot d'*énergumène*[32], pour l'avoir lu en

30. Voyez plus haut le 5ᵉ alinéa de la lettre 149, et plus loin, la lettre 158, note 3.

31. Mme de Sévigné entendait sans aucun doute parler du fragment suivant, rapporté dans la *Gazette* du 13 mai précédent (page 218), de la lettre que Charles V, duc de Lorraine, mort à Welz, près de Lintz, le 18 avril, avait écrite, dans les derniers moments de sa vie, à l'empereur : « Sacrée Majesté, suivant vos ordres, je suis parti d'Inspruck pour me rendre à Vienne ; mais je suis arrêté ici par un plus grand maître : je vais lui rendre compte d'une vie que je vous avois consacrée tout entière. Souvenez-vous que je vous laisse une épouse qui vous touche, des enfants à qui je ne laisse que mon épée, et des sujets qui sont dans l'oppression. » Voyez plus haut la lettre 151, note 22.

32. On voit, par ce passage, que le mot *énergumène* était d'un emploi assez rare au temps de Mme de Sévigné, et qu'il n'avait point pénétré dans le langage vulgaire ; ce n'était encore qu'un terme de théologie. Furetière, en effet, se borne à en donner la définition suivante : « Terme dogmatique, dont se servent les ecclésiastiques, pour signifier un possédé du diable, qu'ils exorcisent. » (*Dictionnaire universel*, édition de 1690, vᵒ ÉNERGUMÈNE.) Le mot ne se trouve pas du reste dans les passages du Nouveau Testament que paraît indiquer Mme de Sévigné (*saint Matthieu*,

bon lieu; c'est dans le Nouveau Testament : quand notre Seigneur fait sortir les démons de ces possédés, on les appelle *énergumènes;* mais quel mot pour un bout-rimé ! Mon fils est toujours fâché du mépris que vous avez fait de sa *caverne d'Énée*[33]; nous avons fait plus de justice à votre *entrave,* que nous trouvâmes fort joli[34], et qui avoit mis hors de page la reine toute simple. Enfin, ma bonne, c'est un prodige, que vous ayez de tant de sortes d'esprit, qu'il s'en trouve pour des bouts-rimés et pour Rochecourbières. Il vous embrasse pourtant de tout son cœur, ce frère. Il s'en va bientôt voir le maréchal d'Estrées[35] à Saint-Brieuc ; il n'y a plus moyen de différer ce devoir : nous demeurerons ici un peu seules. Ma belle-fille n'ira point cette année à Bourbon[36]; ce sera pour le printemps. Adieu, aimable bonne.

Rochon m'écrit l'état de vos affaires; il est charmé des soins et de la capacité de Monsieur de Carcassonne; vous devez l'être des siens : il est non-seulement bon pour la requête civile, mais pour l'affaire de Mme de

chapitre ix, versets 28 et suivants; *saint Marc,* chapitre v, verset 1; *saint Luc,* chapitre viii, versets 26 et suivants); mais c'est à l'occasion de ces passages que les écrivains ecclésiastiques en parlaient, et c'est sans doute dans des notes sur les évangiles que Mme de Sévigné l'avait rencontré ; aussi ne dit-elle pas que le Seigneur appelle ces possédés *énergumènes,* mais qu'*on les appelle énergumènes,* entendant sans doute parler des annotateurs.

33. Voyez la lettre précédente, note 53, et ci-après, la lettre 157, note 18, et la lettre 158, note 21.

34. Il y a *joli,* et non *jolie,* dans le manuscrit, dont nous avons cru devoir conserver la leçon. Mme de Sévigné faisait sans doute, dans sa pensée, accorder l'adjectif avec le mot *bout-rimé* sous-entendu : c'est un accord d'idées, comme on en rencontre souvent dans les lettres de notre auteur. — Le mot *entrave,* qui semblera peut-être douteux, est très-nettement écrit dans le manuscrit.

35. Chargé du gouvernement de la Bretagne pendant l'absence du duc de Chaulnes; voyez plus haut la note 7 de la lettre 148.

36. Conférez plus haut, la lettre 150, note 29.

Vibraye[37]. Vous êtes trop heureuse d'avoir ce bon et admirable Rochon ; il est admirable à toutes sauces. Mme de Chaulnes est revenue.

Je suis à vous, je vous aime, je vous embrasse et vous plains, et vous admire, et prie le Seigneur qu'il vous soutienne, et vous recommande encore, sans aucun besoin, mais seulement pour ma satisfaction, à vos deux consolateurs[38], et à la vivacité de Pauline : que je crains, ma chère bonne, que l'accablement de votre esprit n'accable votre corps !

Anfossi est-il avec M. de Grignan ? ne tiendra-t-il point ce qu'il a promis[39] ?

Il a fait ici deux orages épouvantables, et je disois : « Mon Dieu ! s'il tonne si fort ici, comment ce château élevé de Grignan et ce qui est dedans, soutiendra-t-il ces grands éclats ? » et cette pensée me faisoit transir.

Nous lisons les mémoires de Beauveau[40], qui sont

---

37. Voyez plus haut la lettre 149, note 2, la lettre 153, notes 13 et 14, et la lettre 155, notes 24 et 25.

38. Le chevalier de Grignan et M. de la Garde. — Au commencement de l'alinéa, par suite sans doute d'une erreur du copiste, le manuscrit porte : « je vous avoue », au lieu de : « je vous aime ».

39. Conférez le 4e alinéa de la lettre 157 ci-après, et voyez plus haut la lettre 147, notes 5 et 6.

40. Henri, marquis de Beauveau, auteur de mémoires publiés sous le titre : *Mémoires du marquis de Beauveau pour servir à l'histoire de Charles IV, duc de Lorraine et de Bar*, à Cologne, chez Pierre Marteau, 1688, in-12*. L'ouvrage a une suite publiée sous le titre : *Suite des Mémoires du marquis de Beauveau, pour servir à l'histoire de Charles V, duc de Lorraine et de Bar*, à Cologne, chez Pierre Marteau, 1689, in-12. A la page 444 des *Mémoires* on lit le passage suivant, auquel Mme de Sévigné faisait, sans aucun doute, allusion : « Grignan (le chevalier de Grignan) néanmoins avec son régiment ne laissoit point de faire ce qu'on n'avoit point encore vu faire à la cavalerie, qui fut de repousser si loin l'ennemi, qu'il se rendit

* Cette édition n'est pas la première ; la préface fait connaître qu'il en avait paru une quelques années auparavant (vraisemblablement en 1686) à Francfort.

fort jolis et fort vrais. Nous y avons trouvé avec plaisir le chevalier de Grignan, repoussant la cavalerie des ennemis, et prenant du canon, et méritant toute la gloire de cette action : « Monsieur, je vous demande pardon, ce n'est pas à vous que je parle. »

Mme de Lavardin me mande que les services que nous rend la *sainte* Mouci[41] sont admirables, c'est-à-dire à vous, ma bonne : *Elle fait plus qu'on ne lui demande pour vous;* ce sont ses propres mots.

Monsieur d'Agde, Foucquet[42], qui est exilé depuis vingt-neuf ans, et oublié depuis plus de douze, a permission d'aller à son diocèse et partout où il voudra : il y a une étoile de douceur qui règne dans toutes les actions du Roi, qui le rend adorable.

---

maître du canon qui étoit en cet endroit-là, et si les cavaliers n'eussent pas coupé les traits des chevaux qui tiroient l'artillerie, l'on en eût pu emmener sept ou huit pièces. » Il s'agissait du combat d'Altenheim, livré, le 1er août 1675, contre les Impériaux, pendant la retraite opérée par l'armée française après la mort de Turenne, sous la conduite du comte de Lorges, son neveu. La *Gazette* du 17 août, dans la relation qu'elle donne de ce combat, parle aussi avec éloge du régiment de Grignan et de son colonel. Voyez d'ailleurs la lettre 425, du 7 août 1675, note 30 (IV, 22).

41. Voyez plus haut la note 27 de la lettre 149. Il s'agissait de *sollicitations* au sujet de l'affaire d'Aiguebonne.

42. Louis Foucquet, frère du surintendant. — Deux frères cadets de Nicolas Foucquet occupèrent successivement le siége épiscopal d'Agde. Le premier, François Foucquet, né en 1611, nommé à l'évêché d'Agde le 26 juin 1643, en prit possession le 18 juin 1644 (*Gallia christiana*, tome VI, col. 701), fut nommé coadjuteur de Narbonne le 18 décembre 1656 et devint archevêque au même siége en 1659 (*idem*, tome I, col. 1322); le second, Louis Foucquet, celui dont Mme de Sévigné entendait parler dans notre lettre, fut nommé à l'évêché d'Agde, que lui céda son frère, en 1657, en prit possession en 1658, fut exilé à la suite de la disgrâce et de la condamnation de Nicolas, reprit possession de son siége en 1690, comme l'indique ici Mme de Sévigné, et mourut en 1702 (*idem*, tome VI, col. 702).

1690

157. — DE MADAME DE SÉVIGNÉ
A MADAME DE GRIGNAN[1].

Aux Rochers, ce 19ᵉ juillet.

Que de victoires, ma bonne ! que de terreurs ! Victoire sur terre[2] ! victoire sur mer[3] ! Il est clair que Dieu prend le parti du Roi ; son bonheur particulier fait le bonheur public. Mon Dieu ! que j'ai d'envie de vous entendre parler sur cette bataille ! que cela est long ! On le sait ici trente heures après qu'on l'a su à Paris,

---

Lettre 157 (lettre entière, en partie restituée, en partie inédite). — 1. Cette lettre se trouve dans notre manuscrit, tome III, pages 284 et suivantes. C'est encore une lettre dont les anciens éditeurs n'avaient rien fait connaître. M. Monmerqué en a le premier, en 1827, publié un fragment, d'après le Grosbois, avec cette inscription, donnée par conjecture, et qui s'écartait peu de la vérité, sans être cependant complétement exacte : « Aux Rochers, dimanche 16 juillet 1690. » (*Lettres inédites*, pages 41 et suivantes.) Ce même fragment a été inséré dans la correspondance générale par les derniers éditeurs, sous le numéro 1289 (IX, 550), sans date précise, simplement comme écrit au mois de juillet 1690. Un second fragment, également tiré du Grosbois, a été publié, pour la première fois, dans l'édition des *Grands écrivains de la France*, sous le numéro 1285 (IX, 533), comme écrit au mois de juin 1690. Enfin, un troisième fragment, de quelques lignes seulement, fourni comme les deux précédents par le Grosbois, a paru aussi pour la première fois dans l'édition précitée, et a été mis, faute de lui trouver une meilleure place, à la suite de la lettre 1286, du 12 juillet (IX, 536) ; c'est le fragment auquel se rapporte la note 24 de cette dernière lettre (IX, 543), et qui commence par ces mots : « On m'a mandé que M. de Luxembourg, etc. »

2. La victoire de Fleurus ; voyez la lettre précédente, note 14.

3. La victoire navale gagnée le 10 juillet par Tourville ; voyez plus haut la note 58 de la lettre 155.

et je ne sais que vous le savez que quinze jours après : ce n'est pas à cet endroit qu'il y a du miracle à la diligence de la poste⁴ ! Il faut prendre le temps comme il vient. J'espère que, de quelque côté que ce soit, nous serons bientôt ensemble, ma chère bonne ; si votre joie est comme la mienne, comme vous m'en assurez si bien, je serai trop heureuse.

*Votre⁵ raisonnement sur la rapidité du temps, qui travaille autant contre nous que pour nous, en nous emmenant nos chères créatures comme il nous les amène, est une chose trop aimable ; c'est ce qu'on a toujours pensé, et qu'on n'a jamais si bien dit⁶. Et cette prière que vous en avez si bien tirée, où vous déguisez ce mot d'*éternité* si joliment, qu'elle devient votre prière particulière, est une traduction si bonne, qu'assurément, avec votre permission, j'en ferai la mienne⁷. Elle fait le même plaisir, par ce changement, que nous faisoient autrefois certaines prières nouvelles que nous mettions dans notre prière du soir⁸, et que nous appe-

---

4. Conférez plus haut le commencement de la lettre 155 et le 1ᵉʳ alinéa de la lettre 156.

5. Ici commence le premier fragment publié d'après le Grosbois ; voyez la note 1 ci-desssus.

6. « C'est ce qu'on a toujours pensé, *et ce* qu'on n'a jamais si bien dit. » (*Édition de* 1827.) — « C'est ce qu'on a toujours pensé, *ce* qu'on n'a jamais si bien dit. » (Édition des *Grands écrivains de la France*.) La leçon que nous donnons est en réalité la leçon des deux manuscrits ; mais dans le Grosbois, M. Monmerqué et les derniers éditeurs ont lu *ce*, au lieu de la conjonction *et*, qui s'y trouve, mais qui est mal écrite, et que M. Monmerqué avait d'ailleurs suppléée, ce qui lui avait fait mettre *et ce*, et ce qui explique la diversité des leçons.

7. Mme de Sévigné rapporte plus bas cette prière ; voyez ci-dessous, note 10.

8. M. Monmerqué avait altéré ce passage en substituant *tirions* à *mettions*, et en imprimant *de*, au lieu de *dans* ; il avait mis : « que nous tirions de notre prière du soir ». Les derniers éditeurs ont

lions *de la pluche*. Nous ôtâmes doucement : « Souvenez-vous, très-pieuse Vierge Marie, » et nous disions des oraisons de saint Augustin, de saint Prosper, et des *Miserere* en françois[9]. Enfin, ma bonne, c'étoit un ragoût qui réveilloit notre attention, et c'est ce que j'observe encore en changeant quelquefois de prières, pour éviter la distraction et l'inattention qui vient de la routine. Voici donc la mienne présentement : « Mon Dieu, faites-moi la grâce de n'aimer que les biens que le temps amène et ne peut ôter[10]. » C'est l'éternité, ma bonne, en paroles couvertes, c'est la prière des vrais chrétiens, c'est ce que l'Église demande. On ne sauroit s'y méprendre : il n'y a que l'éternité qui soit un bien que le temps amène et ne puisse ôter[11] ; tous les autres

rétabli le mot *mettions*, et par là ont rétabli le sens ; ils ont d'ailleurs, comme M. Monmerqué, imprimé *de*, au lieu de *dans*, qui se lit dans le Grosbois aussi bien que dans notre manuscrit, mais qui est écrit en abrégé, au moyen d'un *d* suivi d'un point qu'on a pris pour *de*.

9. Voyez, sur ce passage, les notes 4 et 5 des fragments imprimés (IX, 550 et 551).

10. Notre manuscrit porte : « que les biens que *les temps amènent et qu'on* ne peut ôter. » Mais le copiste avait d'abord écrit : « que les biens que *les biens amènent* et ne peut ôter. » La personne qui a fait la collation a corrigé, en substituant le mot *temps* au mot *biens* devant *amènent*, et en ajoutant les mots *qu'on*, que le copiste n'avait nullement mis, ni rien à la place, et qui vraisemblablement ne se trouvaient pas dans l'original. Aux altérations que semble contenir notre copie, — qu'il a toutes reproduites, — le copiste du Grosbois a ajouté la faute d'omettre les mots *que les biens*, omission qui enlevait au passage toute espèce de sens. M. Monmerqué, d'après la suite de la lettre, avait fort bien rétabli le texte, et notre restitution ne diffère que très-peu de la sienne : par les raisons dites plus haut, nous avons considéré les mots *qu'on*, qui sont inutiles, et que les premiers éditeurs avaient dû remplacer par *qu'il*, comme une addition qui ne devait pas être maintenue.

11. Le Grosbois porte, et d'après lui les premiers éditeurs ont mis : « et ne *peut* ôter ».

sont ôtés dans le moment qu'ils sont donnés. Le fond de cette prière est bien pris dans notre saint Augustin, qui parle si bien sur ce sujet. Mais revenons à ces prières dont j'ai parlé d'abord[12]; ce sont des *Te Deum* pour les victoires de terre, et d'autres encore pour les victoires de mer. J'en chanterois bien un de tout mon cœur pour le retour de la raison de M. de Savoie[13]; mais ce qui est fâcheux, c'est qu'il ne sera plus le maître de la paix, quand il le voudra. C'est la fable de l'*huître*[14], comme vous dites : il sera *gobé* par le plus fort. Le dérangement que vous fait cette guerre m'afflige véritablement; j'étois accoutumée à l'autre; mais cette trahison rompt toute mesure*.

Par[15] la même raison que je lis toutes les gazettes, vous croyez bien que je regarde la carte : nous en avons ici de belles et de particulières. Vous croyez bien que, *par hasard*, je jette quelquefois un regard sur la Provence, que je connois ses côtes et vos frontières du Piémont, et un autre vers Embrun, et un autre sur la mer Méditerranée : tout cela est devant mes yeux, et je trouve la résolution de M. de Grignan de demeurer

---

12. Mme de Sévigné se référait ici au début de sa lettre, comme le prouvent suffisamment les mots qui suivent. Elle n'avait pourtant pas encore parlé de *ces prières*, de ces *Te Deum*, auxquels elle dit vouloir revenir; mais elle avait parlé des événements qui y donnaient lieu, et c'était assez. Le manuscrit, par la faute, croyons-nous, du copiste, porte : « cette prière », au lieu de : « ces prières », que la régularité de la phrase et les mots qui suivent (« ce sont, etc. ») semblent exiger, et que Mme de Sévigné avait sans doute mis. Dans l'édition de 1827, M. Monmerqué avait mis : « Mais revenons *sur* cette prière », au lieu de : « *à* cette prière », qui est le texte des deux manuscrits.

13. Voyez plus haut la note 15 de la lettre 153.

14. La Fontaine, *Fables*, livre IX, fable IX.

15. Cet alinéa et les deux suivants ne se trouvent que dans notre manuscrit.

à Aix, pour être au milieu de tout cela, fort bonne. Il est fâcheux que vous soyez séparés, à cause de la dépense : tient-il une table à Aix[16] ? Il est bien heureux d'avoir eu de la pluie, et M. le chevalier de Grignan bien malheureux en gageure : Pauline doit faire ses affaires avec lui, par[17] l'habileté qu'elle a de connoître quand le ciel veut donner de la pluie ou non ; à force de gagner des pièces de trente sols elle fera une bourse fort considérable. Je prends part à l'ennui de voir languir et mourir un pré, faute d'une goutte de rosée ; nous n'avons point ces sortes de chagrins ; la pluie ne nous fait de mal que par son abondance, et nous serions trop heureux, si elle vouloit nous donner le loisir de faucher et de faner nos foins.

Je n'ai plus rien à dire sur Anfossi : il n'y a point de temps propre pour ses comptes ; il a des affaires, il s'en va; il s'est marié, il faut attendre, il promet : enfin nous en sommes à attendre la paix. Mais quand vous me parlez de ne savoir ce qu'il a fait de *sept ou huit cent mille francs*, je ne sais plus ce que vous voulez dire, et j'ai envie de recourir à l'*errata*, pour voir si vous ne vous êtes point trompée, comme Pauline en écrivant le beau sonnet ; car vous avez touché quelques revenus : enfin, ma bonne, cette somme exorbitante mérite une explication ; je vous la demande.

Mon fils est avec le maréchal d'Estrées ; mais quand il seroit ici, je ne pourrois pas lui faire valoir la sollicitation que vous lui faites en faveur de votre bout-rimé sur la mort de M. de Lorraine. Je viens de le voir encore ; il est parfaitement bon, et nous le prîmes pour être de M. de Grignan : c'est tout dire. Depuis le

---

16. Conférez la lettre précédente, note 13.
17. Le manuscrit porte : « *pour* l'habileté qu'elle a, etc. »

temps, les choses ont bien changé : mon fils est outré que vous n'ayez point loué ni approuvé celui qu'il fit, sur les mêmes rimes, où il marioit si avantageusement Pauline avec Monsieur le Dauphin [18], à la manière de Didon, dans une caverne. Mais enfin c'étoit toujours une très-bonne affaire ; il en espéroit des remerciements de toute la famille ; il n'a eu pour réponse qu'un profond silence : il ne faut pas que vous espériez qu'il approuve rien de ce que vous avez fait. Je crois pourtant qu'il se rendra au sonnet de M. de Grignan : il passe de bien loin ceux du bon Gaillard [19].

*Il [20] n'a pas tenu à Monsieur le Lieutenant civil qu'il n'ait eu M. de Gêvres [21] : son goût est sauvé ; mais on l'a quitté pour une offre plus haute, comme à un inventaire. Je trouve qu'il ne pouvoit pas mieux faire que de prendre bien vite M. Nicolaï. Il y a bien de la grandeur dans cette robe ; elle est hors du commun : il est le huitième premier président de la chambre des Comptes, et il étoit bien gentilhomme [22], quand il l'eut pour récompense, sous Philippe-Auguste, d'un service important pour l'État. Président aux Comptes est bientôt dit : il y a fagots et fagots ; et quand je songe comme la taille de Mme de Brissac [23] fut mal reçue à Versailles, je conclus

---

18. Conférez la lettre 155, note 53, la lettre 156, note 33, et la lettre 158 ci-après, note 21.
19. Voyez plus haut la note 10 de la lettre 126.
20. Cet alinéa forme le second fragment publié d'après le Grosbois ; voyez la note 1 ci-dessus.
21. On a vu plus haut (voyez ci-dessus la note 44 de la lettre 155) qu'on avait eu la pensée de marier Mlle le Camus avec le marquis de Gêvres.
22. C'est-à-dire, et son aïeul était bien gentilhomme, quand il eut la première présidence à la chambre des Comptes, etc. Voyez d'ailleurs, sur ce passage, la note 5 du fragment imprimé (IX, 534).
23. Élisabeth de Verthamon, duchesse de Brissac ; voyez la

que Madame la Première Présidente est mieux dans sa chaise à Paris. Voilà comme j'ai compris cette affaire [24].

On[25] m'a mandé que M. de Luxembourg voyant la victoire assurée, chanta tout naturellement entre ses dents, faisant une application bien aisée :

Sangaride, ce jour est un grand jour pour vous[26].

Cela m'a fait rire, et lui ressemble en vérité. Il disoit bien vrai, ce jour étoit un grand jour pour lui*.

Ma[27] chère bonne, adieu. Mon Dieu, quelle lettre ! quelles bagatelles ! dans un temps où les nouvelles de la guerre donnent tant d'émotion ! Je me retire derrière le théâtre ; je ferois mieux de chercher mes puces, comme vous, [que] de faire un tel ordinaire ; mais on ne voit point sa chère fille, et c'est pour moi tout le bonheur de cette vie !

Vous parlez toujours de ma santé : elle est admirable ; mais la vôtre ? j'en doute toujours. Comment vont de certaines choses, ma pauvre bonne ? et ce côté ? mon Dieu, qu'il m'a fait du mal aussi bien qu'à vous !

---

lettre 1138, 1ᵉʳ alinéa (VIII, 474), et la note 9 de la lettre 119 (II, 23). Elle mourut en 1721. « C'étoit, — dit Saint-Simon, — une petite bossue.... extrêmement riche, que le duc de Brissac.... avoit épousée pour son bien, qu'il mangea. » (*Mémoires de Saint-Simon*, tome XVIII, page 130.)

24. Le Grosbois porte : « cet affaire », au masculin ; c'est une faute du copiste, que les derniers éditeurs ont rectifiée et qui ne se trouve pas dans notre manuscrit ; conférez la note 6 du fragment imprimé (IX, 535).

25. Ce petit alinéa est le troisième fragment publié d'après le Grosbois ; voyez la note 1 ci-dessus.

26. Ce vers, déjà cité dans une autre lettre de Mme de Sévigné (voyez la lettre 971, du 1ᵉʳ août 1685, note 34, VII, 439), est le premier de la VIᵉ scène de l'opéra d'*Atys* de Quinault.

27. Cet alinéa et les deux suivants ne se trouvent que dans notre manuscrit.

Je fais mille amitiés pleines de respect à M. de la Garde. [Mille amitiés pleines de respect] aussi à Monsieur le Chevalier[28] : que dit-il de toutes ces victoires? j'aimerois à l'entendre là-dessus. Bonjour, Pauline. J'embrasse mon aimable bonne. Ma belle-fille vous assure d'une estime qu'on ne peut pas vous refuser, et d'une amitié qui ne demanderoit que de vous voir et de vous entendre un moment.

158. — DE MADAME DE SÉVIGNÉ

A MADAME DE GRIGNAN[1].

Aux Rochers, dimanche 30⁰ juillet.

JE commence, ma bonne, par vous envoyer la suite

28. Le texte est très-altéré en cet endroit dans le manuscrit; voici, en effet, ce qu'on lit dans notre ancienne copie : « Je fais mille amitiés pleines de respects aussi à M. le Chevalier, à M. de la Garde ; que dit-il de toutes ses (*sic*) victoires? j'aimerois à l'entendre là-dessus. » Mme de Sévigné n'a pas pu écrire ainsi. Il est évident que c'est du chevalier de Grignan qu'elle parlait en dernier lieu, et que c'est lui, et non M. de la Garde, qu'elle auroit voulu entendre discourir sur les grandes victoires que venaient de remporter les armées françaises. Le désordre du texte et son mauvais état paraissent venir d'un renvoi mal compris, et de la suppression inintelligente de quelques mots, qui en a été sans doute la suite.

LETTRE 158 (lettre entière, presque entièrement inédite). —
1. Cette lettre se trouve dans notre manuscrit, tome V, pages 229 et suivantes. Les anciens éditeurs n'en avaient rien fait connaître, et le Grosbois n'en contient qu'un extrait fort court, que M. Monmerqué a publié le premier, en 1827 (*Lettres inédites*, numéro 15, pages 43 et 44), avec cette inscription : « Aux Rochers..., juillet 1690 », et que les derniers éditeurs ont inséré dans la correspon-

des premiers discours de Mmes de la Fayette et de Lavardin[2]. Je sais bien qu'on ne meurt point de l'absence de ses amies; on en soutient d'autres qui sont encore plus sensibles; mais il est certain que toute la vérité et toute la sincérité qui peut être entre des amies, elle se trouve entre ces personnes-là et moi. Leur amitié ne me fait point changer d'avis; mais je veux avoir un procédé honnête avec elles, et sincère, et faire valoir la raison de mes affaires, d'une manière qui ne paroisse pas me moquer d'elles et changer tout d'un coup, si vous alliez à Paris[3]. Cette impossibilité pour elles, qui s'évanouit quand vous paroissez, est une dureté que je veux éviter, quoique vraie, et ménager un peu mieux des amies si aimables, et qui présentement et actuellement sont toutes occupées[4] de vos affaires; car Monsieur de Carcassonne me persuade que votre procès est le leur. Il faudroit donc, ma bonne, que vous me voulussiez bien dire, non pas ce qui arrivera de votre requête civile, mais si vous irez à Paris, au cas qu'elle soit appointée[5];

dance générale, également sans date précise, mais du reste à sa vraie place, sous le numéro 1294 (IX, 559). La lettre est fort belle, et ne méritait certainement pas l'oubli dans lequel elle est si longtemps restée.

2. Voyez plus haut la lettre 156, note 30.
3. Voyez plus haut la lettre 149, 5e alinéa.
4. *Toutes occupées* est le texte du manuscrit; on a vu par une foule d'exemples que c'était la manière ordinaire d'écrire de Mme de Sévigné; conférez le *Lexique*, v° TOUT, TOUTE. — Au commencement de la phrase, par suite sans doute d'une faute d'inattention du copiste, le manuscrit porte *pour eux*, au lieu de *pour elles*.
5. C'est-à-dire au cas où les juges, au lieu de statuer immédiatement sur l'affaire, rendraient un arrêt d'appointement. On appelait *appointement*, ou *jugement d'appointement*, un jugement préparatoire par lequel le juge ordonnait, pour être mieux instruit, que les parties écriraient et produiraient sur un ou plusieurs *points* de fait ou de droit, qui n'avaient pu être suffisamment éclaircis et expliqués à l'audience; voyez le *Glossaire du droit français* de

si Monsieur de Carcassonne achèvera l'entreprise⁶, ou si vous irez, avec ou sans M. de Grignan. Voilà ce que je vous demande, après quoi je glisserai bien, pour répondre⁷, jusqu'à la fin du Parlement⁸. Répondez-moi donc précisément, ma chère bonne, et entrez un peu dans le ménagement et l'honnête procédé que je veux avoir avec des amies qui ne sont point du commun, et qui méritent d'être aimées et traitées sincèrement.

Rochon m'écrit une bonne grande lettre, et me fait voir l'extravagance des détours et des hauteurs que prend M. d'Aiguebonne⁹. Ils ont occupé trois audiences à dire des folies et des extravagances, et à parler de la tyrannie de ce Castellane¹⁰, qui commença d'abord à l'exercer sur François de Guise¹¹. Je trouve

---

de Laurière, v° APPOINTEMENT. — L'affaire d'Aiguebonne, car c'est toujours d'elle qu'il s'agissait, était en effet, au moment où Mme de Sévigné écrivait, portée à l'audience, comme le montre la suite de la lettre (voyez l'alinéa suivant); mais Mme de Sévigné pouvait craindre, et craignait effectivement, que M. d'Aiguebonne, par ses *détours* et ses *hauteurs* (voyez plus bas, note 9), ne réussît à faire rendre un arrêt d'appointement, qui aurait retardé la solution et rendu peut-être nécessaire la présence de M. et de Mme de Grignan à Paris. On voit par ce passage, et par bien d'autres, que Mme de Sévigné et sa fille étaient parfaitement au courant des termes du Palais; conférez la *Notice*, page 273.

6. On a vu plus haut que l'évêque de Carcassonne avait pris la direction du procès; voyez ci-dessus la lettre 148, note 12.

7. A Mme de la Fayette et à Mme de Lavardin; voyez ci-dessus, note 2.

8. C'est-à-dire, jusqu'à la fin de la session du Parlement.

9. Conférez la note 5 ci-dessus. Les *détours* et les *hauteurs* de M. d'Aiguebonne consistaient à reprendre le procès le plus haut possible pour le faire traîner en longueur.

10. Gaspard de Castellane, second du nom, fils de Gaspard de Castellane et de Blanche Adhémar de Grignan, fille de Gaucher Adhémar de Grignan.

11. François de Lorraine, comte d'Aumale et duc de Guise, frère de Charles de Guise, archevêque de Reims. — Pour com-

cela si beau que je ne voudrois pas m'en défendre. En-
prendre ce passage et pour s'expliquer comment le nom du duc de
Guise, favori de Henri II, se trouvait mêlé à l'histoire du procès,
il faut connaître l'origine de ce dernier et ses premières phases.
Gaucher Adhémar, seigneur de Monteil, baron de Grignan, mort
en 1519, avait laissé après lui plusieurs filles, dont deux, Blanche
et Gabrielle, mariées, et seulement un fils, Louis-François Adhémar de Grignan. Blanche avait épousé Gaspard de Castellane,
baron d'Entrecasteaux; Gabrielle avait été mariée à Claude d'Urre,
seigneur du Puy-Saint-Martin en Dauphiné, dont M. d'Urre d'Aiguebonne, l'adversaire actuel du gendre de Mme de Sévigné, était
descendant. Gaucher Adhémar avait, par testament, fait une substitution au profit de sa fille Blanche et de sa descendance, au cas
où Louis-François Adhémar, son fils unique, mourrait sans postérité. Louis-François Adhémar joua un rôle assez considérable sous
les règnes de François Ier et de Henri II. C'est lui qui fit élever la
baronnie de Grignan en comté. Mais, compromis à l'occasion de
l'affaire des Vaudois de Cabrières et de Mérindol, et faussement
accusé de trahison, il n'avait dû son salut qu'à la protection de
François de Guise, longtemps son ennemi acharné, et tout-puissant auprès de Henri II. En récompense, ou plutôt, dit-on, comme
prix convenu de cette protection, qui non-seulement avait sauvé
ses jours, mais qui lui avait valu une rentrée en grâce complète et
de nouvelles faveurs, Louis-François Adhémar institua, en 1557,
François de Guise son légataire universel, et mourut en 1559, sans
laisser de postérité. Le duc de Guise, fort de son crédit, réclama
l'exécution du testament fait en sa faveur, et demanda l'envoi en
possession de tous les biens laissés par le testateur. Mais Gaspard
de Castellane, fils de Blanche de Grignan (voyez la note 10 ci-
dessus), fit valoir la substitution établie en faveur de cette dernière
et de ses descendants, et parvint, après une longue lutte, non sans
de grandes difficultés, à faire rendre, par le parlement de Tou-
louse, le 23 mars 1563, un arrêt définitif, qui déboutait complètement le duc de Guise de ses prétentions sur les biens substitués, et
adjugeait aux enfants de Blanche le comté de Grignan et toutes
les terres qui en dépendaient. On s'explique parfaitement, d'après
ces faits, le langage tenu, au nom de M. d'Urre d'Aiguebonne, dans
le procès intenté par ce dernier contre M. de Grignan, et on s'explique très-bien aussi les moqueries de Mme de Sévigné. L'arrêt
de 1563 ne pouvait sans doute être invoqué contre M. d'Aiguebonne, qui attaquait la substitution, au nom et comme représentant
de Gabrielle, dépossédée au profit de Blanche; mais il n'en était

suite les subtilités *du sieur comte de Grignan*, — comme disoit M. de Tessé¹², quand Monsieur le Chevalier étoit auprès de lui, — ont achevé d'abîmer ce pauvre orphelin d'Aiguebonne. On voit que ces gens-là ne cherchent qu'à faire passer le parlement; ils ont encore présenté une requête d'ampliation¹³ : enfin vous voyez bien qu'ils ont le diable au corps, et avec toutes ces sottises ils pourroient embarrasser l'affaire d'une telle manière qu'elle passeroit dans l'autre parlement¹⁴, où seroit appointée¹⁵. C'est en l'un de ces deux cas que je vous demande si vous iriez à Paris, ou si vous prendriez des lettres d'État¹⁶ ; car si, en nul cas, vous n'y voulez aller, je ne suis pas embarrassée de ce que j'écrirai à mes amies : répondez donc, ma chère bonne.

pas moins étrange d'entendre M. d'Aiguebonne se plaindre de *la tyrannie exercée par Gaspard de Castellane sur François de Guise;* car si ce dernier avait triomphé, on ne voit pas ce que la cause de ceux que représentait M. d'Aiguebonne aurait pu y gagner; elle n'aurait fait évidemment qu'y perdre, puisqu'on aurait eu en face un adversaire de plus, et sans contredit le plus redoutable. Il était donc extravagant d'attaquer cet arrêt, qui avait maintenu dans la famille les biens contestés, et de gémir sur le sort du duc de Guise, qui avait voulu l'en dépouiller. Conférez la *Notice*, pages 273 et suivantes, l'*Histoire de Mme de Sévigné*, par M. d'Albenas, pages 559 et suivantes, et voyez aussi la note 16 de la lettre 1298 (IX, 569), où se trouvent quelques inexactitudes, que l'exposé qui précède fera facilement reconnaître et permettra de rectifier.

12. S'agit-il du maréchal de Tessé, ou du chevalier de Tessé ? Vraisemblablement de ce dernier; conférez la note 12 de la lettre 1106 (VIII, 338) et la note 9 de la lettre 1165 (IX, 19).

13. C'est-à-dire une requête pour obtenir qu'il fût procédé à un plus ample informé.

14. C'est-à-dire, dans l'autre session, après les vacances, ce qui, par le mouvement du personnel des chambres, qui se faisait précisément à la rentrée, aurait amené de nouveaux juges et comme un *autre parlement;* conférez plus haut la note 8.

15. Voyez la note 5 ci-dessus.

16. Voyez plus haut la note 4 de la lettre 126.

Rochon m'écrit une si bonne lettre, que si je ne croyois qu'il vous écrit encore mieux, je vous l'enverrois. Il fait encore de plus grandes merveilles sur l'affaire de Mme de Vibraye, qui étoit très-embarrassée sans son bon esprit [17]. Monsieur de Carcassonne m'en paroît bien persuadé, et bien content.

Vous me dites que je ne me soucie peut-être guère de Mme de Cauvisson [18], dont vous me parlez : eh ! mon Dieu ! ma bonne, je ne pense à autre chose ! La douleur de *Médée*, sa jolie fille [19], j'en parlois à tout le monde, et à vous-même : ainsi vous n'y faites que répondre. Je trouve fort bien rangée cette famille, et quasi consolée : je vous dis qu'on ne sauroit être si affligée d'une petite pendule si imparfaite [20].

Il faut laisser reposer les amants de Pauline, après avoir refusé Monsieur le Dauphin, comme vous avez fait [21], et attendre que le Marquis ait un enfant, et que

17. Voyez plus haut la lettre 156, note 37.

18. Voyez plus haut, tome I, page 299, la note 3 de la lettre 20, et dans la correspondance générale la note 9 de la lettre 370 (III, 372).

19. Conférez plus haut la lettre 142, note 6, et la lettre 156, note 19. Mlle de Cauvisson devait épouser son oncle, *à cause des substitutions* (voyez le second alinéa de la lettre 1286, IX, 538), et ce mariage de raison, uniquement déterminé par des considérations de fortune, semblait devoir être pour la mère, déjà si cruellement éprouvée par la perte de son fils, un grave sujet de tristesse.

20. Mme de Sévigné par ces mots : « une petite pendule si imparfaite », entendait-elle désigner Mme ou Mlle de Cauvisson ? Ces mots pouvaient s'appliquer, ce semble, aussi facilement à l'une qu'à l'autre. Dans une lettre du 24 novembre 1679 (lettre 755, dernier alinéa, note 37, VI, 100), Mme de Sévigné avait dit, dix ans auparavant : « Je voudrois que Mme de Cauvisson vous donnât de son bonheur, plutôt que de sa tête. » D'un autre côté, on a vu plus haut (lettre 142, note 5) que la fille ressemblait beaucoup à la mère.

21. Voyez et conférez ci-dessus la lettre 155, note 53, la lettre 156, note 33, et la lettre 157, note 18.

nous voyions de quel bois il se chauffe; cela est dans 1690 le bon sens, à moins que de faire comme moi, et de s'allier à tant de grandeurs[22], que quand on deviendroit héritière et qu'on auroit des millions, on se trouvât encore fort bien mariée. J'ai été toujours si bien conseillée, qu'il étoit difficile que je fisse mal, et si Dieu ne vous avoit affligée par d'autres endroits fort sensibles, vous auriez été trop heureuse. J'approuve fort que vous laissiez là vos vieilles oraisons; ce sont des oraisons du P. Cotton[23], qui ne sont plus à la mode : il faut tâcher de trouver mieux. Dieu nous le conserve ce petit colonel! nous aurons une grande joie de le recevoir.

Je trouve que M. de Grignan fait une très-bonne figure dans la Provence, avec sa petite armée. Son sonnet est meilleur que ceux du Gaillard[24] : vous en avez peut-être mieux jugé que moi : j'estime plus votre goût que le mien, si ce n'est dans celui que j'ai pour vous, qui passe tous ceux que vous pourriez avoir.

*On[25] est tout étonné, à Paris et à Versailles, du retour de ce pauvre roi d'Angleterre[26]. Le nôtre continue ses générosités d'une manière héroïque. On ne sait point encore, au vrai, ce qui s'est passé en Irlande. Je

22. Les grandeurs de la maison de Grignan.
23. Pierre Cotton, jésuite, mort en 1625. Voyez et rapprochez de ce passage la lettre 1253, du 8 janvier précédent, note 8 (IX, 402); voyez aussi et conférez le second alinéa de la lettre précédente.
24. Voyez la lettre précédente, note 19.
25. Ici commence le fragment publié d'après le Grosbois; il s'étend jusqu'à la fin de l'alinéa : c'est tout ce qu'on connaissait de la lettre; voyez la note 1 ci-dessus.
26. Jacques II, qui avait été obligé de se réfugier de nouveau en France, après la bataille de la Boyne, où ses partisans avaient essuyé, le 11 juillet précédent, une défaite complète; conférez la note 4 du fragment imprimé (IX, 559).

1690 vous envoie le *petit Bigorre*[27]; il est joli, c'est tout ce qu'on en savoit quand il m'a écrit; vous en saurez des nouvelles quand nous en saurons. Je ne crois pas que j'aie grand honneur à cette bataille; je ne soutiens point bien le royaume d'Irlande, que Mme de Vins et vous m'aviez tant recommandé. Elle me manda la jolie action du chevalier de Pompone, parce qu'elle sait bien la belle passion que j'ai pour le père. Pour moi, ma bonne[28], qui suis une pleureuse, je ne cessai d'avoir le gosier serré et les larmes aux yeux en lisant tout le bonheur de cette journée et des deux autres; car il fut partout et perdit autour de lui cent quatre-vingts dragons; mais pour lui, il étoit défendu de le tuer; toutes les balles, toutes les épées n'osoient le toucher. C'est ainsi qu'elles ont leurs commissions de l'ordre de la Providence, et par ce côté-là, Mme de Cauvisson se peut tourmenter[29], si elle veut, car on se fera toujours des reproches, en qualité tout au moins de cause seconde; mais son pauvre garçon étoit où il devoit être : vous savez[30] bien depuis quand! J'eus donc toujours les yeux pleins de larmes, car je suis une pleureuse; mais vous, ma bonne, qui avez du courage, vous m'étonnez. M. de Pompone sera bien plus touché de vos larmes[31]

27. Voyez plus haut la lettre 149, note 32, et voyez aussi, dans la correspondance générale, la note 14 de la lettre 1286 (IX, 539).

28. Ces mots, ici et plus loin, avaient été, comme d'habitude, supprimés par le copiste du Grosbois et ne figurent point par suite dans le texte imprimé.

29. Voyez ci-dessus la lettre 156, notes 16 et suivantes.

30. Le texte imprimé d'après le Grosbois porte : « vous saurez bien depuis quand ». Cette légère altération avait suffi pour rendre la phrase obscure et équivoque.

31. La lettre de Mme de Grignan à M. de Pompone, dont il est ici question, s'est conservée et a été publiée; c'est la lettre 1291, écrite le 18 juillet précédent (IX, 555). Le fils de M. de Pompone,

que des miennes, avec raison; car je lui ai mandé aussi
ma contenance en lisant cet endroit*.

Il y a longtemps, ma bonne, que je connois la passion de faire travailler, car c'en est une : je me suis éveillée cent fois ici, dès cinq heures du matin, pendant que nous faisions faire ces grandes allées, en songeant que mes ouvriers alloient travailler, que j'avois des tombereaux, des brouettes, que l'on planteroit, qu'on dresseroit des terres. Enfin, ma bonne, c'est une passion; mais j'avoue que je ne croyois pas Monsieur le Chevalier capable de celle-là. Je ne doutois pas qu'il n'en eût d'autres, plus dignes de lui, et je l'avois vu, ce me semble, se bien moquer de celle-là ; mais il ne faut jurer de rien; un an de campagne[32] fait changer d'avis. Mais ce qu'il y a de sûr, c'est qu'il est sage, c'est qu'il n'entreprend point des édifices au delà de ses forces, c'est qu'il se divertit et ne s'incommode pas. Voilà ce qui s'appelle avoir un bon esprit; et en s'amusant ainsi on rend une maison agréable et commode : ainsi on ne peut trop aimer son oisiveté[33]. Je ne puis pas tenir encore ici, quand ce ne seroit que de faire gratter une allée, mettre une grille de fer ; enfin les mains me démangent toujours : mais Dieu sait comme je les retiens, l'année des grandes infamies[34] !

Ma chère bonne, je vous quitte ; je ne finirois point, si je me croyois. Je vous demande mille amitiés pour votre bonne et aimable compagnie ; elle est fort augmen-

---

Antoine-Joseph Arnauld, chevalier de Pompone, par sa belle conduite à la tête du régiment de Pompone, dont il était colonel, avait eu une part brillante au succès de la bataille de Fleurus; voyez la note 4 de la lettre 1286 (IX, 537) et la note 2 de la lettre 1291 précitée (IX, 555).

32. C'est-à-dire une année passée à la campagne.
33. Conférez plus haut la lettre 150, note 18.
34. Voyez plus haut la note 5 de la lettre 156.

tée par M. et Mme de Rochebonne : vous ne me dites rien du petit garçon[35], que vous aimez tant. Je souhaite que les remèdes dont M. de la Garde se sert contre la *goutte du purgatoire*, lui soient plus salutaires que ceux qu'il a faits pour celle de ce monde ; ce seroit dommage qu'il perdît les peines que lui donne le jubilé : ne trouvions-nous pas un jour, que personne ne gagnoit cette grande et sainte indulgence que ceux qui n'en ont pas besoin[36] ?

Vous êtes trop bonne et trop aimable de songer à mon appartement, et à me recevoir avec tant de tendresse et de plaisir : fixez-vous donc bien, afin que je puisse bâtir sur la pierre. Ce n'est pas que je mette l'amitié que j'ai pour vous en comparaison avec nulle autre ; Dieu le sait, et tout le monde aussi ; mais c'est un si hardi trajet que celui que j'entreprends, qu'il faut à mes amies, qui sont toutes sages et réglées, la double raison et de mes affaires et de vouloir passer avec vous le temps qu'il me faut pour finir mes paiements. Il restera encore quelque chose dans la balance de l'amitié, surtout à des dames qui ne quittent point Paris, et qui regarderont ce voyage comme celui d'outremer[37]. Pour moi, vous savez comme je me le suis reproché, et comme je le souhaite[38]. Si vous envisagez des lettres d'État, en cas d'appointement[39], et que

35. Le jeune de Rochebonne ; voyez la lettre 1198, 1er alinéa, note 1 (IX, 124).

36. Voyez plus haut la lettre 155, note 23. — L'expression *goutte du purgatoire*, qui se lit un peu plus haut, est originale ; nous ignorons si elle se trouve ailleurs.

37. Conférez plus loin la lettre 160, note 22.

38. Voyez plus haut la lettre 149, 5e alinéa.

39. C'est-à-dire, si vous vous déterminez, dans le cas où la cause serait appointée, à demander des lettres d'État, et à venir en temps utile à Paris soutenir vous-même l'affaire, il ne sera plus

M. de Lamoignon le permette, voilà qui est fait, *ecco il punto*, et ce que je vous demande en vous embrassant mille fois de tout mon cœur. Le plaisir, la douceur et l'agrément que je me figure d'être avec vous me fait peur, et j'en chasse la pensée ; car il me semble qu'il n'est pas permis d'être si bien en ce monde.

Si vous avez M. de Molac[40], n'oubliez pas de lui faire danser les passe-pieds : c'est une merveille !

Vous voyez qu'on ne sauroit trop amasser de graisse, et que le pauvre Grignan[41] a bientôt fondu sa pauvre provision, que vous me mandiez que vous lui aviez amassée du mieux que vous aviez pu. Conservez la vôtre, ma chère bonne ; mais vous dormez mal, j'en suis assurée.

Ma belle-fille est ravie de votre souvenir ; elle le veut toujours lire : nous ne savons ce que c'est que l'ennui.

question pour moi du voyage de Provence, j'irai vous joindre à Paris. Voyez et conférez la note 5 ci-dessus.

40. Mme de Sévigné entendait parler évidemment du fils du marquis de Molac, du *petit Molac;* voyez plus haut les notes 34 et 35 de la lettre 151.

41. Le comte de Grignan.

1690

159. — DE MADAME DE SÉVIGNÉ
A MADAME DE GRIGNAN[1].

Aux Rochers, ce 16e août.

Je vous gronde, ma bonne, de vous amuser à m'écrire : *Quand vous avez votre cher enfant vous n'êtes point en train d'écrire ?* vraiment je le crois bien : eh! le moyen d'avoir ce petit colonel, et s'amuser à éplucher des écrevisses de Bretagne[2], et répondre à des riens, et à des bagatelles qui ne sont bonnes que quand on n'a point de *petit matou* à gouverner? Ma bonne, vous me parlez fort bien de son esprit : il est certain qu'il en a, mais il est, comme vous dites, dans le fond de sa tête; car vous savez que dès qu'on y heurte on trouve à qui parler, et que nous avons toujours trouvé qu'on nous répondoit fort bien. Dieu sait si cet esprit est augmenté par le monde, à l'usage qu'il a été obligé d'en faire ! Il est vrai que quelquefois il avoit un silence plein de distractions,

Lettre 159 (lettre inédite). — 1. Cette lettre, entièrement inédite, se trouve dans notre manuscrit, tome III, pages 291 et suivantes. L'inscription, comme de coutume, se tait sur l'année ; mais le contenu de la lettre supplée à ce silence et ne laisse aucun doute sur l'époque où elle a été écrite : sa place était d'ailleurs vide dans la correspondance imprimée. Cette lettre contient des détails de famille intéressants et des allusions aux événements du jour. On y rencontre des mots charmants et des expressions heureuses, comme dans les plus belles lettres de Mme de Sévigné: « Aimez-moi donc toujours et me souhaitez; car c'est cela qui donne des ailes ! » — « Je crois rêver, quand je pense que je vous embrasserai dans un moment en chair et en âme. »

2. C'est-à-dire, s'amuser à discourir sur les petites affaires de Bretagne.

qui me mettoit au désespoir ; il sembloit qu'il fût à dix lieues de la compagnie : ce défaut est aussi fâcheux, que la présence d'esprit est aimable et jolie. C'est de quoi je crois Pauline toute pleine, avec son imagination toujours vive, et toujours sur le pas de la porte à dire : « Que voulez-vous ? de quoi est-il question ? » Enfin, ma bonne, puisque le Marquis n'a plus cet éloignement, comptez qu'il est fort aimable, et qu'il ne lui manque rien. Il vous a donc dit son dernier mot, pour ce qu'il voudroit avoir donné pour avoir été à la bataille de Fleurus[3] ? Ma bonne, je le prie de retrancher toutes ces dépenses inutiles, et de garder tous ses pauvres membres, et tous ses chevaux de selle ; qu'il modère son impatience : il y en aura encore assez pour lui et pour moi. J'avoue ma foiblesse ; puisqu'il le peut en tout bien tout honneur, je suis ravie qu'il passe doucement cette campagne. Ce n'est pas sa faute ; pourquoi le fait-on voyager à l'autre bout du monde, pendant que M. de Boufflers est joint à M. de Luxembourg[4] ? Je suis persuadée que si M. Catinat avoit occasion de faire valoir le Marquis, il le feroit avec une grande joie : Dieu sait bien ce qu'il veut faire de tout cela.

Je crois que vous n'aurez pas manqué de recom-

---

3. Voyez plus haut la lettre 156, note 15.

4. Le jeune marquis de Grignan servait, peu de temps avant la bataille de Fleurus, dans l'armée de la Moselle, commandée par le marquis de Boufflers. Ce dernier reçut ordre d'envoyer un détachement de ses troupes au maréchal de Luxembourg qui commandait l'armée de Flandre, et ce détachement contribua puissamment au gain de la bataille. Le régiment du marquis de Grignan, au grand regret de ce dernier, ne fit pas partie du détachement et fut envoyé peu de temps après à l'armée de Piémont, commandée par Catinat ; voyez et conférez la lettre 1286, du 12 juillet précédent, 1er alinéa et note 3 (IX, 536), la lettre 1287, note 1 (IX, 544), et la lettre 1293 (IX, 557 et 558).

mander à votre enfant un certain bon esprit de conduite et d'économie, si nécessaire, et dont la privation fait tant de maux. Il a fait des merveilles à Dijon, à l'égard du bon Berbisey[5]; voilà de quoi je ne le croyois pas capable : je ne savois pas même qu'il sût que vous ménagez ce bon président. Il alla le chercher ; il ne le trouva point : le président, transporté, recourut le chercher lui-même. Le Marquis soupoit chez un de ses capitaines ; il alla voir le président après souper ; ils causèrent ensemble jusqu'à minuit. Il m'en écrit une grande lettre, tout charmé : je vous l'enverrois, sans que je suis persuadée qu'il vous en écrit une toute pareille. Ainsi, ma bonne, me voilà dans l'admiration de la politesse de notre enfant : j'espère que vous me parlerez un peu de sa conduite, et de ses petites affaires.

Je suis fort aise que M. de Grignan quitte sa guerre pour revenir dans son château ; elle n'a que trop duré, et cette dépense traîtresse vous a fait un grand dérangement. J'espère que le Roi y fera attention, et vous fera la même justice, ou la même grâce, qu'il vous a déjà faite en pareille occasion[6].

Pour moi, ma chère bonne, je songe tout doucement à mon grand voyage : j'ai déjà fait entendre à mes

5. Jean de Berbisey ou Berbisy, président au parlement de Bourgogne. Le nom est écrit ici *Berbisey* dans le manuscrit ; nous l'avons rencontré ailleurs écrit *Berbisy* ; voyez plus haut la note 20 de la lettre 89.

6. Mme de Sévigné faisait sans doute allusion à la gratification de douze mille francs accordée par le Roi au comte de Grignan, quelques années auparavant, pour le récompenser de la vigilance qu'il avait mise à prévenir et empêcher une descente que les Génois et les Espagnols avaient projetée sur les côtes de Provence, et pour l'indemniser des grandes dépenses qu'il avait faites à cette occasion ; voyez la lettre 942, du 26 novembre 1684, 1er alinéa et note 3 (VII, 319 et 320), et le *Journal de Dangeau*, au 1er décembre 1684.

amies l'impossibilité de retourner à Paris ; il sera question de leur faire avaler le trajet. La circonstance de l'abbé Charrier, à Moulins, me fait une grande consolation, et m'adoucit extrêmement cette longueur, et cette triste voiture. Enfin, ma bonne, vous le prierez de ne me pas manquer; il me l'a bien promis, et cela étant, le courage ne me manquera pas. J'espère que Dieu conservera aussi ma santé. Je finis à loisir quelques affaires.

Mon fils sera ici demain. Nous aurons, le mois qui vient, M. de Pommereuil, Monsieur le Premier Président, et d'autres encore, et cette bonne Marbeuf, qui se pendra après cela. Je me déroberai doucement ; il n'y paroîtra pas, quoique M. et Mme de Sévigné disent tout ce qui se peut dire pour me marquer leur douleur et la crainte qu'ils ont de me perdre ; et, en vérité, je leur donne si peu d'ennui et de chagrin, que je crois ce qu'ils me disent : n'en écrivez toujours rien à Paris. Ma chère bonne, je crois rêver, quand je pense que je vous embrasserai dans un moment en chair et en âme ; car n'est-ce pas un moment que la Toussaint? Je voudrois bien la passer à Lyon : voilà où je vise [7].

J'attends bientôt des nouvelles du gain de votre procès ; je le saurai plus tôt que vous.

J'avois fait des merveilles en Irlande ; mais à force d'approfondir, et de vouloir savoir la vérité de la mort du prince d'Orange, et des nouvelles de nos troupes, il se trouve que ce prince se porte fort bien, et que M. de Lauzun revient [8].

---

7. Mme de Sévigné avança son départ de quelques jours, et ce n'est pas à Lyon, mais à Grignan même, où elle arriva le 24 ou le 25 octobre, qu'elle passa la Toussaint ; voyez plus loin la lettre 163, note 12.

8. Peu de temps après le retour du roi Jacques II en France,

Mme de la Troche est à Versailles, pour une affaire ; elle y retrouve toutes ses anciennes amies ; elle s'y divertit parfaitement bien, et me conte cent bagatelles ; mais il n'y a pas moyen de les redire. M. de Seignelai me paroît fort mal, de la manière dont on m'en parle[9]. Une dame affecte de rire à l'excès, et cela lui sied très-mal.

Adieu, bonne ; adieu, chère : aimez-moi donc toujours, et me souhaitez ; car c'est cela qui donne des ailes ! Je fais mille amitiés à toute votre bonne compagnie ; je n'en excepte pas même M. de Grignan, s'il y est. Dieu vous donne sa grâce, et conserve votre santé : hélas ! qu'est-ce que [la gloire][10] et toute la fortune du monde, sans la santé ? je la mets immédiatement après la grâce de Dieu.

après la bataille de la Boyne (voyez la lettre précédente, note 26), le bruit s'était répandu, en effet, que le prince d'Orange avait trouvé la mort dans cette bataille, où ses troupes avaient été victorieuses. Cette nouvelle avait été apportée par un valet de chambre du roi fugitif, parti d'Irlande peu de temps après son maître, et quelques circonstances pouvaient y faire croire, car deux boulets avaient légèrement effleuré le prince. Tout le monde ajouta foi au récit, et la joie fut très-grande à Paris et dans toute la France, où la nouvelle se répandit avec une prodigieuse rapidité ; on illumina dans la capitale et en divers lieux ; mais, *à force d'approfondir*, comme dit Mme de Sévigné, *il se trouva que le prince se portoit fort bien*, et que les troupes françaises envoyées au secours du monarque exilé, sous le commandement de Lauzun, revenaient ; voyez la lettre 1295, à Bussy, du 13 août précédent, second alinéa et note 1 (IX, 561).

9. Jean-Baptiste Colbert, marquis de Seignelai, ministre et secrétaire d'État, fils aîné de Colbert, était en effet alors atteint de la grave maladie dont il mourut le 3 novembre suivant, à l'âge de trente-neuf ans ; voyez la lettre 1305, note 1 (IX, 582).

10. Les mots *la gloire* ne sont mis que par conjecture ; le manuscrit présente en cet endroit un laissé-en-blanc d'une étendue à peu près égale à la place que ces mots occupent.

160. — DE MADAME DE SÉVIGNÉ ET DE CHARLES
DE SÉVIGNÉ A MADAME DE GRIGNAN [1].

1690

Aux Rochers, dimanche 27⁰ août.

DE MADAME DE SÉVIGNÉ.

*Vous avez gagné votre procès, ma chère bonne,

LETTRE 160 (lettre entière, en partie restituée, en partie inédite).
— 1. Cette grande et belle lettre, dont les anciens éditeurs n'avaient rien fait connaître, se trouve dans notre manuscrit, tome II, pages 421 et suivantes. Le Grosbois en renferme deux extraits étendus, qui forment le commencement et la fin de la lettre. Ils ont été publiés pour la première fois, en 1827, par M. Monmerqué (*Lettres inédites*, numéro 17, pages 46 et suivantes), et ont été insérés par les derniers éditeurs dans la correspondance générale sous le numéro 1298 (IX, 566). Les parties inédites de la lettre, qui en forment un peu plus du tiers, auraient pu aisément, sans grand préjudice pour elles, être données séparément, et nous avions eu d'abord la pensée de les donner ainsi. Mais les parties publiées, au contraire, ne sont pas sans avoir éprouvé quelque dommage du retranchement de la portion de la lettre qui se trouvait entre elles et qui servait à les relier. Par suite de cette suppression elles manquent visiblement d'unité, et le défaut de liaison qui en résulte est tel qu'il pouvait déjà faire soupçonner la lacune. Les deux fragments, dans le texte imprimé, se trouvent cependant soudés l'un à l'autre, mais d'une manière assez étrange. La phrase qui forme le point de soudure est le résultat d'une méprise. Elle se compose en réalité de la dernière phrase du premier fragment et de la première du second, que séparent dans la lettre originale quatre pages entières, mais que rien ne distingue et ne sépare dans le Grosbois, où les deux fragments, par suite d'une habitude déplorable du copiste (voyez l'*Introduction*, page 12), sont transcrits de suite, sans aucun signe qui marque le passage de l'un à l'autre. On sera peu étonné, d'après cela, si cette phrase est obscure et peu correcte (voyez plus bas les notes 21 et 34). D'un autre côté, les parties imprimées de la lettre, qui offrent un grand intérêt, sont défectueuses en plusieurs endroits, par suite de l'incurie et

mais gagné tout d'une voix, avec tout l'agrément imaginable, M. Talon ayant conclu pour vous avec beaucoup de droiture et d'honnêteté, disant que la cour devoit avoir pitié de M. d'Aiguebonne, qui étoit un très-bon gentilhomme qu'il falloit tirer des mains de ces[2] gens d'affaires, qu'il y avoit de la justice et de la conscience, et que, par cette raison, il le déboutoit de sa requête civile. Enfin, on ne peut pas rompre le cou[3] à un homme plus agréablement. Corbinelli me le mande fort plaisamment : je crois qu'il étoit à l'audience. M. Croiset le surpassa[4] en éloquence en donnant votre

de la négligence du copiste, dont notre manuscrit permet de réparer les fautes (voyez plus bas les notes 11, 12, 42, 46). Enfin, en un point important de la lettre, dans une partie déjà publiée, le texte se trouve altéré d'une façon grave, non-seulement dans le Grosbois, mais même dans notre ancienne copie; et cette altération, sur la nature de laquelle des doutes peuvent s'élever, a donné lieu à une restitution qu'on trouve déjà dans le texte de 1827 et que les derniers éditeurs ont conservée, mais qui ne nous a pas paru exacte, et que nous avons cru devoir remplacer par une autre, que le lecteur aura à apprécier (voyez ci-dessous la note 16). Toutes ces considérations nous ont déterminé à donner la lettre en entier.

2. Il y a *ces* dans les deux manuscrits; MM. Monmerqué et Regnier ont cru devoir substituer le pronom possessif au pronom démonstratif, ils ont imprimé *ses;* mais la correction n'étant pas indispensable, nous avons maintenu la leçon des manuscrits.

3. Emmanuel de Coulanges, dans ses *Mémoires* (Paris, Blaise, 1820, in-8°, page 112), dit que l'expression *rompre le cou à quelqu'un* était un terme de conclave ; mais cette expression était déjà admise dans le langage ordinaire ; voyez le *Dictionnaire de Furetière*, édition de 1690, v° Cou, et conférez la note 1 des fragments imprimés (IX, 566).

4. C'est-à-dire surpassa M. Talon. Dans le texte de 1827 on a imprimé : « se surpassa »; mais les derniers éditeurs ont rétabli la leçon donnée par leur manuscrit, qui est confirmée par notre ancienne copie ; conférez la note 3 des fragments imprimés (IX, 566). — Sur M. Croiset, voyez plus haut la note 11 de la lettre 148.

arrêt, et il passa tout d'une voix. [M. d'Aiguebonne est battu] et condamné à payer l'amende⁵. Savez-vous bien ce que c'est, ma bonne⁶, que de payer l'amende? C'est un affront, c'est une manière d'amende honorable; il n'y a au delà que le fouet et la fleur de lis⁷. Oui, il paiera l'amende au Roi, *cent écus*, et *cinquante* à son lieutenant général, M. le comte de Grignan. Ma bonne⁸, cela est à souhait : vous savez tout cela mieux que moi; mais j'en veux parler. Monsieur de Carcassonne et Rochon étoient occupés à retirer l'arrêt et remercier. C'est moi qui leur ai écrit ; mais M. de Lamoignon a pris le soin⁹ : je lui fais, ce me semble, une bonne ré-

---

5. « Et il passa tout d'une voix. M. d'Aiguebonne est condamné à payer l'amende. » (*Édition de* 1827.) — « Et il passa tout d'une voix ; et [M. d'Aiguebonne est] condamné à payer l'amende. » (*Édition des Grands écrivains de la France.*) Les deux manuscrits donnent un texte où quelques mots paraissent omis; ils portent tous deux: « et il passa tout d'une voix et condamné à payer l'amende. » On pourrait peut-être conserver ce texte sans y rien changer, en l'imprimant ainsi : « M. Croiset le surpassa en éloquence en donnant votre arrêt, et il passa tout d'une voix; et condamné à payer l'amende ! Savez-vous bien, etc. » Cette forme elliptique ne s'éloigne pas trop des habitudes de l'auteur.

6. Ces mots, ici et déjà plus haut, au début de la lettre, et de nouveau plus loin, en plusieurs endroits, ont été supprimés, comme d'habitude, par le copiste du Grosbois et ne figurent pas par suite dans le texte imprimé.

7. Tout le monde sait qu'on marquait autrefois les galériens d'une fleur de lis à l'épaule au moyen d'un fer rouge ; voyez le *Dictionnaire de Richelet*, v° Fleur de lis.

8. L'omission des mots *ma bonne* par le copiste (voyez la note 6 ci-dessus) avait obligé les premiers éditeurs à rattacher cette phrase à la précédente.

9. Mme de Sévigné avait été instruite du gain du procès par Corbinelli, comme elle nous l'apprend elle-même quelques lignes plus haut; elle a voulu dire ici que l'évêque de Carcassonne et Rochon ne lui avaient pas encore écrit, et que c'était elle qui avait dû prendre les devants avec eux; mais que M. de Lamoignon, au contraire, avait eu le soin de lui écrire le premier.

ponse[10]. M. Piques[11], mon Dieu, le bon homme ! vous lui aurez écrit aussi bien que moi. Mme de Lavardin, Mme de la Fayette, tout cela vous aura écrit, et Mme de Vins, en attendant le reste ; car ce n'est point du tout un secret dans le monde que l'intérêt que je prends à cette affaire.

Voilà donc qui est fait, et parfait. Monsieur de Carcassonne est victorieux[12] ; il est immédiatement après M. de Luxembourg et M. Catinat ; car l'amende est autant, dans cette manière de combattre, que de prendre le canon, le bagage, les étendards, et de coucher sur le champ de bataille. Tout le monde loue les soins de ce prélat ; malheur à qui ne l'approuveroit pas ! En

---

10. La lettre de Mme de Sévigné à M. de Lamoignon s'est conservée, et l'inscription qu'elle porte prouve qu'elle fut écrite en effet le même jour que la nôtre ; elle a été publiée pour la première fois en 1818 par M. Monmerqué, qui l'a insérée dans la correspondance générale (*Lettres de Mme de Sévigné*, Paris, Blaise, 1818, tome IX, page 404) : c'est la lettre 1297 de l'édition des *Grands écrivains de la France* (IX, 564).

11. Le nom est mal écrit dans le Grosbois, et les premiers éditeurs lui ont donné, sur la foi de leur copie, une orthographe qui ne permettait pas de reconnaître de quelle personne il s'agissait ; voyez plus haut la note 10 de la lettre 149. — Quelques mots plus loin, les deux manuscrits portent, comme nous l'imprimons : « vous lui *aurez* écrit », et non, comme l'ont imprimé M. Monmerqué et les derniers éditeurs : « vous lui avez écrit ».

12. Le copiste du Grosbois, trompé sans doute, comme il lui arrivait assez souvent, par le retour du même mot dans le texte de la lettre (*est, il est*), avait gâté ce passage par une répétition inutile, qui ne se trouve nullement dans notre manuscrit, et qui ne se trouvait pas non plus certainement dans l'original ; il a mis, et les derniers éditeurs ont dû imprimer, d'après lui : « Monsieur de Carcassonne est victorieux ; *il est victorieux*, il est immédiatement après M. de Luxembourg et M. Catinat. » M. Monmerqué s'était, à ce qu'il semble, douté de la faute, car pour atténuer le mauvais effet qu'elle produit, il avait fait disparaître du texte une partie des mots répétés ; l'édition de 1827 porte en effet : « Monsieur de Carcassonne est victorieux ; il est victorieux immédiatement après M. de Luxembourg, etc. »

vérité, je ne savois pas qu'il en sût tant, et je pense qu'il ne le savoit pas non plus.

Voilà, ma chère, une grande action, en même temps, de M. de Catinat[13]. Vous êtes dans son voisinage ; c'est votre guerre, dont vous [vous] êtes mieux tirée que moi d'Irlande[14] ; mais, ma chère, je vous assure que je n'ai pas pu mieux faire. Ces Irlandois sont d'étranges gens ; on ne s'y fie point : ce sont des traîtres. Tout ce que j'ai pu faire, c'est de sauver le Roi : M. de Lauzun et la plus grande partie de nos troupes ne m'en demande[15] pas davantage. Voici comme je fis

13. Allusion à la bataille de Staffarde, gagnée le 18 août par Catinat contre le duc de Savoie et le prince Eugène.

14. M. Monmerqué avait ajouté inutilement deux mots ; il avait imprimé : « que moi *de celle* d'Irlande. » Notre manuscrit ne justifie pas cette addition, que les derniers éditeurs du reste n'ont pas maintenue ; conférez la note 8 des fragments imprimés (IX, 567).

15. MM. Monmerqué et Regnier ont mis le verbe au pluriel : « ne m'en demandent pas davantage », changement qui n'était pas absolument nécessaire, et que ne justifie pas notre manuscrit, qui donne le singulier, comme le Grosbois. Nous serions plutôt porté à admettre une autre correction : nous inclinons en effet à croire que Mme de Sévigné avait mis : « Tout ce que j'ai pu faire, c'est de sauver le Roi, M. de Lauzun et la plus grande partie de nos troupes : ne m'en demandez pas davantage. » Cette leçon nous paraît infiniment plus naturelle que celle que donnent les deux manuscrits et le texte imprimé, et pour l'admettre il suffit de supposer l'omission d'une seule lettre, c'est-à-dire *demande* mis par erreur au lieu de *demandez*. Si Mme de Sévigné avait voulu exprimer ce que les copistes et le texte imprimé lui font dire, il est vraisemblable qu'elle aurait écrit : « Tout ce que j'ai pu faire, c'est de sauver le Roi : M. de Lauzun et nos troupes ne m'en demandent pas davantage. » Car pourquoi avoir mis : « *la plus grande partie* de nos troupes ? » Mme de Sévigné pouvait-elle supposer un dissentiment dans l'armée, sur le point en question ? Ces mots s'expliquent donc difficilement dans la phrase, telle que la donnent les deux manuscrits et le texte imprimé ; ils sont au contraire très-naturels et parfaitement à leur place dans la leçon que nous serions porté à admettre, car il était très-vrai qu'une partie seulement des troupes avait

tuer[16] M. de Schomberg ; le maréchal d'Estrées l'a su

été sauvée, et que c'était heureusement la plus grande partie. Si vraisemblable que soit la correction, nous avons pensé cependant qu'il convenait de la réserver, et nous ne nous sommes pas cru autorisé à l'introduire immédiatement dans le texte, auquel il est toujours si téméraire de toucher. Nous avons été moins hésitant pour une autre correction, qui offre peut-être plus d'intérêt encore, et dont il est question dans la note suivante.

16. Le mot *tuer* est mis par conjecture. Les deux manuscrits portent, et très-nettement l'un et l'autre : « Voici comme je fis hier M. de Schomberg. » M. Monmerqué avait cru pouvoir restituer le texte, évidemment altéré, en ajoutant un mot, et il avait mis : « Voici comme je fis hier *pour* M. de Schomberg. » Les derniers éditeurs ont adopté et reproduit cette correction. Si ingénieuse et si simple qu'elle soit, cette restitution cependant ne nous paraît pas vraisemblable, et nous n'avons pas cru devoir la conserver. Indépendamment d'autres objections, le mot *hier*, appliqué à un événement qui s'était passé quarante-sept jours auparavant (la bataille de la Boyne, où M. de Schomberg fut tué, avait été livrée le 10 juillet précédent), est une expression si peu naturelle, qu'il nous est impossible de croire que Mme de Sévigné l'ait réellement employée, et qu'elle ait écrit ce que porte le texte imprimé. Le texte des manuscrits est certainement défectueux ; mais la faute ne consiste pas, comme on l'a supposé, dans l'omission d'un mot, ou de plusieurs ; elle consiste, — ce qu'on ne doit pas avoir plus de peine à admettre, — à avoir altéré un mot mal lu, à avoir écrit *hier* au lieu de *tuer*, qui se trouvait, nous en avons la ferme conviction, dans l'original. Mme de Sévigné avait en effet dû écrire : « Voici comme je fis tuer M. de Schomberg. » Ces mots, qui peuvent tout d'abord causer quelque surprise, sont parfaitement d'accord, non-seulement avec d'autres passages analogues de la correspondance, qui en font comprendre le vrai sens, mais avec ce qui se lit un peu plus loin dans notre passage lui-même, où se trouvent ces mots, qui semblent devoir dissiper tous les doutes, car ils rappellent et reproduisent l'idée exprimée au début : « Pour le prince d'Orange, *il n'a pas été à mon pouvoir de rendre sa blessure mortelle.* » On n'a pas du reste grand effort à faire, quand on a eu sous les yeux des lettres autographes de Mme de Sévigné, pour comprendre comment le copiste a pu aisément prendre un des deux mots pour l'autre, et lire *hier* quand Mme de Sévigné avait écrit *tuer* : les deux mots en effet se terminent par les mêmes lettres et se composent d'un même nombre de traits, et les traits sont presque complétement semblables.

d'original. Un chevalier Take[17], officier des gardes du roi d'Angleterre, se mit en fantaisie d'aller tuer romanesquement un homme de grande apparence, qu'il voyoit passer la rivière : il y alla en effet, et si brusquement, que M. de Schomberg, — car c'étoit lui, — fut surpris ; il lui donna deux coups de sabre sur la tête, un coup de pistolet dans la gorge, et s'en revint à toute bride, disant : « Je viens de mettre en mauvais état un cordon bleu. » En même temps ce chevalier de Take, après avoir tué M. de Schomberg, fut tué lui-même. Voilà la fin tragique de ce héros, mal secouru des siens, et abandonné à sa malheureuse destinée. Pour le prince d'Orange, il n'a pas été à mon pouvoir[18] de rendre sa blessure mortelle[19]. Mais revenons à M. de Catinat : la belle action ! j'en écris à Croisilles[20]. Vous voyez bien, ma chère bonne, que le ciel conserve votre fils ; il ne veut pas qu'il soit en péril cette année : consentez à cette douceur, et jouissez-en*[21].

17. Dans notre manuscrit, comme dans le Grosbois, — qui reproduit toujours fidèlement, on le voit, les fautes qui se trouvaient dans son modèle (voyez l'*Introduction*, page 12 et pages 33 et suivantes), — on lit : « Un chevalier *tué*. » Il est tout à fait vraisemblable, comme l'ont pensé les derniers éditeurs, que Mme de Sévigné avait écrit : « Un chevalier *Tac*, etc. » M. de Schomberg fut tué en effet, d'après les récits du temps, par un officier anglais, sir *Charles Take*, et c'est évidemment le nom de cet officier, mal orthographié sans doute par Mme de Sévigné, que le copiste a complétement défiguré. Voyez la *Vie de Jacques II*, par Clarke, Paris, 1819, tome IV, page 179; et conférez d'ailleurs la note 9 des fragments imprimés (IX, 568).

18. « En mon pouvoir. » (*Édition de* 1827.) Le Grosbois porte, comme notre manuscrit : « à mon pouvoir »; conférez la note 10 des fragments imprimés (IX, 568).

19. Voyez la note 8 de la lettre 159 ci-dessus.

20. Guillaume Catinat, seigneur de Croisilles, frère du maréchal Catinat ; voyez la note 6 de la lettre 1069 (VIII, 198 et 199).

21. Ici s'arrête le premier extrait publié d'après le Grosbois. Par

Parlons maintenant de ce voyage d'outre-mer[22], qui vous fait tant de peur, et où j'étois toute accoutumée[23]. Je m'en vais vous répondre comme une chère bonne[24], qui vous aime parfaitement, qui est persuadée de votre amitié, et qui n'est point du tout chagrine, ni de méchante humeur, ni de travers. Je veux vous redresser sur la pensée que vous avez que l'air d'ici est mauvais : il ne l'est pas, je me porte en toute perfection; j'y mène une vie fort douce et fort réglée : vous connoissez au moins la moitié de la compagnie. Il faut donc, ma bonne, vous ôter la crainte que j'y puisse être malade, plutôt qu'ailleurs. Vous voulez que j'aille à Paris, et que j'emprunte de çà et de là, et à l'abbé Charrier; voilà, ma chère bonne, ce que je ne veux point faire du tout, et je vous conjure de ne lui en pas dire un mot. Je sais ses affaires : sa mère tient tout son bien; son abbaye[25] est dépérie, comme les autres biens; il est chargé d'une pension à l'abbé de Montmorency-Fosseuse[26] : le pauvre homme a bien de la peine à se soutenir; sa bonne volonté va plus loin que sa puis-

---

suite d'une méprise suffisamment expliquée plus haut (voyez la note 1 ci-dessus), la phrase qui le termine se trouve réunie, dans le texte imprimé, à celle qui forme le début du second extrait (voyez plus bas la note 34).

22. Le voyage en Provence, depuis longtemps projeté, que Mme de Sévigné avait déjà qualifié de *voyage d'outre-mer* dans une lettre précédente; voyez plus haut la lettre 158, note 37.

23. Conférez le 4ᵉ alinéa de la lettre précédente.

24. On a vu, par un passage d'une lettre précédente (voyez plus haut, lettre 149, note 3), que l'expression *chère bonne* était employée par Mme de Grignan, quand elle écrivait à sa mère, aussi bien que par cette dernière, quand elle écrivait à sa fille.

25. L'abbaye de Quimperlé; voyez plus haut la note 5 de la lettre 129. L'abbé Charrier avait sans doute depuis peu perdu son père; conférez plus loin la lettre 163, note 7.

26. Ce nom ne figure point ailleurs dans la correspondance.

sance. Pour mes amies de Paris, ah! ma bonne, laissez, faites-moi le plaisir de les refuser toujours. Je ne veux point des chevaux de Mme de Chaulnes : revenir de Bretagne, après une assez longue absence, pour emprunter des chevaux et de l'argent, me paroîtroit comme une personne qui sortiroit de table et qui mourroit de faim. C'est l'idée qu'on a des gens qui viennent de leurs terres ; je ne me donnerai point cette humiliation-là, ni ce ridicule. J'ai conté mes raisons à Mme de Lavardin : elle est touchée de mon absence, et me le mande tendrement ; mais elle n'a pas le courage de me blâmer ; elle entre dans mes raisons et y fait entrer Mme de la Fayette : en un mot, cela est fait. Il est donc question de vous, ma chère bonne : je vois tout bonnement que je vous embarrasse, je le dis sans chagrin. Vous irez peut-être à Paris ; je ne voudrois pas y aller devant la fin de l'été, ni vous empêcher de faire ce voyage : ce sont quelquefois des coups de partie pour les affaires d'une maison. Quand vous n'iriez point, vous voulez aller à Marseille et à vos terres[27] ; cela est bien d'une maîtresse de maison aussi habile et aussi appliquée que vous l'êtes présentement. Vous dites que vous ne voudriez pas me quitter ; et moi je ne voudrois pas vous détourner d'un si bon dessein : voilà qui ne s'ajuste donc pas. Vous voulez que je passe l'hiver à Paris, et que, si vous n'y venez point, je regraisse mes bottes, dès le mois de mai, pour vous aller voir en Provence. J'avoue que mon cœur le voudroit, mais ma raison et la sagesse ne le voudront pas : revenir d'un si grand voyage[28], et en re-

27. Conférez la lettre suivante, note 2.
28. Le voyage en Bretagne, grand par la longueur du séjour que Mme de Sévigné avait fait aux Rochers ; *revenir d'un si grand voyage* signifie en effet ici : *revenir après une si longue absence.*

commencer un plus grand, c'est ce que nos sages amies trouveroient un peu ridicule ; ce seroit être la demoiselle de Danemark, et j'aimerois mieux être Cérès, qui, ayant deux enfants au lieu d'un, partageroit son temps entre les deux, et y passeroit agréablement les jours qu'elle auroit destinés à faire sa récolte[29]. Voilà comme cela s'étoit rangé dans mon imagination. Vous ne pouvez vous rassurer sur la longueur du trajet? cela ne s'emmanche pas comme nous l'avions pensé ? eh bien! ma chère bonne, laissez-moi ici, où je suis fort bien, et je vous réponds que si vous allez à Paris, j'irai vous y trouver. Mais je ne vous y attendrai pas ; car en votre considération je ferai des choses que je n'ai voulu faire pour nulle autre raison. Ce n'est point un dérangement que six mois puissent raccommoder ; ce que j'ai fait est une destination de mes terres jusqu'après la Saint-Jean[30], soit pour payer mes dettes de Paris, soit pour payer ces lods et ventes[31]. Tout cela sera fait au mois d'août[32], c'est-à-dire je recommencerai à recevoir mes revenus. Me remettre à emprunter me rejette dans l'embarras pour le reste de ma vie ; que j'aie patience, je me retrouve dans le courant d'un plus petit revenu, mais enfin il sera à moi, et toute autre conduite me jette dans le chagrin de ne jamais finir.

29. Le manuscrit porte : « qui ayant deux enfants au lieu d'un, partageroit son *temps* entre les deux, et y passeroit agréablement le *temps* qu'elle avoit destiné, etc. » Nous avons cru, pour faire disparaître une répétition évidemment laissée par mégarde et d'un effet très-fâcheux, devoir remplacer, dans le second membre de phrase, les mots *le temps* par les mots *les jours*, qui ont absolument le même sens.

30. C'est-à-dire jusqu'après la Saint-Jean (le 24 juin) de 1691.

31. Voyez plus haut la lettre 136, fin du 4º alinéa, la lettre 147, note 20, et la lettre 148, note 10, et sur le sens de ces expressions, voyez, tome I, pages 410 et 411, la note 7 de la lettre 52.

32. Au mois d'août 1691.

Voilà, ma bonne, sur quoi je vous parle sincèrement ; et cependant je vous promets de vous tenir parole : si vous allez à Paris, je vous assure que j'irai. J'avois imaginé ce voyage pour être plus longtemps avec vous, espérant de joindre Paris à la Provence, même avec vous[33] ; et cette vue gagnoit bien du pays ! *Voilà[34], ma chère bonne, tout ce que je vous puis dire ; ce ne seroit que recommencer. En trois mots : je ne veux point emprunter ; je n'irai point à Grignan, parce que je vois clairement que je vous serois une entrave, point à Paris sans vous avant le mois d'août ou de septembre[35] ; et si vous y allez, je vous promets d'y aller, et ferai l'impossible pour vous seule ; et je n'irai point passer à Paris cinq mois pour remonter à cheval pour un autre voyage : il y a des temps dans la vie où il ne faut plus se donner de ces grands et fréquents mouvements. Voyez, ma chère bonne, si vous ne trouvez pas mon raisonnement dans la justice et dans la raison, et mandez-le à l'abbé Charrier, qui avoit déjà graissé ses bottes pour venir me prendre à Montélimart.

33. Voyez plus haut la lettre 149, notes 23 et 24.
34. Ici commence le second extrait publié d'après le Grosbois. La phrase qui en forme le début est réunie, dans le texte imprimé, à celle qui termine le premier extrait ; voyez plus haut les notes 1 et 21, et comparez le texte imprimé, où les deux phrases réunies forment le 6ᵉ alinéa (IX, 568).
35. Mme de Sévigné, ici comme plus haut (voyez ci-dessus, note 32), entendait parler de l'année suivante, de l'année 1691, son intention étant de passer en Bretagne le prochain hiver, si sa fille ne venait pas à Paris. Les derniers éditeurs, qui n'avaient pas sous les yeux la lettre entière, ont cru que Mme de Sévigné voulait parler de l'année 1690, ce qui leur a fait concevoir des doutes mal fondés sur l'exactitude de la date donnée par l'inscription ; conférez la note 13 des fragments imprimés (IX, 569).

DE CHARLES DE SÉVIGNÉ.

1690

Ah! je suis ravi d'avoir l'imagination rassurée; j'étois toujours dans la crainte que, quand je pensois ou que j'écrivois à M. le comte de Grignan, M. Gui[36] ne fît tant par ses tournées[37], que mes pensées et mes lettres ne s'adressassent à M. d'Aiguebonne; mais, Dieu merci! voilà, dit-on, qui est décidé, et François de Castellane demeure Adhémar et comte de Grignan. On m'assure que cet arrêt est juste, et je le veux bien croire, malgré le beau factum que j'ai fait une fois[38] en ma vie contre Gaspard de Castellane[39], et contre

36. Homme d'affaires de M. d'Aiguebonne.
37. Notre manuscrit porte très-nettement *tournées*, qui se trouve aussi, mais assez mal écrit d'ailleurs, dans le Grosbois. C'est à tort que M. Monmerqué et les derniers éditeurs ont remplacé ce mot, dont le sens est très-clair, par celui de *journées*, qui est obscur, et dont on n'a pu que très-difficilement justifier l'emploi. Voyez, dans le recueil de 1827, la note 1 de la page 50, et conférez la note 15 des fragments imprimés (IX, 569).
38. Les mots: «une fois», omis par le copiste du Grosbois, ne se trouvent pas dans le texte imprimé.
39. Une note de M. Monmerqué, reproduite par les derniers éditeurs (voyez la note 16 des fragments imprimés, IX, 569 et 570), pourrait porter à croire qu'il s'agissait ici de Gaspard de Castellane, marié en 1498 à Blanche Adhémar de Grignan. Mais les mots qui suivent, «et contre Louis, son fils», prouvent que Charles de Sévigné entendait parler, non du mari, mais du fils de Blanche, qui porta comme son père le nom de Gaspard (voyez plus haut les notes 10 et 11 de la lettre 158). Gaspard de Castellane, second du nom, dont il est ici question, eut en effet de son premier mariage deux fils, dont l'aîné, nommé Louis, hérita du comté de Grignan, qu'il transmit à son fils aîné, Louis-François, lequel le transmit à son tour à l'aîné de ses fils, Louis-Gaucher, père du gendre de Mme de Sévigné. Nous ignorons du reste complétement de quel *factum* Charles de Sévigné entendait parler dans ce passage.

Louis, son fils. Mais, ma petite sœur, est-il bien sûr qu'il n'y ait plus de ressource pour M. Gui? l'esprit humain est-il à bout ? n'y a-t-il point quelque substitution précédente à aller déterrer, quelque nouveau tribunal où aller plaider? La cour des Aides ou la chambre des Comptes n'ont point encore entendu nommer votre nom : M. d'Aiguebonne ne leur donnera-t-il point quelque connoissance de ses prétentions 40 ? Vous-même pourrez-vous vous accoutumer à jouir tranquillement de votre bien et de votre nom ? Je vous en plains,

 Car vivre sans plaider, est-ce contentement 41 ?

et vous voilà sans procès, à moins que, ne trouvant pas la peine de l'amende assez considérable, vous ne plaidiez de nouveau pour la faire convertir en celle des galères. C'est pourtant un bon gentilhomme que M. d'Aiguebonne; je suis d'avis que vous le laissiez en repos.

 Adieu, *Madame la comtesse de Grignan*; j'embrasse et salue *Monsieur le comte de Grignan* 42, votre époux. S'il croit parler aussi juste que je fais présentement en m'appelant *Monsieur de Sévigné*, il pourroit bien se tromper, car il a fait depuis hier un si terrible débordement d'eau, que je crois qu'il a emporté tout ce qui reste de la terre 43 : ainsi je ne suis plus que *Monsieur*

---

40. La cour des Aides et la chambre des Comptes statuaient parfois sur les usurpations de titres; mais ce n'était qu'accidentellement, en cas de connexité; conférez la note 17 des fragments imprimés (IX, 570).

41. *Les Plaideurs*, acte I, scène vii, où il y a *mais*, au commencement du vers, au lieu de *car*.

42. Le copiste du Grosbois a sauté une ligne entière et mis simplement : « Adieu, je salue M. le Comte, etc. »

43. De la terre de Sévigné. Cette terre, propriété de Charles de Sévigné, était aux portes de Rennes; voyez la lettre 462, note 3 (IV, 202).

des Rochers. Je salue * toute votre belle et honorable compagnie. Votre belle-sœur vous fait mille compliments sur votre victoire : elle est dans la vapeur. Adieu, *ma déesse**44.

DE MADAME DE SÉVIGNÉ.

Voilà le petit compliment de votre frère ; je voudrois bien faire sérieusement les miens à M. le comte de Grignan, puisque Grignan y a, et à Monsieur le Chevalier et Mme de Rochebonne, et même aux alliés, car je suis sûre que toute la compagnie y prend bien de l'intérêt. Si Monsieur d'Arles est encore avec vous, je ne pense pas que vous vouliez l'oublier, vous qui savez si bien mes pensées, et qui me répondez à des questions que vous vous faites de ma part. Cela m'a fait45 un vrai plaisir, et si vous ne m'aviez point fermé la bouche, je vous en dirois bien davantage. Vous me soulagez bien le cœur, en m'assurant que vous vous portez bien : quel bonheur, que ce mal si violent n'ait point eu de suite ! Ma chère bonne il me fit grand peur ; vous vous êtes parfaitement bien conduite : Dieu vous conserve ! vous allez être bien accablée d'écritures ; cela me fait de la peine pour vous ; car en vérité cela tue*. Je vous baise et vous embrasse très-chèrement, ma très-aimable bonne.

44. Pauline ; voyez plus haut la lettre 152, note 35. — Des deux phrases qui précèdent, le copiste du Grosbois n'a conservé que les mots : « Je salue », que M. Monmerqué et les derniers éditeurs avaient cru devoir compléter, en mettant : « Je *vous* salue » ; conférez le texte imprimé (IX, 571).

45. Les derniers éditeurs, par mégarde, ont imprimé *me fait*, au lieu de *m'a fait*, qui se lit dans les deux manuscrits, et qui convient beaucoup mieux. M. Monmerqué avait déjà commis la faute (*Lettres inédites*, page 52). Le copiste du Grosbois a sauté la dernière phrase de l'alinéa, et elle manque par suite dans le texte imprimé.

*On[46] me mande que votre intendant est votre premier président[47]; vous aurez un fort honnête homme; n'est-il pas des amis de M. de Grignan? Que devient donc votre *Cheval marin?*

L'abbé de Polignac[48] apporte toutes sortes de bénédictions de Rome; nous reverrons peut-être bientôt ici notre bon gouverneur[49].

46. Cette phrase est défigurée et donnée comme tronquée dans le texte imprimé, où elle se lit ainsi: « On me mande que votre intendant et votre premier président.... vous avez un fort honnête homme. » Sur la restitution de ce passage, voyez l'*Introduction*, pages 165 et 166, et conférez la note 22 des fragments imprimés (IX, 571).

47. Le Bret, sieur de Flacourt, intendant de Provence depuis 1687, venait en effet d'être nommé premier président du parlement d'Aix, en remplacement d'Arnoul Marin (le *Cheval marin*), et il cumula pendant plusieurs années les fonctions d'intendant et de premier président, qu'il transmit successivement (l'intendance en 1704, la première présidence en 1710) l'une et l'autre à son fils; voyez la note 1 de la lettre 1317 (X, 9), et voyez aussi, dans les lettres de Mme de Simiane, la note 2 de la lettre 43 (XI, 86).

48. L'abbé Melchior de Polignac, auteur de l'*Anti-Lucrèce*, qui fut fait cardinal en 1713. Attaché au cardinal de Bouillon, l'abbé de Polignac avait été chargé de porter au Roi un projet d'accommodement, au sujet de la grande affaire des bulles, toujours pendante (voyez la note suivante). Ce projet était accompagné des meilleures assurances sur les bonnes dispositions de la cour de Rome, et c'est là ce que Mme de Sévigné, instruite par Coulanges, appelait des *bénédictions*. L'abbé était parti de Rome le 1ᵉʳ juillet; mais divers empêchements retardèrent son arrivée en France, et ce retard, dit-on, fut funeste à l'accommodement dont il était porteur, qui ne se fit pas; voyez les *Mémoires de Coulanges*, Blaise, 1820, in-8°, pages 208 et 209.

49. Le duc de Chaulnes, retenu encore à Rome par l'affaire des bulles d'investiture, que le pape Alexandre VIII, comme son prédécesseur, s'obstinait à refuser aux évêques qui avaient assisté à l'assemblée de 1682, où avaient été proclamées *les libertés de l'Église gallicane*. Le Saint-Siége mettait pour condition à la délivrance des bulles la rétractation des évêques, condition que la cour de France refusait d'admettre. Conférez l'avant-dernier alinéa de la lettre suivante.

Je suis fort aise que vous soyez contente de votre enfant ; c'est bon signe pour lui. Je fus aussi aise que vous du soin qu'il eut de voir M. de Berbisey[50] ; cela m'a paru d'une bonne petite tête, à qui on peut prendre confiance.

Voilà encore M. de Beauvilliers[51] gouverneur du petit d'Anjou[52] : on ne sauroit mieux choisir*.

161. — DE MADAME DE SÉVIGNÉ
A MADAME DE GRIGNAN[1].

Aux Rochers, dimanche 17e septembre.

Ma bonne, vous vous fâchez contre moi ; vous appe-

---

50. Voyez la lettre précédente, note 5.
51. Paul, duc de Beauvilliers, comte de Saint-Aignan. Le duc de Beauvilliers était déjà, depuis un an, gouverneur du duc de Bourgogne ; voyez la lettre 1208, du 21 août 1689, note 9 (IX, 170).
52. Le duc d'Anjou, second fils du Dauphin et petit-fils de Louis XIV, né le 19 décembre 1683, appelé plus tard au trône d'Espagne (en 1700), sous le nom de Philippe V.

Lettre 161 (lettre entière, presque entièrement inédite). —
1. Cette lettre se trouve dans notre manuscrit, tome V, pages 321 et suivantes. Les anciens éditeurs n'en avaient rien fait connaître, et M. Monmerqué n'en a rien publié dans son recueil de 1827. Le Grosbois cependant en renferme un extrait ; mais cet extrait, pris dans la dernière partie de la lettre, ne porte aucune inscription, et se compose de deux passages qui n'ont aucun rapport entre eux, bien qu'ils se suivent immédiatement dans la lettre. Les derniers éditeurs, à qui on en doit la publication, les ont considérés comme appartenant à deux lettres différentes et les ont insérés sous deux

lez mes lettres *chiennes* ; vous dites que j'ai pris de travers ce que vous m'avez mandé : nous traiterons cette affaire à Grignan, huit jours avant la Toussaint, s'il plaît à Dieu. Je crois que je gagnerois ce procès, comme celui de M. d'Aiguebonne, et vous pourriez être condamnée à l'amende. Vous étiez poussée par mes *aimables amies*, c'est ainsi que vous les nommez ; vous vouliez m'ôter la pensée d'aller à Grignan, afin de me faire aller à Paris ; vous y réussissiez, et vos discours avoient plus de force que vous ne pensiez : vous me faisiez envisager que vous iriez à Paris ; je vous y voulois laisser aller, avant que de vous y aller voir; à moins de cette raison je ne voulois pas en entendre parler. Vous avez une horreur de l'air de ce pays que je n'ai pas ; l'hiver passé ne m'a point incommodée ; j'eusse passé celui-ci de même. Ma première pensée avoit été de me moquer de ces voyages de Provence que vous vouliez faire[2] ; car ce seroit un grand malheur quand je demeurerois avec M. de Grignan ! Mais je fis réflexion qu'il valoit mieux vous écrire tout naïvement, comme je fis, la suite et le tour de mes pensées, et laisser juger votre procès. Je craignois comme vous, en ce temps-là, qu'il ne fût appointé[3] ; mais depuis, ma bonne, que vous êtes victorieuse, et que vous avez changé de style, ai-je balancé

---

numéros distincts dans la correspondance générale, le premier, sous le numéro 1303 (IX, 579), sans aucune inscription, le second, sous le numéro 1300 (IX, 575), précédé de l'inscription suivante : « Aux Rochers.... septembre. » Ces deux passages (voyez plus bas les notes 19 et 25), l'un et l'autre fort courts, forment à peine ensemble la sixième partie de la lettre. Cette lettre précéda de fort peu le départ de Mme de Sévigné pour la Provence, départ qui y est annoncé comme définitivement arrêté, et qui eut lieu en effet à l'époque que la lettre indique : c'est la dernière lettre écrite des Rochers par Mme de Sévigné, recueillie jusqu'à ce jour.

2. Conférez la lettre précédente, note 27.
3. Voyez plus haut la lettre 158, note 5.

un moment ? n'ai-je pas repris, avec une véritable joie, toutes mes résolutions ? n'ai-je pas récrit à l'abbé Charrier, pour renouveler toutes mes mesures ? ne sont-elles pas prises ? Il m'a envoyé la lettre que vous lui écrivez, qui est trop aimable et trop charmante ; n'ai-je pas avancé mon départ de quinze jours[4] ? et c'est un bonheur, car il a fait un temps épouvantable, qui va finir et laisser place à la beauté de l'automne. N'ai-je pas pris mon jour, le 3ᵉ d'octobre ? n'arriverai-je pas le 14 à Moulins[5] ? n'y trouverai-je pas mon abbé Charrier ? ne serai-je pas en trois jours à Lyon, qui sera comme le 19 ? ne pourrai-je pas, après un peu de repos, m'embarquer le 21ᵉ sur le Rhône, et arriver le 22 à Grignan[6] ? ne pourrai-je pas être transportée de joie de vous y embrasser ? ne pourrai-je pas embrasser aussi Monsieur le Comte, lui dire que je ne suis point provinciale, remercier Monsieur le Chevalier, — qui voudra bien m'entendre, — de ses douceurs et des improbations qu'il me donne[7] ? quoique roturière, ne voudra-t-il pas m'embrasser ? Ne pourrai-je pas honorer, révérer, et être trop heureuse de me frotter à M. de la Garde, et lui faire voir avec quelle promptitude je lui obéis, quand au sortir de la tribune[8] il m'ordonne d'aller à Grignan ? Ne dirai-je rien

---

4. Voyez la lettre 149, note 23, et la lettre 159, note 7.
5. Voyez l'avant-dernier alinéa de la lettre suivante.
6. Conférez plus loin la lettre 163, note 12.
7. Le chevalier de Grignan improuvait la témérité du long voyage projeté par Mme de Sévigné.
8. Mme de Sévigné entendait parler de la tribune de l'église Saint-Sauveur de Grignan. Cette église avait été construite près du château, par les soins de Louis-François de Grignan, fils de Gaucher (voyez la note 11 de la lettre 158), au commencement du seizième siècle, et la famille y avait une tribune réservée. Cette tribune très-élevée, à laquelle on se rendait par la terrasse du château, existe encore ; voyez la note 2 de la lettre 184 (II, 279). Il y avait à Grignan une autre église, plus ancienne, l'église de

à Pauline ? Ne regarderai-je pas Martillac, et Monsieur le Doyen, et M. Prat, et *tutti quanti ?* Enfin, ma bonne, je ne recevrai point de réponse à cette lettre; et passé le 22⁹ il n'y aura plus personne aux Rochers que vous vouliez gronder; et je n'aurai point le plaisir de vous entendre, c'est-à-dire de vous voir écrire que je n'ai point de tort, je n'aurai que celui de vous l'entendre dire. Si vous m'aviez vue faire mes marchés et de litière et de voituriers, vous ne croiriez pas que je manque de courage, ni même que je fusse dans l'année des grandes infamies¹⁰.

J'ai encore un surcroît de joie, ma bonne, c'est que Mme de la Fayette, avant même que d'avoir reçu la lettre que je leur écris, [à elle et à Mme de Lavardin], pour leur dire mes desseins, me conseille d'aller passer l'hiver dans le beau pays de Provence; Mme de Lavardin me mande la même chose : je vous envoie mes billets¹¹. Elles me paroissent instruites de mes inten-

Saint-Jean l'Évangéliste, que les anciens seigneurs de Grignan avaient fait élever, et où avait été d'abord établi le chapitre collégial dont il est souvent question dans la correspondance; mais Louis-François Adhémar obtint du pape Paul III l'autorisation de transférer le chapitre dans la nouvelle église, l'ancienne conservant d'ailleurs le titre d'église paroissiale; voyez l'*Essai historique sur les Adhémar* par l'abbé Nadal, Valence, 1858, in-8°, pages 68 et suivantes.

9. Ces mots : « passé le 22 », indiquent que Mme de Sévigné comptait passer ailleurs qu'aux Rochers, probablement à Rennes ou à Vitré, les jours qui devaient séparer la date indiquée de celle du départ projeté.

10. Voyez plus haut la lettre 156, note 5, et la lettre 158, note 34.

11. C'est-à-dire les lettres que Mme de Sévigné venait de recevoir de Mme de la Fayette et de Mme de Lavardin. Ces deux lettres ne se sont pas conservées, mais il en est fait mention d'une manière bien précise dans une lettre de Mme de la Fayette, du 20 septembre de la même année, qui figure dans la correspondance générale sous le numéro 1302 (IX, 578).

tions, et par amitié et par politesse, elles préviennent l'approbation qu'elles voient bien que je desire. Comme je ne puis douter qu'elles n'aient quelque envie de me revoir, je vous ai priée de leur écrire joliment un petit mot, pour les assurer que vous me remettrez vous-même entre leurs mains : et toujours Dieu sur le tout! mais cela fait voir nos dispositions présentes.

Voilà bien des paroles, ma bonne. Je me suis défendue mieux que la Bury[12] ne fera contre vous, quand elle se jettera aux pieds du Roi : oh! la folle! oh! la folle! il n'y a que cela à lui répondre. N'aimez-vous pas que le premier président de la cour des Aides[13], son intime, m'écrit pour se réjouir avec moi? Je lui mandai qu'il avoit raison de ne point entrer dans l'injuste prévention de son amie, et que je voyois avec plaisir que son amitié n'imposoit nulle contrainte; qu'elle avoit permis à M. Talon[14] de conclure contre elle, et à lui de se réjouir de sa juste déroute.

Je trouve les présents que vous avez faits à Nivelle et à le Roy[15] fort honnêtes ; je les avois devinés : j'ai regret au dernier. Pour Rochon, il faut qu'il achève

12. Voyez plus haut la note 6 de la lettre 149.
13. Nicolas le Camus ; voyez plus haut, dans ce recueil, tome I, page 259, la note 3 de la lettre 8. — Le manuscrit porte, comme nous l'imprimons : « N'aimez-vous pas que le premier président de la cour des Aides.... m'écrit (au lieu de m'*écrive*) pour, etc. » Conférez, sur cet emploi de l'indicatif au lieu du subjonctif, le *Lexique*, Introduction grammaticale, page xxx, où sont rapportés des exemples tout à fait semblables : « N'admirez-vous point que nous nous trouvons heureux d'avoir repassé le Rhin? » — « N'admirez-vous point que Dieu m'a ôté encore cet amusement? »
14. Conférez plus haut la lettre 149, notes 5 et 6.
15. Le premier de ces noms ne se rencontre pas ailleurs dans la correspondance ; on trouve le second, désignant vraisemblablement la même personne, dans une lettre de Coulanges à M. de Lamoignon, du 10 décembre 1690 (lettre 1310, 2ᵉ avant-dernier

l'affaire de Mme de Vibraye[16] : je doute qu'il prenne votre argent, quoiqu'il en mérite au delà de tout ce qu'on peut dire, car les services qu'il vous a rendus sont inestimables et ne se peuvent payer. M. d'Aguesseau[17] est fort habile et fort homme de bien. Nous avons peu ménagé Mme de Houssay[18], sa sœur, qui a tout pouvoir sur lui : Corbinelli est son ami. Mais ne ferez-vous point payer les dépens et l'amende, — l'amende honorable ! — à ce d'Aiguebonne ? lui sera-t-il permis de vous jeter par sa folie dans des dépenses infinies, sans que vous trouviez sur quoi vous jeter pour le faire payer ? n'a-t-il que.... qui..., pour tout bien ? ma bonne, ne le ménagez point.

On me paroît fort alarmé, à Paris, de la crainte d'une bataille en Allemagne. Si votre marquis y étoit, nous ne vivrions pas ; Dieu le met avec M. de Catinat ; il faut le vouloir par les raisons que vous savez : Dieu le conserve !

*Le[19] bruit courut à Versailles que le marquis de Pompone[20] avoit été tué en Piémont : c'étoit une méprise. Le Roi envoya le baron de Breteuil[21] à M. de

---

alinéa, IX, 603) : ils s'étaient sans doute occupés l'un et l'autre des intérêts de M. de Grignan dans l'affaire d'Aiguebonne.

16. Conférez plus haut la lettre 156, note 37.

17. Henri d'Aguesseau, conseiller d'État, père du futur chancelier.

18. Marie d'Aguesseau, épouse de Claude Housset, seigneur du Houssay, intendant des finances ; voyez la note 9 de la lettre 702 (V, 476 et 477).

19. Cet alinéa est le premier passage publié d'après le Grosbois ; il figure dans la correspondance générale sous le numéro 1303 (IX, 579) ; conférez plus haut la note 1.

20. Nicolas-Simon Arnauld, marquis de Pompone, fils aîné de l'ancien ministre ; pour plus de détails, voyez la note 2 du fragment imprimé (IX, 579).

21. Louis-Nicolas le Tonnelier de Breteuil, baron de Preuilly, lecteur ordinaire de la chambre du Roi ; voyez la note 4 du fragment imprimé (IX, 579 et 580).

Pompone à Paris, lui dire qu'il ne s'alarmât point, que son fils se portoit bien, qu'il en étoit fort aise. M. de Pompone courut à Versailles remercier Sa Majesté de ses bontés : il en reçut encore mille douceurs et mille honnêtetés, retournant sur le mérite de ces jeunes garçons[22]. Enfin on voit que le Roi a du goût et de l'inclination pour notre pauvre ami : cela fait penser..., mais non, ce sera pour un plus jeune mérite[23] ; mon Dieu! si c'étoit *Furibonne*[24]! l'eussions-nous jamais cru?

Les[25] affaires de Rome ne vont pas trop bien : on n'a point renvoyé l'abbé de Polignac[26] ; on a envoyé

22. Les deux fils de M. de Pompone qui avaient embrassé la carrière des armes, le marquis, dont il vient d'être question ci-dessus (note 20), et le chevalier, dont il a été parlé dans une précédente lettre (voyez la lettre 158, note 31). Un autre fils de M. de Pompone fut aumônier du Roi. Conférez la note 5 du fragment imprimé, où se trouve rapporté un passage des mémoires de Saint-Simon assez sévère sur le marquis de Pompone (IX, 580).

23. Il est très-vraisemblable que Mme de Sévigné songeait à la possibilité que donnerait au Roi la mort prévue de Seignelai (voyez plus haut la note 9 de la lettre 159) de faire rentrer M. de Pompone au ministère ; conférez la note 1 du fragment imprimé (IX, 579).

24. Il y a très-nettement *Furibonne* dans notre manuscrit, comme dans le Grosbois (voyez la note 6 du fragment imprimé, IX, 580) ; mais il est fort possible que *Furibonne* ne fût qu'une variante de *Figuriborum*, chiffre dont se servaient Mme de Sévigné et Mme de Grignan pour désigner le comte d'Avaux (voyez la lettre 1143, notes 10 et 11, VIII, 499).

25. Cet alinéa est le second passage publié d'après le Grosbois ; il est imprimé dans la correspondance générale avant le précédent, sous le numéro 1300 (IX, 575) ; voyez plus haut la note 1.

26. L'abbé de Polignac avait été chargé de porter au Roi le projet d'accommodement proposé par la cour de Rome au sujet de l'affaire des bulles (voyez les notes 48 et 49 de la lettre précédente). Le Roi fit examiner ce projet à la fois par des prélats et par des séculiers, et les uns et les autres l'improuvèrent. L'abbé de Polignac ne fut pas chargé de rapporter à Rome la réponse, ce qui fut considéré comme un signe du peu de disposition qu'on avait à se soumettre aux exigences du Saint-Siége.

par l'ordinaire[27] les termes que l'on a choisis, et je doute qu'on s'en contente : enfin cette affaire n'est pas finie. Vous devez avoir vu ou entendu passer le cardinal de Bouillon[28], et la duchesse[29], et le prince de Turenne[30] : je dis *prince* pour le rabaisser, au moins; j'en avertis encore Monsieur le Chevalier : *M. de Turenne* est trop pour lui. Le cardinal fut transporté de joie, et[31] s'embarqua dans le moment dans une galère du Grand-Duc, destinée pour un nonce qui alloit en Portugal[32].

27. Mme de Sévigné n'était pas parfaitement renseignée. Ce n'est pas par l'ordinaire, c'est-à-dire par la poste, que la réponse et les nouveaux articles proposés furent envoyés à Rome, et cet envoi, que Mme de Sévigné croyait déjà fait, était même encore à faire. L'envoi n'eut lieu effectivement que le 18 septembre, le lendemain du jour où Mme de Sévigné avait écrit sa lettre. Ce fut un ecclésiastique, l'abbé Varet, vicaire à Saint-Eustache, qui fut spécialement député à Rome pour porter au pape les lettres du Roi et les nouvelles propositions. Voyez l'*Histoire de France sous le règne de Louis XIV*, par de Larray, Rotterdam, 1719, tome V, pages 392 et suivantes et pages 459 et suivantes, et conférez les *Mémoires de Coulanges*, pages 208 et 209 et pages 230 et suivantes.

28. Le cardinal de Bouillon n'avait pas encore quitté Rome; il ne rentra en France, où il fut rappelé pour laisser le terrain plus libre au cardinal de Janson, que dans les premiers jours du mois d'octobre; voyez les *Mémoires de Coulanges*, page 214.

29. La duchesse de Bouillon, Marie-Anne Mancini, belle-sœur du cardinal de Bouillon, et mère du prince de Turenne dont il est parlé immédiatement après.

30. Louis de la Tour, prince de Turenne, neveu du cardinal de Bouillon et petit-neveu de Turenne. — La duchesse de Bouillon et son fils étaient partis de Rome vers la fin du mois d'août. La duchesse reçut en route la permission de retourner à la Cour, d'où elle avait été exilée, ainsi que son mari et son fils, en 1685 (voyez la lettre 975, du 12 août 1685, 2ᵉ alinéa et note 17, VII, 451). Le prince de Turenne fut de son côté autorisé à servir dans l'armée de Catinat, et revint à la Cour après la campagne. Voyez les *Mémoires de Coulanges*, pages 211 et 212.

31. La conjonction *et*, fort utile en cet endroit, a été sautée par le copiste du Grosbois et manque dans le texte imprimé.

32. Ce qui est dit ici au sujet de l'embarquement du cardinal

Adieu, ma chère bonne; il y a de la folie à tant discourir*.

Mon[33] fils vous dit mille choses : il dit qu'il est fâché de me voir partir; Mme de Marbeuf en est bien aise, parce qu'elle vous adore.

---

162. — DE MADAME DE SÉVIGNÉ

A MADAME DE GRIGNAN[1].

A Tours, ce 11e octobre[2].

ME voici, ma chère bonne, en parfaite santé, fort

de Bouillon, car c'est bien évidemment de lui que Mme de Sévigné entendait parler, se trouve en contradiction avec l'époque que les mémoires de Coulanges assignent au départ du cardinal (voyez la note 28 ci-dessus). Il est vraisemblable que ce que rapporte Mme de Sévigné n'avait pour fondement que des bruits inexacts reçus de Paris, où le rappel du cardinal, décidé dès le mois d'août, avait fait croire à son départ immédiat de Rome, et avait pu facilement donner lieu à des récits imaginaires.

33. Ce petit alinéa final ne se trouve que dans notre manuscrit.

LETTRE 162 (lettre inédite). — 1. Cette courte lettre, intéressante en elle-même, malgré son peu d'étendue, et intéressante surtout par l'époque où elle fut écrite, se trouve dans notre manuscrit, tome III, pages 302 et suivantes. Elle fut écrite, ainsi que la suivante, pendant le cours du grand voyage, exécuté en grande partie en litière, que Mme de Sévigné fit à travers la France, durant l'automne de 1690, pour aller voir sa fille. La correspondance imprimée était complétement muette pour tout le temps que dura ce voyage, qui ne prit pas moins de trois semaines; nos deux lettres combleront, au moins en partie, une lacune qu'on devait regretter.

2. Cette inscription est la reproduction fidèle de celle qui se lit en tête de la lettre dans le manuscrit. Elle ne donne ni l'indication

contente de la litière : cela passe partout, on ne craint rien. On dit que cette voiture est triste ; je la trouve bien gaie, quand on n'a point de peur.

J'ai couché d'abord à Laval, puis à Sablé³, puis au Lude⁴, puis ici⁵ : tous ces noms-là ne sont point bar-

de l'année ni celle du jour de la semaine. La première, qui manque du reste presque toujours, a été facile à suppléer. Mais le défaut de mention du jour de la semaine, que Mme de Sévigné avait soin le plus ordinairement d'indiquer, est regrettable ici, car cette indication aurait pu servir à éclaircir des doutes qu'on peut avoir sur le quantième, que le copiste a peut-être mal lu et mal mis, et qui, au lieu d'être le 11, semblerait plutôt, d'après le contenu, devoir être le 7; voyez plus bas la note 5.

3. Sablé, ville de l'ancienne province du Maine, chef-lieu de canton important du département de la Sarthe, au confluent de l'Erve et de la Sarthe.

4. Le Lude, jolie petite ville de l'ancienne province d'Anjou, chef-lieu de canton du département de la Sarthe, sur le Loir.

5. Ces énonciations précises ne s'accordent pas très-bien avec la date que donne l'inscription (conférez la note 2 ci-dessus). Mme de Sévigné était en effet partie, comme elle l'avait projeté, le mardi 3 octobre, de Bretagne (vraisemblablement de Rennes ou de Vitré; voyez la note 9 de la lettre précédente); c'est elle-même qui nous l'apprend, de la façon la plus positive, dans des lettres écrites depuis le départ (voyez, notamment, la lettre 1304, au président de Moulceau, du 10 novembre suivant, IX, 580 et 581). Or, elle dit ici, qu'elle coucha le premier jour à Laval, le second jour à Sablé, le troisième au Lude, et le quatrième, — c'est-à-dire le vendredi 6 octobre, — à Tours ; et elle annonce à sa fille, dans l'avant-dernier alinéa de la lettre, qu'elle va reprendre le cours de son voyage (« je pars dans une heure, etc. »), et ne parle aucunement d'un séjour prolongé à Tours. Ne peut-on pas conclure de là que la lettre fut écrite, et que Mme de Sévigné partit de Tours, le samedi 7 octobre, et non le 11, comme l'inscription le donne à croire? La méprise du copiste ne serait pas difficile à expliquer, le chiffre 7, dans la forme que lui donnait Mme de Sévigné, pouvant facilement parfois être confondu avec le nombre 11. Notre lettre, d'ailleurs, paraît être la première que Mme de Sévigné ait écrite à sa fille après son départ de Bretagne; car elle y rend compte de ses premières *étapes*, de sa manière de voyager, des agréments de la litière, et ne fait mention d'aucune lettre antérieure écrite pendant

bares. Mais ce qui est bien barbare, ma bonne, c'est la mort : je voulus me promener le soir au Lude ; je commençai par l'église ; j'y trouvai le pauvre Grand Maître[6] : cela est triste[7] ! Je portai cette pensée dans sa belle maison : je voulus m'accoutumer aux terrasses magnifiques, et à l'air d'un château qui l'est infiniment ; tout y pleure, tout est négligé ; cent orangers morts ou mourants font voir qu'ils n'ont vu, depuis cinq ans, ni maître, ni maîtresse !

Je pars dans une heure, ma très-chère bonne ; j'ai un temps charmant et divin ; j'espère toujours être le 14 à Moulins.

Voilà Monsieur l'archevêque de Tours qui me vient voir : c'est le comte de Saint-George[8]. Je suis pressée,

la route ; elle dit simplement que celle-ci était la dernière qui arriverait à sa fille par Paris, celles qui avaient précédemment suivi cette voie étant sans doute, dans sa pensée, celles qu'elle avait écrites de Bretagne avant son départ. Est-il présumable qu'elle fût restée jusqu'au 11 sans donner des nouvelles d'un voyage qui devait exciter de légitimes inquiétudes (voyez la note 7 de la lettre précédente) ? Est-il vraisemblable, en outre, que Mme de Sévigné ait employé un si grand nombre de jours pour effectuer le trajet de Rennes ou de Vitré à Tours, et qu'elle s'en soit réservé si peu pour franchir la distance sensiblement plus grande de Tours à Moulins, où notre lettre montre qu'elle comptait arriver le 14, suivant le projet qu'elle avait depuis longtemps arrêté, et où la lettre suivante prouve qu'elle arriva en effet à cette date ?

6. Henri de Daillon, comte du Lude, grand maître de l'artillerie en 1669, créé duc du Lude en 1675, mort au mois d'août 1685. Il fut enterré dans l'église du Lude, où un tombeau lui fut élevé.

7. On sait que le comte du Lude avait eu pour Mme de Sévigné une passion, à laquelle cette dernière n'avait pas été, dit-on, complétement insensible, et dont il ne lui déplaisait pas trop qu'on lui rappelât le souvenir ; on s'explique donc sans peine le sentiment tout particulier de tristesse exprimé ici et dans les phrases qui suivent ; voyez la lettre 563, du 29 juillet 1676, 4ᵉ alinéa (IV, 551), et voyez aussi la *Notice*, pages 59 et 60.

8. L'archevêque de Tours, en 1690, était en effet Claude, comte

voilà de l'encre sur ma lettre ; voici ma dernière par Paris, et je vous embrasse : en voilà assez.

163. — DE MADAME DE SÉVIGNÉ

A MADAME DE GRIGNAN[1].

À Lyon, ce 19e octobre.

JE suis arrivée à midi, ma chère bonne, avec mon ami l'abbé Charrier, qui m'a été d'un secours en toutes manières, dans une route que je ne connois pas, que vous pouvez aisément vous représenter.

M. le cardinal de Bonzi[2], et des évêques, et Penautier[3], couroient la poste, pour les États de Languedoc. J'espérois voir passer aussi Monsieur de Carcassonne ; mais nous avons su qu'il est fort incommodé des hémorroïdes, et Monsieur de Lodève[4] du flux de sang : leur

---

de Saint-George. Nommé évêque de Mâcon en 1682, évêque de Clermont en 1684, archevêque de Tours en 1690, le comte de Saint-George fut appelé en 1693 à l'archevêché de Lyon et mourut en 1714 ; voyez le *Gallia christiana*, tome IV, col. 196 et 197.

LETTRE 163 (lettre inédite). — 1. Cette lettre, écrite durant le cours du même voyage que la précédente (voyez la note 1 de la lettre 162 ci-dessus), se trouve dans notre manuscrit, immédiatement à la suite de cette dernière, tome III, pages 304 et suivantes.

2. Le cardinal de Bonzi, archevêque de Narbonne, était en cette qualité président des États de Languedoc.

3. Pierre-Louis de Reich, seigneur de Penautier, trésorier des États de Languedoc ; voyez la note 5 de la lettre 550 (IV, 497).

4. L'évêque de Lodève, au commencement de l'année 1690, était Charles-Antoine de la Garde de Chambonnas, nommé à cet

teint convient à cette maladie. J'eusse été ravie d'attraper Monsieur de Nîmes⁵, pour lui parler de deux de ses oraisons funèbres, dont j'ai été charmée, et que j'ai lues par le chemin ; mais, quoiqu'il fût en carrosse, je ne l'attrapai, non plus que le papillon de Polichinelle⁶.

Je suis descendue chez Mme Charrier, qui m'a donné un grand dîner et me fait une chère qui m'embarrasse, et encore plus de ne pouvoir parler de son mari, ni le regretter : nous en parlons tout bas, l'Abbé et moi⁷.

J'ai vu votre portrait, ma chère ; il ressemble au mien : mais j'aspire à quelque chose de mieux. Je ne vous dis point si je vous aime, si je vous desire ; il me semble que tous mes pas vous le disent, et depuis dix-sept jours⁸ j'en ai fait beaucoup. Nous espérons ce soir une de vos lettres, pour savoir quel jour à peu près nous trouverons votre carrosse à Robinet⁹ ; car, en vérité, ma

évêché en 1671. De Chambonnas fut appelé, dans le courant même de l'année 1690 (dès le mois de septembre, d'après le *Gallia christiana*), à l'évêché de Viviers ; mais il ne prit possession de son nouveau siége qu'en 1692, et son successeur à l'évêché de Lodève, Jacques-Antoine Phélypaux, nommé seulement au mois de novembre 1690, ne fut consacré que le 24 août 1692 (*Gallia christiana*, tome VI, col. 577 et 578, et tome XVI, col. 586 et 587) : c'est donc du premier et non de ce dernier, que Mme de Sévigné entendait parler.

5. Esprit Fléchier, nommé à l'évêché de Nîmes en 1687.

6. C'est-à-dire, pas plus que Polichinelle n'attrape son papillon ; allusion à un jeu bien connu, qu'on voit dans nos cirques, et qui au dix-septième siècle égayait déjà, paraît-il, le public, comme de nos jours.

7. Nous ne connaissons pas l'époque précise de la mort du père de l'abbé Charrier ; il vivait encore en 1685. Il semble résulter de ce qui est dit ici et d'un passage d'une lettre précédente (voyez plus haut la lettre 160, note 25) que sa mort était assez récente.

8. Mme de Sévigné, on l'a vu plus haut (voyez la note 5 de la lettre précédente), était en effet partie de Bretagne le 3 octobre.

9. Port sur le Rhône, à une lieue de Montélimar, où l'on débar-

très-chère, je soupçonne que ce voyage, tout petit qu'il est, vous pourra fort incommoder. Envoyez-moi Pauline et son petit nez[10]; que je voie un peu comme je m'en accommoderai. Songez que c'est elle que je crains, et auprès de qui j'ai peur de foiblir; vous ne le croiriez pas, entre tant de personnes d'importance qui me font l'honneur de m'attendre et de me souhaiter? cependant rien n'est plus vrai.

Je laisse cette lettre à cet endroit; je l'achèverai ce soir. Je me porte si parfaitement bien, que j'en suis surprise moi-même; je ne suis point du tout fatiguée, et je ne souhaite que de m'embarquer samedi ou dimanche.

Ma bonne, mon laquais revient de la poste; il n'y a point de lettre; je n'en comprends pas la raison : si je voulois, je serois en peine de vous; car pourquoi, ma bonne, point de lettre?

Montgivraut[11] sort d'ici : il se mêle de me donner un bateau et des bateliers admirables; il déteste les voitures publiques, et nous en dégoûte; mais le dimanche, la messe, qu'il faudroit entendre, lui a fait remet-

---

quait pour aller à Grignan, qui en est distant de cinq lieues. Emmanuel de Coulanges ne manque pas d'en faire mention dans ses couplets sur son voyage à Grignan :

> Enfin, j'abandonne Lyon
> Et les rives de Saône;
> Enfin me voici tout de bon
> Embarqué sur le Rhône :
> J'ai déjà passé comme un trait
> Vienne, Tournon, Valence;
> Je vois le port de Robinet,
> J'approche de Provence.

(*Chansons choisies*, édition de 1698, tome II, page 39.)

10. Conférez plus haut la fin du dernier alinéa de la lettre 153 et la lettre 155, note 51.

11. C'est sans doute la même personne dont il est question dans la lettre 1086, du 11 novembre 1688, note 15 (VIII, 258).

tre notre départ à lundi. Vous aurez le temps de recevoir cette lettre, et de nous envoyer votre carrosse mardi, à Robinet, je ne sais pas à quelle heure : le temps et le vent sur le tout ; car c'est de cela que nous ne sommes pas les maîtres ! Nous vous écrirons encore, si nous pouvons. Pour moi, si j'étois maîtresse, je partirois demain, et j'aimerois encore mieux être juste à vous embrasser le 22, que de l'avoir été à toutes les autres dates[12] ; mais on me gouverne, et mon imagination ne sert qu'à m'agiter.

164. — DE MADAME DE SÉVIGNÉ
A MADAME DE GRIGNAN [1].

A Lambesc, dimanche [9 décembre],
à 11 heures du soir[2].

Je pars demain à six heures du matin, ma très-aimable,

---

12. Voyez plus haut la lettre 161, note 6. Mme de Sévigné arriva le 24 au port de Robinet (voyez la lettre 1304, note 1, IX, 581), et le même jour, ou le lendemain, à Grignan.

Lettre 164 (lettre inédite). — 1. Cette lettre, écrite pendant un séjour de quelques semaines que Mme de Sévigné fit à Lambesc avec M. de Grignan, en 1690, à l'occasion de la tenue de l'Assemblée des Communautés, se trouve dans notre manuscrit, tome V, pages 413 et suivantes ; voyez, au sujet de la date, la note suivante.

2. Pour toute inscription, la lettre porte, dans le manuscrit : « A Lambesc, dimanche à 11 heures du soir. » Nous avons déjà pu constater que Mme de Sévigné, quand elle n'était pas loin de sa fille, et qu'elle n'en était séparée que pour peu de temps, se bornait

pour Marseille, où la bonne présidente me recevra.

à mettre, comme elle le fait ici, en tête des lettres qu'elle lui écrivait, le lieu et le jour de la semaine, et quelquefois même uniquement ce dernier (voyez, dans le tome I de ce recueil, pages 296 et suivantes, l'inscription de la lettre 20, écrite de Montpellier, dans les derniers mois de l'année 1672, et la note 2 qui s'y rapporte; voyez aussi, plus haut, les inscriptions des lettres 66, 70, 71, 72 et 73, et dans la correspondance générale les inscriptions des lettres 311, 312 et 313, III, 183, 185 et 187). Le contenu de la lettre prouve d'une manière certaine qu'elle fut écrite à la fin de l'année 1690, et en la rapprochant de quelques autres lettres écrites à la même époque on peut arriver à fixer sa date avec précision. Arrivée à Grignan le 24 ou le 25 octobre (voyez la note 12 de la lettre précédente), Mme de Sévigné s'y trouvait encore le 13 novembre suivant, comme le constate une lettre écrite par elle ce même jour à Bussy (voyez l'inscription de la lettre 1305, du 13 novembre 1690, IX, 581). Il est probable qu'elle se rendit à Lambesc, avec M. de Grignan, pour l'ouverture de l'Assemblée des Communautés, qui eut lieu, cette année, le 16 novembre. Elle y était, dans tous les cas, le 1er décembre, déjà depuis quelque temps, et elle dut y rester quelques jours encore, quoique l'assemblée eût clos ses séances, à cause d'une indisposition survenue à son gendre; c'est ce qui résulte d'une lettre écrite par elle de Lambesc à Emmanuel de Coulanges, à la date susdite (lettre 1307, du 1er décembre 1690, IX, 589), où il est dit : « L'assemblée de nos petits États est finie ; nous sommes ici seuls, en attendant que M. de Grignan soit en état d'aller à Grignan, etc. » Dans cette même lettre elle annonce le court voyage à Aix dont il est question dans notre lettre : « Nous n'irons à Aix qu'un moment pour voir la petite religieuse de Grignan (Marie-Blanche; voyez la note 3 ci-dessous), et dans peu de jours nous serons pour tout l'hiver à Grignan. » Enfin il résulte d'une autre lettre, écrite également à Coulanges, le 17 décembre (lettre 1312, de Mme de Grignan et de Mme de Sévigné à Emmanuel de Coulanges, du 17 décembre 1690, IX, 605), que Mme de Sévigné était, à cette date, et probablement déjà depuis quelques jours, de retour à Grignan. C'est donc indubitablement dans le court intervalle du 1er au 17 décembre 1690 que notre lettre a été écrite, et comme l'inscription porte qu'elle fut écrite un dimanche, on n'a plus le choix qu'entre le 2, le 9 et le 16 dudit mois, seuls dimanches qui se placent dans cet intervalle. De ces trois dates la dernière est inadmissible, car Mme de Sévigné, dans notre lettre, annonce un voyage à Marseille et Aix, qui n'aurait pas permis, en supposant la lettre

Tous mes jours sont comptés : je n'en serai qu'un dans cette belle ville, et deux à Aix³ ; je logerai chez Mme de Soissan⁴ : M. de Montmor⁵ est en campagne. On me regrette ici ; M. de Grignan s'accommode assez bien de moi. Saint-Bonnet⁶ est parti, il y a quatre heures, pour la Cour.

Il fait un temps comme je l'ai toujours vu ici : je suis tourmentée des mouches et des puces ; j'ai horreur de mon habit de velours ; mon habit violet est trop pesant : voilà comme l'hiver est rigoureux ! Je souhaite que cette douceur vous redonne des forces, et que vous ne vous

écrite le 16, qu'on fût de retour à Grignan le 17. Le choix se trouve donc restreint entre le 2 et le 9, et c'est la dernière de ces deux dates qui est évidemment de beaucoup la plus vraisemblable, car notre lettre annonce le départ pour Marseille et pour Aix comme devant avoir lieu dès le lendemain, et il n'est plus question de l'indisposition de M. de Grignan, tandis que dans la lettre à Emmanuel de Coulanges du 1ᵉʳ décembre il est parlé de cette indisposition comme retenant encore M. de Grignan à Lambesc, et le voyage à Aix n'est présenté que comme devant se faire dans quelques jours. On peut donc, presque avec pleine certitude, assigner à notre lettre, comme nous l'avons fait, la date du 9 décembre.

3. Pour voir Marie-Blanche ; voyez la lettre à Coulanges du 1ᵉʳ décembre, citée dans la note précédente. Cette visite à sa petite-fille devait avoir été pour beaucoup dans la détermination de Mme de Sévigné d'accompagner M. de Grignan à Lambesc.

4. Ce nom, vraisemblablement mal écrit, ne se rencontre pas ailleurs dans la correspondance.

5. Jean-Louis Habert de Montmor, comte du Mesnil, intendant des galères de France à Marseille. Il avait d'abord porté le nom de du Fargis, et il est déjà question de lui dans la lettre à Emmanuel de Coulanges du 1ᵉʳ décembre, citée dans la note 2 ci-dessus : « Je vous envoie cette lettre par M. de Montmor, intendant à Marseille, autrefois M. du Fargis, qui mangeoit des tartelettes avec mes enfants. » (*Lettre* 1308, dernier alinéa, note 13, IX, 593.)

6. Ce nom ne se trouve pas ailleurs dans la correspondance ; c'était vraisemblablement le courrier chargé de porter au Roi le résultat des délibérations de l'Assemblée des Communautés, dont la session venait de se terminer.

traitiez plus de fantôme ; vous ne me parlez point assez de vous : j'espérois un billet de Martillac.

Ne savez-vous rien, ma bonne, de cette adjudication ? elle me repasse par la tête. Je voudrois que mes lettres vous eussent divertie[7]. Je n'ai point vu que M. de Grignan ait eu celle de la marquise d'Uxelles.

Soleri vous mandera la bonne vie que l'on fait ici. Un grand festin aujourd'hui chez l'Archevêque[8], avec qui je causai hier deux heures tête à tête : il est toujours vif, et croit n'avoir pas ennuyé M. de Pontchartrain[9] dans les conférences qu'ils ont eues ensemble. Tout vous honore ici, surtout Mme du Janet, qui vous ira voir.

Adieu, ma très-chère bonne ; je retournerai auprès de vous encore plus volontairement que je n'en suis partie. Mille baisemains à Monsieur le Chevalier et à M. de la Garde.

7. Ce passage prouve bien que Mme de Sévigné avait passé quelque temps à Lambesc et vraisemblablement tout le temps de la tenue des États. Les lettres qu'elle avait écrites à sa fille avant celle-ci, et qui devaient être *divertissantes*, d'après ce qu'elle en dit ici, se sont malheureusement perdues.

8. Mme de Sévigné entendait sans doute parler de l'archevêque d'Aix, président-né de l'Assemblée des Communautés ; c'était alors Daniel de Cosnac, ancien évêque de Valence ; voyez plus haut la note 4 de la lettre 122.

9. Contrôleur général des finances ; il venait d'être nommé récemment ministre et secrétaire d'État ; voyez plus haut la note 33 de la lettre 149.

165. — DE MADAME DE SÉVIGNÉ ET DE M. DU COUDRAY

A MADAME DE GRIGNAN[1].

Paris, lundi 29e mars.

DE MADAME DE SÉVIGNÉ.

Je vous écrivis vendredi[2], ma chère bonne ; nous

LETTRE 165 (lettre inédite). — 1. Cette lettre se trouve dans notre manuscrit, tome IV, pages 229 et suivantes. C'est la première lettre d'une dernière série, malheureusement très-courte, mais fort intéressante, dont les anciens éditeurs n'avaient absolument rien fait connaître (conférez l'*Introduction*, pages 226 et suivantes). Après un séjour de quatorze mois en Provence, dans le cours duquel se place la lettre qui précède (voyez la note 2 de la lettre 164 ci-dessus), Mme de Sévigné était revenue à Paris, qu'elle avait quitté depuis près de trois ans. Elle y arriva, avec sa fille, son gendre et sa petite-fille Pauline, dans les derniers jours du mois de décembre 1691. Mme de Grignan fit à cette époque un long séjour dans la capitale ; elle resta avec sa mère jusqu'au printemps de 1694. Elle s'en sépara alors une dernière fois pour retourner en Provence, où sa présence, après une absence de plus de deux années, était devenue nécessaire : notre lettre indique qu'elle partit de Paris le 25 ou le 26 mars (voyez la note 2 ci-après). Mais la séparation fut de courte durée, car on était bien résolu à ne plus se quitter pour longtemps. Mme de Sévigné avait promis à sa fille d'aller la rejoindre dans quelques semaines, et fidèle à sa promesse elle partit en effet pour Grignan le 11 mai suivant (voyez plus loin la note 2 de la lettre 170) : réunies une dernière fois, la mère et la fille ne se séparèrent plus (conférez l'*Introduction*, pages 227 et suivantes). C'est pendant cette courte période, de sept semaines environ, du 25 mars au 11 mai 1694, que se placent notre lettre et les cinq suivantes. Le Grosbois avait déjà fait connaître en partie deux des six lettres dont se compose cette dernière série ; mais quatre étaient entièrement inédites, et une cinquième l'était en très-grande partie ; une seule, publiée presque dans son intégralité

adressâmes notre paquet à Briare³. Je vous parlois uniquement de ma tristesse, et du mal que m'avoit fait, malgré moi, notre séparation ; comme cette maison me faisoit peur ; que tout me blessoit, et que, si je n'avois l'espérance de vous aller voir dans un moment, — car c'est un moment⁴, — je craindrois fort pour cette belle santé que vous aimez tant. Je n'eusse pas pu vous parler d'autre chose, et, dans ce sentiment, je reçus hier au soir votre lettre de Nemours, qui me paroissoit la première, et je ne trouvois point dans son style cette

d'après ce dernier manuscrit, ne manquait que de son inscription et de quelques lignes au début et à la fin, qui sont données plus loin d'après notre ancienne copie (conférez plus bas la note 1 de la lettre 169).

2. Ce vendredi était le 26 mars. La lettre dont parle Mme de Sévigné était la première qu'elle avait écrite à sa fille depuis le départ de cette dernière, comme le prouve suffisamment ce qui suit, et la date de cette lettre, donnée ici d'une manière précise, fixe celle du départ, qui dut avoir lieu le même jour ou la veille, c'est-à-dire le 25 ou le 26. En effet, lors du premier départ de la comtesse de Grignan pour la Provence, en 1671, Briare avait été aussi un point d'arrêt, et Mme de Sévigné, dans la première lettre qu'elle avait adressée à sa fille, s'étoit excusée de ne pas lui avoir écrit à cette station, en disant qu'il aurait fallu, pour cela, lui écrire le jour même du départ (lettre 133, du 11 février 1671, 1ᵉʳ alinéa, II, 59) : « Je ne vous ai point écrit à Briare ; c'étoit ce cruel mercredi qu'il falloit écrire, c'étoit le propre jour de votre départ, etc. » En 1694, Mme de Sévigné avait écrit à sa fille à Briare, et d'après ce qui précède, elle avait dû écrire le jour même du départ, ou au plus tard le lendemain, vraisemblablement le jour même, c'est-à-dire le 26.

3. Le Briare dont il s'agit ici (il y a dans le même département, au nord-est de Pithiviers, un village qui porte aussi ce nom) est la jolie petite ville, au sud-est de Gien, dans le Loiret, située sur les rives de la Loire, à la jonction de ce fleuve avec le canal de Briare.

4. Mme de Sévigné avait, en effet, promis à sa fille d'aller la rejoindre en Provence le 8 mai suivant, et le voyage ne fut retardé que de quelques jours. Conférez la note 1 ci-dessus, et plus bas les notes 2 et 6 de la lettre 170.

nuance, si naturelle, de faire d'abord un peu de mention de ce qu'on a souffert en se quittant. Monsieur le Chevalier s'en aperçut aussi, et, comme nous en étions là, votre paquet du Plessis nous tomba entre les mains, et nous y trouvâmes justement ce que nous souhaitions. Vous n'oubliez rien, ma bonne, de tout ce qui peut faire plaisir ; vous faites voir tant d'amitié, qu'en vous aimant plus que toutes les choses du monde, on trouve encore qu'on ne vous aime pas assez : je vous remercie de me faire voir des sentiments qui sont si capables de me charmer. Je suivrai votre conseil, ma chère bonne, je suivrai ce que j'aime, et je ne suis plus occupée que de me ranger pour partir au commencement de mai[5]. Monsieur le Chevalier voudroit que ce fût plus tôt ; mais en vérité je ne le puis, sans une agitation qui m'ôteroit toute la douceur de mon départ. Laissez-moi donc faire : vous savez que je ne manque pas de courage pour vous aller trouver.

Nous avons fort ri du bon sel de Bretagne, déguisé en sucre, et du soin que vous preniez tous de le bien mêler dans le café ; le cri devoit être grand, car chacun devoit faire le sien ; je vous conseille de ne vous plus méprendre. Je voudrois bien que vous eussiez le petit papier que je viens de recevoir pour vous. Je dînai samedi chez l'abbé Pelletier[6], qui me parut un peu fâché de n'avoir pu entrer ici[7] un seul moment : je fis vos excuses. M. du Coudray[8] y étoit : le pauvre homme est sur le côté, d'avoir perdu *sa dame de haut parage*. Je lui ferai bien voir ce que vous mandez de cette vue de sa rivière et de son château[9] ; il en sera fort aise. Je

---

5. Voyez la note précédente.
6. Voyez la note 27 de la lettre 1157 (VIII, 557).
7. A l'hôtel Carnavalet.
8. Voyez plus bas la note 27. — 9. Voyez plus bas la note 28.

dînai hier chez la duchesse du Lude[10]; elle me dit bien
des douceurs pour vous. M. de la Châtre lui vint dire
que sa mère et son frère faisoient des merveilles;
M. de Pontcarré[11] n'a point quitté prise ; elle alla dans
le moment le dire à M. et à Mlle de Lavardin : ce mariage paroît écrit au ciel[12]. M. de Chaulnes est revenu,
et couche chez des baigneurs, à cause de la mort du
pauvre Mahon[13], qui étoit tout couvert de pourpre :
Mme de Chaulnes et Rochon reviendront dans huit
jours. Je fus, après le dîner, chez Mme de Verneüil[14],
qui est enfin arrivée, et chez l'abbé Arnauld[15], où
étoient M. et Mme de Pompone, Mme de Vins,
Mlle Félicité[16] et M. du Coudray. M. de Pompone me

10. Marguerite-Louise-Suzanne de Béthune-Sully, comtesse de
Guiche, puis duchesse du Lude, veuve en premier lieu du duc
de Guiche, et après un second mariage, veuve du duc du Lude,
dont elle avait été la seconde femme ; voyez, pour plus de détails,
la note 2 de la lettre 152 (II, 143 et 144).

11. Pierre Camus de Pontcarré, prieur de Saint-Trojan et aumônier du Roi ; voyez la note 11 de la lettre 164 (II, 207), et voyez
aussi plus haut, dans ce recueil, la lettre 116, note 10.

12. Mme de Sévigné entendait sans doute parler du mariage
projeté entre le jeune marquis de la Châtre et Mlle de Lavardin,
mariage qui rencontra de grandes difficultés, mais qui se fit cependant peu de temps après ; voyez la lettre 1374, du 21 avril
suivant, 2e alinéa (X, 145), et voyez aussi plus bas l'avant-dernier
alinéa de notre lettre, note 38, et plus loin la lettre 167, notes 14
et 15, et la lettre 168, note 42.

13. Sans doute un serviteur du duc de Chaulnes : ce nom ne se
rencontre pas ailleurs dans la correspondance.

14. Voyez plus haut, dans ce recueil, tome I, page 299, la
note 6 de la lettre 20.

15. Antoine Arnauld, abbé de Chaumes, frère aîné de M. de
Pompone ; voyez la note 4 de la lettre 51 (I, 433), et sur sa mort,
la lettre 1479, notes 1 et 2 (X, 436 et 437).

16. Sans doute Catherine-Félicité de Pompone, fille cadette de
M. de Pompone, qui épousa, le 13 août 1696, le marquis de
Torcy ; voyez la note 1 de la lettre 1467 (X, 405).

parut en colère contre l'abbé[17], qui est parti en poste trois heures devant que son père arrivât. Il est encore malade; il veut rattraper les autres abbés, et vous attrapera aussi; mais sa santé est si délicate qu'il y a tout à craindre pour lui.

Vous ne me dites point, ma bonne, ce que vous mangez, si vous dormez, si vous lisez : ah ! oui, vous lisez Corbinelli; il en sera bien glorieux[18] ! J'ai dîné chez Monsieur le Chevalier[19], en petit volume, au très-petit couvert; j'avois pourtant M. du Plessis et deux vives : il baise le bas de votre robe. Vous vous plaignez d'arriver trop tôt; hélas! c'est ce qui conserve vos chevaux : en êtes-vous contente? Vous nous manderez si vous voulez toujours un beau bureau.

Je vous plains, ma bonne, d'avoir quitté votre marquis; c'est cela qui est un adieu! je croyois qu'il dût aller à Grignan. Monsieur le Chevalier fait si bien qu'il aura la somme qu'il souhaite à point nommé.

Ma chère Pauline, je baise vos belles joues; vous avez laissé ici une réputation que jamais personne n'a eue si universelle[20]. Ne jouez-vous point avec M. de Rochebonne[21] ? Je vous trouve trop heureuse de l'avoir.

17. Il s'agit ici, non de l'abbé Arnauld, abbé de Chaumes, dont il a été question plus haut (voyez la note 15 ci-dessus), mais de Henri-Charles Arnauld, abbé de Pompone, fils de M. de Pompone; conférez la lettre suivante, note 9. Sur l'abbé de Pompone, voyez la letttre 938, note 22 (VII, 299), et la fin de la note 5 de la lettre 1303 (IX, 580).

18. Conférez la lettre suivante, 4º alinéa et note 7.

19. C'est-à-dire dans l'appartement de Monsieur le Chevalier; on comprend qu'il s'agit du chevalier de Grignan, qui avait son appartement à l'hôtel Carnavalet.

20. Pauline de Grignan avait accompagné ses parents à Paris au mois de décembre 1691, et y avait fait avec sa mère un long séjour; conférez la note 1 ci-dessus.

21. Le jeune de Rochebonne, cousin germain de Pauline.

J'espère que ses soins et ceux de ce bon Soleri vous empêcheront d'avoir le *plaisir* de verser. J'embrasse la chère Martillac. Je suis persuadée que vous attraperez Monsieur l'Archevêque à quelque fin de bréviaire, et qu'il se lassera bientôt de payer cette vieille dette[22].

Ma bonne, je suis honteuse des pauvretés que je vous mande ; je ne sais point nourrir notre commerce ; je n'ai
>Pas un seul petit morceau
>De mouche ou de vermisseau[23].

Je n'ai point la suite de vos secrets avec ce bon Coudray. Je lui conseillerai de vous écrire tout ce qu'il sait ; car il va dans de bons endroits. Je ne sais comme il se trouve du Tobose[24] : il avoit reçu un grand échec chez Mme de Caumartin[25].

Je ne vous dis point la tristesse de vos amis sur votre absence : M. de Chaulnes, M. de Pompone, M. Chamillart[26], tout le monde fait son devoir, et Coulanges aussi. Dites un petit mot à l'abbé Bigorre, qui est votre adorateur : il a guéri son valet de chambre, et triomphe.

22. Il s'agit vraisemblablement de l'archevêque d'Arles, et Mme de Sévigné faisait allusion, sans doute, à un propos qu'on lui entendait souvent répéter : « Je finis mon bréviaire. » Conférez la lettre suivante, note 8.
23. La Fontaine, *Fables*, livre I, fable 1.
24. Allusion, sans doute, à quelque intrigue galante de Rouillé du Coudray ; conférez la note 27 ci-dessous.
25. Catherine-Madeleine de Verthamon, sœur de Mme de Guitaut, seconde femme de Louis-François le Fèvre de Caumartin ; voyez la note 4 de la lettre 82 (I, 520).
26. Michel de Chamillart, nommé quelques années plus tard (le 5 septembre 1699) contrôleur général des finances ; voyez la note 8 de la lettre 1481 (X, 440).

DE M. DU COUDRAY[27].

1694

N'ATTENDEZ pas des excuses de moi, Madame, de ce que vous avez été si mal gîtée sur mes terres. Votre modestie a sauvé mon château[28] ; car je vous assure qu'il eût été brûlé, aussi sûrement que celui de ce grand d'Espagne, qui avoit reçu chez lui la Reine, sa maîtresse[29]. Ainsi, contentez-vous, s'il vous plaît, d'un re-

27. Rouillé du Coudray, procureur général à la cour des Comptes, frère de l'ambassadeur, et parent aussi sans doute de l'ancien intendant de Provence, Rouillé de Mèlai; voyez la note 14 de la lettre 1373 (X, 143). La correspondance imprimée ne contenait rien de Rouillé du Coudray, dont les relations avec Mme de Sévigné et Mme de Grignan ne paraissent avoir commencé, ou du moins être devenues fréquentes, que pendant le dernier séjour que la comtesse de Grignan venait de faire à Paris. La petite apostille qu'on trouve ici, conservée par notre ancienne copie, s'accorde fort bien avec le portrait que Saint-Simon a laissé de du Coudray, dans une note au *Journal de Dangeau* (tome XVI, page 188), dont les derniers éditeurs ont rapporté les principaux passages dans la note 14 de la lettre 1373 précitée, et dont nous reproduisons nous-mêmes plus loin quelques extraits; voyez les notes 29 et 32 ci-dessous.

28. Le château du Coudray ; voyez la note 15 de la lettre 1373 (X, 143). On a vu plus haut (voyez ci-dessus le second alinéa de la lettre, note 9) que Mme de Grignan avait visité le château du Coudray, et qu'elle en avait vanté la beauté, surtout la beauté du site.

29. Rouillé du Coudray entendait sans doute faire allusion à l'anecdote qui a inspiré les vers suivants de la Fontaine (*Fables*, livre IX, fable xv) :

.... Quelquefois il (*l'amour*) la dompte (*la peur*) :
J'en ai pour preuve cet amant
Qui brûla sa maison pour embrasser sa dame,
L'emportant à travers la flamme.
J'aime assez cet emportement;
Le conte m'en a plu toujours infiniment :
Il est bien d'une âme espagnole,
Et plus grande encore que folle.

On croit généralement, et il est en effet très-probable, que le

merciement : vous le recevrez, là même[30], au premier jour, quand vous reviendrez nous revoir. En attendant je fais grand fond sur le nouvel opéra de la petite la Guerre[31] ; j'en ai vu deux répétitions : il sera fort bon[32]. Je suis pourtant toujours, Madame, tout ce que je dois.

fabuliste a voulu, dans ces vers, consacrer le souvenir de l'aventure du comte de Villa-Médina avec Élisabeth de France, fille de Henri IV, et femme de Philippe IV, roi d'Espagne. Amoureux de la Reine, le comte de Villa-Médina n'imagina, dit-on, rien de mieux, pour l'attirer chez lui, que de donner à toute la Cour un grand spectacle, préparé à grands frais. La Reine étant venue, le comte fit mettre lui-même, au milieu de la représentation, le feu à son palais, et profitant du désordre qui s'ensuivit, il s'empara de la Reine et l'emporta dans ses bras à travers les flammes, ne croyant pas payer trop cher de la perte de la moitié de sa fortune et du péril auquel il s'exposait, la faveur d'avoir pressé contre son cœur celle qu'il aimait; voyez les *Voyages en Espagne* de Robert-Alcide de Bonecase, sieur de Saint-Maurice, 1666, in-18, page 49. Dans ce passage de l'apostille de Rouillé du Coudray, on reconnaît assez bien, ce nous semble, le personnage dont Saint-Simon a dit : « Rouillé étoit un homme d'esprit..., d'une érudition vaste en histoire, en belles-lettres et en beaucoup de connoissances utiles et agréables. Avec toutes ces connoissances c'étoit un ours mal léché, rustre, grossier..., dont les extravagances déshonoroient le caractère. » (*Note au Journal de Dangeau*, tome XVI, page 188.)

30. Au château du Coudray.

31. En 1694, l'Académie royale de musique joua, en effet, l'opéra de *Céphale et Procris*, paroles de Duché, musique de Mlle de la Guerre.

32. Ne reconnaît-on pas ici celui qui bien plus tard encore, à soixante-douze ou treize ans, « alloit au bal de l'Opéra..., y faire cent sottises, et qui fit revenir les comédiens italiens, chassés depuis longtemps, et se fit leur protecteur et leur économe » ? (Saint-Simon, *loc. cit.*)

DE MADAME DE SÉVIGNÉ.

Voilà M. du Coudray, qui vous dit tristement[33] son petit mot, bien différent des aimables soirées qu'il passoit avec vous : vous êtes notre âme, ma chère bonne ; nous ne saurions vivre sans vous !

J'ai été après dîner chez Mme d'Arpajon[34] ; j'y ai vu cent Beuvrons, qui vous révèrent. J'ai été chez Croisilles[35], sur la mort de ce premier président de Grenoble, mort en cinq jours d'un petit mal de gorge ; mais il avoit le pourpre intérieurement : il étoit jeune ; cette mort est surprenante[36].

M. de Lavardin vient de sortir d'ici. Il venoit me prier de vous mander qu'il a vu la procuration de Mme de Vibraye[37] : voilà la sauce ; il ne faut plus que le poisson. Je lui ai parlé de son mariage[38] ; sa fille étoit présente : il me paroît dans de violentes convulsions ; on lui accorde tout ce qu'il veut, et il en est au désespoir. Il se laisse entendre sur la médiocrité du parti ; il en envisage de plus grands, même sans la duché : il a dit cent choses qui font voir que son état est violent,

33. *Tristement* ne veut-il pas dire ici *prétentieusement*, et n'y a-t-il pas dans ce mot une raillerie finement dissimulée ? Nous aimerions à le croire.

34. Catherine-Henriette d'Harcourt-Beuvron, duchesse d'Arpajon ; voyez la note 2 de la lettre 132 (II, 52).

35. Voyez plus haut la note 20 de la lettre 160.

36. Cette mort fut démentie ; voyez plus bas la lettre 167, notes 8, 9 et 10.

37. Sans doute la procuration pour conclure l'accommodement depuis longtemps projeté, ou peut-être pour recevoir le montant de tout ou partie des sommes que M. de Grignan, par arrangement déjà arrêté, avait reconnu devoir à sa fille. Les paroles de Mme de Sévigné autorisent cette dernière hypothèse.

38. Le mariage de sa fille ; conférez plus haut la note 12.

et qu'au fait et au prendre on voudroit bien demander du temps pour se résoudre.

Ma très-aimable bonne, je suis particulièrement à vous. Je vais envoyer ma lettre chez Monsieur le Chevalier.

166. — DE MADAME DE SÉVIGNÉ
A MADAME DE GRIGNAN[1].

[Paris], mercredi 31° mars[2].

Pour moi, ma bonne, je ne veux plus du tout m'at-

LETTRE 166 (lettre inédite). — 1. Cette lettre, qui suivit de près la précédente, se trouve dans notre manuscrit, tome IV, pages 237 et suivantes. Elle porte en tête, dans notre ancienne copie, une date incomplète et erronée, mais que le contenu de la lettre permet de compléter et de rectifier ; voyez les notes 2, 4 et 11 ci-après.

2. Le manuscrit porte : « Mercredi 30° mars. » Cette inscription, qui n'indique ni le lieu ni l'année, n'est pas seulement incomplète, elle est inexacte. L'année, qu'elle ne fait pas connaître, est donnée par le contenu même de la lettre, qui prouve d'une manière indubitable que celle-ci fut écrite en 1694 et très-peu de temps après la lettre précédente (voyez les notes 4 et 11 ci-dessous). Or, en 1694, le 30 mars ne fut pas un mercredi, mais un mardi. Il y a donc erreur ou sur le quantième ou sur le jour de la semaine. L'erreur sur le quantième, déjà par elle-même plus probable, doit être admise ici sans difficulté. Il est, en effet, bien vraisemblable que Mme de Sévigné écrivit cette lettre, non pas dès le lendemain, mais bien plutôt le surlendemain du jour où elle avait écrit la précédente. Les jours de courrier de Mme de Sévigné, à cette époque, étaient d'ailleurs, à ce qu'il semble, les lundis, les mercredis et les vendredis ; il y a des lettres de ces trois jours, il n'y en a pas des autres. Il est à remarquer enfin que la faute signalée ici se trouve également dans une lettre de Mme de Sévigné à la comtesse de Guitaut, écrite le même jour, et dont l'autographe

trister et me chaîner[3] ; je trouve que vous avez fort bien fait de partir : vous aviez une raison que vous avez oubliée et qui nous fermoit la bouche. Et puis, vous allez pour voir M. de Grignan ; vous courez après lui, ma bonne, et nous courrons après vous. Je ne suis plus occupée que de finir les petites affaires dont je suis embarrassée, et à me disposer insensiblement à partir dans le commencement de mai. Vous voyez bien, ma bonne, qu'il n'y a point de temps où je puisse prendre le loisir de vous regretter : cela retarderoit mon départ! Quand je sens quelque tristesse, en regardant votre appartement ou en rentrant dans ma chambre, quand je suis blessée de ne plus voir, de ne plus entendre cette aimable femme, qui remplit tout, qui éclaire tout, qui paroît si nécessaire à la société, que j'aime si naturellement, je chasse cette première pensée, et la seconde est de sentir une véritable douceur de penser que je m'en vais la trouver, que je ne fais plus rien que dans cette vue : voilà, ma chère bonne, l'état où je suis[4].

s'est conservé ; voyez et conférez la note 1 de la lettre 1372 (X, 139). Nous n'avons donc pas hésité à faire la correction.

3. Nous n'avons pas rencontré ailleurs cette expression *me chaîner*. Peut-être Mme de Sévigné avait-elle écrit ou voulu écrire *me chagriner*. Il suffit pour cela de supposer au milieu du mot l'omission de deux lettres, soit par Mme de Sévigné elle-même, soit par le copiste. Cette supposition n'a rien de trop invraisemblable. Nous n'avons pas cru cependant, quant à présent, devoir introduire la correction dans le texte. Le mot *chaîne* est pris assez souvent dans le sens de souci, d'ennui, de tourment ; *me chaîner* pourrait donc fort bien avoir à peu près le même sens que *me chagriner*, et être une expression familière, dont Mme de Sévigné se serait servie à dessein pour donner un certain relief à sa pensée et en bien marquer le ton.

4. Tout ce passage fait voir clairement que cette lettre a été écrite peu de jours après le départ de Mme de Grignan et fort peu de temps par conséquent après la précédente ; conférez la note 2 ci-dessus.

Monsieur le Chevalier fait, de son côté, des merveilles; mais des merveilles solides, dont le pauvre marquis sera ravi, et vous bien soulagée.

Je ne croyois pas que mon souvenir vous pût attraper dans ces hôtelleries; j'y avois passé si légèrement que je croyois mes traces effacées : je vous en suis plus obligée, ma chère Comtesse, de me retrouver ainsi en courant. Je fais mille amitiés à ma chère Pauline. Je remercierai Sanzei[5] des bonnes perdrix de sa mère. Je voudrois bien que vous eussiez trouvé partout la permission de manger des œufs frais : je crains les carpes et les arêtes. Mon fils vous fait cent mille protestations : il fait l'affligé, du parti que je prends sans balancer. Il me prie de faire ses compliments à M. de Rochebonne : il se souvient de toutes les obligations qu'il a au mari et à la femme[6].

Vous voyagez d'une manière à conserver votre santé et votre équipage : n'est-ce pas un plaisir ? Corbinelli est ravi que vous aimiez son livre[7]; que ne vous dit-il

---

5. Mme de Sévigné entendait désigner un des fils de la comtesse de Sanzei; mais était-ce le comte, l'abbé ou le chevalier de Sanzei, tous trois fils de Louis Turpin de Crissé, comte de Sanzei, et d'Anne-Marie de Coulanges, comtesse de Sanzei, sœur d'Emmanuel de Coulanges? Nous pensons qu'il s'agissait du comte de Sanzei, l'aîné de la famille. Si elle avait voulu désigner l'abbé ou le chevalier, Mme de Sévigné n'aurait vraisemblablement pas mis *Sanzei* tout court; elle aurait eu soin d'ajouter la qualité. Le comte de Sanzei, ami du marquis de Grignan, était alors capitaine de dragons; il se conduisit brillamment à la défense de Namur en 1695, et fut fait colonel à la fin de la même année; voyez le *Journal de Dangeau*, au 7 novembre 1695.

6. Charles de Sévigné était allé prendre les eaux en Provence en 1691 (voyez la *Notice*, page 293); c'est sans doute à cette époque qu'il avait eu à se louer des soins ou des bons offices de M. et de Mme de Rochebonne.

7. Il s'agissait sans doute, ici et dans la lettre précédente (voyez la lettre 165 ci-dessus, note 18), du livre que Corbinelli

1694 point de l'adoration qu'il a pour vous? Je lui dis toujours que vous le souhaitez à Grignan. Il a dîné gras avec Monsieur le Chevalier : c'étoit un levraut de Bâville ; moi, j'avois un poisson noble, et je donne quelquefois à dîner, non pas proprement comme M. du Coudray, mais trop bien pour une personne grêlée. Je crois que Monsieur l'Archevêque se lassera à la fin de payer si longtemps ses dettes : c'est un état violent[8]. Vous avez vu l'abbé de Pompone : Monsieur son père n'étoit pas content de son départ[9].

Ma chère bonne, j'abuse de votre amitié, en ne vous disant rien qui vous puisse divertir. Nous voyons assez souvent M. du Coudray : je lui ai fait voir *la Comtesse de Tende*[10], dont il est charmé. Vous ne seriez

venait de faire paraître, sous le titre : *Les anciens historiens latins réduits en maximes*, Paris, 1694, in-12.

8. Conférez la lettre précédente, note 22.

9. Conférez, sur ce passage, la lettre précédente, note 17.

10. Roman de Mme de la Fayette. Ce passage fait voir que ce roman, qui n'a été publié que fort longtemps après la mort de l'auteur, circulait cependant déjà manuscrit à l'époque où notre lettre fut écrite, et que Mme de Sévigné en avait obtenu une copie, ou que le manuscrit original lui avait été communiqué. On sait, du reste, que l'abbé de la Fayette, qui hérita des manuscrits de sa mère, les communiquait volontiers, et personne assurément ne méritait mieux une pareille faveur que Mme de Sévigné, juge si compétent, amie si parfaite, à qui Mme de la Fayette écrivait quelques mois à peine avant sa mort (lettre 1339, du 24 janvier 1692, X, 68) : « Croyez, ma chère, que vous êtes la personne du monde que j'ai le plus véritablement aimée. » Mme de la Fayette était morte au mois de mai 1692 (voyez la note 1 de la lettre 1358, X, 107). *La Comtesse de Tende*, trouvée parmi ses papiers, avait été composée, paraît-il, pour répondre à certaines critiques dont *la Princesse de Clèves* avait été l'objet. Elle a été publiée pour la première fois en 1724, dans le *Mercure*, sous ce titre : « La Comtesse de Tende, nouvelle historique par Mme de la Fayette. » (*Mercure de France*, juin 1724, pages 1267-1291.) Nous ne connaissons du moins aucune publication antérieure. Elle a été réimprimée depuis très-souvent à la suite de *la Princesse de Clèves*.

pas trop charmée d'une satire de Perrault [11], sur celle [12] de Despréaux : la préface en prose est ce qu'il y a de meilleur.

Je ne sais pourquoi vous prenez [13] du mal de l'abbé Têtu ; je crois que vous lui faites trop d'honneur : c'est une bonne insomnie, ce sont des nuits affreuses, qui le font trembler de devenir insensé ; il est dans une foiblesse épouvantable. Pour moi, je suis frappée de ce mal, et crois que la crainte de perdre la raison est le plus grand des maux. Vous parlez parfaitement bien de l'*Avertissement* [14] de M. du Bois ; vous en jugez équita-

11. Il s'agit de *l'Apologie des femmes* de Perrault, qui venait de paraître, et qui était en effet une satire sur la satire X de Boileau, publiée elle-même peu de temps auparavant, sous le titre : *Dialogue ou satire X du sieur D****. La satire de Perrault parut, imprimée in-4º, chez Coignard, Paris, 1694, précédée d'une préface de vingt et une pages ; la satire elle-même en a quinze ; l'*achevé d'imprimer* est du 26 mars 1694. La satire de Boileau avait été publiée au commencement de la même année, chez Thierry. Il en fut fait en même temps trois éditions de formats divers, toutes les trois avec le même titre. Ces publications étaient toutes récentes, et la mention qui en est faite ici aurait pu servir au besoin pour fixer l'époque où notre lettre a été écrite. Conférez plus haut les notes 2 et 4.

12. Le manuscrit porte *celles* au pluriel, mais c'est une faute du copiste ; il ne s'agissait que de la satire X, qui venait de paraître, et qui avait donné lieu à la satire de Perrault.

13. On pourrait être tenté de croire qu'un mot a été omis ici, et que Mme de Sévigné avait mis, ou voulu mettre : « Je ne sais pourquoi vous prenez [souci] du mal de l'abbé Têtu. » Mais la suite du passage doit, croyons-nous, faire rejeter cette correction, que nous avions été d'abord porté à admettre. Mme de Grignan avait sans doute écrit à sa mère qu'elle se sentait prise du mal de l'abbé Têtu, qu'elle avait des insomnies, etc., et c'est en réponse à ces paroles que Mme de Sévigné lui avait écrit ce qu'on lit ici.

14. En 1694, M. du Bois fit paraître, chez Coignard, le premier volume de sa traduction des *Sermons de saint Augustin sur le Nouveau Testament*, en tête de laquelle se trouve un avertissement de soixante-cinq pages ; c'est bien vraisemblablement de cet aver-

blement, et vous le louez comme il mérite de l'être : je lui ferai voir son éloge.

Nous venons, Monsieur le Chevalier et moi, de chez Mme de Coulanges : elle a une colique de vents qui la fait vomir, qui n'est pas une petite maladie pour elle : c'est un mal de famille. La marquise de la Trousse[15] y avoit été, et sa petite-fille[16], fort jolie. Cette marquise se plaint que vous n'ayez pas voulu lui dire adieu.

Je vous embrasse bien tendrement, ma chère Comtesse. Je fais mille amitiés à Mme de Rochebonne ; je vous en demande une petite pour mon abbé Charrier. Je remercie ma chère Martillac de son petit billet; elle sait le plaisir qu'elle me fait. Comment se porte le pauvre Soleri?

tissement que Mme de Sévigné entendait parler ici. Conférez la lettre suivante, note 16.

15. Marguerite de la Fond, veuve de Philippe-Auguste le Hardi, marquis de la Trousse. Le marquis de la Trousse était mort au mois d'octobre 1691 ; voyez la note 1 de la lettre 1338 (X, 66).

16. La marquise de la Trousse avait eu de son mariage une fille unique, Henriette-Marie de la Trousse, mariée en 1684 au prince de la Cisterne (dont elle devint veuve en 1698), qui eut elle-même une fille qui mourut en 1702 ; c'est sans aucun doute de cette dernière, c'est-à-dire de la petite-fille de la marquise, qu'il était question ici ; voyez la lettre 1491, de Mme de Coulanges à Mme de Grignan, du 4 avril 1702, dernier alinéa (X, 473 et 474).

167. — DE MADAME DE SÉVIGNÉ
A MADAME DE GRIGNAN¹.

[Paris], lundi 5ᵉ avril.

Je reçois votre lettre de Varennes², ma chère Comtesse : nous n'avions pas manqué de vous écrire à Moulins ; vous nous faites rire, quand vous dites à Monsieur le Chevalier : « Pour vous, je comprends que vous pouvez avoir eu des affaires ; mais ma mère, comment peut-elle m'oublier ? » En vérité, ma bonne, j'en serois encore plus étonnée que vous ; mais personne ne vous oublie, et vous n'êtes pas sincère de dire seulement que vous le croyez.

Monsieur le Chevalier fait toutes vos affaires avec une attention et une exactitude qui est toujours suivie du succès. Je le voyois recevoir toutes vos commissions en partant, d'un air chagrin, disant qu'il ne vouloit point se charger de tout cela ; je me moquois de cette rudesse apparente, et je prévoyois tout ce que je vois. Vous dites encore des merveilles, sur ce que vous croyez qu'il n'a point d'envie d'aller à Grignan. Je lui disois tout à l'heure : « C'est qu'elle ne veut pas que vous y

---

Lettre 167 (lettre inédite). — 1. Cette lettre se trouve dans notre manuscrit, tome IV, pages 241 et suivantes ; elle est transcrite immédiatement à la suite de la précédente ; la fixation de la date n'a présenté aucune difficulté, malgré l'insuffisance de l'inscription, qui, ici encore, ne contient ni l'indication du lieu ni celle de l'année ; conférez plus haut la note 1 de la lettre 165 et la note 2 de la lettre 166, et ci-après les notes 14, 17 et 18.

2. Varennes-sur-Allier, chef-lieu de canton du département de l'Allier, arrondissement de la Palisse.

alliez; car elle tente³ d'y manquer par la manière dont elle y paroît déjà toute résolue. » Mais ne vous flattez pas ; vous aurez, ma chère bonne, tout ce que vous desirez, pourvu que Dieu le veuille autant que nous ; car vous n'ignorez pas qu'il est le maître !

Vous m'attendrissez, en me parlant du cœur de ma grand'mère⁴ ; il avoit été rempli de l'amour de Dieu. Vous aurez trouvé celui de mon grand-père⁵, à Lyon⁶, marqué à la même marque : ces bonnes personnes-là doivent bien prier Dieu pour nous !

Vous y êtes aujourd'hui à ce beau Lyon ; je suppose que les voleurs de Vise⁷ vous auront laissé passer : ceux que vous avez trouvés en chemin, pendus et roués, étoient ou doivent être des passe-ports. Nous ne vous perdrons point de vue sur ce Rhône si fier ; nous vous croyons encore plus fière, et qu'il aura pour vous la conduite de ces anciens fleuves, qui étoient galants.

3. C'est-à-dire, car elle donne la tentation d'y manquer.
4. Jeanne-Françoise Frémiot, baronne de Rabutin Chantal, grand'mère de Mme de Sévigné, était morte à Moulins, le 13 décembre 1641, au couvent de la Visitation Sainte-Marie, qu'elle avait fondé : on y conservait son cœur.
5. Christophe de Rabutin Chantal, gentilhomme ordinaire de la chambre de Henri IV, gouverneur de Semur, né en 1563, mort en 1600. Il avait épousé Jeanne-Françoise Frémiot en 1592 ; voyez la *Notice*, pages 5 et suivantes.
6. Il semble résulter de ce que dit ici Mme de Sévigné que son grand-père avait été enterré à Lyon. On sait qu'il mourut dans une partie de chasse, à l'âge de trente-sept ans ; mais nous ignorions le fait particulier que paraît révéler ici notre lettre.
7. Nous ignorons de quelle localité il s'agit ; et le nom pourrait bien avoir été mal écrit ; la première lettre est douteuse dans le manuscrit, et on peut lire *Dise* aussi bien que *Vise*. Peut-être est-ce d'Urbise que Mme de Sévigné entendait parler ; ce village, situé à six lieues au nord-est de Roanne, dans le département de la Loire, se trouve, dans tous les cas, sur le trajet qu'avait dû suivre Mme de Grignan pour se rendre à Lyon, et il n'en est aucun autre dont le nom se rapproche davantage de celui qui se lit dans le manuscrit.

Nous vous avions mandé la mort de ce premier président de Grenoble[8], et comme le pauvre Croisilles[9], en l'apprenant par des personnes toutes en pleurs et en cris, et croyant que ce fût son frère, respira, quand il apprit que ce n'étoit qu'un des hommes du monde qu'il aimoit le plus[10]. Nous dirons à M. du Coudray qui vous mettez à cette place[11], et pourquoi.

Cette lettre vous trouvera à Grignan; je vous y vois avec ce cher Comte, que j'aime et que j'embrasse, et à qui je demande s'il veut bien m'y recevoir encore[12]. Je vois M. de la Garde : mon Dieu ! que sa bonté pour moi m'a fait une grande impression, et que je compte bien avec plaisir de la retrouver encore ! Je me représente vos conversations et ce qui les remplit ; je souhaite que le Saint-Esprit soit au milieu de vous : il ouvre aujourd'hui le jubilé[13] dans toutes les églises.

Le mariage de M. de Lavardin[14] est toujours sous terre, et n'en sauroit sortir. Mlle de Lavardin me parut hier dans la même incertitude que je vous ai représentée ; cet état n'est pas obligeant pour une famille qui croit avoir fait le pont-neuf pour une prompte décision :

---

8. Conférez plus haut la lettre 165, note 36. Ce premier président de Grenoble était un frère du maréchal Catinat.
9. Voyez plus haut la note 20 de la lettre 160.
10. C'est-à-dire, que son frère aimait le plus.
11. C'est-à-dire, qui vous aimez le plus.
12. Conférez plus loin le 3e alinéa de la lettre 170.
13. C'était le grand jubilé (*jubileum universale*) que le pape Innocent XII, par une bulle du mois de décembre précédent, avait ordonné, pour obtenir la paix entre les princes (*pro pace inter principes*). La France était alors en guerre avec presque toute l'Europe. Voyez l'*Histoire des indulgences et des jubilés*, Paris, Charles Robustel, 1702, in-12, page 216. Le jubilé fut ouvert à Paris le 5 avril, comme le dit ici Mme de Sévigné.
14. Voyez plus haut la lettre 165, notes 12 et 38.

ces écritures célestes sont quelquefois bien difficiles à déchiffrer[15] !

Voilà un billet que m'écrit Corbinelli, sur ce que vous lui mandiez. Je ne sais pourquoi M. du Bois s'est tant cassé la tête pour nous donner des sermons[16] qui ne feront pas tant d'effet que ceux du bon Séraphin[17], qu'on loue fort : je vais toujours à ma paroisse, avec mes fidèles crottes[18]. Si j'apprends quelque nouvelle avant que de fermer cette lettre, je vous la manderai.

Je m'étois déjà dit, ma bonne : *Pete, non dolet*[19] ; car c'est cela précisément : je ne sais rien, quoique j'aie été chez Mme de Louvois[20] et dans le quartier Saint-

15. Mme de Sévigné faisait allusion à ce qu'elle avait dit elle-même, au sujet de ce mariage, dans une lettre précédente ; voyez plus haut la lettre 165, note 12. Le mariage, du reste, finit par se conclure ; voyez ci-dessous la note 42 de la lettre 168.
16. Il s'agissait de la traduction des sermons de saint Augustin sur le Nouveau Testament que venait de faire paraître M. du Bois ; voyez la note 14 de la lettre précédente.
17. En 1694 furent publiés, en effet, les quatre premiers volumes des *Homélies* du P. Séraphin *sur les évangiles des dimanches*, Paris, chez Edme Couterot, 6 volumes in-8°. L'*achevé d'imprimer*, pour les premiers volumes, est du 31 mars 1694. Les deux derniers volumes ne parurent qu'en 1695.
18. C'est-à-dire à pied, sans carrosse.
19. *Demande, interroge, cela ne fait aucun mal.* Mme de Sévigné jouait, on le voit, sur le mot d'Arria : *Paete non dolet*, dans lequel il suffisait de supprimer une lettre, sans rien changer à la prononciation, pour faire de ce mot célèbre une maxime à l'usage des nouvellistes et des gazetiers. Sur l'aventure d'Arria et de Pétus, voyez les lettres de Pline le jeune, livre III, lettre 16. Mme de Sévigné, dans une autre lettre, avait déjà fait précédemment l'application du mot d'Arria, mais en le prenant dans son vrai sens ; voyez la lettre 1010, au président de Moulceau, du 27 janvier 1687, 2ᵉ alinéa, note 3 (VIII, 13).
20. Anne de Souvré, marquise de Courtenvaux, mariée le 19 mars 1662 au marquis de Louvois, dont elle était devenue veuve le 16 juillet 1691 ; voyez la note 3 de la lettre 355 (III, 308).

Honoré, avec Mme de Coulanges. Mlle de Louvois[21] fait mille amitiés à Pauline. L'habit de ses noces[22] coûtera cinq mille francs, ses cornettes cinq cents écus, et je vous embrasse !

1694

168. — DE MADAME DE SÉVIGNÉ
A MADAME DE GRIGNAN[1].

Paris, lundi 19º avril[2].

Je crois que présentement, ma chère bonne[3], *je

21. Marguerite le Tellier, fille cadette de Louvois, née le 14 juillet 1678, sœur de la duchesse de la Roche-Guyon ; elle allait épouser Louis-Nicolas de Neufville, marquis d'Alincourt, fils du duc de Villeroi.

22. Voyez dans la lettre suivante le récit de ces noces.

Lettre 168 (lettre entière, en grande partie inédite, en partie restituée). — 1. Cette longue et belle lettre, une des plus remarquables, croyons-nous, que Mme de Sévigné ait écrites, se trouve dans notre manuscrit, tome II, pages 412 et suivantes. Les anciens éditeurs n'en avaient absolument rien fait connaître. M. Monmerqué en a le premier publié deux fragments, d'après le Grosbois, en 1827 (*Lettres inédites*, numéro 19, pages 55 et suivantes) ; ils figurent dans la correspondance générale sous le numéro 1373 (X, 140). Ces fragments, par l'incurie du copiste, avaient subi de très-graves altérations que nous avons signalées ailleurs (voyez l'*Introduction*, pages 149 et suivantes). Nous n'avons pas hésité un instant à donner la lettre dans son intégrité.

2. Notre manuscrit porte ici, comme le Grosbois : « Lundi 20º avril. » C'est encore une erreur sur le quantième ; les premiers éditeurs avaient déjà eu soin de la rectifier. Conférez plus haut la note 2 de la lettre 166.

3. Ces mots, supprimés comme d'habitude par le copiste du

ne me tromperai pas, quand je vous croirai à portée de*
pouvoir embrasser⁴ *M. de Grignan pour moi. Le miracle que le ciel vient de faire pour dissiper cette flotte⁵,
si bien concertée avec les troupes qui devoient venir du
côté des montagnes pour dévorer la Provence, me persuade que M. de Grignan est revenu dans son château⁶,
où il a trouvé assurément une très-bonne compagnie.
Ce même hôte divin, avec* qui on ne compte jamais assez, et sans*⁷ qui on ne sauroit rien faire de bien, vous
aura sans doute inspirés⁸ pour choisir entre l'or et les

Grosbois, manquent par suite, ici et plus loin, dans le texte donné par les premiers éditeurs.

4. Les mots *pouvoir embrasser*, essentiels pour le sens et pour la construction de la phrase, ont été sautés par le copiste du Grosbois, et cette omission, qui avait altéré gravement ce passage, a obligé les premiers éditeurs à rattacher les mots *pour moi* à la phrase suivante, qu'ils ne font qu'embarrasser ; voyez l'*Introduction*, pages 149 et 150.

5. Les Anglais et les Hollandais avaient en effet envoyé dans la Méditerranée, au commencement de l'année 1694, une flotte considérable, à la fois dans un but commercial et dans un but de guerre. Cette flotte, au milieu de laquelle se trouvaient quarante-cinq vaisseaux marchands, richement chargés, destinés pour Smyrne, devait, après avoir assuré l'arrivée du convoi qu'elle escortait, porter des secours au duc de Savoie, en guerre contre la France ; mais assaillie par une tempête, presque aussitôt après avoir franchi le détroit de Gibraltar, elle fut obligée de rebrousser chemin et périt en grande partie. Voyez dans le numéro du *Mercure* du mois d'avril 1694, pages 199 et suivantes, un long récit de la perte de cette flotte, et conférez un passage du *Journal de Dangeau* rapporté dans la note 2 des fragments imprimés (X, 140).

6. Mme de Sévigné se trompait ici dans ses prévisions ; voyez le commencement de la partie imprimée de la lettre du 21 avril suivant (lettre 1374, X, 144), dont nous donnons, sous le numéro qui suit, la date et le début.

7. Une ligne entière avait été sautée ici par le copiste du Grosbois, et cette faute avait complètement défiguré le texte ; voyez l'*Introduction*, pages 150 et 151, et conférez la note 3 des fragments imprimés (X, 140).

8. Les deux manuscrits portent ici, comme nous l'imprimons,

pierres⁹ : il en arrivera ce qui est écrit, où vous savez.

C'est enfin aujourd'hui que finit la longue magnificence de la noce de Mlle de Louvois¹⁰. Il y a deux mois qu'elle est exposée au public : j'admire qu'elle n'ait pas été pillée, comme ces grands festins dont la vue fait succomber à la tentation. Monsieur de Reims¹¹ a donné, outre beaucoup de louis d'or, qui ont accompagné ceux de Madame la Chancelière¹² et de Mme de Bois-Dauphin¹³, et ceux d'un des coins de la cassette de pierreries de la maréchale de Villeroi¹⁴, deux pendeloques que vous avez sans doute vues et admirées à feu Mademoiselle¹⁵, qu'on estimoit douze mille écus; il les a eues

---

inspirés, et non pas *inspirée*, comme l'avait mis M. Monmerqué, et comme l'ont mis aussi, d'après lui, les derniers éditeurs : Mme de Sévigné entendait parler ici, fort naturellement, de M. et de Mme de Grignan, et non pas uniquement de cette dernière.

9. Allusion à deux différents projets de mariage pour le jeune marquis de Grignan, l'un qui devait apporter beaucoup d'*or*, l'autre qui n'offrait en perspective que des *pierres*, c'est-à-dire de vieux châteaux et quelques terres peu productives; voyez la lettre 1374, du 21 avril suivant, 1ᵉʳ et 3ᵉ alinéas (X, 144 et 146), où Mme de Sévigné fait allusion aux mêmes projets, et conférez d'ailleurs la *Notice*, page 296.

10. Voyez la note 21 de la lettre précédente.

11. Charles-Maurice le Tellier, archevêque de Reims, oncle de Mlle de Louvois; voyez plus haut, dans ce recueil, tome I, page 253, la note 8 de la lettre 5.

12. La chancelière le Tellier (Élisabeth Turpin, veuve de Michel le Tellier), grand'mère paternelle de Mlle de Louvois.

13. Marguerite de Barantin, marquise de Bois-Dauphin, grand'mère maternelle de Mlle de Louvois.

14. Marguerite de Cossé, duchesse et maréchale de Villeroi, dont le fils, le marquis d'Alincourt, épousait Mlle de Louvois. Voyez, sur la duchesse de Villeroi, l'*Introduction*, pages 206 et suivantes.

15. Anne-Marie-Louise d'Orléans, duchesse de Montpensier, la *grande Mademoiselle;* elle était morte l'année précédente, le 5 avril 1693.

pour treize mille francs, et les jette encore à deux des quatre ou six oreilles que je souhaite à sa nièce : enfin cette pauvre créature, importunée comme Midas[16] de l'or dont elle est chargée, est présentement chez sa grand'mère la chancelière, avec toute sa noble compagnie, où l'on signera et lira le contrat[17]. A huit heures, on sera chez Mme de Louvois[18], où M. de Langlée[19], pour la soulager, prend le soin du souper. Ce sont cinq tables de vingt personnes chacune, servies comme chez *Psyché*[20] : on a jeté six cents pistoles, pour faire que ce soit un petit repas bien propre. Mme de Coulanges n'est point priée chez la chancelière ; elle me mande qu'elle en est toute étonnée[21] ; c'est que les parents des alliances[22]

16. Perse, *Sat.* I, v. 120 :

.... *Vidi, vidi ipse, libelle,*
Auriculas asini Mida rex habet....

Ce trait, transporté avec tant d'art par Boileau dans sa satire IX, et rendu par lui populaire, a sans doute inspiré à Mme de Sévigné la comparaison qui se lit ici.

17. Tel est le texte des deux manuscrits. M. Monmerqué et les derniers éditeurs, peut-être simplement par mégarde, car ils ne donnent pas avis du changement, ont mis : « où on lira et signera le contrat. » Le changement est peu important et pourrait même aisément se justifier, mais il n'est pas nécessaire ; rien n'obligeait ici Mme de Sévigné à indiquer les faits dans l'ordre dans lequel ils se produisent le plus ordinairement ; et d'ailleurs il est d'usage de faire signer le contrat par *les parties* avant d'en donner lecture *ad honorem* aux amis invités à cet effet.

18. Voyez la note 20 de la lettre précédente.

19. Claude Langlée, courtisan célèbre, et grand ami de la famille Louvois. Il était fils d'une femme de chambre d'Anne d'Autriche ; voyez la note 5 de la lettre 234 (II, 455 et 456) et la note 10 de la lettre 429 (IV, 47).

20. La Fontaine, *les Amours de Psyché*, livre I. — Comparez au récit de Mme de Sévigné le récit donné par le *Mercure* dans le numéro d'avril 1694, pages 196 et suivantes.

21. *Toute étonnée* est la leçon des deux manuscrits.

22. C'est-à-dire les parents de la famille à laquelle on s'alliait,

ont tenu un si grand terrain, que les tantes à la mode de
Bretagne[23] ont été cassées et suffoquées. Le seul M. de
la Rochefoucauld[24], avec un peu de dureté et d'inhumanité, refuse l'honneur de sa présence à cette grande
fête, où tous les ducs[25], les Estrées, les Armagnac, les
Brissac et autres se font un plaisir de se montrer. On
trouve qu'une femme[26] couverte de tant de millions, la
plus honnête, la plus attachée à leur maison, qui a fait
tomber tant de présents chez elle du temps de M. de
Louvois, qui n'est point coupable du petit tour de feu
Langlade[27], qui s'appeloit une tromperie en ce temps-

---

les parents des Villeroi. Le texte donné par les premiers éditeurs
porte, d'après le Grosbois : « et c'est que les parents, etc. » La
conjonction *et* ne se trouve pas dans notre manuscrit, et c'est évidemment une addition à mettre au compte du copiste, car elle
n'a aucune raison d'être en cet endroit.

23. Mme de Coulanges, dont la mère était sœur de la chancelière le Tellier, était en effet tante à la mode de Bretagne de la
mariée.

24. François de la Rochefoucauld, fils aîné de l'auteur des
Maximes. Son fils, le duc de la Roche-Guyon, avait épousé en
1679 (voyez plus haut la note 1 de la lettre 80) Madeleine-Charlotte le Tellier, sœur aînée de Marguerite.

25. Il y a dans notre manuscrit : « tous les *Dules* », et dans le
Grosbois : « tous les *Jules* ».

26. La duchesse de la Roche-Guyon.

27. Jacques de Langlade, d'abord secrétaire du duc de Bouillon,
devenu plus tard favori de Louvois et ami des la Rochefoucauld,
avait pris une grande part à la négociation du mariage de la fille
aînée de Louvois avec le duc de la Roche-Guyon, et il avait sans
doute fait insérer dans le contrat quelque clause ambiguë, qui
avait par la suite donné lieu à des difficultés, et dont les la Rochefoucauld s'étaient offensés. Langlade était mort en 1680; voyez
et conférez la note 7 de la lettre 134 (II, 63), lettre 364, 3e alinéa et note 15 (III, 336 et 337), l'avant-dernier alinéa de la lettre 755, note 35 (VI, 99), et la lettre 854, note 4 (VII, 77). — Le
copiste du Grosbois a ajouté *M.* devant le nom et mis : « de feu
M. Langlade »; notre manuscrit porte simplement, comme nous
l'imprimons : « de feu Langlade ».

là et qui est réparée par de si grands biens présentement, qui leur donne de si beaux garçons[28], sans compter les années qui se sont passées depuis cette offense à leur orgueil, joint aux lois du christianisme[*29], on trouve que tant de raisons devoient obliger ce duc à faire une visite à Mme de Louvois et à se montrer à sa noce. Pour moi, qui honore M. de la Rochefoucauld, je suis fâchée que le temps ne lui fasse point oublier une chose qui doit être entièrement effacée. Je vous manderai la suite ; car quelque lassitude qu'on ait de tout cela, cette fête tient un si grand terrain, qu'on s'en trouve toujours importunée, malgré qu'on en ait : tous les autres mariages n'ont duré qu'un moment et sont oubliés, celui-là seul se fait faire place. Ma chère Pauline, vous y pouvez manger votre pain à la fumée du rôt ; mais je ne vous conseille pas de regretter le *milord* qu'a épousé Mlle de Gramont[30]. S'il étoit joli comme ses laquais, il faudroit

28. La duchesse de la Roche-Guyon, à cette époque, avait sept garçons.

29. Ici s'arrête, au milieu de la phrase, — une des phrases les plus longues, mais aussi une des plus belles peut-être qu'ait écrites Mme de Sévigné, — le premier fragment du Grosbois. Le copiste ayant dépassé le point où il lui avait été marqué de s'arrêter, qui se trouvait à la fin de la phrase précédente, n'a pas eu le courage de pousser jusqu'au bout la transcription de la longue phrase qu'il avait commencé par mégarde de reproduire, et, sans se préoccuper du sens, il l'a abandonnée à moitié chemin, et a transcrit à la suite, sans marquer aucune séparation, le second fragment, qui n'avait avec le premier aucun rapport. M. Monmerqué avait laissé à l'écart la phrase tronquée, et n'en avait pas même fait mention. Les derniers éditeurs l'ont signalée, et ont même pris le soin de la rapporter en note ; voyez la note 12 des fragments imprimés (X, 142). — Notre manuscrit porte très-nettement : « *joint* aux lois du christianisme », qui est évidemment la bonne leçon, et non pas : « *joints* etc. », comme l'ont imprimé, d'après le Grosbois, les derniers éditeurs ; voyez la note 12 précitée des fragments imprimés.

30. On lit, en effet, dans le numéro du *Mercure* du mois d'avril 1694, pages 194 et 195 : « Milord comte de Stafford épousa, au

se pendre ; mais de l'humeur dont je vous connois, vous ne vous seriez point accommodée d'un si vilain mâtin[31], et votre aimable réputation auroit été mal récompensée d'un si bizarre établissement.

Au reste, ma bonne, puisque Pauline me fait souvenir du P. Paulinier[32], je suis obligée de vous dire qu'il

---

commencement de ce mois, la seconde fille de M. le comte de Gramont, seigneur de Semeac, Hibos, Sauroüille, gouverneur du pays d'Aunis, et frère de feu M. le maréchal duc de Gramont et de M. le comte de Toulongeon.... La nouvelle mariée a été fille d'honneur de Madame la Dauphine. » — Mlle de Gramont avait dû épouser, quelques années auparavant, le marquis de Gordes, neveu de Louis-Marie-Armand de Simiane de Gordes, évêque de Langres; mais ce mariage, au sujet duquel Mme de Sévigné avait déjà exercé sa verve railleuse (voyez la lettre 1081, du 3 novembre 1688, 3ᵉ alinéa, notes 10 et 11, VIII, 240 et 241), avait fini par échouer. Nous devons faire observer, du reste, que le *Mercure* et le *Journal de Dangeau* ne sont pas parfaitement d'accord : tandis que le premier fait épouser à milord Stafford la sœur cadette, le second lui fait épouser la sœur aînée : « Milord Stafford épousa à Paris mademoiselle de Gramont, fille aînée du comte de Gramont ; elles ne sont que deux filles, qui ont été toutes deux filles d'honneur de feu Madame la Dauphine. Elles n'ont point de frère ; ainsi elles auront assez raisonnablement de bien. » (*Journal de Dangeau* du 6 avril 1694.) Dans une note ajoutée au passage de Dangeau qu'on vient de lire, Saint-Simon fait en ces termes, — qui expliquent et justifient parfaitement, ce nous semble, les paroles de Mme de Sévigné, — le portrait de milord Stafford : « Catholique, depuis bien des années en France, fort extraordinaire et en obscure compagnie, vieux et assez riche, à qui on avait donné le sobriquet de *milord Caca.* »

31. Le manuscrit porte très-nettement *mâtin*, et non pas *matou*, que Mme de Sévigné aurait sans doute fort bien pu mettre, et qu'elle employait assez souvent, mais qui n'a ni le même sens, ni la même énergie.

32. *Paulinier*, ou plutôt *Poulinier*, comme le nomme Saint-Simon, qui dit de lui : « Le P. Poulinier, qui a été abbé de Sainte-Geneviève, étoit un saint, mais de ces saints grossiers et durs, sans aucune connoissance du monde. » (*Mémoires*, tome VI, page 428.) Mme de Sévigné avait peut-être altéré à dessein le nom ; ce qu'elle dit plus loin porte à le croire ; car c'est à Pauline qu'elle avait

1694 ne s'est point du tout mêlé ni du café ni de mon jeûne. Il sait assez que vous êtes ma fille pour ne point entrer dans ces détails : ôtez donc ce paquet de dessus son dos, avec les autres que vous y avez mis, avec assez d'injustice, ne vous en déplaise. Il est vrai que sur la fin du carême, je pensai en moi-même que ne vous ayant plus, et ne pouvant pas me faire mal en me privant de ce plaisir, c'étoit jeûner un peu moins mal, et le nom de ce Père me vint, pour dire que je lui ferois ma cour ; mais tout cela se passa intérieurement, et je le contai en badinant à Pauline, je ne sais pourquoi : voilà la pure vérité. Depuis Pâques, je prends des bouillons, pour me préparer à une purge ; et puis le café me consolera de tout, et me conduira jusqu'à vous.

Mon Dieu, ma chère bonne, quelle pensée que celle que ce Rhône, que vous combattez, qui vous gourmande, qui vous jette où il veut ! Les barques, ces cordages, ces chevaux qui vous abîmoient dans un instant, s'ils eussent fait un pas : ah ! mon Dieu ! que tout cela me fait mal ! Un bon patron vous eût mise à couvert, dès qu'il auroit vu la bise si mutine ; tout dépend de là : j'en avois un qui n'auroit pas fait un pas dans tous les périls que vous me représentez. Quand je pensois que vous étiez à Anconne[33] et sur la terre, après tant d'orages, dans le

parlé dans une précédente lettre du *père* en question, et elle l'avait fait *en badinant,* c'est-à-dire sans doute en jouant sur le nom, qui, légèrement modifié, pouvait, par un rapprochement avec celui de Pauline, aisément se prêter à un jeu de mots. Quoi qu'il en soit, le manuscrit porte très-nettement *Paulinier,* comme nous l'imprimons.

33. Village sur le Rhône, dans le département de la Drôme, près de Montélimar. Le nom est écrit *Encosne* dans le manuscrit. — Plus haut, au commencement de l'alinéa, le manuscrit porte, comme nous l'imprimons : « quelle pensée que celle *que* ce Rhône que vous combattez, etc. » Peut-être Mme de Sévigné avait-elle mis : « quelle pensée que celle de ce Rhône, etc. », ou même simplement : « quelle pensée que ce Rhône que vous combattez, etc. »

temps que vous m'écriviez, je ne pouvois trop remercier
Dieu d'une si précieuse grâce : nous verrons bientôt
comme nous nous démêlerons de ce fleuve, si fier et si
peu traitable. Ce n'est que d'aujourd'hui que Monsieur
le Chevalier a bien voulu me dire tout ouvertement que
nous partirions ensemble ; j'en ai eu une véritable joie,
et je me dispose avec plaisir à faire ce voyage comme
je l'ai imaginé. Sans lui, je vous assure que je ne l'aurois pas entrepris : je connois les périls d'aller seule, et
j'eusse épargné à M. de la Garde toute la bonne réception qu'il me prépare[34]. Avec une telle compagnie j'espère donc que tout ira fort bien, s'il plaît à Dieu. Voilà
un billet de Corbinelli : il a bien regret à moi, et je lui
dis, comme vous me disiez : « Qui m'aime me suive. »

*Je[35] suis ravie de la quantité de souvenirs que vous
m'envoyez ; je les distribuerai avec plaisir : j'en avois
besoin. Envoyez-m'en une poignée pour des femmes :
des Troches, des Coulanges, des *Divines*[36] ; je ne trouve
rien en mon chemin qui ne me parle de vous.

34. Le manuscrit porte : « toute *sa* bonne réception qu'il me
prépare. » — Mme de Sévigné partit avec le chevalier de Grignan,
comme elle l'annonce ici ; voyez plus loin la lettre 170, écrite la
veille du départ, note 3.

35. Ici commence le second fragment de la lettre publiée d'après
le Grosbois.

36. Mme de Frontenac et son amie Mlle d'Outrelaise ; voyez
Saint-Simon, *Mémoires*, tome II, page 271, et tome V, pages 335 et
336. — M. Monmerqué (*Lettres inédites*, page 57, note 4) et les derniers éditeurs (voyez la note 13 des fragments imprimés, X, 142) re-
présentent Mlle d'Outrelaise comme la sœur de Mme de Frontenac ;
c'est sans doute par erreur. Saint-Simon, qui dit fort bien qu'on
appelait ces deux dames *les Divines*, et Mme de Sévigné, qui les
désigne également sous ce nom dans plusieurs de ses lettres, les
donnent comme *amies*, mais nulle part comme *sœurs* ; voyez et conférez la lettre 162, notes 5 et 6 (II, 192), la lettre 425, dernier alinéa,
note 57 (IV, 29), la lettre 1089, note 4 (VIII, 266), la lettre 1129,
dernier alinéa (VIII, 442), et la lettre 1490, dernier alinéa (X, 468).

1694

Nous revîmes hier M. du Coudray[37]; il avoit assez bien dîné avec ses amis, en partant du Coudray[38]. Il est aimable; il est aisé de l'aimer; l'amitié qu'il a pour vous réverbère sur moi, car Monsieur le Chevalier marche tout seul[39]. Il me dit une chose qui me jeta dans mon paquet[40] plus d'une heure : il pâmoit de rire. Il vous écrivit un fort joli fagotage de toutes sortes d'ingrédients : Pauline trouvera sa part. Je vous conjure[41] que mon cher comte trouve la sienne ici, et M. de la Garde ; je le prie de trouver bon que je le compte pour beaucoup dans la joie que je vais chercher à Grignan.

M. et Mme de Chaulnes parlent souvent de la belle Comtesse ; le courrier qui est allé à Rome pour M. de

37. Voyez plus haut la note 27 de la lettre 165.
38. Voyez plus haut la note 28 de la lettre 165.
39. C'est-à-dire, car Monsieur le Chevalier est aimé pour lui-même.
40. Dans une note imprimée dans les *Additions et corrections* (tome XII, *Appendice*, page 123), les derniers éditeurs élèvent des doutes sur cette expression, et se demandent s'il ne faudrait pas lire : « dans mon caquet », au lieu de : « dans mon baquet ». Notre ancienne copie porte très-nettement, comme le Grosbois, *dans mon baquet*, et nous croyons bien que c'est ce que Mme de Sévigné avait écrit. L'expression est un peu gauloise, mais elle se comprend parfaitement, et s'accorde assez bien avec les libres allures de cette plume, qui avoue elle-même fort ingénument, *qu'elle ne s'accommodoit guère bien de toutes les pruderies qui ne lui étoient pas naturelles* (voyez la lettre 181, II, 267), *qu'elle ne se contraignoit point* (voyez la lettre 254, II, 519), et *qu'elle recevoit toutes les extravagances qui se présentoient à elle* (voyez la lettre 180, II, 265), plutôt que de s'exposer à être ennuyeuse. Ces aveux n'autorisent guère la correction proposée, qui d'ailleurs, d'après l'ensemble du passage, nous semble en elle-même peu vraisemblable.
41. Au lieu de : « Je vous conjure », le copiste du Grosbois, par inattention, a mis : « Je vous assure », leçon que les premiers éditeurs avaient dû conserver, mais qu'ils n'avaient sans doute pas imprimée sans hésitation, car elle altère assez gravement la phrase, et elle donnait au mot *assurer* une signification et un emploi dont on ne trouve pas d'exemple ailleurs.

la Châtre [42] vous a porté une lettre : ils attendent à tout moment qu'on les envoie en Bretagne. J'envoie mille choses à mon fils, pour briller à Nantes [43].

Ma chère bonne, je ne vous répéterai point ennuyeusement tout ce que je suis pour vous ; si vous m'aimez, comme je le crois, je suis trop bien payée*.

---

169. — DE MADAME DE SÉVIGNÉ
A MADAME DE GRIGNAN [1].

[Paris], ce 21° avril.

JE ne sais, ma bonne, où vous prenez tout ce mauvais

---

42. Il s'agissait sans doute d'obtenir des dispenses pour le mariage, dont il a été plusieurs fois question dans les lettres précédentes, du marquis de la Châtre avec Mlle de Lavardin; voyez plus haut la lettre 165, notes 12 et 38, et la lettre 167, notes 14 et 15. Le mariage fut célébré le 9 mai suivant; voyez la note 16 des fragments imprimés (X, 143 et 144).

43. Charles de Sévigné avait été nommé, l'année précédente, lieutenant de Roi pour Nantes et le pays nantais. C'était une charge de création nouvelle, pour laquelle le titulaire avait eu à payer au Trésor soixante mille écus. D'après Dangeau (*Journal*, 16 avril 1693), cette charge ne devait rapporter que douze mille francs. C'était bien peu pour le prix; mais elle fournissait l'occasion de *briller*, et c'est de cela qu'il s'agissait surtout. Conférez la note 3 de la lettre 1343 (X, 79).

LETTRE 169 (fragments inédits). — 1. La lettre dont font partie ces courts fragments se trouve entière dans notre manuscrit, tome II, pages 373 et suivantes. Elle est reproduite presque intégralement dans le Grosbois, où manquent seulement l'inscription et les quelques lignes que nous donnons ici. Elle a été publiée pour la pretemps, dont vous vous plaignez; nous avons ici le vrai printemps, et nous croyons que l'été est à Grignan, au lieu de l'hiver que vous nous représentez. Cette bise même, qui vous a tant tourmentée sur le Rhône, étoit cachée sous le plus beau soleil du monde, et comme on ne sait pas trop le temps qu'il fait à Paris, nous nous contentons de cette belle apparence.

mière fois, en 1827, par M. Monmerqué (*Lettres inédites*, numéro 20, pages 59 et suivantes), qui l'avait donnée sous sa vraie date, que le Grosbois ne fournissait pas, mais que le contenu de la lettre permettait d'établir avec précision et presque avec certitude. Les derniers éditeurs, suivant leurs scrupuleuses habitudes, ont donné la lettre sans indication de date, mais d'ailleurs à sa vraie place, sous le numéro 1374 (X, 144). Nous avons cru devoir publier dès à présent ces courts fragments inédits, malgré leur peu d'étendue et le peu d'importance qu'ils ont en eux-mêmes, afin que la date, sur laquelle on conservait, semble-t-il, quelques doutes, soit bien fixée, et afin aussi que la courte série à laquelle appartient la lettre, et que les deux manuscrits ont révélée, soit dès aujourd'hui aussi complète que notre ancienne copie permet de la donner. Le texte de la lettre publié par les premiers éditeurs est presque partout parfaitement conforme à notre manuscrit, et nous n'aurions à y signaler que quelques omissions sans importance et quelques fautes de peu d'intérêt, les plus graves (par exemple celle à laquelle se rapporte la note 14 de la lettre imprimée, X, 148) ayant été reconnues et redressées. Nous nous bornerons à mettre l'occasion à profit pour proposer nos doutes sur un passage qui a été, nous semble-t-il, mal interprété par les premiers éditeurs, et dont le vrai sens, si nous ne nous trompons, s'écarte sensiblement de celui qu'indique le texte imprimé. Page 148, lignes 4 et suivantes, on lit dans le texte établi par M. Monmerqué et conservé sans changement par ses continuateurs : « Madame dit : « Mais ce n'est point là « une beauté, et vraiment non, ce n'en est point une, c'est quasi « une laideur; mais on se tient pour telle. » Nous ferons d'abord remarquer que ce texte est un peu équivoque, et qu'on ne voit pas très-nettement quel est le vrai sens des derniers mots : « mais on se tient pour telle ». Veulent-ils dire, *on se tient pour une beauté?* ou bien, au contraire, *on se tient pour quasi une laideur?* On peut hésiter entre les deux significations; mais la première paraît cependant de beaucoup la plus probable, les mots étant mis dans la

Embrassez pour moi M. de Grignan, si vous le pouvez².

bouche de la duchesse d'Orléans et ne pouvant être dits par elle que dans une pensée de dénigrement. Mais Mme de Sévigné avait-elle entendu réellement mettre dans la bouche de la princesse tout le discours que le texte imprimé lui prête? C'est ce que nous ne pensons pas, et, soit d'après les termes du passage lui-même, — où les mots : « Eh! vraiment non », indiquent évidemment plutôt une opposition d'idées, une réponse, que la suite d'un discours, — soit d'après ce qui précède et ce qui suit dans la lettre, il nous semble qu'il est bien plus conforme aux intentions de l'auteur de lire le texte ainsi : « Madame dit : « MAIS CE N'EST POINT LÀ UNE BEAUTÉ ! » Eh! vraiment non, ce n'en est point une ; c'est quasi une laideur ; mais on se tient pour telle. » C'est Mme de Sévigné qui disait de son propre chef ces dernières paroles, mises à tort dans la bouche de la duchesse d'Orléans, et qui les disait, non dans une pensée de dénigrement, comme aurait fait sans aucun doute la princesse, mais dans un sentiment d'équité, pour défendre la personne que tout le monde attaquait, et dont elle cherchait, elle, à atténuer les torts. En s'exprimant ainsi sur le compte de Mme Cornulier, — la dame dont la beauté était en question, — Mme de Sévigné ne faisait en effet que confirmer ce qu'elle venait de dire un instant auparavant et ce qu'elle allait répéter encore un instant après, savoir, que la pauvre dame, si impitoyablement ridiculisée, n'avait aucunement pensé être une beauté, et n'avait jamais été, en dépit de tout ce qu'on avait pu faire et dire, qu'*une beauté malgré elle*. Les mots : « mais on se tient pour telle », étaient donc, non un blâme, mais une excuse, et voulaient dire indubitablement, dans la pensée de la marquise, *mais on se tient pour ce qu'on est, on se tient pour quasi une laideur*, ce qui est tout le contraire du sens donné, ce semble, par le texte imprimé.

2. Cette phrase termine toute la lettre, et c'est entre elle et l'alinéa qui précède que se place le texte de la lettre imprimée.

1694

170. — DE MADAME DE SÉVIGNÉ
A MADAME DE GRIGNAN[1].

[Paris], lundi 10⁰ mai.

Cela est infâme de n'être pas partie samedi[2]; une messe du lendemain, voilà une belle raison! c'est pourtant celle de Monsieur le Chevalier. Le dimanche, on dit que c'est [dimanche]. Un bon jour, c'est donc le lundi? [mais] Mme de Coulanges et d'autres amies se font un honneur de nous arrêter[3], parce que je suis enrouée[4]. Je suis donc demeurée tout le jour chez elle, avec toutes mes amies, qui ne me veulent point quitter que je ne

LETTRE 170 (lettre inédite). — 1. Cette lettre, entièrement inédite, est la dernière écrite par Mme de Sévigné à sa fille. Elle se trouve dans notre manuscrit, tome IV, pages 301 et suivantes. Elle n'était pas indigne assurément de clore l'intéressante correspondance dont elle fait partie, car elle le fait de la manière la plus gracieuse et la plus aimable. Dans un cadre bien restreint, et quoique écrite dans toute l'agitation du départ, cette lettre en effet porte toutes les marques du génie de l'auteur : son esprit, son cœur, la fraîcheur et la beauté inimitable de son style, tout s'y retrouve; voyez l'*Introduction*, pages 233 et suivantes.

2. Mme de Sévigné avait, en effet, projeté de partir le 8 mai, c'est-à-dire le samedi de la semaine précédente, avant-veille du jour où elle écrivait. Dès le 25 avril, elle avait annoncé ce projet à la comtesse de Guitaut (voyez la lettre 1376, 1ᵉʳ alinéa, note 3, X, 151), et bien auparavant sans doute à sa fille; voyez plus haut la lettre 165, notes 4 et 5.

3. « De *nous* arrêter »; Mme de Sévigné devait partir, en effet, avec le chevalier de Grignan; voyez plus haut la lettre 168, note 34.

4. Ce passage est altéré et complétement dépourvu de sens dans le manuscrit, qui le donne ainsi, sans ponctuation aucune : « Le dimanche on dit que c'est un bon jour c'est donc le lundi Mme de Coulanges et d'autres amies se font un honneur de vous arrêter parce que je suis enrouée. » L'altération peut être le résultat

sois pendue⁵ ; et enfin je la serai demain matin⁶, et ne guérirai que quand je ne parlerai plus. Vous voyez bien, par tout ce que je vous dis, ma chère bonne, que j'ai toujours ce voyage dans la tête. Je ne vous ai point dit si c'est en Bretagne ou en Bourgogne ; car Mme de Guitaut est trop plaisante ; elle me prie d'aller dans son château : je crois sérieusement que je pencherai de ce côté-là, car je vais coucher à Essonne⁷.

M. et Mme de Chaulnes sont dans de grandes tribulations ; le Roi donne au maréchal de Choiseul⁸ le com-

d'omissions involontaires commises par Mme de Sévigné elle-même. On peut d'autant plus facilement l'admettre, que ces omissions, d'après nos conjectures, ne portent que sur deux mots seulement, et que Mme de Sévigné, qui n'était pas chez elle quand elle écrivit cette lettre (elle était chez Mme de Coulanges), pouvait être distraite par les personnes qui l'entouraient. Mais il se peut fort bien aussi, le texte étant très-coupé en cet endroit, que le copiste, — le copiste de notre manuscrit, ou un copiste antérieur, — ne se rendant pas compte du sens, ait supprimé, les croyant mis par mégarde, quelques mots, et soit arrivé, ce qui n'est pas très-rare chez les copistes, à rendre réellement inintelligible ce qu'il n'avait pas compris.

5. C'est-à-dire, que je ne sois partie. La même expression, avec le même sens, se trouve dans plusieurs autres lettres ; voyez la lettre 524, note 2 (IV, 406), la lettre 805, note 26 (VI, 381), la lettre 860, dernier alinéa, note 13 (VII, 104), la lettre 971, note 3 (VII, 433), la lettre 1162, dernier alinéa, note 3 (IX, 12), et plus haut, dans ce recueil, la lettre 118, note 31.

6. Mme de Sévigné partit, en effet, le mardi 11 mai ; voyez la lettre d'Emmanuel de Coulanges et de Mme de Coulanges à Pauline, écrite le même jour que la nôtre, dans laquelle le départ est annoncé également comme devant avoir lieu le 11 (lettre 1377, 1ᵉʳ alinéa, X, 153), et la lettre de Coulanges à Mme de Sévigné du 24 mai suivant, qui prouve que le départ eut effectivement lieu le jour dit (lettre 1378, X, 156). La *Notice*, page 294, fixe le départ au 4 mai ; mais l'erreur est rectifiée aux *Additions et corrections* (tome XII, *Appendice*, page 7).

7. Village sur l'Essonne, dans le département de Seine-et-Oise, à une demi-lieue sud-ouest de Corbeil.

8. Claude, comte de Choiseul, maréchal de camp en 1669, plus

mandement des côtes, c'est-à-dire de Normandie et de Bretagne [9], s'il en est besoin : cette pensée trouble le repos de gens accoutumés à n'avoir que les *Dieux* [10] au-dessus de leur tête.

Vous aurez donc un cabinet de la Chine; il vous en coûtera peu. Il est plus grand et plus beau que celui que vous approuvez [11]. Vos hardes ne faisoient que diminuer de prix ; vos deux cabinets sont hors de mode, et estimés tous ensemble [12] au-dessous de cinq cents livres ; il a fallu encore deux cents francs, pour faire les sept que vaut le cabinet, et j'en graisse la patte à M. de

tard gouverneur de Langres et de Saint-Omer, maréchal de France en 1693 ; il mourut en 1711, doyen des maréchaux de France ; voyez Saint-Simon, *Mémoires*, tome IX, pages 82 et 83, et voyez aussi la note 5 de la lettre 261 (III, 2 et 3), la note 16 de la lettre 1118 (VIII, 385), et la lettre 1513, 3e alinéa et note 4 (X, 539 et 540).

9. Le *Journal de Dangeau*, au 22 mars 1695, porte : « M. le maréchal de Choiseul commandera en Bretagne comme en Normandie. » On voit, par notre lettre, que le maréchal avait déjà été investi en partie de ce commandement, *du commandement des côtes*, en 1694. Les violentes menaces de guerre sous le coup desquelles se trouvait la France, contre qui presque toute l'Europe était alors coalisée, expliquent suffisamment la mesure prise.

10. C'est-à-dire, le Roi et les princes du sang. La Bruyère s'était servi de la même expression tout à fait dans le même sens, et c'est peut-être à cet auteur que Mme de Sévigné l'a emprunté. Dans un passage qui reflète bien les idées de l'époque, la Bruyère appelle *enfants des Dieux* les fils et petits-fils issus des rois : « Les enfants des Dieux, pour ainsi dire, se tirent des règles de la nature, et en sont comme l'exception. Ils n'attendent presque rien du temps et des années, etc. » (*Caractères*, chapitre II.)

11. Telle est la leçon du manuscrit ; Mme de Sévigné avait peut-être écrit : « que vous approuviez. »

12. C'est-à-dire, les hardes et les deux cabinets, que Mme de Sévigné avait été chargée de vendre pour payer le cabinet de la Chine. La phrase serait plus claire en mettant : « et estimé *tout ensemble* » ; mais nous avons cru devoir reproduire exactement la leçon du manuscrit.

Grignan, afin de le disposer à me bien recevoir : c'est un enfant dont j'aurai fait l'oreille[13]. Enfin, ma bonne, je serai ravie que vous en soyez contente.

En vérité, c'est une chose étrange, que de partir et de se déménager comme nous faisons : on se fait pitié à soi-même ; on n'a plus rien ; mais on est trop heureuse de vous aller voir, de vous aller embrasser, et de quitter un lieu où tout le monde va mourir, si la sécheresse continue encore huit jours[14].

Ma chère Pauline, on ne parle que de vous : je ne sais ce qui est arrivé, mais il n'y a eu qu'un cri pour remplir cette place[15]. Je remercie Martillac de la jolie

---

13. La Fontaine, *Contes*, livre II, conte 1er, *le Faiseur d'oreilles*. On remarquera certainement l'habileté avec laquelle Mme de Sévigné savait s'approprier les idées qui flottaient pour ainsi dire dans l'air, et les appliquer d'une manière originale. C'est la Fontaine qui l'a inspirée ici, la Bruyère quelques lignes plus haut, ailleurs Boileau (voyez plus haut la note 16 de la lettre 168) : les exemples seraient à l'infini.

14. La mortalité et la misère étaient, en effet, à cette époque, effrayantes à Paris; la famine et les épidémies y décimaient la population; voyez la *Notice*, page 294.

15. C'est-à-dire, pour vous écrire à la suite de ma lettre. Cette phrase donne tout lieu de penser que les lettres écrites le même jour, 10 mai 1694, à Pauline, par M. et Mme de Coulanges, — lettres réunies sous le n° 1377 dans la correspondance générale (X, 153 et 155), — étaient jointes à la nôtre, et en formaient la suite, sous forme d'apostilles. Plus heureuses que la lettre principale, ces *apostilles* furent données au public, en 1751, par Perrin, dans le recueil que cet éditeur fit paraître, à cette époque, pour servir de complément à la correspondance de la mère avec la fille, publiée par lui précédemment (*Recueil de lettres choisies, pour servir de suite aux lettres de Mme de Sévigné à Mme de Grignan, sa fille*, Paris, Rollin, 1751, in-12, pages 219 et suivantes, dans l'une des deux éditions publiées sous cette date et sous ce titre, et pages 333 et suivantes, dans l'autre). La publication de ces apostilles permet de croire que Perrin avait eu connaissance de notre lettre, et que c'est volontairement qu'il l'a laissée à l'écart, peut-

1694 lettre qu'elle m'a écrite. Et que ne dis-je point à ce cher comte, et à M. le marquis de la Garde?

être à cause des difficultés que sa lecture présentait (voyez la note 4 ci-dessus). Bien d'autres lettres de la correspondance ont dû avoir le même sort, et toutes malheureusement ne sont pas retrouvées !

FIN DU TOME SECOND.

TABLE ALPHABÉTIQUE

DES LETTRES CONTENUES DANS LE TOME SECOND

RANGÉES D'APRÈS LES NOMS DES CORRESPONDANTS

1° Lettres écrites par Madame de Sévigné a :

Coulanges (Emmanuel de) :

1680, 20 octobre, lettre 118 (partie inédite), page 224.

Grignan (M. de) :

1677, 16 juin, lettre 63 (fragments inédits), page 2.
1679, 25 octobre, lettre 77 (partie inédite), page 50.
1680, 24 janvier, lettre 84 (partie inédite et passage restitué), page 85.
23 février, lettre 88 (partie inédite), page 101.
1689, 10 janvier, lettre 122 (partie inédite), page 235.

Grignan (Mme de) :

1677, 16 juin, lettre 63 (fragments inédits), page 1.
18 juin, lettre 64 (fragments inédits), page 3.
23 juin, lettre 65 (fragments inédits), page 5.
27 juin, lettre 66 (lettre inédite), page 7.
6 août, lettre 67 (fragments inédits), page 10.
4 octobre, lettre 68 (fragments inédits), page 12.
12 octobre, lettre 69 (fragments inédits), page 15.
1678, fin mai ou premiers jours de juin, lettre 70 (lettre inédite), page 20.
de mai à septembre, lettre 71 (billet inédit), page 24.
septembre, lettre 72 (billet inédit), page 26.
septembre, lettre 73 (lettre inédite), page 27.

1678, 27 septembre, lettre 74 (fragments inédits et passages restitués), page 30.

1679, 18 octobre, lettre 75 (fragments inédits), page 32.
20 octobre, lettre 76 (fragments inédits), page 40.
25 octobre, lettre 77 (lettre entière, presque entièrement inédite), page 43.
8 novembre, lettre 78 (fragments inédits), page 57.
15 novembre, lettre 79 (lettre entière et presque entièrement inédite), page 60.
29 novembre, lettre 80 (fragments en partie inédits, en partie restitués), page 68.

1680, 5 janvier, lettre 81 (fragments inédits), page 71.
10 janvier, lettre 82 (fragments inédits), page 75.
19 janvier, lettre 83 (fragments inédits), page 78.
24 janvier, lettre 84 (fragments inédits et passage restitué), page 84.
26 janvier, lettre 85 (fragments inédits), page 88.
31 janvier, lettre 86 (fragments inédits et passage restitué), page 90.
14 février, lettre 87 (fragments inédits), page 95.
23 février, lettre 88 (fragments inédits), page 99.
28 février, lettre 89 (fragments inédits), page 106.
6 mars, lettre 90 (fragments inédits), page 112.
8 mars, lettre 91 (lettre inédite), page 115.
13 mars, lettre 92 (fragments inédits et passage restitué), page 122.
29 mars, lettre 93 (fragments inédits), page 126.
5 avril, lettre 94 (fragments inédits), page 129.
12 avril, lettre 95 (fragments inédits), page 132.
11 mai, lettre 96 (fragments inédits), page 135.
21 mai, lettre 97 (fragments inédits), page 138.
25 mai, lettre 98 (fragment inédit), page 147.
27 mai, lettre 99 (fragments inédits et passages restitués), page 149.
31 mai, lettre 100 (fragments inédits et passages restitués), page 153.
5 juin, lettre 101 (fragments inédits), page 157.
9 juin, lettre 102 (fragments inédits et passage restitué), page 161.

TABLE ALPHABÉTIQUE, ETC. 525

1680, 12 juin, lettre 103 (fragments inédits), page 165.
    3 juillet, lettre 104 (fragments inédits), page 167.
    7 juillet, lettre 105 (fragments inédits et passages restitués), page 169.
    14 juillet, lettre 106 (fragments inédits), page 174.
    17 juillet, lettre 107 (fragments inédits), page 178.
    21 juillet, lettre 108 (fragments inédits), page 180.
    28 juillet, lettre 109 (fragments inédits), page 183.
    10 août, lettre 110 (fragments inédits et passage restitué), page 185.
    21 août, lettre 111 (fragments inédits et passage restitué), page 189.
    28 août, lettre 112 (fragments inédits et passages restitués), page 192.
    11 septembre, lettre 114 (fragment inédit), page 199.
    22 septembre, lettre 115 (fragments inédits), page 200.
    25 septembre, lettre 116 (fragments inédits), page 204.
    16 octobre, lettre 117 (lettre entière, en grande partie inédite, en partie restituée), page 207.
    20 octobre, lettre 118 (lettre entière, en grande partie inédite, en partie restituée), page 217.

1688, 22 décembre, lettre 119 (fragments inédits), page 225.
    27 décembre, lettre 120 (fragments inédits), page 228.

1689, 3 janvier, lettre 121 (fragments inédits et passage restitué), page 230.
    10 janvier, lettre 122 (fragments inédits), page 233.
    25 février, lettre 123 (fragments inédits), page 237.
    28 février, lettre 124 (fragments inédits et passage restitué), page 242.
    2 mars, lettre 125 (fragments inédits et passage restitué), page 246.
    4 mars, lettre 126 (fragments inédits), page 249.
    9 mars, lettre 127 (fragments inédits), page 255.
    11 mars, lettre 128 (fragments inédits), page 258.
    23 mars, lettre 129 (fragments inédits), page 261.
    25 mars, lettre 130 (fragments inédits), page 265.
    28 mars, lettre 131 (lettre entière, en partie inédite, en partie restituée), page 267.
    30 mars, lettre 132 (fragments inédits), page 281.

1689, 4 avril, lettre 133 (fragments inédits), page 282.
  2 mai, lettre 134 (lettre entière, en grande partie inédite, en partie restituée), page 285.
  11 mai, lettre 135 (lettre entière, en grande partie inédite, en partie restituée), page 293.
  29 mai, lettre 136 (lettre inédite), page 301.
  15 juin, lettre 137 (fragments inédits), page 309.
  19 juin, lettre 138 (fragments inédits et passage restitué), page 312.
  22 juin, lettre 139 (fragments inédits), page 313.
  26 juin, lettre 140 (fragments inédits et passages restitués), page 316.
  30 juillet, lettre 141 (fragments inédits), page 318.
  24 août, lettre 142 (fragments inédits), page 320.
  28 août, lettre 143 (fragments inédits), page 325.
  6 novembre, lettre 144 (fragments inédits et passage restitué), page 327.
1690, 19 février, lettre 145 (suite inédite), page 332.
  15 mars, lettre 146 (fragments inédits), page 333.
  2 avril, lettre 147 (lettre inédite), page 337.
  5 avril, lettre 148 (fragments inédits), page 344.
  19 avril, lettre 149 (lettre entière, en grande partie inédite, en partie restituée), page 349.
  26 avril, lettre 150 (lettre entière, presque entièrement inédite), page 365.
  21 mai, lettre 151 (lettre entière, presque entièrement inédite), page 373.
  24 mai, lettre 152 (lettre entière, presque entièrement inédite), page 385.
  11 juin, lettre 153 (lettre inédite), page 397.
  25 juin, lettre 154 (fragment inédit), page 405.
  2 juillet, lettre 155 (lettre entière, en partie inédite, en partie restituée), page 406.
  9 juillet, lettre 156 (lettre entière, en grande partie inédite, en partie restituée), page 419.
  19 juillet, lettre 157 (lettre entière, en partie inédite, en partie restituée), page 430.
  30 juillet, lettre 158 (lettre entière, presque entièrement inédite), page 437.
  16 août, lettre 159 (lettre inédite), page 448.

1690, 27 août, lettre 160 (lettre entière, en partie inédite, en partie restituée), page 453.
   17 septembre, lettre 161 (lettre entière, presque entièrement inédite), page 468.
   11 octobre, lettre 162 (lettre inédite), page 476.
   19 octobre, lettre 163 (lettre inédite), page 479.
   9 décembre, lettre 164 (lettre inédite), page 482.

1694, 29 mars, lettre 165 (lettre inédite), page 486.
   31 mars, lettre 166 (lettre inédite), page 495.
   5 avril, lettre 167 (lettre inédite), page 501.
   19 avril, lettre 168 (lettre entière, en grande partie inédite, en partie restituée), page 505.
   21 avril, lettre 169 (fragments inédits), page 515.
   10 mai, lettre 170 (lettre inédite), page 518.

Grignan (Pauline de) :

1689, 6 novembre, lettre 144 (partie inédite), page 330.

Grignan (le chevalier de) :

1690, 19 avril, lettre 149 (partie restituée), page 359.

Montgobert (Mlle) :

1680, 31 janvier, lettre 86 (partie inédite), page 94.
   14 février, lettre 87 (partie inédite), page 96.

2° Lettres de divers a divers.

Bussy Rabutin :

   à Mme de Grignan :

1680, 31 janvier, lettre 86 (apostille inédite), page 93.

Corbinelli :

   à Mme de Grignan :

1680, 31 janvier, lettre 86 (apostille inédite), page 92.

Coudray (Rouillé du) :

    à Mme de Grignan :

    1694, 29 mars, lettre 165 (apostille inédite), page 492.

Coulanges (l'abbé de) :

    à Mme de Grignan :

    1680, 11 septembre, lettre 113 (lettre inédite), page 197.

Grignan (Jean-Baptiste de), coadjuteur d'Arles :

    à Mme de Grignan :

    1677, 18 juin, lettre 64 (apostille inédite), page 4.

Sanzei (Mme de) :

    à Mme de Grignan :

    1677, 4 octobre, lettre 68 (apostille inédite), page 14.

Sévigné (Charles de) :

    à Mme de Grignan :

    1680, 29 mars, lettre 93 (apostille inédite), page 128.
        28 août, lettre 112 (apostille, fragments restitués), page 193.
        20 octobre, lettre 118 (apostille inédite), page 223.

    1689, 29 mai, lettre 136 (apostille inédite), page 308.

    1690, 19 février, lettre 145 (apostille, fragments restitués), page 331.
        24 mai, lettre 152 (apostille inédite), page 395.
        2 juillet, lettre 155 (apostille inédite), page 418.
        27 août, lettre 160 (apostille restituée), page 464.

    Au chevalier de Grignan :

    1690, 19 avril, lettre 149 (partie inédite), page 362.

FIN DE LA TABLE ALPHABÉTIQUE.

16147. — Typographie Lahure, rue de Fleurus, 9, à Paris.

www.ingramcontent.com/pod-product-compliance
Lightning Source LLC
Chambersburg PA
CBHW051404230426
43669CB00011B/1757